Die einen fordern, dass Menschen zugunsten von Tieren sterben müssten. Die anderen bezeichnen Säuglinge, Behinderte und Demente als Nicht-Personen, deren Leben wertlos und teuer sei. Dritte verklären den Kampf ums Dasein, Kapitalismus und Sexismus als natürliche Gesellschaftsform.

Wie passen Linke mit solchen Positionen, mit Euthanasie, Antisemitismus und Antihumanismus zusammen? Eigentlich gar nicht, sollte man meinen. Ein solches Crossover ist in der Linken jedoch nicht neu. Die kritische Darstellung und Analyse von aktuellen und historischen Strömungen, die biologistische und sozialdarwinistische Ansichten vertreten, ist das Thema dieses Buches. Bierl spricht von einer darwinistischen Linken in Abgrenzung zu einer emanzipatorischen Linken, die kritisch-materialistische Positionen vertritt. Dabei handelt es sich weder in der Vergangenheit noch in der Gegenwart um eine geschlossene Doktrin, sondern ein Konglomerat von Gruppen und Personen mit unterschiedlichen Schwerpunkten, Facetten, Widersprüchen und Konflikten. Peter Bierl unterzieht dieses Konglomerat einer genauen Analyse.

Peter Bierl geboren 1963, ist freier Journalist und Autor. Er publizierte unter anderem die vieldiskutierten Bücher »Wurzelrassen, Erzengel und Volksgeister. Die Anthroposophie Rudolf Steiners und die Waldorfpädagogik« (2005), »Schwundgeld, Freiwirtschaft und Rassenwahn. Kapitalismuskritik von rechts: der Fall Silvio Gesell« (2012) und »Grüne Braune: Umwelt-, Tier- und Heimatschutz von rechts« (2014). Zuletzt erschien: »Die Revolution ist großartig. Was Rosa Luxemburg uns heute noch zu sagen hat« (2020).

PETER BIERL

UNMENSCHLICHKEIT ALS PROGRAMM

VERBRECHER VERLAG

Diese Publikation wurde gefördert
durch die Rosa-Luxemburg-Stiftung.

Erste Auflage
Verbrecher Verlag Berlin 2022
www.verbrecherei.de

Satz: Christian Walter
Druck und Bindung: CPI Clausen & Bosse, Leck

ISBN 978-3-95732-499-3

Printed in Germany

*Der Verlag dankt Caroline Geißler, Lukas Siebeneicker,
Lisa M. Müller und Luisa Stühlmeyer.*

Inhalt

Einleitung

In Krisenzeiten zeigen sich gesellschaftliche Verhältnisse und Bewusstseinslagen wie unter einem Brennglas. Die Corona-Pandemie ist ein solcher Anlass. Schon lange hatten Wissenschaftler*innen vor gefährlichen Zoonosen gewarnt, vor dem Überspringen von Viren von Tieren auf den Menschen, die massenhafte und tödliche Krankheiten auslösen können. Die Warnungen wurden in den Wind geschlagen, denn es handelt sich um Kollateralschäden kapitalistischen Wirtschaftens, die Folgen ökologischer Zerstörung, in diesem Fall des Abholzens von Wäldern, von industrieller Landwirtschaft, Massentierhaltung und Wildtierhandel.[1]

Anders als Wirbelstürme, Überschwemmungen oder Hitzewellen in Bangladesch, Mozambique oder auf den Philippinen treffen die Konsequenzen der Umweltzerstörung diesmal auch die Bevölkerung des globalen Nordens massiv. Dabei gilt überall die Maxime: Pandemie trifft Klassengesellschaft. Die Menschen der unteren Klassen sind die bevorzugten Opfer.[2] Sie wohnen in beengten Wohnungen und Quartieren, müssen auf die Straße, in die öffentlichen Verkehrsmittel, in Fabriken, in Schlachthöfe und auf die Felder, sie können nicht ins Homeoffice ausweichen oder verlieren schlecht bezahlte, miese Jobs. Vorerkrankungen, die schwere Krankheitsverläufe, Long Covid und den Tod begünstigen, sind in den unteren Klassen am stärksten verbreitet. Obendrein wurden die Gesundheitsversorgung und Pflege seit Jahrzehnten nach den Maximen der Profitmaximierung zugerichtet, was in diesen Branchen bedeutet, das Personal ganz besonders auszubeuten und die Qualität zu senken. Die Zustände in den Alten- und Pflegeheimen waren lange vor der Corona-Krise skandalös, aber wohlbekannt.

Der Staat als »ideeller Gesamtkapitalist« (Friedrich Engels) sucht einen Weg, um die Zahl der Opfer gering zu halten, um die Massenloyalität zu erhalten und die Ware Arbeitskraft zu schützen, aber ohne die wichtigsten

Sektoren der Kapitalverwertung einzuschränken, was zum Hin und Her zwischen Lockdown und Lockerung führt. Selbst nachdem die meisten Regierungen das Konzept der Herdenimmunität aufgegeben hatten, forderte die Pandemie die meisten Opfer unter Alten, Kranken und Pflegebedürftigen, ähnlich wie bei Hitzewellen als Folgen des Klimawandels. Dabei sprechen manche diesen Menschen ein gleiches Lebensrecht ab.

Schon im Frühjahr 2020 forderten der Occupy-Vordenker Charles Eisenstein und Vertreter der Anthroposophie, der einflussreichsten okkulten Esoterik-Richtung hierzulande, im Leiden und Sterben einen tieferen spirituellen Sinn zu sehen, einen karmischen Entwicklungsimpuls und eine Befreiung von Geist und Seele.[3] Aber nicht bloß Querdenker*innen moserten, die ihren Lifestyle nicht einschränken wollten. Der Investor Alexander Dibelius warf bereits Ende März im Handelsblatt die »utilitaristische Frage« auf, ob es richtig sei, »dass zehn Prozent der – wirklich bedrohten – Bevölkerung geschont, 90 Prozent samt der gesamten Volkswirtschaft aber extrem behindert werden«. Covid-19 sei nur eine Grippewelle und eine Herdenimmunität eine »relativ vernünftige Strategie«.[4] Der Publizist Jakob Augstein wies darauf hin, dass nur eine Minderheit ernsthaft erkrankt sei und unkte: »Die Politik hat beschlossen, zugunsten dieser Minderheit der Mehrheit sehr schwere Lasten aufzubürden.«[5]

Der grüne Oberbürgermeister von Tübingen entdeckte sein Herz für die Verdammten dieser Erde. In Deutschland würden Menschen gerettet, »die in einem halben Jahr sowieso tot wären«, dabei könnten weltweit Millionen von Kindern verhungern, weil die Wirtschaft durch den Lockdown zerstört werde, erklärte Boris Palmer.[6] Kinder verhungern allerdings auch ohne Pandemien im kapitalistischen Normalbetrieb, den der Grünen-Politiker zurückhaben will. Der damalige Bundestagspräsident Wolfgang Schäuble (CDU) monierte, der Schutz des Lebens sei »in dieser Absolutheit« nicht richtig. Der einzig absolute und unantastbare Wert im Grundgesetz sei die Würde des Menschen, was nicht ausschließe, dass wir sterben müssen.[7] Während Palmer nach öffentlicher Empörung zurückruderte und sich nach einigen Tagen für seine Wortwahl entschuldigte, lobte Robert Habeck, seinerzeit Vorsitzender der Grünen, ausdrücklich Schäubles Auslassungen. Er stimme zu, dass man nicht sagen könne, »der Schutz von Leben rechtfertigt alles und jedes in dieser Absolutheit«.[8]

Es mag höhere Werte als das Leben geben, vor allem für jene, die an das ewige Leben oder die Reinkarnation glauben. Die Menschenwürde hat aber für Leichen keinen Sinn mehr, allenfalls die Totenruhe, die nicht gestört werden darf. Dass unser Leben endlich ist, dass wir alle sterben müssen, ist so richtig wie trivial. Wer ausgerechnet im Kontext einer Pandemie, zu deren Eindämmung die Kapitalverwertung ein bisschen eingeschränkt wird, darauf hinweist, nimmt eine Abwägung vor und stellt das Lebensrecht von Menschen in Frage.

Dass solche Äußerungen in der Corona-Krise fallen und keineswegs bloß vom Narrensaum geäußert werden, hat damit zu tun, dass Sozialdarwinismus als Betriebsmodus fest verankert und systemrelevant ist. Die anonymen Mechanismen von Markt und Konkurrenz sortieren die Menschen immer schon in Gewinner*innen und Verlierer*innen. Sozialdarwinismus ist Alltag. Daraus ergibt sich Sozialdarwinismus als implizites Denken, als halbbewusste Ideologie, die sich aus Erfahrung speist. Treten obendrein noch prominente Fürsprecher*innen auf, ist das ein Hinweis darauf, dass soziale Zugeständnisse an die unteren Klassen in Frage gestellt werden.

Thilo Sarrazin behauptete, biodeutsche Empfänger*innen von Hartz IV sowie Migrant*innen muslimischen Glaubens und ihre Nachkommen seien Träger*innen minderwertigen Erbguts. Der Staat dürfe solche Menschen nicht alimentieren, sondern sollte biodeutschen Frauen aus der akademischen Mittelschicht mehr Geld geben, wenn sie neben Studium und Karriere Kinder kriegen.[9] Sein Buch »Deutschland schafft sich ab« wurde 2010 der Bestseller in der Kategorie Sachbücher. Der australische Philosophieprofessor Peter Singer denunziert Behinderte, Demente und Neugeborene seit Jahrzehnten als Menschen zweiter Klasse, als »Nicht-Personen« mit geringerem Lebensrecht. Er verharmlost Euthanasie als Erlösung für Betroffene und ihre Familien und empfiehlt sie als Methode, um Geld zu sparen.[10] »Ich möchte keine höheren Beiträge zur Krankenversicherung bezahlen, damit behinderte Kinder, die Null-Lebensqualität erfahren, teure Behandlungen bekommen«, erklärte Singer.[11] Diese Haltung durchzieht sein Gesamtwerk und ist ebenso wie der Erfolg Sarrazins exemplarisch für eine »rohe Bürgerlichkeit« (Wilhelm Heitmeyer), die sich breit macht.[12]

Sarrazin wie Singer sind Wiedergänger einer »Rassenhygiene«, die schon einmal großen Anklang fand. Beide verorten sich politisch aber nicht rechts, im Gegenteil. Sarrazin war Sozialdemokrat, amtierte als Finanzsenator in Berlin in einer Koalition aus SPD und PDS, die den Sozialabbau vorantrieb; Singer war für die australischen Grünen aktiv, ist Vegetarier und Tierrechtler und plädierte für eine neue darwinistische Linke. Wenn Singer auftritt, protestieren Krüppel-Initiativen und Antifaschist*innen aus gutem Grund. Dennoch wurde der Bioethiker in Deutschland geehrt.

2011 hatte die Giordano-Bruno-Stiftung (GBS) Singer ausgezeichnet. Zusammen mit der italienischen Tierrechtlerin Paola Cavalieri erhielt der Bioethiker einen mit 10.000 Euro dotierten Ethik-Preis in Frankfurt am Main, weil sie das Great Ape Project (GAP) ins Leben gerufen hatten, das sich für Orang-Utans, Gorillas, Bonobos und Schimpansen engagiert. Die Stiftung versteht sich als »Denkfabrik für Humanismus und Aufklärung«. Ihr Ziel ist es, »eine tragfähige säkulare Alternative zu den bestehenden Religionen zu entwickeln und ihr gesellschaftlich zum Durchbruch zu verhelfen«.[13]

In der Corona-Krise distanzierte sich die Stiftung zwar von Corona-Leugner*innen, schaffte es aber nicht eine eigene Position zu formulieren, weil »die Gefährlichkeit des Virus bzw. die Gefährlichkeit der Gegenmaßnahmen von den einzelnen Stiftungsmitgliedern höchst unterschiedlich eingeschätzt wurde«. Der Vorstandssprecher bedauerte, dass man dem »Prinzip der Unparteilichkeit in der Corona-Debatte« nur selten begegne und plädierte dafür, »unterschiedliche Sichtweisen unvoreingenommen gegeneinander abzuwägen«.[14] Für eine Vereinigung, die sonst gern eine evidenzbasierte Politik anmahnt, ist das reichlich merkwürdig.

Für die Linke ist bedeutsam, dass die Giordano-Bruno-Stiftung die wichtigste Organisatorin antiklerikaler Kampagnen in der Bundesrepublik ist. Die Stiftung veranstaltete die »Aktion Religionsfreie Zone« gegen den katholischen Weltjugendtag in Köln 2005 und Demonstrationen gegen Papst Benedikt XVI. anlässlich seiner Deutschlandreise sechs Jahre später. In Kooperation mit dem Zentralrat der Ex-Muslime organisierte die Stiftung 2008 und 2013 eine Kritische Islamkonferenz in Abgrenzung zur Deutschen Islamkonferenz des Bundesinnenministeriums.

Die Giordano-Bruno-Stiftung charakterisiert sich als linksliberal. Mehrfach wurde an der Stiftung und ihrer Programmatik eine mitunter scharfe Kritik geäußert.[15] Eine Kampagne gegen die Beschneidung von jüdischen und muslimischen Knaben (2012) sowie ein Kinderbuch des Vorstandssprechers Michael Schmidt-Salomon (2007) sorgten für Furore und brachten den Vorwurf des Antisemitismus ein. Der Politologe und Bestsellerautor Hamed Abdel-Samad vom Beirat der Stiftung trat bei Veranstaltungen der AfD auf und stand der rechten Zeitung Junge Freiheit als Autor und Interviewpartner zur Verfügung. In der Sterbehilfe-Debatte zählt die Giordano-

Bruno-Stiftung zu den Vorkämpfern einer Liberalisierung und arbeitet mit der Deutschen Gesellschaft für Humanes Sterben (DGHS) zusammen.

Das »Manifest des Evolutionären Humanismus« (2005), die ideologische Grundlage der Giordano-Bruno-Stiftung, basiert auf der Soziobiologie, die der britische Publizist Richard Dawkins vertritt. Demnach ist der Mensch ein willenloser Roboter, gesteuert von Genen, die sich maximal verbreiten wollen. Dawkins gilt auch als einer der wichtigsten Vertreter des Neuen Atheismus. Gemäß seiner biologistischen Doktrin hält er Religiosität jedoch für angeboren, weil nützlich im Kampf ums Dasein. Bei seinen Attacken auf monotheistische Religionen stützt sich Dawkins ähnlich wie der Kirchenkritiker Karlheinz Deschner auf das Stereotyp des besonders aggressiven Judentums. Diese Vorstellung wurzelt sowohl in der linken Religionskritik als auch im völkischen Antiklerikalismus des 19. Jahrhunderts. Deschner verstieg sich zur Gleichsetzung von Juden mit Nationalsozialisten: Die antiken Hebräer hätten ihre Feinde in Öfen verbrannt, »damit an die Methoden Hitlers erinnernd«.[16]

Solche Mischungen sind verstörend. Aber ein solches Crossover ist in der Linken nicht neu. Die kritische Darstellung und Analyse von aktuellen und historischen Strömungen, die biologistische und sozialdarwinistische Ansichten vertreten, ist das Thema dieses Buches. Ich bezeichne sie als darwinistische Linke, in Abgrenzung zu einer emanzipatorischen Linken, die kritisch-materialistische Positionen vertritt. Dabei handelt es sich weder in der Vergangenheit noch in der Gegenwart um eine geschlossene Doktrin, geschweige denn Organisation, sondern um unterschiedliche Positionen, Gruppen und Personen.

Es wäre wenig zielführend, die Vertreter*innen solcher Ansichten in die »rechte Ecke« zu stellen. Es geht auch nicht um Angriffe auf Personen, sondern um eine inhaltliche Auseinandersetzung, um die Schärfung der Positionen einer emanzipatorischen und radikalen Linken. Dazu gehört, sich mit autoritären und menschenfeindlichen Traditionen der Linken auseinanderzusetzen und sich von ihnen zu trennen. Das Links-Rechts-Schema wird heute gerne als überholt abgetan. Bei aller Unschärfe bleibt es aber als analytisches Instrument nützlich, um politische Kräfte in einer in Klassen gespaltenen Gesellschaft zu unterscheiden. Es erlaubt unterschiedliche Positionen in ökonomisch-sozialen wie gesellschaftspolitisch-kulturellen Fragen zuzuordnen.

Das Links-Rechts-Schema entstand im Gefolge der französischen Revolution und bezog sich auf die Sitzordnung im Parlament. Benito Mussolini erklärte die Zuordnung bereits zwischen den Weltkriegen für überholt, ihm folgt heute Alain de Benoist, der Vordenker der sogenannten Neuen Rechten.[17] Das Links-Rechts-Schema als politischer Ausdruck der Klassengesellschaft widerspricht der faschistischen Idee einer Volksgemeinschaft, die es vor Parteienhader zu retten gelte. Insofern steckt hinter der Ablehnung eine antidemokratische Haltung. Umso bedenklicher ist es, wenn Sozialdemokrat*innen und Liberale das Schema für obsolet erklären, gleichwohl verständlich, weil auch sie nicht von der Klassenspaltung reden wollen.[18] Der Begriff der Linken wird in diesem Buch jedenfalls im Sinn eines Spektrums gebraucht, das von linksliberal bis linksradikal reicht. Nicht zuletzt orientiere ich mich an der Wahrnehmung und Selbstwahrnehmung von Grünen, Linkspartei und SPD, Feminist*innen, Gewerkschafter*innen und Umweltschützer*innen.

Die historischen Abschnitte in diesem Buch beschäftigen sich mit einigen äußerst problematischen Aspekten in der Geschichte einer Linken, die es nicht bloß oft versäumte, Antisemitismus und Rassismus, Eugenik und Sozialdarwinismus zu bekämpfen, sondern dazu eigene Beiträge lieferte. In unserem Zusammenhang spielen die »Bolshevic Eugenics« um den Nobelpreisträger Hermann Joseph Muller und Julian Huxley eine herausragende Rolle. Zuerst hofften sie in Stalins Reich den neuen Menschen zu züchten, nach dem Zweiten Weltkrieg betrieben sie im Westen die Weißwaschung der Eugenik von den NS-Verbrechen. Huxley ist heute Stichwortgeber für den evolutionären und den Transhumanismus.

Schließlich geht es um den Einfluss biologistischer Positionen. Deren Bedeutung für die Debatten um Bioethik, Sterbehilfe und Euthanasie sowie Abtreibung, Gen- und Reproduktionstechnik wurde bereits von anderen Autor*innen kompetent untersucht.[19] Deshalb konzentriere ich mich auf die Folgen für die Tierrechtsbewegung und die Religionskritik. Das sind zwei wichtige Themen, denn zu den größten Gefahren der Gegenwart gehören fundamentalistische religiöse Bewegungen sowie Umweltzerstörung, zu der die Massentierhaltung in hohem Maße beiträgt. Sie muss aber nicht nur deswegen, sondern allein schon wegen der damit verbundenen Quälerei bekämpft und abgeschafft werden. Religionskritik und eine politische Ökologie, die das Verhältnis von Menschen und Tieren einschließt, sind für eine radikale, emanzipatorische Linke wichtig und dürfen weder Obskurant*innen noch Biologist*innen überlassen werden.

Biologistische Ideologien treiben die Verwertung von Mensch und Natur voran, durch Phantasien und Visionen, aber auch, in dem sie die Erkenntnis blockieren, dass Menschen selbst ihre Leben, die Gesellschaft und die Geschichte bestimmen und diese nicht in Blut oder Genen angelegt sind. Ihre aktuellen Versionen legitimieren und fördern das Interesse des Kapitals, mithilfe von Digitalisierung, Gen- und Reproduktionstechnologien die Körper, Körperteile und -funktionen von Menschen direkt zu verwerten. Singer, Dawkins und die evolutionären und Transhumanist*innen sind insofern nicht exotische Einzelgänger*innen, sondern vertreten eine allgemeine Tendenz. Gleichwohl ist der Spagat zwischen Wunsch und Wirklichkeit enorm.

2004 veröffentlichten führende deutsche Neurowissenschaftler*innen ein Manifest zur Hirnforschung. Darin wurde ein Wandel des Menschenbildes, die Klärung letzter philosophischer Fragen wie nach dem Ich-Bewusstsein, Geist und Willensfreiheit sowie »enorme Fortschritte« in den Anwendungen in den nächsten zehn Jahren prophezeit.[20] Schon damals warnten andere Wissenschaftler*innen vor einem kaum reflektierten Naturalismus und Reduktionismus.[21] Nach Ablauf der Frist gestand einer der Verfasser*innen, dass »bisher nicht so furchtbar viel herausgekommen« sei.[22]

Die empirische Basis des neurobiologischen Determinismus bleibt dürftig. Zitiert werden immer wieder Experimente, bei denen ein paar Dutzend Teilnehmer*innen irgendwelche Knöpfe drückten und sagen sollten, wann sie sich dafür entschieden haben. Die Forscher*innen messen bei einigen Proband*innen ein paar Sekunden vorher in bestimmten Hirnregionen gewisse Aktivitäten. Das beweist gar nichts. Denn unser Gehirn ist ständig aktiv und jeder bewussten körperlichen Handlung geht dort eine Aktivität voraus.[23]

Lautstarke Verfechter von Menschenzucht und Auslese sind Genforscher wie James D. Watson, Craig Venter und George Church sowie Ray Kurzweil, der Herold des Transhumanismus. Sie wollen das Erbgut neu programmieren, um Krankheit, Alter und Tod zu überwinden und das menschliche Bewusstsein als Datei in einer Cloud abspeichern.[24] Venter sieht den Menschen als »Genverdopplungsmaschine« und »chemischen Apparat«. Lebewesen seien nichts Anderes als DNA-gesteuerte Maschinen. Er sieht eine Ära des »biologischen Designs«, eine »neue Phase der Evolution« anbrechen.[25] Church möchte neue Lebewesen im Genlabor schaffen, etwa als Gebrauchsgegenstände, und den Neandertaler als Klon wiederauferstehen lassen.[26]

Das ist nicht nur Science Fiction. Längst werden in Laboren Hybride und Chimären aus tierischen und menschlichen Erbmaterial hergestellt. Dank Präimplantationsdiagnostik (PID) können Eltern sich ihren Nachwuchs nach Augen- und Haarfarbe und Geschlecht aussuchen.[27] Inzwischen werden zehntausende von Kindern in Laboren gezeugt und in den Bäuchen von Leihmüttern weltweit aufgezogen. In Japan haben Forscher*innen befruchtete Eizellen aus den Hautzellen von Mäusen hergestellt, damit sind Keimzellen für die Klonierung nicht mehr notwendig. Im Herbst 2016 berichteten die Medien über das erste Drei-Eltern-Baby. Dabei wurden zwei Eizellen verschmolzen und mit Spermium befruchtet, für ein bis dahin kinderloses Paar aus Jordanien, das dafür 50.000 Euro bezahlte. Im gleichen Jahr starteten Forscher*innen das Genome Project Write, um menschliches Erbgut aus künstlicher DNA nachzubauen.[28]

Der Nobelpreisträger Watson bekennt sich offensiv zu Selektion und Ausmerzung und bedauert, dass über Eugenik wegen der NS-Verbrechen nicht offen diskutiert werden dürfe. Für ihn sind spastisch gelähmte Kinder oder Alzheimer-Kranke keine vollwertigen Menschen, sondern Nicht-Existenzen. Alzheimer-Patient*innen zu pflegen, hält er für Geldverschwendung. Ähnlich wie Singer findet Watson, dass ein Individuum nur dann eine lebenswerte Existenz führt, wenn es Karriere machen und heiraten kann und als gleichberechtigt akzeptiert wird. »Hitler sagte, tötet alle, die diese Chance nicht besitzen. Ich meine, sie sollten gar nicht erst geboren werden. Das ist der Unterschied«, erklärte Watson.[29]

Im ersten Kapitel dieses Buches geht es um die Positionen von Singer, der Menschen, die geistig behindert oder dement sind, ein gleiches Lebensrecht wie Gesunden verweigert. Er begründet das mit dem Präferenz-Utilitarismus: Vor jeder ethisch bedeutsamen Entscheidung müssen Interessen und Wünsche aller Betroffenen abgewogen werden. Das größtmögliche Glück für die maximale Zahl ist das Ziel. Zum Wohl der Mehrheit dürfen bestimmte Individuen geopfert werden.[30] Bei der Abwägung berücksichtigt Singer Tiere, weil er die Artgrenze für falsch hält. Das entspricht der zentralen Doktrin der Tierrechtsbewegung, die er populär gemacht hat. Dafür richtet Singer neue Schranken zwischen Menschen auf. Der Bioethiker selektiert in »Personen« mit Lebensrecht und »Nicht-Personen«, deren Leben einen geringeren Wert hätten. Dazu gehören Kranke und Behinderte, aber auch gesunde Säuglinge bis zum Alter von 30 Tagen nach der Geburt.

Anknüpfend an Singers Vorschlag, eine neue darwinistische Linke zu gründen, wird im zweiten Kapitel gezeigt, dass eine solche schon lange existiert. Vor dem Hintergrund einer widersprüchlichen gesellschaftlichen Stimmung zwischen Fortschrittsoptimismus und -pessimismus, technokratischen

Allmachtsphantasien und Angst vor den Folgen von Industrialisierung und Urbanisierung übernahmen Anhänger*innen verschiedener Fraktionen der Linken, von der radikalfeministischen Bewegung, über Sozialdemokratie und Sozialist*innen bis hin zu manchen Anarchist*innen und Kommunist*innen schon vor mehr als hundert Jahren sozialdarwinistische und eugenische Positionen.

Dafür gab es mehrere Gründe. Materialistische Vorstellungen erwiesen sich als anschlussfähig für einen biologistischen Determinismus. Der Gedanke, ein neuer Mensch wäre mit Hilfe neuester wissenschaftlicher Erkenntnisse zu züchten, passte zu der reichlich unkritischen Vorstellung, die Entwicklung der Produktivkräfte liefere quasi automatisch die Grundlage einer besseren Gesellschaft. Gleichwohl ist zu betonen, dass darwinistische Linke jeweils eine Minderheit darstellten, besonders unter Anarchist*innen und Kommunist*innen, allerdings gab es auch erschreckend wenig Widerspruch. Stärker war der Widerhall in der Sozialdemokratie. Die Übernahme rassenhygienischer Positionen vor allem durch rechte Sozialdemokrat*innen, in der britischen Fabian Society oder von deutschen und schwedischen Reformpolitiker*innen, passte zu einem Konzept sozialtechnokratischer Steuerung, das die wohlfahrtsstaatliche Unterstützung der subalternen Klassen an deren Unterwerfung, an Wohlverhalten und Arbeitseinsatz knüpfte. Die brutale Konsequenz erfuhr dieses Programm in Schweden, wo die sozialdemokratische Regierung Zwangssterilisierungen vor allem von Frauen bis in die 1970er-Jahre vornehmen ließ.

Im Westen entwickelten linke Wissenschaftler*innen seit den 1930er-Jahren die sogenannte Reformeugenik, die einen Neustart nach dem Ende des Faschismus ermöglichte. Diese liberale Eugenik mündete in Kombination mit der Intelligenzforschung sowie der politisch rechts konnotierten Verhaltensforschung eines Konrad Lorenz in die Soziobiologie, die im dritten Kapitel behandelt wird. Diese Lehre wurde in den 1970er Jahren von Edward O. Wilson und Richard Dawkins prägnant formuliert und popularisiert. Die Soziobiologie behauptet, menschliches Verhalten und gesellschaftliche Institutionen seien genetisch bestimmt und geprägt durch das evolutionär verankerte Motiv, die eigenen Gene maximal zu verbreiten.

Die Soziobiologie richtete sich gegen die Emanzipation von Schwarzen und Frauen. Die geschlechtsspezifische Arbeitsteilung zwischen Männern und Frauen, die Dominanz von Männern sowie eine vermeintlich unterschiedliche durchschnittliche Intelligenz von verschiedenen Rassen oder

Ethnien gelten als Resultat unterschiedlicher genetischer Ausstattung, die die Menschheit in der Steinzeit erworben habe. Wie der klassische Rassismus und patriarchale Ideologien ist die Soziobiologie geeignet, Ausbeutung und Unterdrückung wissenschaftlich zu rechtfertigen, aber ohne auf eine belastete Terminologie zurückgreifen zu müssen.[31] Solche Ansätze trugen dazu bei, biologistisches, rassistisches und sexistisches Denken zu modernisieren und anschlussfähig zu machen und wurden deshalb von der Neuen Rechten aufgegriffen.

Abgemilderte Varianten finden sich als unhinterfragte Selbstverständlichkeiten in liberalen Medien wieder und prägen das Alltagsbewusstsein.[32] Der gefeierte Bestseller-Autor Yuval Noah Harari vertritt solche Positionen. Der israelische Historiker unterstellt egoistische Gene mit Bezug auf Dawkins oder spricht von einem Fress-Gen.[33] Andere Wissenschaftler*innen und Journalist*innen lassen sich über ein Homo-Gen oder ein Alkoholiker-Gen, über Eltern-Gene, »böse Gene«, Gene für Aggressivität, moralisches Verhalten, Religiosität oder Musikalität aus. Sogar Gene für Glück und Pech wollen einige ausgemacht haben.[34] Dabei sind Zusammenhänge zwischen komplexem menschlichem Verhalten und einzelnen oder Gruppen von Genen alles andere als bewiesen. Viele Wissenschaftler*innen verwerfen solche Vorstellungen als Kurzschluss.[35]

Das »Manifest des Evolutionären Humanismus« knüpft an diese Lehren an. Inhalt und Quellen dieses programmatischen Textes werden im dritten Kapitel untersucht. Der Begriff stammt ebenso wie der des Transhumanismus von dem britischen Zoologen Julian Huxley, der besessen war von den fixen Ideen einer Überbevölkerung des Planeten und einer Degeneration der Menschheit. Er träumte von einer technokratischen Eliteherrschaft sowie der Schaffung eines neuen Menschen durch gentechnische Manipulation. Was Sozialdarwinismus, Eugenik und Soziobiologie verbindet, zeigt sich schon bei Huxley. Es ist die Affirmation von Leistung sowie die autoritäre Grundhaltung, eine wissenschaftliche Elite möge herrschen, soziale Reformen sollten eine Meritokratie hervorbringen, die die Herrschaft der Besten sichert, anstelle einer dysgenischen Klassenherrschaft. Dem liberalen Fortschritts- und Machbarkeitsglauben entspricht ein Wissenschafts- und Technikfetischismus.

Aufbauend auf Dawkins' These vom »Egoismus der Gene« wird im Manifest des evolutionären Humanismus das Prinzip Eigennutz gefeiert. Darum sei Kapitalismus die natürliche Wirtschaftsform, trotz der ungeheuren Opfer und der Spur der Verwüstung, die dieser auf dem Planeten hinterlässt. Das Manifest erteilt der Vorstellung des Menschen als eines prinzipiell autonomen Subjekts, das auf der Grundlage eines freien Willens handeln kann, eine Absage und damit dem Fundament von Aufklärung und Emanzipation. Weil der Mensch in seinem Verhalten komplett durch die Biologie determiniert sei, sei der Täter stets auch Opfer und darum Hitler oder Stalin moralisch unschuldig, erklärte Michael Schmidt-Salomon, der Verfasser des Manifests, in einem Vortrag bei der Freien Akademie, einer Organisation, die auf neuheidnische Fraktionen der NSDAP zurückgeht.[36]

Verschiedene antiklerikale Spektren attackieren wiederum gezielt die monotheistischen Bekenntnisse, genauer gesagt Christentum, Islam und Judentum.[37] Die abrahamitischen Religionen werden als archaisch-rückständig, barbarisch und gewalttätig gekennzeichnet. Sie gelten als Form von Extremismus und Totalitarismus und als Vorläufer von Faschismus und Kommunismus. Damit vermischt diese Strömung Aspekte linker Religionskritik mit völkischer Ideologie sowie Extremismus- und Totalitarismustheorien aus dem Kalten Krieg.

Das vierte Kapitel handelt deshalb von völkischen Angriffen auf ein »verjudetes« Christentum, von Versuchen, wahlweise ein arisiertes Christentum oder ein neues Heidentum zu entwickeln. Es geht um esoterische Sinnsucher*innen und Prophet*innen einer Naturreligion auf wissenschaftlicher Basis, als spiritueller Grundlage von Eliteherrschaft und Menschenzucht. Gemeinsam ist solchen Ansätzen, dass sie Christentum, Islam und Judentum ablehnen, weil sie im Gefolge Friedrich Nietzsches annehmen, diese Religionen hätten die Idee der prinzipiellen Gleichheit aller Menschen in die Welt gesetzt. Diese Gleichheit widerspricht einer elitären Selbstvergottung, der Herrschaft der Aristokraten. Die religiöse Vorstellung von der »Heiligkeit des Lebens« steht aus dieser Perspektive der Auslese und Ausmerzung von vermeintlich Minderwertigen entgegen.

Die Agitation von Soziobiolog*innen und evolutionären Humanist*innen knüpft nicht nahtlos, aber in vielfältiger Weise an das völkische Erbe an. Im fünften Kapitel wird gezeigt, dass Kirchenkritiker wie Deschner wichtige Punkte übernommen haben. Ihre Angriffe auf den Monotheismus haben mit emanzipatorischer Religionskritik wenig zu tun. Denn eine solche ist sich der Ambivalenz religiösen Denkens und Fühlens und ihrer materiellen Bedingungen bewusst. Marx hat das in den berühmten Sätzen vom Opium des Volkes und dem irdischen Jammertal prägnant formuliert.

Die Tierrechtsbewegung wird im sechsten Kapitel analysiert, um Singers Position einzuordnen und zu zeigen, dass es durchaus andere Ansätze gibt, bis hin zu solchen, die sich als dezidiert linksradikal und marxistisch verstehen. Wer ausgerechnet Singer ehrt, entscheidet sich für eine ganz bestimmte, menschenfeindliche Richtung. Was nicht heißt, dass andere Zugänge nicht problematisch wären. So wägt der Philosoph Tom Regan ebenfalls Interessen ab, wenngleich nicht auf der Grundlage des Utilitarismus. Auch er würde behinderte Menschen opfern, um einen gesunden Hund zu retten.

Der Mensch stammt von tierischen Vorfahren ab, unterscheidet sich jedoch von ihnen durch besondere geistige Fähigkeiten, so wie sich Schimpansen, Fische oder Schwalben durch spezifische Eigenschaften untereinander und vom Menschen unterscheiden. Dabei kann der Mensch die Welt nur anthropozentrisch oder zumindest anthropogen, also auf sich bezogen, nach eigenen Maßstäben verstehen. Das schließt aus einer humanistischen Perspektive die ethische Maxime ein, dass Tiere als leidensfähige Wesen nicht misshandelt werden dürfen. Die Kritik von ökologisch und antifaschistisch orientierten Linken hat dazu geführt, dass zumindest in der Bundesrepublik im linken Spektrum der Tierrechtsbewegung heute Gruppen dominieren, die menschenfeindliche Tendenzen ablehnen und sich auf die Aufgabe konzentrieren, die Massentierhaltung und die Tierindustrie zu bekämpfen. Das schließt einen Wandel des Konsumverhaltens ein. Dieses Buch soll dazu beitragen, diese Orientierung zu fördern.

Eine emanzipatorische Linke fußt im Unterschied zu darwinistischen Linken, evolutionären und Transhumanist*innen auf der Annahme, dass alle Menschen gleich sind, nicht im Sinn von uniform, sondern dass alle ein Recht auf Leben, freie Entfaltung und Glück haben. Das ist ein universalistischer und transnationaler Ansatz, der vom Individuum ausgeht, nicht von nationalen, religiösen oder sonstigen identitären Gebilden.

Der Mensch als prinzipiell vernunftbegabtes, wenngleich nicht immer vernünftig handelndes Wesen, ist in der Lage, gesellschaftliche Verhältnisse selbstbewusst zu gestalten, auch wenn die Aussichten dafür trübe sind. Es gilt der Marxsche kategorische Imperativ, wonach »alle Verhältnisse umzuwerfen [sind], in denen der Mensch ein erniedrigtes, ein geknechtetes, ein verlassenes, ein verächtliches Wesen ist«.[38]

Ein Wort zur Schreibweise: Wir verständigen uns durch Sprache und wir verstehen die Welt durch Begriffe. Deshalb ist Präzision wichtig. Ich habe den Text gegendert, will aber keine Gleichheit suggerieren, wo eine solche nicht gegeben ist. Die Tierschutz- und Tierrechtsbewegung wurde und wird zwar überwiegend von Frauen getragen, aber unter den Theoretiker*innen dominieren die Männer, sowohl quantitativ als auch dem Einfluss nach. Darin drücken sich patriarchale Verhältnisse aus, etwa der Zugang zu höherer Bildung, die Möglichkeit zu publizieren, aber auch die öffentliche Wahrnehmung. Eine weitere Schwierigkeit stellen Parteien, Vereine und Verbände aus dem 19. und frühen 20. Jahrhundert dar. Nicht zu gendern, macht Frauen unsichtbar, das Gendern lässt jedoch ein falsches Bild von Gleichheit entstehen, weil diese Organisationen im Regelfall männerdominiert waren, wenn nicht fast ausschließlich aus Männern bestanden, das gilt insbesondere für die Wissenschaft. Ich habe versucht, jeweils die Schreibweise zu verwenden, die der Zusammensetzung einer Gruppe entspricht. Außerdem habe ich bei Zitaten sowie der Umschreibung oder indirekten Wiedergabe von Quellen die Schreibweise nicht verändert, das gilt auch für rassistische Begriffe. Alles andere wäre eine Fälschung von historischen Dokumenten. Die Übersetzungen aus fremdsprachiger Literatur stammen von mir.

Die Recherchen zu diesem Buch wurden im April 2021 abgeschlossen, später erschienene Beiträge, die das Thema betreffen, konnten nicht mehr berücksichtigt werden.

ANMERKUNGEN

1 Wallace, Rob, *Was COVID-19 mit der ökologischen Krise, mit dem Raubbau an der Natur und dem Agrobusiness zu tun hat*, Köln 2020.
2 Böcking, David, *Ist es dem Virus egal, wie arm oder reich man ist?* in: Spiegel Online, 24.3.2021, www.spiegel.de/wirtschaft/soziales/corona-die-pandemie-trifft-einkommensgruppen-unterschiedlich-a-2f3c86da-712c-4493-a672-202996a5f175 (31.3.2021); Wernicke, Christian, *Hotspots am rechten Rheinufer*, in: Süddeutsche.de, 22.3.2020, www.sueddeutsche.de/gesundheit/corona-armut-koeln-studie-gerechtigkeit-arbeitslose-1.5243509 (31.3.2021); Mayr, Anna, *Die Angreifbaren*, in: Die Zeit, 26.11.2020.
3 Eisenstein, Charles / Hardtmuth, Thomas / Hueck, Christoph / Neider, Andreas, *Corona und die Überwindung der Getrenntheit. Neue medizinische, politische, kulturelle und anthroposophische Aspekte der Corona-Pandemie*, Stuttgart 2020.
4 Dibelius, Alexander, *Eine teuflische Spirale*, in: Handelsblatt, 24.3.2020.
5 Augstein, Jakob, *Angst frisst Demokratie*, in: Spiegel Online, 8.4.2020, www.spiegel.de/politik/deutschland/corona-krise-angst-frisst-demokratie-a-ad8799db-8941-4c40-9a50-1dfff591ffb6 (31.3.21).
6 Richter, Steffen, *Boris Palmer fordert Lockerung mit drastischen Worten*, in: Zeit Online, 28.4.2020, www.zeit.de/politik/deutschland/2020-04/boris-palmer-oberbuergermeister-tuebingen-corona-lockerungen (05.01.2022).
7 Schäuble, Wolfgang, *Der Weg zurück wäre fürchterlich*, in: Der Tagesspiegel, 26.4.2020.
8 Ohne Autorenangabe, *Debatte um Schäuble-Äußerung*, in: Stuttgarter Zeitung, 28.4.2020.
9 Sarrazin, Thilo, *Deutschland schafft sich ab. Wie wir unser Land aufs Spiel setzen*, zweite Auflage, München 2010, S. 389.
10 Žižek schätzt Singer falsch ein, wenn er ihm postmoderne Beliebigkeit vorhält, und mit Lenins Universalismus und Parteilichkeit konfrontiert. Denn Singers Utilitarismus ist universalistisch und parteilich. Bedenklich ist, dass Slavoj Žižek Singer eine »progressive Version des Sozialdarwinismus« attestiert, als könnte die Lehre vom Recht des Stärkeren fortschrittlich sein. In: Žižek, Slavoj, *Die Revolution steht bevor. Dreizehn Versuche über Lenin*, Frankfurt am Main 2002, S. 25 f.
11 National Council on Disability, *NCD Response to Controversial Peter Singer Interview Advocating The Killing of Disabled Infants: »Professor, Do Your Homework«*, 24.4.2015, www.ncd.gov/newsroom/04232015 (16.6.2015).
12 Heitmeyer, Wilhelm (Hg.), *Deutsche Zustände, Folge 10*, Frankfurt am Main 2012, S. 34 f.
13 Giordano-Bruno-Stiftung, *Denkfabrik für Humanismus und Aufklärung*, www.giordano-bruno-stiftung.de/denkfabrik-fuer-humanismus-aufklaerung (1.4.2021).
14 *Rationalität in der Krise. Das GBS-Schwerpunktthema im »Corona-Jahr«*, in: Bruno 2020, S. 49.
15 Petzoldt, Matthias, *Naturalistischer Szientismus und religiöse Indifferenz*, in: Evangelische Zentralstelle für Weltanschauungsfragen, Materialdienst, 4/2013, S. 123 ff., www.ezw-berlin.de/downloads/Materialdienst_04_2013.pdf (07.02.2022); Djuren, Jörg, Die Giordano-Bruno-Stiftung, eine bioreligiöse Missionsgesellschaft auf dem Weg in die neurechte Mitte der Gesellschaft. 2012, www.3tes-jahrtausend.org/religionskritik/giordano_bruno_stiftung_soziobiologie.pdf. (7.2.2022); Gleich, Ada / Sieber,

Roland, *Der Pseudo-Anti-Antisemitismus religionskritischer Think-Tanks*, 18.10.2012, http://publikative.org/2012/10/18/der-pseudo-anti-antisemitismus-religionskritischer-think-tanks/; Brumlik, Micha, *Ein würdiger Namensgeber*, in: Die Tageszeitung, 2.10.2012; Antispeziesistische Aktion Tübingen, *Zur Würdigung Peter Singers durch die Giordano-Bruno-Stiftung*, 9.6.2011, https://linksunten.indymedia.org/de/node/41434 (29.8.2016); Bingener, Reinhard, *Die Agenda des Neuen Atheismus*, in: Frankfurter Allgemeine Zeitung, 22.3.2009.

16 Deschner, Karlheinz, *Kriminalgeschichte des Christentums. Die Frühzeit.* Band 1, Reinbek bei Hamburg 1986, S. 86. In einem anderen Werk stellt Deschner diesen Zusammenhang in der Frageform her, ob das Verbrennen von Feinden durch die Hebräer nicht an die Methoden Hitlers erinnere. In: Deschner, Karlheinz, *Abermals krähte der Hahn. Eine kritische Kirchengeschichte von den Anfängen bis zu Pius XII*, zweite Auflage, Stuttgart 1964, S. 315; Deschner, Karlheinz, *Abermals krähte der Hahn. Eine kritische Kirchengeschichte,* Düsseldorf/Wien 1986, erweiterte Neuausgabe, S. 315; Deschner, Karlheinz, *Abermals krähte der Hahn*, Neuauflage, Aschaffenburg 2015, S. 404.

17 de Benoist, Alain, *Droite-gauche, c'est fini! Le moment populiste,* Paris 2017.

18 Der Soziologe Nassehi hält das Links-Rechts-Schema aus einer Extremismus-Perspektive für überholt. Die Linke wie die Rechte würde der Komplexität moderner Gesellschaften nicht gerecht. In: Nassehi, Armin, *Die letzte Stunde der Wahrheit. Warum rechts und links keine Alternativen mehr sind und Gesellschaft ganz anders beschrieben werden muss*, Hamburg 2015.

19 Achtelik, Kirsten, *Selbstbestimmte Norm: Feminismus, Pränataldiagnostik, Abtreibung*, Berlin 2015; Achtelik, Kirsten, *Fatale Ethik. Die Debatte um Peter Singer in der Frauen- und Behindertenbewegung*, in: Phase 2, 50/2015, S. 59 ff.; Schneider, Christoph, *Das Subjekt der Euthanasie. Transformation einer tödlichen Praxis*, Münster 2011; Sierck, Udo, *Normalisierung von rechts. Biopolitik und »Neue Rechte«*, Hamburg 1995; Jäger, Siegfried / Paul, Jobst, *Von Menschen und Schweinen. Der Singer-Diskurs und seine Funktion für den Neo-Rassismus*, zweite Auflage, Duisburg 1992.

20 Elger, Christian E. / Friederici, Angela D. u. a., *Das Manifest. Elf führende Neurowissenschaftler über Gegenwart und Zukunft der Hirnforschung.* In: Gehirn & Geist, 6/2004, S. 36, www.spektrum.de/magazin/das-manifest/839085 (13.3.2018).

21 Rösler, Frank, *Es gibt Grenzen der Erkenntnis – auch für die Hirnforschung*, in: Gehirn & Geist, 6/2004, S. 32; Prinz, Wolfgang, *Neue Ideen tun Not*, in: Gehirn & Geist, 6/2004, S. 35.

22 Büttner, Hans-Peter, *Kritik des neurobiologischen Determinismus.* 10.2.2017, in: Kritiknetz. Zeitschrift für Kritische Theorie der Gesellschaft, www.kritiknetz.de/images/stories/texte/Buettner_Kritik_des_neurobiologischen_Determinismus.pdf (07.02.2022); Weber, Christian, *Der Mensch bleibt unlesbar*, in: Süddeutsche Zeitung, 18.10.2014; Gehirn & Geist, 3/2014, S. 66.

23 Büttner, *Kritik*, S. 17, S. 20, S. 23 ff.; Schleim, Stephan, *Die sieben größten Neuromythen,* in: Spektrum der Wissenschaft, Dossier Geist und Gehirn, 1/2013, S. 10 f.

24 von Becker, Philipp, *Der Glaube an die Unsterblichkeit. Transhumanismus, Biotechnik und digitaler Kapitalismus*, Wien 2015, S. 16, S. 18, S. 20, S. 22; Jansen, Markus, *Digitale Herrschaft. Über das Zeitalter der globalen Kontrolle und wie Transhumanismus und Synthetische Biologie das Leben neu definieren*, Stuttgart 2015, S. 220.

25 Jansen, *Digitale Herrschaft*, S. 143, S. 153 f.

26 Ebd., S. 183 f.

27 Ebd., S. 146, S. 161, S. 163
28 Zinkant, Kathrin, *Schreiben lernen*, in: Süddeutsche Zeitung, 9.6.2016; Lahrtz, Stephanie, *Das Risikokind*, in: Neue Züricher Zeitung, 5.10.2016.
29 Watson, James D., *Ich suchte eine Freundin*, in: Süddeutsche Zeitung, Magazin, 1.6.2001.
30 Singer, Peter, *The Most Good You Can Do*, Melbourne 2015, S. 109 f.
31 Amendt, Gerhard, *Die Zukunft der Geschlechterbeziehungen*, in: Neue Züricher Zeitung, 22.8.2017; Weber, Kathrin, *Ansichten eines Nerds. Frauen sind für IT-Jobs ungeeignet*, in: Süddeutsche Zeitung, 8.8.2017. Hach, Oliver, *Ein Chemnitzer Professor und der IQ von Asylbewerbern*, in: Freie Presse, 4.12.2015.
32 Baier, Tina, *Ein Leben lang*, in: Süddeutsche Zeitung, 5.2.2018; Kupferschmidt, Kai, *König der Wespen*, in: Süddeutsche Zeitung, 22.8.2015; Weber, Christian, *Es ist die Intelligenz, Dummkopf*, in: Süddeutsche Zeitung, 14.6.2013.
33 Harari, Yuval Noah, *Eine kurze Geschichte der Menschheit* (2011), 22. Auflage, München 2015, S. 58, S. 108, S. 120, S. 124, S. 239, S. 288, S. 470 ff, S. 480.
34 Bei dem Humangenetiker Joachim Klose kommt die Degenerationstheorie der Rassenhygieniker wieder hoch. Er behauptet, das Glücksgen sei die »Normalform«, der »Wildtyp«, das Unglücksgen dagegen eine Mutante und solche gereichten dem Menschen gewöhnlich zum Nachteil. Einen Ausweg sieht Klose in Peter Sloterdijks »Menschenpark«, der gentechnischen Manipulation und Menschenzucht. In: Klose, Joachim, *Wo geht's lang zum Paradies*, in: Literaturen, 11/2000, S. 26.
35 Kay, Lily E., *Who wrote the Book of Life? A History of the Genetic Code*, Stanford 2000; Rose, Steven, *Darwins gefährliche Erben. Biologie jenseits der egoistischen Gene*, München 2000.
36 Schmidt-Salomon, Michael, *Hoffnung jenseits der Illusionen? Die Perspektive des evolutionären Humanismus*, Vortrag bei der Freien Akademie, Schloss Schney, Mai 2002, S. 11, www.schmidt-salomon.de/hoffillu.htm (15.2.2016).
37 Der Sikhismus und der Zoroastrismus oder monotheistische Spielarten des Hinduismus sind kein Thema. In: Gächter, Othmar, *Sikhismus*, in: Figl, Johann (Hg.), *Handbuch Religionswissenschaften. Religionen und ihre zentralen Themen*, Darmstadt 2003, S. 374 ff.; Hutter, Manfred, *Zoroastrismus*, in: Figl (Hg.), *Handbuch Religionswissenschaften*, S. 387; Heller, Birgit, *Götter/Göttinnen*, in: Figl (Hg.), *Handbuch Religionswissenschaften*, S. 531 f.; Figl, Johann, *Gott – monotheistisch*, in: Figl (Hg.), *Handbuch Religionswissenschaften*, S. 548 f.).
38 Marx, Karl, *Zur Kritik der Hegelschen Rechtsphilosophie. Einleitung.* Marx-Engels-Werke (MEW), Bd. 1, S. 385.

1. Tierrechte und Menschenmord

1.1 Personen und Nichtpersonen

Die Begriffe Tierbefreiung, Tierrechte und Speziesismus hat Peter Singer nicht erfunden, aber bekannt und salonfähig gemacht. Deswegen gilt er als Pionier der Tierrechtsbewegung.[1] Sein Buch »Animal Liberation« (1975) wurde in einer Auflage von einer halben Million Exemplaren verkauft. Das Time Magazine nahm das Werk in die Liste der 100 besten wissenschaftlichen Bücher auf, die seit 1923 publiziert wurden.[2] Die erste deutsche Übersetzung erschien 1982.

Singer wurde 1946 in Melbourne geboren. Er hat als Philosoph an Universitäten in England und Australien gelehrt. 1999 bekam er die Professur für Bioethik in Princeton in den USA, was zu einigen Protesten führte. Beim Studium in Oxford kam Singer 1970 mit Tierrechtler*innen in Kontakt, der sogenannten Oxford-Group, und schloss sich ihnen an.[3] 1993 initiierte Singer zusammen mit Cavalieri das Great Ape Project, das in der Öffentlichkeit vor allem mit der Affenforscherin Jane Goodall verbunden wurde. Singer amtierte bis 2005 als Präsident der internationalen Vereinigung.[4] Große Erfolge blieben aus, aktiv war schließlich noch der brasilianische Zweig, der vier Heime für Schimpansen eingerichtet hatte, die sich dort von Misshandlungen in Gefangenschaft erholen sollen. 2011 übernahm die Giordano-Bruno-Stiftung das Projekt, wobei sich Aktivitäten in Deutschland im Wesentlichen auf Vorträge von Colin Goldner beschränken.[5]

Der Bioethiker Singer vertritt eine utilitaristische Philosophie, die auf Jeremy Bentham zurückgeht.[6] Der englische Jurist, Philosoph und Sozialreformer ging davon aus, dass die Menschen Freud und Leid als fremden Herren unterstehen. Darum gelte es bei allem Tun, den Nutzen abzuwägen. Diesen definierte Bentham in dem Werk »Introduction to the Principles of Morals and Legislation« (1789) folgendermaßen:

> Mit dem Prinzip des Nutzens ist jenes Prinzip gemeint, das jede beliebige Handlung gutheißt oder missbilligt entsprechend ihrer Tendenz, das Glück derjenigen Gruppe zu vermehren oder zu vermindern, um deren Interessen es geht [...] Mit »Nutzen« ist diejenige Eigenschaft an einem Objekt gemeint, wodurch es dazu neigt, der betroffenen Partei Wohlergehen, Vorteil, Freude, Gutes oder Glück zu schaffen oder Schaden, Schmerz, Bösem oder Unglück zu vermeiden.[7]

Utilitarist*innen wollen die Gesamtsumme des Glücks vergrößern. Ihr Ziel ist die maximale Zufriedenheit der größtmöglichen Zahl von Individuen, nicht das Glück aller, weil dieses nicht erreichbar sei. Im Sinne Benthams bedeutet das, die aggregierte Menge der Freude muss die des Leids übersteigen. Das kann das Unglück vieler Einzelner einschließen. In diesem Sinn spricht Singer von Güterabwägung.[8] Dadurch will der Utilitarismus zu ethisch vertretbaren Entscheidungen gerade in Konfliktfällen kommen. Allerdings basieren die Urteile auf der Annahme, Glück und Unglück ließen sich objektiv messen und gegeneinander aufrechnen, dabei sind beides Größen, die auch von subjektiven Empfindungen und normativen Wertungen der Beteiligten abhängen. Trotzdem ist der Utilitarismus nicht einfach zu verwerfen, sondern kann in klar definierten Situationen durchaus sinnvoll sein. Ein praktisches Beispiel wäre das Impfen: Der Nutzen ist unbestreitbar, Impfen bedeutet einen enormen Fortschritt, gerade auch für Arme.[9] Aber den vielen Menschen, denen etwa Pocken oder Kinderlähmung erspart bleiben, steht eine kleine Zahl gegenüber, die Schäden erleiden.

Singer vertritt die Variante des Präferenz-Utilitarismus, das »Prinzip der gleichen Berücksichtigung von Interessen«.[10] Demnach kommt es bei jeder Handlung moralisch darauf an, zunächst einmal die Interessen aller davon Betroffenen zur Kenntnis zu nehmen und niemanden von vorneherein auszuschließen. Weil die Interessen allerdings in vielen Fällen widersprüchlich sind, muss im zweiten Schritt abgewogen, die Interessen und Präferenzen miteinander verrechnet werden, um zu einem ethisch akzeptablen Urteil zu gelangen.[11] Vor- und Nachteile für Individuen und Gruppen abzuwägen, ist Singers Leidenschaft. Gerne konstruiert er für sein Publikum Konflikte, die er im Sinn des Utilitarismus nach dem maximalen Gesamtnutzen auflöst, wobei es meist um Leben und Tod geht. Das hat sicher den Vorzug, dass die Präferenzen klar scheinen, zumindest in säkularen Gesellschaften, in denen nur wenige an eine Belohnung für irdische Leiden im Jenseits glauben.

Die Corona-Pandemie war für Singer Anlass allerlei Abwägungen vorzunehmen, etwa den Eingriff in Grundrechte wie dem Datenschutz gegen die Zahl der Opfer und den Preis verlängerter Lockdowns, das Risiko des Personals im Gesundheitswesen versus dem Leid, das das Virus anrichtet, und der Gefahr für Freiwillige bei der Erprobung von Impfstoffen, und schließlich die Todesopfer gegen die negativen Folgen von Schutzmaßnahmen.[12] Daraus leitete Singer etwa ab, bei der Entwicklung von Impfstoffen auf Tierversuche zu verzichten, um das Verfahren abzukürzen, zumal genügend Freiwillige zur Verfügung standen.[13] Singer war beileibe nicht der einzige, der während der Corona-Krise solche Überlegungen anstellte. Das begann mit der Triage, also der Frage, wer bei knappen medizinischen Ressourcen behandelt werden soll und wer nicht, bis hin zur Abwägung, ob gefährliche bis tödliche Nebenwirkungen durch Impfstoffe bei einigen wenigen nicht dadurch aufgewogen würden, dass sehr viel mehr Menschen Leid und Tod erspart bliebe.

Kennzeichnend für Singers Philosophie ist jedoch eine Rechenhaftigkeit, die weit über Notlagen hinausgeht, er selbst nennt es »moralisches Kassenbuch«.[14] Die Tierrechtlerin Brigid Brophy hat darauf hingewiesen, dass Verfechter*innen von Tierversuchen gerne vorrechnen, man opfere einige wenige Tiere, um viele Menschen zu retten. Abgesehen davon, dass oft Kosmetika oder Waffen getestet würden, sollte es doch eigentlich darum gehen, solche Zwangslagen zu vermeiden, also etwa alternative Testverfahren zu finden, schreibt Brophy. Sie fragt nach der psychischen Verfasstheit von Menschen, die sich geradezu zwanghaft immer wieder solche zugespitzten Situationen ausdenken, in denen es scheinbar keine Lösung gibt, als Tiere zu quälen und zu töten. Brophys Überlegung ließe sich auf Singers Präferenz für solche Phantasien anwenden.[15]

Welchen Nutzwert solche Rechenhaftigkeit entfalten kann, erklärte Max A. Bazerman anhand des selbstfahrenden Autos. Die Computer, die die Wagen steuern, müssen schwierige Entscheidungen treffen, wenn ein Zusammenprall unvermeidlich scheint. Soll das Auto den einzelnen Fahrer schonen oder fünf Fußgänger? Was ist, wenn die Person im Wagen jünger ist, also mehr Lebensjahre vor sich hat als gefährdete Passant*innen? Zählt eine schwangere Frau als zwei Personen? Obendrein hätten Unternehmen, deren Autos nicht den Passagier bevorzugen, einen Wettbewerbsnachteil, schreibt

Bazerman, Professor für Business Administration.[16] Unter dem Gesichtspunkt der Kapitalverwertung wird die Obsession Singers furchtbar rational. Seine Spezialität dabei ist, Tiere in solche Berechnungen einzubeziehen, wie es schon Bentham forderte.[17]

Bereits in seinem ersten Aufsatz über Tierbefreiung (1973) betonte Singer dieses Prinzip. Zwar seien Menschen und Tiere in Bezug auf Intelligenz und Fähigkeiten »offensichtlich« nicht gleich, aber worauf es ankomme, sei die moralische Gleichheit: Jedes Wesen, das Interessen hat, muss berücksichtigt werden.[18] Ausführlich zitiert er Bentham, wonach ein ausgewachsenes Pferd oder ein Hund sicher ein rationaleres Wesen sei als ein Kind, das einen Monat alt ist, aber das sei unerheblich. »Die Frage ist nicht, können sie argumentieren oder können sie sprechen, sondern, können sie leiden.«[19] Bei Austern oder Insekten könne man beim Stand der Forschung nicht entscheiden, ob sie leiden, schreibt Singer.[20]

Würden die Interessen solcher leidensfähigen Tiere nicht berücksichtigt, handele es sich nach Ansicht Singers um Speziesismus. Den Begriff hat Richard Ryder geprägt, um auszudrücken, dass die Ausbeutung, Diskriminierung, Ermordung und Quälerei von Tieren dem Rassismus und Sexismus gleiche. Singer spitzte den Konflikt zu am Beispiel eines tödlichen Experiments mit einer neuen Medizin: Wäre der Forscher bereit, ein Tier zu opfern, aber auf keinen Fall ein Kind, um tausende von Menschenleben zu retten? Die Abwägung ist ein Gedankenexperiment und ein Test: Wer ohne weiteres Tiere benutzt, ist laut Singer ein Speziesist.[21]

Diese Argumentation baute der Bioethiker in seinem gleichnamigen Bestseller »Animal Liberation« weiter aus, keineswegs geht es bloß um das Wohl der Tiere. Vielmehr rechnete er Freud und Leid von Menschen und Tieren gegeneinander auf und rügte, dass geistig Behinderte oder Säuglinge nicht anstelle von Tieren für wissenschaftliche Experimente verwendet werden. Er verurteilte das als Speziesismus, als Diskriminierung aufgrund der Zugehörigkeit zu einer Art, was er mit Rassismus gleichsetzte. Die meisten Menschen seien Speziesisten, weil sie bereit seien, Tieren Schmerzen zuzufügen, die sie Menschen nicht zufügen würden, Tiere zu töten, wo sie Menschen nicht töten würden.[22]

Hatte Singer in dem Aufsatz »Animal Liberation« die Leidensfähigkeit von Tieren und Menschen als Gemeinsamkeit betont, ungeachtet aller Unterschiede, die er vermerkte, folgte im gleichnamigen Buch eine Radikalisierung, als er anfing, behinderte Säuglinge mit Hunden zu vergleichen. »Es gibt geistig behinderte Kinder, die auch mit der intensivsten möglichen Pflege niemals das Intelligenzniveau eines Hundes erreichen können«, schrieb er.[23] Damit verwies er auf Fähigkeiten, die er in dem Aufsatz von 1973 noch für irrelevant erklärt hatte, und selektierte in lebenswertes und lebensunwertes menschliches Leben. Singer stellte nun fest: »Um Speziesismus zu vermeiden, müssen wir einräumen, daß Wesen, die in allen relevanten Aspekten ähnlich sind, ein ähnliches Recht auf Leben haben – und die bloße Zugehörigkeit zu unserer eigenen biologischen Spezies kann kein moralisch relevantes Kriterium für dieses Recht sein.«[24]

In seinem Hauptwerk »Praktische Ethik« (1979) wandte er utilitaristische Prinzipien auf andere Lebenslagen an und verwies auf die Gen- und Reproduktionstechniken.[25] Später äußerte sich Singer positiv über eine neue »selbstbestimmte« Eugenik. Möglicherweise werde es bald Tests geben, um Gene zu identifizieren, die die Chancen auf eine erfolgreiche Karriere maximieren, schrieb er und schlussfolgerte: »Die genetische Selektion wird unvermeidlich zu einer genetischen Verbesserung führen.«[26] Singer glaubte also, es gäbe so etwas wie Karriere-Gene, und man sollte diese durch gentechnische Manipulation verbreiten, und befürwortete die Züchtung von Menschen. Aus dem Kämpfer für die Befreiung der Tiere war ein Befürworter der Eugenik geworden.

Zwar proklamierte Singer als moralisches Prinzip, Interessen von Tieren genauso zu berücksichtigen wie von Menschen, verwarf aber die egalitäre Idee einer inneren Würde aller menschlichen Wesen.[27] Er hielt es für grundsätzlich falsch, allen menschlichen Wesen ein solches Recht einzuräumen. Das ist bis heute seine Position.[28] Der Bioethiker plädierte sowohl für die »freiwillige« Euthanasie als auch für die unfreiwillige Tötung von kranken und schwerbehinderten Säuglingen sowie von Erwachsenen, die durch Alter, Krankheit oder Unfall ihre Entscheidungsfähigkeit verloren haben.[29] In dem Buch »Should the Baby Live?«, das Singer 1985 zusammen mit seiner Kollegin Helga Kuhse schrieb, lautet die klare Aussage bereits im zweiten Satz des Vorwortes: »Wir denken, dass einige Kinder mit schweren Behinderungen getötet werden sollten.«[30]

Ganz rational möchte Singer beweisen, dass aus objektiven und wissenschaftlichen Gründen bestimmten Menschen das Lebensrecht abgesprochen werden kann bzw. warum »sich die Gründe gegen das Töten von Personen nicht auf neugeborene Säuglinge anwenden lassen«.[31] Um uns diese grauenhafte Vorstellung leichter zu machen, erteilte Singer folgenden Rat: »Bei dem Versuch, ein wohlüberlegtes moralisches Urteil zu fällen, sollten wir Gefühle beiseite lassen, die aus dem Anblick kleiner, hilfloser und – zuweilen – niedlicher menschlicher Säuglinge herrühren.« Wenn wir solche »emotional bewegenden, aber im Grunde unerheblichen Gesichtspunkte im Zusammenhang mit der Tötung eines Babys zurückstellen, können wir erkennen, dass sich die Gründe gegen das Töten von Personen nicht auf neugeborene Säuglinge anwenden lassen.«[32] Denn, so sein Fazit, »das Leben eines Neugeborenen hat für dieses weniger Wert als das Leben eines Schweins, eines Hundes oder eines Schimpansen für das nichtmenschliche Tier.«[33]

Diese Schlussfolgerung trennt Singer eigentlich von einer Tierbewegung, sofern deren kleinster gemeinsame Nenner die Annahme ist, dass Tiere wie Menschen leidensfähige Wesen sind und darum weder gequält noch getötet werden dürfen. Aus dieser Leidensfähigkeit schloss Brophy, eine Vordenkerin der Tierrechtsbewegung, dass wir so wenig ein Recht haben, Tiere zu töten wie Babys oder geistig Behinderte, bloß weil sie ihre Rechte weder selbst formulieren noch artikulieren können.[34]

Das steht in Gegensatz zu Singer, der einerseits nach gemeinsamen Fähigkeiten von Tieren und Menschen sucht, um die Grenze zwischen den Arten aufzulösen, und andererseits eine neue Scheidewand aufrichtet, indem er in Menschen erster und zweiter Klasse selektiert.[35] In der Einleitung zu seinem philosophischen Hauptwerk schreibt Singer unmissverständlich, er habe »bewusst die Annahme vermieden [...], alle Mitglieder unserer Spezies besäßen, nur weil sie eben dieser Spezies angehören, einen besonderen eigenen Wert, der sie über die Mitglieder anderer Arten erhebt«.[36] Was er damit meint, ist, dass es wertvollere und wertlosere Menschen gibt.

Zu diesem Zweck unterscheidet er Angehörige einer Spezies von intelligenten, selbstbewussten, vernünftigen Personen jenseits der Artgrenze.[37] Selbstbewusste Wesen bezeichnet er als »Personen«, sie gelten ihm als höchste Stufe des Lebens, während er Wesen, die lediglich Gefühle empfinden, als »Nicht-Personen« abwertet.[38] Zur Krone der Evolution, den »Personen«, zählt Singer nur Menschen, die nicht geistig behindert sind, hinzu kommen Menschenaffen, Wale und Delphine, eventuell noch Hunde und Katzen.[39] Aufgrund unseres zunehmenden Wissens über Tiere sollten wir immer mehr Arten personale Eigenschaften zuerkennen, fordert Singer. Inzwischen hat er Schweine, Elstern, Graupapageien, Hühner, Seehunde, Bären, Ratten, Mäuse, Rinder und Schafe in diese Liste aufgenommen.[40]

Während Singer allen diesen Tieren den Personenstatus zuerkennt, ordnet er Neugeborene, Säuglinge, geistig Behinderte, Föten und viele Tiere einer niedrigeren Kategorie zu. Sie könnten bloß Lust und Schmerz empfinden.[41] Deshalb seien sie »Nicht-Personen«, Wesen ohne jene Eigenschaften, die eine »Person« auszeichnen. Neugeborene hätten deshalb »nicht denselben Anspruch auf Leben wie Personen«, nicht einmal wie Tiere, betont er.[42] Denn das Recht auf Leben hat ein Individuum laut Singer nur, wenn es eine Vorstellung von einer fortdauernden Existenz hat, sich also die eigene Zukunft ausmalen kann. Diese Fähigkeit hätten Säuglinge nicht.[43] Während die Tötung einer Person gegen ihren Willen darum ihren Wünschen zuwiderlaufen würde, habe eine Schnecke keine solchen Wünsche. Das Gleiche gelte für Föten und Neugeborene, sie seien »in der gleichen Situation wie Schnecken«.[44]

Die GBS hat versucht, Singers Haltung schönzufärben. Michael Schmidt-Salomon behauptete, einzelne Passagen aus Singers Werken würden aus dem Kontext gerissen, um eine Rufmordkampagne zu führen. Es gehe dem Bioethiker doch bloß darum, die »Schranke des Speziesismus zu überwinden«.[45] Schon frühere Auseinandersetzungen um Singer beruhten auf »Missverständnissen, Fehlinterpretationen und (auch das kam vor) böswilligen Unterstellungen«, meint der Vorstandssprecher der Stiftung. Zitate solle man kritisch überprüfen, »auch gedruckte Interviews«. Ein Spiegel-Interview von 2001 würde Singers Ansichten »streckenweise nur sehr verzerrt« wiedergeben. Die Veröffentlichung ist für Schmidt-Salomon »Musterbeispiel für schlechten bzw. politisch manipulativen Journalismus«.[46]

Singer habe nie gesagt, dass Krankheit und Behinderung dazu führen, dass die Betroffenen kein lebenswertes Leben führen, behauptete Schmidt-Salomon. Allerdings sei bei schrecklichen Qualen der Tod vorzuziehen. Sterbehilfe bei Säuglingen fand Schmidt-Salomon zwar »heikel« und »zweifellos problematisch«, aber besser als »hoffnungslos geschädigte Neugeborene gegen den Willen der Eltern über Monate hinweg sinnlosen Operationen und Schmerzen zu unterziehen, bis sie am Ende völlig entkräftet und gemartert sterben«.[47] In den 1980er-Jahren habe Singer vorgeschlagen, Neugeborene bis zum 28. Tag nicht »als volle Rechtspersonen zu behandeln« und zwar »im Rekurs auf frühere Modelle in verschiedenen Kulturen« sowie aufgrund der »unbestreitbaren Tatsache«, dass es sich nicht um »Personen im empirischen Sinn« handele. Später habe sich Singer aber der Position des Philosophen Norbert Hoerster angeschlossen, wonach die Geburt die Grenzlinie markiert.[48]

Die Legende vom missverstandenen Sterbehelfer wiederholte Schmidt-Salomon bis kurz vor der Ehrung Singers durch den Förderverein des Peter-Singer-Preises für Strategien zur Tierleidminderung e.V. am 26. Mai 2015 in Berlin. Ursprünglich sollte Schmidt-Salomon die Laudatio halten. Ein Aktionsbündnis »Stoppt Singer« protestierte gegen die Auszeichnung. Es setzte sich aus Behindertenverbänden, Antieugenik- und antifaschistischen Gruppen zusammen. Sie verwiesen auf ein Interview, das Singer im April 2015 einem amerikanischen Radiosender gegeben hatte. Einmal mehr hatte er bei der Gelegenheit sein Credo zum Besten gegeben, nur Menschen mit Intelligenz und Präferenzen hätten ein Recht zu leben. Schwer behinderte Kinder und Menschen, die durch Unfall, Krankheit oder Alter die Fähigkeit verloren hätten, selbst zu entscheiden, dürften getötet werden. Das Interview gipfelte in der Feststellung Singers, er wolle keine höheren Beiträge zur Krankenversicherung bezahlen, damit Kinder, die »Null-Lebensqualität« erfahren, teure Behandlungen bekämen. In den USA löste Singer damit einen Sturm der Entrüstung unter Behindertenverbänden aus.[49]

Schmidt-Salomon zeigte sich davon unbeeindruckt und verteidigte Singer am 14. Mai erneut. Er wolle dazu beitragen, »die tragischen Missverständnisse aufzuheben«, die in Deutschland zu einer »extrem verzerrten Wahrnehmung des Philosophen und Menschen Peter Singer geführt haben«.[50] Am 25. Mai, einen Tag vor der Ehrung, machte Schmidt-Salomon einen Rückzieher. Nun wollte er die Laudatio nicht mehr halten. Zur Begründung verwies er auf ein Interview in der Neuen Züricher Zeitung, das am Tag zuvor erschienen war. Darin hatte Singer erklärt, die Geburt eines Menschen bedeute für ihn keine »scharfe Grenze«, was das Lebensrecht betrifft. Schmidt-Salomon behauptete, Singer habe damit seine Meinung wieder geändert, diese neue Position könne er nicht mittragen.[51] Diesmal stützte sich Schmidt-Salomon also auf ein Zeitungsinterview von Singer, während er früher unterstellt hatte, diese könnten von Journalist*innen manipuliert worden sein.

Dabei hätte das oben erwähnte Radiointerview, das Singer einen Monat zuvor gegeben hatte, und auf das sich das Aktionsbündnis »Stoppt Singer« stützte, schon genügen müssen. Über die Motive für den plötzlichen Rückzieher kann man nur spekulieren. Einige Kommentare zeigten, dass die Singer-Ehrung selbst innerhalb der Szene umstritten war. Eine Tierrechtsaktivistin sprach von einer »Schnapsidee von Walter Neussel und Stefan Eck, die sich damit aufblasen wollten« und warnte vor einem PR-Desaster, wenn die Preisverleihung »von Rollstuhlfahrern, Antifa-Aktivisten und Abtreibungsgegnern« gestürmt werden sollte.[52]

Die Behauptung, Singer hätte zwischenzeitlich seine Ansichten abgemildert, ist so pauschal nicht richtig. 2011 wusste Schmidt-Salomon noch um die Differenz, die er 2015 bestritt. In seiner Rede bei der Singer-Preisverleihung tat er Kritik an dem Bioethiker zwar als irrational, logisch unzulässig und infam ab, betonte aber, dass »seine Kritiker in einem Punkt der Argumentation Recht hatten, nämlich darin, dass jedem Menschen (ob behindert oder nicht) ab der Geburt ein unbedingtes Lebensrecht zugesprochen werden muss«. An diesem Dissens hätte sich eine fruchtbare Debatte festmachen können, was jedoch »durch unsägliche Rufmordkampagnen zunichtegemacht wurde«.[53] In diesem Beitrag ist keine Rede davon, dass Singer auf Hoersters Position eingeschwenkt wäre.

Singer ist sich stets treu geblieben, allenfalls mäßigte er seine Wortwahl gelegentlich. In grundsätzlichen Fragen ist er von seiner Position nicht mehr abgewichen und hat seither vertreten, unter moralischen Gesichtspunkten hätten Babys erst 30 Tage nach der Geburt ein Lebensrecht. Die Passage aus dem Buch von 1993, die Schmidt-Salomon anführt, liest sich etwas differenzierter. In der Tat diskutieren Kuhse und Singer dort den Einwand von Hoerster, es sei besser die Geburt als Grenze für ein »sozial anerkanntes Lebensrecht zu markieren«.[54] Die Argumente Hoersters seien »überzeugend«, finden sie, aber angesichts des Leids für schwerstgeschädigte Kinder und ihre Eltern »halten wir sie für nicht hinreichend«.[55] »Annehmbar« werde sein Vorschlag unter zwei Voraussetzungen: dass die Eltern das Kind in eine Einrichtung geben können, wo es kostenlos aufgezogen wird, und wenn »aktive und passive Euthanasie« immer dann erlaubt sein sollte, wenn jemand an einer unheilbaren Krankheit so sehr leide, dass ein Weiterleben nicht in seinem oder ihren Interesse sei, gemeint sind vermutlich ein Kind und dessen Eltern. Unter diesen Bedingungen hätte Hoersters Vorschlag, die Geburt als Grenzlinie zu definieren, seine Vorteile.[56] Der Vorschlag Hoersters wäre dann besser als die gegenwärtige Situation. In den folgenden Sätzen relativieren die beiden den »Vorteil«, indem sie darauf hinweisen, dass nur die reichsten Länder in der Lage wären, solche Kinder auf Kosten der Gesellschaft aufzuziehen. Dabei ließe sich viel Leid lindern, käme es zu einem Ressourcentransfer von reichen in arme Länder. Darum sei es fraglich, ob eine reiche Nation das Recht habe, »einen so unverhältnismäßigen Anteil ihres Mitgefühls und Reichtums aufzuwenden, relativ wenigen Kindern innerhalb ihrer eigenen

Grenzen das Leben erträglich zu machen und gleichzeitig die Bedürfnisse von Kindern außerhalb ihrer eigenen Grenzen zu ignorieren«.[57] Dieser Argumentationsgang ist ein Beispiel für die Idee des effektiven Altruismus, die Singer später entwickelte, aber kein klares Bekenntnis zu Hoersters Vorschlag.

In einem weiteren Werk (1994) plädierte Singer für die Tötung von Säuglingen mit bestimmten Behinderungen als »aktive Euthanasie«.[58] Er lobte die traditionelle Ethik in einigen außereuropäischen Ländern, die den Kindsmord gestatten, und stellte sie der christlichen Moral des Westens gegenüber, die er ausdrücklich nicht teilt.[59] Auch diese Passagen widersprechen Schmidt-Salomons Argumentation.

In der Einleitung zur neuesten Auflage der »Praktischen Ethik«, die in Deutschland 2013 erschien, betonte Singer, er habe seine Meinung zu Themen, »die am meisten auf Widerstand stießen – Euthanasie und Abtreibung – nicht geändert«.[60] Er bleibe dabei, dass ein Baby kein »autonomes Wesen« sei, das fähig zu Entschlüssen wäre. »Es zu töten kann daher nicht bedeuten, dass man das Prinzip des Respekts vor Autonomie verletzt.« Allerdings habe die Ansicht »einiges für sich«, dass der gesetzliche Tatbestand des Mordes weiterhin ab »unmittelbar nach der Geburt« gilt, da damit eine deutliche und leicht verständliche Grenze gezogen sei.[61] Seine Ansicht, das Töten von Babys sei kein Mord, gelte »nur auf der Ebene der kritischen Moral«. Bei »alltäglichen Entscheidungen« sollten wir agieren »als ob ein Säugling vom Augenblick der Geburt an ein Lebensrecht hat«[62] Es geht ihm also bloß um den reibungslosen Vollzug bei »normalen«, nichtbehinderten Säuglingen.

Singer beharrt darauf, dass »unser heutiger absoluter Schutz des Lebens« bloß Resultat einer religiösen Haltung sei, »nicht etwa ein universaler moralischer Wert«. Deshalb könne man die Grenze auch anders ziehen. Das bedeute, dass »unter ganz bestimmten Umständen das volle gesetzlich verankerte Recht auf Leben nicht mit der Geburt in Kraft tritt«, sondern erst kurze Zeit später, »vielleicht einen Monat nach der Geburt«.[63] Er versucht, Kritiker*innen in eine rechte Ecke zu manövrieren, wenn diese Abtreibung erlauben wollen, aber die Tötung von Neugeborenen ablehnen. Das sei falsch und inkonsequent, schreibt Singer. Denn ein Neugeborenes sei »kein rationales und selbstbewusstes Wesen, und es gibt viele nichtmenschliche Lebewesen, deren Rationalität, Selbstbewusstsein, Empfindungsfähigkeit usw. die eines eine Woche oder einen Monat alten menschlichen Säuglings übertreffen«.[64] Nicht Liberale und Linke sind inkonsequent, sondern Singer übernimmt die Ideologie konservativer Abtreibungsgegner*innen, wonach menschliches Leben mit der Zeugung beginne und Embryonen sich grundsätzlich nicht von Säuglingen unterscheiden.

Schmidt-Salomon hatte im »Manifest des evolutionären Humanismus« für ein »Recht auf Selbsttötung« plädiert, auch mit fremder Hilfe, und behauptet, Singer habe »mit ähnlichen Thesen« in den 1980er und 1990er Jahren eine »Hetzjagd« gegen sich ausgelöst, für die »in erster Linie eine gut geölte religiöse Propagandamaschine« verantwortlich gewesen sei.[65] Die diversen Darstellungen Schmidt-Salomons sind geeignet, Positionen zu verschleiern. Ähnliche Taktiken hatten Singer und Kuhse selbst schon genutzt. Als sie kritisiert wurden, stilisierten sie sich als Märtyrer und entschärften in der deutschen Fassung ihres Werkes (1993) den oben zitierten Satz aus dem Vorwort der englischen Ausgabe um – wie sie schreiben – »Missverständnisse« zu vermeiden. Aus der klaren Ansage, »Wir denken, dass manche Kinder mit schweren Behinderungen getötet werden sollten«, wurde: »Wir sind der Meinung, daß es unter bestimmten Umständen ethisch gerechtfertigt ist, das Leben mancher schwerstbehinderter Neugeborener zu beenden.«[66]

In der deutschen Ausgabe der »Praktischen Ethik« von 1984 schreibt Singer: »Wir können die Euthanasie nicht nur deshalb verdammen, weil die Nazis sie durchgeführt haben, ebenso wenig, wie wir den Bau von neuen Straßen aus diesem Grund verdammen können.«[67] Das erinnert an die Stammtischweisheit, wonach nicht alles schlecht war im Dritten Reich. Dabei geht Singer einen Schritt weiter, indem er nicht bloß Autobahnen, sondern auch Massenmord positiv bewertet. In der revidierten Neuauflage zehn Jahre später fehlt diese Passage, stattdessen versucht er seitdem nachzuweisen, dass die Nationalsozialisten gar kein richtiges Euthanasie-Programm verfolgt hätten, weil sie niemandem Leid ersparen wollten, sondern eine rassistische Vision verfolgten. Immer wieder betont Singer, dass er im Unterschied zu den Nationalsozialisten vertrete, über den Kindsmord solle nicht der Staat, sondern die Eltern entscheiden.[68]

Ähnlich verhielt sich Singer in einem Interview 2001, möglicherweise vor dem Hintergrund von Protesten in den USA gegen seine Professur in Princeton. Auf den Hinweis, er habe gesagt, es wäre in Ordnung, ein Baby vor dem 28. Tag zu töten, antwortete Singer, er habe das 1995 gesagt und seine Meinung inzwischen geändert: »Nun glaube ich, dass man jeden einzelnen Fall genau anschauen muss.« Diese Aussage ist keineswegs das Gegenteil seiner früheren Ansicht, sondern eine ausweichende Antwort. Dann verweist er auf verzweifelte Eltern mit schwer behinderten Kindern, die ihm geschrieben hätten, und schließt: »Nicht jedes menschliche Leben ist heilig. Manchmal ist es besser, wenn ein Baby stirbt.« Schließlich erklärt der Bioethiker, Eltern sollten über den Kindsmord entscheiden, allerdings solle ein Arzt jeden Fall prüfen. »Ich kann mir vorstellen, dass die Eltern eines gelähmten Neugeborenen, der immer im Rollstuhl sitzen muss, entscheiden könnten, dass sie das Kind nicht haben wollen und dass sie ein anderes haben wollen. Das ist eine Entscheidung, die ich verstehen kann«, erklärt er.[69]

Seine Rechtfertigung, es gehe darum, Leid zu vermeiden, ist keineswegs neu. Schon die Rassenhygieniker des Kaiserreiches und die Nationalsozialisten gaben dieses Motiv vor. Genau deshalb benutzten sie den Begriff Euthanasie, der im Altgriechischen Gnadentod bedeutet, aber durch die Verbrechen der Nationalsozialisten heute für den Massenmord an Behinderten steht.

Kuhse und Singer wählten als Beispiele für Menschen, denen eine solche Gnade zu Teil werden sollte, Kinder, die am Down-Syndrom leiden, an der Bluterkrankheit oder an Spina Bifida, dem offenen Rücken. Bei Spina Bifida gibt es ein breites Spektrum von Symptomen, von denen manche nicht so schwerwiegend sind oder bereits pränatal operiert werden können. Menschen mit Down-Syndrom leiden keineswegs besonders, sondern werden von Ärzt*innen und Pfleger*innen als heiter, glücklich und zufrieden beschrieben, was auch Singer durchaus bewusst war, denn er schreibt, dass sie nicht leiden und nicht dauernd Operationen brauchen.[70]

Entscheidend für Singer ist nicht das Leid, sondern etwas anderes, nämlich die »guten Aussichten« (im Englischen »prospects«), ob ein behindertes Kind ein »lohnendes Leben« haben werde oder nicht.[71] Ein Kind mit Down-Syndrom zu haben, bedeute, eine ganz andere Erfahrung als mit einem »normalen Kind« zu machen. »Es kann immer noch eine warme und liebende Erfahrung sein, aber wir müssen unsere Erwartungen hinsichtlich der Fähigkeiten des Kindes senken«, schreibt Singer in seinem Werk »Rethinking Life and Death« (1994). Wir könnten nicht erwarten, dass das Kind Gitarre spiele, sich für Science-Fiction interessiere, eine Fremdsprache lerne, mit uns über den neuesten Woody-Allen-Film plaudere oder ein guter Sportler werde. In diesem Beispiel windet sich niemand in Todesqualen, erfüllt aber nicht die Erwartungen des Betrachters.[72]

Singer spielt mit den Sorgen und Ängsten von Menschen. Denn in der Tat ist es in einer Gesellschaft, die nach dem Prinzip der Konkurrenz aufgebaut ist, die nach Klassen gespalten ist, für behinderte Menschen und ihre Angehörige besonders schwer. Man braucht Geld und viel Kraft, um das

Leben zu meistern. Eltern, aber auch Geschwister behinderter Kinder tragen eine besondere Verantwortung, sind besonders gefordert und belastet mit der Sorge, was aus dem Kind wird, wenn sie überfordert sind, in Not geraten oder sterben. Die Behindertenbewegung hat seit einigen Jahrzehnten dazu beigetragen, die Lage zu verbessern, dennoch verdienen die meisten Länder das Prädikat behindertenfeindlich. Statt sich zu fragen, wie die Verhältnisse verbessert werden können auf einem Planeten des Überflusses, wirbt Singer für die einfache Lösung: den Mord.

Dass Singer von »lohnend« spricht, ist kein Zufall. Kindstötung ist für Singer eine wirtschaftliche Frage, buchhalterisches Kalkül. Als Fallbeispiel führen Kuhse und er ein von den Eltern abgelehntes geschädigtes Neugeborenes an. Es sollte am Leben bleiben, wenn sich Pflegeeltern fänden. Ansonsten müsste das Kind in ein Heim. Aber solche mit öffentlichen Mitteln finanzierten Einrichtungen seien sehr teuer, warnen Singer und Kuhse und fragen scheinheilig: »Aber ist nicht irgendwann der Punkt erreicht, wo die Gemeinschaft zu Recht sagen darf, daß Neugeborene, selbst wenn sie das Potential für ein lohnendes Leben besitzen, nicht am Leben zu halten seien, weil es einfach zu teuer werde ...«.[73]

Auch in diesem Beispiel kann von ausweglosem Leid keine Rede sein. In diesem Fall schützt nicht einmal die Aussicht auf ein lohnendes Leben das behinderte Kind, entscheidend ist der Kostenfaktor. In der »Praktischen Ethik« schreibt Singer klipp und klar: »Sofern der Tod eines behinderten Säuglings zur Geburt eines anderen Säuglings mit besseren Aussichten auf ein glückliches Leben führt, dann ist die Gesamtsumme des Glücks größer, wenn der behinderte Säugling getötet wird.«[74] In »Rethinking Life and Death« führt Singer ebenfalls die Kosten an und lässt schließlich »Volkes Stimme« sprechen: »Was für eine Geldverschwendung!«[75]

Entlarvend ist, wie sich die Argumentation entwickelt, am Anfang ging es um Leid, dann um die »guten Aussichten«, um Karriere, Leistung und Status, und zuletzt um die Kosten für die Gesellschaft. Das zeigt, welchen sozialen Gehalt und welche ideologische Funktion diese Killerphilosophie hat. Es geht darum, die öffentliche Meinung zu beeinflussen, als Voraussetzung dafür, dass gesetzliche Bestimmungen gelockert werden, die Behinderte und Kranke schützen sollen. Der Gedanke soll wieder salonfähig werden, das Leben sei für diese Menschen nicht lebenswert, für ihre Angehörigen eine Last und für die Gesellschaft ein Kostenfaktor, so dass es für alle ein Gewinn wäre, solche Personen zu töten, eine Win-win-Situation für Täter und Opfer.

1.2. Wiedergänger von Eugenik und Euthanasie

In mehrfacher Hinsicht steht Singer in der Tradition der Eugenik, die am Ende des 19. Jahrhunderts aufkam, in Großbritannien und den USA breite Resonanz erfuhr, zu Zwangsmaßnahmen wie Sterilisationen und Internierungen führte und in Deutschland den Massenmord an Behinderten rechtfertigte. Die historischen Parallelen beginnen damit, dass Singer behauptet, der »Infantizid« sei in vielen Gesellschaften ausgeübt worden, etwa im antiken Griechenland. Kindstötung sei oft nicht nur erlaubt, sondern sogar moralisch verpflichtend und »die erste und in manchen Gesellschaften die einzige Form von Bevölkerungskontrolle«[76] gewesen. Schon die Rassenhygieniker zu Zeiten Kaiser Wilhelms suchten ihre Ansichten zu legitimieren, in dem sie auf Praktiken in vor- und nichtchristlichen Gesellschaften verwiesen – besonders beliebt war der Kriegerstaat Sparta.[77] Fraglich ist, ob solche Praktiken mit der modernen Euthanasie zu vergleichen sind.[78]

Die »Tötung auf Verlangen« wurde in Deutschland bereits Ende des 19. Jahrhunderts in der Literatur thematisiert. Bald verschob sich die Betonung vom Mitleid mit dem leidenden Kranken zum Mitleid mit den Angehörigen. Das Leben des unglücklichen Patienten wurde als lebensunwert und nutzlos beschrieben, er falle seiner Familie nur zur Last. 1892 erreichte der Euthanasiediskurs die Wissenschaft. Der Soziologe Georg Simmel rechtfertigte in einem Buch über Moralwissenschaft die Tötung nutzlos gewordener Menschen.[79] Drei Jahre später forderte der Psychologe Adolf Jost in seiner Studie »Das Recht auf den Tod« vom Staat, diese Forderung umzusetzen. Fortan wurde der Wert des Menschen im einschlägigen Diskurs offen nach seiner Nützlichkeit für die Gesellschaft bemessen.[80] Für Jost war Euthanasie ein »Abflusscanal« für »ungesunde, schädliche, sich selbst zur Last fallende Elemente«, die in einem »so großen complicierten Organismus, wie die Menschheit es ist, eben vorkommen«.[81]

1913 formulierte Roland Gerkan, selbst schwer lungenkrank, einen Gesetzentwurf zur Legalisierung der Euthanasie, den er in der Zeitschrift des Deutschen Monistenbundes publizierte. Die Vorstellung, dass ein Menschenleben besonders wertvoll sei, wies er als überholtes religiöses Relikt zurück. Maßstab könne allein der Nutzen sein. Als höchstes Kriterium benannte Gerkan die »Wiedererlangung dauernder Arbeitsfähigkeit«.[82] Für die Gesellschaft stelle das Leben eines Schwerkranken eine Belastung dar, für diesen selbst habe es keinen Wert mehr. Dass Gerkan für solche Auffassungen eine Plattform beim Monistenbund bekam, einer Vereinigung für Freidenker und Freireligiöse, lag nahe, weil diese für sozialdarwinistische und eugenische Ansichten offen waren.[83]

Der Begründer des Monismus und des Monistenbundes, der Zoologe Ernst Haeckel, war einer der ersten Euthanasiepropagandisten. Eigentlich war Haeckel Experte für Quallen, Weichtiere und Einzeller, beanspruchte aber großzügig eine Deutungshoheit über letzte existentielle Fragen. Seine populärwissenschaftlichen Schriften hatten enorme Verbreitung und verschafften ihm hohes Ansehen. Der Professor aus Jena war ein begeisterter Anhänger Darwins, verbreitete dessen Lehre in Deutschland und prägte den Begriff Ökologie. Haeckel war Antisemit, Kolonialist, Nationalist und Rassist und entwarf Stammbäume über die Entstehung von Menschenrassen. Er war Mitglied des Alldeutschen Verbandes; zusammen mit Wissenschaftlern wie Alfred Ploetz und Ernst Rüdin und dem Schriftsteller Gerhard Hauptmann organisierte er den Berliner Zweig der Deutschen Gesellschaft für Rassenhygiene.[84]

Haeckel forderte das Recht auf »Selbsterlösung« für jedes Menschenkind, das mit Kummer und Not, Krankheit und Elend »aller Art« geschlagen sei. Der Gnadentod solle nicht nur Tieren, sondern auch Menschen zuteilwerden. Er ging davon aus, dass die Not in »niederen Volksschichten« trotz staatlicher Wohlfahrt bei den »höheren Culturvölkern« zunehme, als Folge von Übervölkerung und Maschineneinsatz. Zugleich findet sich bei Haeckel eine kulturpessimistische Note, wenn er meint, in der modernen Gesellschaft würden die Nerven überreizt und die »Culturkrankheiten« in erschreckendem Maße zunehmen. Mitfühlende Menschen sollten darum das Recht haben, ihren gequälten Zeitgenossen beim schmerzlosen Tod zur Hand zu gehen. Schließlich spricht Haeckel ganz offen die Kosten an, die der Gesellschaft dadurch erwachsen, dass sie Aussätzige, Krebskranke, Krüppel, Taubstumme und Geisteskranke am Leben erhalte. Als letztes Argument verweist der Professor auf die »Verbesserung der Rasse«, die sich aus der Selektion von schwächlichen und krüppelhaften Neugeborenen ergeben würde.[85]

Deutlich wird, dass Euthanasie-Verfechter*innen immer die gleiche Diskursmasche pflegen. Sie beginnen mit der pathetischen Proklamation eines Rechts auf Selbstbestimmung über den eigenen Tod und appellieren an das Mitleid mit der gequälten Kreatur, was zur Forderung nach legaler Sterbehilfe führt. Es endet mit der Rechtfertigung des Mordes an Menschen, die als unnütze Belastung diffamiert werden. In zynischer Weise werden existenzielle menschliche Notlagen propagandistisch ausgebeutet, um ganze Bevölkerungsgruppen als unnütze Esser zu diffamieren. Der Euthanasiediskurs ist in diesem Zusammenhang Vorbereitung oder Begleitmusik für Verbrechen.[86]

Berüchtigte Verfechter dieser Position waren Karl Binding und Alfred Hoche. Wie Singer waren beide keine Außenseiter, sondern angesehene Wissenschaftler. Ihr Werk mit dem programmatischen Titel »Die Freigabe der Vernichtung lebensunwerten Lebens«, das 1920 erschien, feuerte die Debatte in einer breiten Öffentlichkeit an und radikalisierte diese erheblich. Die Autoren sprachen sich dafür aus, unrettbar Todkranke und unheilbar Verblödete, die keinen Willen hätten oder keine Gefühlsbeziehungen zur Umwelt aufnehmen könnten, die »Vollidioten« im psychiatrischen Sinne seien, zu töten, wobei sie die Methode nicht nannten, aber sich wohl Gas oder Gift vorgestellt haben.[87]

Der Psychiater und Neurologe Hoche lieferte die fachspezifische Begründung dafür, die gängige Moral auf den Kopf zu stellen, und durch eine neue Norm zu ersetzen, die auf dem Verwertungsprinzip basiert. Der zentrale Begriff bei Hoche sind die »geistig Toten«, etwa Geisteskranke und Demenzkranke. Als solche definierte der Psychiater Menschen, die kein Selbstbewusstsein haben und entwickeln können. Sie hätten damit keinen subjektiven Anspruch auf Leben.[88] Diese Definition entspricht ziemlich genau Singers Begriff der menschlichen Nicht-Personen. Auch der Verweis auf das Tierreich findet sich: Die »geistig Toten« stehen laut Hoche »auf einem intellektuellen Niveau, das wir erst tief unten in der Tierreihe wiederfinden«.[89]

Solche Menschen hatten nach Ansicht von Binding und Hoche kein Lebensrecht. Sie formulierten damit die letzte Konsequenz eines Sozialdarwinismus, der kapitalistischen Verhältnissen immanent ist. Zwar führte auch der Psychiater die Vermeidung von Leid als Motiv dafür an, dass Ärzte Menschen ungestraft töten dürfen sollen. Der »Unwert« solcher Menschen ergibt sich für Hoche jedoch daraus, dass ihr Dasein sowohl »für die Lebensträger wie für die Gesellschaft dauernd allen Wert verloren hat«.[90]

Ähnlich wie Singer stellte der Psychiater Hoche im Kontext der deutschen Perspektive eines verlorenen Weltkrieges und der anschließenden Wirtschaftskrise eine Kosten-Nutzen-Rechnung an:

> Die Anstalten, die der Idiotenpflege dienen, werden anderen Zwecken entzogen; soweit es sich um Privatanstalten handelt, muß die Verzin-

> sung berechnet werden; ein Pflegepersonal von vielen tausend Köpfen wird für diese gänzlich unfruchtbare Aufgabe festgelegt und fördernder Arbeit entzogen; es ist eine peinliche Vorstellung, daß ganze Generationen von Pflegern neben diesen leeren Menschenhülsen dahinaltern, von denen nicht wenige 70 Jahre und älter werden. Die Frage, ob der für diese Kategorien von Ballastexistenzen notwendige Aufwand nach allen Richtungen hin gerechtfertigt sei, war in den verflossenen Zeiten des Wohlstandes nicht dringend; jetzt ist es anders geworden, und wir müssen uns ernstlich mit ihr beschäftigen. Unsere Lage ist wie die der Teilnehmer an einer schwierigen Expedition, bei welcher die größtmögliche Leistungsfähigkeit Aller die unerläßliche Voraussetzung für das Gelingen der Unternehmung bedeutet, und bei der kein Platz ist für halbe, Viertels und Achtels-Kräfte.[91]

Der Strafrechtsprofessor Binding hebelte das Tötungsverbot des Strafgesetzbuches aus, indem er die Vorstellung vom prinzipiell unterschiedlichen Wert menschlichen Lebens einführte.[92] Das Verbot, Menschen zu töten, basiert auf der Vorstellung von der prinzipiellen Gleichheit aller Menschen. Diese ist, wie Singer treffend bemerkt, keine Tatsachenbehauptung, sondern ein moralisches Prinzip.[93] Menschen sind ganz offensichtlich nicht gleich im Sinn von identisch in Aussehen und Verhalten. Die Idee der Gleichheit existierte zunächst im Judentum und im Christentum als Gleichheit vor Gott. In der liberalen Doktrin und in der real existierenden bürgerlichen Gesellschaft stehen sich die Individuen als formal gleiche Besitzer von Waren, seien es Güter, Dienstleistungen oder Arbeitskraft, gegenüber. Viele Sozialist*innen begnügen sich damit, soziale Gleichheit im Rahmen dieser Ordnung einzufordern, weshalb Marx kritisch anmerkte, es handele sich um »ein Recht der Ungleichheit, seinem Inhalt nach, wie alles Recht«. Ungleiche Individuen werden zu bestimmten Zwecken oder unter einem bestimmten Aspekt nach gleichem Maßstab bewertet.[94]

Worum es aus emanzipatorischer Perspektive geht, ist die moralische Gleichheit aller Menschen, ihre Würde und ihr Existenzrecht, ihr Recht sich zu entfalten und glücklich zu sein. Diese universalistische Vorstellung von Gleichheit zurückzuweisen, ist die entscheidende ideologische Grundlage von Antisemitismus und Rassismus, von Sozialdarwinismus und Eugenik, die Grundlage faschistischen Denkens, auch wenn dieses von Linken vertreten wird. Denn dadurch können bestimmte Gruppen als minderwertig oder lebensunwert ins Visier genommen werden. Genau das ist die Absicht der Rassenhygieniker*innen. Sie wollen eine ethische Grundlage dafür schaffen, das Tötungsverbot einzuschränken.

1.3. Singers Freund*innen

*Abteilung 1: Liberale, Linke und Feminist*innen*

Weil die Tierrechtsbewegung in Deutschland anders als in Großbritannien keine große Rolle spielte, stand der australische Bioethiker hierzulande weniger als Tierrechtler, sondern wegen seiner Ansichten zur Euthanasie im Rampenlicht. Das war bereits in der »Singer-Debatte« Ende der 1980er-Jahre der Fall und hat sich nicht geändert. Zu Recht, denn dabei handelt es sich um den Kern seiner Auffassungen, um das, was politisch gefährlich ist.

Auch die Methoden seiner Freund*innen sind über die Jahre gleichgeblieben. Seinerzeit zählte die liberale Wochenzeitung Die Zeit zu seinen Unterstützer*innen, die Singers Thesen nicht bloß offensiv vertrat, sondern Kritiker*innen als hysterisch, peinlich, bösartig und beschränkt diffamierte.[95] Als in Frankfurt 2011 Menschen vor der Deutschen Nationalbibliothek gegen die Singer-Ehrung demonstrierten, verunglimpfte die Giordano-Bruno-Stiftung diese wiederum als rechte Lebensschützer und christliche Fundamentalisten und sprach von Rufmord. In solchen Reaktionen steckt vermutlich eine gute Portion Wut, weil man sich ertappt fühlt und die Gesinnung und deren Konsequenzen so nicht in der Öffentlichkeit verhandelt wissen mag. Zudem gibt es durchaus rechte Lebensschützer wie Hubert Hüppe von der CDU, der als damaliger Behindertenbeauftragter der Bundesregierung gegen die Ehrung protestierte. Ihm drohte Schmidt-Salomon mit juristischen Schritten, machte aber nach dem Event einen Rückzieher.[96]

Dass Veranstaltungen mit dem Bioethiker immer wieder abgesagt wurden, war in erster Linie dem Einsatz von Krüppelbewegung, Gentechnik-Kritiker*innen, Antifaschist*innen und ökologisch orientierten Linken zu verdanken.[97] Mitte der 1990er-Jahre versuchten Singers Freund*innen erneut, dessen Thesen in Deutschland salonfähig zu machen, wiederum wenig erfolgreich. Die Organisator*innen eines Kongresses »Science/Fiction – Fundamentalismus und Beliebigkeit in Wissenschaft und Therapie« in Heidelberg mussten Singer 1996 aufgrund öffentlichen Drucks wieder ausladen.[98] In Bonn demonstrierten Anti-Euthanasie-Gruppen gegen eine Buchvorstellung von Singer. Die Polizei musste diese Veranstaltung schützen. Die Veranstalter*innen des Philosophie-Events Phil.Cologne im Juni 2015 luden Singer, der in Köln über Veganismus sprechen sollte, nach Protesten wieder aus.[99]

Den Kontext der Debatte haben einige damals treffend beschrieben. Siegfried Jäger (1992) und Udo Sierck (1996) zeigten, dass Singer manche Argumente von rassistischen Autoren aus dem Umfeld der Soziobiologie bezog. Sierck warnte, dass liberale Wissenschaftler*innen wie Singer mit Schlagworten wie jenem von der Glücksmaximierung rechten Vorstellungen in die Hände spielten, die auf eine bevölkerungspolitische und eugenische Optimierung der Bevölkerung zielten.[100] Außerdem ging es nach Ansicht Jägers ein weiteres Mal darum, NS-Vergangenheit zu entsorgen. Im Historikerstreit sollten der Angriffskrieg und die singulären Verbrechen des faschistischen Regimes zur asiatischen Tat umgedeutet, nun die rassenhygienische Ideologie rehabilitiert werden, die den Massenmord an Behinderten und sozial Unangepassten begründet hatte.

Das gerade ein Blatt wie Die Zeit sich zum Vorreiter mache, sei kein Zufall: Ihre Klientel besteht aus liberalen Akademikern und gehobenen Managern, die das Wirtschaftswachstum forcieren und Sozialausgaben drücken wollten.[101] Das Wochenblatt behielt die Linie bei. 2001 wurde ein Werk über »Früheuthanasie« positiv gewürdigt. Der Rechtsphilosoph und Strafrechtslehrer Reinhard Merkel halte am Begriff des »unwerten Lebens« fest, wende sich gegen »prohibitive Tabus« und plädiere für eine »unbefangene Auseinandersetzung« mit der Tötung von Neugeborenen, hieß es in der Rezension.[102]

Es geht wohl vor allem um Kosten-Nutzen-Abwägungen im Gesundheits- und Sozialbereich. Die zunehmende Ökonomisierung läuft einerseits darauf hinaus, alte, behinderte und chronisch kranke Menschen auszugrenzen, andererseits Menschen zu Rohstoffen und Versuchskaninchen für die neuen Gen- und Biotechnologien zu degradieren. Die Äußerungen Singers passten damals zu einer internationalen Offensive von Wissenschaftler*innen, denen es unter dem Schlagwort Bioethik um Eigentums- und Nutzungsrechte an menschlichen Körpern ging. Dafür sollten moralische Hemmschwellen abgebaut werden.

Kirsten Achtelik hat zudem darauf hingewiesen, dass Mitte der 1980er-Jahre in der Bundesrepublik das sogenannte »Liegenlassen« diskutiert wurde.

Dabei wurde Neugeborenen mit (vermeintlichen) Entwicklungsfehlern eine medizinische Versorgung verwehrt, so dass sie starben. In diesem Zusammenhang wurde 1984 die Zahl von 1.200 Kindern jährlich genannt. In den sogenannten »Einbecker Empfehlungen« formulierten Verfassungsrechtler*innen, Mediziner*innen und Theolog*innen Empfehlungen zum Abbruch einer Behandlung von Neugeborenen mit Beeinträchtigungen.[103]

In Bonn wurde 1994 das Institut für Wissenschaft und Recht gegründet, mit dem Motiv, die Akzeptanz für Gentechnik, insbesondere Humangenetik, und Organtransplantationen zu verbessern. Getragen wurde die Einrichtung von den Universitäten Bonn und Essen, dem Forschungszentrum Jülich und der staatlichen Deutschen Gesellschaft für Luft- und Raumfahrt, finanziert vom Bundesministerium für Forschung und Technologie, der Deutschen Forschungsgemeinschaft, dem Wissenschaftsministerium von Nordrhein-Westfalen sowie Stiftungen der Industrie.[104] Auf Bioethik-Konferenzen in London wurde 1995 über den Abbruch der Behandlung und Versorgung von Wachkoma-Patienten verhandelt. Zuvor hatte das Londoner Zentrum für Medizinrecht und Ethik an 1.200 Neurolog*innen in Deutschland einen Fragebogen verschickt, auf dem man im Multiple-Choice-Verfahren ankreuzen konnte, ob man Wachkomapatienten nach drei, sechs, zwölf Monaten oder einer längeren Frist verhungern lassen sollte.[105]

Die Internationale Bioethik-Kommission der UNESCO favorisierte in ihrem Entwurf einer »Deklaration zum menschlichen Genom und zu den Menschenrechten« Eingriffe in die Erbanlagen von Kindern und Demenzkranken.[106] Ein Expert*innenkomitee des Europarates plädierte für die Forschung an Embryonen, die im Reagenzglas entstanden waren, sowie für Eingriffe an »nicht einwilligungsfähigen Personen«, selbst wenn die Betroffenen davon nicht einmal einen therapeutischen Nutzen zu erwarten hätten.[107] Dagegen erhob sich einiger Widerspruch. Heribert Prantl warnte in der Süddeutschen Zeitung unter dem Titel »Die Würde der Behinderten ist antastbar« davor, diese Menschen würden zu Forschungsobjekten gemacht.[108] Die Alzheimer Gesellschaft lehnte die Konvention wegen der Forschung an nichteinwilligungsfähigen Personen ab. Die Bundesregierung trat der Bioethik-Konvention des Europarates schließlich nicht bei.[109] Im Frühjahr 1997 unternahm die Zentrale Ärztekommission bei der Bundesärztekammer einen neuen Vorstoß. Es wäre »moralisch nicht vertretbar« in der medizinischen Forschung auf »nichteinwilligungsfähige Personen« wie Kinder, Bewusstlose oder »Bewußtseinsgestörte« zu verzichten. Denn damit würde man

»bewußt auf Fortschritte in der Erkennung und Behandlung von Kranken«[110] verzichten. Menschen sollten zu Experimenten benutzt werden dürfen, wenn deren gesetzliche Vertreter ausreichende Anhaltspunkte dafür hätten, dass die Person teilnehmen würde, könnte man sie fragen, und wenn keine gegenteiligen Willensäußerungen vorlägen. In Notfällen müsse man aber auch ohne Einwilligung des gesetzlichen Vertreters handeln dürfen.

Die Erwägungen Singers stützten konkrete Interessen von Staat und Kapital. Dennoch wurde seine Bioethik auch von einigen Linken unterstützt. Ähnlich wie liberale Journalist*innen unterstellten sie, Singer könne schon deshalb keine menschenverachtenden Ansichten hegen, weil seine Großeltern von den Nationalsozialisten ermordet worden waren. Obendrein greife Singer doch bloß die abendländische jüdisch-christliche Vorstellung von der »Heiligkeit des Lebens« an, die sich um das Leid der Tiere nicht schere.[111] Im Neuen Deutschland schrieb Ingolf Bossenz, bei aller berechtigter Kritik könne dessen »Euthanasie-Begriff« doch »kaum in die Nähe der nationalsozialistischen Massenmorde gebracht werden«. Schließlich habe Singer das Prinzip der moralischen Gleichheit aller Menschen begründet, behauptete Bossenz irreführenderweise, ohne dessen Unterscheidung in Personen und »Nicht-Personen« zu erwähnen.[112]

Unterstützung bekam Singer von Norbert Hoerster, dessen Auftritt in Trier – auf Einladung der Katholischen Akademie und der Caritas-Gesellschaft »ctt academie weiskirchen« – im Februar 1997 von behinderten und nichtbehinderten Menschen verhindert wurde.

Hoerster verteidigte offensiv, was Schmidt-Salomon später herunterspielte. »Manche Leben sind offensichtlich für die Gesellschaft wertvoller (insbesondere nützlicher) bzw. für ihre Träger wertvoller (nämlich sinnvoller oder erfüllter) als andere«, erklärte der Philosophieprofessor.[113] Jede Krankheit oder Behinderung sei ein Defizit, das den Wert verringert. Von eugenisch motivierten Abtreibungen würden sowohl die Gesellschaft als auch die schwangere Frau »profitieren«.[114] Darum verdiente seiner Ansicht nach eine Frau, die einen »behinderten« Fötus abtreibt und stattdessen einem gesunden Fötus – und später gesunden Menschen – das Leben schenkt, eher Lob als Tadel. »Und zwar nicht so sehr deshalb, weil sie hierdurch der Gesellschaft eine Belastung erspart; sondern primär deshalb, weil sie hierdurch einem Menschen mit einem wahrscheinlich besseren Leben zur Existenz verhilft«.[115]

In einem wichtigen Punkt wich Hoerster durchaus von Singer ab. Zwar meinte er wie sein australischer Kollege, ein Mensch sei erst ab dem dritten

Monat seines Lebens ein richtiger Mensch, weil er erst nach dieser Frist personale Eigenschaften zeige, warnte aber vor einem »Dammbruch«, der eintreten könnte, würde das allgemeine Tötungsverbot aufgeweicht. Aus pragmatischen Gründen riet Hoerster, Säuglingen schon ab der Geburt ein Lebensrecht einzuräumen, statt erst nach einem Monat. Das würde der »Durchschnittsbürger« nicht kapieren, argumentierte der Professor.[116] Außerdem wies Hoerster darauf hin, dass das utilitaristische Prinzip das Leben größerer Kinder, etwa Zehnjähriger, gefährden könne, wenn das Abwägen mit Interessen oder Präferenzen etwa von Erwachsenen entsprechend ausfällt.[117] Durchaus einverstanden war Hoerster mit einer eugenischen Selektion von Föten, um dem Ziel einer besseren Welt, die »von Behinderungen möglichst frei ist« [118], näherzukommen.

Tierrechte lehnte Hoerster dagegen ab. Sie würden daran scheitern, dass Tiere keine Pflichten übernehmen und nicht die Zukunft planen können.[119] Stattdessen vertritt Hoerster die klassische Position des Tierschutzes, dass Menschen aus moralischen Gründen Pflichten gegenüber Tieren haben und diese nicht misshandeln dürfen.[120] Diese Differenz war einer der Gründe, warum Hoerster 2011 aus dem Beirat der Giordano-Bruno-Stiftung austrat. Er hielt es für abwegig, dass Menschenaffen typische Menschen- oder Grundrechte wie etwa das Recht auf Religionsfreiheit benötigen würden.[121] Seine Begründung war jedoch insofern unsinnig, als weder die Stiftung noch das Great Ape Project solche Forderungen aufstellten. Es geht um das Recht auf Leben, die individuelle Freiheit und das Verbot der Folter von großen Menschenaffen.

Während Hoerster die Position Singers lediglich differenzierte, gab es in den 1990er-Jahren im IBKA durchaus noch Euthanasie-Kritiker*innen, allen voran Gerhard Kern. Dagegen hielt sich Schmidt-Salomon in veröffentlichten Beiträgen zurück. Er verteidigte Singer gegen den Vorwurf des Rassismus, wobei er auf dessen jüdische Eltern verwies, und den Umstand, dass dieser für die australischen Grünen kandidiert habe, beides Punkte, die an der Sache vorbeiführen. Zum eigentlichen Inhalt der Debatte bemerkte Schmidt-Salomon damals, dass Singers Ansichten dazu »benutzt« würden, »um eine Politik zu legitimieren, die von HumanistInnen in allerschärfster Form bekämpft werden müßte.« Der Bioethiker blende ökonomische Zusammenhänge aus. Es sei wahrscheinlicher, dass nicht die Rechte von Tieren auf-, aber die von Menschen, insbesondere von Behinderten, abgewertet würden. Schmidt-Salomon plädierte für separate ethische Regeln für Menschen und

Tiere. Praktisch könnte ein »relativ konsequenter Vegetarismus« das Leiden der Tiere vermindern.[122]

*Abteilung 2: Tierrechtler*innen und Tierbefreier*innen*

Tierrechte rückten erst im Verlauf der Singer-Debatte in den Vordergrund. Insbesondere Hermann Peter Piwitt sowie Alice Schwarzers Blatt Emma machten sich dafür stark. Die Zeitschrift beschäftigte sich ein Jahr lang immer wieder mit dem Thema. Am Anfang publizierte Emma ein Dossier mit dem Titel »Ein Recht für Tiere« mit Beiträgen, in denen der KZ-Vergleich nicht fehlen durfte. Das letzte Heft des Jahres 1994 war Affenforscherinnen und einer Deklaration der Rechte der Großen Menschenaffen von Singer und Cavalieri gewidmet.[123] Die Esoterikerin Barbara Rütting begründete in dem Dossier zum Auftakt der Kampagne die Pflichten des Menschen gegenüber den Tieren ganzheitlich-biologistisch: »Wir Menschen sind die Zellen des Organismus Erde, die so gesund oder so krank ist wie ihre einzelnen Zellen. Jede Zelle trägt die Verantwortung für das Ganze – und der Mensch hat durchaus nicht mehr Rechte als die Tiere, er hat mehr Pflichten.«[124]

Im folgenden Heft ergriff Emma für Singer Partei. Cornelia Filter fand dessen Vorschlag diskutabel, schwerstbehinderte Neugeborene, um die sich Angehörige nicht kümmern wollen, zu töten.[125] Die Reaktionen waren konträr. Frauen und Behinderte kritisierten Emma, während Kaplan, Kuhse und Singer sich solidarisierten.[126] Als Affen maskierte Frauen verwüsteten die Redaktionsräume, woraufhin die Singer-Fans sich in den Leserinnenbriefspalten austobten. »Praktizierter Faschismus« nannte es Silke Ruthenberg von der Gruppe Animal Peace.[127] »Diese Linksfaschisten! Lesbischsein schützt keineswegs vor Doofheit«, schrieb eine andere Frau. Eine dritte bezeichnete die Aktivistinnen als »ganz schön blöde Schnepfen«. Tierbezeichnungen für Frauen gelten in der Szene sonst als Beleg für Sexismus und Speziesismus.[128]

Auch der Schriftsteller Piwitt sah eine »äußerst aggressive Allianz aus Behindertenverbänden, konservativen Lebensschützern und Linken« am Werk und fühlte sich »bisweilen ins Argumentationsmilieu mittelalterlicher Kleriker versetzt«.[129]

Nach Ansicht von Piwitt vertritt Singer eine moderate, angelsächsisch-pragmatische Haltung und habe bloß eine »aristotelisch-jüdisch-christliche Tradition der Tierverachtung aufgedeckt«. Das eigentliche Problem rühre doch aus einem »mehr als zweitausend Jahre lang betonierten Rassismus der Menschenart«, den Singer als Speziesismus bezeichne.[130]

Die Reaktionen aus der Tierrechtsbewegung fielen zurückhaltend bis zwiespältig aus, sofern Kritik nicht gleich als Vorwand notorischer Fleischfresser*innen abgetan wurde. Einige rügten Singer als inkonsequent, weil er nicht allen Tieren die gleichen Rechte einräumt. Sie warfen ihm vor, neue Hierarchien zu konstruieren, einige klagen ihn sogar als Speziesisten an. Emil Franzinelli würdigte Singer zwar als Vordenker der modernen Tierbewegung, hielt ihn aber nicht für einen Tierrechtler, weil er Hühnern kein unantastbares Lebensrecht einräumt.[131] Franzinelli schrieb:

> Er ist nicht der böse Mensch, als der er von seinen Kritiker_innen konstruiert wurde. Er hat die Tierbefreiungsbewegung durch die Aushebelung der moralischen Sonderstellung des Menschen eingeleitet und die Interessen und das Wohlergehen als moralisch relevant herausgestellt. Für die Tierrechtsbewegung ist seine Theorie im engen Sinne jedoch unbrauchbar, da er kein Tierrechtler ist.[132]

Richard Ryder, der den Begriff Speziesismus geprägt hat, kritisiert, dass Singer behaupte, der Tod habe für bestimmte Tiere eine geringere Bedeutung, weil sie auf niedrigerem geistigem Niveau stünden.[133] In einer jüngeren Publikation betont Friederike Schmitz (2020), dass alle empfindungsfähigen Tiere ein Lebensrecht hätten und verwirft die Nutzenmaximierung. Sie geht aber weder auf Singers Befürwortung der Euthanasie ein, noch hat sie sein Konzept der »Nicht-Personen« begriffen, wenn sie schreibt, die utilitaristische Rechtfertigung des Tötens von Tieren basiere auf der Annahme, es gebe relevante Unterschiede zwischen Menschen und Tieren.[134] Corine Pelluchon (2020) scheint Singers Argumentation ebenfalls nicht verstanden zu haben, denn sie schreibt, er habe die Empfindungsfähigkeit zum wesentlichen Kriterium gemacht. Sie bezeichnet ihn als »Begründer der Tierethik«, der ein wichtiges Buch geschrieben habe. Pelluchon, die an die Existenz von Rassen zu glauben scheint, äußert gleichfalls kein Wort zu seinem Ableismus, seiner Behindertenfeindlichkeit.[135] Was Tierrechtler*innen an Singer empört ist, dass sich beim utilitaristischen Abwägen der Daumen auch mal für Tiere senken kann, bis heute kritisieren die wenigsten seine Haltung zu Euthanasie oder distanzieren sich gar deshalb von ihm.

Unterschiedliche Ansichten dokumentierte 2007 ein Sammelband aus dem Alibri-Verlag, den die Tierrechtsaktivistin und Publizistin Susan Witt-Stahl herausgegeben hat. Der Band enthält Beiträge einer Tagung der Tierrechtsaktion Nord (TAN) aus Hamburg. Sie trägt den Titel »Das steinerne Herz der Unendlichkeit erweichen«, nach einem Satz von Max Horkheimer. Die Autor*innen stammten aus verschiedenen Spektren der Linken. Marcus Hawel aus dem Umfeld der Linkspartei kritisierte sogar den Begriff der Tierrechte.[136] Günter Rogausch, Gründer der Veganen Offensive Ruhrgebiet (VOR), lehnte Singer ab, weil dieser »das Lebensrecht von Menschen tatsächlich in Frage stellte«.[137] Für Marco Maurizi, einen Akademiker und Marxisten aus Italien, ist Singer zu bürgerlich, nicht Tierrechtler genug.[138] Colin Goldner, später Singer-Laudator und Deutschland-Koordinator des Great Ape Project, äußerte sich gar nicht zu dem Bioethiker. Der Philosoph Christoph Türcke, der wie Singer Menschen in Rassen einteilt, fand ihn manchmal zu krämerhaft. Der utilitaristische Ansatz lasse Singer die Welt bloß als Abwägungszusammenhang betrachten.[139]

Diese Kritik ist zutreffend. Was Euthanasie angeht, verharmloste Türcke den Vordenker der Tierrechtsbewegung jedoch. »Mit extremen Fallbeispielen ist Singer übrigens sehr zurückhaltend«, behauptete Türcke und fand dessen »ethische Nüchternheit« berechtigt, etwa wenn Singer einen »schwerstbehinderten Säugling, der gegen den Willen seiner Eltern mit immensem medizinischem und finanziellem Aufwand am Leben erhalten wird, in Beziehung zu den Affen setzt, die reihenweise zu so genannten wissenschaftlichen Zwecken getötet werden, ohne dass irgend Aufhebens gemacht wird.«[140] Solche vermeintliche Nüchternheit bezeichnete Singer in »Animal Liberation« als »mittlere« und »pragmatische« Position, demnach wären geistig Behinderte und Senile weniger wert als die meisten Tiere. Nach Ansicht Singers dürften Tiere getötet werden, wenn sie von »hoffnungslosem Elend zu erlösen« wären. Bei Menschen setzte er die Hemmschwelle niedriger an. Sie hätten ihr Leben verwirkt, sofern sie kein »sinnvolles Leben« leben.[141]

Der zweite Gründervater der Tierrechtsbewegung, Tom Regan, lehnt den Präferenz-Utilitarismus ab, weil damit nicht jede Form der Tierhaltung und -nutzung prinzipiell abgelehnt werden kann. Deshalb spricht Regan jedem Menschen und jedem Tier einen inhärenten Wert zu. Alle Menschen und Tiere seien ein »subject of life«. Kein Lebewesen dürfe Mittel zum Zweck für andere sein. Ein Wesen zu töten sei nicht nur eine Frage von Präferenzen, sondern zerstöre den inhärenten Wert eines Individuums und sei darum nur in Notwehr zulässig.[142] Trotz dieser Absage an den Utilitarismus wägt auch Regan Interessen und Perspektiven ab, so dass in Konfliktfällen Menschen und Tiere geopfert werden können, wie wir noch sehen werden.

Deshalb kritisieren einige Tierrechtler*innen sowohl Regan als auch Singer, weil beide das Lebensrecht von Menschen und Tieren von (vermeintlichen) Interessen und Fähigkeiten der Betroffenen abhängig machen.[143] Der Philosoph Steve Sapontzis macht sich darüber lustig, dass »Intellektuelle zugunsten des Intellektuellen voreingenommen sind« und hält das Konzept der Personalität für »eine Art intellektueller Voreingenommenheit«.[144] Er beharrt darauf, dass »alle fühlenden Wesen von der Ausbeutung durch den Menschen befreit werden« müssen, nicht bloß große Menschenaffen, sondern alle, »ob menschenähnlich oder nicht, ob intellektuell hoch entwickelt oder (prima facie) nicht«.[145]

Zu den wenigen, die Singers Euthanasiepropaganda ausdrücklich zurückweisen, gehört der amerikanische Rechtsphilosoph Gary Francione. Demente, geisteskranke und neugeborene Menschen hätten genau wie Tiere ein Interesse zu leben, auch ohne die Fähigkeiten »normaler« menschlicher Erwachsener.[146] Obendrein kritisierte Francione, dass Singer weder den Eigentumsstatus noch die Nutzung von Tieren verwerfe. Im Gegenteil, in »Animal Liberation« würde Singer die Haltung von Tieren moralisch rechtfertigen, sofern diese ein angenehmes Leben führen und schmerzfrei getötet werden.[147]

Es gibt also durchaus Tierrechtler*innen, die den Kern von Singers Konzeption angreifen, der darin besteht, Lebewesen unterschiedliche Fähigkeiten und Perspektiven zuzuschreiben, diese gegeneinander abzuwägen und daraus die moralische Rechtfertigung abzuleiten, vorgeblich weniger wertvolle Geschöpfe zu töten.

Trotz aller Differenzen haben prominente Theoretiker – Francione, Regan, Ryder und Sapontzis – sein Great Ape Project unterstützt. Linke Tierrechtler*innen in Deutschland spielen Singers Bedeutung und Einfluss herunter. Singer werde bloß »von Kreisen, die nicht über die lange Tradition des Tierrechts- und Tierbefreiungsgedankens in linken Bewegungen unterrichtet sind, gerne als ›Vater‹ des Tierrechtsgedankens stilisiert und seine Philosophie zur Kritik an der Tierbefreiungsbewegung hergenommen, obwohl diese sich niemals positiv auf sie bezogen hat«, schreibt Matthias Rude, ein Publizist und Aktivist der Szene.[148] Rude schreibt von einer linksradikalen Tierbefreiungsbewegung, deren Anfänge bis zur englischen Revolution im 17. Jahrhundert zurückreichen, und die mit finsteren Gestalten und rechtem Gedankengut nie zu tun hatte. Die empirischen Belege dafür sind teilweise bescheiden, so dass er von einer »geheimen Geschichte« spricht.[149]

Eine frühe westdeutsche Publikation aus der Tierrechtsszene, das Buch »Operation Tierbefreiung« (1988), widerlegt solche Schönfärberei. Es ist eine Lobeshymne auf militante Tierbefreier*innen, denen damals noch das Etikett »autonome Tierschützer« genügte, um sich von den Tierschutzvereinen abzugrenzen, den Verräter*innen mit der »Bambimentalität«.[150] Die autonomen Tierschützer*innen, die in den Werken porträtiert werden, zeigten keine Berührungsängste zu rechten Inhalten und einschlägigen Personen wie Kaplan oder Rütting.[151] Die Autoren räsonieren darüber wie rechtswidrig, finanziell schädlich und dem Gemeinwohl abträglich Tierquälerei doch wäre. Militanz wird gefeiert, von Kaplan zudem mit einem KZ-Vergleich gerechtfertigt. Theorien oder strategische Überlegungen sucht man im Buch vergeblich.

Allein der Umstand, dass von dem Buch »Animal Liberation« etwa eine halbe Million Exemplaren verkauft wurden, straft die Behauptung Lügen, Singer wäre gar nicht so wichtig für die Bewegung.[152] Dagegen steht auch das Zeugnis von Expert*innen. Ryder bezeichnet Singer und Regan als »die beiden führenden Philosophen der Bewegung«.[153] Der Tierrechtler und Philosoph Gary Steiner schätzt ihre Ideen als dominant ein.[154] Lawrence und Susan Finsen rühmen in ihrer Geschichte der US-amerikanischen Tierrechtsbewegung das Duo Singer und Regan als Pioniere eines völlig neuen Ansatzes. Dank ihres Engagements habe diese Idee an den Universitäten und in der seriösen akademischen Philosophie Anerkennung gefunden. Insbesondere »Animal Liberation« sei »äußerst effektiv gewesen als Kombination einer gradlinigen Argumentation mit harten Fakten«.[155] Singer habe viele führende Aktivisten wie Henry Spira beeinflusst und die Gründung neuer Gruppen stimuliert. Bei Peta seien neue Aktivist*innen und Mitarbeiter*innen mit Singers Buch geschult worden.[156] Selbst Tiefenökolog*innen, die mit dem Utilitarismus nichts anfangen können, würdigen, dass Singer einen anthropozentrischen Konsens aufgebrochen habe.[157]

In ihrem informativen und kritischen Werk über die britische Tierrechtsbewegung differenziert Maike Roscher: Sie vermutet, dass die Wirkung Singers in der Öffentlichkeit groß, die Rezeption in der Bewegung jedoch begrenzt gewesen sei.[158] Allerdings behauptet Roscher, Singer wäre mit »späteren Überlegungen« zur Tötung von nicht lebenswertem Leben »auf entschiedenen Widerstand der radikalen Tierrechtsbewegung gestoßen – oder sie wurden ignoriert«. Besonders in Deutschland sei Singer deswegen zurückgewiesen worden.[159] Eine ähnliche Position vertritt Rude, der schreibt, Singers »Vernichtungsethik« sei »kein Anknüpfungspunkt für linke Tierbefreiungspolitik, im Gegenteil, sie wurde von der Bewegung von Anfang an kritisiert und zurückgewiesen«.[160]

Für Euthanasie warb Singer bereits in »Animal Liberation«, nicht erst später, und von entschiedenem Widerstand von Anfang an kann nicht die Rede sein. Als Belege führt Rude Texte der Veganen Offensive Ruhrgebiet (VOR) von 1992 und von der Tierrechtsaktion Nord (TAN) aus den Jahren 1996 und 1997 an – zu dem Zeitpunkt war die Bewegung in Deutschland unter dem Etikett autonome Tierschützer schon zehn Jahre alt –, Roscher nennt gar kein Beispiel.[161] Vielleicht ließen sich sogar ältere Belege anführen. Ausschlaggebend ist jedoch, dass sich Teile der Tierrechtsbewegung erst von Singer distanzierten, als dessen Thesen von antifaschistischen Gruppen kritisiert wurden, keineswegs schon nach dem Erscheinen der »Praktischen Ethik« (1978) oder gar von »Animal Liberation« (1975).

Als in der autonomen Publikation Interim Anfang 1995 über Tierrechte und Veganismus gestritten wurde, kritisierten antifaschistische Gruppen die Thesen Singers, während Tierrechtler*innen reflexhaft behaupteten, niemand berufe sich auf den australischen Bioethiker.[162] Die TAN schaltete sich in die Debatte ein. Die Gruppe wies esoterische und biologistische Positionen zurück und grenzte sich von Singer wegen dessen Haltung zur Euthanasie ab. Die TAN erklärte zutreffend, Singers Plädoyer für Euthanasie gehe auf den Utilitarismus zurück, und behauptete, mit Tierrechten habe das nichts zu tun. Ersteres stimmt, Letzteres ist falsch. Eine utilitaristische Begründung hat schon Bentham vorgeschlagen, der als Vorläufer der Bewegung gilt. Die TAN selbst vertrat damals die Auffassung, alle Lebewesen hätten »das selbe Recht auf Berücksichtigung ihrer Interessen«, eine Formulierung die von Singer stammen könnte, weil damit ein Abwägen gemeint ist.[163]

Ähnlich wie die TAN erhob die Zeitschrift Tierbefreiung den Anspruch, eine abolitionistische Position zu vertreten, also jede Nutzung und Haltung von Tieren zu verwerfen, aber radikal, emanzipatorisch und theoretisch fundiert. In einem Plädoyer für den Ansatz der Unity of Oppression, der von einem Nebeneinander vieler unterschiedlicher Unterdrückungs- und Herrschaftsformen ausgeht, wurde die Kategorie »ableism/bodyism«, also Diskriminierung aufgrund von Behinderungen, eigens aufgeführt, ohne daraus

Konsequenzen in Bezug auf die Bioethik zu ziehen.[164] Eine fundamentale Zurückweisung Singers fand sich dennoch nicht, obwohl dessen Haltung ein Paradebeispiel für ableism und bodyism ist. Mit Colin Goldner zählte sogar ein Fürsprecher des Bioethikers zu den regelmäßigen Autoren des Blattes.

Bezeichnend ist, dass es noch 2011 keinen Aufschrei linker Tierbefreier*innen gab, als die Giordano-Bruno-Stiftung Singer mit ihrem Ethik-Preis auszeichnete, von seltenen kritischen Stellungnahmen etwa der Antispe Tübingen abgesehen, während Mitglieder der Tierrechtsgruppe Rhein-Main in Frankfurt beim Festakt mit Singer vor der Kamera posierten. In der Zeitschrift Tierbefreiung durfte Goldner das Ereignis feiern, bei dem er selbst als Laudator aufgetreten war.[165] Vier Jahre vorher war in dem Blatt lediglich diskutiert worden, ob durch das Great Ape Project nicht eine neue speziesistische Grenze zwischen Menschen und Menschenaffen einerseits und der übrigen Tierwelt andererseits gezogen würde.[166]

Erfreulich ist, dass in manchen neueren Publikationen endlich klare Worte zu finden sind. So weisen Roscher (2008) und Rude (2013) die »Vernichtungsethik« Singers (Rude) und dessen »Nutzenkalkül« (Roscher) zurück.[167] Klaus Petrus (2013) verwirft Singers Ansichten als hierarchisch. Indem dieser das Recht auf Unversehrtheit an bestimmte Merkmale knüpfe, würden Kleinkinder, Demente oder Schwerstbehinderte aus der Rechtsgemeinschaft ausgeschlossen.[168]

1.4. Effektiver Altruismus: Almosen nach dem Kosten-Nutzen-Prinzip

Aufgrund seiner Biographie ist Singer hervorragend geeignet, für Eugenik und Euthanasie zu werben. Er scheint unverdächtig. Seine Eltern mussten während der NS-Zeit wegen ihrer jüdischen Herkunft aus Wien emigrieren, die Nationalsozialisten ermordeten drei Großeltern. Auf diese Familiengeschichte verweisen Anhänger*innen und Singer selbst gern.[169] Die Shoah heranzuziehen, um sich gegen Kritik zu immunisieren, ist ein Missbrauch der Opfer. Das Leid der Vorfahren bedeutet keinen Persilschein für die Nachkommen. Jeder ist für sein Tun selbst verantwortlich.

In der Öffentlichkeit tritt Singer als Umweltschützer, Tierrechtler und Veganer auf, ließ sich in Käfige sperren, um gegen das Leid der Kreatur zu protestieren.[170] Vor dem Klimagipfel von Paris im Dezember 2015 unterzeichnete er einen Appell an die »Führer der Welt« gegen die Ausbeutung neuer Kohleminen. Für antifaschistische Linke in den USA scheint Singer eine harte Nuss, weil dort rechte Abtreibungsgegner*innen gegen ihn mobilmachen. In Australien hat er für die Grünen für das Parlament kandidiert und schließlich plädierte er für eine neue darwinistische Linke.

Singer sorgt sich um den Zusammenhalt in westlichen Gesellschaften, weil die Kluft zwischen Arm und Reich wächst. Seine Vorschläge um Armut, Ungleichheit, Klimawandel und Umweltzerstörung beizukommen, sind jedoch dürftig. Sie laufen darauf hinaus, dass »wir« alle ein bisschen vom Kuchen abgeben, selbstredend ohne »unseren« Lebensstandard einschränken zu müssen.[171] Während Almosen in traditionellen Religionen mit Nächstenliebe, Barmherzigkeit und Gotteslohn begründet werden, bemüht Singer den Eigennutz: Helfen wir anderen oder schützen die Umwelt, kämen wir durchaus auf unsere Kosten, ein Glücksgefühl sei die »innere Belohnung für unsere Leistungen«.[172] Das schmeichelt dem Spender und verschafft das Gefühl, etwas Gutes getan zu haben. Altruismus und Egoismus stellten darum keine Gegensätze dar.[173]

Inzwischen hat Singer solche Überlegungen unter dem Begriff des effektiven Altruismus zusammengefasst. Dabei handelt es sich um einen Ansatz der Charity-Branche, der sich auf utilitaristische Prinzipien stützt, um Spenden möglichst effektiv einzusetzen. Die Giordano-Bruno-Stiftung unterstützte diesen Ansatz.[174] Daraus ist eine internationale Bewegung der Wohlsituierten geworden, zu der sich junge, akademisch gebildete Menschen in lokalen Gruppen zusammenfinden. Zu den prominentesten Vertretern gehören Bill Gates und Dustin Mokovitz, der Mitgründer von Facebook.[175] Singer sieht sich als Vorreiter dieser Bewegung, die ihm ein weites Feld für seine Abwägungen eröffnet.[176] Es sei effektiver, einige hundert Kinder vor Masern zu schützen, als siamesische Zwillinge zu trennen oder ein extremes Frühchen zu retten, schreibt er.[177] Singer zitiert Berechnungen, wonach Spenden besser eingesetzt würden, wenn man Geld zum Schutz vor Trachoma ausgibt, einer Infektion, die zur Blindheit führt, als für einen Blindenhund. Ein Tier koste samt Ausbildung etwa 40.000 Dollar, der Schutz vor Trachoma nur 20 bis 100 Dollar pro Person. Das ist Utilitarismus at its best. Vielen Menschen bleibt eine Erblindung erspart, und jene, die schon blind sind und einen Hund brauchen, müssen zusehen, woher das Geld kommt. Eine andere Kosten-Nutzen-Analyse hat laut Singer ergeben, dass es effektiver sei, Menschen etwa in Afrika zu unterstützen, die in extremer Armut leben, als

Arme in den USA, denen es vergleichsweise gut ginge, so dass es teurer käme, die Lebenslage dieser Amerikaner*innen zu verbessern.[178]

Im Privaten pfeift Singer schon mal auf seine Prinzipien. Er wies darauf hin, dass jährlich 8,8 Millionen Kinder an Armut sterben, und predigte, die Wohlhabenden sollten etwas abgeben. Hilfsorganisationen könnten mit je 600 bis 1200 Dollar ein solches Kind retten.[179] Singer selbst gab Ende der 1990er-Jahre jeden Monat etwa 10.000 australische Dollar aus, um seine demente Mutter pflegen zu lassen, nach seinen eigenen Maßstäben vermutlich damals bereits eine Nicht-Person.[180] Folgt man Singers Kosten-Nutzen-Kalkül sähe die Bilanz schlecht aus: Er gab jeden Monat eine Summe für seine Mutter aus, die nach seiner Rechnung ausgereicht hätte, um acht bis 18 Kinder vor dem Tod zu retten.

Singer teilt jene soziale Ignoranz, die in der arrivierten akademischen Mittelschicht verbreitet ist. Dass ein wachsender Anteil der Bevölkerung selbst in reichen Ländern unterhalb oder an der Armutsgrenze lebt, und Aufsichtsratschefs und Putzfrauen nicht gleichermaßen für das Elend auf diesem Planeten verantwortlich sind, begreift der Professor nicht. Für ihn scheint es nur jene nivellierte Mittelstandsgesellschaft zu geben, wie sie liberale Soziologen beschrieben haben, um die Marxsche Klassenanalyse als überholt abzutun. Bei Helmut Schelsky (1953) hatte diese Deutung noch eine gewisse empirische Basis, insofern sich der Lebensstandard für Teile der Arbeiter*innenklasse und Mittelschicht in Westeuropa und Nordamerika nach dem Zweiten Weltkrieg merklich hob. Der Fahrstuhl fuhr aber längst nicht mehr nach oben, als Ulrich Beck (1986) diese Metapher einfiel. Nichtsdestotrotz schreibt Singer pauschal, Eltern würden teures Spielzeug kaufen und viel Geld für gute Schulen und Nachhilfe ausgeben, um die Startposition ihrer Kinder zu optimieren. Das trifft für Mittel- und Oberschicht zu, aber es gibt immer mehr Eltern, die ihren Kindern nicht einmal ein richtiges Frühstück vorsetzen können.[181]

Für Singer ist es sowieso kein Problem, wenn Reiche reicher werden, solange Arme nicht ärmer werden. Ganz im Gegenteil. Denn dann hätten die Reichen ja mehr Möglichkeiten, zu helfen, als Vorbilder führt er Bill Gates und Warren Buffet an.[182] »Earn more to give more«, lautet Singers Devise.[183] Er erzählt die rührselige Geschichte eines Studenten, der eine Karriere an der Wall Street einer Philosophieprofessur in Oxford vorzog. Der junge Mann wollte mehr verdienen, um mehr zu spenden.[184] Zwar treibe der Kapitalismus einige Menschen in extreme Armut, räumt Singer ein, aber er habe auch hunderte von Millionen aus extremer Armut gehoben. Das Ergebnis utilitaristischen Abwägens lautet, der Kapitalismus ist ein Segen für die Armen.[185]

Richtig ist, dass der Kapitalismus, in dem er unter dem Zwang der Konkurrenz die Produktivität steigert, tatsächlich seit dem 19. Jahrhundert den Lebensstandard vieler Menschen gehoben hat. Was der effektive Altruismus aber verdrängt, sind die gesellschaftlichen Verhältnisse, die extrem ungleiche Verteilung und Verfügung über Produktionsmittel, die Spaltung in Klassen, das gewaltige Elend sowie Mord und Totschlag, die damit verbunden waren und sind. Nach 250 Jahren industriellem Kapitalismus ging die FAO für 2020 von 830 Millionen unterernährten Menschen in einer Welt des Überflusses aus, in den USA sollen 2018, also vor der Corona-Pandemie, 37 Millionen Menschen Schwierigkeiten gehabt haben, sich adäquat mit Lebensmitteln zu versorgen. Nach Angaben der Weltbank leben zehn Prozent der Weltbevölkerung in Armut, bei einem Tagessatz von 1,90 Dollar. Setzt man den Wert jedoch auf 5,50 Dollar hoch, dann lebte 2018 knapp die Hälfte der Menschheit in Armut.[186] Singer hingegen führt als Beweis für das segensreiche Wirken des Kapitalismus an, dass die Zahl der Menschen, die mehr als vier Dollar am Tag verdienen, in den sich entwickelnden Ländern von 18 auf 50 Prozent gestiegen sei.[187]

Effektiver Altruismus ist so etwas wie mitfühlender Neoliberalismus. Diese Weltsicht ist ignorant bis zynisch insofern, als die Produktivität längst ein Niveau erreicht hat, bei dem niemand in extremer Armut oder überhaupt in Armut leben müsste oder auf Almosen angewiesen wäre.

Das Anliegen einer ernsthaften Linken war und ist die Überwindung kapitalistischer Verhältnisse. Singer hingegen fordert bloß mehr Kooperation und möchte den Wettbewerb so kanalisieren, dass »wünschenswerte Ergebnisse« herauskommen, was immer das heißen mag.[188] Als »darwinistischer Linker« hinterfragt Singer die Strukturen einer Marktökonomie – Konkurrenz, Lohnarbeit, die Warenform von Produkten und Dienstleistungen, den geldvermittelten gesellschaftlichen Zusammenhang – so wenig wie die darauf beruhende Leistungsideologie, sondern biologisiert diese als der menschlichen Natur gemäß.

Auch an diesem Punkt treffen sich Singers Utilitarismus und der evolutionäre Humanismus. So wies Schmidt-Salomon Vorwürfe gegen die Singer-Ehrung 2011 mit dem Verweis auf genuss- und leistungsfähige Behinderte zurück: »Jeder von uns kennt Menschen, die trotz schwerer Behinderungen oder Krankheiten ihr Leben nicht nur genießen, sondern in bewundernswerter Weise meistern. An dem, was sie leisten, können sich viele ›gesunde Menschen‹ ein Beispiel nehmen.«[189] Was aber soll mit jenen geschehen, die nichts leisten?

Die utilitaristische Logik, einige zu opfern, um eine größere Zahl zu retten, ist mehrheitsfähig in dieser Gesellschaft, in der alle zueinander in Konkurrenz gesetzt werden. Herausgekitzelt wird diese Haltung noch durch makabre Events, in denen grauselige Zwangslagen beschworen werden. Das zeigen die Theateraufführungen und der Fernsehfilm von Ferdinand von Schirachs Stück »Terror«. Es handelt von einem Luftwaffenpiloten, der ein entführtes Passagierflugzeug abschießt, nachdem Terroristen angekündigt hatten, die Maschine in das vollbesetzte Münchner Fußballstadion stürzen zu lassen. Die Mehrheit der Zuschauer*innen sprach den Soldaten bei eigens arrangierten Abstimmungen frei.[190]

Neuerdings unterstützt Singer eine Kampagne aus dem rechtskonservativen Dunstkreis für Meinungsfreiheit, die darauf hinausläuft, Nationalismus, Sexismus und Rassismus eine noch größere Bühne zu verschaffen.[191]

Außerdem hat Singer ein Journal of Controversial Ideas (online) gegründet, für Ideen, die moralisch oder ideologisch nicht akzeptabel sind. Dem Beirat gehört der Strafrechtsprofessor Reinhard Merkel an, der Vertreter der »Früheuthanasie«, der auch den deutschen Appell unterschrieben hat.[192]

ANMERKUNGEN

1 Rude, Matthias, *Antispeziesismus.* Stuttgart 2013, S. 165; Harringer, Susanne, *Manche Tiere sind gleicher. Konzept von Tierschonung, Tierbefreiung, Tierrecht und Tierverteidigung und ihr politischer Anspruch*, Wien / Mühlheim an der Ruhr 2002, S. 103, S. 105; Roscher, Mieke, *Ein Königreich für Tiere. Die Geschichte der britischen Tierrechtsbewegung.* Marburg 2009, S. 269 ff.; Eberle, Ute, *Ein Delfin geht vor Gericht*, in: Süddeutsche Zeitung, 17./18.6.2000. Finsen, Lawrence / Finsen, Susan, *The Animal Rights Movement in America. From Compassion to Respect*, New York / Toronto / Oxford/Singapore/Sydney 1994, S. XIV, S. 4, S. 23, S. 55, S. 57; Filter, Cornelia, *Das Affentheater*, in: Emma 2/1994, S. 70.

2 Specter, Michael, *The Dangerous Philosopher*, in: New Yorker, 6.9.1999. Singer, Peter, *The full Curriculum Vitae.* www.princeton.edu/~psinger/for_downloading.html (14.4.2014)

3 Singer, Peter, *The Oxford Vegetarians. A Personal Account* (1982), in: Singer, Peter, *Why Vegan?*, o.O. 2020, S. 49 ff.

4 Cavalieri, Paola, *La questione animale. Per una teoria allargata dei diritti umani*, Torino 1999; Cavalieri, Paoloa / Singer, Peter (Hg.), *The Great Ape Project: Equality beyond Humanity*, London 1993. Singer, *Curriculum Vitae.*

5 Goldner, Colin, *Die Überwindung der Trennlinie zwischen Mensch und Tier*, in: Cavalieri, Paola / Goldner, Colin / Schmidt-Salomon, Michael / Singer, Peter, *Ethik-Preis 2011. Grundrechte für Menschenaffen*, Aschaffenburg 2012, S. 26; Great Ape Project. Grundrechte für Menschenaffen, www.greatapeproject.de/was-wir-tun/ (26.1.2021).

6 Singer, Peter, *Praktische Ethik*, zweite revidierte und überarbeitete Neuauflage, Stuttgart 1994, S. 17, S. 28.

7 Bentham, Jeremy, *An Introduction to the Principles of Morals and Legislation*, London 1789, S. II.

8 Singer, *Praktische Ethik*, 1994, S. 39.

9 So initiierten die Black Panther Impfkampagnen in Schwarzen Communities (Jamal, Joseph, *Es ist dieselbe Maschinerie*, in: Süddeutsche Zeitung, 4.6.2020).

10 Singer, Peter, *Eine bessere Welt für alle fühlenden Menschen*, in: Cavalieri, Paola / Goldner, Colin / Schmidt-Salomon, Michael / Singer, Peter, *Ethik-Preis 2011. Grundrechte für Menschenaffen*, Aschaffenburg 2012, S. 39.

11 Singer, *Ethik*, 1994, S. 12, S. 262, S. 288 f.; Singer, Peter, *Praktische Ethik*, dritte überarbeitete Auflage, Stuttgart 2013, S. 14, S. 39 f.

12 Singer, Peter, *To Lock Down or Not to Lock down*, in: Project Syndicate, 7.10.2020, www.project-syndicate.org/commentary/what-justifies-covid19-lockdowns-by-peter-singer-2020-10?barrier=accesspaylog (19.3.21); Singer, Peter, *Wirkungsvoll gegen Corona*, in: Deutscher Gewerkschaftsbund (Hg.), Gegenblende, 22.9.2020, https://gegenblende.dgb.de/artikel/++co++ccc75690-fcf0-11ea-acc1-001a4a160123 (19.3.21); Singer, Peter / Masel, Joanna, *How (Not) to fight Covid-19*, in: Project Syndicate, 03.09.2020, www.project-syndicate.org/commentary/tech-solutions-to-targeting-covid19-quarantine-by-peter-singer-and-joanna-masel-2020-08?barrier=accesspaylog (07.02.2022); Singer, Peter / Chappell, Richard Yetter, *Pandemic ethics: the case for risky research*, in: Research Ethics Vol. 16 No. 3–4 (2020), https://journals.sagepub.com/doi/full/10.1177/1747016120931920 (19.3.21).

13 Singer/Chapell, *Pandemic ethics*, S. 5 f.

14 Singer, *Ethik*, 2013, S. 207 f.

15 Brophy, Brigid, *In Pursuit of a Fantasy*, in: Godlovitch, Stanley / Godlovitch, Roslind / Harris, John (Hg.), *Animals, Men and Morals*, London 1971, S. 136 ff.
16 Bazermann, Max H., *Wir handeln alle unmoralisch*, in: Harvard Business Manager, 17.11.2020.
17 Singer, Peter, *Animal Liberation: Preface to the 1975 Edition*, in: Singer, Peter, *Why Vegan?*, S. 3, S. 6.
18 Singer, »Animal Liberation«, in: Singer, Peter, *Why vegan?*, S. 12 ff.
19 Ebd., S. 14.
20 Ebd., S. 19.
21 Ebd., S. 25 f.
22 Singer, Peter, *Befreiung der Tiere, Eine neue Ethik zur Behandlung der Tiere*, München 1982, S. 35 ff.
23 Ebd., S. 38.
24 Ebd., S. 39.
25 Petrus legt nahe, Singer habe die Unterscheidung zwischen empfindungsfähigen und selbstbewussten Lebewesen erst in der »Praktischen Ethik« entwickelt. In: Petrus, Klaus, *Tierrechtsbewegung. Geschichte, Theorie, Aktivismus*, Münster 2013, S. 31 f.
26 Singer, Peter, *The Mixed Blessing of Genetic Choice*, in: Project Syndicate, 14.09.2006, www.project-syndicate.org/commentary/the-mixed-blessing-of-genetic-choice?barrier=accessreg (19.3.2018).
27 Singer, *Befreiung*, S. 251, S. 268.
28 Singer, Peter, *Wo ist hier die Grenze?*, in: Die Tageszeitung, 11./12.5.1996. Singer, *Praktische Ethik*, Stuttgart 2013, S. 12, S. 262, S. 288 f.
29 Singer, *Ethik*, 1994, S. 229 ff.; Singer, *Ethik*, 2013, S. 319, S. 327 f.
30 Singer, Peter / Kuhse, Helga, *Should the Baby Live? The Problem of Handicapped Infants*, Oxford 1985, S. V.
31 Singer, *Ethik*, 2013, S. 275.
32 Singer, *Ethik*, 2013, S. 274 f.; Singer, *Ethik*, 1994, S. 221.
33 Singer, *Ethik*, 1994, S. 219; Singer, *Wo ist hier die Grenze?*, 1996.
34 Brophy, *Pursuit*, S. 129.
35 Singer, *Befreiung*, S. 24 ff., S. 27, S. 120.
36 Singer, *Ethik*, 2013, S. 12; Singer, *Ethik*, 1994, S. 9.
37 Singer, *Ethik*, 1994, S. 120.
38 Ebd., S. 136.
39 Ebd., S. 148 ff., S. 156 f.
40 Singer, *Ethik*, 2013, S. 114, S. 183 ff., S. 222.
41 Singer, *Ethik*, 1994, S. 195 f., S. 219; Singer, *Ethik*, 2013, S. 49, S. 104, S. 123, S. 156, S. 160.
42 Singer, *Ethik*, 1994, S. 219; ähnlich: Singer, *Ethik*, 2013, S. 155 ff.
43 Singer, *Ethik*, 1994, S. 133, S. 221.
44 Singer, *Ethik*, 2013, S. 146.
45 Giordano-Bruno-Stiftung (GBS), *Signal für Tierrechte und aufgeklärte Streitkultur*, Presseerklärung 31.5.2011, www.giordano-bruno-stiftung.de/meldung/signal-fuer-tierrechte-aufgeklaerte-streitkultur (21.3.2018).
46 Schmidt-Salomon, Michael, *Zur Debatte um Peter Singer*, 26.5.2011, www.giordano-bruno-stiftung.de/meldung/zur-debatte-um-peter-singer (21.3.2018); Singer, Peter, *Nicht alles Leben ist heilig*, in: Spiegel-Online, 25.11.2001, www.spiegel.de/wissenschaft/mensch/gespraech-mit-peter-singer-nicht-alles-leben-ist-heilig-a-169604.html (3.2.2014).
47 GBS, *Signal für Tierrechte*.

48 Schmidt-Salomon, *Zur Debatte um Peter Singer*.
49 National Council on Disability, *Response to Controversial Peter Singer Interview*, 23.4.2015, https://ncd.gov/newsroom/04232015 (29.1.21).
50 Chefai, Florian / Nicolai, Frank, »Tragische Missverständnisse«. Gespräch mit Michael Schmidt-Salomon über den Protestaufruf »Stoppt Peter Singer!«, in: Humanistischer Pressedienst, http://hpd.de/artikel/11717 (9.6.2015); Singer, Peter, Ein Embryo hat kein Recht auf Leben, in: Neue Züricher Zeitung, 24.5.2015.
51 GBS, *Schmidt-Salomon sagt Laudatio auf Peter Singer ab*, Pressemitteilung 25.5.2015, www.giordano-bruno-stiftung.de/meldung/schmidt-salomon-peter-singer (9.6.2015).
52 Kommentar Elke, https://hpd.de/comment/5478#comment-5478 (9.6.2015). Der Mediziner Walter Neussel war der Gründer und Vorsitzende des Singer-Fördervereins. Stefan Eck, ebenfalls Gründungsmitglied und einer der Vorsitzenden, demonstriert 2006 vor der KZ-Gedenkstätte Dachau mit einem Schild, auf dem zu lesen war, »Für Tiere ist jeden Tag Dachau«. 2014 wurde er für die Tierschutzpartei ins Europaparlament gewählt, trat jedoch aus der Partei aus und schloss sich als Unabhängiger der Fraktion der Vereinten Europäischen Linken/Nordische Grüne Linke an. Im Dezember 2016 organisierte Eck mit Vertreter*innen der italienischen populistischen Partei Movimento Cinque Stelle im europäischen Parlament eine Konferenz gegen Tierversuche. Es handelte sich um eine gemeinsame Veranstaltung der Fraktionen der Grünen und der rechten Europe of Freedom and Direct Democracy (EFDD). Der EFDD gehörten die britische Rechtsaußenpartei UKIP, Movimento Cinque Stelle, die Schwedendemokraten, die französischen Les Patriotes und Jörg Meuthen von der AfD an. In: European Citizens' Initiative Stop Vivisection, *Stop Vivisection Counter Conference*, Pressemitteilung 30.11.2016, www.stopvivisection.eu/sites/default/files/press_release_for_counter-conference_6.12.2016.pdf (12.10.2017).
53 Schmidt-Salomon, *Grundrechte für Menschenaffen*, in: Cavalieri/Goldner/Schmidt-Salomon/Singer, *Ethik-Preis 2011*, S. 9.
54 Singer, Peter / Kuhse, Helga, *Muß dieses Kind am Leben bleiben? Das Problem schwerstgeschädigter Neugeborener*, Erlangen 1993, überarbeitete und erweiterte deutsche Ausgabe, S. 251.
55 Ebd., S. 252.
56 Ebd., S. 252.
57 Ebd., S. 253.
58 Singer, Peter, *Rethinking Life and Death, The Collapse of Our Traditional Ethics*, New York 1994, S. 2 f.
59 Ebd., S. 214 f.
60 Singer, *Ethik*, 2013, S. 14.
61 Ebd., S. 276.
62 Ebd., S. 277.
63 Ebd., S. 277.
64 Ebd., S. 273.
65 Schmidt-Salomon, Michael, *Manifest des evolutionären Humanismus*, zweite korrigierte und erweiterte Auflage, Aschaffenburg 2006, S. 126 f.
66 Singer/Kuhse, *Muß dieses Kind am Leben bleiben?* S. 25.
67 Singer, Peter, *Praktische Ethik*, Stuttgart 1984, S. 210.
68 Singer, *Ethik*, 1994, S. 272 ff.; Singer, *Ethik*, 2013, S. 336 f. Singer nannte 2001 drei Unterschiede zwischen der Euthanasie der Nationalsozialisten und seiner Position: Ein Teil der NS-Opfer habe »durchaus Selbstbewusstsein« gehabt, die Eltern seien

nicht informiert worden und der Staat habe die Entscheidung über Leben oder Tod getroffen. In: Singer, Peter, *»Nicht alles Leben ist heilig«,* Spiegel Online, 25.11.2001, www.spiegel.de/wissenschaft/mensch/gespraech-mit-peter-singer-nicht-alles-leben-ist-heilig-a-169604.html (07.02.2022).

69 Frolke, Viktor / Singer, Peter, *»Professor Death«,* in: Salon, 25.6.2001, www.salon.com/2001/06/25/singer_2/ (11.10.2016).

70 Singer, *Rethinking,* S. 212.

71 Singer/Kuhse, *Kind,* S. 243 f.

72 Singer, *Rethinking,* S. 213; Staudenmeier, Peter, *Peter Singer and Eugenics,* in: Institute for Social Ecology 2005, www.social-ecology.org/2005/01/peter-singer-and-eugenics/ (13.7.2011).

73 Singer/Kuhse, *Kind,* S. 246 f.

74 Singer, *Ethik,* 1994, S. 238.

75 Singer, *Rethinking,* S. 10.

76 Singer, *Ethik,* 2013, S. 277; Kuhse, Helga, *Euthanasia Fact Sheet,* in: Bioethic News July 1992, S. 4.

77 Ploetz, Alfred, *Grundlinien einer Rassenhygiene, Teil 1: Die Tüchtigkeit unserer Rasse und der Schutz der Schwachen. Ein Versuch über Rassenhygiene und ihr Verhältnis zu den humanen Idealen, insbesondere zum Socialismus,* Berlin 1895, S. 5 ff., S. 8; Woltmann, Ludwig, *Die physische Entartung des modernen Weibes,* in: Politisch-Anthropologische Revue 3/1902, S. 522 ff., S. 530. Die Sozialdemokratin und Frauenrechtlerin Olberg plädierte für »spartanische Härte gegen die missratene Kreatur«. In: Olberg, Oda, *Die Entartung in ihrer Kulturbedingtheit. Bemerkungen und Anregungen,* München 1926, S. 40.

78 Schneider, Christoph, *Das Subjekt der Euthanasie. Transformation einer tödlichen Praxis,* Münster 2011, S. 27 ff.

79 Ebd., S. 31.

80 Ebd., S. 29 ff.

81 Ebd., S. 53.

82 Schneider, *Euthanasie,* S. 33 ff.; Groschopp, Horst, *Dissidenten. Freidenker und Kultur in Deutschland,* zweite verbesserte Auflage, Marburg 2011, S. 317 ff.

83 Groschopp, *Dissidenten,* S. 305 f., S. 308 ff.

84 Ulbricht, Justus H., *»... in einer gottfremden, prophetenlosen Zeit«. Aspekte einer Problemgeschichte »arteigener« Religion um 1900,* in: von Schnurbein, Stefanie / Ulbricht, Justus H., *Völkische Religion und Krisen der Moderne,* Würzburg 2001, S. 11 ff.; Weindling, Paul, *Health, Race and German Politics between National Unification and Nazism 1870–1945,* Oxford 1989, S. 142.

85 Haeckel, Ernst, *Die Lebenswunder. Gemeinverständliche Studien über Biologische Philosophie,* Stuttgart 1904, S. 126–136; Groschopp, *Dissidenten,* S. 296 ff.

86 Schneider, *Euthanasie,* S. 9.

87 Naucke, Wolfgang, *Einführung,* in: Binding, Karl / Hoche, Alfred, *Die Freigabe der Vernichtung lebensunwerten Lebens. Ihr Maß und ihre Form (1920), Berlin 2006, S. IX.*

88 Hoche, Alfred, *Ärztliche Bemerkungen,* in: Binding/Hoche, S. 53 f.

89 Ebd., S. 54.

90 Ebd., S. 48.

91 Ebd., S. 51.

92 Binding, Karl, *Rechtliche Ausführungen,* in: Binding, Karl / Hoche, Alfred, *Die Freigabe, der Vernichtung lebensunwerten Lebens. Ihr Maß und ihre Form (1920),* Berlin 2006, S. 3 ff.

93 Singer, *Ethik*, 2013, S. 51.

94 Marx, Karl, *Kritik des Gothaer Programms* (1875). MEW 19, S. 21.

95 Jäger/Paul, *Menschen und Schweine*, S. 9 ff.

96 GBS, *GBS fordert Rücktritt des Behinderten-Beauftragten der Bundesregierung*, Pressemitteilung 1.6.2011, www.giordano-bruno-stiftung.de/meldung/giordano-bruno-stiftung-fordert-ruecktritt-des-behinderten-beauftragten-bundesregierung (07.02.2022); GBS, *Diskutieren statt diffamieren*, Pressemitteilung 9.6.2011, www.giordano-bruno-stiftung.de/meldung/diskutieren-statt-diffamieren (18.10.17).

97 Christoph, Franz, *(K)ein Diskurs über »lebensunwertes Leben«*, in: Spiegel 23/1989, S. 240 ff.; Tolmein, Oliver, *Terror der Normalität*, in: Konkret 7/1989, S. 26 ff.; Jantzen, Wolfgang, *Glück-Leiden-Humanität. Eine Kritik der »Praktischen Ethik« Peter Singers*, in: Hintergrund. Marxistische Zeitschrift für Gesellschaftstheorie und Politik 2/1991, S. 45 ff.

98 Ohne Autor*innenangabe, *Proteste gegen Kongreß*, in: Junge Welt, 18.4.1996. Dietl, Andreas, *Science/Fiction-Kongreß gegen das Recht auf Leben*, in: Junge Welt, 16.4.1996. Arbeitskreis gegen Selektion und Bevölkerungspolitik Hamburg-Bremen / Autonome Antifa Heidelberg, *Keine Redefreiheit für Tötungspropaganda. Demonstration gegen den Heidelberger Kongreß* (Flugblatt, Archiv PB). Zu den Referenten auf dem Kongress gehörten der Philosoph Niklas Luhmann, der Hirnforscher Gerhard Roth, später im Beirat der GBS, der Philosoph Hermann Lübbe, Autor der *Jungen Freiheit*, der Schriftsteller Rüdiger Safranski, Mitautor des neu-rechten Sammelbandes *Die selbstbewusste Nation* (1994) aber auch Ernst Klee, der jahrelang die Euthanasieverbrechen während der NS-Herrschaft aufgearbeitet hatte. In: Heidelberger Institut für systemische Forschung / Internationale Gesellschaft für systemische Therapie e.V.: *Science/Fiction: Fundamentalismus und Beliebigkeit in Wissenschaft und Therapie. 2. Ankündigung* (Flyer, Archiv PB).

99 Ohne Autor*innenangabe, Chronik, in: Die Randschau, Zeitschrift für Behindertenpolitik, 1/1996, S. 30; Anti-Euthanasie-Forum Köln, *Betrifft: Besuch Peter Singers in der BRD*, Pressemitteilung 10.4.1996 (Archiv PB); Ökologische Linke Köln, *Gegen die tödliche Ethik* (Flugblatt, Archiv PB).

100 Sierck, Udo, *Bioethiker und »Neue Rechte« im Einvernehmen?* in: Junge Welt, 15.2.1996.

101 Jäger/Paul, *Menschen und Schweine*, Jahr? S. 9, S. 13.

102 Ruch, Matthias, *Tötung oder Erlösung?* in: Zeit Online, 26.04.2001, www.zeit.de/2001/18/Toetung_oder_Erloesung (30.11.2016).

103 Achtelik, Kirsten, *Fatale Ethik. Die Debatte um Peter Singer in der Frauen- und Behindertenbewegung*, in: Phase 2 50/2015, S. 59 ff.

104 Tolmein, Oliver, *Zumutung Bioethik*, in: Konkret 3/1994, S. 54; Feyerabend, Erika / Fuchs, U. / Kobusch, W., *Forschung nach dem Erlaubtsein des Machbaren*, undatiertes Manuskript; Jobst, Paul, *Das bioethische Netzwerk*, in: Konkret 1/1991, S. 66 ff.

105 Graupner, Heidrun, *Töten oder Sterben lassen?* in: Süddeutsche Zeitung, 12.12.1995.

106 Löhr, Wolfgang, *Genforschung soll grenzenlos bleiben*, in: Die Tageszeitung, 10.3.1997.

107 Breyer, Hiltrud / Wunder, Michael, *Hohn auf die Menschenwürde*, in: Mabuse 91/1994, S. S. 31 ff.

108 Prantl, Heribert, *Die Würde der Behinderten ist antastbar*, in: Süddeutsche Zeitung, 5.10.1994.

109 Ohne Autor*innenangabe, Bonn tritt der Bioethik-Konvention nicht bei, in: Süddeutsche Zeitung, 5./6. April 1997; Emmrich, Michael, Alzheimer Gesellschaft lehnt umstrittene Bioethik-Konvention ab, in: Frankfurter Rundschau 7.4.1997.

110 Zentrale Ärztekommission bei der Bundesärztekammer, *Stellungnahme zum Schutz nicht-einwilligungsfähiger Personen in der medizinischen Forschung*, 14.2.1997.
111 Filter, *Affentheater*, in: Emma 2/1994, S. 71.
112 Bossenz, Ingolf, *Praktische Ethik – Lizenz zum Töten*? in: Neues Deutschland, 8./9. Juni 1996.
113 Hoerster, Norbert, *Neugeborene und das Recht auf Leben*, Frankfurt am Main 1995, S. 117.
114 Ebd., S. 123.
115 Hoerster, Norbert, *Abtreibung im säkularen Staat*, Frankfurt am Main 1991, S. 158.
116 Hoerster, *Neugeborene*, S. 42 ff., S. 46, S. 49, S. 57.
117 Ebd., S. 44 ff.
118 Ebd., S. 9 f., S. 123, S. 126 f.
119 Hoerster, Norbert, *Haben Tiere eine Würde? Grundfragen der Tierethik*. München 2004, S. 96, S. 100 f.
120 Ebd., S. 82 f., S. 98 f., S. 101.
121 Hoerster, Norbert, *Mit den Affen gegen den Papst*, in: Frankfurter Allgemeine Zeitung 26.11.2011.
122 Schmidt-Salomon, Michael, *Guter Singer, böser Singer*, in: MIZ 2/1997, S. 17 f.
123 *Dossier Ein Recht für Tiere*, in: Emma, Januar/Februar 1994, S. 34 ff., S. 37, S. 68; Filter, Cornelia / Goodall Jane u. a., *Die Affenforscherinnen*, in: Emma November/Dezember 1994, S. 52 ff.
124 Rütting, Barbara, *Ich esse Dich nicht*, in: Emma, Januar/Februar 1994, S. 67.
125 Filter, *Affentheater*, S. 68 ff.; Abel, Günter / Bolz, Norbert u. a., *Nicht diskutierbar – Erklärung von 31 deutschen Philosophen*, in: Emma Mai/Juni 1994, S. 91.
126 Leserbriefe, in: Emma, März/April 1994, S. 112 ff.; Leserbriefe zum Affentheater, in: Emma Mai/Juni 1994, S. 114 f.
127 Ruthenberg, Silke, *Leserbrief*, in: Emma Juli/August 1994, S. 114.
128 Leserbriefe, in: Emma Juli/August 1994, S. 113.
129 Piwitt, Hermann Peter, *Menschenrechte für die Menschenaffen*, in: Süddeutsche Zeitung, 13./14.4.1996.
130 Piwitt, *Menschenrechte*.
131 Franzinelli, Emil, *Die moderne Tierbewegung. Der schützende Raum für Einzelbewegungen und deren Profile*, in: Tierbefreiung 76/2012, www.tierbefreiung.de/die-moderne-tierbewegung/ (4.4.2021); Franzinelli, Emil, *Antispeziesistisches Plädoyer für die Befreiung des Menschen. Eine Auseinandersetzung mit linkem Antispeziesismus*, in: Tierbefreiung 70/2011, S. 48.
132 Franzinelli, *Antispeziesistisches Plädoyer*, S. 49.
133 Ryder, Richard, *Animal Revolution. Changing Attitudes towards Speciesism*, Cambridge/Oxford 1989, S. 326 f.
134 Schmitz, Friederike, *Tiere essen – dürfen wir das?* Stuttgart 2020, S. 33 f., S. 52 f., S. 58, S. 72 f.
135 Pelluchon, Corine, *Manifest für die Tiere*, München 2020, S. 15, S. 25, S. 29, S. 30 f., S. 33.
136 Hawel, Marcus, *Emanzipative Praxis und kritische Theorie*, in: Witt-Stahl, Susann (Hg.), *Das steinerne Herz der Unendlichkeit erweichen*, Aschaffenburg 2007, S. 129, Anmerkung 21, S. 139.
137 Rogausch, Günther, *Tierliebe, Tierschutz und Noblesse Oblige als Manifestationen des Speziesismus*, in: Witt-Stahl (Hg.), *Das steinerne Herz*, S. 368.

138 Maurizi, Marco, *Die Zähmung des Menschen*, in: Witt-Stahl (Hg.), *Das steinerne Herz*, S. 109 f.
139 Türcke, Christoph, *Mensch und Tier – Reichweite des Speziesismus*, in: Witt-Stahl (Hg.), Das steinerne Herz, S. 168.
140 Türcke, *Mensch und Tier*, S. 167 f.
141 Singer, *Befreiung*, S. 40 f.
142 Regan, Tom, *The Case for Animal Rights*, Berkeley 1983; Regan, Tom, *Animal Rights, Human Wrongs. An Introduction to Moral Philosophy*, Oxford 2003, S. 57 ff.
143 Francione, Gary L., *Animals as Persons. Essays on the Abolition of Animal Exploitation*, New York 2008, S. XIII.
144 Sapontzis, Steve, *Personen imitieren – Pro und Kontra*, in:_Singer, Peter / Cavalieri, Paola (Hg.), *Menschenrechte für die großen Menschenaffen. Das Great Ape Project* (1993). München 1996, S. 412, S. 414.
145 Sapontzis, *Personen imitieren*, S. 416.
146 Francione, *Animals as Persons*, S. 18.
147 Francione, *Animals as Persons*, S. 18 ff.
148 Rude, Matthias, *Antispeziesismus: die Befreiung von Mensch und Tier in der Tierrechtsbewegung und der Linken*, Stuttgart 2013, S. 165.
149 Rude, *Antispeziesismus*, S. 19, S. 32 f.
150 Haferbeck, Edmund / Wieding, Frank, *Operation Tierbefreiung. Ein Plädoyer für radikale Tierrechtsaktionen*, Göttingen 1988.
151 Kaplan spricht im Geleitwort von »Zucht-KZ« und rechtfertigt militante Aktionen von Tierrechtler*innen mit einer Bombardierung der Gleise nach Auschwitz durch die Alliierten, die möglich gewesen wäre. In: Kaplan, Helmut, *Geleitwort*, in: Haferbeck/Wieding, *Operation Tierbefreiung*, S. 10 f.
152 Der Soziologe und Regisseur Marc Pierschel, der einen Film über Veganismus gedreht hat, in dem er auch Singer interviewt, nennt das Buch einen Meilenstein in der Tierrechtsbewegung. In: Pierschel, Marc, *Leben lassen. Eine Dokumentation über das Verhältnis von Menschen und Tieren*, in: Kochen ohne Knochen, 4/2014, S. 15.
153 Ryder, *Animal Revolution*, S. 325.
154 Steiner, Gary, *Preface*, in: Francione, *Animals as Persons*, S. IX.
155 Finsen/Finsen, *Animal Rights Movement*, S. XIII f., S. 4, S. 23, S. 25, S. 57.
156 Finsen/Finsen, *Animal Rights Movement*, S. 58, S. 74 ff., S. 80.
157 Zimmerman, Michael, *Interview über Tiefenökologie*, in: Gottwald, Franz-Theo / Klepsch, Andrea (Hg.), *Tiefenökologie. Wie wir in Zukunft leben wollen*, München 1995, S. 68; Franzinelli, *Tierbewegung*.
158 Roscher, *Königreich für Tiere*, S. 268, S. 273, S. 289. Zumindest in den USA räumt Roscher Singer einen großen Einfluss auf die Tierrechtsbewegung selbst ein: Die meisten Gruppen wären seinem Ansatz gefolgt, außer der ALF, deren britischer Führer Lee kritisiert habe, Singers Forderungen seien nicht weitreichend genug. In: Ebd., S. 273, S. 403.
159 Ebd., S. 273, S. 412.
160 Rude, *Antispeziesismus*, S. 164.
161 Ebd., S. 162 ff.
162 Antifaschistisches Komitee Bremen, *Lebensschützer mit Tarnkappen*, in: Interim 317; Tofupower, *LeserInnenbrief: Kritik zu Lebensschützer in Tarnkappen*, in: Interim 318, 9.2.1995; Vegan Fieselschweif, *DogmenschützerInnen mit Scheuklappen*, in: Interim 324, 23.3.1995.

163 TAN, *Stellungnahme*, in: Interim 321, 6.2.1995.
164 Gamerschlag, Andre, *Theoriegeschichtliche Aspekte des Unity of Oppression-Ansatzes und forschungsprogrammatische Überlegungen der aktuellen Diskussion um Intersektionalität*, in: Tierbefreiung 65/2009.
165 Goldner, Colin, *Das Great Ape Project relaunched*, in: Tierbefreiung 72/2011, www.tierbefreier.de/tierbefreiung/72/great_ape_project.html (30.11.2016).
166 Walden, Sina, *Privilegien für Menschenaffen?*, in: Tierbefreiung 56/2007, S. 6 ff.; Brunn, Franziska, *Wer wie wir ist, bekommt Rechte*, in: Tierbefreiung 56/2007, S. 10 ff.
167 Roscher, *Ein Königreich für Tiere*, S. 272.
168 Petrus, *Tierrechtsbewegung*, S. 31 ff.
169 Singer, *Bessere Welt*, S. 39.
170 Schmidt-Salomon schreibt, Singer wolle die Armut beseitigen, lebe vegan und spende den größten Teil seines Einkommens »für wohltätige Zwecke«. In: GBS, *Stellungnahme von Michael Schmidt-Salomon. Zur Debatte um Peter Singer*. 26.5.2011.
171 Singer, *Ethik*, 2013, S. 344, S. 376 ff., S. 381, S. 446 f.; Singer, Peter, *A Darwinian Left. Politics, Evolution and Cooperation*, New Haven / London 1999, S. 52 f.
172 Singer, *Ethik*, 2013, S. 511.
173 Singer, Peter, *The Most Good You Can Do. How Effective Altruism Is Changing Ideas about Living Ethically,* Melbourne 2015, S. 97 ff., S. 103 f.
174 GBS: *Tätigkeitsbericht 2015*. S. 8, www.giordano-bruno-stiftung.de/sites/gbs/files/download/gbs_taetigkeitsbericht2015.pdf (21.3.2018). Die Stiftung für Effektiven Altruismus in der Schweiz ging 2015 aus der dortigen Regionalgruppe der GBS hervor. In: Effective Altruism Foundation, https://ea-stiftung.org/ueber-uns/ (19.10.17).
175 Sator, Andreas, *Wie viel spenden Sie, Herr Singer?* in: Der Standard, 20.12.2019; Van Doornik, Ruth, *Helfen – mit Hirn statt Herz*, in: Bayerische Staatszeitung, 1.2.2019; Van Doornik, Ruth, H*elfen als Lebensinhalt*, in: Welt am Sonntag, 23.12.2018.
176 Singer, *Most Good*, S. 13, S. 18 f.
177 Singer, *Most Good*, S. 109 f.
178 Singer, *Most Good*, S. 110, S. 134 ff.
179 Singer, *Ethik*, 2013, S. 358 f.
180 Specter, *Dangerous Philosopher*.
181 Singer, *Mixed Blessing*.
182 Singer, *Most Good,* S. 50.
183 Singer, *Most Good,* S. 180.
184 Singer, *Most Good,* S. 3 f.
185 Singer, *Most Good*, S. 50; Singer, Peter, *Marx. A Very Short Introduction*, Oxford 2018, S. 112.
186 Konicz, Thomas, *Hunger Games I*, in: Konkret 2/2021, S. 14 f.
187 Singer, *Marx*, S. 112.
188 Singer, *Darwinian Left*, S. 52, S. 61.
189 GBS, *Signal für Tierrechte.*
190 von Schirach, Ferdinand, *Terror*, http://terror.theater/ (21.9.2016).
191 So hat er in Deutschland einen »Appell für freie Debattenräume« unterzeichnet, zusammen mit Michael Beleites, Birgit Kelle, Vera Lengsfeld, Rüdiger Safranski, Cora Stephan und Uwe Tellkamp, dem Verschwörungsideologen Matthias Bröckers, Sucharit Bhakdi, dessen Werk für die Querdenker-Szene wichtig ist, dazu Boris Palmer, Albrecht Müller von den Nachdenkseiten, Günther Wallraff und Wolfgang Thierse (SPD) sowie Schmidt-Salomon und Abdel-Samad von der GBS. In: Appell für freie

Debattenräume, https://idw-europe.org/ (4.4.2021); Unterzeichner, https://idw-europe.org/liste-der-unterzeichner/ (4.4.2021); Freyn, Jan, *Ich mag verdammen, was Du sagst, aber,* in: Zeit Online, 11.10.2020, www.zeit.de/kultur/2020-10/meinungsfreiheit-cancel-culture-harpers-letter-liberalismus (11.01.2022); Bovermann, Philipp / Stephan, Felix, *Toleranz für die Intoleranz,* in: Süddeutsche Zeitung, 5.9.2020; Matuschek, Milosz, *Ach, ihr Linken! Gebt doch Gedankenfreiheit,* in: Berliner Zeitung, 24.8.2020.

192 Journal of Controversial Ideas, https://journalofcontroversialideas.org/page/133 (4.4.2021).

2. Die darwinistische Linke

Stark und schön wie griechische Heroen

Peter Singer hat dazu aufgerufen, eine darwinistische Linke zu gründen. Eine solche gab es schon einmal. Mit der Verbreitung der Darwinschen Evolutionstheorie wurden sozialdarwinistische und rassenhygienische Vorstellungen von Linken übernommen, bis hin zu Diffamierung von Menschen als Müll sowie Forderungen nach Ausmerzung und Menschenzucht. Zur Praxis gehören die Zwangssterilisierungen im sozialdemokratisch regierten Schweden bis in die 1970er-Jahre. Die Geschichte dieser darwinistischen Linken soll in diesem Kapitel skizziert werden, denn aus ihr gingen Personen wie der Nobelpreisträger Hermann J. Muller, Julian Huxley sowie Alva und Gunnar Myrdal hervor, die großen Einfluss auf Wissenschaft und Politik ausübten. Huxley ist heute Bezugsperson für Transhumanismus und evolutionären Humanismus.[1]

2.1. Die Biologisierung gesellschaftlicher Ungleichheit

Als Biologist und Utilitarist bleibt sich Singer stets treu, egal ob er einem effektiven Altruismus das Wort redet oder sich zur Corona-Krise äußert. Seine Aufforderung, eine darwinistische Linke zu begründen, hat mit emanzipatorischer Politik nichts zu tun. Ausdrücklich wandte er sich damit gegen Marxist*innen und Liberale.[2] Er stützt sich dabei auf die Soziobiologie, die unterstellt, unser Verhalten werde durch die Gene bestimmt, und fordert die Linke auf, ihr Menschenbild und ihre Politik dieser Ideologie anzupassen.[3] Die differenzierte Perspektive eines Zusammenspiels von genetischer Ausstattung,

Umwelteinflüssen, gesellschaftlichen Verhältnissen und menschlicher Praxis scheint nicht seine Sache zu sein.

Während Singer als Tierrechtler einen grundlegenden Unterschied zwischen Menschen und Tieren leugnet, rechtfertigt er Herrschaftsstrukturen unter Menschen. Hierarchien und Rangunterschiede würden einer universalen Tendenz entsprechen. Konkurrenzverhalten, Rassismus sowie soziale Unterschiede zwischen Männern und Frauen hält Singer für angeboren. Kriegerisches Verhalten, Ehrgeiz und Karrierestreben seien typisch männlich, das Sorgen für andere typisch weiblich.[4] Auch in seiner Einführung zu Marx schreibt er, dieser habe ein falsches und naives Menschenbild vertreten. Der Versuch, egalitäre Gesellschaften einzurichten, sei zum Scheitern verurteilt, da der Mensch immer nach Status und Macht strebe, darum seien Gesellschaften stets hierarchisch strukturiert. Dieses Verhalten sei evolutionär bedingt und in uns allen verankert, weil höherer Status den Vorteil mit sich bringe, mehr überlebende Nachkommen zu produzieren.[5] Dahinter steckt die Vorstellung, dass alle Lebewesen, also auch Menschen, danach streben, ihre Erbinformationen maximal auszubreiten, eine Sicht, die Richard Dawkins mit der Vorstellung von den »egoistischen Genen« prägnant zusammengefasst hat. Allerdings ist das Gedankengebäude schon fragwürdig, wenn man den Anfang der Story betrachtet. Für das Überleben wenigstens einiger Nachkommen könnte es in frühen Gesellschaften mit geringer Produktivität und knappen Ressourcen besser gewesen sein, sich auf wenige Kinder zu beschränken und mit anderen solidarisch zu kooperieren, statt sich zu bekämpfen.

Als Affen seien wir an Hierarchien gewöhnt, eine klassenlose Gesellschaft könne »von einer Spezies, die inhärent nach Hierarchien strebt«, nie ganz erreicht werden, schreibt Sascha Benjamin Fink, Professor für Neurophilosophie, einer von Singers deutschen Anhängern.[6] Darum müsse die Linke akzeptieren, dass Frauen in Führungspositionen unterrepräsentiert sind.[7] Dass Singer, nachdem er schon Herrschaft und Konkurrenz mithilfe der naturalistisch-biologistischen Ideologie als angeborene Verhaltensweisen verklärt hat, auch den Kapitalismus als natürliche Veranstaltung der Kritik entzieht, ist konsequent.[8]

Eine darwinistische Linke nach seiner Façon würde noch hinter jene Vorstellung von Freiheit und Gleichheit zurückfallen, die das liberale Bürgertum in seinen besten Momenten verficht. Eine solche Linke beschränkte sich auf die Gabe von Almosen, aber nicht einmal im Sinne christlicher Caritas und

Nächstenliebe. Denn der effektive Altruismus führt exakt Buch über ihren Nutzen und selektiert die Armen nach dem utilitaristischen Prinzip, der maximalen Zahl von Menschen zu helfen.[9] Indes wäre eine darwinistische Linke nichts Neues, wie Singer suggeriert, sondern ein Abklatsch, worauf der britische Historiker David Stack hinweist.[10] Stack warnt davor, Ideologien zu übernehmen, die soziale Ungleichheit auf eine angeborene Grundausstattung des Menschen zurückführen und damit Klassengegensätze, Sexismus und Rassismus rechtfertigen.[11]

In der zweiten Hälfte des 19. Jahrhunderts reagierten viele Linke enthusiastisch auf die Evolutionstheorie von Charles Darwin.[12] Sie versprach eine solide, wissenschaftliche, materialistische Weltsicht und passte zur Vision eines immerwährenden Fortschritts. Ein weiterer Pluspunkt aus gesellschaftskritischer Sicht war, dass der Schöpfungsglaube und damit die Vorstellung von der Allmacht Gottes unterminiert wurden. Problematische Aspekte wurden entweder übersehen oder gar geteilt. Denn ein Teil der Linken huldigte einem kruden mechanistischen Materialismus, teilte biologistische Deutungen menschlichen Verhaltens und fasste den Klassenkampf als Element eines umfassenden und ewigen Kampfes ums Dasein, der sich in der gesamten Natur und unter Menschen abspielen müsse.

Dabei siegten am Ende immer die Stärkeren und Besseren, die höherwertigen Menschen und Rassen. Dieses Naturgesetz sei durch Humanitätsduselei außer Kraft gesetzt worden, mit dem Resultat, dass die Minderwertigen überhand nähmen. Aus dieser Diagnose ergab sich die Forderung, zu verhindern, dass »menschlicher Abfall« noch mehr Kinder in die Welt setzt. Durch eine bewusste eugenische Partnerwahl sollten vielmehr stärkere, gesündere, intelligentere und schönere Menschen gezeugt werden.

Im Unterschied zu bürgerlichen Sozialdarwinist*innen betonten linke Eugeniker*innen allerdings den Einfluss der Umwelt. Sie widersprachen bürgerlichen Kolleg*innen, die meinten, wohlhabende Leute seien biologisch hochwertig, die Unterklassen hingegen minderwertig. Im Grunde handelte es sich dabei um eine Prädestinationslehre: Verlierer*innen und Gewinner*innen stünden von vorneherein fest, an Erfolg oder Misserfolg wird die Qualität der genetischen Ausstattung sichtbar. Aus linker Perspektive waren das hingegen Klassenvorurteile – und einige drehten den Spieß um: biologisch minderwertig seien die Reichen, die nichts arbeiteten und nichts leisteten.

Hingegen wurden selbst offen rassistische Varianten der Eugenik längst nicht von allen Linken verworfen, weil viele nicht bloß glaubten, die Menschheit ließe sich in Rassen aufspalten, sondern es gebe auch ein Ranking: die »europäischen Kulturvölker« hätten eine höhere Entwicklungsstufe erreicht als die »Wilden« in anderen Erdteilen, die niederen Rassen angehörten. Linke rechtfertigten damit wie Liberale den Kolonialismus als zivilisatorische Mission.[13] Abgesehen von anarchistischen Fans der Eugenik war nicht einmal Gewalt ein Unterscheidungsmerkmal; auch Sozialist*innen befürworteten Zwangssterilisation und Ausmerzung.

Insgesamt blieb Eugenik zwar ein randständiges Thema in der Linken, was auf der Annahme beruhte, dass die gesellschaftlichen Verhältnisse ausschlaggebend seien, wie etwa der SPD-Vorsitzende August Bebel in seiner Auseinandersetzung mit dem Darwinismus betonte. Für bestimmte Gruppen allerdings, etwa sozialistische Ärzt*innen und Sexualreformer*innen, anarchistische und feministische Befürworter*innen der Geburtenkontrolle sowie den revisionistischen Flügel der Sozialdemokratie war Eugenik ein wichtiges Motiv und Betätigungsfeld.

Im Unterschied zu heutigen Wiedergänger*innen lehnten darwinistische Linke damals den Kapitalismus rundheraus ab, wenngleich aus zweifelhaften Gründen. Der Hauptvorwurf lautete, Kapitalismus fördere Degeneration, die Reichen frönten dem Müßiggang und seien dem Kampf ums Dasein enthoben. Ihre Privilegien würden biologische Defizite verdecken. Deshalb sei es unmöglich, Ungleichheit auf individuelle Leistung zurückzuführen, die natürliche Selektion werde verzerrt.[14] Die erbbiologisch wertvollste Klasse sei das Proletariat, weil es permanent einer strengen Auslese durch Armut, Not und harter Arbeit ausgesetzt sei. Erst wenn Chancengleichheit hergestellt sei, könnten Erfolg und Misserfolg im Konkurrenzkampf genetischen Ursachen zugeschrieben werden. Erst dann würden eugenische Maßnahmen gezielt ansetzen und wirken. Sozialreformer*innen setzten sich vor diesem Hintergrund für höhere Bildung sowie die Gleichberechtigung der Frau ein.

Die darwinistische Linke übernahm mit der Eugenik jene zwiespältige Haltung gegenüber der Zukunft, die sich im Bürgertum breitmachte. Einerseits wurden die Segnungen des Fortschritts gefeiert, andererseits in grellen Farben ausgemalt, wie die Minderwertigen sich maßlos vermehrten und die Gesellschaft in den Abgrund rissen, weil sie nicht mehr »ausgejätet« würden. Obendrein stünde zu befürchten, dass das menschliche Unkraut im sozialistischen Paradies regelrecht wuchern und damit der dysgenische Effekt der modernen Zivilisation noch verstärkt werde. Sozialistische Eugeniker*innen konterten mit dem Hinweis, in einer künftigen Gesellschaft würde auch ein im biologischen Sinn neuer und besserer Mensch erschaffen. Dabei setzten Anarchistist*innen auf Aufklärung von Männern und Frauen, Sozialist*innen und Kommunist*innen dazu auf moralischen Druck und soziale Kontrolle, um die Fortpflanzung zu regulieren.

Wie fließend die Übergänge zwischen Linken und Rechten waren, lässt sich an zwei führenden Rassenhygienikern zeigen. Der Schweizer Psychiater August Forel gilt als Sozialreformer, Pazifist, Internationalist und Sprecher der Abstinenzbewegung. Er war ein Verfechter der Weltsprache Esperanto und trat für die Gleichberechtigung der Frau ein. Forel gehörte der Sozialdemokratischen Partei an und war seinem Selbstverständnis nach überzeugter Sozialist.[15] Dabei handelte es sich für ihn um mehr als eine »Geld- und Magenfrage«. Sozialismus war für ihn eine Frage »der Qualität der erblichen Anlagen«.[16] Seine zehn Gebote der Sexualreform sahen eine bewusste Regulierung der Zeugung vor, »als sozial-ethische Pflicht im Sinn einer methodischen, qualitativen Verbesserung unserer Rasse sowohl in Bezug auf Körperkraft und Gesundheit als auch auf ethische Qualitäten, Charakter, Willensfestigkeit und Intelligenz«.[17] Der passionierte Ameisenforscher fabulierte über den Vorzug homogener Rassen und verlangte, der »Rassenentartung« scharf ins Auge zu schauen. Als Direktor der Psychiatrischen Universitätsklinik von Zürich ordnete er 1886 und 1892 die Kastration von Geisteskranken an und forderte später die Sterilisation von vermeintlich Minderwertigen.

Zu Forels Schülern zählte der Mediziner Alfred Ploetz, der in jungen Jahren wegen der Sozialistengesetze aus Deutschland in die Schweiz flüchtete und in die USA reiste, um eugenisch-sozialistische Kommunen zu besuchen.[18] Später praktizierte er einige Jahre als Arzt in Berlin, bevor er sich dank des Vermögens seiner zweiten Frau als Privatier in Herrsching am Ammersee niederlassen konnte. Er experimentierte dort mit hunderten von Kaninchen, um Forels These zu beweisen, dass Alkohol die Keimdrüsen schädige und zur Degeneration bei den Nachkommen führe. Seine Studienfreundin, die Feministin Agnes Bluhm, testete jahrelang Generationen von Mäusen, insgesamt angeblich mehr als 32.000 Tiere, die sie in Gurkengläsern hielt. Weder Ploetz noch Bluhm konnten jedoch im Tierversuch je einen Zusammenhang belegen.[19]

Ploetz spielte eine entscheidende Rolle in der Geschichte der Eugenik. Er prägte 1895 den Begriff Rassenhygiene, schuf eine Fachterminologie sowie eine Zeitschrift und eine Organisation, die Deutsche Gesellschaft für Rassenhygiene, veranstaltete Vorlesungen und Kongresse und sorgte damit dafür, die eugenische Ideologie in der professionellen Mittelschicht zu verankern. Politisch bewegte sich Ploetz von links nach rechts. Er endete 1933 im Sachverständigenbeirat für Bevölkerungs- und Rassenpolitik, der den Nationalsozialisten ein wissenschaftliches Mäntelchen für ihre Verbrechen verschaffen sollte.[20]

2.2. Anfänge von Sozialdarwinismus und Rassenhygiene

Die Vorstellungen von Ausmerzung und Menschenzucht stammten nicht von obskuren Außenseiter*innen, sondern gingen auf respektable Wissenschaftler*innen aus der Mitte der Gesellschaft zurück, die sich dem Fortschritt der Menschheit verschrieben hatten.

Deutlich wird ein Zwiespalt zwischen humanistischen Idealen und real existierendem Kapitalismus bei Charles Darwin. Er stammte aus einer Familie der oberen Mittelschicht, der sowohl Freigeister wie sein Großvater Erasmus Darwin als auch tiefreligiöse Menschen wie seine Cousine und Ehefrau Emma Wedgwood angehörten. Angehörige der Familie kämpften über mehrere Generationen hinweg aus christlich-humanistischen wie liberalen Motiven gegen die Sklaverei. Mitgefühl und Empörung über die Grausamkeit der Sklavenhalter*innen mischten sich mit dem Wunsch, christliche Werte, bürgerliche Freiheit und privates Eigentum sollten auch den schwarzen Untertanen Britanniens in Übersee zuteilwerden. Bei Darwin festigte sich der Abolitionismus durch eigene Anschauung. Auf seiner Weltreise von 1831 bis 1836 erlebte er, wie Sklav*innen in Brasilien misshandelt wurden und sah die Folgen genozidaler Massaker an Ureinwohner*innen in Argentinien, Australien, Neuseeland und Südafrika.

Zurück in England sortierte Darwin die Funde und Beobachtungen, studierte intensiv Fachliteratur über Tierzucht und feilte jahrelang an seiner Theorie. Ihm war klar, dass seine Idee einer gemeinsamen Abstammung aller Menschen, noch dazu von Tieren, auf heftigen Widerspruch von allen Seiten stoßen würde. Sowohl Rationalist*innen, die die Sklaverei verteidigten, in dem sie Schwarze als eigene Spezies definierten, als auch evangelikale Abolitionist*innen, sein Herkunftsmilieu, würden protestieren. Dabei vertrat Darwin öffentlich keineswegs atheistische Positionen. Am Schluss seines ersten Hauptwerks betonte er, der Schöpfer habe den Urformen, von denen alle Wesen abstammten, das Leben eingehaucht.[21]

Darwin war keineswegs der gestrenge Empiriker, der seine Theorien bloß aus Beobachtungen und Funden ableitete, die er auf den Galapagos-Inseln oder in Patagonien machte. Er hatte Interpretationsraster im Kopf, schon bevor er an Bord der Beagle ging. Sein Denken hatten Ökonomen wie Adam Smith, David Ricardo und später Thomas Malthus geformt, die die Mechanismen der bürgerlich-kapitalistischen Epoche, Konkurrenz, Kampf ums Dasein und Überleben der am besten Angepassten, zu ewigen Eigenschaften menschlichen Seins verklärt hatten.[22] Auch das Modell der natürlichen Zuchtwahl hatte Darwin keineswegs der Natur abgeschaut. Dieses Konstrukt war schon begrifflich insofern ein Widerspruch, als die Natur kein Subjekt ist, das auswählen könnte, die Evolution ist keine Züchtung. Tatsächlich orientierte sich Darwin an der künstlichen Zuchtwahl, die Menschen seit Jahrtausenden mit Tieren und Pflanzen betrieben.[23]

Ausschlaggebend wurde die Lektüre des einflussreichsten Werkes von Malthus über Bevölkerungskontrolle. In dem »Essay on the Principle of Population« (1798) hatte dieser behauptet, die Menschheit vermehre sich schneller als die Mittel zu ihrem Unterhalt. Das sei ein Naturgesetz und Sozialreformen würden das Unheil nur verschlimmern. Der Überlebenskampf sei unvermeidlich und der Hungertod sorge für einen natürlichen Ausgleich zwischen Ernte und Bevölkerung, verkündete Malthus.[24] Sein Essay gehört sicher zu den einflussreichsten Werken der Moderne, die Legende von der Überbevölkerung spukt bis heute in vielen Köpfen. Als Darwin das Buch 1838 las, änderte sich seine Perspektive fundamental. Er übernahm von Malthus die Vorstellung von einem Kampf ums Dasein, in dem die Schwächeren ausgemerzt würden.[25] Die ausgerotteten Ureinwohner*innen Tasmaniens wurden wie Mammut und Säbelzahntiger zu bedauernswerten, aber unvermeidlichen Opfern des evolutionären Fortschritts. Was bei dem jungen Globetrotter noch blankes Entsetzen ausgelöst hatte, wandelte sich im Kopf des gelehrten Privatiers aus der Gentry, dem niederen britischen Adel, zur Naturnotwendigkeit.[26] Zwar drückte Darwin sich oft zurückhaltend und zweideutig aus, aber seine Positionen waren glasklar: Er glaubte, dass Männer klüger und mutiger als Frauen seien und mehr Energie hätten.[27] Für ihn stand fest, dass der Stärkere immer den Schwächeren auslöscht, zum Wohle des Fortschritts. Damit rechtfertigte er koloniale Eroberungen und Genozide.[28] Die Auffassung, Darwin sei von Sozialdarwinist*innen missbraucht oder falsch interpretiert worden, ist beschönigend.

Zwar versetzte seine Theorie von den gemeinsamen tierischen Vorfahren aller Menschen den sogenannten Polygenisten einen Schlag, von dem diese sich nicht mehr erholten. Sie hatten argumentiert, menschliche Rassen seien verschiedenen Ursprungs und Schwarze als niedere Spezies zur Knechtschaft bestimmt. Darwin hingegen erachtete die Unterschiede für gering, aufgrund der gemeinsamen Abstammung. Es handle sich nicht um Artgrenzen, was sich schon daran zeige, dass Menschen verschiedener Rassen miteinander fruchtbare Nachkommen zeugen können. Bis dahin hatten Rassist*innen die Realität leugnend allen Ernstes behauptet, sogenannte Mischlinge aus Schwarzen und Weißen seien unfruchtbar wie Maulesel.

Dafür schuf Darwin dem Rassismus ein neues theoretisches Fundament: Die vermeintlichen Rassen ergaben sich seiner Ansicht nach aus der Evolution. Er war überzeugt von einer Stufenleiter der Entwicklung: Auf der obersten Sprosse stünden die Kulturvölker Europas, die Schwarzen seien eine niedrigere Variante und zuunterst fänden sich wilde Rassen wie Pygmäen oder Aborigines. Beweis dafür waren ihm die unterschiedlichen Größen von Schädeln.[29] Damit legte Darwin die Grundlage für die liberale Variante kolonialistischer Ideologie von der Bürde des weißen Mannes, der Wilden und Barbaren die Segnungen der Zivilisation bringt, wodurch Ausplünderung und Ermordung unsichtbar wurden.

Eine bis heute wichtige Streitfrage lautet, ob menschliche Eigenschaften und Verhaltensweisen angeboren oder Resultat ihrer Umwelt sind. Die Kontroverse hatte lange vor Darwin begonnen, der eine mittlere Position einnahm. Er stützte sich dabei auf Jean Baptiste de Lamarck, einen französischen Naturforscher und Zoologen, der zu Beginn des 19. Jahrhunderts eine erste materialistische Evolutionstheorie vorgelegt hatte, die sich gegen die dominanten, kreationistischen Vorstellungen richtete. Nach Ansicht Lamarcks war Leben aus unbelebter Materie durch physikalische und chemische Prozesse entstanden. Im Gegensatz zu Darwin ging er davon aus, die verschiedenen Arten seien unabhängig voneinander durch Urzeugung entstanden, hätten also keine gemeinsame Abstammung. Allerdings behauptete er eine zielgerichtete Höherentwicklung von Lebewesen und erwog, der Mensch habe sich aus dem Affen entwickelt. Lamarck war ein anerkannter Wissenschaftler, dessen Thesen in den folgenden Jahrzehnten intensiv diskutiert wurden und beträchtlichen Einfluss ausübten, auch auf Darwin und sein Umfeld.[30]

Heutzutage geht die Epigenetik davon aus, dass zwar die DNA-Sequenz in den Zellen fixiert ist, aber ihr Ausdruck, der Phänotyp, sich verändern kann, aufgrund von chemischen Prozessen. Insgesamt ist Konsens, dass ein Mensch zu gleichen Teilen von Genen und Lebensumständen beeinflusst ist.

Alles, was ein Mensch erlebt, tut oder isst, hat demnach einen Einfluss. Neuere Untersuchungen an eineiigen Zwillingen zeigen, dass deren DNA sich nach der Trennung im Mutterleib auseinanderentwickelt.[31] Diese Theorie passt zu einem kritisch-historischen Materialismus, der davon ausgeht, dass die Umstände, zu denen man das genetische Erbe zählen kann, zwar den Menschen ausmachen, dieser aber seinerseits durch seine Praxis auf die Umstände wirkt und diese bewusst oder unbewusst verändert, dazu gehören sowohl die gesamte Umwelt als auch der eigene Körper.

Damit wäre auch Lamarck rehabilitiert: Ein Aspekt seiner Theorie erwies sich als besonders wirkmächtig: Lamarck nahm an, Individuen würden sich ihrer Umwelt anpassen, dabei Fähigkeiten und Eigenschaften erwerben und an ihre Kinder weitergeben. Das Paradebeispiel sind Giraffen, die sich nach Früchten in Baumwipfeln reckten und ihren Kindern scheinbar längere Hälse vererbten. Körperliche Merkmale und Verhaltensweisen wären demnach zwar angeboren, aber aufgrund von Umwelteinflüssen so variabel, dass sie sich schon innerhalb von zwei Generationen ändern könnten. Diese Vorstellung ging als Lamarckismus in die Geschichte ein und prägte Generationen von Wissenschaftler*innen. Darwin hielt stets an diesem Gedanken fest, in diesem Punkt war er kein Darwinist, sondern Lamarckist.[32]

Gerade weil er der Umwelt eine überragende Rolle zuschrieb, war Darwin überzeugt, dass sich vermeintlich primitive und barbarische Rassen zivilisieren ließen. Der Naturforscher Francis Galton, ein Cousin Darwins, hingegen gab die lamarckistische Position auf und betonte, körperliche und geistige, moralische und religiöse Eigenschaften seien angeboren und unveränderlich fixiert.[33] Die darwinistische Linke wiederum kombinierte Milieutheorie und Lamarckismus: demnach prägt die Umwelt die Menschen und erworbene Eigenschaften werden an die Nachkommen vererbt. Damit ließen sich sowohl der Kampf um gesellschaftliche Veränderungen als auch eine sozialistische Eugenik begründen.[34]

Für die weitere wissenschaftliche Entwicklung war die Unterscheidung zwischen Keimzellen und Körperzellen bahnbrechend, die der Arzt und Zoologe August Weismann (1883) lieferte. Er war überzeugt, dass die Keimzellen Erbinformationen über Generationen unverändert weitergaben. Der Mönch Gregor Mendel hatte in den 1860er-Jahren, gestützt auf Experimente mit Pflanzen, die gleiche Ansicht vertreten. Allerdings gerieten seine Forschungen in Vergessenheit und wurden erst um 1900 wiederentdeckt. Die Thesen von Weismann und Mendel standen im scharfen Gegensatz zu Darwins lamarckistisch geprägter Evolutionstheorie und stützten strikt deterministische Ansichten.[35]

Das zweite Hauptwerk von Darwin über die Abstammung des Menschen (1871) ist entscheidend geprägt von den Ansichten zweier weiterer Wissenschaftler. Der Soziologe Herbert Spencer prägte das Schlagwort vom »Survival of the fittest«. Den Kampf ums Dasein, um knappe Ressourcen, von dem Malthus gesprochen hatte, deutete er als »natürliche Auslese«. Bei Tieren würden sich die Stärksten und am besten Angepassten durchsetzen, was das Überleben und die Entwicklung einer Spezies fördere. Bloß beim Menschen stünden die Schwächeren dem Fortschritt im Wege.[36] Galton prägte schließlich den Begriff Eugenik. Er unterstellte, Menschen seien unterschiedlich viel wert, je nach ihrer Zugehörigkeit zu bestimmten Klassen und Rassen. Die antiken Athener betrachtete er als vollkommenste Rasse, die bislang existiert habe, Weiße stünden höher als Schwarzafrikaner und in die unterste Schublade steckte er die australischen Ureinwohner*innen.[37] Als einer der ersten malte Galton jenes Horrorgemälde, das Eugeniker*innen bis heute bewegt, wonach sich die am wenigsten fähigen Menschen zu stark fortpflanzen, während sich die Elite zurückhalte, was auf Dauer zum Niedergang führe. Um diesen Trend zu stoppen, solle der Staat dafür sorgen, dass sich die wertvolleren Angehörigen der Oberschicht stärker vermehrten als die Unterschicht, verlangte Galton. Die Menschheit dürfe die Fortpflanzung nicht länger dem Zufall überlassen, durch gezielte Steuerung ließe sich in wenigen Generationen eine hochbegabte Rasse heranzüchten.[38]

Darwin übernahm etliche Ideen von Galton, den er häufig zitierte.[39] Sozialdarwinistische Vorstellungen sowie die Angst vor einer Degeneration kamen deutlich zum Ausdruck, wenn er schrieb:

> Bei Wilden werden die an Geist und Körper Schwachen bald beseitigt und die, welche leben blieben, zeigen gewöhnlich einen Zustand kräftiger Gesundheit. Auf der anderen Seite tun wir civilisierten Menschen alles nur Mögliche, um den Process dieser Beseitigung aufzuhalten. Wir bauen Zufluchtsstätten für die Schwachsinnigen, für die Krüppel und die Kranken, wir erlassen Armengesetze und unsere Ärzte strengen die größte Geschicklichkeit an, das Leben eines jeden noch bis zum letzten Moment noch zu erhalten.[40]

Als Beispiel für diesen Effekt führte Darwin die Pockenimpfung an: Früher seien Tausende wegen ihrer schwachen Konstitution den Pocken erlegen, wegen der Impfung würden diese verschont.

> Hierdurch geschieht es, daß auch die schwächeren Glieder der civilisierten Gesellschaft ihre Art fortpflanzen. Niemand, welcher der Zucht domesticierter Thiere seine Aufmerksamkeit gewidmet hat, wird daran zweifeln, daß dies für die Rasse des Menschen im höchsten Grade schädlich sein muß.[41]

Diese Einwände griffen Impfgegner*innen gerne auf. Allerdings milderte Darwin selbst solche Bemerkungen wieder ab, wenn er argumentierte, die Hilfe für Kranke und Schwache resultiere aus einem Instinkt der Sympathie, der selbst ein Produkt der menschlichen Evolution sei. Deshalb würden wir »den edelsten Teil unserer Natur«[42] herabsetzen, wenn wir dem Verstand nachgeben und nicht helfen. Gerade dass der Mensch ein moralisches Wesen sei, »bildet den größten von allen Unterschieden zwischen ihnen und den niederen Tieren«, schrieb er.[43] Die Moral sei das Ergebnis der »socialen Instinkte« und der geistigen Fähigkeiten, die die Evolution hervorgebracht habe.[44] Damit hatte Darwin ein Dilemma konstruiert, dessen Lösung für ihn darin bestand, zu verhindern, dass solche Wesen überhaupt geboren werden. Gerade am Schluss seines zweiten Hauptwerks finden sich derartige Vorstellungen. Darwin verglich die Sorgfalt, mit der die Zucht von Tieren betrieben wird, mit der Sorglosigkeit der Menschen bei der Partnerwahl. Er empfahl nicht zu heiraten, wenn ein Partner an Körper und Geist untergeordnet sei.[45] Das Problem sei jedoch, dass nur kluge Menschen Heirat und Fortpflanzung vermieden, während die Sorglosen sich vermehren und dadurch die »besseren« Menschen verdrängen. Wolle die Menschheit jedoch weiter fortschreiten, sei als Auslesefaktor ein heftiger Kampf um die Existenz, eine »offene Concurrenz«, notwendig. Gerade die Fähigsten dürften nicht durch Gesetze und Gebräuche daran gehindert werden, »den größten Erfolg zu haben und die größte Zahl von Nachkommen«.[46]

Schon bei Darwin findet sich damit ein Widerspruch, der Liberalismus und Sozialdarwinismus durchzieht. Einerseits werden ungezügelter Kapitalismus und freie Konkurrenz gepriesen, weil sie dem Kampf ums Dasein als scheinbarem Naturgesetz perfekt entsprechen, und gleichzeitig rufen Liberale nach dem Staat. Es ist ein Widerspruch zwischen Ideologie und Wirklichkeit.

Denn das Kapital braucht immer einen starken und keinen Nachtwächterstaat, das gilt für das Zeitalter der Dampflokomotive wie des Industrieroboters. Galton durchlöcherte bloß die Ideologie des laissez faire, als er forderte, der Staat solle die Gebärfreudigkeit der Mittel- und Oberschicht finanziell anregen. Auch der Zoologe Ernst Haeckel rühmte einerseits die »freie Concurrenz«, weil sie Verbesserungen und Erfindungen und damit die Evolution fördere, andererseits bekrittelte er die »natürliche Züchtung« im Kampf ums Dasein als »planlos«. Haeckel wollte deshalb die Fortpflanzung nicht mehr dem freien Spiel der Kräfte überlassen, sondern forderte die künstliche Auswahl und Züchtung von Menschen.[47]

Haeckel verbreitete die Lehre Darwins in Deutschland, wo er deren Aufnahme dank seiner populärwissenschaftlichen Werke stärker prägte als ihr Begründer. Für ihn waren körperliche Eigenschaften, Charakterzüge wie Stolz, Ehrgeiz, Leichtsinn, Schwermut, und Geisteskrankheiten auf die Nachkommen vererbt, ebenso die Zugehörigkeit zu sozialen Kasten und Ständen.[48] Er entwickelte eine Rassentypologie, die von den Wilden über die Barbaren bis zu höheren Kulturvölkern reichte. Als Hauptgruppen unterschied er schwarze »Wollhaarige« und weiße »Schlichthaarige«.[49] Wie Darwin und Galton zählte er Aborigines, Papuas, sogenannte Buschmänner und Hottentotten zu den »niederen Menschenrassen«.[50] Kultur sei diesen Menschen prinzipiell unzugänglich, weil ihnen die Grundlagen im Gehirn fehlten. Im Empfinden, Denken und Wollen überflügelten die am höchsten entwickelten Vögel und Säugetiere diese Menschen, es handele sich um »affenähnliche[n] Menschenformen«. Der Zoologe konstruierte eine »scharfe Grenze« zwischen »Kulturmenschen« einerseits und »rohesten Naturmenschen« und Tieren andererseits.[51]

Zur Popularisierung der Eugenik in Deutschland trug Friedrich Nietzsche entscheidend bei.[52] Grundsätzlich, indem er den Standpunkt des Herrenmenschen predigte, und im Detail, weil sich in seinen Schriften viele Elemente der Rassenhygiene wiederfinden: von der Vorstellung einer rassischen Degeneration der Europäer als der höchsten Form der Menschheit bis zur Forderung nach staatlicher Regulierung von Ehe und Fortpflanzung. Insbesondere der Satz »Nicht nur fort sollst Du dich pflanzen, sondern hinauf« aus dem »Zarathustra« war vielen Ansporn und Leitlinie und wurde häufig zitiert.[53] Nietzsche ließ sich über Verfall und Dekadenz aus, geißelte eine »Entgeistigung und Verpöbelung des Geschmacks«, Alkohol, Ausschweifungen, Luxus, Unfähigkeit zur Arbeit, Anarchismus, liberale Institutionen und die »Weibs-Emancipation«.[54] Er fürchtete eine »Kreuzung von zu fremdartigen Rassen« und griff die Moderne an, weil »die Civilisation den physiologischen Niedergang einer Rasse nach sich zieht«. Die gesunden Bauern würden von den großen Städten »aufgefressen«, die Sinne überreizt und den Schwachen, Unproduktiven, Faulen und Degenierten geholfen, die bloß »noch entartetere Nachkommen haben werden«.[55] Das Recht auf Hilfe, also auf Unterstützung in Notlagen oder für die ärmere Bevölkerung, sei nichts anderes als eine »Prämie für die Degenerierten«.[56] Selbst dort, wo Nietzsche den Kampf ums Dasein nicht als einzigen Gesichtspunkt gelten lässt und darauf verweist, dass schwächere und zartere Naturen »alles Fortschreiten« erst möglich machten, bleibt doch ein starkes und gesundes Volk die Voraussetzung, um die »Infection des Neuen« auszuhalten und zu nutzen.[57]

Als einer der ersten forderte Nietzsche gezielte Auslese und sogar Ausmerzung. Das »Absterbenmachen der Kläglichen, Verbildeten und Entarteten muß die Tendenz sein.«[58] Die Rasse solle nicht unter der Befriedigung des Triebes leiden. Zur Befriedigung männlicher Lust, Frauen zählten für ihn nicht, mochten Konkubinat und Prostitution dienen, die Fortpflanzung sei davon zu trennen.[59] Die Zeugung von Kindern durch chronisch Kranke müsse verhindert werden. Wer sich nicht im Zaum halten könne, solle Vermögens- und Gefängnisstrafen gewärtigen. Junggesellen müssten höhere Steuern zahlen und länger Kriegsdienst leisten, forderte Nietzsche, der selbst kinderlos blieb, aber bloß vier Wochen als freiwilliger Sanitäter im deutsch-französischen Krieg diente.[60] Dagegen wollte Nietzsche das Wahlrecht so gestalten, dass Väter, »welche reichlich Knaben in die Welt setzen«, eine Stimmenmehrheit bekämen. Die von den Nationalsozialisten eingeführten Ehetauglichkeitszeugnisse nahm Nietzsche vorweg, wenn er ein ärztliches Protokoll verlangte, in dem die Verlobten und Ärzte bestimmte Fragen zu beantworten hätten, insbesondere zur »Familiengeschichte«.[61] Bloß Germanenkult kann man Nietzsche nicht direkt vorhalten: Für die »Alkohol-Vergiftung Europas« macht er deutsche, britische und skandinavische Suffköpfe, das »Rassen-Übergewicht der Germanen«, verantwortlich. Solche Passagen mag anführen, wer meint, Nietzsche sei kein Vordenker des Faschismus gewesen.

Sehr am praktischen Nutzen der Eugenik war der Unternehmer Friedrich Alfred Krupp interessiert. 1900 sponserte er ein Preisausschreiben mit 30.000 Mark, bei dem es um die Frage ging: »Was lernen wir aus den Prinzipien der Deszendenztheorie in Beziehung auf die innenpolitische Entwicklung und

Gesetzgebung der Staaten?«[62] Die Frage hatten sich Haeckel und sein Jenaer Kollege, der Biologe Heinrich Ernst Ziegler, ausgedacht. Wilhelm Schallmayer, der Sozialdemokratie zugeneigt, gewann den Wettbewerb. Er hatte seit Jahren vor einem Verfall der »zivilisierten Kulturrassen« gewarnt und die Medizin kritisiert, insbesondere die Tuberkuloseimpfung, weil dadurch Schwache überleben und sich fortpflanzen würden. Schallmayer forderte »Ehehindernisse« für Erbkranke, die notfalls mit Gewalt durchgesetzt werden sollten.[63]

2.3. Eugenik und Neomalthusianismus

Malthus hatte behauptet, dass sich die Zahl der Menschen alle 25 Jahre verdoppelt (1, 2, 4, 8, 16 ...), während die Produktion von Nahrungsmitteln nur linear wachse (1, 2, 3, 4, 5 ...). Als Beleg führte er die USA an.[64] Auf dieser Grundlage griff Malthus diejenigen an, die vorschlugen, die Gesellschaft so einzurichten, dass alle materiell sorgenfrei leben könnten.[65] Es zeigte sich jedoch, dass die USA wegen der Einwanderung eine Ausnahme darstellten. In Europa wuchs die Bevölkerung zwar rapide, verdoppelte sich aber keineswegs alle 25 Jahre. Zwar stieg die Bevölkerung in West- und Mitteleuropa zwischen 1820 und 1870 von 133 auf 187 Millionen, wuchs also in 50 Jahren um ein knappes Drittel.[66] Das war enorm, lag aber weit unter der Prophezeiung von Malthus. Millionen von Europäer*innen wanderten nach Amerika und Australien aus, immer mehr Menschen zogen vom Land in die Städte, die meisten endeten dort in Slums. Schließlich begannen immer mehr Angehörige der Ober- und Mittelschicht die Zahl ihrer Nachkommen zu regulieren.

Viele Liberale deuteten den Pauperismus der frühen Industrialisierung als Folge einer Überbevölkerung und machten wie Malthus einen ungezügelten Trieb der Armen für die Not verantwortlich. Auf ähnliche Weise werden bis heute das Elend im globalen Süden oder die Umweltzerstörung erklärt. Es gab allerdings schon damals einigen Widerspruch. Spencer argumentierte, starke Bevölkerungsvermehrung führe zu einer Steigerung der Produktivität und damit der Intelligenz, was schließlich die Geburtenrate senke. Der »Exzess der Fruchtbarkeit« treibe zwar die Zivilisation zunächst an, mindere aber am Ende die Fruchtbarkeit. So prognostizierte Spencer Zwei-Kinder-Familien.[67] Der deutsche Ökonom Friedrich List ging davon aus, dass die industrielle Entwicklung den allgemeinen Wohlstand heben und die Geburtenraten senken werde.[68]

Marx attackierte Malthus als Plagiator und Verfälscher wissenschaftlicher Ergebnisse im Dienste der Großgrundbesitzer.[69] Er spottete, das »Populationsprinzip« sei das Werk protestantischer Pfaffen, die unter dem Beifall der Oberschicht von den sozialen Ursachen des Elends ablenken wollten.[70] Während Malthus die Armen zum Hungertod verdamme, rechtfertige er die Grundrenten, die Verschwendung und die Herzlosigkeit der adeligen Grundeigentümer mit seiner ökonomischen Lehre.[71] Zwar hielt er Malthus zugute, Überbevölkerung als modernes Phänomen erkannt, aber als »natürlichen Überwuchs« enthistorisiert und falsch gedeutet zu haben. Als »Knecht« konservativer Interessen habe Malthus nicht begriffen, dass die außerordentliche Entwicklung der Maschinerie sowie die Frauen- und Kinderarbeit in den Fabriken Teile der Arbeiterklasse »überzählig« mache. Nach Ansicht von Marx existiert lediglich eine relative Überbevölkerung, je nach Bedarf des Kapitals an Arbeitskräften. Damit verwarf Marx die biologistische Perspektive von Malthus und entwickelte eine soziale und historische Deutung.[72]

Grundsätzlich gilt: Wenn Menschen verhungern, so war seit der industriellen Revolution immer öfter nicht Knappheit, sondern die Verteilung von Ressourcen der Grund. Marxistische Sozialist*innen und Kommunist*innen lehnten die Thesen von Malthus und den Neomalthusianismus, der sich in der zweiten Hälfte des 19. Jahrhunderts formierte, deshalb strikt ab.[73] Sie griffen die Lebens- und Arbeitsbedingungen des Proletariats an, die so hart waren, dass gesundheitliche Schäden auftraten, schon bei den Kindern. Der Kapitalismus selbst schien seine Grundlage, den Nachschub an Lohnarbeiter*innen, zu gefährden.

Hingegen übernahmen liberale Sozialreformer*innen und einige Anarchist*innen die Ansicht, Überbevölkerung sei der entscheidende Faktor.[74] Sie hielten die Entwicklung im Unterschied zu Malthus aber nicht für unvermeidlich, sondern glaubten, gegensteuern zu können. John Stuart Mill ging davon aus, dass umfassende Bildung, höhere Löhne für die Arbeiter, eine Demokratisierung der Gesellschaft und die Befreiung der Frau »eine bedeutende Verminderung des Übels der Überbevölkerung« bewirken werde. Insbesondere trat er für den Gebrauch von Verhütungsmitteln ein und gilt deshalb als Begründer des Neomalthusianismus, einer Bewegung, die in England entstand und sich von dort rasch ausbreitete.[75] Malthus hatte Geburtenkontrolle durch Empfängnisverhütung als unsittlich abgelehnt. Ihm folgten konservative Zeitgenossen aber auch Sozialisten wie Wilhelm Liebknecht und Ferdinand Lassalle, der Verhütung als »reine Schweinerei« abtat.[76]

Die Eugeniker*innen wiederum hatten von Anfang an Qualität und Quantität im Blick: Prinzipiell befürworteten sie hohe Geburtenraten, um möglichst viel »Menschenmaterial« für die Auslese zu bekommen. Aus ihrer Sicht bekamen jedoch die falschen Leute zu viele Kinder, nämlich die Armen, während Wohlhabende sich zurückhielten. Für das Überbevölkerungsszenario hatten Eugeniker*innen dennoch zunächst wenig übrig.[77] Darwin war davon ausgegangen, dass sich starke auf Kosten schwacher Rassen vermehren und ausbreiten, nach Lage der Dinge also die Weißen zu Lasten der Schwarzen. Ploetz feierte Statistiken über die Zunahme der germanischen Rassen in Europa, Australien und Nordamerika als Ausdruck biologischer Überlegenheit.[78] Ihr Wachstum belege den »Sieg der westarischen Rassen im Kampf ums Dasein mit der Gesamtheit der anderen Rassen«.[79] Der Geburtenrückgang beim französischen Erbfeind wurde von Deutschen als französische Krankheit hämisch registriert.

Dieses selbstzufriedene Bild geriet ins Wanken, als der demographische Übergang in ganz West- und Mitteleuropa einsetzte. Während sich die Konkurrenz zwischen den Staaten verschärfte, drohte der Nachschub an Arbeitskräften und Kanonenfutter zu versiegen und dessen Qualität zu sinken. In Großbritannien zeigte sich während des zweiten Burenkriegs (1899–1902), dass viele Männer nicht militärtauglich waren. In Deutschland lieferten kaiserliche Musterungen ähnliche Ergebnisse. Bereits vor dem Ersten Weltkrieg kam die Vorstellung auf, die Deutschen würden aussterben, die Sarrazin heute wieder beschwört. In der Weimarer Republik prägte der Statistiker Friedrich Burgdörfer den Slogan »Raum ohne Volk« in Anknüpfung an die populäre Phrase »Volk ohne Raum«, die der Dichter Hans Grimm formuliert hatte. Die fruchtbareren Slawen würden die Deutschen allmählich aus ihren angestammten Gebieten im Osten verdrängen, warnte Burgdörfer.[80] Er wies die Annahmen von Malthus als »Überbevölkerungspsychose« zurück.[81] Diese Sorge vor Schrumpfung und Vergreisung teilten rechte und sozialdemokratische Eugeniker*innen, die Neomalthusianer*innen hatten einen schweren Stand.[82]

Trotzdem kam es zur Annäherung. Das gemeinsame Schreckensszenario lautete: In Europa und Nordamerika vermehre sich eine Unterschicht der Minderbegabten und Schwachen stärker als die Ober- und Mittelschicht. In globaler Perspektive drohten die Schwarzen die Weißen zahlenmäßig zu überflügeln und deren Herrschaft abzuschütteln. Die Vorstellung von der Vererbbarkeit physischer, psychischer und moralischer Eigenschaften kombiniert mit der Annahme einer höheren Fruchtbarkeit der Armen und Minderwertigen ergab das Horrorgemälde einer Degeneration der Menschheit.

Eine gezielte Aufklärung der Unterschichten über Verhütung, wie sie die Neomalthusianer*innen forderten, konnte dazu beitragen, deren Vermehrung einzuschränken. Diese Perspektive fand immer mehr Anklang, nachdem sich Mittel- und Oberschicht mit Gebärprämien nicht ködern ließen. Gerade in diesen Kreisen erfreute sich das Zwei-Kinder-Modell längst größter Beliebtheit. Während durch Verhütung verhindert werden sollte, dass sich als unproduktiv, minderwertig und rassistisch stigmatisierte Gruppen vermehrten, galt es zugleich die Fortpflanzung einer »gesunden« und erbbiologisch wertvollen Arbeitskraft zu fördern. Dabei mussten die Nationalstaaten Teile der Arbeiter*innenklasse einbinden, sollte die Position in der internationalen Konkurrenz gehalten und ausgebaut werden. Sozialstaatliche Reformen hielten nun auch jene Eugeniker*innen für angezeigt, die bislang der freien Konkurrenz das Wort geredet hatten. Umgekehrt verabschiedete sich die neomalthusianische Bewegung von progressiven Positionen vor allem in Bezug auf Frauen und übernahm eugenische Argumente.[83] Frauen sollten bessergestellt werden, um ihrer »generativen Verantwortung« gerecht zu werden. So verbanden sich Eugeniker*innen, Neomalthusianer*innen und Feminist*innen zu einer rassenhygienischen Internationale.[84]

2.4. Radikaler Feminismus: Die Verbesserung der Rasse als »ureigenster Beruf der Frau«

Mutterschutz war ein wichtiges Anliegen der Frauenbewegung, gerade der radikalen Feminist*innen. Darunter wurden sowohl selbstbestimmte Sexualität und Geburtenkontrolle durch Verhütungsmittel als auch ein Ende der Diskriminierung lediger Mütter und unehelicher Kinder und der Kampf gegen den Paragrafen 218 verstanden.[85] Diese Forderungen waren als solche fortschrittlich, wurden jedoch zu eugenischen Zwecken eingespannt. Anstelle des individuellen Rechts auf Selbstbestimmung trat als Begründung bei vielen bald der Dienst an Rasse, Nation und Staat. Aus heutiger Sicht seien diese Feminist*innen als »radikal undemokratisch« einzustufen, urteilt

Ursula Ferdinand in ihrer Studie über Malthusianismus und radikale Frauenbewegung.[86]

Rassenhygienische Positionen vertraten sowohl der gemäßigte bis konservative Bund Deutscher Frauenvereine (BDF), der mit bis zu einer Million Mitglieder eine der größten sozialen Bewegungen ihrer Zeit darstellte, als auch radikale Feminist*innen, die im Verband fortschrittlicher Frauenvereine (VFF) und im Bund für Mutterschutz (BFM) organisiert waren.[87] Der bürgerliche wie der radikale Flügel argumentierte, gleichberechtigte und gebildete Frauen sowie eine selbstbestimmte Sexualität und Mutterschaft würden einen qualitativ besseren Nachwuchs hervorbringen.[88]

Dem BFM-Vorstand gehörten Henriette Fürth und Adele Schreiber (beide SPD) sowie Helene Stöcker an. Letztere verstand sich als Sozialistin und Anhängerin von Nietzsche, mit dessen Vorstellungen sie ihren Einsatz für die Rassenhygiene begründete.[89] Stöcker hatte den Verband 1905 gegründet und war später Vorsitzende des internationalen Zusammenschlusses. Zu den Männern im BFM-Vorstand gehörten neben Forel und Ploetz die Rassenhygieniker Christian von Ehrenfels und Ludwig Woltmann, ein ehemaliger Sozialdemokrat, der liberale Soziologe Max Weber, der antisemitische Ökonom Werner Sombart sowie die national-sozialen Reformer Adolf Damaschke und Pfarrer Friedrich Naumann.[90]

Der Verband war national fixiert, die Stärkung des deutschen Staates galt als letzte Begründung des Engagements. Die Diskriminierung lediger Mütter und Kinder wurde als »Raub an der Volkskraft« angeprangert, die die Militärtauglichkeit verringere.[91] Inhaltlich herrschte weitgehend Konsens, Streit gab es über die Polygamie, für die Professor von Ehrenfels eintrat.[92] Fürth kämpfte für nichteheliche Kinder und Mutterschaft im Namen »der Gerechtigkeit und rassenpolitischen Klugheit«.[93] Die »Fortpflanzung degenerierter Menschen« wollte die Sozialdemokratin verhindern.[94] Die Arbeit des BFM diene dem »Wohl der Rasse«, einer »Auffrischung der deutschen Menschheit«, erklärte Stöcker.[95] Ziel sei die »Veredelung der Rasse«. Es gelte einen neuen Menschen zu schaffen, man müsse Mittel finden, »um unheilbar Kranke oder Entartete an der Fortpflanzung zu hindern«.[96]

Bezeichnend war die Haltung von Anita Augspurg, einer Ikone des radikalen Feminismus.[97] Ihre Courage im Kampf für Frauenrechte und gegen Antisemitismus sowie ihre Antikriegshaltung 1914 verdienen ebenso wie die von Helene Stöcker höchste Anerkennung. Deswegen dürfen ihre rassenhygienischen Positionen aber nicht zugunsten einer »Heldinnenverehrung«

unter den Tisch gekehrt werden, wie Martina Hein am Beispiel der Rezeption von Stöcker bemängelt hat.[98] Augspurg forderte die Legalisierung der Kindstötung nach der Geburt und begründete das Recht der Frau, ihre Liebespartner frei zu wählen, damit, dass das Sexualleben »der Erhaltung und Verbesserung der Art«[99] dienen solle. Denn die Unterdrückung der Frau führe dazu, die »Leistungsconcurrenz«, die zur »Auswahl der Tüchtigsten« und damit zum »Gesamtfortschritt« [100] beitrage, auf die Männer zu beschränken.

Auch ökonomische Unabhängigkeit deutete Augspurg in diesem Sinn: Dadurch werde die Frau in die Lage versetzt, »ihren ureigensten Beruf – die Verbesserung der Rasse – zu erfüllen«, erklärte sie auf einer Tagung radikaler Feminist*innen.[101] 1911 schrieb Augspurg, die individuelle Auslese durch Weibchen sichere im Kampf ums Überleben den Sieg der besser Angepassten. Diese wissenschaftliche Erkenntnis über das Tierreich werde aber nicht auf den Menschen angewandt.[102] Stattdessen werde die Frau in der patriarchalen Gesellschaft zwangsweise verheiratet, mit negativen eugenischen Konsequenzen. »Dieses Verbrechen wider die Natur beherrscht unser ganzes Gesellschaftsleben seit Jahrtausenden und dürfte als verhängnisvollste Agens menschlicher Rassendegeneration angesprochen werden«. Die Frauenbefreiung stellte für Augspurg den einzigen Weg dar, um die Degeneration zu stoppen, die »Leistungsconkurrenz« voll zu entfalten und die Höherzüchtung der Menschheit zu bewerkstelligen: »Der auslesende Instinkt der Frau wählt unter mehreren Bewerbern den tüchtigsten, für die Vererbung wertvollsten.«[103]

2.5. Die rassistische Internationale

Auf dem Internationalen Haager Kongress der Neomalthusianer*innen verkündete Helene Stöcker 1910, »die Mutterschutzbewegung [sei] eine Bewegung für Rassenverbesserung«.[104] Vom »Gedeihen der Rasse« und der »Höherentwicklung der Menschheit«[105] sprach Marie Stritt, die im BDF als Vorsitzende wegen ihre strikten Ablehnung des Paragraphen 218 von den Konservativen um Gertraud Bäumer abgesetzt wurde. Insgesamt dokumentierte dieser Kongress die internationale Kooperation von Eugenik, Neomalthusianismus, Rassismus und Feminismus.[106]

Paradigmatisch dafür ist ein Aufsatz des Arztes und linken Sexualreformers Havelock Ellis (1859–1939), der für die Emanzipation der Frau und gegen die Ausgrenzung von Homosexuellen kämpfte. Er pries Geburtenkontrolle als einzig effektive Methode, um zu verhindern, dass die »rassische Vitalität« der »wichtigsten Zweige des weißen Erbguts«[107] unterminiert werde. Auch Ellis beschwor eine dysgenische Tendenz, wonach sich Minderwertige stärker vermehrten und damit die Last auf den Schultern der fähigen, besonnenen und hart arbeitenden Menschen wachse, die weniger Kinder bekämen. Abhilfe könne nur geschaffen werden, wenn die unteren Schichten über Verhütung aufgeklärt würden. Wer sich der Geburtenkontrolle verweigere oder dazu unfähig sei, sollte sterilisiert oder interniert werden. Solche Elemente stellten in den Augen von Ellis ein »Zentrum rassischer Gifte« dar, eine »anti-soziale Gefahr«.[108]

Diese eugenisch-neomalthusianische Bewegung nahm die »heimische« Unterschicht aus bürgerlicher Klassenperspektive und die Menschen in Asien, Afrika und Lateinamerika aus imperialer und kolonialistischer Sicht ins Visier. Grundlage dafür war die Annahme, die Menschheit ließe sich in minder- und höherwertige Individuen und Rassen sortieren. Diese Sicht vertraten keineswegs nur rechtsgerichtete Wissenschaftler*innen und Politiker*innen, sondern auch Liberale und Linke.

Der berühmte Ökonom John Maynard Keynes war Mitglied der Eugenischen Gesellschaft, gehörte der Malthusian League an, fungierte als Schirmherr der Society for Constructive Birth Control and Racial Progress und agitierte in der Liberalen Partei für Geburtenkontrolle.[109] Seine ökonomische Theorie, mit der er die Krisen des Kapitalismus in den Griff bekommen wollte, dürfte ohne seine rassenhygienischen Motive nicht vollständig zu erfassen sein. Wie Malthus fürchtete Keynes anfangs eine Überbevölkerung Großbritanniens, die den erreichten Lebensstandard unterminieren könnte.[110] Nachdem der demographische Wandel die britische Unterschicht erfasst hatte, schwenkte Keynes um. Nun warnte er, eine schrumpfende Bevölkerung und Überalterung könnte die Kapitalakkumulation ins Stocken bringen. Die Nachfrage würde einbrechen und der »Teufel der Arbeitslosigkeit« losgelassen.[111]

Die Ärmsten und die Dümmsten würden sich in jedem Land am stärksten fortpflanzen, aber in den am meisten zivilisierten Ländern falle die Geburtenrate am schnellsten. Die »Klassen der Gesellschaft oder Teile der Welt«, die sich nicht mehr so stark vermehrten, könnten »vom Rest überwältigt werden«, meinte Keynes.[112] Konkret fürchtete er, die Angelsachsen könnten im Kampf ums Dasein den »farbigen« Rassen unterliegen. Seiner Ansicht nach waren deshalb »fast alle Maßnahmen gerechtfertigt, um unseren Lebensstandard vor Beschädigungen durch fruchtbarere Rassen zu bewahren«.[113] So unterstützte Keynes rigorose Einwanderungsbeschränkungen gegen Asiat*innen in der kanadischen Provinz British Columbia.

Die Krisenhaftigkeit der kapitalistischen Ökonomie, die sich zuspitzenden Konflikte zwischen den imperialen Mächten, die zum Ersten Weltkrieg führten, hatten eine Wende in den Anschauungen des Bürgertums bewirkt. Die Ideologie vom laissez faire, die im obrigkeitsstaatlichen Deutschland immer schon weniger Anhänger*innen hatte, wurde aufgegeben zugunsten staatlicher Intervention. Dabei herrschte zwischen technokratischen und kulturpessimistischen Tendenzen mitunter großes Einvernehmen, wie die Eugenik zeigt. Während Wissenschaftler*innen und Ärzt*innen eine rational geplante, durchorganisierte und kontrollierte Fortpflanzung anstrebten, verurteilte die Lebensreformbewegung die moderne Zivilisation als Grund der Degeneration und proklamierte die Rückkehr zur Natur, zu natürlicher Ernährung und Kleidung, traditionellen Heilmethoden und Nacktkultur, einem Leben auf bäuerlicher Scholle in ländlicher Einfachheit, so dass alle Minderwertigen ausgejätet würden. Beide Richtungen brandmarkten einvernehmlich Alkohol und Tabak, die moderne Medizin, insbesondere Impfungen, falsche Ernährung sowie die Vergnügungen der Großstadt als Gift für den gesunden Körper. In Projekten wie der Gartenstadtbewegung kooperierten beide Flügel der Eugenik. Die technokratische und die lebensreformerische Variante verfolgten das gleiche Ziel: Das Individuum fit zu machen für maximale Leistung, Anpassung und Unterordnung im Dienst von Staat und Nation.

Im Namen der Leistungsfähigkeit kam sogar Kritik am Establishment auf: Die weißen »Culturvölker« degenerierten, weil Reiche in Luxus und Müßiggang lebten und Spekulanten arbeitsloses Einkommen rafften. In der Praxis richtete sich eugenische Politik allerdings nie gegen die herrschenden Klassen, sondern gegen die Armen, gegen Minderheiten wie die Sami in Schweden oder die sogenannten Tattare, Menschen mit nomadischem Lebenswandel. In der Schweiz, wo Rassenhygieniker eine reine Alpenrasse halluzinierten, gerieten die Jenischen aus dem gleichen Grund ins Visier. In weißen Siedlerkolonien richtete sich Eugenik gegen sogenannte Farbige.[114] In den USA wurde bereits in den 1830er-Jahren darüber debattiert, ob Ehepartner*innen wie bei der Pferdezucht ausgewählt werden sollten. Die Eugeniker*innen hetzten sowohl gegen eine weiße Unterschicht vor allem im Süden, die als »white trash«, weißer Müll, verunglimpft wurde, als auch gegen Migrant*innen aus Ost- und Südeuropa mit vermeintlich schlechten Genen und geringerer Intelligenz, die durch Quoten und Obergrenzen ferngehalten werden sollten. Für die Begrenzung der Einwanderung und zur Musterung beim Militär entwickelten Wissenschaftler die Intelligenztests, um Minderwertige auszusortieren, von denen viele aufgrund ihrer Armut nicht oder nicht richtig lesen und schreiben gelernt hatten.[115] In Deutschland trugen alle Fraktionen, sozialtechnokratische Modernisierer*innen wie rückwärtsgewandte Lebensreformer*innen, völkische Germanentümler*innen wie feministische Sozialist*innen dazu bei, eugenische Vorstellungen konsensfähig zu machen.[116]

In vielen Ländern entstanden einschlägige Organisationen. In Deutschland gründete Ploetz 1904 die Zeitschrift Archiv für Rassen- und Gesellschaftsbiologie (ARGB) und im folgenden Jahr die Deutsche Gesellschaft für Rassenhygiene. Sie bestand überwiegend aus Akademiker*innen und begriff sich als Elite und biologischer Orden. Unverheirateten Mitgliedern wurde geraten, sich vor einer Eheschließung von der Gesellschaft beraten und ein Einverständnis mit etwaigen Partner*innen geben zu lassen.[117] Neben Berlin, München und Freiburg avancierte Jena, wo Haeckel lehrte, im Kaiserreich zur Hochburg der deutschen Rassenhygieniker*innen. Als die Nationalsozialisten die Universität später zur »NS-Musteruniversität« umbauten, konnten sie auf eine lange Tradition zurückgreifen.[118] In den USA entstand die Race Betterment Foundation (1905), danach die Eugenics Education Society in Großbritannien (1907) und die rassenhygienische Gesellschaft in Schweden (1909).

Den Wahnvorstellungen folgten Missetaten. Die Eugeniker*innen setzten Gesundheitszeugnisse, Heiratsverbote sowie Internierung und Sterilisation durch, als minderwertig stigmatisierte Menschen wurden verfolgt und misshandelt. Der US-Bundesstaat Indiana führte 1907 als erster die Zwangssterilisation ein und wurde zum Vorbild, weitere 34 Bundesstaaten verabschiedeten einschlägige Gesetze. Insgesamt sterilisierten Ärzt*innen in den USA zwischen 1907 und 1979 mehr als 70.000 Menschen. Die meisten, etwa 20.000 Personen, traf es in Kalifornien, darunter solche, die homosexuell waren. Zuletzt wurden zwischen 1973 und 1976 mehr als 3.400 Frauen der Native Americans sterilisiert.[119] Die kanadischen Bundesstaaten Alberta (1928) und British Columbia (1933) sowie der mexikanische Bundesstaat Vera Cruz (1932) ahmten das US-Vorbild nach. Der Iran erließ 1938 ein Ehegesetz, das Gesundheitszeugnisse zur Bedingung machte, in Japan galt ab 1940 ein Nationales Eugenik-Gesetz.

Europäische Länder verhängten Eheverbote gegen Geisteskranke, Epileptiker*innen, Geschlechtskranke sowie erblich Blinde oder Taube, so etwa Bulgarien 1895, Schweden 1915, Norwegen 1918, Finnland 1929 und Dänemark 1938.[120] Es folgten Sterilisationsgesetze in Norwegen (1934), Finnland (1935) und Dänemark (1929). In der Schweiz führte der Kanton Vaud 1928 die Sterilisierung gesetzlich ein, was die Zahl der Fälle angeblich eingeschränkt haben soll. In anderen Kantonen wurde die Operation von lokalen Behörden angeordnet. Allein im Kanton Zürich traf in den 1930er-Jahren etwa 1.700 bis 3.600 Personen dieses Schicksal, vor allem junge Frauen aus den unteren Klassen mit unehelichen Kindern.[121]

In Schweden wurde 1922 ein Institut für Rassenhygiene in Uppsala eingerichtet, das eine Studie über den Rassencharakter der Schwed*innen anfertigte. Die Eugeniker*innen wähnten den Volkskörper bedroht durch falsche Ernährung, Alkohol, Tabak und Einwanderung; eine Spezialität war die Kampagne gegen die Gefahren des Kaffeetrinkens. Eugenische und lebensreformerische Vorstellungen motivierten wohlfahrtsstaatliche Maßnahmen, die den »A-Menschen« und »Gesundheitsschweden« schaffen sollten, wie es damals hieß. Sozialleistungen sollten nicht den Falschen, den biologisch Minderwertigen, zugutekommen. Diese Politik wurde von Liberalen und Feminist*innen unterstützt, die Hauptverantwortung trug die Sozialdemokratie, die das Land von 1932 bis 1976 regierte. Die Sterilisationsgesetze von 1935 und 1941 richteten sich gegen »soziale Problemgruppen« mit »antisozialem Verhalten«, das als angeboren galt. Zwar sah das Gesetz eine freiwillige Sterilisierung vor, jedoch scheint etwa ein Drittel der Betroffenen unter Druck gesetzt worden zu sein: Ihnen wurde gedroht, sie in Anstalten festzuhalten oder Sozialhilfe zu streichen. Insgesamt wurden in Schweden etwa 60.000 Menschen zwischen 1935 und 1975 sterilisiert. Bevorzugte Opfer waren junge ledige Mütter. Einschränkend muss man berücksichtigen, dass die Maßnahme in den letzten Jahren von manchen als Verhütungsmethode genutzt wurde.[122]

In Großbritannien (1934), Australien und Neuseeland hingegen scheiterten Sterilisationsgesetze am Widerstand von Labour Party, Gewerkschaften und katholischer Kirche. Dazu beigetragen haben dürfte eine Rechtstradition, die staatlichen Eingriffen in die Persönlichkeitssphäre prinzipiell misstraute.[123] Hinzu kam die veränderte politische Lage: Je länger das NS-Regime währte und je offensichtlicher die Verbrechen wurden, desto zurückhaltender operierten Eugeniker*innen in anderen Ländern.

Denn die Verbrechen der Deutschen waren auch in der Geschichte der Eugenik singulär, sowohl in Bezug auf das Ausmaß als auch die Taten selbst. Etwa 400.000 Menschen wurden zwischen 1934 und 1945 von Medizinern zwangssterilisiert, mit Unterstützung von kommunalen Behörden, Richtern und Staatsanwälten, Gesundheitsämtern, Polizei und Fürsorgerinnen, innerhalb eines formal rechtsstaatlichen Rahmens und in aller Öffentlichkeit. Ärzte, Pfleger und Krankenschwestern ermordeten bis zu 260.000 Menschen, Kranke, Behinderte und Alte, Vagabunden und Obdachlose.[124] Die Täter*innen ließen nach der offiziellen Einstellung der »Aktion T 4« im August 1941 weiter Menschen verhungern oder erfrieren oder verabreichten ihnen tödliche Injektionen. In Kaufbeuren-Irsee mordete das Personal sogar über das Kriegsende hinaus, bis Anfang Juli 1945, und vernichtete Beweismaterial.[125] Diese Verbrechen erforderten zehntausende Deutsche, die nicht nur taten, was sie als ihre Pflicht ansahen, sondern davon überzeugt waren, dass »lebensunwertes Leben« vernichtet werden müsse.

2.6. Sozialistische Eugenik

Anfangs sympathisierten britische und amerikanische Eugeniker*innen und linke Emigrant*innen mit den Maßnahmen in Deutschland. Sie hielten den Nationalsozialisten lediglich vor, die Eugenik zu missbrauchen oder unwissenschaftlich zu betreiben. Die allgemeine Tendenz des Ehegesundheitsgesetzes sei »nicht zu beanstanden«, und mit dem Ehetauglichkeitszeugnis von 1935 »folgte die Reichsregierung dem Beispiel skandinavischer Staaten«[126], heißt es in Berichten der Exil-SPD. Am Gesetz zur Verhütung erbkranken Nachwuchses bemängelte die SPD lediglich den Zwangscharakter. Die Nationalsozialisten würden aus Fanatismus »über das Ziel einer vernünftigen Eugenik«[127] weit hinausschießen. Der Missbrauchsvorwurf findet sich auch bei Magnus Hirschfeld. Der linke Sexualforscher plädierte im Exil im August 1933 dafür, die Nationalsozialisten nicht vorschnell zu verurteilen, sondern die »Hitlerschen Experimente« erst einmal abzuwarten. Es sei allerdings zu befürchten, dass die Nationalsozialisten »sich der Sterilisation bedienen, weniger um die ›Rasse aufzuzüchten‹, als um ihre Feinde zu vernichten«. An der Menschenzucht hatte Hirschfeld grundsätzlich nichts auszusetzen. Er zählt zu denen, die Nietzsches Vorstellung einer »Hinaufpflanzung« teilten. Er verlangte eine »Ausjätung schlechter Menschenkeime« und befürwortete Zwangskastration und Zwangssterilisierung.[128]

Die relativierenden bis positiven Einschätzungen der nationalsozialistischen Rassenpolitik resultierten daraus, dass eugenische und rassistische Lehren in der Linken seit Ende des 19. Jahrhunderts verwurzelt waren, insbesondere in der Sozialdemokratie. Sie waren Teil eines biologistischen Weltbildes sowie einer autoritären, antiindividualistischen und technokratischen Vorstellung gesellschaftlicher Veränderung.

Sowohl Reformist*innen als auch die dominante sogenannte marxistische Orthodoxie in der SPD als der größten und einflussreichsten Partei der Zweiten Internationalen stützten sich auf Darwin und sein Prestige. Gesellschaftliche Vorgänge wurden biologistisch gedeutet und eigene Vorstellungen damit legitimiert. Während die einen den langsamen, evolutionären Übergang zum Sozialismus prognostizierten, meinten die anderen, die Revolution werde sich von selbst wie ein Naturgesetz einstellen, als Zusammenbruch des Kapitalismus. Der große Kladderadatsch sei das natürliche Ergebnis einer Entwicklung, die die Arbeiterbewegung bloß in Ruhe abwarten müsse. Solche Vorstellungen prägten Funktionäre wie Basis. Daraus ließen sich Selbstgewissheit und Optimismus schöpfen.[129]

»Darwinismus und Sozialismus [befinden sich] in vollkommener Harmonie«[130], postulierte der SPD-Vorsitzende August Bebel. Dass Bürgerliche die Evolutionslehre nutzten, um den Kapitalismus zu legitimieren, fand er unangemessen. Denn gerade der Kapitalismus führe zu einer »Degeneration der Rasse«, weil Frauen gezwungen seien, in den Fabriken zu arbeiten und nicht mehr genug Zeit hätten, um ihre Kinder zu versorgen. Darum ginge »das Familienleben des Arbeiters immer mehr zugrunde«. Ehe und Familie lösten sich auf. Die Folgen seien »Sittenlosigkeit, Demoralisation, Degeneration, Krankheiten aller Art und Kindersterblichkeit in erschreckendem Maße«. Betroffen sei keineswegs nur die Arbeiterklasse. Bebel wies die »aristokratische« Interpretation zurück, die herrschende Klasse setze sich aus den biologisch Besten zusammen. Das Gegenteil sei der Fall, konterte er. Nicht die Tüchtigsten, sondern die »Geriebensten und Verdorbensten« stünden in der kapitalistischen Gesellschaft an der Spitze und ermöglichten ihren Nachkommen ein angenehmes Leben ohne Arbeit. Das Ergebnis sei darum keineswegs eine »Gesellschaft der Fähigsten und Besten«.[131] Diese Passagen stammen aus Bebels Buch »Die Frau und der Sozialismus« (1879), einem der am meisten gelesenen und einflussreichsten Werke in der deutschen Arbeiterbewegung.[132] Ähnlich ist der Tenor bei Peter Kropotkin. Der Anarchist ätzte, die wahren »Degenerierten« würden in Palästen und nicht in Slums leben.[133]

Dennoch waren für Bebel die sozialen Verhältnisse ausschlaggebend. So ging er davon aus, dass die Frau dem Mann nicht unterlegen sei, weder geistig noch physisch, sofern Frauen Gelegenheit hätten, ihre Fähigkeiten zu entwickeln. Bebel glaubte, »daß durch Veränderung seine Existenzbedingungen, das heißt seines Sozialzustandes, der Mensch selbst verändert wird«. Wären »für alle gleich günstige Daseinsbedingungen vorhanden«, könnte jeder »seine Anlagen und Fähigkeiten zu seinem eigenen wie zum Wohle der Gesamtheit entwickeln«.[134]

Ein ganz anderes Kaliber war Karl Kautsky, der Chefideologe der SPD. Er war zuerst Anhänger Darwins, bevor er sich zum Marxisten entwickelte, wobei er an der Vorstellung festhielt, der Evolutionsgedanke ließe sich auf die menschliche Geschichte übertragen.[135] Ganz im Bann der Eugenik steht ein Werk von 1910, in dem Kautsky möglicherweise als erster den Begriff Rassenhygiene positiv im Sinn einer sozialistischen Perspektive benutzte.[136] Zwar betonte er, es sei für die proletarische Frau besser, weniger Kinder zu bekommen, wies aber den Neomalthusianismus zurück. Aufgrund des Geburtenrückgangs stelle sich in einigen Ländern zunehmend eine »Entvölkerungsfurcht« ein.[137] Und wie im alten Rom könnte »von neuem die überquellende Fruchtbarkeit der Barbaren zu einer Gefahr für die unfruchtbaren Kulturen« werden, schrieb Kautsky.[138] Die Vorstellung von der Überfremdung ist in diesem Satz offensichtlich.

Schließlich rügte er, dass in der heutigen Gesellschaft die »Entartung rasche und beängstigende Fortschritte« mache.[139] Schuld seien die schlechten Lebensbedingungen unter dem kapitalistischen Regime, vor allem aber die moderne Technik. Sie störe das »Gleichgewicht in der Natur«, mindere die »Anforderungen des Kampfes ums Dasein« und erleichtere »körperlich und geistig minderwertigen Individuen nicht bloß die Erhaltung, sondern auch die Fortpflanzung«.[140]

Aus sozialistischer Perspektive schien das Dilemma noch viel schlimmer. Denn mit der Überwindung des Kapitalismus würden zwar miserable Arbeits- und Lebensbedingungen als Faktoren der »Entartung« überwunden, wie Kautsky prophezeite. Aber dafür würden alle von den besseren Lebensbedingungen profitieren, was den dysgenischen Effekt verschärfte.[141] Zwang lehnte Kautsky ab und setzte auf soziale Kontrolle: In einer sozialistischen Gesellschaft werde Rassenhygiene als »soziale Pflicht« gelten. Öffentliche Meinung und Gewissen der Beteiligten würden im Rahmen einer »Sozialeugenik« dafür sorgen, dass Leute, die sich nicht völlig gesund fühlen, sich beraten lassen und auf Kinder verzichten. »Die Zeugung eines kranken Kindes wird dann mit ähnlichen Augen betrachtet werden wie etwa heute noch die eines unehelichen Kindes.« Kämen trotzdem noch kranke Menschen zur Welt, »wird ihr Siechtum nicht mehr die Schuld der sozialen Verhältnisse, sondern einzig als persönliche Schuld der Eltern erscheinen«. Im Endergebnis werde im Sozialismus ein »neues Geschlecht [...] erstehen, stark und schön und lebensfreudig, wie die Helden der griechischen Heroenzeit, wie die germanischen Recken der Völkerwanderung«, so Kautsky.[142]

Festzuhalten bleibt, dass nicht jeder Sozialdemokrat, der Darwin anhing, sozialdarwinistische und eugenische Ansichten vertrat. Das Hauptanliegen blieb der kollektive Kampf gegen Not und Elend und der Anspruch nach der Überwindung des Kapitalismus. Allerdings zielte der »proletarische Biologismus« keineswegs bloß darauf, das Elend der Mietskasernen und der harten Arbeit zu überwinden, wie Mocek feststellt.[143] Die Schrift Kautskys steht aber paradigmatisch für eine linke Eugenik, die Kapitalismus- und Zivilisationskritik vermischt und die Annahme einer Degeneration übernimmt, die keineswegs nur als Folge einer falschen Gesellschaftsordnung gedeutet wurde.

Wie weit verbreitet rassenhygienische Positionen unter Sozialdemokrat*innen waren, hat Michael Schwartz (1995) in seiner vorzüglichen Studie über die Zeit zwischen 1890 und 1933 materialreich belegt.[144] Einschlägige Beiträge erschienen immer wieder sowohl in der Neuen Zeit, dem von Kautsky herausgegebenen Theorieorgan, und in den Sozialistischen Monatsheften, der wichtigsten Publikation der reformistischen Richtung.[145] Herausgeber Eduard Bernstein, der Führer des revisionistischen Flügels, propagierte ein »ethisches Recht des Stärkeren«, etwa um die koloniale Expansion zu rechtfertigen.[146] Eugenische Positionen gingen einher mit einer Präferenz für Marktökonomie und Sozialstaat, für Chancengleichheit im fairen Wettbewerb.[147] In Großbritannien propagierten führende Figuren der Fabian Society, einem der Gründungszweige der Labour Party, die Züchtung einer »imperial race«, um das britische Weltreich zu erhalten. Beatrice und Sidney Webb kritisierten die private Armenfürsorge als unzureichend, weil sie nach dem Gießkannen-Prinzip verfahre und damit auch Schwachen zugutekäme, etwa »verantwortungslosen« Frauen, die unproduktive Kinder in die Welt setzten. In den Schriften der Webbs finden sich Begriffe wie degenerierte Horden, Arbeitsscheue, Taugenichtse, Müßiggänger und Parasiten, die ausgejätet werden müssten und deren Last ein künftiger sozialistischer Staat nicht tragen könne. Sidney Webb kritisierte die Theorie von Malthus, aber aus einer rassistischen und klassentheoretischen Perspektive: Er fürchtete den Rückgang der Bevölkerung, vor allem der Wohlhabenden und der Mittelschicht, so dass Britannien von irisch-katholischen, jüdischen und chinesischen Einwanderern übernommen würde.[148] Der Schriftsteller Bernhard Shaw, von Nietzsche fasziniert, übersetzte dessen Übermenschen als Superman. Seiner Ansicht nach hatte »die Mehrzahl der heutigen Menschen Europas keinen Grund zu leben«. Unter Sozialismus verstand Shaw eine »verstaatlichte, selektive Züchtung von Menschen. Anders ausgedrückt: Die Verstaatlichung der Evolution«.[149]

2.7. Kritik von links

Es gab durchaus Widerspruch. Marx und Engels hatten die Evolutionstheorie Darwins zwar begrüßt, als materialistische Erklärung für die Entstehung von Pflanzen, Tieren und Menschen.[150] Engels lobte, Darwin habe für die Naturgeschichte einen so entscheidenden Fortschritt erreicht wie Marx für das Verständnis der Geschichte. Deutlich tritt bei ihm zutage, das Prestige Darwins zu nutzen.[151] Solche Aussagen wurden von vielen missverstanden, als habe Marx einen Universalschlüssel für die Erklärung der Menschheitsgeschichte gefunden, was dieser selbst immer entschiedener zurückwies, je mehr er sich in die Geschichte Asiens, Russlands und Amerikas vertiefte.[152]

Abgesehen von solchen allgemein gehaltenen Würdigungen waren die Urteile von Marx und Engels eher distanziert und kritisch. Insbesondere wandte sich Marx strikt dagegen, soziale Fragen mit der Evolutionstheorie zu erklären oder sozialdarwinistische Schlussfolgerungen zu ziehen. Die Phrase vom Kampf ums Dasein sei ähnlich wie die Malthussche Bevölkerungstheorie eine »sehr einbringliche Methode«, aber nur »für gespreizte, wissenschaftlich tuende, hochtrabende Unwissenheit und Denkfaulheit«, spottete Marx.[153] Engels verglich zwar mehrfach den kapitalistischen Konkurrenzkampf mit Darwins Kampf ums Dasein, urteilte aber, es sei »ganz kindisch

[...] den ganzen mannigfaltigen Reichtum der geschichtlichen Ent- und Verwicklung unter die magre und einseitige Phrase ›Kampf ums Dasein‹ subsumieren zu wollen. Man sagt damit weniger als nichts«[154]. Beiden war auch völlig klar, dass die Evolutionslehre in der Fassung von Darwin geprägt von bürgerlicher Ideologie war. »Die ganze Darwinsche Lehre vom Kampf ums Dasein ist einfach die Übertragung der Hobbesschen Lehre vom bellum omnium contra omnes [Krieg aller gegen alle, PB], und der bürgerlichen ökonomischen von der Konkurrenz, sowie der Malthusschen Bevölkerungstheorie aus der Gesellschaft in die belebte Natur«, schrieb Engels.[155] Ähnlich hatte Marx bereits 1862 geschrieben, er finde es »merkwürdig [...] wie Darwin unter Bestien und Pflanzen seine englische Gesellschaft mit ihrer Teilung der Arbeit, Konkurrenz, Aufschluß neuer Märkte, ›Erfindungen‹ und Malthusschem ›Kampf ums Dasein‹ wiedererkennt«.[156]

Paul Lafargue ging mit Darwin und dem Darwinismus scharf ins Gericht, weil sie eine neue Ersatzreligion geschaffen hätten. Sie würden nur Konkurrenz in der Natur ausmachen, um den Kapitalismus zu rechtfertigen und gestützt auf Malthus soziale Ungleichheit als Naturgesetz darstellen.[157] Zwar finde in der Natur ein Kampf ums Dasein und eine natürliche Zuchtwahl statt, schrieb der französische Sozialist, es existierten aber auch Assoziationen von Tieren und Pflanzen und gesellig lebende Tiere würden sich gegenseitig bis zur Selbstaufopferung unterstützen.[158] In Bezug auf den Menschen würde die Lehre vom Kampf ums Dasein gar nichts erklären, weil die Existenzbedingungen andere seien. Seit der Bronzezeit beruhe der Sieg in Auseinandersetzungen und in der Konkurrenz unter Menschen nicht mehr auf physischer Überlegenheit, sondern werde durch Werkzeuge und Waffen errungen.[159] Lafargues Überlegungen zur »kosmischen Umgebung« jedes organischen Wesens, wie er es nannte, nimmt das spätere Konzept des Ökosystems vorweg.[160]

Zwei weitere linksradikale Kritiker waren zugleich angesehene Wissenschaftler, der Naturforscher und Geograph Peter Kropotkin und der Astrophysiker Anton Pannekoek, Direktor des Astronomischen Instituts der Universität Amsterdam, nach dem ein Asteroid und ein Mondkrater benannt sind. Kropotkin gilt als Begründer des kommunistischen Anarchismus und Pannekoek als theoretischer Kopf des Rätekommunismus.

Kropotkin griff mit seinem Werk über die »Gegenseitige Hilfe in der Menschen- und Tierwelt« (1902) sozialdarwinistische und malthusianische Strömungen direkt an, insbesondere Thomas Huxley, der den Spitznamen Darwins Bulldog bekam, weil er dessen Lehre so vehement verfocht. Dabei gab Kropotkin Darwin eine Mitschuld am Aufkommen menschenfeindlicher Entwicklungen.[161] Kropotkin betonte das Prinzip der gegenseitigen Hilfe, das seines Erachtens für die Evolution mindestens so wichtig sei wie der Kampf ums Dasein.[162] Der Gedanke findet sich schon bei Lafargue und Kautsky. Engels hatte sowohl die Perspektive vom Kampf ums Dasein als auch vom harmonischen Zusammenwirken für »beide gleich einseitig und borniert« erklärt und das Zusammenspiel betont.[163] Kropotkin führte diese These breit aus und stützte sich auf seine eigenen Beobachtungen in Sibirien. Er beeinflusste damit den sozialistischen Anarchismus nachhaltig. Auf dem ersten internationalen Eugenik-Kongress in London im Sommer 1912 wies Kropotkin die Sterilisierung von Menschen zurück. Er betonte, wie Bebel, dass Elend und Kriminalität aus schlechten Arbeitsbedingungen, miserablen Behausungen, mangelhafter Ernährung und Hygiene resultierten und keine angeborenen Defekte seien.[164]

Pannekoek ging schärfer mit Darwin ins Gericht. Er arbeitete die typische Methode des Biologismus heraus: Zuerst werden ideologische Vorstellungen über die bestehende Gesellschaft auf die Natur projiziert, dort scheinbar als rein empirische Beobachtungen »entdeckt« und zuletzt als unveränderliche Naturgesetze zur Norm erhoben, um gesellschaftliche Verhältnisse zu legitimieren. So stellte Pannekoek fest, dass der kapitalistische Konkurrenzkampf die Vorlage für die Annahme vom Kampf ums Dasein geliefert habe, während viele Sozialist*innen den Klassenkampf als menschliche Erscheinungsform des Kampfes in der Natur deuteten. Im Unterschied zu Bebel hielt Pannekoek den Darwinismus nicht für einen Verbündeten, sondern für eine Waffe der Bourgeoisie gegen den Sozialismus. Linke Aneignungen hätten »dieselbe faule Wurzel« wie jene der »Bourgeois-Darwinisten«, und zwar die längst überwundene Grundidee, es gäbe so etwas wie eine »bestimmte natürliche oder naturgemäße Gesellschaftsordnung«.[165] Wie Pannekoek warf Karl Korsch später Kautsky vor, Darwins Theorie über Tiere und Pflanzen unkritisch auf die menschliche Gesellschaft zu übertragen und das Ergebnis als marxistische Weltanschauung auszugeben. Das Resultat sei ein naturalistischer Materialismus, eine bürgerliche Ideologie, die mit der Marxschen Kritik nichts zu tun habe, sondern sich auf Brehms Tierleben stütze.[166]

Ähnliche Vorwürfe hatte Ludwig Woltmann zehn Jahre vorher schon erhoben. Woltmann war Augenarzt, Zoologe und Anthropologe. Er sah sich als Kantianer und Marxisten, war ein beliebter Vortragsredner in der SPD und mit Eduard Bernstein und Alfred Grotjahn befreundet. Woltmann warf Bourgeois-Darwinisten wie Spencer vor, sie würden die Natur verbürgerlichen und die Kategorien dieser verbürgerlichten Natur in die Sozialwissenschaften rückübertragen. Er wandte sich gegen die Betrachtung der Gesellschaft als eines Organismus und des Individuums als einer Zelle, womit er ein weitverbreitetes organizistisches Denken angriff. Allerdings argumentierte Woltmann im Gegensatz zu Pannekoek oder Korsch selbst biologistisch und fabulierte über eine führende weiße Rasse. Sein Ausgangspunkt war die Arbeitsteilung, für ihn das biologische Grundgesetz, das den einzelnen menschlichen Organismus als auch die Gesellschaft hervorbringe. Dabei unterschieden sich Menschen von Tieren durch ihr logisches Bewusstsein. Ihre geistigen und wirtschaftlichen Einrichtungen lösten den Menschen von seiner organischen Grundlage. Sobald Tiere keine echte Konkurrenz mehr für den Menschen darstellten, werde der Kampf ums Dasein zum Rassenkampf untereinander.[167] Woltmann wandte sich später vom Marxismus und der SPD ab und der völkischen Rechten zu. Er war einer der Herausgeber der Politisch Anthropologischen Revue, in der er den Arier-Mythos verbreitete, gegen Juden hetzte und die »physische Entartung des modernen Weibes« beklagte.[168]

Defizitär an der Kritik der radikalen Linken war, dass weder Kropotkin noch Pannekoek oder Korsch Eugenik und Rassismus grundsätzlich angriffen. Kropotkin verblieb im Rahmen biologistischen Denkens, insofern er Beobachtungen und Deutungen tierischen Verhaltens heranzog, um politische Positionen zu stützen.[169] Lafargue nahm an, dass unterschiedliche soziale Verhältnisse zur Entstehung verschiedener Menschenrassen mit unterschiedlicher Intelligenz geführt hätten.[170] Dabei gab es schon fundamentalere Kritik, aber von bürgerlicher Seite. Auf dem internationalen Eugenik-Kongress 1912 war es nicht Kropotkin, sondern sein Landsmann, der Journalist Isaak Shklovskii, der den Rassismus angriff und Eugenik als »bestialische Philosophie« bezeichnete.[171] Der Soziologe Ferdinand Tönnies verwarf die Erkenntnisse der Eugeniker*innen als »dürftig«. Zwar akzeptierte er Galtons Thesen über Degeneration, hielt aber Eugenik für unmöglich, weil man sich nicht auf positive Werte einigen könne. Die Steigerung von Intelligenz, Moral und physischer Stärke schlösse sich gegenseitig aus.[172] Wolle man Menschen wie Pferde züchten, müsse man Gestüte anlegen, in denen die vermeintlichen Prachtexemplare der männlichen Menschheit wie Zuchthengste gehalten würden, stellte Tönnies spöttisch fest.[173] Der Entwicklungsbiologe, Zoologe und Anatom Oscar Hertwig griff anknüpfend an Kropotkin sowohl Darwin als auch Sozialdarwinismus und Rassenhygiene prinzipiell an.[174]

2.8. Radikalisierung

Der Erste Weltkrieg samt seinen ökonomischen und politischen Verwerfungen führte zu einer beträchtlichen Radikalisierung. 1920 erschien das schon erwähnte Werk von Binding und Hoche, die »Ballastexistenzen« umbringen wollten. Drei Jahre später forderte der sächsische Bezirksarzt Gustav Boeters, taube, blinde und geisteskranke Kinder mit Zustimmung von Eltern oder Vormund zu sterilisieren, ebenso Menschen in Anstalten, wenn sie entlassen werden oder heiraten wollten. Sogenannte »Asoziale« oder Frauen mit mehr als zwei unehelichen Kindern und ungeklärten Vaterschaften, wollte er sogar zwangsweise sterilisieren lassen. Boeters löste wie Binding und Hoche eine große Debatte aus, seine Ansichten trafen in sozialdemokratischen Kreisen auf Zustimmung.[175]

Als eugenische Lobby agierten in der SPD ein Teil der Frauen sowie der Lebensreform-Verband Volksgesundheit. In dessen Zeitschrift war zu lesen, es gelte, den »Schlammstrom der geistigen und moralischen Minderwertigkeit« einzudämmern.[176]

Die preußische Landtagsfraktion sowie die SPD-Landesregierungen von Thüringen und Sachsen brachten Initiativen zur Sterilisierung ein, wobei US-Gesetze mitunter als Vorbilder dienten.[177] Der Rechtsexperte Wilhelm Hoegner, der spätere bayerische Ministerpräsident, setzte sich dafür im Reichstag ein.[178] Er malte einen »Notstand der Gesellschaft« an die Wand, weil »geistig Minderwertige« und Gewohnheitsverbrecher aufgrund ihres ungezügelten Trieblebens besonders viele Nachkommen in die Welt setzten.[179] Als die SPD 1931 im Reichstag die freiwillige eugenische Sterilisation forderte, bekam sie Unterstützung von der NSDAP.[180]

In der Zwischenkriegszeit trampelten Sozialdemokrat*innen auf jenen herum, die nicht dem Ideal des fleißigen Proletariats entsprachen. Im Zweifelsfall sollten diese Menschen mit Gewalt daran gehindert werden, Kinder in die Welt zu setzen. So sprach Oda Olberg vom Lumpenproletariat als »Abfall aller sozialen Schichten«.[181] Sie gehörte zu jenen, die eine sozialistische Rassenhygiene begründen und in einer sozialistischen Gesellschaft das Tötungsverbot aufheben wollten, um Kranken Leid zu ersparen.[182] Der Arzt Alfred Grotjahn behauptete, ein Drittel der deutschen Bevölkerung habe bereits minderwertige Anlagen. Wegen der sinkenden Geburtenziffer bestünde die Gefahr der »Überflügelung durch unkultiviertere Nachbarvölker«.[183] Er wollte daher »Minderwertige« sterilisieren und einsperren, statt ihnen eine »kostspielige, vorbeugende Heilbehandlung« zu geben. Grotjahn prognostizierte der Nation, die als erste Krankenhäuser und Anstalten »in den Dienst der Ausjätung der körperlich und geistig Minderwertigen« stelle, einen Vorsprung vor der Konkurrenz.[184] Der Mediziner war der einflussreichste Eugeniker in der SPD, saß einige Jahre für die Partei im Reichstag und war hoch angesehen als Gründer einer sogenannten Sozialhygiene. Die Ansichten von Grotjahn und Olberg zeigen eine beträchtliche Enthemmung in der Sozialdemokratie an.

Grotjahn forderte, die Fortpflanzung müsse der ärztlichen und hygienischen »Überwachung unterstellt werden, daß die Erzeugung und Fortpflanzung von körperlich oder geistig Minderwertigen verhindert und eine solche der Rüstigen und Höherwertigen gefördert wird«.[185] Er attackierte die »Heiligkeit des Lebens« als falsche Vorstellung, die dem christlichen Glauben entspringe und schon in der Antike eugenische Maßnahmen verhindert habe.[186] Wortgleich wendet sich heute Peter Singer gegen die Kirchen.[187]

In Schweden plädierten Alva Myrdal und Gunnar Myrdal für eine negative Eugenik, um so genannte Fehlerbehaftete auszumerzen. Alva war Soziologin, Politikerin und Friedensnobelpreisträgerin, Gunnar ein angesehener Ökonom, der einige Ideen von Keynes vorwegnahm, etwa zur Bedeutung von subjektiven Erwartungen oder staatlicher Wirtschaftspolitik. Schon in seiner Dissertation hatte er sich von der Arbeitswertlehre von Marx scharf abgegrenzt. Seine Frau und er befürworteten wie britische Fabier*innen und deutsche Revisionist*innen einen Kapitalismus, der sozialstaatlich reguliert werden sollte. Ihre Ansichten zur Familienplanung waren so populär, dass sie die Alltagssprache prägten. Umstandskleider wurden in Schweden als Myrdalkleider bezeichnet, familiengerechte Behausungen als Myrdalwohnungen und die Zeugung von Kindern als Myrdalerei.[188]

Wie ihre britischen und deutschen Gesinnungsgenoss*innen verknüpften die Myrdals soziale Reformen mit Eugenik und Bevölkerungspolitik. Sie fürchteten, eine schrumpfende Bevölkerung könnte den Kapitalismus gefährden, weil Investitionen riskanter und die Nachfrage sinken würden.[189] Auch nationalistische Motive spielten eine Rolle: Bei sinkender Einwohnerzahl drohe die besondere Kultur der Schweden zu verschwinden, das entvölkerte Land würde Einwanderer anlocken, die vermutlich nicht aus der kulturell verwandten Nachbarschaft kämen.[190]

Einen ersten Bestseller landete das Ehepaar 1934 mit dem Buch »Krise in der Bevölkerungsfrage«, in dem sie beklagten, dass einerseits die Gesellschaft überaltere, andererseits aber die Unterschicht zu viele Kinder in die Welt setze.[191] Deshalb solle der Staat die Wirtschaft lenken und durch gezielte Sozial- und Familienpolitik einen qualitativ hochwertigen Nachwuchs fördern. Der menschliche »Bodensatz« hingegen sollte radikal aussortiert werden, verlangten die beiden, wobei sie vor Zwangssterilisierungen nicht zurückschreckten.[192] 1947 nahm Alva Myrdal diesen »Bodensatz« erneut ins Visier. Sie konstruierte wie Olberg eine Schicht von »Fehlerbehafteten«, die sich aus allen sozialen Klassen rekrutiere und unterhalb der gesellschaftlichen Klassen stünde. »Die Fortpflanzung dieser Gruppe muss als unerwünscht erachtet werden, weil der Nachwuchs schwerwiegende erbbiologische Risiken für Gesundheit und Intelligenz aufweist«[193], behauptete sie. Nur zwei Jahre nach dem Ende der NS-Verbrechen forderte Alva Myrdal erneut eine systematische Erfassung und Sterilisierung solcher Menschen, notfalls unter Zwang.[194]

2.9. Anarchistische Eugenik

Anarchist*innen setzten auf Einsicht statt Zwang, einige übernahmen aber die wahnhafte Vorstellung, es drohe eine Degeneration und eine biologische Höherentwicklung durch gezielte Partnerwahl wäre möglich und wünschenswert. In den USA gilt der Anarchist Moses Harman als einer der Gründer der eugenischen Bewegung. Der Anhänger der freien Liebe war Herausgeber des American Journal of Eugenics. Harman wiederum bekam von Emma Goldman in ihrer Zeitschrift Mother Earth eine Plattform.[195] Goldman selbst wird öfter vorgeworfen, eugenische Argumente benutzt zu haben, allerdings finden sich in ihren Schriften nur spärliche Hinweise.[196] Wie viele Linke betonte sie zurecht, dass weniger Kinder die Arbeiterinnen entlasten würden, gesundheitlich, finanziell und in Bezug auf Versorgung und Betreuung, aber auch in Klassenkämpfen, weil sich bei Streiks mit der Zahl der Kinder die Not verschärfte. Darum trat sie vehement für Geburtenkontrolle ein und nahm dafür Gefängnisstrafen auf sich. Der wichtigste Punkt war für Goldman jedoch, dass Verhütung entscheidend zur Befreiung und Selbstbestimmung der Frau über ihren Körper und ihre Sexualität beitrug.[197]

Andererseits verehrte Goldman Nietzsche als Rebellen, Erneuerer und Aristokraten.[198] Die Annahme von Malthus, die Bevölkerung wachse schneller als die Produktion von Nahrungsmitteln, feierte sie als »große Idee«. Dass der Ökonom den Hungertod als natürlichen Ausgleich ansah, jede Unterstützung der Armen ablehnte und zur Abstinenz riet, wischte Goldman beiseite. Sie unterstellte, dass Malthus, lebte er noch, mit den Revolutionären darin übereinstimmen würde, dass die kapitalistische Eigentumsordnung die Ursache sei und beseitigt werden müsse.[199] Diese Annahme grenzte an Realitätsverweigerung, wenn man die Positionen von Malthus bedenkt.

Goldmans Feststellung, wonach eine »wahllose und unaufhörliche Fortpflanzung von überarbeiteten und unterernährten Massen [...] zu einem Anwachsen der fehlerbehafteten, verkrüppelten und unglücklichen Kinder geführt« habe, ist kein eindeutiger Beleg für eine eugenische Haltung, weil sie auf soziale Ursachen verwies.[200] Anders sieht es mit ihrer Formulierung aus, nie in der Geschichte sei die Frau so »rassenbewusst« wie heute gewesen.[201] Der Terminus Rasse muss zwar wie bei Stoecker in diesem Zusammenhang keine rassistische Bedeutung haben, weil der Begriff damals sowohl für die Menschheit insgesamt als auch für einzelne vermeintliche Rassen verwendet wurde. Auf jeden Fall belegt diese Formulierung aber eine eugenische Position. Denn zunächst betonte Goldman die Geburtenkontrolle als »das wichtigste Thema« der modernen Zeiten und verwies einige Zeilen später auf das Rassenbewusstsein der Frauen, was in diesem Kontext nur heißen kann, diese seien sich der Bedeutung der Partnerwahl für die biologische Substanz künftiger Generationen bewusst.

Die anarchosyndikalistische Gewerkschaft CNT in Spanien sprach sich in ihrem Programm vom Mai 1936 für freie Liebe und den Schutz von Kindern aus.[202] Diese sollten

> durch die Anwendung biologisch-eugenischer Prinzipien vor menschlichen Verirrungen bewahrt bleiben. Ebenso wird eine Sexualerziehung in der Schule auf eine Auswahl der Spezies Mensch hinwirken, die in Übereinstimmung mit den Zielen der Eugenik erfolgt, so daß sich die menschlichen Paare bewußt fortpflanzen und daran denken, gesunde und schöne Kinder zu zeugen.[203]

In Deutschland waren es Befürworter*innen einer Geburtenkontrolle sowie Anhänger*innen der Zinstheorie Silvio Gesells, die rassenhygienische Ansichten vertraten. Zur zweiten Richtung gehörte Gustav Landauer, der als Märtyrer der Münchner Räterepublik in Erinnerung geblieben ist. Darüber gerät in Vergessenheit, dass er eine Marktökonomie auf handwerklich-agrarischer Basis favorisierte und eine klassenkämpferische Orientierung ablehnte. Damit stand Landauer im Gegensatz zu Anarchokommunismus und Anarchosyndikalismus. Auch Landauer vermeinte, eine Degeneration von Völkern mitzuerleben. Der Kapitalismus führe dazu, dass »große Volksteile, daß ganze Völker zum Untergang verdammt sind: andere gesunde Völker werden Herr über sie und es tritt eine Völkervermischung, manchmal sogar eine teilweise Ausrottung ein. Wenn nämlich noch andere, gesunde Völker da sind«[204], schrieb er. Schuld an diesem Verfall trügen vor allem die Frauen, behauptete Landauer. Sie seien dem »Wirbel der oberflächlichsten Sinnlichkeit, der farbig-dekorativen Genußgier« verfallen. So verbreite sich eine »kinderlose Geschlechtlichkeit« anstelle einer »natürlich-unbesonnene[n] Volksvermehrung in allen Schichten der Gesellschaft«. Unter Proletariern wie Bürgern meinte er zu beobachten wie »die Zigeunerei gerade die besseren Elemente ergreift«.[205]

Mit Emanzipation und befreiter Sexualität hatte Landauer demnach so wenig am Hut wie Silvio Gesell und Pierre-Joseph Proudhon, seine theoretischen Bezugspersonen. In seinem Hauptwerk, das 1919 als »vermehrte und verbesserte Revolutionsausgabe« erschien, schrieb Landauer:

> Schon ertönen Stimmen von entarteten, entfesselten, entwurzelten Weiblein und ihrem Männertroß, die Promiscuität verkünden, an die Stelle der Familie das Vergnügen der Abwechslung, an die Stelle der freiwilligen Bindung die Schrankenlosigkeit, an die Stelle der Vaterschaft die staatliche Mutterschaftsversicherung setzen wollen.[206]

Jahrzehnte später veröffentlicht der anarchistische Karin Kramer Verlag ein Werk über Gesell, in dem Klaus Schmitt (1989) die freiwirtschaftliche Rassenhygiene offen vertrat:

> Immerhin ist dieser Gedanke einer für die Gesunderhaltung des Erbguts und für die Evolution der menschlichen Art vorteilhaften und von den betroffenen Individuen selbstbestimmten Eugenik eine diskutable Alternative zu den auf uns zukommenden, von Staat und Kapital fremdbestimmten Genmanipulationen.[207]

Schließlich ginge es ja nicht um die »›Aufnordung‹ einer bestimmten Rasse«, sondern »um die Fortentwicklung der gesamten Gattung Mensch.«[208] Leider, so Schmitt, seien die »ausdrücklich staatsfreien und naturverbundenen Eugenik- und Wahlzuchtvorstellungen [...] heute in linken Kreisen äußerst verpönt«.[209] Die Kritik der Linken an der Eugenik schob er einer »lust- und lebensfeindlichen, aus christlich-masochistischer Moral gespeister Ideologie« zu.[210] Dabei sollten wir zur Kenntnis nehmen, dass »durch den Schutzraum der Kultur [...] der Ausleseprozeß ausgeschaltet [ist], die weiterwirkenden Mutationen führen jedoch zur überwiegend negativen Veränderung der menschlichen Natur: zu Domestikationserscheinungen«, wie Schmitt unter Verweis auf Konrad Lorenz schrieb.[211]

In Deutschland knüpften Anarchosyndikalist*innen an die sogenannte Gebärstreikdebatte an, die in der SPD 1912/1913 geführt worden war, wobei Befürworter*innen wie Gegner*innen auf eugenische und bevölkerungspolitische Argumente zurückgegriffen hatten. Es ging dabei um die Frage, ob die Partei offensiv für Verhütung werben sollte und ein »Gebärstreik« gar den Kapitalismus in die Knie zwingen könnte, weil es an Menschen fehlen würde.[212] Die Freie Vereinigung deutscher Gewerkschaften (FVDG) bat Alfred Bernstein, einen der Befürworter, um eine Broschüre, die schon im September 1913 erschien. Mit einer Auflage von 31.000 Exemplaren bis Mai 1914 war dem kleinen Werk ein großer Erfolg beschieden.[213] Die Broschüre erschien in mehreren Auflagen im Verlag von Fritz Kater (1861–1945).

Darin behauptete Bernstein: »Eure, der Arbeiter Stärke, ruht in Euren Geschlechtsorganen. Ihr Arbeiterfrauen, in deren Schoß unsere Zukunftshoffnungen ruhen, ihr habt die Siegespalme in der Hand, wenn ihr euch weigert, weiter als Gebärmaschinen zu fungieren. Der Gebärstreik, der unblutige, er wird den Kapitalismus in die Knie zwingen.«[214] Die Geburtenkontrolle werde die Arbeiter von der Schwindsucht befreien. »Stolze und schöne Menschen will ich aus euch machen, geistige Kraft und körperliche Elastizität soll aus euren Augen blitzen«, versprach er.[215] Als Vorbild nannte Bernstein Lykurg, den mythischen Gesetzgeber, der Sparta in einen Kriegerstaat verwandelt haben soll. Zwar wollte Bernstein die Kindstötung verbieten, die Ausmerze schwächlicher Neugeborener, die den antiken Spartanern zugeschrieben wird, aber ein »auf naturwissenschaftlich-sozialer Basis aufgebautes Züchtungssystem« aufbauen.[216]

Der Syndikalistische Frauenbund griff 1921 die Gebärstreik-Kampagne wieder auf, mit Bernstein als Redner. Die Anarchosyndikalistinnen übernahmen die stolze These, ein Gebärstreik würde den Kapitalismus am Lebensnerv treffen, zumindest die Position des Proletariats stärken.[217] Die libertären

Genossinnen begrüßten sowohl die eugenisch motivierte Partnerwahl als auch den Neo-Malthusianismus, der das Schreckgespenst einer Überbevölkerung an die Wand malte.[218] Der anarchosyndikalistisch dominierte Reichsverband für Geburtenregelung und Sexualhygiene plädierte für freiwillige Sterilisation, insbesondere von Frauen von Alkoholikern.[219]

Die stärkste Wirkung erzielte Margret Sanger, die Gründerin der American Birth Control League, auf deren Initiative die International Planned Parenthood Federation (IPPF) zurück geht, die heute in 170 Ländern aktiv ist. Sanger war »echt proletarischer Abstammung«, wie Milly Witkop-Rocker hervorhob. Sanger schloss sich 1911 der Sozialistischen Partei in den USA an, bevor sie Aktivistin der syndikalistischen und militanten International Workers of the World (IWW) wurde. Für die IWW war sie als Organisatorin bei legendären Streiks in den Textilfabriken von Lawrence, Massachusetts und Paterson, New Jersey im Einsatz. Nach kurzer Zeit konzentrierte sich Sanger auf die Agitation für Geburtenkontrolle, zunächst in enger Zusammenarbeit mit Sozialist*innen und Wobblies, wie die Militanten der IWW genannt wurden, und unterstützt von Emma Goldman, ihrer Mentorin. Sanger geriet bald ins Visier des Staatsanwalts, weil sie in ihrer Zeitschrift Woman Rebel für Geburtenkontrolle warb und gewaltsame Aktionen, etwa einen Anschlag auf Rockefeller, verteidigte. 1914 flüchtete Sanger vor Strafverfolgung nach Europa.

Der Aufenthalt beeinflusste ihren Weg entscheidend. In Frankreich hatte sie Kontakt zu syndikalistischen Kreisen, die die Geburtenkontrolle propagierten, in England zur Fabian Society, außerdem lernte sie Havelock Ellis kennen. Nach ihrer Rückkehr in die USA entfernte sie sich langsam, aber stetig von früheren linken Kampfgefährt*innen, orientierte sich an der Mittel- und Oberschicht und vertrat immer offener knallharte rassenhygienische Positionen.[220]

Das Elend der Welt resultierte ihrer Ansicht nach aus der Überbevölkerung, die Lebensverhältnisse zu verbessern setze voraus, die Kinderzahl zu beschränken. Ihr Ziel war, eine neue Rasse mit einer Rassenseele aus den besten Elementen aller Rassen in Amerika zu schaffen, weshalb Sanger Einwanderung aus Europa begrüßte, auch wenn die Migrant*innen ihrer Meinung nach hinterwäldlerisch und abergläubisch waren.[221]

Eine Hürde waren in Sangers Augen dabei die »Geistesschwachen und Fehlerbehafteten«. Die meisten von ihnen könnten sich frei vermehren und würden damit eine öffentliche Belastung für künftige Generationen aufhäufen.[222] 1922 schrieb sie, diese Menschen stellten eine Bedrohung für die Rasse dar.[223] Dieses »erstickende menschliche Gestrüpp« drohe die Menschheit zu überwuchern.[224] Scharf griff Sanger Wohltätigkeitsverbände an, die eine »reiche Ernte an menschlichem Müll« hinterließen.[225] Ihre Tätigkeit sei nicht bloß wenig effektiv, sondern verletze die Gemeinschaft und gefährde die »Zukunft der Rasse«.[226] Die Gutmenschen (too-good-hearted-folk) kritisierte Sanger deshalb scharf.[227] Während Sanger vermeintlich minderwertige Menschen sterilisieren, internieren und vernichten wollte, prophezeite sie für Normale und Gesunde die große spirituelle Erleuchtung durch Sex und die Schaffung einer »Rasse von Genies«.[228] Dafür allerdings müsste sich die zivilisierte Menschheit erst einmal von einer »törichten und extravaganten Gefühlsduselei« freimachen.[229]

Sanger arbeitete mit linken britischen Eugenikern wie Julian Huxley, John B. S. Haldane und Herbert George Wells eng zusammen. Sie und Huxley waren die treibenden Kräfte und Organisator*innen einer Weltbevölkerungskonferenz, die im Spätsommer 1927 in Genf stattfand.[230] Dort trafen sich hochkarätige und angesehene Wissenschaftler*innen, Ärzt*innen, Diplomat*innen und Journalist*innen, darunter Keynes, Grotjahn, der Rassenhygieniker Eugen Fischer sowie faschistische Eugeniker aus Italien wie Corrado Gini.[231] Die weit überwiegend männlichen Teilnehmer debattierten über Geburtenraten und Geburtenkontrolle, Einwanderungsbeschränkungen, Sterilisierungen und Internierungen, die sich gegen Arme, Behinderte, Migrant*innen, Jüd*innen und die »farbigen Rassen« richteten.[232]

2.10. Wie Stalin die »Bolshevic Eugenics« stoppte

Auch manche Kommunist*innen zeigten sich der Eugenik gegenüber aufgeschlossen, wobei sie Zuchtpläne und Zwang in der Regel verurteilten.[233] Bezeichnend ist ein Beitrag von Max Levien, einem Gründer der KPD. Er war Parteivorsitzender in Bayern und Protagonist der Räterepublik in München. Levien flüchtete über Österreich bereits 1921 ins sowjetische Exil, fiel dem Großen Terror zum Opfer und wurde 1937 erschossen. 1928 verfasste Levien eine Analyse der deutschen rassenhygienischen Bewegung, deren Anfänge er mit dem Kruppschen Preisausschreiben von 1900 ansetzte. Er beschäftigte sich ausführlich mit Hans F. K. Günther, dem führenden Rassentheoretiker der Weimarer Republik und »Rassenpapst« des Nationalsozialismus. Levien verwarf die Degenerationshypothese, auf der die Eugenik basierte, und spottete über Rassenkunde. Gleichwohl warb er für eine »Volkseugenik« und »Menschheitshygiene« zum Wohle aller, die einen höheren Menschenschlag hervorbringen werde.[234]

Nach dem Sieg der Bolschewiki im Bürgerkrieg hatte Leo Trotzki verkündet, der Mensch werde endlich darangehen, »sich selbst zu harmonisieren«. Das Menschengeschlecht werde »radikal umgearbeitet und – unter seinen eigenen Händen – zum Objekt kompliziertester Methoden der künstlichen Auslese und des psychophysischen Trainings werden«.[235] Die Befreiung der Frau und die freie Liebe propagierte Alexandra Kollontai, Ikone des kommunistischen Feminismus, die später Stalin als Diplomatin treu diente.[236] Sie forderte eine »geschlechtliche Zuchtwahl im Interesse der Rasse« und wollte die Beziehung zwischen den Geschlechtern per Gesetz regeln und zwar im Interesse der »Gesundheit und Hygiene von Nation und Rasse« sowie des Arbeitskräftebedarfs.[237] Kollontais Konzeption war zutiefst autoritär: Zwar sollten Beziehungen zwischen Mann und Frau auf Freiwilligkeit und Gleichheit basieren, aber jedes Individuum sich dem proletarischen Kollektiv unterordnen. Das Arbeiterkollektiv sollte sowohl die Mutterschaft als auch die Beziehungen zwischen Eltern und Kind regeln, im Interesse des Arbeitskraftbedarfs der sozialistischen Ökonomie.[238]

1920 wurde in der Sowjetunion die Eugenische Gesellschaft unter Nikolai Kolzow gegründet und das erste eugenische Labor eröffnet, unterstützt vom Kommissariat für Gesundheitswesen.[239] Dabei setzte sich eine gemäßigte Linie durch, die bereits vor der Revolution dominierte. Die meisten russischen Eugeniker*innen distanzierten sich von rassistischen Positionen, kritisierten Sterilisationsgesetze und Zwangsmaßnahmen und forderten, die Lebensbedingungen zu verbessern.[240] Dagegen stand der Genetiker Aleksandr Serebrovskij für jene Richtung der russisch-sowjetischen Eugenik, die Sterilisierung und Internierung vermeintlich Minderwertiger befürwortete. Er wollte die Leistungsfähigkeit der Bevölkerung durch Zucht steigern und versprach, ein Wesen zu schaffen, dass perfekt an eine industrialisierte sozialistische Gesellschaft angepasst wäre. Mitte der 1920er-Jahre plante er eine Datenbank, um das Erbgut des Proletariats zu erfassen. Daraus sollte Material für die Auswahl optimaler Geschlechtspartner*innen gewonnen werden. Serebrovskij leitete ab 1928 das Mediko-Biologische-Institut.[241]

Im Westen gab es renommierte Wissenschaftler, die sich als Marxisten und Bolschewisten verstanden und hofften, dass in der Sowjetunion, frei von religiösen und Klassenvorurteilen, der neue Mensch in einem biologischen Sinn geschaffen werden könnte. Diese Forscher*innen wurden seinerzeit als »bolschewistische Eugeniker« bezeichnet. Ausgerechnet Stalin beendete solche Ambitionen, in dem er einen Scharlatan unterstützte, der die Genetik als bourgeoisen Schwindel abtat.

Zu diesen »bolschewistischen Eugenikern« gehörte Hermann Joseph Muller, Enkel deutscher Migrant*innen, der in New York aufwuchs und 1916 an der Columbia Universität promovierte. Ab 1927 experimentierte er mit Fruchtfliegen, die er Röntgenstrahlen aussetzte. Er stellte fest, dass sich die Zahl der Mutationen dadurch rapide erhöhte und sich das Erbgut veränderte. Für diese Entdeckung, die einen enormen Einfluss auf die weitere Entwicklung der Genetik und der Eugenik haben sollte, wurde Muller 1946 mit dem Nobelpreis ausgezeichnet. Seine Erkenntnisse wurden auf den Menschen übertragen, dabei bestehen zwischen Fruchtfliege und Mensch doch Unterschiede und die hohe Mutationsrate bei den Fliegen war die Folge der radioaktiven Bestrahlung im Labor. Jedenfalls waren die Mendelschen Erbgesetze als methodische Grundlage der Rassenhygiene mit Muller überholt, was etwa Thilo Sarrazin nicht bemerkt hat, wie seinem Bestseller zu entnehmen ist.[242]

Hingegen wurde Mullers Karriere in den USA 1932 abrupt unterbrochen, was politische und private Gründe hatte. Er sympathisierte mit dem Kommunismus, gehörte aber nie der Partei an. Er gab insgeheim eine sozialistische Zeitung heraus, die für soziale Reformen, die Gleichberechtigung der Frau sowie Bürgerrechte für Schwarze eintrat und engagierte sich für eine Student*innenorganisation, die vom FBI als kommunistisch gebrandmarkt wurde. Als er zwei Studenten aus der Sowjetunion, Solomon Levit und Isador Agol, in seinem Labor anstellte, geriet er endgültig ins Visier der Polizei.[243] Obendrein hielt Muller auf dem dritten internationalen Eugenik-Kongress in New York 1932 eine Rede, in der er die gesamte Bewegung scharf kritisierte.

Seiner Auffassung nach war effektive Eugenik im Rahmen einer kapitalistischen Gesellschaft unmöglich. Muller wiederholte manche älteren Argumente der sozialistischen Eugeniker*innen, etwa dass aufgrund der gesellschaftlichen Ungleichheit gar nicht festzustellen sei, ob die soziale Lage einer Person auf deren genetische Ausstattung oder die Umwelt zurückzuführen sei. Seiner Auffassung nach gab es »keine wissenschaftliche Basis für die Schlussfolgerung, dass die sozial niedrigeren Klassen oder die technisch weniger fortgeschrittenen Rassen wirklich eine genetisch geringere intellektuelle Ausstattung«[244] hätten. Ganz im Gegenteil, zumindest theoretisch gebe es genauso gute Gründe für die Annahme, »dass die dominierenden Klassen eine Auswahl sozial minderwertigen als sozial höherwertigen genetischen Materials repräsentierten«.[245] Es sei auch unsinnig anzunehmen, dass gerade intelligente Frauen bereit sein könnten, viele Kinder zu bekommen, angesichts der enormen Belastung, die ihnen auferlegt werde.[246]

Entscheidend seien immer die ökonomischen und sozialen Verhältnisse, was Marx im Gegensatz zu Galton begriffen habe, stellte Muller fest. Seine zentrale These lautete daher, dass eine gezielte eugenische Auslese und Verbesserung der Menschheit nur in einer sozialistischen Gesellschaft stattfinden könne. Voraussetzung sei

> eine Gesellschaft, die bewusst im Interesse des Gemeinwohls organisiert ist, so dass alle im wirtschaftlichen Überfluss leben, eine Gesellschaft, die ihre Verpflichtungen sowohl gegenüber der jungen Generation als auch der älteren Generation, die die Jungen aufzieht, vollständig erfüllen kann. All das setzt öffentliches Eigentum an den Produktionsmitteln voraus.[247]

Statt für die notwendige radikale Veränderung einzutreten, agierten die Eugeniker jedoch als Apologeten der herrschenden Klasse. Ihre Theorien basierten auf Vorurteilen über die unteren Klassen, vermeintlich minderwertige Rassen und gegenüber Frauen und sie verteidigten die Vorurteile und Tabus der Herrschenden über Sexualität und Fortpflanzung, rügte Muller.[248]

Sowohl sein Verhalten in Texas als auch diese Auffassungen wurden in der Öffentlichkeit und von Kolleg*innen als unmöglich aufgefasst. Dazu kamen Gerüchte über einen Nervenzusammenbruch sowie einen Selbstmordversuch.[249] Muller ging deshalb noch im gleichen Jahr nach Berlin, wo er am Kaiser-Wilhelm-Institut für Hirnforschung tätig war. Wenige Monate später musste er vor den Nazis fliehen. Muller folgte einer Einladung der sowjetischen Regierung und arbeitete von 1933 bis 1937 am Institut für Genetik der Akademie der Wissenschaften in Leningrad und Moskau.[250]

Lebenslang mit Muller befreundet war der britische Zoologe Julian Huxley. Die beiden lernten sich 1915 in New York kennen, Muller ging mit Huxley an die Biologische Abteilung des neu gegründeten Rice Institute in Texas und wurde sein Mitarbeiter. Julian Huxley war Mitte des 20. Jahrhunderts einer der international einflussreichsten Wissenschaftler. Er stammte aus einer prominenten Familie. Großvater Thomas Henry Huxley war ein Freund von Charles Darwin gewesen.

Julian beschäftigte sich mit Zoologie, vergleichender Anatomie und Verhaltensforschung sowie Evolutionsbiologie. Er studierte in Oxford und arbeitete an Universitäten in den USA und England. Gegen Ende des Ersten Weltkriegs diente Huxley beim britischen Geheimdienst in England und Norditalien. 1929 beriet er die Kolonialverwaltung für Britisch-Ostafrika in Bildungsfragen und erkundete die Serengeti-Steppe.[251] Huxley war Mitglied der britischen Eugenischen Gesellschaft, gehörte in den 1930er-Jahren ihrem Beirat an und amtierte von 1959 bis 1962 als Direktor.[252] Er war einer der Gründer des World Wildlife Fund (WWF) und damit ein Pionier des Umweltschutzes.

Huxley war getrieben von der fixen Idee der Degeneration, der zufolge sich Schwache, Kranke und Minderwertige auf Kosten der Starken, Gesunden und Intelligenten vermehrten. Darin spiegelten sich eigene Ängste wider. Er wurde von Depressionen geplagt, erlitt mehrere Zusammenbrüche und wurde mit Elektroschocks behandelt. Sein Bruder Trev beging 1914 wegen Depressionen Selbstmord.[253] Julian hielt sein Leben lang an der Perspektive der Selektion und Zucht von Menschen fest.[254] Er wollte eine bessere Menschenrasse züchten, durch künstliche Befruchtung vermeintlich höherwertiger Menschen und Ausmerzung sogenannter sozialer Problemgruppen.[255] Sein Bruder Aldous Huxley hat diese Horrorvision in dem berühmten Roman über die »Brave New World« (1958) beschrieben.

1931 publizierte Huxley zusammen mit dem Schriftsteller Herbert George Wells und dessen Sohn, dem Zoologen George Philip Wells das monumentale Werk »Science of Life«, einen Überblick über den Stand der Evolutionsbiologie und ihre Perspektiven. Eugenik spielte dabei die entscheidende Rolle, ihr sollte die Zukunft gehören.

Auch Herbert G. Wells kann den sozialistischen Eugeniker*innen zugerechnet werden.[256] 1903 trat er der Fabian Society bei, drei Jahre später der deutlich links angesiedelten Independent Labour Party (ILP). Nach ausgedehnten Reisen durch die Sowjetunion flirtete er wie die Webbs zeitweise mit dem Bolschewismus. Dabei missverstand Wells Kapitalismus als das Werk von Geschäftemachern und Spekulanten, ein System, das die Degeneration vorantreibe indem es einen rattenartigen Typ Mensch züchte, mit unangenehmen Eigenschaften, die sich vorzugsweise bei Juden fänden. Die Juden hätten die Geldwirtschaft erfunden, meinte Wells und kritisierte das Aktienkapital als verantwortungslos im Gegensatz zum vorbildlichen Grundbesitz. Die Marxsche Theorie lehnte er ab. Sie war für Wells das Produkt der rassischen jüdischen Eigenschaften ihres Begründers.[257]

Wells hatte bei Thomas Huxley Biologie studiert. Er bedauerte, dass die moderne Zivilisation den Kampf ums Dasein soweit gemildert habe, dass Schwache und Kranke überleben und die minderwertige Masse immer größer würde. Solche Vorstellungen finden sich in den Science-Fiction-Romanen wieder, mit denen Wells populär wurde, etwa in »Time Machine«, einer schauerlichen Zukunftsvision, in der eine degenerierte Menschheit sich in die kannibalischen, vertierten Morloks der Unterwelt und die verweichlichten femininen Eloi der Oberwelt gespalten haben wird.

Mit Demokratie, gar sozialer Revolution und kollektiver Wirtschaft hatte Wells nichts am Hut. Sozialismus bedeutete für ihn wie für Huxley eine »wissenschaftliche Regierungsform«, ein Weltstaat geleitet von einer Elite von Wissenschaftlern. In seinem Zukunftsstaat sollte eine Sozialaristokratie herrschen, die »nicht zimperlich« sein werde, wenn es darum ginge, die Schwachen und Minderwertigen zu töten. Wells gehörte zu den wenigen Eugenikern, die bereits vor dem Ersten Weltkrieg für die so genannte Euthanasie eintraten.[258]

In »Science of Life« gingen Huxley und die Wells davon aus, dass eine Elite von etwa einer Million Menschen den Rest auf der Bahn des Fortschritts mit sich ziehen müsse, weil die Zucht einer höheren Form der Menschheit noch Zukunftsmusik sei. Vorerst werde es bei der Aufteilung in eine Elite und den »Ballast einer niedrigeren Population« bleiben.[259] »Es scheint keinen Weg zu geben, sie los zu werden«, bedauerten die Autoren. Menschen dieser »niedrigeren Sorte« gebe es in allen Schichten, sie stellten eine Gefahr dar, weil sie von religiösen oder politischen Fanatikern manipuliert werden könnten. Ihre »Minderwertigkeit« wirke wie ein Klotz für die Moderne. Diesen »Ballast der Dumpfen, Dummen, Unterentwickelten, Kranken und Hilflosen« müssten die Intelligenten noch einige Generationen lang mitschleppen. Vielversprechend sei die Aussicht, wenigstens die »minderen Typen« künftig besser identifizieren und von der Fortpflanzung abhalten zu können.[260] Möglich und dringend geboten war nach Ansicht von Huxley und den Wells eine Sterilisation der Schwachsinnigen. Deren Zahl würde steigen, weil die natürliche Selektion in den westlichen Ländern zunehmend ausfalle.

Genau wie manche deutschen Rassenhygieniker vor 1933 plädierten

Huxley und die Wells für eine freiwillige Unfruchtbarmachung, wobei vielfältige Möglichkeiten des Drucks eingeschlossen waren. Ein Problem sei, dass sich die »Unbelehrbaren« der Geburtenkontrolle verweigerten. Sie stellten jedoch »Gruppen mit schlechtem Protoplasma« dar, die »für einen großen Teil des Lasters, der Krankheiten, Behinderungen und Armut verantwortlich« seien. Viele dieser »niedrigen Typen« könnten »bestochen oder anderweitig überzeugt« werden, sich freiwillig sterilisieren zu lassen.[261]

1931 deuteten Huxley und die Wells die von Muller entdeckten Mutationen prinzipiell positiv. Den Organismen würden neue Eigenschaften beschert, die ihre Chance erhöhten, sich veränderten Umweltbedingungen anzupassen. Im Kampf ums Dasein böten solche zufällig auftretenden Varianten damit Vorteile.[262] Fünf Jahre später verfocht Huxley die These von der wachsenden genetischen Bürde. Nun behauptete er, es sei »eine alarmierende Tatsache«, dass sich die Menschheit »schrittweise selbst von innen heraus zerstören wird, in ihrem Kern und ihrer Substanz verfallen, wenn dieser langsame aber unerbittliche Prozess nicht aufgehalten wird«.[263] Denn schädliche Mutationen würden die vorteilhaften weit überwiegen. Während schädliche Mutationen bei Wildtieren durch die natürliche Selektion und bei Nutzpflanzen durch die Zucht aus dem Genpool eliminiert würden, verhinderten Medizin und staatliche Wohlfahrt in modernen Gesellschaften diese Auslese beim Menschen.[264] Daraus ergebe sich eine Tendenz zur Degeneration durch Mutanten.[265] Die einzige Rettung bestünde darin, »den genetisch minderwertigen Bestand mit größerer Sicherheit herauszufinden« und »Gegenkräfte« in Bewegung zu setzen, »die eine größere Fortpflanzung des höheren Erbguts erzielen«.[266]

Als nach dem Zweiten Weltkrieg Atomkraft genutzt wurde, fürchtete Huxley, die freigesetzte Radioaktivität würde die Entstehung schädlicher Mutationen beschleunigen. Die Strahlung verstärke das »ohnehin schwere Gewicht von schlechten Genen«, schrieb er.[267] Auch die quantitative Bevölkerungspolitik beschäftigte Huxley und Wells, die einen »breeding storm« beschworen.[268] Sie setzten auf Familienplanung und arbeiteten weiter mit Sanger zusammen.[269] Noch in seinen Memoiren bezeichnete Huxley Überbevölkerung mit Bezug auf Malthus als das zentrale Problem der Menschheit. Als Naturschützer fürchtete er, eine Überbevölkerung könnte die Naturparks in Ostafrika zerstören.[270]

Kurzzeitig begeisterte sich Julian Huxley für den Marxismus, was aber auf Ignoranz beruhte. Huxley kritisierte den Kapitalismus wie Muller aus eugenischer Sicht. Er lehnte ein individualistisches Wettbewerbssystem ab, weil der Privatkapitalismus »seiner Natur nach und essentiell dysgenisch« sei, unfähig »vorteilhafte Mutationen festzustellen und zu ermutigen und schädliche zu eliminieren«.[271]

Während Muller jedoch eine sozialistische Gesellschaft favorisierte, begnügte sich Huxley mit Reformen. Für ihn bedeutete Marxismus lediglich Chancengleichheit. Er forderte eine allgemeine Angleichung des Lebensstandards nach oben, bessere Ernährung, Gesundheitsversorgung und Sport, ähnlich wie Lancelot Hogben, ein linker Genetiker, der sich zeitweise ebenfalls als Marxist begriff.[272] Beide bewegten sich im Rahmen dessen, was als Folge der Weltwirtschaftskrise später als Wohlfahrtsstaat verwirklicht wurde.

Huxley ging davon aus, dass bei einem höheren durchschnittlichen Lebensstandard klar erkennbar wäre, ob Defizite ebenso wie Höchstleistungen ihre Ursache in der Umwelt oder den Genen hatten. Auf der einen Seite würden sich Menschen herauskristallisieren, die als »Rohmaterial« für eine positive Eugenik, die Züchtung, in Frage kämen, auf der anderen Seite ein Bodensatz zurückbleiben, »als ein klar definiertes Ziel für Maßnahmen der negativen Eugenik wie Absonderung und Sterilisierung«.[273]

Als Huxley Muller in Moskau besuchte, war er angetan von den Möglichkeiten.[274] Stalins Reich erschien auch ihm als Paradies für die Eugenik.[275] Huxley hoffte, dort könnten erste Menschenversuche stattfinden. Am Ende stünde »eine reiche Ernte an Individuen mit hoher durchschnittlicher Fähigkeit und vielleicht sogar von Genies«. Für Huxley war ein solcher »biologischer Sozialismus logisch eng verbunden mit der Marxianischen Theorie«.[276] Die Massenmorde und ersten Schauprozesse scheinen Huxley, Muller oder Haldane, einen Begründer der Populationsgenetik, nicht abgeschreckt zu haben. Erst im Zuge der Lyssenko-Affäre gingen sie auf Abstand. Dass sich diese linken Eugeniker nicht längst von der stalinistischen Diktatur distanziert hatten, passt zu ihrer elitären Grundhaltung. Sie favorisierten ein autoritäres Regime, um die Menschheit zu selektieren. Ihre Horrorvision machten ausgerechnet jene sowjetischen Genetiker und Biologen zunichte, die unter Zustimmung Stalins dekretierten, dass veränderte soziale Verhältnisse wie von selbst eine biologische Verbesserung des Menschen hervorbringen würden.

Seit Ende der 1920er-Jahre mussten sich die Eugeniker*innen einer öffentlichen Debatte stellen. Eugenik wurde von den einen als bourgeoise Ideologie kritisiert, ihnen wurde Biologismus und Rassismus vorgeworfen; andere forderten eine eigene sozialistische Eugenik, wobei die Kontrahent*innen betonten, dass die Umwelt ausschlaggebend sei.[277] Muller vollendete in Moskau sein Buch »Out of the Night«, ließ es ins Russische übersetzen und schickte ein Exemplar an Stalin, zusammen mit einem Begleitschreiben, in dem er für seinen Traum einer Menschenzucht in einer klassenlosen Gesellschaft warb. Aber der Diktator favorisierte die Theorie des Biologen Trofim Lyssenko, wonach Erbeigenschaften durch die Umwelt geprägt und erworbene Eigenschaften vererbt werden. Die Genetik verwarf Lyssenko als bourgeoises, pseudowissenschaftliches System, das Rassismus und Faschismus stützte. Im Dezember 1936 debattierte Muller mit Lyssenko auf einer Massenversammlung vor 3.000 Wissenschaftler*innen und Bäuer*innen, die ihn niederbrüllten.

Muller meldete sich als Freiwilliger zu den Interbrigaden in Spanien und entging auf diese Weise der Mordwelle in der Sowjetunion, der seine Schüler Agol und Levit zum Opfer fielen, die als Trotzkisten exekutiert wurden.[278] Huxley stimmte später in den Chor der Kalten Krieger ein, die den Kommunismus als Bedrohung ansahen und den Marxismus als Theologie bezeichneten.[279] Haldane, der eine gezielte Selektion von Menschen für notwendig hielt, trat wegen der Lyssenko-Affäre 1950 aus der Kommunistischen Partei Großbritanniens aus.[280]

Lyssenkos Position wurde Staatsdoktrin, Stalin verhängte noch 1948 einen Bann über die sogenannte Mendel-Weismann-Morgan-Genetik, der offiziell bis 1962 galt, als Lyssenkos Thesen als Fälschungen und Schwindel entlarvt wurden. In der Volksrepublik China gibt es bis heute eine positive Eugenik. 1995 trat ein Gesetz in Kraft, um die »allgemeine Qualität« der Bevölkerung zu verbessern.[281] Zwar könne die Eugenik von Rassisten verdreht werden, habe aber im Prinzip keine Klassennatur, schrieb eine chinesische Tageszeitung bereits 1979 unter dem Titel »Tabuzonen zerschlagen«. Sie könne auch »von der fortschrittlichen Klasse dazu eingesetzt werden, der Menschheit Glück zu bereiten«.[282] Inzwischen gibt es Berichte über erzwungene Sterilisierungen von uigurischen Frauen durch die Behörden, im Rahmen der Unterdrückungspolitik der Regierung gegen die Minderheit.[283]

Im Westen entwickelte sich die Eugenik weiter. Am Vorabend des Zweiten Weltkriegs gingen Genetiker*innen davon aus, dass eine Mehrzahl von Menschen mit Mutationen rezessive Gene trügen, die man den Phänotypen nicht ansehe. Sie unterstellten, dass immer mehr Menschen unerkannt Träger negativer Eigenschaften seien. Eugeniker sprachen von einer wachsenden »genetischen Bürde« der Menschheit, die es zu bekämpfen galt.[284] Unmittelbar vor dem deutschen Überfall auf Polen, Ende August 1939, formulierten diese Eugeniker ihr Programm auf einer Konferenz in Edinburgh. Ihr »Genetics Manifesto« wurde von 23 Wissenschaftlern unterzeichnet, darunter Huxley, Muller, Haldane und Hogben sowie Theodosius Dobzhansky und Gunnar Dahlberg, Leiter des Instituts für Rassenbiologie in Schweden. Die Autoren wiesen »Rassenvorurteile« sowie die Vorstellung, die Klassenstruktur sei genetisch begründet, als unwissenschaftlich zurück. Sie kritisierten aber weder die Aufteilung von Menschen in Rassen noch die Klassenspaltung als solche und schon gar nicht die Eugenik.

Vielmehr propagierten sie ein »Geburtsrecht auf Genie« und forderten, die Selektion von Menschen bewusst vorzunehmen. Intelligenz, Charakter, Gesundheit und Sozialverhalten könnte man in wenigen Generationen verbessern, behaupteten sie. Als Methoden führten die Reformeugeniker Geburtenkontrolle und Sterilisierung, Verhütung und Abtreibung, Kontrolle des weiblichen Zyklus sowie künstliche Befruchtung an. Zwei Voraussetzungen seien dafür notwendig, eine Art Weltregierung und soziale Reformen, die Chancengleichheit böten. Könnte man obendrein abergläubische Vorstellungen über Sexualität und Fortpflanzung überwinden, würde es Frauen als Privileg, wenn nicht sogar als Pflicht erscheinen, Kinder mit der bestmöglichen genetischen Ausstattung zu gebären.[285]

ANMERKUNGEN

1 Empfehlenswerte Beiträge zur Geschichte dieser darwinistischen Linken haben Michael Schwartz (1995), Reinhard Mocek (2002), David Stack (2003) und Sören Niemann-Findeisen (2004) vorgelegt.
2 Einen großen Teil des Büchleins widmet Singer der Auseinandersetzung mit Marx und Engels und attackiert Kritiker der Soziobiologie. In: Singer, *Darwinian Left*, S. 3 ff., S. 20–28, S. 30, S. 32. Sascha Benjamin Fink, der Herausgeber der deutschen Übersetzung, argumentiert kongenial. In: Fink, Sascha Benjamin, *Darwin unter Linken. Das naturalistische Fundament politischer Solidarität*, in: Fink, Sascha Benjamin (Hg.), *Peter Singer. Linke, hört die Signale. Vorschläge zu einem notwendigen Umdenken*, Ditzingen 2018, S. 85–95.
3 Singer, *Darwinian Left*, S. 6.
4 Singer, *Darwinian Left*, S. 37.
5 Singer, Peter, *Marx. A Very Short Introduction*, Oxford 2018, S. 96 ff.
6 Fink, *Darwin unter Linken*, S. 90.
7 Singer, *Darwinian Left*, S. 18. Fink, *Darwin unter Linken*, S. 93. Allerdings ist ein Kapitalismus, in dem Frauen die Hälfte von Aufsichtsräten und Vorständen besetzen, nicht die Sache einer radikalen Linke. Die Liberalen sollen ihre Versprechen selber einlösen.
8 Singer, *Darwinian Left*, S. 40 ff.
9 Ebd., S. 8.
10 Stack, David, *The First Darwinian Left. Socialism and Darwinism 1859–1914*, Cheltenham 2003, S. 3.
11 Stack, *Darwinian Left*, S. 5.
12 Der Anthropologe und Marxist Ludwig Woltmann forderte eine Revision des Sozialismus auf der Grundlage des Darwinismus. In: Woltmann, Ludwig, *Die Darwinsche Theorie und der Sozialismus*, Düsseldorf 1899, S. IV.
13 Für Ludwig Woltmann war der »Rassenkampf« die organische Grundlage kultureller Entwicklung, in dem gesunde und höhere über entartete und niedere Rassen siegen. Zwar geißelte er koloniale Genozide als Verbrechen des Kapitalismus, meinte aber, man könnte die Wilden in Reservaten ansiedeln, dort zur höheren Kultur erziehen und ihnen dann einen Platz zuweisen. In: Ebd., S. 304 ff. — Eduard Aveling ließ sich in einer populärwissenschaftlichen Schrift seitenweise über niedere Rassen aus, deren Verstandesleistungen unter denen mancher Tierarten stünden. Diese Schrift fand in der deutschen Arbeiterbewegung weite Verbreitung. Aveling war Zoologe sowie Mitgründer der britischen Socialist League und der Independent Labour Party. In: Aveling, Edward, *Die Darwinsche Theorie*, zweite vermehrte Auflage, Stuttgart 1891, S. 180 ff.
14 Woltmann führte 1899 als Vertreter solcher Positionen Wilhelm Bölsche, Enrico Ferri, Karl Kautsky, Alfred Wallace und sich selber an. In: Woltmann. *Darwinsche Theorie*, S. 55 ff., S. 70, S. 75, S. 80.
15 Biographisches Institut der Psychiatrie, *Forel, August Henri*, www.biapsy.de/index.php/de/9-biographien-a-z/199-forel-auguste-henri (25.1.2021); Mocek, Reinhard, *Biologie und soziale Befreiung. Zur Geschichte des Biologismus und der Rassenhygiene in der Arbeiterbewegung*, Frankfurt am Main 2002, S. 340 ff.; Weingart, Peter / Kroll, Jürgen / Bayertz, Kurt, *Rasse, Blut und Gene. Geschichte der Eugenik und Rassenhygiene in Deutschland*, Frankfurt am Main 1992, S. 48 f.

16 Forel, August, *Über die Stellung der Sozialisten zu den Entartungsproblemen,* in: Sozialistische Monatshefte 20/1908, S. 1275.
17 Forel, August, *Ethische und rechtliche Konflikte im Sexualleben innerhalb und außerhalb der Ehe*, München 1909, S. 65.
18 Uwe Timm hat Leben und Werk von Ploetz in einem Roman verarbeitet. In: Timm, Uwe: *Ikarien*. Köln 2017.
19 Bleker, Johanna: *Biographische Einführung*, in: Bleker, Johanna / Ludwig, Svenja, *Emanzipation und Eugenik. Die Briefe der Frauenrechtlerin, Rassenhygienikerin und Genetikerin Agnes Bluhm an den Studienfreund Alfred Ploetz aus den Jahren 1901–1938*, in: Winau, Rolf / Bleker, Johanna (Hg.), *Abhandlungen zur Geschichte der Medizin und der Naturwissenschaften*, Heft 100, Husum 2007, S. 55 ff.
20 Weindling, Paul, *Health, Race and German Politics between National Unification and Nazism 1870–1945*. Oxford 1989, S. 124 ff., S. 146.
21 Darwin, Charles, *Der Ursprung der Arten* (1859), Darmstadt 1988, S. 564 f.
22 Darwin, *Ursprung*, S. 8, S. 12 ff., S. 16, S. 24, S. 80 ff.; Desmond, Adrian / Moore, James, *Darwin's Sacred Cause. Race, Slavery and the Quest for Human Origins*, Chicago 2011, S. 138 ff., S. 367 f., Anmerkungen 62 und 63, S. 393; Weber, Thomas, *Darwin und die Anstifter. Die neuen Biowissenschaften*, Köln 2000; Zunke, Christine, *Biologie und Praxis des Homo sapiens. Theorie und Praxis heteronomer Bestimmungsgründe in der menschlichen Natur*, in: Zeitschrift für kritische Sozialtheorie und Philosophie 1/2014, S. 20 f.
23 Zunke, *Biologie*, S. 14 ff.
24 Malthus, Thomas, *Das Bevölkerungsgesetz* (1798), München 1977, S. 18, S. 67.
25 Darwin, *Ursprung*, S. 24, S. 80 ff., S. 95 ff., S. 565. Was sich in der Natur abspiele sei, »die Lehre von Malthus in verstärkter Kraft auf das gesammte Thier- und Pflanzenreich übertragen«. In: Ebd., S. 83.
26 Darwin, Charles, *Die Abstammung des Menschen* (1871), dritte Auflage, Wiesbaden 1966, S. 203 ff.; Desmond/Moore, *Sacred Cause*, S. 138 ff., S. 146 ff.; Stapelfeldt, Gerhard *Der Imperialismus. Krise und Krieg 1870/73 bis 1918/29. Zweiter Band: Anthropologie und Rationalität*, Hamburg 2008, S. 57.
27 Darwin, *Abstammung*, S. 684; Desmond/Moore: *Sacred Cause*, S. 280 f., S. 285.
28 Desmond/Moore, *Sacred Cause*, S. 147 ff.; Stapelfeldt, *Imperialismus*, S. 44, S. 57.
29 Darwin, *Abstammung*, S. 20, S. 29 ff., S. 59 ff.; Stapelfeldt, *Imperialismus*, S. 66.
30 Galera, Andrés, *The Impact of Lamarck's Theory of Evolution Before Darwin's Theory*, in: Journal of the History of Biology August 2016, S. 53 ff.
31 Berndt, Christina, *Der veränderte Zwilling*, in: Süddeutsche Zeitung, 19.1.2021.
32 Darwin, *Ursprung*, S. 554 f., S. 565; Paul/Moore, *Darwinian Context*, S. 28 ff., S. 34; Roll-Hansen, Nils, *Eugenics and the Science of Genetics*, in: Bashford, Alison / Levine, Philippa, *The Oxford Handbook of the History of Eugenics*, Oxford 2010, S. 81.
33 Die Entwicklung Galtons lässt sich anhand seines Hauptwerks nachvollziehen. Im letzten Kapitel stützt er sich auf Darwin und spekuliert über das Verhältnis von Eigenschaften, die über Generationen weitergegeben werden, und Variationen, die individuell erworben und vererbt würden. In der Einleitung der Ausgabe von 1892 weist er Darwins Position zurück (Galton, Francis, *Hereditary Genius. An Inquiry into its Laws and Consequences* (1869), zweite Auflage, London 1892, S. XIV ff., S. 349 ff.).
34 Mocek, *Biologie*, S. 292.
35 Roll-Hansen, *Eugenics*, S. 81 ff.

36 Spencer, Herbert, *Principles of Biology,* London 1864, S. 340 f.; Spencer, Herbert, *A Theory of Population*, in: The Westminster Review 57/1852, www.victorianweb.org/science/science_texts/spencer2.html (27.4.2017).
37 Galton, *Hereditary Genius*, S. X, S. 325 ff.
38 Galton, *Hereditary Genius*, S. 1, S. 359 ff.
39 Darwin, *Abstammung*, S. 148, S. 153, S. 156 f., S. 700.
40 Ebd., S. 148.
41 Ebd., S. 148.
42 Ebd., S. 148.
43 Ebd., S. 691.
44 Ebd., S. 691.
45 Ebd., S. 699.
46 Ebd., S. 700.
47 Haeckel, Ernst, *Natürliche Schöpfungsgeschichte*, Berlin 1868, S. 128 f., S. 131, S. 138 f.
48 Ebd., S. 138 ff.
49 Ebd., S. 514.
50 Ebd., S. 512 ff., S. 547 ff., Schautafel VIII; Haeckel, Ernst, *Die Welträtsel. Gemeinverständliche Studien über monistische Philosophie* (1899), Stuttgart 1984, S. 239, S. 241; Haeckel, *Lebenswunder*, S. 449 ff.; Fetscher, Iring, *Ernst Haeckels »Welträtsel« heute*, in: Haeckel, Ernst, *Die Welträtsel*, Stuttgart 1984, S. VIII f.; Simon-Ritz, Frank, *Ernst Haeckel*, in: Puschner, Uwe / Schmitz, Walter u.a. (Hg.), *Handbuch zur »Völkischen Bewegung« 1871–1918*, München 1999, S. 909 f.
51 Haeckel, *Schöpfungsgeschichte*, S. 546 ff.
52 Stern, Alexandra Minna, *Gender and Sexuality: A Global Tour and Compass*, in: Bashford/Levine, *History of Eugenics*, S. 185; Bashford, Alison, *Epilog*, in: Bashford/Levine, *History of Eugenics*, S. 544 f.; Engs, Ruth Clifford, *The Eugenics Movement. An Enzyclopedia*. Westport/London 2005, S. 211; Weingart/Kroll/Bayertz, *Rasse, Blut und Gene*, S. 66; Weindling, *Health*, S. 121.
53 Nietzsche, Friedrich, *Also sprach Zarathustra* (1885), in: Colli, Giorgio / Montinari, Mazzino (Hg.), *Sämtliche Werke*, Band 4, S. 89.
54 Nietzsche, Friedrich, *Nachgelassene Fragmente* (1887/89), in: Colli, Giorgio / Montinari, Mazzino (Hg.), *Sämtliche Werke*, Band 13, S. 427 ff.
55 Nietzsche, Friedrich, *Zur Genealogie der Moral* (1887), in: Colli, Giorgio / Montinari, Mazzino (Hg.), *Sämtliche Werke*, Band 5, S. 378; Nietzsche, *Fragmente*, S. 401, S. 432.
56 Nietzsche, *Fragmente*, S. 433.
57 Nietzsche, Friedrich: *Menschliches, allzu Menschliches* (1876–1878), in: Colli, Giorgio / Montinari, Mazzino (Hg.), *Sämtliche Werke*, Band 2, S. 188.
58 Nietzsche, *Fragmente*, S. 250.
59 Ebd., S. 189.
60 Arand, Tobias, *1870/71. Die Geschichte des Deutsch-Französischen Krieges erzählt in Einzelschicksalen*, Hamburg 2018, S. 394.
61 Nietzsche, *Fragmente*, S. 238, S. 401, S. 428, S. 432, S. 495; Nietzsche, *Genealogie*, S. 378, S. 392; Nietzsche, *Zarathustra,* S. 89 f.
62 Weingart/Kroll/Bayertz, *Rasse,* S. 198, S. 200, S. 314.
63 Schallmayer, Wilhelm, *Die drohende physische Entartung der Culturvölker*, zweite Auflage, Berlin/Neuwied 1895, S. 11, S. 14, S. 23 f., S. 34.
64 Malthus, *Bevölkerungsgesetz*, S. 16 ff.
65 Ebd., S. 16, S. 83 ff.

66 Maddison, Angus, *Contours of the World Economy. Essays in Macro-Economic History*, Oxford 2013, S. 376.
67 Spencer, *Population*, S. 499 ff.
68 Ferdinand, Ursula, *Das Malthusische Erbe. Entwicklungsstränge der Bevölkerungstheorie im 19. Jahrhundert und deren Einfluß auf die radikale Frauenbewegung in Deutschland*, Münster 1999, S. 65 ff.
69 Marx, Karl, *Über Pierre Joseph Proudhon*, in: MEW 16, S. 26; Marx, Karl, *Randglossen zum Programm der deutschen Arbeiterpartei (Kritik des Gothaer Programms)*, MEW 19, S. 25; Marx, Karl, *Theorien über den Mehrwert*, Band 1, MEW 26.1., S. 271 f.; Marx, Karl, *Theorien über den Mehrwert*, Band 2, MEW 26.2., S. 108, S. 113, S. 140 f.
70 Marx, *Kapital*. Band 1, S. 644.
71 Marx, *Theorien*, Band 2, S. 108, S. 112.
72 Marx, *Kapital*, Band 1, S. 551, S. 663, S. 736.
73 Bebel, August, *Die Frau und der Sozialismus* (1879), Berlin 1974, S. 528 ff.; Lenin, Wladimir I., *Arbeiterklasse und Neomalthusianismus* (Juni 1913), in: Lenin Werke, Band 19, Berlin 1977, S. 225 ff.
74 Der Anarchist Rudolf Rocker meinte in der Nachkriegszeit vor einer Überbevölkerung in Ostasien warnen zu müssen. In: Rocker, Rudolf, *Zur asiatischen Frage*, in: Rocker, Rudolf (Hg.), *Aufsatzsammlung*, Band 2, 1949–1953, Frankfurt 1980, S. 45 ff.
75 Ferdinand, *Malthusisches Erbe*, S. 159 ff.
76 Unshelm, Erich, *Geburtenbeschränkung und Sozialismus*, Leipzig 1924, S. 85.
77 Galton hatte eingewandt, die Schwachen würden sich nicht an die Geburtenkontrolle halten. Nur wenn Menschen wie Schafe in einem geordneten Pferch gehalten würden, wäre dies möglich. Bis dahin sollten die besten Rassen ermutigt werden, sich zu vermehren. In: Galton, *Hereditary Genius*, S. 343.
78 Ploetz, *Rassenhygiene*, S. 78 ff.
79 Ploetz, *Rassenhygiene*, S. 80.
80 Burgdörfer, Friedrich, *Vom Leben und Sterben unseres Volkes*, in: Damaschke Adolf (Hg.), *Soziale Zeitfragen. Beiträge zu den Kämpfen der Gegenwart*, Berlin 1929, S. 10, S. 12 f.; Burgdörfer, Friedrich, *Volk ohne Jugend*, Berlin 1932, S. XIII f., S. 217, S. 370 f.; Burgdörfer war ab 1929 Direktor des Statistischen Reichsamtes und gehörte seit 1933 dem Sachverständigenbeirat für Bevölkerungs- und Rassenpolitik an. Er wurde 1937 Mitglied der NSDAP und publizierte antisemitische Schriften. 1949 bekam er einen Lehrauftrag der Universität München und war Mitglied der Deutschen Gesellschaft für Bevölkerungswissenschaft. In: Klee, Ernst, *Das Personenlexikon zum Dritten Reich. Wer war was vor und nach 1945*, Frankfurt am Main 2003, S. 85 f.
81 Burgdörfer, *Leben und Sterben*, S. 5; Burgdörfer, *Volk ohne Jugend*, S. 4 ff.
82 Lenz, Fritz, *Ursachen und Bekämpfung des Geburtenrückganges im Deutschen Reich*, in: ARGB, 5/1914/1915, S. 683 f.; Die Satzung der Gesellschaft für Rassenhygiene sah als eines ihrer Ziele ausdrücklich die »Volksvermehrung« vor (*Satzung der Deutschen Gesellschaft für Rassenhygiene*, in: ARGB, 3/4/1916–1918, S. 405). In der SPD war der Widerstand gegen eine Kampagne für Geburtenplanung und Verhütung groß. Insbesondere Grotjahn wandte sich gegen Neomalthusianismus, weil er den Untergang der weißen Kulturrassen befürchtete. Wie Burgdörfer warnte Grotjahn vor einer »Aushöhlung des ostelbischen Deutschtums«. In: Grotjahn, Alfred, *Die Hygiene der menschlichen Fortpflanzung. Versuch einer praktischen Eugenik*, Berlin/Wien 1926, S. V f., S. 45 ff., S. 56 f., S. 99, S. 268, S. 285, S. 296, S. 337. Die radikale Feministin und Rassistin Bluhm wandte sich scharf gegen den Neomalthusianismus. In: Bleker, *Einführung*, S. 47 f.).

83 Ferdinand, *Malthusisches Erbe*, S. 175.

84 Italienische und deutsche Eugeniker*innen lehnten den Neo-Malthusianismus weiterhin ab. Der Faschist Corrado Gini wollte aus einer nationalen Perspektive die Geburtenzahl Italiens steigern, der Sozialdemokrat Grotjahn wandte sich aus einer rassistischen Perspektive gegen eine Schrumpfung der Bevölkerung in Westeuropa. In: Sanger, Margret (Hg.), *Proceedings of the World Population Conference,* London 1927, S. 119 ff. S. 154 ff.

85 Der Bund Deutscher Frauenvereine debattierte 1908 auf seiner Generalversammlung über Strafrechtsreformen unter dem Gesichtspunkt der Rassenhygiene und votierte schließlich für die Freigabe der eugenisch indizierten Abtreibung. In: Bluhm, Agnes, *Frauenbewegung, Strafrecht und Rassenhygiene,* in: ARGB 1909, S. 134 ff. Bezeichnend ist ein Band, den die Frauenrechtlerin und spätere Sozialdemokratin Adele Schreiber herausgab. Die Einleitung verfasste Schallmayer, der klarstellte, dass die Anstrengungen zum Wohl des Kindes dem »gedeihlichen Verlauf des nationalbiologischen Reproduktionsprozesses« dienen sollen. Der Aufsatz enthält das gesamte Glaubensbekenntnis der Eugenik. In: Schallmayer, Wilhelm, *Ehe, Vererbung und Ethik der Fortpflanzung*, in: Schreiber, Adele (Hg.), *Das Buch vom Kinde*, Band 1, Leipzig/Berlin 1907, S. IX ff.

86 Ferdinand, *Malthusisches Erbe*, S. 273.

87 Manz, Ulrike, *Bürgerliche Frauenbewegung und Eugenik in der Weimarer Republik.* Königstein/Taunus 2007, S. 12, S. 16 f., S. 201 ff.

88 Klausen, Susanne / Bashford, Alison, *Fertility Control: Eugenics, Neo-Malthusianism and Feminism*, in: Bashford/Levine, *History of Eugenics*, S. 99 ff., S. 108 ff.

89 Hein, Martina, *Die Verknüpfung von emanzipatorischem und eugenischem Gedankengut bei Helene Stöcker* (1869–1943), Bremen 1998, S. 176 f., S. 179, S. 186 f., S. 190 f.

90 Ploetz, Alfred, *Bund für Mutterschutz*, in: ARGB 1905, S. 164 ff.; Ferdinand, *Malthusisches Erbe*, S. 215 f., S. 233.

91 Ferdinand, *Malthusisches Erbe*, S. 211 ff., S. 215, S. 218 ff.

92 Ebd., S. 222 f., S. 254, S. 257.

93 Ebd., S. 208.

94 Ebd., S. 221.

95 Ebd., S. 257.

96 Ebd., S. 215, S. 220.

97 Ein weiterer Fall ist Agnes Bluhm, die als Anhängerin der radikalen Frauenbewegung des Kaiserreichs gilt. Sie war eine der ersten praktizierenden Ärztinnen und die erste Genetikerin in Deutschland sowie eine weltweit angesehene Wissenschaftlerin. Bluhm war die einzige weibliche Rednerin auf dem internationalen Eugenik-Kongress 1912 sowie Gründungsmitglied der Deutschen Gesellschaft für Rassenhygiene. Politisch galt sie als Linksliberale, war gleichzeitig eine Rassistin, Antisemitin und Eugenikerin, dem Nationalsozialismus und Hitler stand sie positiv gegenüber. In: Bleker, *Biographische Einführung*.

98 Hein, *Stöcker*, S. 6. Paradigmatisch für diese Haltung ist die Doppelbiographie von Dünnebier und Scheu über Augspurg, mit einem Vorwort von Alice Schwarzer, kritisch dagegen die Darstellung von Henke. In: Dünnebier, Anna / Scheu, Ursula, *Die Rebellion ist eine Frau. Anita Augspurg und Lida G. Heymann. Das schillerndste Paar der Frauenbewegung*. München 2002; Henke, Christiane, *Anita Augspurg*. Reinbek bei Hamburg 2000.

99 Henke, *Augspurg*, S. 62.

100 Ebd., S. 34.
101 Ebd., S. 62.
102 Ebd., S. 60 f.
103 Dünnebier/Scheu, *Rebellion*, S. 208.
104 Ferdinand, *Malthusisches Erbe*, S. 258.
105 Ebd., S. 258.
106 Ebd., S. 254 ff.
107 Havelock Ellis, *Birth Control and Eugenics*, in: The Eugenics Review 1/1917, S. 33.
108 Ebd., S. 41.
109 Toye, John, *Keynes on Population*, Oxford 2000, S. 180 ff.
110 Ebd., S. 31, S. 104.
111 Keynes, John Maynard, *Some Economic Consequences of a Declining Population*, in: Eugenics Review 1/1937, S. 13 ff.
112 Toye, *Keynes*, S. 41 f.
113 Ebd., *Keynes*, S. 71.
114 Saurer, Edith, *Liebe und Arbeit. Geschlechterbeziehungen im 19. und 20. Jahrhundert*, Wien/Köln/Weimar 2014, S. 200; Klausen/Bashford: *Fertility Control*, S. 102 f.; Mottier, Veronique, *Eugenics and the State: Policy-Making in Comparative Perspective*, in: Bashford/Levine, *History of Eugenics*, S. 135 ff., S. 141; Tydén, Matthias, *The Scandinavian States: Reformed Eugenics Applied*, in: Bashford/Levine, *History of Eugenics*, S. 364 ff.; Franks, Angela, *Margret Sanger's Eugenic Legacy. The Control of Female Fertility*, Jefferson/London 2005, S. 183.
115 Isenberg, Nancy, *White Trash. The 400-Year untold History of Class in America*, New York 2016, S. 138 ff., S. 193 ff.; Knebel, Leonie / Marquardt, Pit, *Vom Versuch, die Ungleichwertigkeit des Menschen zu beweisen*, in: Haller, Michael / Niggeschmidt, Martin (Hg.): *Der Mythos vom Niedergang der Intelligenz. Von Galton zu Sarrazin: Die Denkmuster und Denkfehler der Eugenik*, Wiesbaden 2012, S. 91 ff. Der Psychologe Alfred Binet, der den Intelligenztest erfand, war kein Eugeniker und glaubte nicht an die Erblichkeit und Unveränderlichkeit der Intelligenz. In: Ebd., S. 95 f.
116 Zur Gründung einer Gartenstadt riefen der Soziologe Franz Oppenheimer, Werner Sombart, Grotjahn und Forel und ihre bürgerlichen Kollegen Max von Gruber und Ploetz, der völkisch-esoterische Verleger Eugen Diederichs und der Heimatschützer Paul Schultze-Naumburg gemeinsam auf. Die Sozialdemokraten Paul und Bernhard Kampffmeyer saßen mit bürgerlichen Rassenhygienikern im Vorstand des Gartenstadt-Vereins. In: Kampfmeyer, Bernhard / Gönner, Paul u.a., *Aufruf zur Gründung einer Gartenstadt*, in: ARGB 5/6/1908, S. 865 ff.; Kampffmeyer, Bernhard, *Zur Gartenstadtbewegung*, in: Sozialistische Monatshefte 11/1905, S. 958 ff.
117 Weindling, *Health*, S. 143. Jedes Mitglied hatte das Recht, von der Gesellschaft Auskunft und Rat in rassenhygienischen Angelegenheiten einzuholen. In: *Satzung der Deutschen Gesellschaft für Rassenhygiene*, in: ARGB, 1916, S. 406.
118 Hoßfeld, Uwe / Simunek, Michael, *Die Kooperation der Friedrich-Schiller-Universität Jena und Deutschen Karls-Universität Prag im Bereich der »Rassenlehre« 1933–1945*, Erfurt 2008, S. 24 ff.; Hoßfeld, Uwe, *Von der Rassenkunde, Rassenhygiene und biologischen Erbstatistik zur Synthetischen Theorie der Evolution: Eine Skizze der Biowissenschaften*, in: Hoßfeld, Uwe / John, Jürgen / Lemuth, Oliver / Stutz, Rüdiger (Hg.), *»Kämpferische Wissenschaft«. Studien zur Universität Jena im Nationalsozialismus*, Köln/Weimar/Wien 2003, S. 522 ff.
119 Stern, *Gender*, S. 184; Franks, *Legacy*, S. 185; Engs, *Eugenics Movement*, S. 54 f.; Black, Edwin, *War against the Weak. Eugenics and America's Campaign to Create a Master*

Race. New York / London 2003, S. 400; Van Wagenen, Bleecker, *Preliminary Report of the Committee of the Eugenic Section of the American Breeders' Association to Study and to Report on the Best Practical Means for Cutting off the defective Germ-Plasm in the Human Population*, in: Eugenics Education Society (Hg.), *Problems of Eugenics. Report of Proceedings of the First International Eugenics Congress*, Band 1, Kingsway 1913, S. 465 ff.

120 Saurer, *Liebe und Arbeit*, S. 193; Bashford/Levine, *History of Eugenics*, S. 559 ff.

121 Mottier, *Eugenics*, S. 143 ff.

122 Saurer, *Liebe und Arbeit*, S. 200; Etzemüller, Thomas, *Die Romantik der Rationalität. Alva und Gunnar Myrdal – Social Engineering in Schweden*, Bielefeld 2010, S. 100 ff.; Etzemüller, Thomas, *Ein ewigwährender Untergang. Der apokalyptische Bevölkerungsdiskurs im 20. Jahrhundert*, Bielefeld 2007, S. 121 ff.; Clifford Engs, Ruth, *The Eugenics Movement. An Enzyclopedia*, Westport/London 2005, S. 54 f.; Franks, *Legacy*, S. 183; Orth, Stephan, *»Minderwertige Elemente«*, in: Der Spiegel 36/1997, S. 152 f.Ende der 1990er Jahre wurde das Thema wieder in der Öffentlichkeit diskutiert, am Ende wurden überlebende Opfer mit Geld entschädigt. In: Gamillscheg, Hannes, Mit je 40.000 Mark will Schweden Zwangssterilisierungen abgelten, in: Frankfurter Rundschau, 27.1.1999; Wolff, Reinhard, Das schwedische Trauma, in: Die Tageszeitung, 30.3.2000.

123 Klausen/Bashford, *Fertility Control*, S. 105 f.; Mottier, *Eugenics*, S. 140; Garton, Stephen, *Eugenics in Australia and New Zealand: Laboratories of Racial Science*, in: Bashford/Levine, *History of Eugenics*, S. 247 f.

124 Ebbinghaus, Angelika / Dörner, Klaus (Hg.), *Vernichten und Heilen. Der Nürnberger Ärzteprozess und seine Folgen*, Berlin 2002, S. 297; Bock, Gisela, *Zwangssterilisation im Nationalsozialismus. Studien zur Rassenpolitik und Frauenpolitik*, Opladen 1986, S. 238.

125 Klee, Ernst, *»Euthanasie« im NS-Staat. Die »Vernichtung lebensunwerten Lebens«*, Frankfurt am Main 1983, S. 452 f.

126 Sopade (Hg.), *Deutschland-Berichte der SPD 1934–1940*, Fünfter Jahrgang 1938, Frankfurt am Main 1980, S. 1135.

127 Sopade, *Deutschland-Berichte*, S. 1133.

128 Kratz, Peter, *Das falsche Idol*, in: Trend Online-Zeitung Nr. 7/8 (2000), www.trend.infopartisan.net/trd7800/t357800.htm (20.2.2017); Sigusch, Volkmar, *»Man muß Hitlers Experimente abwarten«*, in: Der Spiegel, 20/1985, S. 246.

129 Steinberg, Hans Josef, *Sozialismus und deutsche Sozialdemokratie. Zur Ideologie der Partei vor dem Ersten Weltkrieg*, Hannover 1967, S. 46 ff., S. 61 ff.

130 Bebel, *Die Frau*, S. 294.

131 Bebel, *Die Frau*, S. 161, S. 265, S. 291 ff.

132 Steinberg, *Sozialismus*, S. 63, S. 130 ff.

133 Kropotkin, Peter, *Statement auf dem ersten Internationalen Eugenik-Kongress in London 1912*, in: Eugenics Education Society (Hg.): *Problems of Eugenics*, S. 51. Der Beitrag wurde im Dezember 1912 in Emma Goldmans Zeitschrift Mother Earth gedruckt. In: Glassgold, Peter, *Anarchy! An Anthology of Emma Goldman's Mother Earth*, New York 2000, S. 120 ff.

134 Bebel, *Die Frau*, S. 290.

135 Kautsky, Karl, *Vermehrung und Entwicklung in Natur und Gesellschaft*, Stuttgart 1910, S. V; Steinberg, *Sozialismus*, S. 49 ff.; Walther, Rudolf, *»... aber nach der Sündflut kommen wir und nur wir«. »Zusammenbruchstheorie«, Marxismus und politisches Defizit in der SPD 1890–1914*, Berlin 1981, S. 95 ff.

136 Mocek, *Biologie*, S. 33.

137 Kautsky, *Vermehrung*, S. 10 f.; S. 171, S. 194.
138 Ebd., S. 195.
139 Ebd., S. 261.
140 Ebd., S. 262.
141 Ebd., S. 263.
142 Ebd., S. 266 f.
143 Mocek, *Biologie*, 2002, S. 42.
144 Schwartz, Michael, *Sozialistische Eugenik. Eugenische Sozialtechnologien in Debatten und Politik der deutschen Sozialdemokratie*, Bonn 1995, S. 20. Roth attestiert ein sozialdarwinistisches Bewusstsein der Handwerker und der Arbeiteraristokratie und eine rassistische Hauptströmung in der SPD. In den Äußerungen sozialdemokratischer Führer und Intellektueller im Kontext der Gebärstreikdebatte finden sich dafür reichlich Belege. In: Roth, Karlheinz, *Kontroversen um Geburtenkontrolle am Vorabend des Ersten Weltkriegs. Eine Dokumentation zur Berliner »Gebärstreikdebatte« 1913*, in: Autonomie 12/1978, S. 84, S. 86.
145 Fürth, Henriette, *Auslese und Sozialreform*, in: Sozialistische Monatshefte 11/1897, S. 590 ff.; Fehlinger, Hans, *Über Rassenhygiene*, in: Sozialistische Monatshefte 15/1910, S. 965 ff.; Kampffmeyer, Paul, *Die Auslese der Führenden*, in: Sozialistische Monatshefte 22/1911, S. 1414 ff.
146 Bernstein, Eduard, *Der Sozialismus und die Colonialfrage*, in: Sozialistische Monatshefte 9/1900, S. 549 ff.
147 Fehlinger, *Rassenhygiene*, S. 969 f.; Kampffmeyer, *Auslese*, S. 1418; Schwartz, *Sozialistische Eugenik*, S. 103 ff.
148 Niemann-Findeisen, Sören, *Weeding the Garden. Die Eugenik-Rezeption der frühen Fabian Society*, Münster 2004, S. 90 ff., S. 96 f.; Freeden, Michael, *Eugenics and Progressive Thought: A Study in Ideological Affinity*, in: The Historical Journal 3/1979, S. 647.
149 Niemann-Findeisen, *Weeding*, S. 72 f., S. 80, S. 82; Paul, Diane, *Controlling Human Heredity. 1865 to the Present*, New Jersey 1995, S. 75, S. 92; Freeden, *Eugenics*, S. 655 f.
150 Marx, Karl, *Brief an Engels, 19.12.1869*, MEW 30, S. 131.
151 Engels, Friedrich, *Rezension des Ersten Bandes »Das Kapital«*. MEW 16, S. 226 f.; Engels, Friedrich, *Die Entwicklung des Sozialismus von der Utopie zur Wissenschaft*, MEW 19, S. 205, S. 216; Engels, Friedrich, *Grabrede für Marx*. MEW 19, S. 333, S. 335.
152 Marx, Karl, *Brief an Vera Sassulitsch, 8.3.1881*, MEW 19, S. 242.
153 Marx, Karl, *Brief an Kugelmann vom 27.6.1870*, MEW 32, S. 685 f.
154 Engels, Friedrich, *Dialektik der Natur*, MEW 20, S. 565.
155 Engels, *Dialektik*, S. 565.
156 Marx, Karl, *Brief an Engels, 18.6.1862*, MEW 30, S. 249.
157 Lafargue, Paul, *Der wissenschaftliche Materialismus nach den Anschauungen von Karl Marx,* Hottingen-Zürich 1886, S. 17, S. 24, S. 26.
158 Ebd., S. 21, S. 23 f.
159 Ebd., S. 27 ff.
160 Ebd., S. 22.
161 Kropotkin, Peter, *Gegenseitige Hilfe in der Menschen- und Tierwelt* (1902), zweite Auflage, Grafenau 1993, S. 24.
162 Kropotkin, Peter: *Moderne Wissenschaft und Anarchismus* (1913), Grafenau 1994, S. 52 f.; Kropotkin, *Gegenseitige Hilfe*; Kropotkin, *Statement*, S. 51.
163 Engels, *Dialektik*, S. 565.

164 Kropotkin, *Statement*, S. 51.

165 Pannekoek, Anton, *Marxismus und Darwinismus*, Leipzig 1909; Brendel, Cajo, *Anton Pannekoek: Denker der Revolution*, Freiburg 2001; Steinfeld, *Sozialismus*, S. 55 f.

166 Korsch, Karl, *Die materialistische Geschichtsauffassung. Eine Auseinandersetzung mit Karl Kautsky*, in: Archiv für die Geschichte des Sozialismus und der Arbeiterbewegung 2/1929, S. 211 ff.

167 Woltmann, *Darwinsche Theorie*, S. 180 ff., S. 194, S. 300 f.

168 Woltmann, *Entartung*, S. 522 ff.; Woltmann, Ludwig, *Antwort auf Lombroso*, in: Politisch-Anthropologische Revue 1903/1904, S. 964 ff.; Hammer, Wolfhard, *Leben und Werk des Sozialanthropologen Ludwig Woltmann*, Mainz 1979; Steinfeld, *Sozialismus*, S. 54 f.

169 Der britische Genetiker Lancelot Hogben (1930) kritisierte Kropotkin deswegen. Der sei nicht besser als seine Kontrahenten, beide Seiten würden Analogien aus dem Tierreich benutzen, um ihre politischen Ansichten zu rationalisieren. In: Mazumdar, Pauline, *Eugenics, Human Genetics and Human Failings*, London / New York 1992, S. 156).

170 Lafargue, *Materialismus*, S. 29, S. 32.

171 Krementsov, Nikolai, *Eugenics in Russia and the Soviet Union*, in: Bashford/Levine, *History of Eugenics*, S. 515. Der italienische Ökonom Achille Loria formulierte auf dem Kongress eine wesentlich schärfere methodische Kritik als Kropotkin, insbesondere verwarf er die Vorstellung, Intelligenz ließe sich messen. Aber auch er lehnte Eugenik nicht ab, sondern forderte lediglich eine gründliche Untersuchung individueller Charaktere als Basis. In: Loria, Achille, *Elite Fisio Psichica ed Elite Economia*, in: Eugenics Education Society (Hg.), *Problems of Eugenics*, S. 175 ff.

172 Tönnies, Ferdinand, *Zur naturwissenschaftlichen Gesellschaftslehre*, in: Schmollers Jahrbuch 1905, S. 27 f., S. 30; Tönnies, Ferdinand, *Eugenik*, in: Schmollers Jahrbuch 1900, S. 281 f., S. 285.

173 Groschopp, Horst, *Dissidenten. Freidenker und Kultur in Deutschland*, zweite verbesserte Auflage, Marburg 2011, S. 328.

174 Hertwig war ein Schüler Haeckels, mit dem er vollständig brach. Er vertrat eine nichtdarwinistische Entwicklungslehre und kritisierte den Darwinismus als Übertragung ideologischer Konzepte von Malthus, etwa den Kampf ums Dasein, auf die Natur. Daraus sei durch Rückübertragung auf gesellschaftliche Vorgänge eine neue Religion entstanden. Hertwig bezog einen christlich-humanistischen Standpunkt und argumentierte insofern biologistisch, als er ähnlich wie Woltmann die Arbeitsteilung als biologisches Gesetz auffasste, die das Feld für die gegenseitige Hilfe bereite. Auf eine organizistische Vorstellung verweist seine Rede vom Zellenstaat und Tierstaat. In: Hertwig, Oscar, *Zur Abwehr des ethischen, des sozialen, des politischen Darwinismus*, Jena 1918, S. 2 ff., S. 8 ff., S. 11 ff., S. 34 ff., S. 49 ff.

175 Kaiser, Jochen-Christoph / Nowak, Kurt / Schwartz, Michael, *Eugenik, Sterilisation, »Euthanasie«. Politische Biologie in Deutschland 1895–1945*, Berlin 1992, S. 95 ff.; S. 247 ff.; Walter, Franz / Denecke, Viola / Regin, Cornelia, *Sozialistische Gesundheits- und Lebensreformverbände*, Band 2, Bonn 1991, S. 41; Schwartz, *Sozialistische Eugenik*, S. 109, S. 288 f.; Weingart/Kroll/Bayertz, *Rasse*, S. 291 ff.; Fürth, *Regelung*, S. 45.

176 Schwartz, *Sozialistische Eugenik*, S. 91 ff., S. 193 ff.

177 Ebd., S. 150, S. 277 ff.

178 Ebd., S. 133, S. 150, S. 152, S. 293, S. 300 ff., S. 306 f., S. 309, S. 317, S. 340.

179 Ebd., S. 300.

180 Ebd., S. 340.

181 Olberg, *Entartung*, S. 20.

182 Ebd., S. 7 ff.
183 Grotjahn, *Hygiene*, S. 59.
184 Grotjahn, Alfred, *Soziale Pathologie. Versuch einer Lehre von den sozialen Beziehungen der Krankheiten als Grundlage der Sozialen Hygiene*, Berlin 1923, S. 463.
185 Grotjahn, *Hygiene*, S. 1.
186 Ebd., S. 34, S. 36;
187 Singer, *Praktische Ethik*, 2013, S. 144 ff.
188 Etzemüller, *Romantik*, S. 125 ff; Etzemüller, *Untergang*, S. 70.
189 Barber, William J., *Gunnar Myrdal. An Intellectual Biography*, Hampshire / New York 2008, S. XI f., S. 55 f.; Myrdal, Alva, *Nation and Family. The Swedish Experiment in Democratic Family and Population Policy*, London 1947, S. 86.
190 Myrdal, *Nation*, S. 102, S. 104 f.; Etzemüller schreibt, die Myrdals hätten sich auch gegen die Einwanderung von Finnen ausgesprochen. In: Etzemüller, *Untergang*, S. 67.
191 Etzemüller, *Untergang*, S. 63.
192 Etzemüller, *Romantik*, S. 127.
193 Myrdal, *Nation.*, S. 96.
194 Ebd., S. 115 f.
195 Franks, *Eugenic Legacy*, S. 28; Paul, *Heredity*, S. 92.
196 Franks, *Eugenic Legacy*, S. 28; Paul, *Heredity*, S. 92; Gordon, Linda, *Woman's Body, Woman's Right*, zweite Auflage, New York 1995, S. 215. In einem Sammelband von Goldman sind der Unterdrückung der Frau vier Kapitel gewidmet. Das Thema Geburtenkontrolle ist marginal und wird nur an einer Stelle aufgegriffen (S. 95), es findet sich kein Beleg für eine eugenische Position. In: Goldman, Emma, *Anarchism and Other Essays* (1910), https://theanarchistlibrary.org/library/emma-goldman-anarchism-and-other-essays (19.1.2017).
197 Goldman, Emma, *The Social Aspects of Birth Control* (April 1916), in: Glassgold, Peter, *Anarchy! An Anthology of Emma Goldman's Mother Earth*, New York 2000, S. 136.
198 Goldman, Emma, *Gelebtes Leben. Autobiographie* (1931), Hamburg 2010, S. 186, S. 226; Miething, Dominique F., *Anarchistische Interpretationen der Philosophie Friedrich Nietzsches. Deutschland, Großbritannien, USA 1890–1947*, Berlin 2016, S. 365 ff.
199 Goldman, *Birth Control*, S. 135.
200 Ebd., S. 135 f.
201 Ebd., S. 138.
202 Kleinspehn, Thomas (Hg.), *Santillan, Peiro: Ökonomie und Revolution*, Berlin 1975, S. 183, S. 185.
203 Kleinspehn, *Ökonomie und Revolution*, S. 183.
204 Landauer, Gustav, *Aufruf zum Sozialismus,* zweite vermehrte und verbesserte Revolutionsausgabe, Berlin 1919, S. 112 f.
205 Landauer, *Sozialismus*, S. 117.
206 Landauer, *Sozialismus*, S. 118.
207 Schmitt, Klaus, *Geldanarchie und Anarchofeminismus*, in: Schmitt, Klaus / Bartsch, Günter (Hg.), *Silvio Gesell. »Marx« der Anarchisten?* Berlin 1989, S. 129.
208 Ebd., S. 131.
209 Ebd., Anmerkung 117, S. 241.
210 Ebd., Anmerkung 117, S. 241.
211 Ebd., Anmerkung 117, S. 242.
212 Bierl, Peter, *Die Revolution ist großartig. Was Rosa Luxemburg uns heute noch zu sagen hat*, Münster 2020, S. 210 ff.

213 Nelles, Dieter, *Anarchosyndikalismus und Sexualreformbewegung in der Weimarer Republik*, Papier des Institute for Social History, Amsterdam, zum Workshop Free Love and the Labour Movement, Amsterdam 2000, 6.10.2000, S. 2.
214 Bernstein, Alfred, *Wie fördern wir den kulturellen Rückgang der Geburten? Ein Mahnruf an das arbeitende Volk*, Berlin 1919, S. 5.
215 Bernstein, Alfred,*Elend und Gebärstreik* in Welt am Montag, 17.11.1913
216 Bernstein, *Geburten*, S. 9.
217 Wolf, Siegbert (Hg.): *Der Syndikalistische Frauenbund*, Münster 2007, S. 161 ff.; Köster, Aimee, *Die Proletarierin und die Fortpflanzung* (1921), in: Wolf, *Frauenbund*, S. 177.
218 Witkop-Rocker, Milly, *Der sechste internationale Neo-Malthusianische Kongress* (1925), in: Wolf, *Frauenbund*, S. 190 f.; Caspers, Traudchen, *Etwas über freie Liebe* (1926), in: Wolf, *Frauenbund*, S. 196.
219 Rübner, Hartmut, *Freiheit und Brot. Die Freie Arbeiter-Union Deutschlands. Eine Studie zur Geschichte des Anarchosyndikalismus*, Berlin/Köln 1992, S. 235.
220 Noch im Januar 1928 veröffentlichte die Zeitschrift des SFB einen Beitrag von Sanger, in dem diese die Überbevölkerung und die »Verbesserung der Rasse« als die zwei wesentlichen Probleme der Zivilisation hervorhob. Witkop-Rocker lobte Sangers Wirken. In: Sanger, Margret, *Die soziale und individuelle Not der Geburtenregelung. Ein Vortrag*, in: Wolf, *Frauenbund*, S. 199; Witkop-Rocker, Milly, *Vorbemerkung*, in: Wolf, Frauenbund, S. 197.
221 Sanger, Margret, *Woman and the New Race*. New York, 1920, S. 35 f., S. 44, S. 46
222 Sanger, *Woman*, S. 41.
223 Sanger, Margret, *The Pivot of Civilization*, New York 1922, S. 89 f.
224 Ebd., S. 265.
225 Ebd., S. 109
226 Ebd., S. 113
227 Ebd., S. 117 ff.
228 Ebd., S. 271.
229 Ebd., S. 264.
230 Sanger, *Proceedings*, S. 14.
231 Ebd., S. 7 ff., S. 19, S. 362 ff.
232 Gini beklagte den Rückgang der weißen Rasse. In: Sanger, *Proceedings*, S. 119 ff. Grotjahn forderte die »elimination of the unfit«. In: Ebd., S. 156. Charles Davenport warb für Einwanderungsbeschränkungen für Süditaliener, osteuropäische Juden sowie Anarchisten und warnte vor stehlenden Zigeunern. In: Ebd., S. 275, S. 339. Andere verteidigten die White Australia Politik oder kritisierten die Idee der Gleichheit. In: Ebd., S. 302 ff.
233 Schwartz, *Sozialistische Eugenik*, S. 21 f., S. 255 ff., S. 314.
234 Levien, Max, *Stimmen aus dem Teutschen Urwalde*, in: Unter dem Banner des Marxismus, 11. Jahrgang, Wien/Berlin 1928, S. 153, S. 155, S. 182 f., S. 191.
235 Trotzki, Leo, *Literatur und Revolution*, Wien 1924, S. 177 ff.
236 So erging sich Iring Fetscher in Lobhudeleien und problematisierte weder ihre stalinistische Karriere noch autoritäre und eugenische Ansichten. In: Fetscher, Iring, *Nachwort*, in: Fetscher, Iring (Hg.), *Alexandra Kollontai. Autobiographie einer sexuell emanzipierten Kommunistin* (1926), München 1970, S. 69 ff. Fetschers Vater Rainer Fetscher gehörte zu den sozialistischen Rassenhygienikern und erstellte als Professor an der Technischen Hochschule Dresden eine »Kartei der Minderwertigen« mit

140.000 Personen sowie eine Strafgefangenen-Kartei, um ärztliche Eingriffe wie Kastration und Sterilisation einzuleiten. In: Weingart/Kroll/Bayertz, *Rasse*, S. 183, S. 305, S. 538 f.

237 Kollontai, Alexandra, *Die neue Moral und die Arbeiterklasse* (1920), Münster 1977, S. 52; Kollontai, Alexandra, *Theses on Communist Morality in the Sphere of Marital Relations* (1921), www.marxists.org/archive/kollonta/1921/theses-morality.htm (14.10. 2016).

238 Kollontai, *Theses*.

239 Fando, R.A., *Die Anfänge der Eugenik in Rußland*, Berlin 2014, S. 80 ff.

240 Krementsov, *Eugenics*, S. 415, S. 417, S. 420.

241 Fando, *Anfänge*, S. 140 ff.; Krementsov, *Eugenics*, S. 420 f.; Vöhringer, Margharete: *Gänzlich neue und einzigartige Methoden der Lebensverbesserung. Erziehung, Arbeitswissenschaft und Eugenik in der frühen Sowjetunion*, in: Phase 2 36/2010, S. 23–27.

242 Sarrazin, S. 92.

243 Carlson, Elof Axel, *Hermann Joseph Muller 1890–1967*, Washington 2009, S. 12 ff.

244 Muller, Hermann, *The Dominance of Economics over Eugenics*, 1932, Redemanuskript, S. 11, https://collections.libraries.indiana.edu/muller/items/show/476#?c=0&m=0&s=0&cv=17&xywh=-2322%2C0%2C8162%2C4676 (2.2.2021).

245 Ebd., S. 18.

246 Ebd., S. 7 f.

247 Ebd., S. 9.

248 Ebd., S. 14 f.

249 Carlson, *Muller*, S. 16.

250 Nationale Akademie der Wissenschaften Leopoldina, *Curriculum vitae Prof. Dr. Hermann Joseph Muller,* www.leopoldina.org/fileadmin/redaktion/Mitglieder/CV_Muller_Hermann_Joseph_D.pdf (1.2.2021); Carlson, *Muller*, S. 16 f.

251 Huxley, Julian, *Memories*, London 1970, S. 20, S. 196, S. 230 ff.

252 Ebd., S. 203.

253 Ebd., S. 102, S. 153.

254 Noch in seiner Autobiographie warb Huxley für die genetische Verbesserung der Menschheit, um sie vor einer Degeneration zu bewahren und unterstützte ausdrücklich Zuchtvorschläge. In: Huxley, *Memories*, S. 169 f., S. 203.

255 Huxley, Julian, *Eugenics and Society*, in: The Eugenics Review 1/1936, S. 11 ff.

256 Findeisen, *Fabian Society*, S. 42 ff.; Paul, *Heredity*, S. 75; Freeden, *Eugenics*, S. 656.

257 Findeisen, *Fabian Society*, S. 44 f.

258 Niemann-Findeisen, *Fabian Society*, S. 42 ff.

259 Huxley, Julian / Wells, Herbert G. / Wells, Georg Philip, The *Science of Life*, London 1931, S. 875, S. 878.

260 Ebd., S. 876.

261 Ebd., S. 875.

262 Ebd., S. 377, S. 380, S. 385 f.

263 Huxley, *Eugenics*, S. 30 f.

264 Ebd., S. 30.

265 Huxley, *Eugenics*, S. 30; ebenso: Huxley, Julian, *Marxist Eugenics*, in: The Eugenics Review 1/1936, S. 67.

266 Huxley, *Eugenics*, S. 31.

267 Huxley, *Memories*, S. 203.

268 Huxley/Wells/Wells, *Science*, S. 874.

269 Huxley, *Memories*, S. 150 f.
270 Ebd., S. 149 ff., S. 196.
271 Huxley, *Eugenics*, S. 26.
272 Mazumdar, *Eugenics*, S. 186 ff., S. 192 f.
273 Huxley, *Eugenics*, S. 25 ff., ähnlich: Huxley, *Memories*, S. 169 f.
274 Huxley, *Memories*, S. 200 ff., S. 209 f.
275 Huxley, *Marxist Eugenics*, S. 68.
276 Huxley, *Marxist Eugenics*, S. 66 ff.
277 Fando, *Anfänge*, S. 148 ff.
278 Krementsov, *Eugenics*, S. 422 ff.; Carlson, *Muller*, S. 18 f.; Huxley, *Memories*, S. 201 ff.
279 Huxley, Julian, *Die Grundgedanken des evolutionären Humanismus*, in: Huxley, Julian (Hg.), *Der evolutionäre Humanismus. Zehn Essays über die Leitgedanken und Probleme* (1961), München 1964, S. 27, S. 48.
280 Huxley, *Memories*, S. 281 ff.
281 von Senger, Harro, *Erbgesundheitslehre in der Volksrepublik China*, in: Bednarikova, Jarmila (Hg.), *Festschrift für Jan Stephan zum 80. Geburtstag*, Zürich 1994, S. 219 ff.; Sierck, Udo, *Rassenhygiene in China*, in: Junge Welt, 15.11.1994.
282 von Senger, *China*, S. 221.
283 Piecha, Oliver, *Zwangsarbeit und Sterilisierungen*, in: Jungle World 31/2020, 30.7.2020
284 Roth, Karlheinz, *Schöner neuer Mensch*, in: Kaupen-Haas, Heidrun (Hg.), *Der Griff nach der Bevölkerung. Aktualität und Kontinuität nazistischer Bevölkerungspolitik*, Nördlingen 1986, S. 15 ff.
285 Dobzhansky, Theodosius / Dahlberg, Gunnar u. a.: *Social Biology and Population Improvement*, in: Nature 144/1939, S. 521 f.; Kühl, Stefan, *Die Internationale der Rassisten. Aufstieg und Niedergang der internationalen Bewegung für Eugenik und Rassenhygiene im 20. Jahrhundert*, Frankfurt/Main 1997, S. 156 f.; Roth, *Neuer Mensch*, S. 14 f.

3. Der Angriff der Spermienkrieger

Reformeugenik, Soziobiologie und evolutionärer Humanismus

Die Eugenik war aufgrund der deutschen Verbrechen in Verruf geraten, aber nicht erledigt, sie wurde nach 1945 bloß entnazifiziert, von besonders belastenden Elementen befreit. Dabei spielten linke und liberale Genetiker*innen eine wesentliche Rolle, die eine sogenannte Reformeugenik entwickelten.[1] Das »Genetics Manifesto« (1939) war ihre programmatische Basis, dazu lieferte Julian Huxley das Schlagwort des evolutionären Humanismus. Die Soziobiologie machte eine neue Variante biologistischen Denkens populär, wonach der Mensch von seinen »egoistischen Genen« beherrscht werde. Die Entwicklung von Reformeugenik und Soziobiologie sowie deren Verbindung zur Neuen Rechten werden in diesem Kapitel skizziert und gezeigt, wie Sarrazin, Singer und die Giordano-Bruno-Stiftung daran anknüpfen.

3.1. Julian Huxley und die Entnazifizierung der Eugenik

Als erster Generaldirektor der UNESCO (1946-48) versuchte Huxley die UN-Organisation für Wissenschaft, Bildung und Kultur als internationale Plattform zu nutzen. Er formulierte ein Papier, das als Grundlage dienen sollte. Die zugrundliegende Ideologie bezeichnete er als wissenschaftlichen, später als evolutionären Humanismus. Aufschlussreich ist, dass er ganz offen die Idee der demokratischen Gleichheit abqualifizierte: Diese widerspreche der biologischen Ungleichheit und eröffne allen Menschen Anspruch auf höhere Bildung, was er als Verschwendung von Ressourcen an weniger Begabte zurückwies. Nicht zuletzt stütze die Idee der demokratischen Gleichheit politische Widerstände gegen Eugenik, warnte er. Huxley beschwor ein Zeitalter des einfachen Menschen und der Mehrheitsherrschaft, das bloß Mittelmäßigkeit befördern werde.[2]

Rund ein Jahr nach dem Ende der nationalsozialistischen Herrschaft bedauerte er, dass eine »radikale eugenische Politik für viele Jahre politisch und psychologisch unmöglich«[3] sei. Dabei werde sich das Eigengewicht von genetisch bedingter Dummheit, körperlicher Schwäche und mentaler Instabilität, das schon in der Menschheit vorhanden sei, als zu große Last erweisen, um wirklichen Fortschritt zu erreichen. Die UNESCO müsse deshalb dafür sorgen, dass das »eugenische Problem« mit größter Sorgfalt untersucht werde.[4] Huxley forderte eine streng wissenschaftliche Eugenik auf genetischer Grundlage, die frei von Klassen- und Rassenvorurteilen aus menschlichem »Rohmaterial« eine Varietät von Genies schaffen solle.[5] Denn seiner Ansicht nach waren Intelligenz, moralische Qualitäten, Temperament und Fähigkeiten in Mathematik, Technik und Kunst angeboren.[6] Als weitere Ziele nannte er Bevölkerungskontrolle, die Entwicklung optimaler Bevölkerungsgrößen für verschiedene Regionen, eine materielle und spirituelle Verbesserung der Menschheit sowie die Erhaltung von wilden Tieren und Pflanzen.

Optimistisch verkündete Huxley 1961 als Herausgeber eines Sammelbandes über evolutionären Humanismus, die Menschheit stünde an der Schwelle zur »bewußt zielstrebigen Phase der Evolution«, die dadurch geprägt sei, dass der Mensch deren künftigen Verlauf bestimmen werde.[7] Sein alter Freund Muller schwelgte in technokratischen Phantasien. Er warb für Atomkraft und Kernfusion, für die Kontrolle des Klimas und die völlige Umgestaltung des Planeten. Durch gezielte Auslese menschlichen Erbmaterials wollte er Typen mit höherer Intelligenz, besserer Gesundheit und Charakter schaffen. Alle unbewussten Neigungen, mit denen sich die Psychoanalyse herumschlage, würde man beseitigen und besser angepasste Menschen schaffen, versprach er. So wie Prometheus einst das Feuer stahl, zähme der Mensch heute die nuklearen Furien, taste das Gehirn mit Elektroden ab, zerlege die Gene und setze sie wieder zusammen, schwärmte Muller.[8]

Der Schweizer Konzern Ciba Geigy lud 1962 zu einem internationalen Symposium unter dem Titel »Man and his Future« in London ein. Unter den 27 Teilnehmern waren Genetiker, Biologen und Mediziner, darunter fünf Nobelpreisträger. Bis auf Euthanasie verhandelte die Runde sämtliche Fragen, die Eugeniker*innen seit jeher umgetrieben hatten, vor einem Hintergrund, der nun geprägt war vom Kalten Krieg und der Gefahr eines Atomkrieges. Huxley warnte in seinem Eröffnungsbeitrag vor einem globalen ökologischen Kollaps. Er kritisierte das Dogma des ökonomischen Wachstums und die Konsumgesellschaft.[9]

Die Nobelpreisträger Francis Crick, einer der Entdecker der molekularen DNA-Struktur, und Joshua Lederberg, ein Molekularbiologe, sowie Huxley warnten auf dem Symposium erneut vor einer Degeneration des Menschen. Die drei wollten höhere Intelligenz, bessere Gesundheit und Wohlbefinden durch gezielte Selektion fördern. Crick forderte eine Lizenz zum Kinderkriegen und der Biochemiker Norman Pirie meinte, in einem Wohlfahrtsstaat könne es kein Recht auf Kinder geben.[10] Weil die Zivilisation dysgenisch wirke, plädierte Huxley wie seit Jahrzehnten für eine »radikale eugenische Verbesserung«. Er empfahl Experimente mit Freiwilligen, weil die Bevölkerung momentan gegen Zwangssterilisierung eingenommen sei.[11] Muller behauptete, 20 Prozent der Menschheit trügen genetische Fehler und sollten von der Fortpflanzung ausgeschlossen werden. Die Zahl der Kinder sollte dem gesellschaftlichen Rang entsprechen, forderte der vormalige Kommunist.[12] Die Teilnehmer, überwiegend ältere Herren und keine einzige Frau, debattierten über Vielweiberei und Vielmännerei. Sie bezogen sich dabei auf Statistiken, denen zufolge es zu wenige Frauen im gebärfähigen Alter gab und theoretisch Männer 500 Mal Väter sein könnten, aber Frauen nur maximal 50 Kinder gebären könnten.[13] Im Vordergrund standen allerdings die Möglichkeiten der künstlichen Befruchtung, die von vielen favorisiert wurde.[14]

Die Tagung zog beträchtliches Aufsehen auf sich und sorgte für eine jahrelange kontroverse Debatte, wobei manche zwar einzelne Vorschläge kritisierten, aber keineswegs von der Menschenzucht lassen wollten.[15] Grundsätzliche Kritik mussten die Reformeugeniker allerdings schon auf dem Symposium einstecken. Mehrere Teilnehmer verwiesen auf die Verbrechen der Nationalsozialisten und wehrten sich aus humanitären und christlichen Gründen gegen eine zweite Welle der Eugenik.[16] Huxley geriet in Bedrängnis, als ihm der Biologe und Mathematiker Jacob Bronowski entgegenhielt, für die Annahme einer Degeneration fehle jede empirische Basis.[17] Der Zoologe Peter Brian Medawar äußerte, die Selbstgewissheit von Muller und Huxley erschrecke ihn. Sie wüssten gar nicht, wie Verbesserungen des Menschen zu erreichen wären. Mit ihrer Selektionstheorie könnten die beiden nicht einmal erklären, warum Homosexualität nicht längst ausgestorben sei, wenn doch im Kampf ums Dasein maximale Nachkommenschaft ausschlaggebend wäre.[18] Huxley konnte solchen Argumenten nichts entgegenhalten. Er musste einräumen, dass das Szenario der Degeneration bloß abgeleitet war, redete aber einfach weiter über die Vererbung eines Intelligenzquotienten durch Selektion, als handele es sich um eine feststehende Tatsache.[19]

Er war nicht der Einzige, der an der Eugenik festhielt. So schlug der zweifache Nobelpreisträger Linus Pauling 1968 vor, »auf die Stirn eines jeden jungen Menschen sollte ein Symbol tätowiert sein, das den Besitz des Sichelzellen-Gens oder ähnlicher Gene anzeigt [...] Ich bin der Ansicht, daß man auf dieser Linie – Pflichtuntersuchung vor dem Eingehen einer Ehe und irgendeine Form der öffentlichen oder halböffentlichen Kenntlichmachung eines entsprechenden Befundes – eine Gesetzgebung entwerfen sollte.«[20]

3.2. Die Verschleierung des Rassenbegriffes

Auch der Rassismus war durch die Naziverbrechen in Verruf geraten, wurde aber in weiten Teilen der Welt weiterhin verbreitet und praktiziert. Vor diesem Hintergrund ist das »Statement on Race« zu verstehen, das die UNESCO im Juli 1950 veröffentlichte, als Huxley schon nicht mehr Generalsekretär war. Die ursprüngliche Fassung war von acht Wissenschaftlern entworfen worden, darunter den Anthropologen Ashley Montagu und Claude Lévi-Strauss. Der Text wurde noch einmal überarbeitet, aufgrund der Kritik einer Reihe von Wissenschaftlern, darunter den Reformeugenikern Dahlberg, Dobzhansky, Huxley sowie Gunnar Myrdal.[21]

Das Statement verurteilte Rassismus und Diskriminierung und betonte, es gebe keine wissenschaftlichen Beweise dafür, dass Rassenmischung negative Folgen habe oder Unterschiede der Intelligenz, im Temperament oder in Bezug auf kulturelle Errungenschaften auf die Rasse zurückzuführen seien. Unterschiede im Aussehen seien auf unterschiedliche evolutionäre Entwicklungen zurückzuführen. Der Begriff der Rasse wurde jedoch in der Erklärung nicht verworfen.

Die Autoren stellten fest, dass die Menschheit eine Spezies mit gemeinsamer Abstammung darstelle. Vom biologischen Standpunkt aus bezeichne Rasse eine Gruppe von Menschen, die sich durch eine bestimmte relative und wechselnde Häufigkeit von Genen oder körperlichen Merkmalen auszeichne. Der Begriff Rasse meine in diesem Sinne jene Gruppen, die die Spezies des Homo sapiens konstituieren würden. Als die drei wichtigsten »Unterteilungen« der Menschheit werden in dem Statement die mongoloide, die negroide und die kaukasoide Teilung genannt.[22] Die Autoren unterschieden zwischen einem biologischen Begriff der Rasse und einem sozialen, den sie als Mythos verwarfen. Weil im allgemeinen Sprachgebrauch häufig nicht auf den streng biologischen Sinn des Rassenbegriffs Bezug genommen werde, empfahlen die Autoren, nicht mehr von menschlichen Rassen, sondern von ethnischen Gruppen zu sprechen.[23] Diesen Ratschlag hatte Huxley 1936 auch schon erteilt.

Eine weitere Erklärung der UNESCO von 1964, die als Ergänzung bezeichnet wurde, enthielt wenig Neues. Erneut wurden rassistische Lehren verurteilt und betont, menschliche Rassen seien keine verschiedenen Spezies. Menschliche Rassen könnten deshalb nicht mit den Rassen domestizierter Tiere verglichen werden. Das Konzept Rasse in Bezug auf Menschen sei rein biologisch zu verstehen, heißt es in dem Papier, das von 15 Wissenschaftler*innen aus aller Welt in Moskau verfasst und unterzeichnet wurde.[24] Auch in diesem Papier schaffte es die UNESCO also nicht, sich komplett vom Rassenbegriff zu lösen.

Einer der Autoren der ersten UNESCO-Erklärung, Claude Lévi-Strauss, drehte den Spieß sogar um. Er behauptete, Kulturen würden dem menschlichen Körper einen Stempel aufdrücken, unterschiedliche Kulturen, so sie lange Zeit voneinander isoliert seien, würden genetische Anlagen selektieren, die vererbt werden.[25] »Weit davon entfernt, uns fragen zu müssen, ob die Kultur eine Funktion der Rasse ist, entdecken wir, daß die Rasse – oder das, was man gemeinhin unter diesem Begriff versteht – eine Funktion der Kultur unter anderen ist«[26], schrieb der französische Anthropologe. Er befürchtete nicht nur, dass die Menschheit einer »Bevölkerungsexplosion« zum Opfer fallen werde, sondern bedauerte, dass die unterschiedlichen »Populationen« zu einer Weltkultur verschmelzen, denn kultureller Stillstand wäre die Folge. Nur die Fortexistenz voneinander getrennter Kulturen bringe schöpferisches Experimentieren und Hochkulturen hervor.[27]

In der Öffentlichkeit wurde in der Folgezeit zunehmend der Begriff der Ethnie verwendet und die Vorstellung von kulturellen Differenzen trat in den Vordergrund. Letztere werden heute im Regelfall angeführt, wenn es darum geht, Menschen zu entrechten, auszubeuten und zu demütigen. Damit übernahmen die Begriffe Ethnie und Kultur im öffentlichen Diskurs die Funktion des Rassenbegriffs, eine sprachliche Modernisierung, die die Neue Rechte aufgriff. Henning Eichberg, einer der deutschen Ideologen dieser neofaschistischen Tendenz, nutzte die Überlegungen von Lévi-Strauss sowie von Vertreter*innen der Entkolonialisierung, die eine Rückbesinnung auf die eigenen kulturellen Wurzeln forderten, um den Begriff des »Ethnopluralismus« zu begründen.[28]

Eine ernsthafte kritische Auseinandersetzung mit dem Rassismus hätte anders ausgesehen und wäre über die Modernisierung hinausgegangen, die Reformeugeniker wie Huxley unternahmen. Dabei muss man analytisch unterscheiden zwischen Kritik am Rassismus, am Nationalsozialismus, an wissenschaftlichen Rassenlehren und grundsätzlich an der Einteilung von Menschen in Rassen. Einige Wissenschaftler hatten seit dem 19. Jahrhundert verschiedene Aspekte, etwa die Einteilung in höhere und niedrigere Rassen, das Ausmaß des Einflusses der Rasse auf Fähigkeiten, Verhalten und Charakter, die Vorstellung von reinen Rassen oder Methoden wie die Schädelmessung kritisiert. Auch von der Vorstellung der reinen Rassen lösten sich immer mehr Wissenschaftler*innen, selbst wenn sie Rassist*innen blieben. Von der Existenz von Rassen blieben jedoch Linke und Rechte, Antirassist*innen wie Rassist*innen lange überzeugt.[29]

Einer der ersten Kritiker war Joseph Anténor Firmin. Er verfasste 1885 eine Studie »Über die Gleichheit der Rassen« gegen das einflussreiche Pamphlet von Joseph Arthur de Gobineau über die »Ungleichheit der Rassen« (1853–55). Der liberale Wissenschaftler und Politiker Firmin aus Haiti stellte zwar den Rassenbegriff nicht in Frage, betonte aber die grundsätzliche Gleichheit aller Menschen. Einen völligen Verriss publizierte 1901 der österreichische Diplomat Heinrich Graf von Coudenhove-Kalergi. Er spottete über die »komischen Widersprüche, die bei allen diesen Rassentheorien immer und überall in die Augen springen«.[30] Coudenhove-Kalergi gelangte zu dem Ergebnis, es gebe keine Rassen.[31] Der überzeugte Katholik wandte sich damit gegen den modernen rassenbiologischen Antisemitismus, nicht jedoch gegen die ältere, religiöse Judenfeindschaft. So erklärte er die Juden zu Urhebern des Antisemitismus aufgrund ihrer vermeintlichen religiösen Intoleranz und plädierte für den Kampf gegen die religiösen Prinzipien des orthodoxen Judentums, dies wäre »der richtige und heilbringende Antisemitismus«.[32]

Zu den ersten Wissenschaftlern, die sich intensiv mit wissenschaftlichen Rassentheorien und Eugenik auseinandersetzten und schließlich distanzierten, zählte Franz Boas. Er war 1887 wegen des wachsenden Antisemitismus aus Deutschland in die USA emigriert, wo er einer der Begründer der modernen Anthropologie wurde. Boas akzeptierte anfangs Rassentheorien und löste sich erst Schritt für Schritt davon. Zunächst lehnte er die Idee einer linearen Evolution menschlicher Gesellschaften von niederen zu höheren kulturellen Stufen ab. Zwar unterschied er höhere und niedrigere Kulturen, wobei der Fortschritt seiner Ansicht nach darin besteht, sich vom Zwang des täglichen Nahrungserwerbs allmählich zu befreien und Freiräume für intellektuelle, industrielle und künstlerische Entwicklung zu schaffen.[33] Boas vertrat damit weder einen biologistischen Ansatz noch einen Kulturrelativismus im postmodernen Sinn, sondern eine materialistische Position.[34]

Für ihn stand fest, dass die materiellen Verhältnisse, soziale und kulturelle Umstände menschliches Verhalten prägen, nicht Gene oder das Blut.[35] Als strenger Empiriker hatte er im Auftrag der US-Regierung Schädel und Gewicht von Migrant*innen vermessen und festgestellt, dass die Maße der Kinder nicht denen ihrer Eltern entsprachen. Demnach waren die Körper der Kinder offensichtlich durch die neuen Verhältnisse in Amerika geformt.[36] Es gebe auch keine wissenschaftliche Basis für die Annahme erblicher Rasseneigenschaften oder Rassenreinheit, dass Weiße überlegen oder Rassenmischung schlecht wäre. Vielmehr seien individuelle Unterschiede wichtiger als die zwischen den Rassen, stellte Boas fest.[37] Soweit stimmte Boas noch mit manchen sozialistischen Eugeniker*innen überein. Aber er wies auch eugenische Lehren bereits 1914 als nicht empirisch und wissenschaftlich fundiert zurück, wobei er sich ausdrücklich gegen deutsche Rassenhygieniker wandte.[38] Sogar die Vorstellung der Nation bezeichnete Boas als Gefühlsgemeinschaft ohne objektive Basis, die allein im Alltag und durch eine gemeinsame Sprache existiere. Eine Nation werde im Fühlen und Denken geschaffen, wobei der Staat eine zentrale Rolle spielt.[39]

Deutsche Kollegen waren entsetzt und widersprachen. »Die Seelen sind nicht weniger rassisch verschieden als die Hautfarben«, beharrte Fritz Lenz 1927 im deutschen Standardwerk der Rassenhygiene.[40] Lenz versäumte nicht, auf die jüdische Herkunft von Boas hinzuweisen, um diesen zu diskreditieren.[41] Boas unterstützte den Kampf der Schwarzen für Bürgerrechte, was ihm seitens der Rechten die Schmähung als »nigger lover« einbrachte. Wegen seiner pazifistischen Haltung geriet Boas im Ersten Weltkrieg ins Visier der Behörden, das FBI legte eine Akte an, Kolleg*innen attackierten ihn. Später engagierte er sich für republikanische Flüchtlinge aus Spanien, für deutsche NS-Opfer und gegen den Faschismus sowie für den Atheismus.[42] Aufgrund seines Einflusses auf die US-amerikanische Anthropologie, seiner Kooperation mit schwarzen Aktivist*innen und dem Auftreten als politischer

Intellektueller war Boas die zentrale Figur, die seit Beginn des 20. Jahrhunderts dazu beitrug, die rassistische Ideologie zu unterminieren.

Lediglich den Begriff verwendete er noch, hielt ihn aber für wissenschaftlich unbrauchbar.[43] Er betonte, dass es keine präzise Definition dafür gebe, was eine Rasse eigentlich ausmache, das Konzept sei unklar, äußerte er. Für ihn blieben ein paar ganz allgemeine Merkmale wie etwa die Hautfarbe übrig, anhand derer sich Menschen unterscheiden ließen.[44] Trotzdem war es erst der Boas-Schüler Ashley Montagu, der sich komplett vom Rassenbegriff löste.[45]

Der Unterschied zwischen Boas und Reformeugenikern wie Huxley, die am Konzept einer rassisch bedingten Vererbung von Intelligenz und Charakter festhielten, ist gravierend.

Huxley und die Wells gingen 1931 unbeirrt von der Existenz von Rassen aus. Sie deuteten menschliche Rassen gar als verschiedene Spezies, ein Rückfall hinter Darwin, der diese Vorstellung zurückgewiesen hatte.[46] Keine intellektuelle Leistung oder besonders fortschrittlich war die Annahme, dass keine reinen Rassen, sondern nur Mischungen existieren. In diesem Punkt unterschieden sich die drei britischen Eugeniker nicht einmal von Nazi-Wissenschaftlern.[47] Huxley kam der Typologie von Hans F. K. Günther sogar ziemlich nahe, als er schrieb, die deutsche Nation basiere auf einer Kombination von alpinen, mediterranen und nordischen Typen.[48]

Erst der Siegeszug des Faschismus trug zu einem begrenzten Meinungswandel bei – Jahrzehnte nach den Forschungen von Boas. Wissenschaftler wie Huxley gingen auf Distanz, beharrten aber immer noch auf einem Unterschied zwischen Rassismus als politische Doktrin wie sie die Nationalsozialisten vertraten und einer vermeintlich seriösen wissenschaftlichen Rassenlehre. Die Prämisse, ob sich Menschen überhaupt in Rassen sortieren ließen, hinterfragten die wenigsten.[49]

1935 verwarf Huxley den Nationalsozialismus als Pseudowissenschaft. Er wandte sich gegen den Ariermythos, gegen die Auffassung der Juden als Angehörige einer Rasse und die Vorstellung einer besonderen nordischen Rasse.[50] 1936 rügte Huxley die eugenischen Programme Italiens und Deutschlands als krude, weil sie auf falschen nationalistischen Vorstellungen basierten.[51] Im gleichen Jahr riet Huxley, den Begriff der Rasse durch den der ethnischen Gruppe zu ersetzen. Er hielt es aber für höchst wahrscheinlich, dass äußere Unterschiede zwischen solchen Gruppen genetische Ursachen hatten.[52] Nicht einmal vom Vorurteil, Schwarze seien minderwertig, konnte sich der britische Biologe freimachen: »Ich betrachte es als sehr wahrscheinlich, dass richtige Neger im Durchschnitt etwas weniger intelligent sind als Weiße und Gelbe.«[53]

3.3. Neomalthusianismus nach 1945

Auf dem Symposium von Ciba-Geigy hatte Huxley verlangt, Entwicklungshilfe nur gegen effektive Bevölkerungskontrolle zu gewähren, um eine vermeintliche »Bevölkerungsexplosion« einzudämmen.[54] Wie bereits in der Zwischenkriegszeit richteten sich solche Szenarien gegen Menschen in der sogenannten Dritten Welt. Vor dem Hintergrund des Kalten Krieges und der Entkolonialisierung wurde die Bevölkerungsfrage mit einem Diskurs über Entwicklung und Modernisierung verknüpft. Statt der Armut wurden die Armen bekämpft. Gunnar Myrdal bezeichnete das »Bevölkerungsproblem« als zentrales Entwicklungshemmnis. Er kritisierte Gegner*innen dieser Auffassung, darunter die katholische Kirche, Vertreter*innen des Realsozialismus und den indonesischen Präsidenten Sukarno. Dagegen lobte Myrdal dessen Nachfolger Suharto, der sich an die Macht putschte und eine Diktatur errichtete, unter der allein in den Jahren 1965 und 1966 zwischen 500.000 und drei Millionen Menschen ermordet wurden.[55]

Die vermeintliche Überbevölkerung rechtfertigte Sterilisations-Kampagnen, die UNO, IWF und Weltbank, Rockefeller- und Ford-Foundation sowie diverse Regierungen organisierten, mit freiwilliger, erpresster und erzwungener Beteiligung von Frauen in Asien, Afrika und Lateinamerika. Für weiße Frauen in vielen westlichen Staaten blieb Abtreibung hingegen illegal.[56] In Peru veranstaltete die neoliberale Fujimori-Regierung noch in den 1990er-Jahren ein Sterilisationsprogramm, das etwa 300.000 Menschen betraf, zu 90 Prozent Frauen. In vielen Fällen wurde Zwang angewandt, es gab gesundheitliche Komplikationen und bis zu 20 Tote. Finanziert wurde das Programm vom Bevölkerungsfonds der UN.[57]

Der neomalthusianische Diskurs erfuhr durch die Umweltbewegung enorme Popularität.[58] Der Physiker, Philosoph und Friedensforscher Carl Friedrich von Weizsäcker verlangte 1966, die Begrenzung des Bevölkerungswachstums müsse Hand in Hand gehen, »mit einer Bestimmung darüber, wer Kinder haben darf und wer nicht«. Es sei zwar schwierig, »dieses

Problem menschlich anständig und politisch tragbar zu lösen«, aber es nicht zu lösen wäre »vollkommen unmöglich«.[59]

Der Schmetterlingsforscher Paul R. Ehrlich veröffentlichte 1968 den Bestseller »Die Bevölkerungsbombe« im Auftrag des Sierra Club, der ältesten und größten Umweltorganisation in den USA. Er prognostizierte Hungersnöte in der Welt, weil Überbevölkerung die Ressourcen zu stark belaste. Diese Sicht übernahm der Club of Rome in dem berühmten Bericht »Die Grenzen des Wachstums«.[60]

Mittlerweile gibt es eine Variante des Öko-Malthusianismus, die betont, dass der globale Norden gleichfalls überbevölkert sei. Dessen Verfechter*innen begrüßen den Rückgang der »einheimischen« Bevölkerung und lehnen Einwanderung ab. Solche Positionen finden sich in der tiefenökologischen Szene und unter Tierrechtler*innen. Beträchtlichen Einfluss hat die Organisation Ecopop – Vereinigung Umwelt und Bevölkerung in der Schweiz, die international vernetzt ist, etwa in der European Population Alliance. Auch in der Degrowth- oder Postwachstumsbewegung, einem neueren Zweig der Umweltbewegung, gibt es Anhänger*innen dieser Überbevölkerungs-Legende.[61] Einige sehen sich in der Tradition des historischen Neomalthusianismus, verharmlosen diesen als radikalen Feminismus und verschweigen rassenhygienische und rassistische Positionen, etwa bei Sanger.[62]

Im Kontext der Weltbevölkerungskonferenz von Kairo und ihrer Nachbereitung war noch 1999 von einer »Zeitbombe Mensch« die Rede. Bis heute ist das Bild einer »Bevölkerungsexplosion«, einer »Menschenflut« aus dem Süden und Osten, verbreitet, nicht nur unter Neonazis, sondern in der Mitte der Gesellschaft, verbunden mit rassistischen und sexistischen Stereotypen. Erinnert sei an Clemens Tönnies, den Fleischfabrikanten und damaligen Aufsichtsratsvorsitzenden von Schalke 04, der im Sommer 2019 in einer Polemik gegen eine höhere Mehrwertsteuer für Fleisch davon sprach, dass es besser wäre, in Afrika moderne Kraftwerke zu bauen, dann hätten die Menschen dort nachts Licht statt sich im Dunklen fortzupflanzen.[63] In dem Film »Der Planet der Menschen« (2020) von Jeff Gibbs und Michael Moore heißt es, es gebe keine Rettung ohne ein »größeres Absterben« der Bevölkerung.

Spätestens in den 1990ern zeigte sich jedoch, dass alle Länder im Laufe der Industrialisierung und Einbeziehung in den kapitalistischen Weltmarkt einen ähnlichen Prozess durchlaufen:

Zunächst wächst die Bevölkerung, weil die Sterberate sinkt, vor allem bei Säuglingen und Kindern, während die Geburtenrate hoch bleibt, und die

Menschen im Durchschnitt älter werden. Schließlich folgt ein Geburtenrückgang, der in der Oberschicht beginnt und sich auf die gesamte Gesellschaft ausbreitet. Wir befinden uns derzeit in der dritten Phase, in der der Bevölkerungszuwachs in der vormaligen, sogenannten Dritten Welt stagniert und in Schwellenländern bereits schrumpft, woraus Schlagzeilen über eine »Vergreisung« in China oder Japan resultieren. Aktuelle Prognosen gehen davon aus, dass wir um 2100 einen Zustand des Nullwachstums erreicht haben könnten (bei etwa elf Milliarden Menschen).[64] Danach könnte die Menschheit schrumpfen. Solche Prognosen sind immer mit Vorsicht zu genießen, aber das gilt genauso für jene der Malthusianer*innen.

3.4. Die Neuformierung der braunen Internationale

An NS-Verbrechen beteiligte Wissenschaftler, Mediziner und Juristen konnten in Deutschland und Österreich ihre Karrieren fortsetzen.[65] Die Täter beeinflussten über Jahrzehnte Anthropologie, Medizin, Biologie, Psychiatrie und Psychologie. Die Diskriminierung und Stigmatisierung der Opfer ging weiter. Überlebende erhielten keine Hilfe. Entschädigungsansprüche und Verfahren gegen Nazis wurden mit Verweis auf ähnliche Praktiken in Ländern wie Schweden zurückgewiesen. In der deutschen Gesellschaft existierte nicht einmal ein zu verdrängendes Unrechtsbewusstsein. Das faschistische »Gesetz zur Verhütung erbkranken Nachwuchses« wurde erst 1986 aufgehoben.[66]

Während Reformeugeniker wie Huxley und Muller sich wie Fische im Wasser bewegten, mussten offen rassistische Eugeniker*innen ein bisschen Kreide fressen. Im Kontext der Bürgerrechtsbewegung kam es zwischen beiden Richtungen zu einer offenen Spaltung.[67] Anhänger*innen der Segregation in den US-Südstaaten und des Apartheidsregimes in Südafrika organisierten sich neu. Nordamerikanische und europäische Rassenhygieniker*innen sowie Kolleg*innen aus Südafrika und Südamerika gründeten 1959 mit der International Association for the Advancement of Ethnology and Eugenics (IAAEE) ein globales Netzwerk. Ein Jahr später brachte der Verband die Zeitschrift Mankind Quarterly heraus; zu deren Gründern zählten der vormalige NS-Wissenschaftler Otmar von Verschuer, und Corrado Gini, der die faschistische Bevölkerungspolitik in Italien vertreten hatte. Die Redaktion kooperierte mit den Kollegen von Nouvelle Ecole in Frankreich, dem Organ der Neuen Rechten um Alain de Benoist, und der Gruppe GRECE, sowie der Zeitschrift Neue Anthropologie in Deutschland. Dort hatte Wilhelm Weis, ein Anhänger der Deutschgläubigen Gemeinschaft 1962 die Deutsche Gesellschaft für Erbgesundheitspflege e.V. in Hamburg gegründet. 1972 übernahm der Neonazi und Rechtsanwalt Jürgen Rieger den Vorsitz und der Verein wurde in Gesellschaft für biologische Anthropologie, Eugenik und Verhaltensforschung (GbAEV) umbenannt, die die Zeitschrift herausgab. Im wissenschaftlichen Beirat saßen neben Benoist der NPD-Funktionär Rolf Kosiek sowie Günther Schwab, Max Otto Bruker und Helmut Mommsen vom Weltbund zum Schutz des Lebens (WSL), die unter dem Begriff Lebensschutz rassenhygienische Ansichten vertraten.[68]

Zum Dunstkreis gehörten die Psychologen Arthur Jensen, Hans-Jürgen Eysenck und Richard Herrnstein. Jensen saß im Beirat der GbAEV und publizierte in der Neuen Anthropologie über Jahre hinweg.[69] Eysenck wiederum gewährte der Neuen Anthropologie ein Interview.[70] Er gehörte dem Beirat der Zeitschrift The Scorpion an, einem Medium der britischen Neuen Rechten.[71] Eysenck verfasste das Vorwort für einen Sammelband des deutschen Thule-Seminars mit Beiträgen von Alain de Benoist und Pierre Krebs, der 1991 im extrem rechten Grabert Verlag erschien und sich gegen das Prinzip der Gleichheit richtete.[72] Mehrfach veröffentlichte Eysenck in der Zeitschrift Nation und Europa sowie in der National-Zeitung, unter anderem einen Beitrag, in dem er Sigmund Freud als verschlagen diffamierte und auf dessen jüdische Herkunft anspielte.[73]

1969 sorgte Jensen für Proteste, als er in einem Aufsatz behauptete, Intelligenz sei zu 80 Prozent angeboren und der durchschnittliche Intelligenzquotient Schwarzer liege 15 Punkte unter dem von Weißen. Eysenck und Herrnstein unterstützten ihn, wobei letzterer betonte, die Zugehörigkeit zu einer sozialen Schicht hänge von der angeborenen Intelligenz ab. Der kanadische Psychologe Philipp Rushton behauptete »Negroide« neigten zu einer so genannten »R-Reproduktionsstrategie«, um ihre niedrigere Intelligenz durch eine hohe Reproduktion auszugleichen.[74] Der AfD-Politiker Björn Höcke hat diese Ansicht 2015 bei einer Tagung des Instituts für Staatspolitik der Neuen Rechten wiederholt.[75]

Eine wichtige Rolle bei der Reformulierung von biologistischen und sozialdarwinistischen Vorstellungen spielten der Verhaltensforscher Konrad Lorenz sowie der amerikanische Schriftsteller und Anthropologe Robert Ardrey. Die vergleichende Verhaltensforschung als Teilgebiet der Zoologie war nach dem Ersten Weltkrieg entstanden. Sie firmierte in Deutschland bis 1945 unter dem Begriff Tierpsychologie, dann setzte sich die Bezeichnung Ethologie durch. Die zentrale Annahme lautete, Verhalten werde durch natürliche Zuchtwahl, die Selektion der Natur, ausgelesen und vererbt. Bestimmte Verhaltensweisen würden aufgrund angeborener innerer Mechanismen durch äußere Schlüsselreize ausgelöst. Lorenz und der Niederländer Nikolaas Tinbergen, die befreundet waren und eng zusammenarbeiteten, gelten als Begründer der Ethologie und erhielten dafür 1973 zusammen den Nobelpreis. Julian Huxley war ein Freund und Mentor von Lorenz und Tinbergen.

Lorenz wird als einer der Väter der modernen Umweltbewegung angesehen. 1959 übernahm er die Schirmherrschaft des Weltbundes zum Schutz des Lebens (WSL).[76] Er engagierte sich in Österreich gegen das Atomkraftwerk Zwentendorf und das geplante Kraftwerk in den Donauauen bei Hainburg. Die populärwissenschaftlichen Werke von Lorenz fanden weite Verbreitung, er wurde gefeiert als der Mann, der mit den Tieren spricht, als »Einstein der Tierseele«. Generationen von Schüler*innen hörten seine Anekdoten über Graugänse im Biologieunterricht.[77] Seine wissenschaftlichen Ansichten sind heute überholt und widerlegt.[78]

Lorenz verglich Wildgänse mit Hausgänsen, letzteren attestierte er eine Degeneration. Damit hatte er zunächst das Axiom der Eugeniker*innen von Menschen auf Tiere übertragen. In der Rückübertragung behauptete er eine »Verhaustierung« oder »Verhausschweinung« des Menschen analog zu »Domestikationserscheinungen« bei Haustieren. Die moderne Zivilisation würde instinktives Verhalten, das im Verlauf der Evolution entstanden sei, zurückdrängen, weil keine Auslese mehr stattfinde, ein Kampf ums Dasein inmitten einer feindlichen Natur oder mit Artgenossen. Selbst der Krieg hatte in den Augen der Eugeniker*innen seine Auslesefunktion eingebüßt. Maschinengewehr und Giftgas rafften die Helden dahin, während sich die Schwächlinge vor dem Fronteinsatz drückten.

Im Ergebnis würden »ausfallbehaftete Mutanten« und »moralisch Minderwertige« nicht mehr ausgemerzt, sondern in der modernen Gesellschaft überleben, sich vermehren und wie »Schmarotzer« von den »vollwertigen Artgenossen« leben, schrieb Lorenz. Jedes Kulturvolk müsse zugrunde gehen, sofern nicht »eine bewußte, wissenschaftlich unterbaute Rassenpolitik diese Entwicklung der Dinge verhindert«.[79] Wolle die Menschheit nicht ihre Zukunft aufs Spiel setzen, müsse eine gesellschaftliche Institution den Part der Natur übernehmen und für eine »Selektion auf Härte, Heldenhaftigkeit, soziale Einsatzbereitschaft« sorgen. Dabei setzte Lorenz auf den Nationalsozialismus. »Der rassische Gedanke als Grundlage unserer Staatsform hat schon unendlich viel in dieser Richtung geleistet. Die nordische Bewegung ist seit jeher gefühlsmäßig gegen die Verhaustierung des Menschen gerichtet gewesen«, schrieb er.[80] Diese »Rassenpflege« müsste auf eine »noch schärfere Ausmerzung ethisch Minderwertiger bedacht sein, als sie es heute schon ist«.[81] Dabei sei »Toleranz gegen moralisch Minderwertige [...] eine schwere Gefahr für die Volksgemeinschaft«.[82]

1937 beantragte der Österreicher Lorenz Fördermittel für seine Forschungen bei der Notgemeinschaft der deutschen Wissenschaft, was zunächst abgelehnt wurde, weil es Zweifel an seiner politischen Gesinnung und seiner Herkunft gab. Einige Monate später machte Lorenz einen zweiten Versuch, diesmal unterstützt von dem Botaniker Fritz von Wettstein, der ihm arische Abstammung und »Zustimmung zum Nationalsozialismus« attestierte.[83] Lorenz selbst gab später an, seine Studien in Altenburg in Niederösterreich würden von der Kaiser-Wilhelm-Gesellschaft und vom Reichsforschungsrat mit einem monatlichen Betrag von 150 bis 170 Reichsmark gefördert. Außerdem besitze er ein Vermögen von seinem Vater in Höhe von 150.000 Reichsmark.[84]

Wenige Wochen nach dem Anschluss Österreichs an Nazi-Deutschland beantragte Lorenz am 28. Juni 1938 die Aufnahme in die NSDAP. Er wurde Mitarbeiter des Rassenpolitischen Amtes der NSDAP und als einer von etwa 1.400 Rednern dieser Abteilung registriert.[85] Zu dem Zeitpunkt war der promovierte Lorenz noch Privatdozent an der Universität Wien, nun machte er rasch Karriere. 1940 ernannte ihn Bernhard Rust, der Reichminister für Wissenschaft, Erziehung und Volksbildung, zum »Dozenten neuer Ordnung«. Lorenz übernahm im September die Vertretung für den Lehrstuhl für Psychologie an der Universität Königsberg. Anfang 1941 ernannte Hitler den Tierpsychologen zum Professor auf Lebenszeit, der Reichsminister machte ihn zum Direktor des Psychologischen Instituts.[86] 1942 beteiligte sich Lorenz in dem von den Deutschen besetzten Posen an einer »rassenkundlichen« Untersuchung sogenannter deutsch-polnischer Mischlinge und Pol*innen. Wer als nicht einbürgerungsfähig ausgesondert wurde, dem drohten Zwangsarbeit oder die Deportation in ein Vernichtungslager.[87] Als Lazarettarzt geriet Lorenz 1944 in sowjetische Gefangenschaft.

Während Tinbergen nach der deutschen Besetzung der Niederlande gegen die Nazifizierung der Universität kämpfte und deswegen 1942 als Geisel inhaftiert wurde, war sein Freund Lorenz der Prototyp einer Generation deutscher Wissenschaftler, die sich dem Faschismus verschrieb, ihre Karriere nach 1945 fortsetzte als sei nichts geschehen, ihre Beteiligung an den Verbrechen leugnete statt bereute und ihre rassistischen Überzeugungen nie ablegte. Lorenz musste lediglich Kreide fressen und seine Wortwahl mäßigen. Das allein scheint ihm schon gegen den Strich gegangen zu sein. So schrieb Lorenz 1974, man dürfe »nicht einmal die Worte ›minderwertig‹ und ›vollwertig‹ gebrauchen, ohne sofort verdächtigt zu werden, man plädiere für die Gaskammer«.[88]

Bereits 1954 veröffentlichte Lorenz wieder ein Buch, in dem er über »ausfallbehaftete Elemente« schrieb, die wie Krebszellen Völker, Staaten und Kulturkreise durchdringen. Sie würden am Ende den »Wirtsorganismus« und sich selbst zugrunde richten.[89] In dem Werk über »Das sogenannte Böse« (1974) variierte Lorenz das Thema Domestikation am Beispiel der Aggression. So vertrat er die Auffassung, in modernen Gesellschaften sei die Gelegenheit, Aggressionen »nach außen« auszuleben, also andere Gruppen von Menschen anzugreifen, beschränkt. Diese Aggression habe früher Bevölkerungsdichte und Verteilung reguliert. Das Leben in Großstädten führe dazu, dass die Balance zwischen Anziehung und Abstoßung, zwischen der engen Verbindung in kleinen Gruppen und der »innerartlichen Aggression« gestört werde. Das könne zu einer Sackgasse bei der Zuchtwahl und damit der weiteren Evolution des Menschen führen.[90]

In dem hochgelobten und vielzitierten Bestseller »Die acht Todsünden der zivilisierten Menschheit« wiederholte der Nobelpreisträger 1974 seine Ansichten über die negativen Folgen der Zivilisation. Er bedauerte, dass in der modernen liberalen Demokratie die »Ausmerzung gemeinschaftsgefährdender Parasiten« oder »Sozial-Parasiten« nicht mehr gängig sei.[91] 1988 attestierte sich Lorenz, er fungiere seit 50 Jahren als »Prediger in der Wüste«. Rechnet man zurück, kommt man auf das Jahr 1938 und das bedeutet, dass Lorenz sich positiv auf sein Nazi-Schrifttum bezog. 1988 hoffte er statt auf einen neuen Führer auf eine »Teilkatastrophe«, die »einen merklichen Prozentsatz der Menschheit ausrottet, um die Überlebenden aufzuwecken«. Die Atomkatastrophe von Tschernobyl wäre dafür »zu klein« gewesen, er habe »eine gewisse Sympathie für Aids«. weil diese Krankheit die Menschheit »immerhin dezimieren« würde.[92]

Lorenz erntete damit einigen Widerspruch. Zu seinen Fürsprechern zählten zwei Tierfreunde. Hermann Peter Piwitt ist uns bereits als Singer-Unterstützer begegnet, Karlheinz Deschner werden wir noch als Kirchenkritiker kennenlernen. Piwitt stimmte Lorenz in der Sache zu (»Es muss sein«). Die NS-Betätigung des Nobelpreisträgers verharmloste er als Geschmackssache. »Ich mag Genies, die sich zuweilen so verhauen, dass man sich ihnen auch mal kopfschüttelnd in Augenhöhe nähern kann«, schrieb Piwitt und verglich die rassenhygienische Hetze von Lorenz mit einigen Stücken von Beethoven, die ihm nicht zusagten.[93] »Ich stimme weitgehend mit Konrad Lorenz überein«, schrieb Deschner, betonte allerdings, dass er über Aids anders denke. Anstelle eines Massensterbens durch die Immunkrankheit favorisierte Deschner »eine globale, systematische Geburtenbeschränkung«, die durchgesetzt werden müsse.[94]

Im folgenden Jahr publizierte Franz Wuketits eine Biographie über Konrad Lorenz (1990). Er war Biologe und Hochschullehrer, der dem Beirat der Giordano-Bruno-Stiftung sowie der Freien Akademie angehörte.[95] Er saß außerdem im Vorstand des »Konrad-Lorenz-Instituts für Evolutions- und Kognitionsforschung« in Österreich. Im wissenschaftlichen Beirat des Instituts saß wiederum Irenäus Eibl-Eibesfeldt, ein Lorenz-Schüler.[96] Wuketits' Lorenz-Biographie darf als spätes Exemplar des Genres der Weißwaschung von Nationalsozialisten gelten. Schon 1980 hatte Theodora Kalikow eine Studie über die Ansichten von Lorenz und seine Verbindungen zum Nationalsozialismus publiziert. 1992 erschien die Arbeit von Hanna-Maria Zippelius, die dessen »vermessene Theorie« kritisierte und 2001 veröffentlichten Benedikt Föger und Klaus Taschwer ihr Buch über Lorenz und den Nationalsozialismus.

Lorenz habe sich nie für Politik interessiert, schon in seinem Elternhaus sei Politik kein Thema gewesen, behauptete Wuketits. Er erwähnte, dass Lorenz im Oktober 1941 zum Militär eingezogen wurde und als Lazarettarzt und -psychiater unter anderem in Posen gedient habe. Mehr Raum als den Aktivitäten während der NS-Herrschaft gab Wuketits dafür der Kriegsgefangenschaft in der Sowjetunion.[97] Zu den Publikationen von Lorenz aus der NS-Zeit räumte Wuketits ein, dieser habe den »nationalsozialistischen Schwachsinn« geglaubt. Zur Erklärung führte er an, Lorenz und dessen Vater seien von der »großdeutschen Idee«, also dem Anschluss Österreichs an das Deutsche Reich, beseelt gewesen. Ein bisschen haben sie sich also doch für Politik interessiert. Lorenz sei eben »politisch naiv« gewesen und habe sich einen ideologischen Missbrauch nicht vorstellen können, schrieb Wuketits. Erst später habe Lorenz begriffen, dass die Nationalsozialisten Mord meinten, wenn sie Selektion und Ausmerze sagten.[98]

Wuketits übernahm Schutzbehauptungen von Lorenz. Als dieser seine Aufsätze 1940 und 1943 publizierte, hatten die Nationalsozialisten bereits hunderttausende von Menschen in aller Öffentlichkeit zwangsweise sterilisiert und mit dem Massenmord an Behinderten und Unbequemen begonnen, der aufgrund von Protesten heimlich fortgesetzt werden musste. Dass Lorenz erst 1943 oder 1944 den NS-Terror wahrgenommen haben soll, als er einen »Transport von KZ-Häftlingen (Zigeuner)« in der Nähe von Posen gesehen habe, klingt unglaubwürdig. 2003 feierte Wuketits den Nazibiologen zum 100. Geburtstag als »Paradebeispiel eines Aufklärers«, ohne seine braune Vergangenheit zu erwähnen. Dessen ideologische Ausrichtung und Bedeutung stufte er allerdings zutreffend ein: Lorenz habe an eine »Höherentwicklung« der Menschheit durch »natürliche Auslese« geglaubt, er sei ein Vordenker der ökologischen Bewegung, ein Humanist im Sinne des »evolutionären Humanismus« gewesen.[99]

3.5. Soziobiologie: Die Lehre vom egoistischen Gen

Neben der Verhaltensforschung, die sich auf Beobachtungen konzentriert, entstand bereits in den 1940er-Jahren die Soziobiologie, die biologische Grundlagen menschlichen Verhaltens erklären will. Der Begriff tauchte schon früher im Kontext der Eugenik auf, wurde aber erst von Edward O. Wilson (1975) für diesen Zweig der Verhaltensbiologie geprägt und populär gemacht. Der Ameisenforscher Wilson gilt deshalb als Vater der Soziobiologie. Sie unterstellt, das Verhalten des Menschen, seine Geschichte und seine Institutionen ließen sich nur mit Hilfe von Genetik und Evolutionsbiologie wirklich verstehen. Ihre Methode ist die vergleichende Beobachtung und Interpretation von tierischem und menschlichem Verhalten. Die Soziobiologie beinhaltet wie Sozialdarwinismus und Eugenik einen umfassenden Machtanspruch: Sozialwissenschaften und Politik sollen sich ihrem Weltbild unterordnen. Als Programm formulierte Wilson, die Sozialwissenschaften zu »biologisieren«.[100] Erkenntnisse der Soziobiologie sollen Maßgaben für die Planung und Steuerung menschlicher Gesellschaften liefern.

Der Mensch ist nach Wilson wie jeder andere Organismus bloß Träger von Genen, die reproduziert werden wollen. Sozialverhalten sei darum genetisch bestimmt.[101] Die Vorstellung vom freien Willen weist Wilson zurück.[102]

Für das Individuum sei egoistisches Verhalten vorteilhaft, um die Zahl seiner Nachkommen und damit seiner Gene zu maximieren, für die Gruppe sei Kooperation nützlicher, um in der Konkurrenz mit anderen zu bestehen. Kooperation führe zwar dazu, dass einige Mitglieder weniger Nachkommen haben oder sogar ganz darauf verzichten. Der Vorteil für den einzelnen liege aber darin, dass die Gruppe in der Konkurrenz mit anderen gestärkt werde.[103] In seinem Bestseller von 1975 hatte Wilson die Gruppe als Verwandtschaft definiert, so dass der Nutzen des einzelnen darin liege, die gemeinsamen Gene der Familie stärker zu verbreiten. Diese »kin selection« verwarf Wilson später zugunsten einer »multilevel evolution«.

Seine Schlussfolgerungen sind jedoch unverändert: Altruismus kann aus der Perspektive des Individuums nützlich sein, wenn intensive Konkurrenz zwischen Gruppen herrsche. Dann würde ausschließlich egoistisches Verhalten dazu führen, dass Gruppen von Egoisten gegen Gruppen von Altruisten verlieren und untergehen. Egoistische Individuen würden allmählich aussterben, weil sie weniger Nachkommen zeugen, statt ihre Gene maximal zu verbreiten. Aus Sicht der Soziobiologie wäre das ein Nachteil, da Egoismus nützlich in der Konkurrenz ist. Die Lösung sei ein Mix aus Genen, die sowohl egoistisches als auch altruistisches Verhalten programmieren. Der einzelne Mensch trage deshalb permanent einen inneren Konflikt aus.[104] Diese gespaltene Persönlichkeit bezeichnet Wilson als »chimären Genotyp« des Menschen, der jeden »halb zum Heiligen, halb zum Sünder« bestimme.[105]

Die Dominanz von männlichen über weibliche Wesen, intensive mütterliche Sorge um Junge sowie das Tauschen und Teilen von Gegenständen hält Wilson für Verhaltensweisen, die im Laufe der Evolution durch die Selektion genetisch fixiert wurden. Die geschlechtsspezifische Arbeitsteilung habe mit der Jagd eingesetzt. Schon in grauer Vorzeit seien Frauen und Kinder am Lagerplatz zurückgeblieben, während die Männer jagten. Schon damals hätten die Männer die Frauen beherrscht. Daran habe sich im Prinzip nichts geändert.[106] Wilson behauptet, die genetische Prägung sei so stark, dass es immer geschlechtsspezifische Arbeitsteilung geben müsse. »Selbst mit identischer Ausbildung und gleichem Zugang zu allen Berufen werden Männer wahrscheinlich weiterhin eine dominierende Rolle in Politik, Wirtschaft und Wissenschaft spielen«, schreibt er.[107]

Selbstverständlich ist Arbeitsteilung sinnvoll und nützlich, die Frage ist aber, ob daraus zwingend Privilegien und Herrschaft abgeleitet werden müssen. Es spricht manches dafür, dass das Patriarchat im Kontext einer geschlechtsspezifischen Arbeitsteilung in der Frühgeschichte der Menschheit entstanden ist, die Details sind jedoch umstritten. Im Europa der Eiszeit führten Neandertaler und Homo sapiens ein hartes, entbehrungsreiches Leben. Prähistoriker*innen gehen davon aus, dass beide Geschlechter einen starken Körperbau hatten und Männer wie Frauen sich mit Nahrung selbst versorgten und jagten, demnach hätte sich bei ihnen die geschlechtsspezifische Arbeitsteilung noch weitgehend auf Schwangerschaft und Geburt beschränkt.[108] Die Jagd in Gruppen und das Essen von Fleisch hält Wilson für ein zentrales Moment in der menschlichen Geschichte. Fleisch lieferte eine bessere Energieausbeute und die Notwendigkeit, in Gruppen zu jagen, förderte die mentale und soziale Evolution.[109] Fundamental geändert habe sich die menschliche Entwicklung schließlich durch die Großwildjagd, weil diese ein hohes Maß an Kooperation erforderte. Seitdem nehme die Bedeutung der Umwelt für die Selektion ab, ausschlaggebend werde die soziale Organisation menschlicher Gruppen. Wilson spricht von einer sozialen und mentalen Evolution, die für unser weiteres Schicksal bestimmend wurde.[110] Dennoch hält er Ethnozentrismus, Krieg und Blutrünstigkeit für genetisch fixiert und angeboren, weil das Überleben der Gruppe immer von ihrer Stärke, ihrer Bewaffnung und dem Sieg über andere abhing. Im Kampf Stamm gegen Stamm sei durch Gruppenselektion ein starker Gruppeninstinkt entstanden und aggressives Territorialverhalten die Norm.[111]

Auch Dawkins erklärt unser Verhalten durch die »Biologie von Egoismus und Altruismus«. Wie Wilson hält er Menschen für »Überlebensmaschinen«, gar für »Roboter, die blind darauf programmiert wurden, die egoistischen Moleküle, die als Gene bekannt sind, zu erhalten.«[112] Dafür hat er das eingängige Schlagwort vom egoistischen Gen geprägt.[113] Demnach ist unser Körper ein Agent, der versucht, den Anteil seiner Gene in künftigen Generationen zu steigern.[114] Dawkins glaubt, dass für jedes Verhalten ein bestimmtes Gen verantwortlich sei. Zwar würden Gene das Verhalten nicht direkt manipulieren wie Puppenspieler, aber doch so wie ein Programmierer den Computer beherrscht. Der Körper werde zur Überlebensmaschine, indem die verschiedenen Gene miteinander kooperieren.[115]

Auch Dawkins hält das Patriarchat für eine natürliche Einrichtung. Anders als Wilson führt er dieses nicht auf die geschlechtsspezifische Arbeitsteilung in Jäger-und-Sammler-Kulturen zurück. Er behauptet vielmehr, Frauen würden ausgebeutet, weil Eier größer als Spermien sind. Während die männliche Samenzelle lediglich Gene zu einem Ei transportieren muss, habe das weibliche Ei jede Menge Nahrung zu liefern. Ein Mann kann täglich Millionen von Spermien produzieren und eine große Zahl von Kindern mit verschiedenen Frauen zeugen. An diesem Punkt beginnt laut Dawkins die Ausbeutung von Frauen.[116] Gemäß der Logik vom egoistischen Gen neigen Männer deshalb zur Promiskuität, um möglichst viele Kinder mit verschiedenen Frauen zu zeugen, während Frauen diese Strategie durch die lange Schwangerschaft und Sorge für Neugeborene versperrt ist.[117]

Zwar baut die Soziobiologie auf der klassischen Verhaltensforschung auf und teilt ihre biologistische und autoritäre Weltsicht. Gleichwohl gingen Dawkins und Wilson zu Lorenz und Ardrey auf Distanz. Deren empirische Basis sei zu dünn. Sie stützten sich nur auf Beobachtungen an wenigen Tierarten, bemängelte Wilson.[118] Dawkins kritisierte die Vorstellung, Kämpfe zwischen Tieren würden begrenzt und fair ausgetragen.[119] Schmidt-Salomon knüpft daran an, wenn er Lorenz ein romantisches Naturbild vorhält. Inzwischen wisse man, dass ethisch anrüchiges Verhalten wie Vergewaltigung und Krieg auch bei Tieren vorkomme, ebenso die Kindstötung. Die Soziobiologie könne mit Hilfe der These vom genetischen Eigennutz solches Verhalten besser erklären als Lorenz.[120]

Von Anfang an war die Soziobiologie jedoch umstritten und wurde von Wissenschaftler*innen zurückgewiesen. Ihre Anhänger*innen würden eigene Vorurteile auf Tiere projizieren und dann als »natürlich« rechtfertigen. Begriffe und Metaphern, die zur Beschreibung von menschlichen Gesellschaften entwickelt wurden, würden auf Tiergesellschaften angewandt und das Ergebnis auf den Menschen rückübertragen. Das sei unzulässig, unwissenschaftlich und ein rhetorischer Trick.[121] Der Primatenforscher Frans de Waal lehnt die Soziobiologie und ihre Prämisse einer egoistischen Natur ab. Er verweist auf Darwins These, wonach sich Moral aus sozialen Instinkten entwickelt habe, also ein Produkt der Evolution sei. Die Menschen könnten entschieden kooperativer und altruistischer sein, als es soziobiologische Modelle des Eigennutzes behaupten.[122] Murray Bookchin verteidigte die Willensfreiheit als Ergebnis der Evolution, als eines der Merkmale, das den Menschen vom Tier unterscheide.[123]

Besonders Dawkins geriet unter Beschuss. Für seine Thesen gebe es keine empirische Basis, stattdessen habe er eine rein spekulative Metaphysik der egoistischen Gene entwickelt, rügte die Philosophin Mary Midgley.[124] Ähnlich wie der Biologe Stephen J. Gould wies Midgley die These vom Egoismus der Gene als reduktionistisch und falsch zurück.[125] Die natürliche Selektion favorisiere Körper und nicht Gene. Einzelne Gene wiederum würden keine Körper oder auch nur Körperteile schaffen. Also könnten individuelle Gene gar nicht ausschlaggebend sein, stellte Gould fest.[126] Der Biologe und Neurobiologe Steven Rose warf Dawkins einen Ultradarwinismus mit religiösen Zügen vor.[127] Der Evolutionsbiologe und Genetiker Richard C. Lewontin, der Psychologe Leon J. Kamin und Rose kritisierten den Dualismus der Soziobiologie, entweder freier Wille oder biologische Determinierung. Der Mensch ist ein biologisches und soziales Wesen mit Geist und Gehirn, dem Einfluss von genetischem Erbe und Umwelt ausgesetzt. Zwar sind wir materielle Wesen in einer Welt von Ursachen, aber unsere Handlungen insoweit frei, als sie unabhängig von jeder einzelnen oder einer Teilmenge von multiplen Ursachenbahnen sind, schrieben die drei Wissenschaftler.[128]

> Unsere Biologie hat uns zu Wesen werden lassen, die beständig ihre eigenen psychischen und materiellen Umwelten gestalten und deren individuelle Existenz das Ergebnis einer außergewöhnlichen Mannigfaltigkeit sich überschneidender Kausalbahnen ist. Was uns also frei macht, ist unsere Biologie.[129]

Die zwei prominentesten Soziobiolog*innen haben längst den Rückzug angetreten und beharken sich gegenseitig. Wilson hat sich von der Idee der egoistischen Gene verabschiedet. Er nannte Dawkins einen Journalisten, der nie wirklich wissenschaftlich geforscht habe. Es folgte eine heftige Kontroverse zwischen den beiden.[130] Dawkins relativierte schon in seinem gleichnamigen Buch die reißerische These von den egoistischen Genen. So bezeichnet er Gene als »policy-makers«, als eine Art Regierung, und das Gehirn als ausführendes Organ. Dabei würden die Gehirne immer mehr Entscheidungskompetenzen übernehmen. Aus diesem Trend ergebe sich logisch, dass die Gene eines Tages nur noch eine generelle Maxime vorgeben: Tue das, wovon du denkst, dass es am besten hilft, damit wir überleben. Aber diesen Punkt habe noch keine Spezies erreicht, meint Dawkins.[131]

Während Wilson die Idee der kulturellen Evolution einführte, die die natürliche Selektion ablöst, sprach Dawkins von der Kultur als einer neuen »Ursuppe«, in der sogenannte Meme entstehen. Gemeint sind Ideen, Schlagwörter, Wertvorstellungen und Moden, aber auch Techniken wie die Herstellung von Keramik oder der Häuserbau.[132] Damit beginne eine neue Form der Evolution.

> Wir sind als Genmaschinen gebaut und sozialisiert als Meme-Maschinen, aber wir haben die Kraft, uns gegen unsere Schöpfer zu wenden. Wir, als einzige auf Erden, können gegen die Tyrannei der egoistischen Replikatoren rebellieren.[133]

Die Rede vom egoistischen Gen mochte Dawkins bloß noch als Metapher verstanden wissen.[134]

3.6. Soziobiologie und Neue Rechte

Selbstverständlich ist menschliches Verhalten evolutionär entstanden und ähnelt dem von Tieren. Umstritten ist jedoch, in welchem Ausmaß Evolution und Genetik bestimmend sind. Unser Verhalten ergibt sich aus unserem Körperbau und den Bedingungen, unter denen wir leben. Aber Menschen sind erfinderisch, verändern sich und ihre Umwelt. Gesellschaften sind historisch entstanden und wandeln sich. Problematisch wird es, wenn komplexe Verhaltensweisen und gesellschaftliche Institutionen als natürlich und damit unveränderlich hingestellt werden. Nach dieser Logik entspringen privates Eigentum an Fabriken, Rohstoffen, Grund und Boden oder der Kapitalismus einem angeborenen Besitztrieb. Ein Dominanztrieb erkläre, warum es Herren und Knechte geben und Männer über Frauen herrschen müssen. Ein Territorialtrieb sei dafür verantwortlich, dass Menschen ihr Revier verteidigen, woraus sich Nationalismus und Xenophobie als natürliche Reaktion ergeben.

Mit Begriffen wie angeborene Fremdenangst, Territorial- und Dominanztrieb rechtfertigte Eibl-Eibesfeldt das, was Nazis als Ausländerstopp bezeichnen, und plädierte dafür, dass sich Europa »großräumig abschottet«.[135] Er verwendete den Begriff der Rasse affirmativ und plädierte für eine Vielfalt der Kulturen, worunter er den »Erhalt des eigenen Volkstums« verstand. Der Professor beschwor die Gefahr einer Majorisierung autochthoner Bevölkerungen durch höhere Geburtenraten von Einwanderern und verwies auf die USA, in denen Weiße bald eine Minderheit sein würden.[136] Mit seinen Thesen von der »biologischen Unterwanderung« der Bundesrepublik oder einer »stillen Landnahme« durch Masseneinwanderung wurde Eibl-Eibesfeldt in einschlägigen rechten Publikationen gerne zitiert.[137] Als die Neue Rechte in Frankreich und später in der Bundesrepublik ihre Terminologie modernisierte, passten Lorenz, Eibl-Eibesfeldt, Eysenck, Jensen und die Soziobiologie gut ins Konzept.

Der Psychologe Richard Herrnstein und der Politikwissenschaftler Charles Murray sorgten mit ihrem Buch »The Bell Curve« (1994) in den USA für Furore. Sie behaupteten, Armut und Erwerbslosigkeit resultierten aus einer angeborenen durchschnittlich niedrigen Intelligenz von Schwarzen. Generell gelte, dass Arme dümmer und Reiche gescheiter sind.[138] Auf dieser Grundlage attackierten sie die affirmative action, eine Errungenschaft der Bürgerrechtsbewegung, wonach Schwarze bei gleicher Qualifikation bei der Stellenvergabe bevorzugt werden. Sie forderten stattdessen ein System, in dem alle aufgrund ihrer vermeintlich angeborenen Fähigkeiten einen Platz fänden. Obendrein plädierten Herrnstein und Murray für eine »natürliche Aristokratie« und bezogen sich auf die Gründerväter, die eine solche Herrschaftsform gewollt hätten.[139] Tatsächlich waren die USA in den ersten Jahrzehnten nach ihrer Gründung eine oligarchische Republik, in der nur eine verschwindende Minderheit von reichen, weißen Männern das Wahlrecht hatte.

In der Debatte um ihr Buch wies die American Psychological Association darauf hin, dass Intelligenztests weltweit einen Anstieg des Intelligenzquotienten messen würden, was sämtliche Degenerationsannahmen widerlege, und dass sich die Kluft bei den Ergebnissen zwischen weißen und schwarzen Kindern in den USA schließe.[140] Andere machten auf die dubiosen Quellen der beiden Autoren aus dem einschlägigen rassistischen Spektrum aufmerksam.[141] Gould kritisierte, dass Herrnstein und Murray Fakten, die nicht in ihr Schema von der angeborenen Intelligenz passten, unter den Tisch fallen ließen. Etwa den höheren Intelligenzquotienten von Schwarzen, die von wohlhabenden, intellektuellen Familien adoptiert worden waren oder von Kindern schwarzer Soldaten, die in Deutschland aufwuchsen. Denn solche Ergebnisse würden auf einen entscheidenden Einfluss der Umwelt verwiesen. Obendrein verwies der Biologe darauf, dass die Thesen von Herrnstein und Murray auf vier nicht belegten Voraussetzungen basieren: dass Intelligenz klar definierbar, genetisch fixiert und unveränderlich sei und man anhand von Tests ein Ranking vornehmen könnte. Damit hatte Gould das Konzept der Intelligenztests und der Intelligenzquotienten prinzipiell kritisiert.[142]

Schon im Ansatz ist die Argumentation von Herrnstein und Murray insofern hanebüchen, als ihre (ohnehin falsche) Einteilung von Menschen in Rassen ziemlich beliebig ausfällt: Afroamerikaner*innen mit US-Pass gelten als Schwarze, Schwarze Migrant*innen aus Kolumbien dagegen als Latinos.[143]

Auch in Deutschland findet sich solch sozialrassistisches Denken. Der FDP-Politiker Daniel Bahr, damals im Parteivorstand, später Bundesgesundheitsminister, wurde Anfang 2005 in der Presse mit folgenden Worten zitiert: »In Deutschland kriegen die Falschen die Kinder. Es ist falsch, dass in diesem Land nur die sozial Schwachen die Kinder kriegen.«[144] Bekämen Akademiker*innen mehr Kinder, stünden wir in den Pisa-Tests besser da, lautete seine Schlussfolgerung. Das könnte sein, aber wenn, dann aus sozialen und nicht aus biologischen Gründen. Zwei Jahre später behauptete der Bremer Professor Gunnar Heinsohn, es würden überwiegend »Schulversager« einwandern, darum schneide die Bundesrepublik bei Pisa-Tests so schlecht ab. Die Länder, aus denen die Migranten kämen, hätten »hausgemachte Bevölkerungsanteile mit unterdurchschnittlichem Intelligenzquotienten«. Das deutsche Sozialsystem böte »finanzielle Gebäranreize« für Migranten und heimische Versager, so dass das Land »unter einem massiven Zuwachs an Unqualifizierten« ächze. Heinsohn verlangte deshalb, die Sozialhilfe nach fünf Jahren zu streichen.[145]

Die deutsche Variante von »Bell Curve« lieferte schließlich Thilo Sarrazin, Mitglied der SPD von 1973 bis zu seinem Parteiausschluss im Jahr 2020. Er war Finanzsenator (2002-2009) in einer Berliner Regierungskoalition aus SPD und PDS, verantwortlich für den härtesten Sparkurs aller Bundesländer. Zur Bilanz dieser Regierung gehört, dass etwa 100.000 landeseigene Wohnungen verkauft und die Trinkwasserversorgung teilprivatisiert wurde. Zusammen mit Wirtschaftssenator Harald Wolf (PDS) sorgte Sarrazin für den Austritt Berlins aus dem kommunalen Arbeitgeberverband und damit dem Tarifsystem. Das ging einher mit einer Kürzung der Gehälter der Landesangestellten um bis zu zwölf Prozent.[146]

Sarrazins Buch »Deutschland schafft sich ab« ist Begleitmusik zum von ihm favorisierten Kahlschlag. Biodeutsche Sozialhilfeempfänger*innen und Migrant*innen aus dem Nahen Osten sollen nicht länger vom Staat gehätschelt werden, lautete sein Hauptanliegen. Stattdessen forderte Sarrazin eine positive Eugenik, um die Geburtenrate der vermeintlich klügeren biodeutschen Mittel- und Oberschicht zu steigern. Ausgiebig stützte er sich auf Klassiker, vor allem Galton und Mendel, und zitierte die Bemerkung Darwins über die Vermehrung der Schwachen.[147] Von den Reformeugeniker*innen zog Sarrazin Huxley und Gunnar Myrdal heran.[148] Sogar ein gewisser William Rathbone Greg kam noch einmal zu Ehren.[149] Darwin hatte ihn mit der Bemerkung zitiert, »der sorglose, schmutzige, nicht höher hinaus wollende Irländer vermehrt sich wie ein Kaninchen«, während der ehrgeizige, fleißige, disziplinierte Schotte, »streng in seiner Moralität«, die besten Jahre seines Lebens im Zölibat verbringe und darum nur wenige Nachkommen hinterlasse. »In dem ewigen Kampfe ums Dasein wird die untergeordnete und weniger begünstigte Rasse es sein, welche vorherrscht und zwar vorherrscht nicht kraft ihrer guten Eigenschaften, sondern kraft ihrer Fehler«, bilanzierte Greg.[150]

Von den neueren Autoren dienten Sarrazin vor allem Herrnstein und Murray als Gewährsleute.[151] Außerdem zitiert er Eysenck und Richard Lynn, einen der Herausgeber von Mankind Quarterly.[152] Er verwies auf Volkmar Weiß, einen Genetiker in der Tradition der Rassenhygiene, der sich über eine mindere Intelligenz von »Zigeunern« und Türken ausgelassen hat und dem rechtsextremen Milieu zuzuordnen ist.[153] Nach Angaben seines Verlegers verwandte Sarrazin in seinem Manuskript den Begriff Rasse, den der klügere Geschäftsmann durch Ethnie ersetzte.[154]

Schon der Buchtitel verweist auf ein Szenario, in dem die Deutschen aussterben, weil sie zu wenig Kinder kriegen. In 300 Jahren wären nur noch drei Millionen Deutsche übrig, prophezeite Sarrazin.[155] Er meint Deutsche nach den Kriterien des völkischen Nationalismus. Wenn Sarrazin diagnostizierte, dass »die Gesellschaft« schrumpfe, steckte dahinter die Vorstellung, der Anteil reinrassiger Deutscher, was immer das sein soll, würde schwinden. Diese Gruppe würde immer älter und weniger leistungsfähig und ihre Qualität sinke, weil »überdurchschnittlich viele Kinder in sogenannten bildungsfernen Schichten mit häufig unterdurchschnittlicher Intelligenz« geboren würden.[156]

Die Vorstellung der Degeneration eines höherwertigen Kulturvolkes findet sich schon in der Einleitung. Sarrazin behauptete, »dass wir als Volk an durchschnittlicher Intelligenz verlieren, wenn die intelligenteren Frauen weniger oder gar keine Kinder zu Welt bringen«.[157] Sein Ausgangspunkt ist wie bei Galton eine differentielle Geburtenrate.[158] Eine »unterdurchschnittliche Fruchtbarkeit der intelligentesten Frauen« führe zum »Absinken der durchschnittlichen Intelligenz«. Dieser dysgenische Prozess lasse sich in allen Industrieländern feststellen.[159] Es ist die alte Leier der Rassenhygieniker*innen von der Degeneration der Masse und dem Verfall der Eliten. Von Hunde- und Pferdezüchtern könnte man lernen, »dass es große Unterschied im Temperament und im Begabungsprofil der Tiere gibt und dass diese Unterschiede erblich sind«.[160] Solche Erkenntnisse seien auf Menschen übertragbar, meinte Sarrazin. »Der Umstand, dass bei unterschiedlicher Fruchtbarkeit von Bevölkerungsgruppen unterschiedlicher Intelligenz eugenische oder dysgenische Effekte auftreten können, wird daher nicht mehr grundsätzlich bestritten.« Schichtabhängiges, unterschiedliches generatives Verhalten bedeute, »dass sich das vererbte intellektuelle Potential der Bevölkerung kontinuierlich ausdünnt«. Darum sollten sich vorzugsweise intelligente Frauen mit intelligenten Männern paaren.[161]

Sarrazin schlug Maßnahmen vor, wie sie bereits Galton propagierte: Es gehe darum, »die Anteile der Mittel- und Oberschicht an den Geburten deutlich zu erhöhen«.[162] Der Staat solle eine ganztägige Betreuung für Kinder organisieren, aber auch die akademische Ausbildung verkürzen, damit (intelligentere) Frauen früher Kinder kriegen. Für jedes Kind, das vor dem 30. Jahr geboren wird, solle der Staat der Mutter eine Prämie von 50.000 Euro bezahlen.[163]

Arabischen und türkischen Migrant*innen und ihren Nachkommen attestierte Sarrazin eine geringere »Qualität«. Sie galten ihm ebenso minderwertig wie die »autochthone« Unterschicht, die biodeutschen Hartz-IV-Empfänger*innen. Seine eugenischen Ansichten stehen im Kontext rassistischer bevölkerungspolitischer Annahmen, dem Horrorszenario einer angeblich drohenden islamischen Überfremdung.[164] Es drohe der Untergang: »Das abendländische Europa würde alternd und schrumpfend, wie es ist, in seiner kulturellen Substanz auch gar nicht überleben.«[165] Die »autochthonen Deutschen [würden] innerhalb kurzer Zeit zu einer Minderheit in einem mehrheitlich muslimischen Land mit einer gemischten, vorwiegend türkischen, arabischen und afrikanischen Bevölkerung«.[166] Er bezog sich auf Eibl-Eibesfeldt, der von »unaufhebbaren menschlichen Instinkten« wie Territorialtrieb und Gruppenzugehörigkeit sowie einer angeblich begrenzten »Tragekapazität« eines Landes spricht.[167] Sarrazin wollte die »Eigenart der Völker« bewahren, ein Anliegen, das Faschist*innen teilen.[168]

Schließlich finden sich Phrasen über Einwanderer als fremde, intolerante Fanatiker. Als Folie diente Sarrazin ein geläutertes, aufgeklärtes Abendland, dessen fundamentalistische Phase vor 300 Jahren beendet gewesen sei.[169] Man muss ziemlich bildungsfern sein, um das zu Papier zu bringen. Die klassische Epoche der Aufklärung in Europa hatte um 1700 noch nicht einmal begonnen und etliche koloniale Verbrechen aufgeklärter Abendländer sowie der historisch einzigartige Massenmord der Shoa lagen noch in ferner Zukunft.

Das Buch erschien im Verlag DVA bei Random-House, der Buchverlags-Dachgesellschaft des Bertelsmann-Konzerns, und war der Sachbuchbestseller des Jahres 2010 in Deutschland, von dem über 1,5 Millionen Exemplare verkauft wurden, dank Bild-Zeitung, Spiegel und allerlei Talkshows, in denen Sarrazin ausführlich zu Wort kam. Es waren diese großen Medienhäuser, die dem völkischen Nationalismus ein Forum boten und damit dem Aufstieg einer faschistischen Partei vorarbeiteten. Denn das Werk hat wesentlich dazu beigetragen, rassistische Positionen wieder öffentlich sagbar zu machen und damit eine Enthemmung gefördert.[170] Die SPD stritt seit Erscheinen dieses Buches über ein Ausschlussverfahren gegen den prominenten Politiker, wobei der frühere Bundesminister für Wissenschaft und Bildung und ehemalige Hamburger Bürgermeister Klaus von Dohnanyi nicht nur seinen Parteigenossen verteidigte, sondern gleich noch dafür warb, den Rassenbegriff wieder für Menschen zu verwenden.[171]

Die AfD übernahm Gedankengänge von Sarrazin. Die Partei wandte sich gegen Einwanderung aus islamisch geprägten Ländern, da das Bildungsniveau sinke. Stattdessen sollten deutsche Frauen aus der Mittelschicht mehr Kinder kriegen, vor allem Akademikerinnen und am besten schon während ihres Studiums.[172] Im Programm zur Bundestagswahl 2017 findet sich die Zwischenüberschrift »Deutschland nicht abschaffen«, eine Umkehrung von Sarrazins Buchtitel. Als Ziel nannte die AfD den »Erhalt des eigenen Staatsvolks«.[173]

Zustimmung zu Sarrazin kam in zwei Beiträgen des Evo-Magazins, welches von einem Darwin-Jahr-Komitee publiziert wurde, das wiederum die Giordano-Bruno-Stiftung gegründet hatte. In einem der Texte ließ sich Andreas Müller über eine angebliche »Unterdrückung der Intelligenzforschung« aus.[174] »Es besteht kein Zweifel in der Forschung daran, dass sich Völker auch genetisch unterscheiden«, schrieb Müller. Im Durchschnitt seien Schwarze weniger intelligent als Weiße. Auch soziale Klassenunterschiede seien »teilweise« genetisch bedingt.[175] Selbst Sarrazins These vom »Juden-Gen« griff Müller auf.[176] Sarrazin hatte geschrieben, bereits die frühe Intelligenzforschung habe bei europäischen Juden einen gegenüber nichtjüdischen Europäern um 15 Prozent höheren Intelligenzquotienten festgestellt, und Sarrazin erinnerte daran, dass »die Begründer der beiden einflussreichsten modernen Heilslehren«, Marx und Freud, »jüdischer Herkunft« waren.[177] Die abwertende Bezeichnung Heilslehre macht deutlich, das Sarrazin keine philosemitische Haltung äußert. Die Behauptung von den besonders schlauen Juden ist selbst bereits rassistisches Vorurteil, durch nichts belegt, hat aber Tradition. Schon Ploetz und Haeckel bezeichneten die Juden West- und Mitteleuropas als führende »Culturrasse« neben den germanischen Ariern. Die westeuropäischen Juden wären zu 95 Prozent arischer und bloß zu fünf Prozent semitischer Herkunft, behauptete Ploetz. Die sogenannten Ostjuden qualifizierte er hingegen als zurückgeblieben ab, »wegen ihres Wohnens in erschlaffenden tropischen und subtropischen Gegenden«.[178]

Zu Müllers Text findet sich im Evo-Magazin immerhin der Hinweis, dass sein Artikel die persönliche Meinung des Verfassers wiedergebe und nicht der Position der Giordano-Bruno-Stiftung entspreche. Trotzdem bleibt fragwürdig, solchen Positionen überhaupt ein Forum zu bieten.[179] In einem weiteren Artikel im Evo-Magazin prognostiziert ein Autor, von dem nur die Initialen »AM« genannt werden: »Auch wenn man sämtliche Gegenmaßnahmen ergreifen würde«, die Sarrazin vorschlage, wäre das »nicht genug«. Auch in den USA und Frankreich hätten die Fundamentalisten mehr Kinder als Atheisten und Säkulare, »auch dort gibt es einen dysgenischen Effekt«.[180]

Vier Jahre später bescheinigte Hamed Abdel-Samad, ein Beiratsmitglied der Stiftung, Sarrazin habe eine »teils berechtigte Kritik am bestehenden System« geübt. Zwar habe er dessen »provokante Thesen etwa zur Vererbung von Intelligenz problematisch« gefunden und Sarrazin habe auch keine Lösungen angeboten. Aber er sei dem vormaligen Berliner Finanzsenator dankbar gewesen, der auf »Missstände« aufmerksam gemacht habe, schrieb Abdel-Samad.[181] Als Interviewpartner der extrem rechten Wochenzeitung Junge Freiheit nahm Abdel-Samad Sarrazin ebenso in Schutz wie den Schriftsteller Akif Pirinçci, der bei Veranstaltungen der extremen Rechten auftrat. Auf die Frage, ob die rechte Pro-Bewegung recht habe, antwortete er, mit denen habe er sich nicht auseinandergesetzt, »aber jede Sorge über Islamisierung ist berechtigt.«[182]

Schließlich schrieb der Vorstandssprecher der GBS, Michael Schmidt-Salomon, Sarrazin stütze sich »auf die wissenschaftliche Erkenntnis, dass Intelligenz zu einem hohen Maße erblich bedingt« sei. Er wandte sich lediglich dagegen, dass Sarrazin »dieses Forschungsergebnis aber in höchst problematischer Weise auf Populationen« anwandte, »wodurch er die rechtspopulistischen Aversionen gegen ›die Muslime‹ verschärfte«.[183] Diese Aussage geht am Wesentlichen vorbei: Sarrazin brachte die Wahnvorstellungen der Rassenhygiene über Degeneration und Minderwertige einem breiten Publikum nahe. Von wissenschaftlicher Erkenntnis kann nicht die Rede sein.

Für Schmidt-Salomon stand fest, dass eine Neigung zu gruppenspezifischer Gewalt und Fremdenfeindlichkeit biologisch verankert seien.[184]

Von Wissenschaftler*innen war Sarrazin, ähnlich wie Herrnstein und Murray und früher schon Eysenck und Jensen zerpflückt worden. Sie hatten auf ihre Fehler hingewiesen, ihre Vorurteile kritisiert, den biologistischen Reduktionismus und die empirische Grundlage verworfen. Bei Eysenck stellte sich heraus, dass die Daten, auf die er sich stützte, von seinem Lehrer Cyril Burt stammten und gefälscht waren.[185]

Dennoch stufte Peter Singer die Thesen von Jensen und Eysenck als vorsichtig zu betrachten ein und erklärte: »Es steht mir nicht zu, die wissenschaftlichen Verdienste der biologischen Erklärung menschlichen Verhaltens allgemein oder rassischer oder geschlechtlicher Unterschiede im besonderen zu beurteilen.«[186] In der Neuauflage der »Praktischen Ethik« von 2013 zitierte er Jensen mit den Worten, »beim durchschnittlichen Intelligenzunterschied von Weißen und Schwarzen (spielen) genetische Faktoren in hohem Maße eine Rolle (…)«.[187] Singer wertete diese Aussage als eine »ausgesprochen vorsichtige Behauptung«. Widerspruch hingegen qualifiziert er als emotional ab.[188] Er nahm die Autoren in Schutz und ließ offen, ob er selbst glaube, es gebe angeborene Unterschiede zwischen vermeintlichen Rassen.

Was Singer mit solchen Leuten verbindet, ist die Ablehnung der fundamentalen Gleichheit aller Menschen. Wie immer er selbst sich politisch einordnen mag, Singer übernimmt damit die Grundlage faschistischer Ideologie. Ausdrücklich qualifiziert er das Prinzip der Gleichheit ab. Es sei heute »Bestandteil der herrschenden politischen und moralischen Orthodoxie«, bemerkt Singer am Anfang eines Kapitels, in dem er sich mit Jensen, Eysenck, Herrnstein und Murray beschäftigt.[189] Genau von dieser »Orthodoxie« will sich der Bioethiker absetzen. Der Gestus des Tabubrechers, des Kämpfers gegen political correctness, der auch bei Schmidt-Salomon zu finden ist, gehört zu den typischen Diskursstrategien der Neuen Rechten.

Bereits in »Animal Liberation« ging Singer davon aus, dass messbare Unterschiede zwischen Rassen und Geschlechtern existieren, ohne sich darauf festzulegen, was er für angeboren oder sozialisationsbedingt hält.[190] Eindeutig ist für ihn, dass Intelligenz genetisch bedingt ist, ebenso eine größere Aggressivität von Männern. Biologisch fixiert seien Fremdenangst, Rassismus sowie Hierarchien zwischen Menschen.[191] Den Begriff der Rasse verwendet er positiv, obwohl die Einteilung von Menschen in Rassen keine Grundlage hat und von Rassist*innen erfunden wurde. Populationsgenetiker wie Luca Cavalli-Sforza betonten, es gibt keine menschlichen Rassen, keinen Grund dafür, Menschen in diese Schubladen zu sortieren.[192]

Allerdings versichert Singer, für die präferenzutilitaristische Abwägung von Interessen, sein Hauptanliegen, spielten Differenzen in Bezug auf Intelligenz oder Aggressivität sowie Rasse keine Rolle; sie seien moralisch irrelevant.[193] Er erweist sich so als postmoderner Liberaler. Ein bisschen sozial und ökologisch orientiert und nach rechts offen, bei Bedarf auf biologistische bis rassistische Ansichten zurückgreifend, geht es ihm darum, Menschen nach ihrer Verwertbarkeit zu sortieren, als Arbeitskräfte und Konsument*innen, als lebende Ersatzteillager für Körperteile, Organe oder Gewebe, als Objekte genetischer Manipulation, bis hin zur Ausgrenzung als Überflüssige, die der »Sterbehilfe« ausgeliefert werden.

So falsch die Ansichten von Murray, Herrnstein und Sarrazin oder Jensen und Eysenck waren, sorgten sie doch jedes Mal wieder für öffentliche Diskussionen. 2018 löste der US-amerikanische Genetiker David Reich die nächste Debatte aus. Er behauptete, es gebe Rassen aufgrund genetischer Unterschiede, die entstanden seien, weil die Vorfahren heutiger Ostasiaten, Europäer, Westafrikaner und Australier für 40.000 Jahre oder länger und »bis vor kurzem« voneinander isoliert gewesen seien.[194] Das ist historisch betrachtet Unfug. Reich erntete Widerspruch aber auch Zustimmung. Axel Meyer, der dem Beirat der GBS angehört, schrieb, Reich habe sich zwar »blauäuig« in ein Minenfeld begeben, aber dafür könne man ihm den Respekt nicht versagen. Denn »die unbequeme Wahrheit, um die es Reich auch geht, ist, dass sozial konstruierte Rassenzuweisungen oft mit genetischen Unterschieden übereinstimmen. ›Rassen‹ seien demnach eben nicht nur ein rein kulturelles Konstrukt, sie spiegelten auch messbare genetische Unterschiede wider, die möglicherweise auch für physiologische und kognitive Unterschiede verantwortlich sein könnten«, schrieb Meyer.[195]

Eine Gruppe deutscher Wissenschaftler*innen sprach von Missverständnissen, weil der Begriff im Englischen etwas Anderes bedeute als im deutschen Sprachgebrauch. Das englische Wort »race« habe nichts mit Rassismus zu tun und bedeute in den USA etwas ganz anders, sei gar ein widerständiger Begriff.[196] Ähnliche Deutungen finden sich in der antirassistischen Linken.[197] Soviel Ignoranz ist selten, als habe es die Hassprediger*innen der Sklaverei und Eugenik in den USA oder Autoren wie Madison Grant nie gegeben, die den Begriff prägten.[198] Es ist und bleibt falsch, Menschen in Rassen zu sortieren, egal ob als Maßstab Blut oder Gene, Haartracht oder Hautpigmente, Sitten und Gebräuche herangezogen werden, ob es sich um Fremd- oder Selbstzuschreibung handelt. Rassen sind eine Erfindung von europäischen und amerikanischen Dichter*innen und Denker*innen, Philosoph*innen und Wissenschaftler*innen der Moderne.

Aber den Streit wird es geben, solange es Rassist*innen gibt und Menschen, die auf ihre Ideologie hereinfallen. Auch das bestritten diese Wissenschaftler*innen übrigens. In Deutschland fänden sich keine zwei gegensätzlichen Lager, von denen das eine behaupte, es gebe Rassen, und das andere, es gebe keine. »Vielmehr gibt es, zum Teil gerade aus Sorge um Polarisierungen, ein reiches Spektrum an Sprechweisen«, schrieben die Autor*innen.[199] Das ist verzerrte Wahrnehmung durch die postmoderne Brille und, dass es keineswegs bloß um Sprechweisen geht, erfahren all jene, die in Deutschland von Rassist*innen beleidigt, angegriffen, geschlagen oder gar ermordet werden.

3.7. Egoismus als Grundprinzip: Der evolutionäre Humanismus

In einem Aufsatz hatte Schmidt-Salomon sich 2000 kritisch mit Peter Sloterdijks »Regeln für den Menschenpark« auseinandergesetzt.[200] Schmidt-Salomon diagnostizierte einen wachsenden »DNA-Fundamentalismus«, aber als »längst überfällige Gegenreaktion« auf eine »insbesondere in den Siebziger Jahren unter SozialwissenschaftlerInnen grassierende Biologiefeindlichkeit«. Er verwarf mit Nietzsche den Humanismus, bezog sich auf Dawkins und Wilson und verfocht den »Egoismus der Gene«.[201] Zwei Jahre später hielt Schmidt-Salomon einen Vortrag bei der Freien Akademie, in dem er den Begriff des evolutionären Humanismus verwandte.[202] Im Gründungsjahr der Giordano-Bruno-Stiftung, 2004, erschien dieser Vortrag als Aufsatz mit dem Titel »Hoffnung jenseits der Illusionen? Die Perspektive des evolutionären Humanismus« in der Schriftenreihe der Freien Akademie Berlin in einem Sammelband.[203]

Dieser Beitrag enthält bereits die Grundgedanken eines Buches, das 2005 als »Manifest des Evolutionären Humanismus« publiziert wurde. Es gilt als geistige Basis der Giordano-Bruno-Stiftung und wurde von Schmidt-Salomon als Auftragsarbeit verfasst.[204] 2019 bezeichnet Schmidt-Salomon das Manifest erneut als »Grundlagenschrift« für die Stiftungsarbeit.[205] Dem Manifest folgten im Lauf von neun Jahren drei weitere Bücher, ihr Verfasser, Schmidt-Salomon, spricht von einem Zyklus. Bei Unterschieden in Details und Sprache ist die Botschaft gleichförmig und zieht sich durch alle vier Werke.[206]

Die zentrale Annahme lautet, der Mensch ist nicht frei und kann es nie werden. Die Vorstellung einer Willensfreiheit sei illusionär, der Mensch werde durch seine Gene fremdgesteuert, Egoismus ist Trumpf. Dazu propagiert Schmidt-Salomon eine vage neue Mystik, als deren Vorläufer er Meister Eckhart und Giordano Bruno anführt.[207] 2013 spricht er von Spiritualität, »um jene *neue Form von Religiosität* [kursiv im Original, PB] zu bezeichnen, von der ich meine, dass sie – vor allem hier in Europa – künftig immer stärker an die Stelle des *alten Glaubens* treten wird«. Dabei bezeichnet er den Begriff als »keine besonders glückliche Bezeichnung«, weil Spiritualität einen Körper-Geist-Dualismus nahelege, »den die *monistische, rational-mystische Weltsicht längst überwunden hat* [kursiv im Original, PB]«.[208] Schließlich prognostiziert Schmidt-Salomon ein Zeitalter der Gentechnik, Nanotechnik und Robotik, in dem die Menschheit ferne Planeten besiedeln werde. Er bezieht sich auf Ray Kurzweil, den Transhumanisten, dem er teilweise zustimmt, etwa was Chimären betrifft, die Verschmelzung von biologischer und technischer Intelligenz, während er an eine Überwindung des Todes nicht glaubt.[209]

Das Manifest ist ein Aufguss der Soziobiologie, der Begriff des evolutionären Humanismus geht auf Huxley zurück, auf den sich Schmidt-Salomon immer wieder bezieht.[210] Lang vorher wurde der britische Rassenhygieniker bereits von dem Ökoesoteriker Hubertus Mynarek und der Deutschen Unitarier Religionsgemeinschaft (DUR) entdeckt.[211] Mynarek schätzte Huxley als Gewährsmann für eine neue monistische Spiritualität, die auf eine Vergöttlichung der menschlichen Existenz zielt.[212] Schmidt-Salomon ging ein wenig auf Distanz, als er in einer Fußnote schrieb, der schwerste Irrtum Huxleys sei gewesen, dass dieser »in den 1920er-Jahren (wie viele Intellektuelle der damaligen Zeit) recht drastische eugenische Maßnahmen befürwortete« und diese Haltung »erst revidierte, als ihm bewusst wurde, zu welch inhumanen Konsequenzen dies führen würde«. Dieses Urteil ist insofern falsch, als Huxley stets an eugenischen Positionen festhielt. Der Verweis auf andere Intellektuelle ist zwar richtig, relativiert aber die Verantwortung Huxleys.[213] Den Rassisten H. G. Wells feiert Schmidt-Salomon gleich ohne viel Federlesens als Menschenrechtsaktivisten, entschiedenen Säkularisten und evolutionären Humanisten der ersten Stunde.[214]

Auffällig sind Unterschiede im Duktus der vier Bände des Zyklus. Im Manifest ist die biologistische Doktrin knallhart formuliert. Der Stil in »Jenseits von Gut und Böse« (2009) ist konzilianter. Einen Rundumschlag kündigt dagegen bereits der Titel »Keine Macht den Doofen« (2012) an. Darin heißt es, trotz hoffnungsvoller Ansätze sei immer wieder eine »mächtige Internationale der Doofen, der Engstirnigen, der ewig Gestrigen und der hoffnungslos Zurückgebliebenen« zurück an die Macht gelangt.[215] »Ökonomioten«, »Politioten« und »Religioten« hätten das Sagen, eine »Finanzdeppokratie« herrsche, behauptet Schmidt-Salomon.[216] Damit tut sich ein Widerspruch auf: Entweder ist der Mensch ein biologisch determiniertes und evolutionär hervorragend angepasstes Wesen ohne freien Willen, das keine richtigen oder falschen Entscheidungen treffen kann, dann wären solche Urteile deplatziert, oder aber der Mensch ist ein »Homo demens«, der alles kaputtmacht, was wiederum schlecht zum Optimismus passt, dessen sich Schmidt-Salomon an anderer Stelle befleißigt.

In »Hoffnung Mensch« (2014), dem letzten der vier Werke, erhebt der Autor den Anspruch, alle Themen wie in einem »Finalsatz« noch einmal zusammenzuführen. Sprachlich zeichnet es sich durch jenen soften und penetrant positiv-optimistischen Tonfall aus, der die Ratgeber- und Esoterik-Literatur kennzeichnet. Das Buch sei als »Liebeserklärung an unsere oft verkannte Spezies« zu verstehen. Schmidt-Salomon rühmt den Menschen als das »mitfühlendste, klügste, phantasiebegabteste, humorvollste Tier auf dem gesamten Planeten«.[217] Es ist ein vergiftetes Lob. Denn er spricht als Soziobiologist diesem Menschen jedes Selbstbewusstsein und Willensfreiheit ab.

Wie ein Mantra wiederholt Schmidt-Salomon, solche Ansichten seien wissenschaftlich gestützt. Kritiker*innen diffamiert er gern als irrational, unwissend oder undifferenziert, als Leute, die die großen Kränkungen des menschlichen Selbstbildes nicht verkraftet hätten. Theorien, die ihm nicht passen, etwa die Psychoanalyse, wischt er mal eben als widerlegt beiseite. Es ist eine autoritäre Diskursstrategie und zugleich wie Pfeifen im Walde. Denn der Stand der Wissenschaft ist so eindeutig nicht.

So behauptete Schmidt-Salomon bereits im Jahr 2000, die Sozio- und Neurobiologie sowie die Primatologie widerlege die humanistische Vorstellung, Menschen unterschieden sich fundamental von Mitgliedern anderer Spezies, etwa durch einen freien Willen.[218] Aber gerade Edward O. Wilson, einer der prominentesten Soziobiolog*innen, betont die fundamentale

Besonderheit des Menschen, die Unterschiede insbesondere zu anderen Primaten in Bezug auf Körperbau, Größe des Gehirns, Intelligenz, Verhalten, Sprache, soziale Organisation, Kultur, Sexualität und Familienbande. Das Besondere sei, so schreibt Wilson, dass Menschen aufgrund ihrer außergewöhnlichen Fähigkeit zur Empathie ihr Verhalten jederzeit ändern können, von Stunde zu Stunde, dass sie sich mit anderen verbinden und große soziale Netzwerke knüpfen können. Kein Affe habe auch nur annähernd vergleichbare Möglichkeiten.[219]

Zum Markenkern des evolutionären Humanismus erhob Schmidt-Salomon die These, dass »wir«, also die Menschen, »natürlich Affen geblieben« seien, trotz Bach, Picasso oder iPad. Es gelte, unser »größenwahnsinniges Selbstbild ad acta zu legen«. Darin bestünde der »wesentliche Unterschied« zu »traditionellen Humanismus-Formen«, die »den Menschen in scharfer Abgrenzung zum Tier definierten«.[220] Der GBS-Beirat Volker Sommer behauptete, »*Tiere und Menschen wesensmäßig trennen zu wollen, führt grundsätzlich in die Irre* [kursiv im Original, PB].[221] Und Colin Goldner forderte, die Vorstellung einer „sakrosankten Trennlinie« zwischen Mensch und Tier aufzuheben, die von den Kirchen »wider jede Empirie« verteidigt würde.[222]

Ausgerechnet der Ahnherr des evolutionären Humanismus sah das ganz anders, nämlich genau wie der Papst. Huxley beharrte stets auf der Überlegenheit und Besonderheit des Menschen. Aufgrund der Arbeitsteilung und Spezialisierung sei der Mensch einzigartig unter den sozialen Tieren.[223] Der Mensch unterscheide sich von allen Tieren durch die Sprache, ein artikuliertes Sprechen, durch das Leben in größeren sozialen Verbänden, nicht bloß in kleinen Gruppen wie die großen Menschenaffen, sowie durch Arbeit und Planung, schrieben Huxley und Wells in ihrem Grundlagenwerk von 1931. Deshalb nutze der Mensch andere Tiere nicht bloß mechanisch wie Ameisen, die Läuse melken, sondern domestiziere sie planmäßig.[224] Durch die Beherrschung des Feuers, von Werkzeugen und Sprache sei der Mensch vom Säugetier zum psychosozialen Organismus geworden, dessen Entwicklung von der kulturellen Überlieferung geprägt werde, wie bei keinem Tier.[225] Damit sah Huxley einen Herrschaftsanspruch und -auftrag gegenüber allen anderen Lebewesen verbunden: Als am höchsten entwickelte und dominante Lebensform sei der Mensch dazu bestimmt, alleiniger Träger der künftigen Evolution dieses Planeten zu sein.[226] Aus den Reihen der Giordano-Bruno-Stiftung wird diese Haltung regelmäßig verdammt und fälschlich als exklusive Position der Religion hingestellt.

Mit Colin Goldners Plädoyer für Veganismus oder der These von der Schnittmenge zwischen evolutionärem Humanismus und Tierrechtsbewegung hätte der britische Zoologe vermutlich wenig anfangen können. Huxley war von 1935 bis 1942 Direktor des Londoner Zoos und verteidigte ausdrücklich die Gefangenschaft von Tieren in solchen Einrichtungen. Mit seinen Söhnen ging er auf die Jagd. Sie schossen Kaninchen, weideten sie aus und kochten sie, dies sei ein »wertvolles Training in Selbstversorgung«, wie er bemerkte.[227]

Dem klassischen Humanismus hatte Schmidt-Salomon schon vor Gründung der Stiftung eine Absage erteilt, mit Verweis auf Nietzsche und postmoderne Vorstellungen. Der Humanismus geriet in seiner Lesart zur Philosophie des Gutmenschentums, einer langweiligen Inkarnation der Political Correctness, ausgestattet mit »Weichfiltertugenden« wie edel, hilfreich und gut. Er nannte es universalistische Anmaßung. Besonders nahm er die Leitidee aufs Korn, Mensch und Gesellschaft könnten durch Bildung verbessert werden.[228]

Die Konfrontation der humanistischen und aufklärerischen Ideale mit der schlechten Realität ist ein alter Hut. Darum geht es ihm aber nicht. Für Schmidt-Salomon ist der Humanismus als solcher widernatürlich, weil der Mensch als eine Art Bioroboter niemals frei sein kann. Schon indem Schmidt-Salomon den Humanismus auf ein Projekt zur Zähmung oder Domestikation des Menschen reduziert, unterstellt er, der Mensch sei ein wildes Tier.[229]

Ausdrücklich greift Schmidt-Salomon auf die Soziobiologie zurück, insbesondere die radikale Version vom »Egoismus der Gene«.[230] Die Grundannahme lautet, der Mensch ist ein genetisch gesteuerter Automat, der sich auf Kosten anderer rücksichtlos, mit allen Mitteln und so oft wie möglich fortpflanzen möchte. Die Vorstellung vom freien Willen, einer der wesentlichen Bedingungen für unsere Individualität und unseren Status als Subjekte, wird dagegen als reine Täuschung zurückgewiesen, womit auch die Idee einer persönlichen Schuld oder Sühne entfallen.[231] Der freie Wille sei eine »geschickte Selbsttäuschung unseres Organismus«, in der wir uns wiegen.[232] Ein Ich scheint es »im Grunde gar nicht zu geben«, meint Schmidt-Salomon. Es handele sich um eine Illusion der europäischen Aufklärung. Das Ich sei »nur eine Figur in einem virtuellen Theaterstück, das von einem blumenkohlförmigen Organ in unserem Schädel« inszeniert werde.[233]

Es ist ebenso richtig wie trivial, auf den Körper als materielle Grundlage und Voraussetzung des menschlichen Geistes, von Fühlen, Denken und

Handeln, zu verweisen oder darauf, dass wir in jedem Moment unseres Lebens einen spezifischen Hirnzustand aufweisen. Aber bei Schmidt-Salomon wird das zum Determinismus. Denn seiner Auffassung nach können wir in jedem Moment unseres Lebens nur auf eine bestimmte Art und Weise handeln, wir haben »schlichtweg keine andere Wahl«.[234] Veränderungen in unserem Handeln kommen nur zustande, weil unser Körper schon im nächsten Moment neue Informationen aufnimmt und unser Gehirn uns auf dieser Grundlage anders programmiert.[235]

Während dieser Naturalismus die Willens- und Entscheidungsfreiheit als Aberglauben und Selbsttäuschung verwirft, ist er postmoderner Beliebigkeit und Esoterik verpflichtet. Denn zu seiner Begründung wird auf Meditation, die buddhistische Lehre vom Nicht-Selbst und den christlichen Mystiker Meister Eckhart verwiesen. Sie alle zielten auf die Auslöschung des Ichs.[236]

Damit entzieht die Giordano-Bruno-Stiftung mancher ihrer eigenen durchaus richtigen Forderungen die Grundlage. Das Beharren auf der Emanzipation des Individuums, die Zurückweisung von Gruppenidentitäten in der Debatte um Islamismus und Rassismus, der Verweis auf universelle Werte basieren auf der Annahme eines Menschen, der grundsätzlich frei entscheiden kann. Ein Android braucht weder Rechte und die Idee einer Emanzipation wäre sinnlos.

Leben sei ein Prozess der Selbstorganisation, der auf dem Prinzip Eigennutz basiert, Eigennutz sei das »Grundprinzip des Lebens«, so Schmidt-Salomon. Demnach verdankten alle Organismen auf der Erde ihre Existenz »dem eigennützigen Streben ihrer Vorfahren nach Vorteilen im Kampf um Ressourcen und genetischen Fortpflanzungserfolg«.[237] Das biologische Prinzip Eigennutz empfehle dem Individuum sogar, sich heimtückisch zu verhalten, nämlich kooperativ gegenüber Gleichstarken oder Stärkeren und mit Erbarmungslosigkeit gegenüber Schwachen, meint Schmidt-Salomon.[238] Die ungleiche Verteilung von Ressourcen, von Talenten und Chancen, von Krankheiten und Behinderungen sei »über weite Strecken [...] nicht einmal menschengemacht, sondern Ausdruck einer *fundamentalen Ungerechtigkeit der Natur* [kursiv im Original, PB], die wir nur schwer akzeptieren können«, behauptet er.[239]

Für Schmidt-Salomon reduziert sich das Schicksal des einzelnen auf dessen genetische Ausstattung, einen blinden Mechanismus der Evolution, ein blindes Walten von Zufall und Notwendigkeit. Das gelte für die Schönheit von Angelina Jolie und Brad Pitt bis zu den Opfern von Erdbeben, Tsunamis und tödlichen Viren.[240] Die Natur sei eben »kein Wunschkonzert«.[241] Die Tsunami-Opfer von 2004 in Indonesien, Sri Lanka und Thailand waren aber auch Opfer eines unzureichenden bis fehlenden Frühwarnsystems, das in reicheren Ländern existiert. Das Seebeben vor Japan 2012 war zwar eine Naturkatastrophe, das Atomkraftwerk von Fukushima wurde jedoch wider besseres Wissen über die tödlichen Gefahren dieser Technik betrieben. Manche gefährlichen Viren werden herangezüchtet durch den bedenkenlosen Gebrauch von Antibiotika etwa in der Massentierhaltung, andere entfalten ihre tödliche Wirkung aufgrund mangelnder Hygiene. Schönheit ist ein durch und durch kulturelles Phänomen. Was wir als schön empfinden, etwa dickere oder dünnere Menschen, ist von Moden und Zeitumständen geprägt, nicht zuletzt von den materiellen Lebensbedingungen.

Nachdem Schmidt-Salomon das Gutmenschentum denunziert hat, gibt er sich versöhnlich. Eigennutz sei ethisch neutral und vertrage sich durchaus mit Altruismus und Humanismus. Das klingt widersprüchlich. Einerseits weist Schmidt-Salomon den Humanismus als unrealistisch und idealistisch zurück, andererseits möchte er auf den Begriff nicht verzichten. Also entkernt er den Humanismus und füllt ihn mit Glaubenssätzen des Biologismus. Schmidt-Salomon bastelte sich auf diese Weise ein neues Dogma zusammen, das er als neuen Humanismus auf Grundlage einer zeitgemäßen Anthropologie ausgibt.[242] Dabei ist dieser evolutionäre Humanismus wenig originell, sondern bloß die alte bürgerliche Ideologie in neuem Gewand, der Kampf aller gegen alle, den Thomas Hobbes schon im Zeitalter der Religionskriege beschwor, lange bevor die Evolutionslehre aufkam. Einen Sozialcharakter, den die gesellschaftlichen Verhältnisse hervorbringen, erklärt er naturalistisch zum natürlichen Wesen des Menschen.

Ein bisschen scheint der Sprecher der Giordano-Bruno-Stiftung zurückzurudern, wenn er in »Hoffnung Mensch« schreibt, Darwin habe auch soziale Instinkte wie Geselligkeit und Hilfsbereitschaft als Mechanismen der sexuellen Selektion betont. Oder wenn er darauf verweist, dass Kropotkin Darwin gegen die Sozialdarwinisten in Schutz nahm. Schmidt-Salomon unterschlägt, dass der russische Naturwissenschaftler Darwin scharf kritisierte und zwar wegen dessen Bemerkung, es wäre von Nachteil für die zivilisierte Gesellschaft, die geistig und körperlich Schwachen zu erhalten. Kropotkin sprach vom malthusianischen Gift, das dadurch in die Evolutionslehre eingeführt wurde.[243] Soziobiologen haben das Prinzip der Kooperation längst in ihr Schema integriert und Schmidt-Salomon folgt ihrer Logik. Wilson betonte, dass die Selektion sowohl beim Individuum als auch bei Gruppen ansetzt. Für das Individuum sei egoistisches, für die Gruppe altruistisches Verhalten vorteilhaft, denn ein Individuum müsse sich gegen andere Individuen, eine Gruppe gegenüber anderen Gruppen durchsetzen. Gelungene Kooperation wird so zum Selektionsvorteil im Kampf ums Dasein, soweit sich dieser zwischen Gruppen abspielt. Mit Kropotkins Vorstellung von gegenseitiger Hilfe hat das nichts zu tun.

Schmidt-Salomon bezieht sich zwar auf Kropotkin, deutet Kooperation jedoch im Sinne der Soziobiologie, wenn er den Menschen zwar als das »empathischste Lebewesen auf dem Planeten« preist, aber nur weil Teamplayer starke Selektionsvorteile hätten. Mit Bezug auf den Soziobiologen Eckart Voland, Beirat der GBS, stellt Schmidt-Salomon die Formel auf, je empathischer, kooperativer und altruistischer sich eine Gruppe nach innen verhalte, desto militanter, feindseliger und grausamer agiere sie nach außen. Empathie und Grausamkeit seien darum eng verknüpft, als Mitgefühl gegenüber Mitgliedern der eigenen Gruppe und grausame Gewalt gegenüber anderen.[244] Als Beleg für diese umstrittene Theorie müssen erneut Tiere herhalten. Auch Ameisen und Bienen, die eine »hohe gruppeninterne Kooperation« aufwiesen, verhielten sich »äußerst intolerant« gegenüber fremden Artgenossen, schreibt er.[245]

Für grausames Verhalten unter Menschen führt Schmidt-Salomon folgende Beispiele an: »Man denke nur an die stark ausgeprägte gegenseitige Hilfe, die die Nationalsozialisten bei der Durchführung des Massenmords an den europäischen Juden an den Tag legten, an die kameradschaftliche Kooperation der Hutus, die 1994 in Ruanda innerhalb von nur vier Monaten etwa 800.000 Tutsi ermordeten oder das solidarische Miteinander der Attentäter des 11. September!«[246] Typisch für Schmidt-Salomon ist die undifferenzierte Aneinanderreihung, in diesem Fall von einzigartigen historischen Ereignissen. Kropotkin wäre nicht auf die Idee gekommen, Massenmord als Ausdruck gegenseitiger Hilfe zu deuten.

Und Wilson schränkt ein, dass Ameisen keine Wahl haben. Sie seien Roboter, so dass ein Begriff wie Intoleranz unpassend ist.[247] Wer ihr Verhalten mit dem von Menschen gleichsetzt, muss annehmen, dass Menschen willenlose Automaten sind, was Schmidt-Salomon nahelegt. Kategorien wie Gut und Böse, Egoismus und Altruismus sind dann allerdings unangemessen. Die Prämisse der Tierrechtsbewegung von der Gleichheit von Mensch und Tier gerät im evolutionären Humanismus zur Abwertung des Menschen.

Darum ist es Missbrauch, wenn die Giordano-Bruno-Stiftung Kropotkin als Ahnherren der Soziobiologie in Beschlag nimmt. Denn für Kropotkin waren die Freiheit des Menschen und sein freier Wille das Resultat der biologischen Evolution, sind also in seiner Physis materiell verankert. Der Mensch könne sich im Unterschied zum Tier über die Bestimmtheit durch die Natur hinwegsetzen. Diese Freiheit kann jedoch seiner Ansicht nach nur in einer kommunistischen Gesellschaft, ohne privates Eigentum an Produktionsmitteln, ohne Konkurrenz, Lohnarbeit und Nationalstaat verwirklicht werden.

3.8. Kapitalismus als natürliche Wirtschaftsform

Dem Anarchokommunisten Kropotkin ging es keineswegs bloß darum, die »herrschenden miserablen gesellschaftlichen Zustände zu verbessern«, wie Franz Wuketits schreibt, sondern er kämpfte für eine soziale Revolution.[248] Dagegen verklärt Schmidt-Salomon den Kapitalismus als natürliche Wirtschaftsordnung. Er greift dabei auf Adam Smith zurück, der das eigennützige Streben des Einzelnen als beste Voraussetzung für das Wohl aller angesehen habe. Die enorme Effizienz des Marktes gründe sich in erster Linie auf dem Prinzip Eigennutz, schreibt Schmidt-Salomon. Die permanente Gefahr, im Konkurrenzkampf zu unterliegen, zwinge die Menschen zu immer höherer Produktivität und steigere den allgemeinen Wohlstand. »Dass die unsichtbare Hand des Marktes tatsächlich wirkmächtig ist, ist mittlerweile experimentalpsychologisch bestens belegt«, schreibt er. Das könne niemanden verwundern, »denn im Kern ist das Marktprinzip kaum etwas anderes als eine Übertragung evolutionärer Regeln auf das Wirtschaftsverhalten des Menschen«, darum habe Smith das »Marktmodell« auch »völlig zu Recht als eine Art des natürlichen Wirtschaftens« begriffen.[249]

Richtig ist, dass in einer marktförmig organisierten Gesellschaft alle Menschen von Kindesbeinen an in Konkurrenz zueinander stehen. Wenn wir in diesem Rahmen funktionieren, heißt das nicht, dass wir nicht anders leben und uns verhalten könnten. Die kapitalistische Gesellschaft der Neuzeit ist so wenig naturgegeben wie die mittelalterliche Standesgesellschaft gottgegeben war. Der evolutionäre Humanismus funktioniert in dieser Hinsicht wie eine Religion, als säkulare Rechtfertigungsideologie.

Die Konkurrenz zwingt Kapitalist*innen, maximalen Gewinn zu machen und wieder zu investieren, um schneller, billiger und mehr produzieren zu lassen. Das Ergebnis ist tatsächlich ein gewaltiger Zuwachs an Gütern und Dienstleistungen, auf der Grundlage hoher Produktivität, intensiver Ausbeutung menschlicher Arbeitskraft und ökologischer Zerstörung. Der Verweis auf Experimentalpsychologie ist fehl am Platz. Schmidt-Salomon möchte suggerieren, seine Position sei wissenschaftlich gestützt, um sich gegen Einwände zu immunisieren, die auf der Hand liegen. Denn das Versprechen von Adam Smith, das egoistische Streben des Einzelnen würde allen Wohlstand bescheren, ist nach rund 250 Jahren industriellem Kapitalismus noch immer nicht eingelöst. Im Gegenteil: Milliarden von Menschen leben in bitterster Armut und die fortschreitende Umweltzerstörung bedroht die Existenz von Menschen, Tieren und Pflanzen auf diesem Planeten.

Marktwirtschaft ist weder natürlich noch hocheffektiv, sondern ein strukturelles Gewaltverhältnis, weil Hunger und Not längst überwunden werden könnten. Ein Beispiel: Mehr als 800 Millionen Menschen hungern weltweit, statistisch sterben mehr als 8.600 Kinder jeden Tag.[250] Von der weltweiten Getreideernte des Wirtschaftsjahres 2017/2018 wurden 44 Prozent als Futtermittel für Tiere verwendet und acht Prozent zu Kraftstoffen verarbeitet.[251]

Angesichts solcher Fakten muss man ignorant oder zynisch sein, um die Marktwirtschaft anzupreisen.

Zwar sind auch in nichtkapitalistischen Gesellschaften Menschen verhungert, aber dort herrschte aufgrund von Missernten, Naturkatastrophen oder Kriegen tatsächlich Mangel und nicht Überfluss. Heute würde es die enorme Produktivität erlauben, eine Gesellschaft so zu organisieren, dass alle wenig arbeiten müssen und ein materiell sorgenfreies Leben führen können. Das war die kommunistische Perspektive von Kropotkin und Marx. Davon will Schmidt-Salomon nichts wissen. Seine Sicht ist ähnlich oberflächlich wie jene von Peter Singer. Während der Bioethiker unter dem Schlagwort vom effektiven Altruismus auf Almosen von den Besserverdienenden setzt, möchte der biologistische Philosoph, dass die Obrigkeit für ein bisschen mehr Gerechtigkeit sorgt: Der Staat solle »entschieden« eingreifen und Spielregeln definieren, die »nachhaltig« dafür sorgen, dass die unsichtbare Hand des Marktes, eben noch als besonders »wirkmächtig« gepriesen, in »ethisch gerechtfertigten Bahnen« gelenkt wird.[252] Wie ein Berufspolitiker reiht Schmidt-Salomon Floskeln aneinander. Seine konkreten Vorschläge bewegen sich wie bei Singer im Rahmen eines mitfühlenden Neoliberalismus.

Schließlich schlägt Schmidt-Salomon eine globale Bildungsoffensive vor, weil diese Aufgabe dem Markt allein nicht überlassen werden könne. Warum dies so ist, wo er doch eben den Markt über den grünen Klee gelobt hat, bleibt offen. Er fragt sich nicht, warum der Markt diese enorme Nachfrage nicht zu stillen vermag oder warum Millionen von Menschen überhaupt von der wunderbaren Warenwelt ausgeschlossen sind.[253] Zur Umweltzerstörung fällt ihm ein Ablasshandel ein. Er plädiert für eine »Monetarisierung jener wertvollen Güter, die bislang noch weitgehend kostenlos genutzt werden können«, um das Problem »marktwirtschaftlich« zu lösen.[254] Den Handel mit Verschmutzungsrechten gibt es längst, die Zerstörung unserer ökologischen Lebensgrundlagen wird damit nicht gestoppt.

Das Manifest hielt sich überwiegend im Rahmen neoliberaler Ideologie, später verband Schmidt-Salomon die Klage über ein vermeintlich ausuferndes Sozialsystem mit Schlagworten aus der Zins- und Globalisierungskritik.[255] Im Frühjahr 2013 unterstützte die Giordano-Bruno-Stiftung einen Kongress namens »Macht Geld Sinn« an der Hochschule von Köthen in Sachsen-Anhalt, den die Gruppe Global Change Now (GCN) veranstaltete, die wiederum die Freiwirtschaftslehre Silvio Gesells vertritt. Schmidt-Salomon war als Referent angekündigt.[256] Auf dem Kongress trat die alte Garde der Freiwirtschaft auf, dazu Vertreter diverser Umwelt- und Ethikbanken, Politiker der Grünen wie Seven Giegold, vormals Attac-Rat, sowie der radikalliberale FDP-Bundestagsabgeordnete Frank Schäffler, der regelmäßig in der rechten Postille Eigentümlich frei schrieb. Die Anthroposophen waren durch einen Vertreter ihrer GLS-Bank sowie Thomas Mayer vertreten, der als Sprecher und Geschäftsführer von Mehr Demokratie e.V. bekannt wurde, einem Verein, der für Volksentscheide auf allen Ebenen eintritt. Unter dem Titel »Des Volkes Wille« verfasste Mayer einen Leitartikel in der rechten Wochenzeitung Junge Freiheit, in dem er für eine bundesweite Volksabstimmung warb.

Ein weiterer Referent auf dem Kongress in Köthen war der Volkswirtschaftsprofessor Felix Fuders. Er publizierte in der Zeitschrift Humane Wirtschaft der Humanwirtschaftspartei, Nachfolgerin der rechtslastigen Freisozialen Union (FSU), sowie in Aufklärung und Kritik, einer Zeitschrift der Gesellschaft für kritische Philosophie in Nürnberg, die wiederum mit der Giordano-Bruno-Stiftung personell verbunden ist.[257] Fuders unterstellt eine Degeneration des Menschen, die durch »Abweichung von dem natürlichen, göttlichen Gleichgewichtszustand« entstanden sei. Der Zins ist für ihn ein »unnatürliches Konstrukt«, das »die Gesellschaft, insbesondere die Volkswirtschaft erkranken lässt«. Fuders plädiert für eine »natürliche Wirtschaftsordnung«, die »weitgehend ungelenkt« sein soll: »Selbst Sozialsysteme und Polizeiapparat wären im vollständigen Naturzustand, wo Menschen in kleinen Gruppierungen und nicht anonym in Großstädten leben, vermutlich überflüssig.«[258]

In »Keine Macht den Doofen« und »Hoffnung Mensch«, dem vierten und letzten Band des Zyklus, schreibt Schmidt-Salomon von wirtschaftlichen »Fehlentwicklungen«, die er auf einen Kasinokapitalismus, auf Schulden, Zins und Zinseszins zurückführt, wobei er sich auf die Freigeldlehre Gesells und Max Ottes Warnungen vor Kettenbriefen und Desinformation bezieht.[259] Der Ökonom Otte kandidierte 2022 für die AfD für das Amt des Bundespräsidenten. Schmidt-Salomon beklagt eine »naive, marktfundamentalistische Ideologie«, die heute als neoliberal bezeichnet werde, aber von den ursprünglichen Zielen des Neoliberalismus abgekommen sei. Nach Auffassung Schmidt-Salomons bezeichnet Neoliberalismus ursprünglich etwas ganz anderes, einen dritten Weg jenseits von Kapitalismus und Kommunismus.[260] Auf dem Fundament dieses Neoliberalismus sei später das Konzept der sozialen Marktwirtschaft gegründet worden, das sich »nicht an den Interessen des Staates oder des Großkapitals« orientiert habe.[261]

Schmidt-Salomon bezieht sich auf die Ökonomen Walter Eucken, Wilhelm Röpke und Alexander Rüstow, die tatsächlich als geistige Väter der sogenannten sozialen Marktwirtschaft gelten. Was den Neo- wie den Ordoliberalismus auszeichnet, ist das Plädoyer für einen starken Staat, der in die Wirtschaft eingreift, um die Marktgesetze möglichst unverfälscht wieder zur Geltung bringt. Das richtet sich keineswegs bloß gegen Monopole und Kartelle, die in der westdeutschen Praxis ohnehin nicht aufgelöst wurden, sondern vor allem gegen Tarifautonomie und Gewerkschaften. »Vom klassischen Liberalismus unterscheidet sich der Neoliberalismus wesentlich darin, dass der Markt hier zu einer staatlichen Veranstaltung wird. Die ›invisible hand‹ die bei Adam Smith die egoistischen Interessen der Gesellschaft der Marktteilnehmer zu einem harmonischen Ganzen koordinieren soll, wird im Ordoliberalismus vom langen Arm des Staates geführt«, schreibt der Soziologe Dieter Haselbach in seiner Analyse dieses Ansatzes.[262]

Auch der Begriff des dritten Weges, den Schmidt-Salomon verwendet, ist kontaminiert. Bereits vor mehr als hundert Jahren warben völkische Nationalist*innen und grünbraune Lebensreformer*innen für eine leistungsorientierte Volksgemeinschaft, eine national-soziale Marktwirtschaft, wofür sie den Begriff des dritten Weges zwischen Kapitalismus und Kommunismus prägten. Der Kapitalismus war in dieser Vorstellungswelt eine Chiffre für von den Juden beherrschte Banken und Börsen oder Kaufhäuser, die den Arier mit Zinsen und Wucherpreisen aussaugten. Als die Nationalsozialisten die Staatsgeschäfte übernahmen, zerschlugen sie Gewerkschaften und Arbeiterparteien, drückten die Löhne und verlängerten die Arbeitszeiten, während sie die Juden als die wahren Kapitalisten, die Finanzhaie, dämonisierten, entrechteten, verfolgten und ermordeten. Der Begriff des dritten Weges erfreut sich in der Naziszene bis heute einer gewissen Beliebtheit, wie die Bezeichnung »Der Dritte Weg« für eine ihrer Miniparteien zeigt.

Nach der großen Weltwirtschaftskrise, Faschismus und Zweitem Weltkrieg war der Kapitalismus im Westen so diskreditiert, dass in der Bundesrepublik das Schlagwort von der sozialen Marktwirtschaft aufkam, um dessen Restauration zu bemänteln. Auf der anderen Seite des Eisernen Vorhangs griffen einige tschechische Reformer*innen im Prager Frühling von 1968 auf den Begriff des Dritten Weges zurück, um eine sozialistische Marktwirtschaft zu bezeichnen. Heute ist die Vorstellung, Kapitalismus und Marktwirtschaft wären zwei verschiedene Veranstaltungen, sehr populär. Sie findet sich in bürgerlichen Kreisen und in der Linken, Sahra Wagenknecht ist eine prominente Vertreterin.

Demnach wäre die Ökonomie in zwei Paralleluniversen gespalten. Auf der einen Seite stehen Banken und Börsen, Aktien- und Derivatehandel, eine entfesselte Finanzsphäre plus einige übermächtige transnational operierende Konzerne, ein entfesselter Kasino- und Raubtierkapitalismus. Auf der anderen eine idyllische Marktwirtschaft, in der fleißige Unternehmer*innen, Handwerker*innen, Händler*innen und Arbeiter*innen mit Fleiß und Hingabe alle notwendigen Dinge des Lebens herstellen und brav ihre Steuern und Sozialversicherungsbeiträge bezahlen.

Mit dieser Legende wird Unmut auf einzelne Phänomene abgeleitet, die als Auswüchse gebrandmarkt werden, während die Struktur kapitalistischen Wirtschaftens der Kritik entzogen bleibt. Diese Zwei-Welten-Lehre ähnelt der NS-Propaganda vom »raffenden« versus »schaffenden Kapital«. Sie findet sich in linken und rechten Variationen, mit verschwörungsideologischen und antisemitischen Weiterungen in einschlägigen Kreisen wieder. Die Projektion allen Übels auf einen kleinen Kreis von Drahtzieher*innen aus der Finanzwelt ist strukturell und immer öfter offen antisemitisch, sie ist eine hervorragende Grundlage von Querfronten zwischen rechts und links.

Tatsächlich ist Kapitalismus die aktuelle Form der Marktwirtschaft, wie sie sich seit der industriellen Revolution entwickelt hat. Dabei sind Produktions-, Handels- und Finanzsphäre untrennbar miteinander verbundene Elemente eines Systems. Produktion und Handel gibt es im Regelfall nicht ohne Kredite, ohne vorgeschossenes Kapital, und die Papiere der Finanzmärkte beziehen sich in letzter Instanz auf Profite, die mit Gütern und Dienstleistungen erwirtschaftet werden sollen. Die Aktienmärkte im real existierenden Kapitalismus basieren auf Gewinnerwartungen von Unternehmen, die Autos, Computer, Smartphones, Flugreisen, Halbleiter, Häuser, Textilien, Arzneimittel, Stahl, Aluminium, Getreide, Soja oder Rindfleisch verkaufen wollen. Somit hat Kapitalakkumulation eine stoffliche Seite, es wird nicht einfach aus Geld mehr Geld, auch wenn das in der isolierten Betrachtung der Gewinne eines Instituts im Finanzsektor so auftaucht.

Eine besonders absurde Version dieser Lehre vom bösen Finanzkapitalismus und der guten realen Marktwirtschaft beinhaltet die sogenannte Freiwirtschaftslehre. Deren Erfinder, der deutsche Kaufmann Silvio Gesell, behauptete, ominöse »Geldbesitzer« würden Bargeld horten, um höhere Zinsen zu erpressen. Durch solche »Geldstreiks« würde der Geldumlauf verknappt und Krisen ausgelöst. Gesell betrachtete den Zins als leistungsloses Einkommen, mit dem Geldbesitzer die Unternehmer und Arbeiter ausbeuten. Sein Vorschlag lautete, Schwundgeld einzuführen, gemeint sind Geldscheine, die in regelmäßigen Abständen einen Teil ihres Wertes verlieren, so dass es ökonomisch sinnlos wäre, sie zu horten, ganz wie es heute Regionalgeld-Initiativen praktizieren.

Gesellianer*innen ignorieren, dass Geld nicht wertbeständig ist, weil im Regelfall Inflation herrscht, und Bargeld in einer Welt des Online-Banking und Internethandels selbst für den Endverbraucher längst nicht mehr so wichtig ist. Es müssten gigantische Mengen Bargeld gehortet werden, um die Wirtschaft zum Absturz zu bringen. Die großen Zentralbanken verfolgen seit langem das Ziel, durch niedrige Leitzinsen möglichst viel Geld in die Wirtschaft zu pumpen, was allerdings allein die Wirtschaft nicht ankurbelt. Ausschlaggebend sind nicht Bargeld, billiges Geld und Zinsen, sondern der Profit, auf den das Kapital spekuliert.

3.9. Schwanzlängen und Haremsphantasien

Gesell plädierte für einen neuen Manchesterkapitalismus ohne jegliche soziale Absicherung. Nur so wäre sichergestellt, dass in einem erbarmungslosen ökonomischen »Kampf ums Dasein« die erbbiologisch wertvollsten Männer sich durchsetzen und eine maximale Anzahl von Frauen schwängern, um eine »Hochzucht« der Menschheit zu erreichen. »[J]agt den Philistern die Frauen ab«, rief Gesell seine Anhänger auf, um möglichst viele erbbiologisch hochwertige Kinder zu zeugen. Großes Vorbild des Rassenhygienikers war der sächsische Kurfürst Friedrich August von Sachsen, der nach der Legende 354 Kinder gezeugt haben soll.[263]

Bei Schmidt-Salomon reduziert sich das Leben gemäß der Lehre vom egoistischen Gen auf Sex zum Zwecke maximaler Fortpflanzung. In der Pubertät ist Schluss mit lustig. Fortan ginge es nur noch darum zu zeigen, was man hat und was man kann, um potenzielle Sexualpartner*innen zu beeindrucken.[264] Kunst wertet er als Selektionsvorteil. Künstler, Kunstsammler und Mäzene demonstrierten, ähnlich wie der Pfau mit seinem prächtigen Gefieder, dass sie überschüssige Ressourcen besäßen, was sie für Frauen attraktiver mache. Eine empirische Grundlage für solche Thesen wären Statistiken, die einen signifikant höheren Fortpflanzungserfolg dieser Gruppen belegen könnten. Die allermeisten Künstler – bezeichnenderweise kapriziert sich Schmidt-Salomon auf Männer – können von ihrer Kunst allerdings nicht leben, sondern gehen einer anderen Erwerbsarbeit nach oder werden von ihren Partnerinnen ausgehalten.[265]

Gemäß der »Logik des genetischen Eigennutzes« wollen männliche Wesen Sex mit möglichst vielen weiblichen Partnerinnen, um möglichst viele Nachkommen zu zeugen, während weibliche Wesen gerne die stärksten und erfolgreichsten Männchen auswählen und möglichst viele Kinder gebären wollen, behauptet Schmidt-Salomon.[266] Diese altbackene Vorstellung findet sich bereits bei Dawkins.[267] Sicher richten die meisten Menschen im Laufe ihres Lebens ihre sexuellen Wünsche auf mehr als eine andere Person. Einigermaßen unumstritten dürfte auch die Feststellung sein, dass viele Menschen bemüht sind, Schwangerschaften zu vermeiden. Kondom oder Pille wären anderenfalls nicht erfunden worden, egoistische Gene hätten das ja unterbunden. Welche sexuellen Vorstellungen und Vorlieben Menschen haben, ob und wie sie diese ausleben, ist eine Frage der Werte und Normen, mit denen wir aufwachsen, der Möglichkeiten und Grenzen, die uns umgeben, aber nicht determinieren. Das Ergebnis ist eine Vielfalt von Vorstellungen und Praktiken. Hingegen verweist die Vorstellung der Naturalisten, wir wollten uns bewusst oder unbewusst maximal vermehren, auf konservative, reaktionäre und patriarchale Weltbilder, wie sie nicht nur im Christentum oder dem Islam zu finden sind.

Sie erinnern an die Machophantasien einiger besonders radikaler Rassenhygieniker zu Kaiser Wilhelms Zeiten, wie dem bereits erwähnten Philosophen Christian von Ehrenfels, der die Vielweiberei forderte, insbesondere für ältere Herren.[268] Willibald Hentschel entwickelte die Utopie einer landwirtschaftlichen Siedlung, in der 100 blonde Jünglinge 1000 blonde Maiden begatten sollten. Er hatte in Jena Biologie und Chemie studiert, promovierte bei Haeckel und arbeitete einige Zeit für ihn als Assistent, später in der chemischen Forschung. Unter dem Einfluss von Theodor Fritsch wandte er sich der antisemitischen Bewegung zu und zählte zu den wichtigsten Autoren des Hetzblattes Hammer, das Fritsch herausgab.[269] In kritischer Absicht hat die kanadische Schriftstellerin Margret Atwood entsprechende Vorstellungen aus dem Bereich des christlichen Fundamentalismus in ihrem dystopischen Roman »Report der Magd« (1985) verarbeitet.

Während Dawkins seine These aus dem Größenvergleich von Ei und Samenzelle ableitet, argumentiert Schmidt-Salomon mit den unterschiedlichen Größen von Hoden und Penis im Verhältnis zur Körpergröße bei Menschen, Gorillas und Bonobos. Der Mann wäre in dieser Hinsicht zwischen Gorilla und Bonobo angesiedelt, stellt Schmidt-Salomon fest. Er habe biologisch das Potential zum »eifersüchtigen Pascha« und »zum eher toleranten, liberalen, nur auf vaginaler Ebene militanten Spermienkrieger«.[270] Laut Schmidt-Salomon ist es »vor dem Hintergrund dieser biologischen Tatsachen [...] nicht verwunderlich, dass nur etwa 16 Prozent aller menschlichen Gesellschaften monogam strukturiert waren«.[271]

83 Prozent aller Gesellschaften seien polygyn, ein Mann hat mehrere Frauen, und weniger als ein Prozent pflegten die Polyandrie. Daraus leitet er eine scharfe Diskrepanz zur katholischen Sexualmoral ab und wertet diesen Umstand als Beispiel für die Hypothese, dass Religionen ganz allgemein darauf angelegt seien, »real existierende Bedürfnisse« zu ignorieren oder zu verteufeln.[272]

Hätte der Mann nicht den eurozentrischen Tunnelblick, wäre ihm aufgefallen, dass es gerade eine der von ihm verteufelten monotheistischen Religionen ist, der Islam, der die Polygamie vorsieht.

3.10. Der Übermensch jenseits von Schuld und Sühne

Bleibt die Frage, wie Egoist*innen miteinander auskommen sollen, wie ein endloser Krieg aller gegen alle vermieden werden kann. Hobbes hielt eine Diktatur für notwendig. Moral scheidet für Schmidt-Salomon aus, weil er eine solche als metaphysisch und subjektiv verwirft, sie gründe auf der Idee der Willensfreiheit, die er als illusionär, als Ausdruck anthropozentrischer Hybris verwirft.[273] Stattdessen finden sich bei Schmidt-Salomon mehrere Überlegungen. Einmal greift er auf die Meme-Lehre von Dawkins zurück, der so etwas wie Fairplay-Gene einführte.[274] Dann verweist er auf Singers utilitaristische Methode des Abwägens.[275] Schließlich plädiert er für eine neue Ethik, die anhand intersubjektiv festgelegter Spielregeln feststellt, ob eine Handlung objektiv angemessen ist. Auf diese Weise will er den Rahmen für »faire« Lösungen bei Interessenkonflikten zwischen Menschen sowie zwischen Menschen und Tieren stecken.[276] Er räumt aber ein, dass es in der Geschichte bisher »tragischerweise« nicht gelungen sei, »den Eigennutz in den Dienst der Humanität zu stellen«.[277]

Der Verweis auf Fairplay ist ziemlich dürftig von jemandem, der sogar heimtückisches Verhalten als Selektionsvorteil adelt. Wer den Menschen als biologisch determinierten Egoisten auffasst, kann nicht erwarten, dass solche Roboter sich an irgendwelche Spielregeln halten. Schmidt-Salomon kann den selbst konstruierten Gegensatz zwischen egoistischen Genen und humanitärer Ethik nicht auflösen, weil es ein logischer Widerspruch ist.

Die gängige Moral jedenfalls verwarf Schmidt-Salomon zugunsten einer Sicht, die an Nietzsches Herrenmenschen-Ideologie gemahnt: Die blonde Bestie soll von Skrupeln befreit werden. 2002 referierte Schmidt-Salomon seine Ansichten bei der Freien Akademie. Jeder Mensch verhalte sich so, »wie er sich zum gegebenen Zeitpunkt verhalten muss«, erklärt er, darum seien »die Täter stets auch die Opfer der Geschichte«. Die selbstgestellte Frage, ob in diesem Sinn auch Hitler und Stalin »im Grund moralisch unschuldig« wären, bejahte er im Prinzip. Diese Perspektive des evolutionären Humanismus böte die Chance, »aus dem von Rachegedanken geprägten moralischen Automatismus von Schuld und Sühne auszubrechen«.[278] Der Gedankengang läuft auf eine Entlastung von NS-Tätern hinaus.[279] Schmidt-Salomon: »Aus Auschwitz lernen, heißt daher auf den Memplex des Bösen zu verzichten, der in der Geschichte der Menschheit immer wieder zur Eskalation von

Ingroup-Outgroup-Konflikten führte und auch maßgeblich zum Völkermord unter Hitler beitrug.«[280] Er entwirklicht damit die Shoah, die kein Konflikt zwischen Ingroup und Outgroup war, sondern das Resultat antisemitischen Wahns, der in Deutschland herrschte.

In seinem Buch »Entspannt Euch« spricht Schmidt-Salomon von einer Ars moriendi, einer Kunst zu sterben, die wesentlich darin bestünde, »ohne Schuldgefühle von der Bühne des Lebens abzutreten«.[281] Wer das Gesetz der Kausalität verinnerlicht habe, der wisse, dass er oder sie nur das Leben führen konnten, das ihnen unter den gegebenen Bedingungen beschieden war.

> Du wirst in dem Bewusstsein sterben können, dass du unter Wahrung der Naturgesetze weder erfolgreicher noch erfolgloser, weder freundlicher und unfreundlicher, weder glücklicher noch unglücklicher sein konntest [...][282]

Der Abschied vom Prinzip der alternativen Möglichkeiten, also von Willens- und Handlungsfreiheit, biete noch einen weiteren Vorteil, schreibt Schmidt-Salomon:

> Wie wir gesehen haben [...], führt die moralische Unterstellung, dass es alternative Möglichkeiten gegeben hätte, unter denen wir ein bestimmtes Leid gar nicht hätten erfahren müssen, zu einer weiteren Verstärkung des Leids. Betrachten wir ein Übel hingegen als natürlich gegeben (das heißt als Ausdruck des universellen Kausalgefüges der Natur), so entgehen wir dieser Leidverstärkung.[283]

Man muss nicht auf die Shoah verweisen, es genügt jede andere Scheußlichkeit, die Menschen anderen Menschen zufügen, um den Zynismus solcher Vorstellungen anzuprangern. Dabei wiegt ein solcher Persilschein im Land der NS-Täter*innen besonders, gerade in Zeiten, in denen manch ein Politiker deren Verbrechen als Vogelschiss abtut.

Im »Manifest« und den folgenden Büchern entwickelt Schmidt-Salomon ein Panorama der Gesellschaft und ihrer Entwicklung, das auf den ersten Blick widersprüchlich erscheint. Gerade die Mischung verweist aber auf einen inneren Zusammenhang, auf eine Variation der autoritär-konformistischen Revolte: Einerseits populistische Ressentiments gegen eine Finanzelite und »Deppokratie« schüren und andererseits diese Gesellschaft als beste aller Welten preisen und deren grandiose Expansion in die Weiten des Weltalls feiern. Der evolutionäre Humanismus präsentiert sich als technokratisches Denken und Fortschrittsgläubigkeit.

Schmidt-Salomon mag einschränken, der Optimismus des 19. Jahrhunderts lasse sich »schwerlich« aufrechterhalten angesichts des Nationalsozialismus, zweier Weltkriege, der Perversion der sozialistischen Idee durch die Sowjetunion, der Verelendung der sogenannten Dritten Welt sowie der Umweltzerstörung.[284] Die Absicht ist erneut, den Humanismus zu diskreditieren. Dieser wird als anthropozentrische Sichtweise verworfen, weil der Humanismus zwischen Mensch und Natur, insbesondere Mensch und Tier, unterscheide.[285] Die Auseinandersetzung mit Adorno und Horkheimers These vom Zivilisationsbruch Auschwitz beendet Schmidt-Salomon damit, dass er das wahre Leben im falschen für möglich hält. Zum Beweis zitiert er eine Passage von Peter Singer, über den Kampf gegen die Sklaverei, die Bürgerrechtsbewegung in den USA, die Arbeiter- und Frauenbewegung.[286] Das bekannte Zitat vom wahren Leben, das es im falschen nicht geben könne, bezieht sich aber nicht auf solche Kämpfe, die Vertreter der kritischen Theorie unterstützten. Vielmehr zielte Adorno darauf, dass niemand sich den Widersprüchen, Zumutungen und deformierenden Effekten dieser Gesellschaft entziehen kann. Das zeichnete ihn als prinzipiellen Gegner der herrschenden Ordnung aus. Schmidt-Salomon hingegen meldet keinen grundsätzlichen Widerspruch an. Er verteidigt die gegebene Ordnung als dem genetisch bedingten menschlichen Egoismus angemessen. Was Adorno als falsches kennzeichnete, stellt für Schmidt-Salomon das einzig wahre, naturgegebene Leben dar. Die »Selbstzerstörung der Aufklärung« sei in ihrem Begriff schon enthalten, sofern sie nicht kritisch das »Destruktive des Fortschritts« reflektiere, hatten Adorno und Horkheimer 1947 festgestellt. Sie warnten vor einem »blindlings pragmatisierte[n] Denken«, das sich in den Dienst des Bestehenden stellt.[287] Genau diese Blindheit, diese Angepasstheit, macht den Kern des evolutionären Humanismus aus.

Für die Zukunft verheißt Schmidt-Salomon dank Gentechnik, und Hirnforschung noch effektivere Diagnosen und Therapien. Diese würden eine »Optimierung von Eigenschaften« erlauben, »von denen sich ein Individuum ein besseres Leben verspricht«, oder deren Eltern, die deshalb Möglichkeiten wie die Präimplantationsdiagnostik nutzen.[288] Für ihn steht auch fest, dass gentechnisch manipulierte Nahrungsmittel »in der Regel« weniger umweltzerstörend, weniger gesundheitsgefährdend, weniger allergen als konventionelle Produkte und in dieser Hinsicht sogar Bio-Produkten überlegen seien.[289] Er prognostiziert, dass wir uns im »Anfangsstadium eines umfassenden evolutionären Umbruchs befinden, der die Menschheit schon recht bald auf eine sehr viel höhere zivilisatorische Stufe heben könnte«.[290]

ANMERKUNGEN

1 Mazumdar, *Eugenics*, S. 148 ff., S. 179 ff.; Roll-Hansen, *Eugenics*, S. 84 ff.
2 Huxley, Julian, *Unesco: Its Purpose and Philosophy*, London 1946, S. 15, S. 21, S. 31 f., http://unesdoc.unesco.org/images/0006/000681/068197eo.pdf (15.3.2017).
3 Ebd., S. 21.
4 Ebd., S. 21.
5 Ebd., S. 15, S. 37 f.
6 Ebd., S. 19, S. 32.
7 Huxley, *Evolutionärer Humanismus*, S. 10.
8 Muller, Hermann, *Die Zukunft des Menschen*, in: Huxley (Hg.), *Evolutionärer Humanismus*, S. 249 ff.
9 Huxley, Julian, *The Future of Man – Evolutionary Aspects*, in: Wolstenholme, Gordon (Hg.), *Man and his Future. A Ciby Geigy Volume*, London 1963, S. 5, S. 8 ff., S. 13 ff.
10 Wolstenholme, *Man and his Future*, S. 282, S. 294 f., S. 288, S. 297, S. 282.
11 Wolstenholme, *Man and his Future*, S. 17, S. 21, S. 290.
12 Muller, Hermann Joseph, *Genetic progress by voluntarily conducted germinal choice*, in: Wolstenholme (Hg.), *Man and his Future*, S. 252 f. Muller konnte aus gesundheitlichen Gründen nicht an dem Symposium teilnehmen, sein Beitrag wurde verlesen.
13 Parkes, Alan S., *The sex-ratio in human populations*, in: Wolstenholme (Hg.), *Man and his Future*, S. 91 ff.
14 Wolstenholme, *Man and his Future*, S. 17, S. 21, S. 290.
15 So verurteilte der Soziologe Friedrich Wagner zwar die künstliche Selektion durch Gentechnik, teilte aber die Annahme einer Degeneration der Menschheit. Er plädierte mit Bezug auf Plato für eine »natürliche Eugenik« wie sie früher unter Stämmen und Ständen, Adel und Kriegern üblich gewesen sei. Die Moderne habe zu einer »Entartung« geführt, weil keine natürliche Selektion mehr stattfinde. In: Wagner, Friedrich (Hg.), *Menschenzüchtung. Das Problem der genetischen Manipulierung des Menschen*, München 1969, S. 13 f., S. 21. Der Evolutionsbiologe Wolfgang Wieser bezeichnete die Vorschläge von Huxley, Muller und Lederberg als naiv und irreführend, aber nicht verbrecherisch. Nach einem Atomkrieg wäre Eugenik die letzte Freiheit der Überlebenden. Obendrein spielte er den Beitrag von Wissenschaftlern zu den NS-Verbrechen herunter, in dem er behauptete, in einer wissenschaftlich aufgeklärten Gesellschaft wären diese nicht möglich gewesen. Der Nationalsozialismus sei nur möglich in einer Gesellschaft, die »jeder wissenschaftlichen Einstellung entfremdet war«. In: Wieser, Wolfgang, *Einleitung*, in: Jungk, Robert / Mundt, Hans Josef (Hg.), *Das umstrittene Experiment: Der Mensch*, zweite ergänzte Auflage, Frankfurt am Main / München 1988, S. 1 ff., S. 18, S. 24. Dagegen unterschlägt Heim die Kritik etlicher Teilnehmer und suggeriert, alle seien sich einig gewesen. Insbesondere könnte man meinen, die Teilnehmer hätten Polygamie befürwortet, dabei hatte der Reproduktionsbiologe Alan Parkes in seinem Beitrag die Trennung von X und Y-Chromosomen und ihre Rekombination bei einer künstlichen Befruchtung favorisiert, um das Verhältnis von Männern und Frauen zu regulieren. Etliche Teilnehmer verwarfen die Vorstellung einer Polygamie mit einigen männlichen Drohnen oder machten sie lächerlich. In: Heim, Susanne, *Human Betterment, Zwangssterilisation und Retortenbabies*, in: Kaupen-Haas (Hg.), *Griff nach der Bevölkerung*, S. 146 ff.; Parkes, *Sex-Ratio*, S. 91 ff.; Wolstenholme, *Man and his Future*, S. 114 f., S. 292.
16 Wolstenholme, *Man and his Future*, S. 282 ff., S. 286, S. 290, S. 292 ff.

17 Ebd., S. 285.
18 Ebd., S. 295 f.
19 Ebd., S. 289, S. 296 f.
20 Rose, Steven, *Darwins gefährliche Erben. Biologie jenseits der egoistischen Gene*, München 2000, S. 291.
21 Unesco, *The Race Question*, S. 11, https://unesdoc.unesco.org/ark:/48223/pf0000128291 (10.2.21)
22 Unesco, *Statement*, 1950, S. 5 f.
23 Ebd., S. 6.
24 Unesco, *Proposals on the Biological Aspects of Race*, 1964, https://unesdoc.unesco.org/ark:/48223/pf0000157692?posInSet=1&queryId=c3e491b0-052f-45cb-aff2-bc880224202e (8.2.21).
25 Lévi-Strauss, Claude, *Der Blick aus der Ferne*, Frankfurt am Main 1983, S. 38 f., S. 44 f.
26 Ebd., S. 38.
27 Lévi-Strauss, *Blick aus der Ferne*, S. 47 ff.
28 Eichberg, Henning, *Ethnopluralismus. Eine Kritik des naiven Ethnozentrismus und der Entwicklungshilfe*, in: Junges Forum 5/1973, S. 6.
29 Geiss, Imanuel, *Geschichte des Rassismus*, Frankfurt am Main 1988, S. 208 f.
30 Coudenhove, Heinrich Graf, *Das Wesen des Antisemitismus*, Berlin 1901, S. 107.
31 Ebd., S. 108.
32 Ebd., S. 148 f., S. 508, S. 513.
33 Boas, Franz, *Kultur und Rasse* (1914), zweite unveränderte Auflage, Berlin/Leipzig 1922, S. 17, S. 227.
34 Williams wirft Boas essentialistische Positionen und kulturellen Chauvinismus und Determinismus vor, während Tilg sein Werk als antiessentialistisch und Vorläufer der Postcolonial Studies deutet. Beide Deutungen sind falsch und belegen lediglich die Dominanz postmoderner Vorstellungen. Der Liberale Boas war ein solider materialistischer Empiriker. In: Williams, Vernon J. Jr., *Rethinking Race. Franz Boas and his Contemporaries*, Lexington 1996, S. 4, S. 8, S. 10 f., S. 30, S. 33; Tilg, Bernhard, *Franz Boas' Stellungnahmen zur Frage der »Rasse« und sein Engagement für die Rechte der Afroamerikaner*, in: Hans-Walter Schmuhl (Hg.), *Kulturrelativismus und Antirassismus. Der Anthropologe Franz Boas (1858–1942)*, Bielefeld 2009, S. 88 f.
35 Boas, *Kultur und Rasse*, S. 17, S. 74; Boas, Franz, *Race and Democratic Society*, New York 1946, S. 8, S. 12 f., S. 34.
36 Boas, *Kultur und Rasse*, S. 61 ff.
37 Boas, *Kultur und Rasse*, S. 41 ff., S. 49 f., S. 224 ff., S. 229 f., S. 232; Kühl, *Rassisten*, S. 146, S. 149; Degler, Carl N., *In Search of Human Nature. The Decline and Revival of Darwinism in American Social Thought*, New York 1991, S. 82.
38 Boas, *Kultur und Rasse*, S. 59.
39 Ebd., S. 231.
40 Baur, Erwin / Fischer, Eugen / Lenz, Fritz, *Menschliche Erblichkeitslehre und Rassenhygiene*, Band 1, dritte, vermehrte und verbesserte Auflage, München 1927, S. 575.
41 Lenz, Fritz, *Rezension Boas, Kultur und Rasse*, in: ARGB 1916/1918, S. 212 f.; Lenz, Fritz, *Rezension von Sombarts »Die Zukunft der Juden«, Leipzig 1912*, in: ARGB 1913, S. 688.
42 Tilg, *Boas*, S. 96 f.
43 Boas habe den Begriff Rasse bereits um 1894 für wissenschaftlich unbrauchbar gehalten. In: Tilg, *Boas*, S. 85.

44 Boas, *Race*, S. 23, S. 26.
45 Hensel, Silke, *Immigration und Rassendiskurs in den USA. Der Beitrag Franz Boas' zum Niedergang rassistischer Wissenschaft und Politik*, in: Schmuhl, Hans-Walter (Hg.), *Kulturrelativismus und Antirassismus. Der Anthropologe Franz Boas (1858–1942)*, Bielefeld 2009, S. 114.
46 Huxley/Wells/Wells, *Science*, S. 239, S. 376, S. 382, S. 859, S. 864.
47 Huxley/Wells, *Science*, S. 863, S. 870 f.; Baur/Fischer/Lenz, *Rassenhygiene*, S. 163: In diesem Standardwerk heißt es, man könne »ebensowenig von einer jüdischen, wie von einer germanischen Rasse sprechen«, aber »selbstverständlich« würden »sowohl die Juden, wie die Germanen je eine besondere Rassenmischung darstellen. Man kann also sehr wohl von den Rassenmerkmalen und Rassen der Juden und der Germanen sprechen und beide scharf und deutlich unterscheiden«.
48 Huxley, *Eugenics*, S. 17.
49 Ein Beispiel für diese Haltung ist der Arzt und Anthropologe Ignaz Zollschan. Er wies den Arier- und Germanenmythos als grotesk zurück, hielt aber daran fest, dass Rassen eine geschichtsbildende Kraft seien und ihre Existenz biologisch verankert. In: Zollschan, Ignaz, *Das Rassenproblem unter besonderer Berücksichtigung der theoretischen Grundlagen der jüdischen Rassenfrage*, Wien /Leipzig 1910, S. 8, S. 99, S. 101, S. 105. Den Nationalsozialismus attackierte Zollschan als rassistische Weltanschauung und Staatstheorie, beharrte aber noch 1949 darauf, dass man Rassismus und Rassenfrage als wissenschaftliches Anliegen nicht identifizieren dürfte. Huxley schrieb für dieses Werk das Vorwort. In: Zollschan, Ignaz, *Der Rassenwahnsinn als Staatsphilosophie*, Heidelberg 1949, S. 19, S. 22 f.
50 Huxley, Julian / Haddon, Alfred C., *We Europeans. A Survey of "Racial" Problems*, New York / London, 1935; Huxley, *Eugenics*, S. 17 ff.; Huxley, Julian, *Race in Europe*, Oxford 1939; Huxley, *Vorwort*, in: Zollschan, Ignaz, *Der Rassenwahnsinn als Staatsphilosophie*, Heidelberg 1949, S. 7 ff.; Kühl, *Rassisten*, S. 133.
51 Huxley, *Eugenics*, S. 14.
52 Ebd., S. 17 f.
53 Ebd., S. 19.
54 Huxley, *Future of Man*, S. 16.
55 Myrdal, Gunnar, *Asiatisches Drama. Eine Untersuchung über die Armut der Nationen*, Frankfurt am Main 1973, S. 313 ff., S. 330, S. 352.
56 Heim, *Betterment*, S. 146 ff.
57 Aschemeyer, Moritz, *Endlich vor Gericht*, in: Jungle World 3/21, 21.1.2021; Kozuch, Karin, *Zwischen Gebärzwang und Zwangssterilisation. Die bevölkerungspolitische Debatte in der internationalen Frauenbewegung*. Münster 1999, S. 11.
58 Glättli, Balthasar / Niklaus, Pierre-Alain, *Die Unheimlichen Ökologen*. Zürich 2014; Bierl, Peter, *Grüne Braune. Umwelt-, Tier- und Heimatschutz von rechts*, Münster 2014, S. 30 ff.; Emott, Stephen, *Zehn Milliarden*. Berlin 2013.
59 Weizsäcker, Carl Friedrich, *Gedanken zur Zukunft*, Göttingen 1966, S. 18.
60 Meadows, Dennis / Meadows, Donella / Zahn, Erich / Milling, Peter, *Die Grenzen des Wachstums. Bericht des Club of Rome zur Lage der Menschheit*, Hamburg 1973, S. 36 ff.
61 D'Alisa, Giacomo / Demaria, Federico / Kallis, Giorgos, *Degrowth. Handbuch für eine neue Ära*, München 2016, S. 64 ff, S. 88, S. 166 ff.
62 Martinez-Alier, Joan, *Neomalthusianer*, in: D'Alisa/Demaria/Kallis, *Degrowth*, S. 168.
63 Leyendecker, Hans, Von niemandem leicht wegzuschieben, in: Süddeutsche Zeitung, 6.8.2019.

64 United Nations, *World Population Prospects 2019*, https://population.un.org/wpp/Download/Probabilistic/Population/ (18.12.2020).

65 Klee, Ernst, *Deutsche Medizin im Dritten Reich. Karrieren vor und nach 1945*, Frankfurt am Main 2001.

66 Kaiser/Nowak/Schwartz, *Eugenik*, S. 126–199; Kaupen-Haas, Heidrun, *Die Bevölkerungsplaner im Sachverständigenrat für Bevölkerungs- und Rassenpolitik*, in: Kaupen-Haas (Hg.), *Griff nach der Bevölkerung*, S. 111 f.; Bock, *Zwangssterilisation.* — Im Januar 2011 beschloss der Bundestag eine Entschädigung der letzten überlebenden Opfer der Mordaktion, zu dem Zeitpunkt noch etwa 150 bis 200 Menschen. Implizit bestätigt wurde die Bestimmung im Bundesentschädigungsgesetz, wonach keine rassistische Motivation vorgelegen habe, so dass die Betroffenen nicht Opfer im Sinne dieses Gesetzes sind.

67 Kühl, *Rassisten*, S. 206.

68 Knebel/Marquardt, *Ungleichwertigkeit*, S. 101 f.; Kühl, *Rassisten*, S. 16 f., S. 206 f., S. 211 ff., S. 228 ff.

69 Jensen, Arthur, *Ist die Wahrheit verwerflich. Gespräch mit Alain de Benoist*, in: Neue Anthropologie 5/1973, S. 24 f.; Jensen, Arthur, *Bildungsfähigkeit, Erblichkeit und Bevölkerungsunterschiede*, in: Neue Anthropologie 5/1973, S. 37 ff.; Jensen, Arthur, *Zur stammesgeschichtlichen und individuellen Entwicklung von Intelligenz*, in: Neue Anthropologie 1/1974, S. 1 ff.; Jensen, Arthur, *Eine Zweifaktorentheorie des familiären Schwachsinns*, in: Neue Anthropologie 3/1976, S. 53 ff.; Jensen, Arthur, *Die falschen Anschuldigungen gegen Sir Cyril Burt*, in: Neue Anthropologie 1/1977, S. 15 ff.

70 Eysenck, Hans Jürgen, *Interview*, in: Neue Anthropologie 1/1976, S. 16 f.

71 Bar-On, Tamir, *Where Have All The Fascists Gone*, Aldershot/Burlington 2009, S. 7.

72 Eysenck, Hans-Jürgen, *Vorwort*. In: Krebs, Pierre (Hg.), *Das unvergängliche Erbe. Alternativen zum Prinzip der Gleichheit*, Tübingen 1981, S. 9 ff.

73 Eysenck, Hans-Jürgen, *Freud – Retter oder Scharlatan?* in: National-Zeitung 18/1990.

74 Kühl, *Rassisten*, S. 223 ff.

75 Bender, Justus, AfD-Politiker Höcke prophezeit neues Mittelalter, in: Frankfurter Allgemeine Zeitung, 14.12.2015.

76 Bierl, *Grüne Braune*, S. 44 ff.

77 Lorenz, Konrad, *Er redete mit dem Vieh, den Vögeln und Fischen*, zwölfte Auflage, München 1968.

78 Zippelius, Hanna-Maria, *Die vermessene Theorie. Eine kritische Auseinandersetzung mit der Instinkttheorie von Konrad Lorenz und verhaltenskundlicher Forschungspraxis*, Braunschweig 1992; Plack, Arno und Mitarbeiter, *Der Mythos vom Aggressionstrieb*, zweite Auflage, Frankfurt a. M./Berlin/Wien 1974.

79 Lorenz, Konrad, *Die angeborenen Formen möglicher Erfahrung*, in: Zeitschrift für Tierpsychologie 2/1943, S. 302.

80 Lorenz, Konrad, *Durch Domestikation verursachte Störungen arteigenen Verhaltens*, in: Zeitschrift für angewandte Psychologie und Charakterkunde 1/2/1940, S. 71.

81 Lorenz, *Domestikation*, S. 66.

82 Lorenz, *Angeborene Formen*, S. 311.

83 Deichmann, Ute, *Biologen unter Hitler. Porträt einer Wissenschaft im NS-Staat*, Frankfurt am Main 1995, S. 284 ff.

84 Lorenz Konrad: *Übersicht über meine Einkommens- und Vermögensverhältnisse*, in: Bundesarchiv Berlin (BA), Akte R 4901/25028, Blatt 1969.

85 Lorenz, Konrad, *NSDAP-Gaukarteikarte*, in: BA, Akte R 4901/25028, Blatt 2002.

86 Ministerium für innere und kulturelle Angelegenheiten (Wien) an Reichsminister für Wissenschaft, Erziehung und Volksbildung, 15.3.1940, in: BA, Lorenz, Konrad, Akte R 4901/25028, Blatt 1973, Reichsminister für Wissenschaft, Erziehung und Volksbildung an Konrad Lorenz, 31. August 1940, Blatt 1992, Reichsminister für Wissenschaft, Erziehung und Volksbildung an Konrad Lorenz, 25. Februar 1941, Blatt 2003.
87 Deichmann, *Biologen*, S. 295 ff.
88 Lorenz, Konrad, *Die acht Todsünden der zivilisierten Menschheit.* München 1974, S. 58.
89 Lorenz, Konrad, *Psychologie und Stammesgeschichte* (1954), in: Lorenz, Konrad, *Vom Weltbild des Verhaltensforschers*, München 1968, S. 84 f.
90 Lorenz, Konrad, *Das sogenannte Böse. Zur Naturgeschichte der Aggression*, München 1974, S. 8, S. 36 f., S. 44, S. 228 f., S. 234 f.
91 Lorenz, *Todsünden*, S. 52, S. 54, S. 56 f., S. 58, S. 61 ff.
92 Lorenz, Konrad, *Eine Legende wird 85*, in: Natur 11/1988, S. 28 ff.
93 Piwitt, Hermann Peter, *Lorenz zur Diskussion,* in: Natur, 1/1989, S. 7 f.
94 Deschner, Karlheinz, *Lorenz zur Diskussion,* in: Natur, 1/1989, S. 6.
95 Die Freie Akademie, *Nachrichten & Meinungen* 1/2018, S. 16 f.
96 Konrad Lorenz Institute for Evolution and Cognition Research, www.kli.ac.at/en/people/former-officers/view/223 (8.2.21)
97 Wuketits, Franz, *Konrad Lorenz. Leben und Werk eines großen Naturforschers*, München 1990, S. 101 ff., S. 106. Im Klappentext heißt es, Wuketits wäre Autor der »ersten umfassenden Biographie des großen Naturforschers Konrad Lorenz«.
98 Wuketits, *Lorenz*, S. 105 f.
99 Wuketits, Franz, *Konrad Lorenz als Aufklärer*, in: Aufklärung und Kritik 2/2003, S. 5 ff.
100 Wilson, Edward, *Sociobiology. The New Synthesis*, Cambridge/London 1975, S. 4.
101 Wilson, *Sociobiology*, S. 3.
102 Wilson, Edward, *Die soziale Eroberung der Erde*, München 2014, S. 193.
103 Wilson, *Sociobiology*, S. 4.
104 Wilson, *Eroberung*, S. 72 ff., S. 327 f., S. 343 ff.
105 Ebd., S. 345.
106 Wilson, *Sociobiology*, S. 551 f.
107 Lewontin, Richard / Rose, Steven / Kamin, Leon, *Die Gene sind es nicht. Biologie, Ideologie und menschliche Natur*, München/Weinheim 1988, S. 190 ff., Zitat Seite 193
108 Cunliffe, Barry (Hg.), *Illustrierte Vor- und Frühgeschichte Europas*, Frankfurt a. M. / New York 1996, S. 33, S. 53.
109 Wilson, *Sociobiology*, S. 67, S. 574.
110 Ebd., S. 574.
111 Wilson, *Sociobiology*, S. 565 ff.; Wilson, *Eroberung*, S. 76, S. 78, S. 81, S. 90.
112 Dawkins, Richard, *The Selfish Gene*, Oxford 1976, S. IX, S. 22, S. 49, S. 157.
113 Muller sprach bereits 1962 von »genetic selfishness« und einem »enlightened, limited altruism« (Muller, *Genetic progress*, S. 249).
114 Dawkins, *Selfish Gene*, S. 50.
115 Ebd., S. 56, S. 58, S. 65 ff.
116 Ebd., S. 153, S. 158.
117 Ebd., S. 158, S. 160 f., S. 173 f., S. 177.
118 Wilson, *Sociobiology*, S. 551.
119 Dawkins, *Selfish Gene*, S. 72.

120 Schmidt-Salomon, *Hoffnung Mensch*, S. 134.
121 Allen, Elizabeth / Beckwith, Barbara u. a., *Against Sociobiology*, in: The New York Review of Books, 13.11.1975, www.nybooks.com/articles/1975/11/13/against-sociobiology/ (28.3.2018).
122 de Waal, Frans, *Tierische Moralitäten*, in: Trojanow, Ilja (Hg.), *Anarchistische Welten*, Hamburg 2012, S. 54 ff., S. 59 ff.
123 Bookchin, Murray, *Re-enchanting Humanity*, New York 1995, S. 36 ff.
124 Midgley, Mary, *Gene-juggling*, in: Philosophy. The Journal of the Royal Institute of Philosophy 1979, S. 439 ff.
125 Ebd., S. 448 f.
126 Gould, Stephen Jay, *Caring Groups and Selfish Genes*, in: Natural History 10/1977, S. 20 ff.
127 Rose, Steven, *Darwins gefährliche Erben. Biologie jenseits der egoistischen Gene*, München 2000, S. 230 ff., S. 240.
128 Lewontin/Rose/Kamin, *Die Gene sind es nicht*, S. 233 f., S. 236, S. 238.
129 Ebd., S. 238 f.
130 Wilson, *Eroberung*, S. 174; Thorpe, Vanessa, *Richard Dawkins in furious row with E. O. Wilson over theory of evolution.* 24.6.2012, www.theguardian.com/science/2012/jun/24/battle-of-the-professors (7.1.2015); Johnston, Chris, *Biological warfare flares up again between E. O. Wilson and Richard Dawkins.* www.theguardian.com/science/2014/nov/07/richard-dawkins-labelled-journalist-by-eo-wilson (7.1.2015).
131 Dawkins, *Selfish Gene*, S. 64.
132 Dawkins, *Selfish Gene*, S. 206, S. 213. Schmidt-Salomon ist skeptisch gegenüber der Idee der Meme. Im Manifest des evolutionären Humanismus schreibt er etwas vage von einer »kulturell-ideologischen Überformung« des Eigennutzes. In: Schmidt-Salomon, Michael, *Manifest des evolutionären Humanismus*, zweite korrigierte und erweiterte Auflage, Aschaffenburg 2006, S. 23. In einem späteren Werk behauptete er, Gene würden wie Meme um den Fortpflanzungserfolg konkurrieren, beide aber keine eigenständigen Interessen verfolgen, weder Gene noch Meme seien egoistisch. Der Eigennutz wäre vielmehr beim Individuum zu verorten. Anstelle eines Belegs für seine Hypothese verwies er auf ein Nudelrezept: Dem sei es auch egal, ob es jemandem munde oder nicht. Schmecke es aber, würde es eben öfter gekocht. In: Schmidt-Salomon, Michael, *Jenseits von Gut und Böse*, München 2009, S. 83.
133 Dawkins, *Selfish Gene*, S. 215.
134 Ebd., S. 210 f.
135 Eibl-Eibesfeldt, Irenäus, *Ist der abendländische Mensch vom Aussterben bedroht?* in: Focus 21/1996, S. 77; Eibl-Eibesfeldt, Irenäus, *Der Brand in unserem Haus*, in: Süddeutsche Zeitung, 8./9.5.1993; Eibl-Eibesfeldt, Irenäus, *Zukunft multikulturelle Gesellschaft?* in: Eder, Rudolf / Mölzer, Andreas (Hg.), *Einwanderungsland Europa?* Graz/Stuttgart 1993, S. 135 ff.; Eibl-Eibesfeldt, Irenäus, *Der Mensch – das riskierte Wesen*, München/Zürich 1988, S. 9, S. 23, S. 142 f., S. 165; Sierck, *Normalisierung*, S. 26 f.
136 Eibl-Eibesfeldt, *Multikulturelle Gesellschaft*, S. 135 ff.
137 Eibl-Eibesfeldt, Irenäus, *Ich bin überzeugter Pluralist*, in: Unitarische Blätter 1/1992, S. 19 f.; J. R., *Irenäus Eibl-Eibesfeldt: »Krieg und Frieden«*, in: Neue Anthropologie 4/1975, S. 77; J. R., *Irenäus Eibl-Eibesfeldt: Menschenforschung auf neuen Wegen*, in: Neue Anthropologie 1/1977, S. 22.
138 Herrnstein, Richard / Murray, Charles Murray, *The Bell Curve. Intelligence and Class Structure in American Life*, New York 1994, S. 9, S. 286 ff.

139 Herrnstein/Murray, *Bell Curve*, S. 229 ff., S. 447 ff., S. 534.
140 Neiser, Ulric (Hg.), *The Rising Curve. Long-Term Gains in IQ and Related Measures*, Washington D.C. 1998; Knebel/Marquardt, *Ungleichwertigkeit*, S. 88.
141 Sesin, Claus-Peter, *Sarrazins dubiose US-Quellen*, in: Haller/Niggeschmidt (Hg.), *Der Mythos vom Niedergang der Intelligenz*, S. 28 ff.
142 Gould, Stephan Jay, *Curveball*, in: The New Yorker, 28.11.1994.
143 Herrnstein/Murray, *Bell Curve*, S. 271.
144 *FDP-Vorstand will mehr Akademiker-Babys*, in: Spiegel Online, 23.1.2005, www.spiegel.de/lebenundlernen/uni/elite-debatte-fdp-vorstand-will-mehr-akademiker-babys-a-338172.html (1.4.2021); Leo, Maxim, *Deutschlands dumme Kinder*, in: Berliner Zeitung, 24.1.2005; Finke, Björn, *Das Zitat*, in: Süddeutsche Zeitung, 25.1.2005.
145 Heinsohn, Gunnar, *Sozialhilfe auf fünf Jahre begrenzen*, in: Frankfurter Allgemeine Zeitung, 16.3.2010; Heinsohn, Gunnar, *Mangelnde Brillanz*, in: Junge Freiheit 30/2007.
146 Berger, Axel, *Manchmal sparen sie wieder*, in: Jungle World 35/2016.
147 Sarrazin, *Deutschland*, S. 92 f., S. 350 ff., S. 378.
148 Ebd., S. 92, S. 353, S. 382.
149 Ebd., S. 352.
150 Darwin, *Abstammung*, S. 153. Greg war Unitarier, Anhänger einer religiösen Strömung, die die Lehre von der Trinität aus Gott, Jesus und Heiligem Geist ablehnt und Gott als Einheit auffasst. Die Unitarier gehen auf die Reformationszeit zurück. In: Desmond/Moore, *Sacred Cause*, S. 34 f.
151 Sarrazin, *Deutschland*, Anmerkungen 74, 78, 79, 84, 86, 87, 88 auf S. 419.
152 Ebd., Anmerkung 65, S. 418, Anmerkung 74, S. 419.
153 Ebd., S. 375.
154 Fleischhauer, Jan, *»Da sind wieder vier in Kopftüchern«*, in: Der Spiegel 51/2010.
155 Sarrazin, *Deutschland*, S. 18.
156 Ebd., S. 100.
157 Ebd., S. 9.
158 Ebd., S. 354 ff.
159 Sarrazin, *Deutschland*, S. 357. Eibl-Eibesfeldt argumentierte, dass erfolgreiche Menschen aufgrund der längeren Ausbildung mehr Zeit für den gesellschaftlichen Aufstieg brauchen, so dass sie weniger Kinder in die Welt setzen. Dadurch finde eine »genetische Aussiebung von Begabungen« statt, die er allerdings noch nicht als alarmierend bewertete. In: Eibl-Eibesfeldt, *Das riskierte Wesen*, S. 164.
160 Sarrazin, *Deutschland*, S. 92.
161 Ebd., S. 93.
162 Ebd., S. 373.
163 Ebd., S. 380 f., S. 389.
164 »Demografisch stellt die enorme Fruchtbarkeit der muslimischen Migranten eine Bedrohung für das kulturelle und zivilisatorische Gleichgewicht im alternden Europa dar.« In: Ebd., S. 267.
165 Ebd., S. 258.
166 Ebd., S. 360.
167 Sarrazin, *Deutschland*, S. 256 f.; Eibl-Eibesfeldt, *Brand*.
168 Sarrazin, *Deutschland*, S. 391.
169 Ebd., S. 265 ff.

170 Weiß, Volker, *Deutschlands Neue Rechte. Angriff der Eliten – Von Spengler bis Sarrazin*, Paderborn 2011, S. 7 ff.

171 Dohnanyi, Klaus von, *Feigheit vor dem Wort*, in: Süddeutsche Zeitung, 6.9.2010.

172 AfD, *Programm für Deutschland. Das Grundsatzprogramm der Alternative für Deutschland*, 2016, S. 41 f.

173 AfD, *Programm für Deutschland. Wahlprogramm der Alternative für Deutschland die Wahl zum Deutschen Bundestag am 24. September 2017*, 2017, S. 37.

174 Müller, Andreas, Die Unterdrückung der Intelligenzforschung, in: Evo-Magazin, 12.9.2010, www.darwin-jahr.de/evo-magazin/unterdrueckung-intelligenzforschung (11.10.2016).

175 Ebd., S. 1.

176 Ebd., S. 2 ff.

177 Sarrazin, *Deutschland*, S. 93 f.

178 Ploetz, *Rassenhygiene*, S. 130 ff., S. 137, S. 139; Haeckel, *Schöpfungsgeschichte*, Tafel VIII.

179 Differenzen gab es, weil Müller Anhänger der radikalliberalen Philosophin Ayn Rand war, die Idee der Willensfreiheit verteidigte und deshalb die Lehre vom egoistischen Gen sowie Tierrechte ablehnte. In: https://feuerbringer.wordpress.com/philosophie/schmidt-salomon-versus-andreas-mueller/ (5.4.2022); https://feuerbringer.wordpress.com/vortrage/ .

180 AM, *Werden Fanatiker die Zivilisation einnehmen?* in: Evo-Magazin, 21.10.2010, www.darwin-jahr.de/evo-magazin/werden-fanatiker-zivilisation-einnehmen (11.10.2016).

181 Abdel-Samad, Hamed, *Der islamische Faschismus. Eine Analyse*, München 2014, S. 199 f.

182 Abdel-Samad, Hamed, *Der islamische Faschismus*, in: Junge Freiheit, 2.5.2014.

183 Schmidt-Salomon, Michael, *Die Grenzen der Toleranz. Warum wir die offene Gesellschaft verteidigen müssen*, München/Berlin/Zürich 2016, S. 185, Anmerkung 34.

184 Ebd., S. 138 f.

185 Gould, *Curveball*; Lewontin/Rose/Kamin, *Die Gene sind es nicht*, S. 13 f., S. 62 f., S. 80 ff., S. 95.

186 Singer, *Praktische Ethik*, 1994, S. 47.

187 Singer, *Praktische Ethik*, 2013, S. 58 f.

188 Ebd., S. 59 f.

189 Ebd., S. 45.

190 Singer, *Befreiung*, S. 23.

191 Singer, *Praktische Ethik*, 1994, S. 62; Singer, *Darwinian Left*, S. 17 f., S. 36 f.; Singer, *Praktische Ethik*, 2013, S. 66 ff.

192 Cavalli-Sforza, Luca / Cavalli-Sforza, Francesco, *Verschieden und doch gleich*, München 1994; Shipman, Pat, *Die Evolution des Rassismus. Gebrauch und Missbrauch von Wissenschaft*, Frankfurt am Main 1995.

193 Singer, *Praktische Ethik*, 1994, S. 50; Singer, *Praktische Ethik*, 2013, S. 54 f., S. 64 f.

194 Reich, David, *How Genetics is Changing Our Understanding of »Race«*, in: New York Times, 23.2.2018; Reich, David, *How to Talk About »Race« and Genetics*, in: New York Times, 30.3.2018.

195 Meyer, Axel, *Genetik im Zentrum einer neuen »Rassen«-Debatte*, in: Frankfurter Allgemeine Zeitung, 11.4.2018; ebenso zustimmend: Schär, Markus, *Verbotene Erkenntnis*, in: Neue Züricher Zeitung, 21.4.2018.

196 Lipphardt, *Lost in Translation*.

197 Kelly, Natasha A. (Hg.), *Schwarzer Feminismus. Grundlagentexte*, Münster, S. 15.

198 Demny, Oliver, *Rassismus in den USA*, Münster 2001; Geiss, *Geschichte des Rassismus*, S. 129 ff., S. 193 ff., S. 244 ff.; Davis, Angela, *Rassismus und Sexismus. Schwarze Frauen und Klassenkampf in den USA*, Berlin 1982.
199 Lipphardt, Veronika / Lipphardt, Anna u.a., *Lost in Translation*, in: Süddeutsche Zeitung, 18.5.2018.
200 Sloterdijk, Peter, *Regeln für den Menschenpark. Ein Antwortschreiben zu Heideggers Brief über den Humanismus*, Frankfurt am Main 1999.
201 Schmidt-Salomon, Michael, *Die Entzauberung des Menschen. Anmerkungen zum Verhältnis von Humanismus und Anthropologie*, in: Aufklärung und Kritik 1/2000, www.schmidt-salomon.de/entzaub.htm (5.4.2021).
202 Schmidt-Salomon, Michael, *Hoffnung jenseits der Illusionen? Die Perspektive des evolutionären Humanismus*, 2002, www.schmidt-salomon.de/hoffillu.htm (5.4.2021).
203 Albertz Jörg (Hg.), *Humanität – Hoffnungen und Illusionen*, Band 23 der Schriftenreihe der Freien Akademie, 2004, www.lenz-verlag.de/p_d-Schriftenreihe_der_Freien_Akademie-Humanitaet_-_Hoffnungen_und_Illusionen-40-21069.html (5.4.2021).
204 GBS, *Evolutionärer Humanismus*. www.giordano-bruno-stiftung.de/leitbild (29.12.2014); Schmidt-Salomon, *Manifest*, S. 8.
205 »*Mit diesem Erfolg hatten wir nicht gerechnet*«, in: Bruno, Jahresmagazin der GBS, Ausgabe 2019, S. 15.
206 Im Kern bleibe er bei den Positionen des Manifests, auch wenn er manches heute anders formulieren und andere Schwerpunkte setzen würde, schreibt Schmidt-Salomon im vierten und letzten Buch des Zyklus. In: Schmidt-Salomon, *Hoffnung Mensch. Eine bessere Welt ist möglich*, München/Zürich 2014, zweite Auflage, S. 313, S. 316.
207 Schmidt-Salomon, *Hoffnung Mensch*, S. 318 ff.; Schmidt-Salomon, Michael, *Keine Macht den Doofen*, München 2012, S. 42.
208 Schmidt-Salomon, Michael, *Jenseits der Illusionen: Über Rationalität und Mystik*, 29.7.2013, Dokumentation eines Vortrages im Rahmen der Salzburger Festspiele, www.giordano-bruno-stiftung.de/meldung/rationalität-mystik (5.4.2021).
209 Schmidt-Salomon, *Hoffnung Mensch*, S. 309 ff.
210 Schmidt-Salomon, *Hoffnung Mensch*, S. 81 ff., S. 315, S. 329; Schmidt-Salomon, *Manifest*, S. 13, S. 169 f.; Schmidt-Salomon, *Hoffnung jenseits der Illusionen*, 2002; »*Im Lichte der Evolution*«, in: Bruno 2020, S. 34, S. 37.
211 *Humanismus, Utopie – Hoffnung – Herausforderung*, Wochenendseminar in Kassel am 27./28.3.1982, in: Unitarische Blätter 2/1982.
212 Mynarek, Hubertus, *Religion – Möglichkeit oder Grenze der Freiheit*. Köln 1977, S. 310; Mynarek, Hubertus, *Der ökologische Humanismus als weltanschaulicher, ethischer und religiöser Impuls*, in: Wilfried Heidt (Hg.), *Abschied vom Wachstumswahn*, Achberg 1980, S. 97; Mynarek, Hubertus, *Orientierung im Dasein. Der Lebensweg des Menschen in ganzheitlicher Sicht*, München 1984, zweite Auflage, S. 67 f., S. 202, S. 204.
213 Schmidt-Salomon, *Hoffnung Mensch*, S. 339, Anmerkung 41.
214 Ebd., S. 315.
215 Schmidt-Salomon, *Keine Macht den Doofen*, S. 7
216 Ebd., S. 42, S. 44 f., S. 64, S. 69, S. 71.
217 Schmidt-Salomon, *Hoffnung Mensch*, Klappentext, S. 8.
218 Schmidt-Salomon, *Entzauberung*.
219 Wilson, *Sociobiology*, S. 547 f., S. 553 ff., S. 557, S. 560.
220 Schmidt-Salomon, Grundrechte, S. 12

221 Sommer, Volker, *Schimpanse und Bonobo gehören in die Gattung Homo*, in: Goldner/Schmidt-Salomon/Singer, *Ethik-Preis 2011*, S. 21.
222 Goldner, *Trennlinie*, S. 27.
223 Huxley, Julian, *Religion without Revelation*, Edinburgh 1928, S. 371.
224 Huxley/Wells/Wells, *Science*, S. 857 f.
225 Huxley, Julian, *Die Grundgedanken des evolutionären Humanismus*, in: Huxley, Julian (Hg.), *Der evolutionäre Humanismus. Zehn Essays über die Leitgedanken und Probleme* (1961), München 1964, S. 18 ff.
226 Ebd., S. 21.
227 Huxley, *Memories*, S. 234.
228 Schmidt-Salomon, *Entzauberung*, ohne Seitenzahl.
229 Ebd.
230 Schmidt-Salomon, *Jenseits von Gut und Böse*, S. 55 ff.; Schmid-Salomon, *Manifest*, S. 11; Schmidt-Salomon, *Hoffnung jenseits der Illusionen*; Schmidt-Salomon, *Entzauberung*.
231 Schmidt-Salomon, *Keine Macht den Doofen*, S. 107; Schmidt-Salomon, *Jenseits von Gut und Böse*, S. 17 ff., S. 305 ff.; Schmidt-Salomon, *Manifest*, S. 11 f.; Wuketits vertritt die gleiche Position: »Wir haben nur die Illusion eines freien Willens.« In: Wuketits, Franz, *Moralisches Verhalten ist reiner Eigennutz*, in: Süddeutsche Zeitung, 17.8.2007.
232 Schmidt-Salomon, *Manifest*, S. 16.
233 Schmidt-Salomon, Michael, *Entspannt Euch! Eine Philosophie der Gelassenheit*, München 2020, S. 29; Schmidt-Salomon, *Jenseits der Illusionen*; Schmidt-Salomon, Michael, *Google ist doch nicht Gott*, in: Neue Osnabrücker Zeitung, 15.7.2011.
234 Schmidt-Salomon, Entspannt, S. 31.
235 Ebd., S. 30 ff.
236 Schmidt-Salomon, *Hoffnung Mensch*, S. 318, S. 321 f.; Schmidt-Salomon, *Jenseits der Illusionen;* Schmidt-Salomon, *Google ist doch nicht Gott.*
237 Schmidt-Salomon, *Manifest*, S. 17; ebenso Schmidt-Salomon, *Jenseits von Gut und Böse*, S. 61 ff.
238 Schmidt-Salomon, *Manifest*, S. 18 f.
239 Schmidt-Salomon, *Hoffnung Mensch*, S. 29.
240 Ebd., S. 29 f.
241 Ebd., S. 54, S. 135.
242 Schmidt-Salomon, *Entzauberung.*
243 Schmidt-Salomon, *Hoffnung Mensch*, S. 97; Kropotkin, *Gegenseitige Hilfe*, S. 22 f., S. 24.
244 Schmidt-Salomon, *Hoffnung Mensch*, S. 222, S. 225 ff.
245 Ebd., S. 228, seine Quelle ist Wuketits. In: Ebd., Anmerkung 12, S. 347.
246 Ebd., S. 228.
247 Wilson, *Soziale Eroberung*, S. 174 f.
248 Wuketits, Franz, *Vorwort*, in: Kropotkin, *Gegenseitige Hilfe*, S. 9 ff., S. 15.
249 Schmidt-Salomon, *Manifest*, S. 108 f.; ebenso: Schmidt-Salomon, *Grenzen der Toleranz*, S. 126.
250 Welthungerhilfe, Kinder und Hunger: Eine weltweite Tragödie, www.welthungerhilfe.de/hunger/kinder-und-hunger/?wc=DGGOFM1000&gclid=EAIaIQobChMIzeWszMaB9wIVy45oCR3c6QYvEAAYBCAAEgK3c_D_BwE (7.4.2022).
251 Proplanta, Größter Teil der Getreidernte geht in den Futtertrog, 2.1.2018, www.proplanta.de/agrar-nachrichten/pflanze/groesster-teil-der-getreideernte-geht-in-den-futtertrog_article1514903567.html (7.4.2022)

252 Schmidt-Salomon, *Manifest*, S. 123.
253 Ebd., S. 117, S. 119
254 Ebd., S. 112.
255 Schmidt-Salomon, *Keine Macht den Doofen*, S. 60 ff., S. 84, S. 118 f.
256 GBS unterstützt Kongress »Macht-Geld-Sinn-Energie« in Köthen, in: GBS-Newsletter, 13.2.2013, https://www.giordano-bruno-stiftung.de/newsletterarchiv/newsletter-13022013.
257 Als Mitherausgeber der Zeitschrift fungieren Hubertus Mynarek, Peter Singer, Schmidt-Salomon und die GBS-Beiräte Dieter Birnbacher, Gerhart Czernak und Gerhard Vollmer sowie früher die inzwischen verstorbenen Franz Buggle, Karlheinz Deschner und Franz Wuketits. In: Gesellschaft für kritische Philosophie, www.gkpn.de/aufklaerung_und_kritik_mitherausgeber.htm, 5.4.2021.
258 Fuders, Felix, *Die natürliche Wirtschaftsordnung als Option nach dem Zusammenbruch*, in: Aufklärung und Kritik 2/2009, S. 128.
259 Schmidt-Salomon, *Hoffnung Mensch*, S. 265, S. 287, S. 352, Anmerkung 62; Schmidt-Salomon, *Keine Macht den Doofen*, S. 61f., S. 67, S. 118 f., Anmerkungen 51, 52, 57, 58.
260 Schmidt-Salomon, *Hoffnung Mensch*, S. 288
261 Ebd., S. 289.
262 Haselbach, Dieter, *Autoritärer Liberalismus und soziale Marktwirtschaft*, Baden-Baden 1991, S. 115.
263 Bierl, Peter, *Schwundgeld, Freiwirtschaft und Rassenwahn. Kapitalismuskritik von rechts – der Fall Silvio Gesell*, Hamburg 2012, S. 129.
264 Schmidt-Salomon, *Hoffnung Mensch*, S. 24.
265 Ebd., S. 193 ff.
266 Schmidt-Salomon, *Manifest*, S. 96 ff.
267 Dawkins, *Selfish Gene*, S. 153, S. 158 ff., S. 173 f.
268 Ehrenfels, Christian von, *Die sexuelle Reform*, in: Politisch-Anthropologische Revue, 4/1903, S. 970 ff.; von Ehrenfels, Christian, *Die konstitutive Verderblichkeit der Monogamie und die Unentbehrlichkeit einer Sexualreform*, in: ARGB 1907, S. 615 ff., S. 803 ff.; von Ehrenfels, Christian, *Antwort*, in: ARGB 1908, S. 97 ff.
269 Hoßfeld/Simunek, *Kooperation*, S. 34; Puschner/Schmitz/Ulbricht, *Handbuch*, S. 910 f.; Weingart/Kroll/Bayertz, *Rasse*, S. 34.
270 Schmidt-Salomon, *Manifest*, S. 100. ähnlich: Schmidt-Salomon, *Entzauberung*.
271 Ebd., S. 100.
272 Ebd., S. 100 f.
273 Schmidt-Salomon, *Jenseits von Gut und Böse*, S. 305 f.
274 Ebd., S. 14 f., S. 82 f.
275 Schmidt-Salomon, *Hoffnung Mensch*, S. 254 ff.
276 Schmidt-Salomon, *Manifest*, S. 102 ff.
277 Ebd., S. 105.
278 Schmidt-Salomon, *Hoffnung jenseits der Illusionen*, 2002, S. 11.
279 Gegen die Vorstellung von Schuld und Sühne, die Willensfreiheit und Selbstbewusstsein voraussetzen, argumentiert Schmidt-Salomon an vielen Stellen. In: Schmidt-Salomon, *Keine Macht den Doofen*, S. 108; Schmidt-Salomon, *Jenseits von Gut und Böse*, S. 10 ff., S. 17 ff., S. 85, S. 99, S. 305. Auch die These, Hitler und Stalin seien moralisch unschuldig, weil sie nicht aus freien Stücken handelten, findet sich an anderer Stelle wieder. In: Schmidt-Salomon, *Jenseits von Gut und Böse*, S. 9, S. 19.
280 Schmidt-Salomon, *Jenseits von Gut und Böse*, S. 99.

281 Schmidt-Salomon, *Entspannt Euch*, S. 130.
282 Ebd., S. 130.
283 Ebd., S. 130.
284 Schmidt-Salomon, *Hoffnung jenseits der Illusionen*, S. 4 f.
285 Schmidt-Salomon, *Hoffnung Mensch*, S. 54, S. 70.
286 Schmidt-Salomon, *Manifest*, S. 149.
287 Adorno, Theodor / Horkheimer, Max, *Dialektik der Aufklärung. Philosophische Fragmente* (1947), in: Gesammelte Schriften Band 3, Darmstadt 1998, S. 11.
288 Schmidt-Salomon, *Hoffnung Mensch*, S. 182 f.; Schmidt-Salomon, *Keine Macht den Doofen*, S. 75 f., S. 80 ff.
289 Schmidt-Salomon, *Keine Macht den Doofen*, S. 81.
290 Schmidt-Salomon, *Hoffnung Mensch*, S. 257.

4. Linke Religionskritik und völkische Spiritualität

Viele Sozialdarwinist*innen und Eugeniker*innen waren Naturwissenschaftler*innen mit Hang zum Religiösen. Sie attackierten Juden- und Christentum, plädierten aber für eine neue Religion auf streng biologischer Grundlage. Sie wollten Ausmerzung und Menschenzucht metaphysisch rechtfertigen und den Glauben an die Heiligkeit und Gleichheit aller Menschen überwinden. Dieses Kapitel handelt von widersprüchlichen Formen der Religionskritik und des Antiklerikalismus, fokussiert auf Ideen und Tendenzen, die im Antisemitismus endeten und eugenische Positionen fundierten. Das ist nicht nur von historischem Interesse, weil Teile der heutigen Friedens- und Ökologiebewegungen sowie eine darwinistische Linke an solche Motive anknüpfen.

4.1. Liberale und linke Religionskritik

Religionskritik ist in Europa mit der Aufklärung verbunden, mit der Befreiung aus selbstverschuldeter Unmündigkeit, wie Kant formulierte. Aufklärer wie Voltaire, Diderot und Jean Paul schmiedeten die geistigen Waffen für bürgerliche Revolutionen, die in einigen Ländern wie in den USA und Frankreich zur Trennung von Staat und Kirche führten. Selbst in erzkatholischen Ländern wie Italien und Spanien setzten Liberale dieses Prinzip durch, im Unterschied zu Deutschland. Deshalb treibt hierzulande der Staat bis heute die Kirchensteuer ein. Doch selbst in Deutschland, über dessen Rückständigkeit Marx und Engels gerne spotteten, schritt die Säkularisierung im 19. Jahrhundert voran, vor allem in protestantischen und städtischen Milieus, im Bürgertum und in der Arbeiter*innenklasse. Immer weniger Menschen folgten im Alltag den Predigten der Pfarrer. Industrialisierung, Landflucht und Urbanisierung veränderten das Leben schnell und grundlegend. Manche nutzten die neuen Chancen, andere verloren ihre Lebensgrundlagen. Wie zuvor in England und Frankreich verschärfte die Säkularisierung in Deutschland den Pauperismus, die Verelendung großer Teile der Bevölkerung. Klöster wurden aufgelöst, Staat, Adel und Bürgertum rissen sich Immobilien und Ländereien unter den Nagel. Die christliche Wohlfahrt in Gestalt von Almosen oder Spitälern sowie das Auskommen von Handwerkern und Tagelöhnern auf Klostergütern entfielen.

Unterschiedliche Interessen prägten die geistige Auseinandersetzung mit dem überkommenen Glauben. Bereits im 18. Jahrhundert entwickelte sich mehrere Ansätze: Neben prinzipieller Religionskritik existierte eine Kirchenkritik, die einzelne Dogmen und Missstände attackierte, sowie die Priestertrug-Theorie, wonach Religion ein reines Manipulationsinstrument sei. Dazu kam eine positivistische Haltung, die alte Glaubensinhalte als wissenschaftlich überholt verwarf oder wie die sogenannten Deisten eine neue Vernunftreligion begründen wollten.

Eine neue Qualität erhielt die Auseinandersetzung durch Ludwig Feuerbach, der herausstrich, dass er ein kritisches Verhältnis zur Religion habe.[1] So verurteilte er Religion als »grundverderblich«, als Illusion, die die Menschen um Wahrheit und Tugend bringe, würdigte sie aber zugleich als unbewusste Form menschlicher Selbstreflexion.[2] Im Detail analysierte Feuerbach einzelne Momente des christlichen Glaubens als Projektionen menschlicher Lebensäußerungen. So gelangte Feuerbach zu seiner zentralen Formel, »der Mensch ist des Menschen Gott«.[3] Er arbeitete heraus, dass das Christentum in religiöser Verkleidung die Idee der menschlichen Gleichheit sowie einer menschlichen Gemeinschaft enthalte und nationale Fesseln sprenge. Um diese Ziele im Diesseits zu verwirklichen, müsse man jedoch zuerst die Religion überwinden.

Marx und Engels gingen über Feuerbach hinaus, insofern als sie die widersprüchliche und zerrissene Gesellschaft als Quelle der Religion ausmachten und damit von der Religionskritik zur Kritik gesellschaftlicher Verhältnisse übergingen. In diesem Sinn sprach Marx davon, dass die Kritik der Religion der Anfang jeder Kritik, aber als theoretische Aufgabe bereits abgeschlossen sei. Vielmehr solle man »die Religion mehr in der Kritik der politischen Zustände, als die politischen Zustände in der Religion« kritisieren.[4] Für den Anarchisten Johann Most stand fest, dass »der Hauptkampf des Proletariats sich gegen den Kapitalismus zu richten hat«.[5]

Der liberale wie der linke aufklärerische Antiklerikalismus war antisemitisch vergiftet. Voltaire beschrieb die Juden als »minderwertige Menschen«, die Menschenopfer und Kannibalismus praktizierten. Sie seien unwissend, grausam, abergläubisch und sexuell pervers, für ihn »das abscheulichste Volk der Welt«. Voltaire konstruierte einen angeborenen jüdischen Charakter, womit er ideengeschichtlich zwischen christlichem und rassistischem Antisemitismus einzuordnen ist.[6] Kant bezeichnete die Juden abwertend als »die unter uns lebenden Palästiner« und als eine »Nation von Betrügern«. Er pochte darauf, dass die Juden ihren antiquierten Glauben ablegten und sich zu einer Vernunftreligion bekehrten müssten.[7]

Feuerbach setzte Monotheismus mit Egoismus gleich. Er pries den polytheistischen Glauben der antiken Griechen als Ausdruck einer Suche nach dem Starken und Schönen, nach Harmonie in der Natur und den Gestirnen. Der Monotheismus hingegen passe zu den Juden, die sich nur insoweit für die Natur interessierten, als sich diese nutzen ließe, in Gestalt des Manna etwa, das vom Himmel fiel. So qualifizierte Feuerbach das Judentum als egoistisch und intolerant ab. Der eigensüchtige Jehova stellte seiner Ansicht nach »die personifizierte Selbstsucht des israelitischen Volkes« dar.[8]

Feuerbach könne kein Antisemit gewesen sein, weil er nicht rassistisch argumentiert habe, hat Alfred Körner eingewandt. Man könne ihm lediglich Anti-Judaismus oder Judenfeindschaft vorwerfen. Mit Egoismus bezeichne Feuerbach lediglich das allgemeine Phänomen, dass der Mensch sich Gott nach seinem Interesse schaffe, und er beziehe sich auf die Juden nur insofern, als diese sich zum auserwählten Volk erklärten.[9] Körners Differenzierung beruht auf der Annahme, Antisemitismus beschränke sich auf Formen, die rassistisch begründet sind. Antisemitismus kann jedoch religiöse, politische, ökonomische oder eben biologistische Begründungen haben, die Begriffe Anti-Judaismus und Antisemitismus sind synonym.[10]

Bakunin übernahm Feuerbachs Religionskritik und schrieb, Jehova sei »von allen Göttern, die die Menschen je angebetet, gewiß der eifersüchtigste, eitelste, roheste, ungerechteste, blutgierigste, despotischste und menschlicher Würde und Freiheit feindlichste«.[11] Antisemitischer Stereotypen bediente sich Bakunin sonst vor allem in seinen Polemiken gegen Marx.[12] Er griff die deutsche Sozialdemokratie als pangermanisch-nationalistische Organisation an, die in Wahrheit von Marx, Engels und ein paar jüdischen Literaten gelenkt werde.[13] Die »jüdische Welt« bildete seiner Ansicht nach eine »ausbeuterische Sekte, ein Blutegelvolk, einen einzigen fressenden Parasiten«.

Alle Anhänger von Marx in England, Frankreich und Deutschland seien Juden, kleine Literaten und Finanzmakler. Bakunin konstruierte sogar einen Zusammenhang zwischen Marx, seinen Anhänger*innen und den Rothschilds, womit er die Idee einer kommunistisch-kapitalistischen Weltverschwörung vorwegnahm.[14]

Die Haltung von Marx war ambivalent. Sein Aufsatz »Zur Judenfrage« (1843) richtete sich gegen seinen früheren Freund Bruno Bauer, der die Emanzipation der Juden, also ihre rechtliche Gleichstellung, ablehnte. Bauer wurde später zum offenen Antisemiten. Marx befürwortete die Gleichstellung, bloß ging ihm das nicht weit genug. Er forderte eine allgemeine Emanzipation des Menschen vom »Geldsystem« und schmähte in diesem Kontext das Judentum als Religion des Geldes.[15] Der junge Marx war ein radikaler Demokrat, kein Kommunist und noch nicht der reife Kritiker des Kapitals. Die Frage des Verhältnisses von Religion und Emanzipation führte er zwar bereits materialistisch auf ökonomische Verhältnisse zurück, benutzte dabei allerdings antisemitische Stereotypen.

Die Kritik an den Kirchen fand in Deutschland bald auch organisatorischen Ausdruck. Bereits im Vormärz entwickelte sich die sogenannte freireligiöse Bewegung. Sie kritisierte wie die älteren Unitarier die etablierten Konfessionen und bildete eigene Gemeinden. Diese widmeten sich der Seelsorge, gründeten Sparvereine und Hilfskassen, Suppenküchen und Arbeiterclubs. Führende Freireligiöse traten in der Revolution von 1848/49 als Sprecher der demokratischen Bewegung auf.[16] Waren solche Gruppen anfangs dem liberalen Spektrum zuzuordnen, überwogen spätestens in der Weimarer Republik völkisch-antisemitische Tendenzen.[17] Damit ging einher, dass freireligiöse Gruppen Eugenik und Euthanasie befürworteten. Heute sympathisieren solche Kreise mit Peter Singer.[18]

Von den Freireligiösen trennten sich die Freidenker, denen die Abgrenzung von der Religion nicht weit genug ging. Sie gründeten 1881 den Deutschen Freidenkerverband, der zunächst mittelständisch geprägt war, aber vor allem in der Zeit der Sozialistengesetze starken Zulauf aus der Arbeiter*innenklasse verbuchte.[19] Später näherten sich Freireligiöse und Freidenker wieder an. 1909 schlossen sich zehn Organisationen, darunter Freireligiöse und Freidenker sowie der Deutsche Monistenbund zum sogenannten Weimarer Kartell zusammen. Das Hauptziel war die Trennung von Staat und Kirche durchzusetzen. Schulen und Universitäten sollten von klerikalen Einflüssen befreit und die Feuerbestattung erlaubt werden, die die Kirchen ablehnten.

Die Forderung nach »Bekämpfung der gesetzlichen, wirtschaftlichen und sittlichen Minderbewertung der Frau« dürfte auf den Bund für Mutterschutz zurückzuführen sein, der sich dem Kartell anschloss. Die Grundausrichtung war national, die »innere Zerklüftung« des deutschen Volkes sollte überwunden werden.[20] Man verstand sich als Teil der Lebensreformbewegung, rassenhygienische Positionen waren durch Monisten und Mutterschutzverband vertreten.[21]

Proletarische und sozialistische Freidenker gründeten eigene Verbände, die sich 1908 zum Zentralverband deutscher Freidenker zusammenschlossen, später umbenannt in Zentralverband proletarischer Freidenker Deutschland (ZpFD), der am Vorabend des Ersten Weltkrieges rund 4.900 Mitglieder zählte, während der bürgerliche Freidenkerverband es auf etwa 1.000 Mitglieder brachte. Infolge der Spaltung der Arbeiter*innenbewegung formierten sich weitere Verbände, die sich an der KPD orientierten.[22] Der heutige Freidenkerverband versteht sich als Vereinigung von Atheist*innen, als sozialistische Kulturorganisation auf Grundlage einer materialistischen Weltanschauung.[23]

Der proletarische Freidenkerverband kritisierte sein bürgerliches Pendant sowie den Monistenbund Ernst Haeckels als reaktionär. Ein verbindendes Element war jedoch die Begeisterung für den Darwinismus, der als Leitwissenschaft aufgefasst wurde. Die Marxsche Religionskritik war zu diesem Zeitpunkt selbst unter sozialistischen Freidenker*innen fragmentarisch bekannt, was zu heftigen Auseinandersetzungen beitrug.[24] So hielt Anton Pannekoek den proletarischen Freidenker*innen vor, gleichfalls im bürgerlichen Materialismus befangen zu sein. Ihre ganze Agitation sei überflüssig, weil einem »Nebenumstand« gewidmet, der obendrein spalterisch wirken könne. Darum sei Religion in der Partei Privatsache. Pannekoek spitzte die Argumentation von Marx auf eine Widerspiegelungstheorie zu. So etwas wie freies Denken existiere nicht, weil jedes Denken auf ökonomische Abhängigkeiten zurückzuführen sei, meinte er. Religion resultiere aus gesellschaftlichen Verhältnissen und werde deshalb im Proletariat absterben, sobald sich die Einsicht in gesellschaftliche Zusammenhänge ausbreite.[25]

Ähnlich argumentierte Lenin. Für ihn war Religion »eine Art geistigen Fusels, indem die Sklaven des Kapitals ihr Menschenantlitz und ihre Ansprüche auf ein halbwegs menschenwürdiges Leben ersäufen«. Er forderte von der proletarischen Partei deshalb zwar die »Propaganda des Atheismus«, grenzte sich aber scharf von »radikalen Demokraten« der Bourgeoisie ab.

Deren abstrakte atheistische Propaganda sei nutzlos und spalterisch, entscheidend sei die revolutionäre Veränderung der gesellschaftlichen Verhältnisse, deren »Produkt und Spiegelbild« die Religion sei. In Lenins Augen hatte der Atheismus hinter dem Klassenkampf zurückzustehen, weil er »religiösen Hader« entfache. »Die Einheit dieses wirklich revolutionären Kampfes der unterdrückten Klasse für ein Paradies auf Erden ist uns wichtiger als die Einheit der Meinungen der Proletarier über das Paradies im Himmel«, schrieb Lenin.[26]

Vertreter*innen der proletarischen Freidenker*innen argumentierten gegen Pannekoek, dass Weltanschauungen eine Macht darstellten, die auch unabhängig von ihrem Entstehungskontext wirke. Seine Position würde darauf hinauslaufen, reaktionäre Lehren fatalistisch zu akzeptieren. Damit berührte die Debatte ein zentrales Dogma des Traditionsmarxismus, das Basis-Überbau-Schema. Pannekoek verteidigte dabei die Position, wonach eine gesellschaftliche Basis, von ihm auf die ökonomischen Verhältnisse reduziert, das Denken determiniere, während seine Kontrahent*innen den vermeintlichen Überbau als eigenständigen Faktor einkalkulierten.[27]

Scharfe Kritik kam auch von religiösen Sozialist*innen.[28] Sie hielten ihren atheistischen Genoss*innen vor, Marx missverstanden zu haben. Dieser habe keine Weltanschauung entwickelt, schon gar keine atheistische, sondern eine Gesellschaftstheorie, eine Methode. Seine Religionskritik würde komplett ignoriert. Marx habe die bürgerlichen Aufklärer kritisiert, weil sie die Religion lediglich als eine Art Volksverdummung anprangerten, statt zu begreifen, welche Bedürfnisse sich darin ausdrückten. Anstelle einer Kritik des Himmels habe Marx eine Kritik der Erde gefordert. Bürgerliche wie sozialistische Freidenker*innen – heute könnte man sogenannte Neue Atheist*innen und Naturalist*innen ergänzen – würden mit der Verkennung des Diesseits hinter das Niveau von Feuerbach und Marx zurückfallen. In diesem Punkt ähnlich wie Pannekoek kritisierten religiöse Sozialist*innen die proletarischen Freidenker*innen als bürgerlich und warfen ihnen vor, die Wissenschaft zur Ersatzreligion zu verklären.[29] Paul Lafargue ließ in einer Satire katholische und evangelische Pfaffen zusammen mit den Sozialdarwinisten Haeckel und Spencer auftreten, die eine neue »Religion des Kapitals« gründeten.[30]

1906 starteten die Organisationen des Weimarer Kartells eine Kampagne für den Kirchenaustritt. Diese Bewegung verzeichnete vor allem in Berlin Erfolge, wo 1908 mehr als 11.000 Menschen aus der protestantischen Kirche austraten. Dabei spielten vermutlich finanzielle Gründe eine Rolle, da 1905 in

Preußen die Kirchensteuer eingeführt worden war. 1910 formierte sich aus den Reihen des Kartells das Komitee Konfessionslos, dem Haeckel angehörte und das die Trennung von Staat und Kirche durch eine Kirchenaustrittsbewegung erreichen wollte. Ab 1913 unterstützen die proletarischen Freidenker*innen und linke Sozialdemokrat*innen wie Karl Liebknecht diese Kampagne, es gab eine gemeinsame Veranstaltungsreihe in Berlin. Aus der Perspektive der Linken ging es um eine Art Massenstreik gegen die Kirche als Stütze des Staates.[31] Im gleichen Jahr entstand der Bund der Konfessionslosen (BdK) als Sammlung für alle Dissident*innen, die aus den Kirchen ausgetreten waren.[32]

Linke Kritiker*innen auf der anderen Seite wandten gegen die Austrittsbewegung ein, weltanschauliche Neutralität sei geboten, da man anderenfalls die Kampfkraft der Arbeiter*innenbewegung schwäche, indem man christliche Arbeiter*innen gegen sich aufbringe. Der SPD-Parteiausschuss distanzierte sich von der Kampagne.[33] Die Mehrzahl der Arbeiter*innen blieb jedoch in den Kirchen, lediglich in den Großstädten traten Anhänger*innen der Linken in nennenswerter Zahl aus.[34]

4.2. Das »verjudete« Christentum

Während die ältere konservative Rechte zutiefst christlich geprägt war und die Rückkehr zur absoluten Herrschaft von Thron und Altar anstrebte, entstand Ende des 19. Jahrhunderts eine neue Rechte, die den Nationalismus von Liberalen, Demokraten und Linken übernahm und sich antiklerikal gab. Dieser Antiklerikalismus bestand darin, das Christentum wegen seines jüdischen Ursprungs als unheroisch, verweichlichend und »artfremd« anzugreifen. Die Grundlagen dieses völkischen Antiklerikalismus schufen Fichte, Schopenhauer und Nietzsche.

Der Philosoph Johann Gottlieb Fichte, einer der Begründer des deutschen völkischen Nationalismus, hatte spekuliert, Jesus sei kein Jude gewesen. Das Christentum sei zwar asiatischen, aber nichtjüdischen Ursprungs, habe sich dem Judentum jedoch zu stark genähert. Er forderte deshalb eine Rückkehr zum »reinen« Christentum, eine Säuberung von jüdischen Elementen.[35] Arthur Schopenhauer bezeichnete das Christentum als »Abglanz indischen Urlichts«, das »leider auf jüdischen Boden fiel«. Er träumte von einem »buddhistischen Europa«, gereinigt »von aller jüdischen Mythologie«.[36]

Schopenhauers Abneigung gegen das Christentum speiste sich jedoch nicht aus dem Buddhismus, sondern aus ordinärem Judenhass. Seiner Ansicht nach lebten die Juden »parasitisch auf den anderen Völkern und ihrem Boden«, pflegten allerdings den »lebhaftesten Patriotismus für die eigene Nation«. Deswegen wäre es »absurd«, sie an Regierung und Verwaltung zu beteiligen, also ihnen bürgerliche Rechte einzuräumen.[37] »Sie sind und bleiben ein fremdes, orientalisches Volk, müssen daher stets nur als ansässige Fremde gelten«, forderte er.[38]

Fichte, Schopenhauer sowie Richard Wagner waren Wegbereiter einer neuen Form des Antisemitismus: Die vermeintlichen negativen Eigenschaften der Juden galten ihnen als angeboren, sie konnten nicht durch Taufe und Assimilierung abgelegt werden.[39] Deren Emanzipation, die rechtliche Gleichstellung, eine Errungenschaft der amerikanischen und französischen Revolution, lehnten Antisemit*innen folgerichtig ab. Sie verwarfen diese Integration als besonders perfide Tarnung. Hatte der christliche Antisemitismus die Juden als Gottesmörder und Gottesleugner verfolgt, geriet nun das Christentum selbst als jüdische Ausgeburt ins Visier.[40]

Nietzsches Diktum »Gott ist tot« richtete sich gegen ein Christentum, das er als Vorläufer von Demokratie und Sozialismus mit der Idee der Gleichheit aller Menschen auffasste. Er wollte die »blonde Bestie« von Beißhemmungen befreien, damit diese ohne religiös induzierte Schuldgefühle auf Schwächeren herumtrampeln könnte. »Der Mensch muß besser und böser werden – so lehre ich. Das Böseste ist nötig zu des Übermenschen Bestem«, predigt sein Zarathustra.[41] Seine Attacke auf die Religion galt vor allem einer jüdisch-christlichen Moral, die seiner Herrenmenschen-Ideologie zuwiderlief. Er verfocht einen Führerkult, verherrlichte Krieg und Heldentum und hetzte gegen den Pöbel, die »Allzuvielen« und »Überflüssigen«.[42] Seine Frauenverachtung ist geradezu sprichwörtlich geworden: »Du gehst zu Frauen? Vergiss die Peitsche nicht!«[43]

Insbesondere sei das Christentum schuld an der Degeneration der Rasse, durch das asketische Ideal und seinen sublim-moralischen Kultus: »Ich wüsste kaum etwas anderes geltend zu machen, was dermaassen zerstörerisch der Gesundheit und Rassen-Kräftigkeit, namentlich der Europäer, zugesetzt hat als dies Ideal; man darf es ohne alle Übertreibung das eigentliche Verhängnis in der Gesundheitsgeschichte des europäischen Menschen nennen.«[44]

Die Angriffe Nietzsches auf Juden- und Christentum sind auch im Kontext seines Plädoyers für eugenische Auslese zu sehen. Er lehnte die beiden monotheistischen Religionen ab, weil sie den Gedanken der Gleichheit in Gestalt der Gleichheit vor Gott enthalten. Nietzsche warf dem Christentum ähnlich wie die Rassenhygieniker Ploetz und Woltmann vor, es habe antike und germanische Werte verdrängt, die den Mord an Neugeborenen, Alten und Kranken erlaubten.[45] Als der Psychiater Hoche 1920 für die Ermordung von »Ballastexistenzen« plädierte, ging er davon aus, dass es noch sehr lange dauern werde, christliche Vorstellungen zu überwinden, die er als größtes Hindernis für den Mord an »geistig Toten« ansah.[46] Haeckel hingegen meinte, die religiöse Vorstellung, ein himmlischer Vater habe uns das Leben geschenkt, sei schon überwunden und leitete daraus ein Recht auf »Selbsterlösung« ab.[47] Für Verfechter*innen von Eugenik und Euthanasie ist die »Heiligkeit des Lebens« bis heute ein Ärgernis geblieben. Ihrer Meinung nach blockiert diese religiöse Maxime die Ausmerzung der Minderwertigen, der Alten und Schwachen, sowie die Züchtung von Menschen. Einem »rationalen« Abwägen stünden religiöse, insbesondere christliche Vorstellungen im Wege, lamentiert Peter Singer.[48]

Nietzsche ging es nicht um Abwägung, er feierte vielmehr den unerbittlichen Kampf ums Dasein, in dem der Stärkere siegen und der Schwächere untergehen soll. »Leben selbst ist wesentlich Aneignung, Verletzung, Unterdrückung, Härte, Aufzwängung eigener Formen, Einverleibung und mindestens, mildestens Ausbeutung«. Jede höhere Kultur habe mit »Raubmenschen«, mit »ganzeren Bestien« begonnen, die noch ungebrochene Willenskräfte und Machtbegierden hatten, und sich auf schwächere, friedlichere »Rassen« warfen. Zwar könne man unter Aristokraten auf Gewalttätigkeit und Ausbeutung verzichten. Aber als allgemeines Prinzip für das Miteinander von Menschen würde eine solche Haltung zur »Verneinung des Lebens«, zu Verfall und Auflösung führen.[49] Das Wesen einer »guten und gesunden Aristokratie« sei, dass sie »mit gutem Gewissen das Opfer einer Unzahl von Menschen hinnimmt, welche um ihretwillen zu unvollständigen Menschen, zu Sklaven, zu Werkzeugen herabgedrückt und vermindert werden müssen«, formulierte Nietzsche.[50] Ein Satz, den wohl jeder SS-Mann als Leitmotiv übernehmen konnte.

Die Juden galten Nietzsche als »verhängnisvollstes Volk der Weltgeschichte« und der »Börsenjude« als »widerlichste Erfindung des Menschengeschlechts« überhaupt.[51] Für die jüdische »Sklavenmoral« hatte er nur

Verachtung übrig. Durch das Christentum sei diese verbreitet und die Welt auf diese Weise »verjudet« worden. Zwar schrieb Nietzsche den Juden allerlei Eigenschaften zu, die in seinen Augen positiv waren, etwa den Willen zur Macht, gleichwohl finden sich Vorurteile schon in seinen jungen Jahren als Student in Leipzig, der sich über »Judenfratzen« echauffierte. Als enger Freund Richard Wagners attackierte Nietzsche dessen Kritiker sowie die Presse als jüdisch. Die Mission der Deutschen sei nicht zu Ende, noch sei nicht alles unter »französisch-jüdischer Verflachung« zugrunde gegangen, schrieb er 1871 nach dem Sieg Preußens über Frankreich.[52]

Nietzsche brach später mit Wagner, weil er diesem unterstellte, er hätte sich dem Christentum zugewandt. Er tat fortan so, als sei seine judenfeindliche Haltung bloß eine Infektion durch Wagner gewesen. Immerhin wies Nietzsche nun den Antisemitismus zurück und phantasierte im Januar 1889, kurz bevor er dem Wahnsinn verfiel, darüber, dass alle Judenfeinde erschossen würden. Der Historiker Thomas Mittmann, der öffentliche und private Äußerungen des Philosophen untersucht hat, kommt deshalb zu dem Schluss, Nietzsche sei zugleich Judengegner und Antisemitenfeind gewesen.[53] Auch mit seiner tiefen Verachtung der sogenannten Ostjuden, die von allen Überlegungen zur Assimilation ausgeschlossen waren, erweise sich Nietzsche »in vielfacher Hinsicht als ein typischer Antisemit des 19. Jahrhunderts«.[54] Tatsächlich kennzeichnet etwa »Jenseits von Gut und Böse« diese Widersprüchlichkeit, einerseits gegen die »Antisemiterei«, andererseits der dringende Ratschlag, bloß keine Ostjuden ins Land zu lassen, einerseits gegen Weltverschwörungsphantastereien, andererseits die Bemerkung, wenn die Juden wollten, könnten sie die Macht übernehmen.[55]

Heute wird Nietzsche als profunder Gesellschaftskritiker verklärt, von postmodernen und postanarchistischen Autor*innen als Referenz angeführt. Kropotkin hatte Nietzsches Lehren als dummen Egoismus und Individualismus zurückgewiesen, ihn als »Sklaven des bürgerlichen Vorurteils« kritisiert, als Philosophen, der Sklaven brauche, die ihm das Leben ermöglichten.[56] Bakunin feierte die jüdisch-christliche Sklavenmoral in ihren Anfängen als erste prinzipielle Revolte eines antiken Proletariats gegen eine enge und grausame Aristokratie.[57]

In der Giordano-Bruno-Stiftung und ihrem Umfeld wird Nietzsche hoch geschätzt, kritische Bemerkungen sind rar.[58] Dafür rühmte Schmidt-Salomon den Kirchenkritiker Deschner als »Nietzsche unserer Zeit«.[59]

4.3. Gegenpäpste, Esoteriker und völkischer Antiklerikalismus

Das deutsche Bürgertum hatte mit einem Antiklerikalismus wenig im Sinn, der etwa die französische und italienische Bourgeoisie beseelte, die für einen laizistischen Staat kämpften. Nach der gescheiterten 1848er-Revolution machte das deutsche Bürgertum lieber seinen Frieden mit Adel und Monarchie. Im Kaiserreich beteiligten sich die Liberalen am Kulturkampf des preußisch-protestantischen Obrigkeitsstaates gegen den Katholizismus. Den Patrioten galten die Ultramontanen, wie man Anhänger des Vatikans nannte, als fünfte Kolonne, ferngesteuert aus Rom, die Staat und Nation schadeten.

Bedarf nach spirituellem Halt bestand gleichwohl. Der Fortschrittsoptimismus der Gründerzeit bekam mit der Wirtschaftskrise von 1873 einen ersten Dämpfer.[60] Die Mittelschichten gerieten in die Zange zwischen Kapital und Proletariat. Die Frauenbewegung forderte männliche Herrschaft heraus. Geistiges Rüstzeug und Seelenbeistand gegen emanzipatorische Anwandlungen versprachen Schopenhauer und Nietzsche. Nietzsche verwarf, wie gesagt, demokratische und sozialistische Bewegungen, weil sie die geborenen Übermenschen, die aristokratischen Bestien, lähmten. Die »Weibs-Emancipation« galt ihm als Symptom der Dekadenz. Schopenhauer war sie ähnlich verhasst. Er bezichtigte die Frauen der »Thorheit« und Verschwendungssucht, deswegen müssten sie stets unter männlicher Aufsicht und Vormundschaft stehen. Vor Gericht müsse ihr Zeugnis weniger Gewicht haben als das der Männer, weil das weibliche Geschlecht »täglich drei Mal so viele Lügen in die Luft schickt«.[61]

Die kulturpessimistische Haltung brachte eine »Art fundamentalistischer Revolte« hervor. Sie zeigte sich in einem Esoterikboom, der mit spiritistischen Sitzungen begann, und in allerlei Versuchen mündete, neue Religionen zu kreieren. Das Ergebnis war ein »Panoptikum von Gralssuchern, Apostel- und Erlösergestalten des Fin de Siècle« oder Professoren- und Intellektuellen-Religionen, wie Max Weber spottete.[62] Diese »religiöse Welle« setzte sich in der Weimarer Republik fort, wie Zeitgenossen vermerkten.[63]

Bereits Schopenhauer hatte die Vorzüge asiatischer Religionen gepriesen. Der Philosoph mit dem Pudel soll sich als erster Deutscher als »Buddhaist« bezeichnet haben. Durch den Buddhismus sah er sich in seiner pessimistischen Weltsicht bestätigt. Für ihn gab es nur zwei Wege zur Erlösung, entweder durch die Kunst, insbesondere die Musik, die frei von der Kausalität und den Zwängen des Willens wäre, sowie durch religiöse Askese und Mitleid. Die Übel des Daseins und die Menschen ließen sich nur durch Meditation ertragen. Schopenhauer empfahl viermal täglich eine Meditation über Samsara, die Welt der Gelüste und des Verlangens, der Geburt, der Krankheit und des Sterbens, einer Welt, »die nicht sein sollte«.[64]

Eine weitere einflussreiche Variante der Sinnsuche war der Monismus, der auf Ernst Haeckel zurückgeht. Bereits 1866 propagierte der Zoologe eine neue Religion auf der Grundlage naturwissenschaftlicher Erkenntnisse, ähnlich wie später Julian Huxley. Seine »einfache Naturreligion« sollte »veredelnd und vervollkommnend« wirken im Gegensatz zu den »Kirchenreligionen«.[65] Er sprach damit eine Klientel an, die sich von den Dogmen der etablierten Kirchen abwandte, aber an die Naturwissenschaft wie an eine Religion glaubte und auf Metaphysik nicht verzichten mochte.

In seinem Bestseller »Welträtsel« (1899), der in einer Auflage von einer halben Million vertrieben wurde, entwickelte Haeckel den Monismus als Glauben der Zukunft, den er als »All-Eins-Lehre« vom personalen Gottesglauben, dem Theismus des Christentums, sowie dem Okkultismus abgrenzte. Gott und die Welt seien ein einziges Wesen, diese Erkenntnis ergebe sich aus der »geläuterten Naturbetrachtung des denkenden Kulturmenschen«.[66]

Die monotheistischen Religionen, aber auch pantheistische und gnostische Lehren werden als dualistisch bezeichnet, weil sie von zwei Prinzipien ausgehen, Geist und Materie. Der Pantheismus sieht das göttliche Prinzip überall in der Natur verkörpert, für Gnostiker ist der göttliche Funke mehr oder weniger schuldhaft in die Materie verstrickt. Der Monismus hingegen beharrt auf einem einzigen letzten Prinzip, einer einzigen Wahrheit, einem Urgrund des Seins. Unter den Religionen gelten daher Buddhismus und Daoismus als monistisch.[67] Der Monismus verwirft die Trennung in Geist und Materie.

Gestützt auf die Naturwissenschaft solle der Mensch das Göttliche in der Natur und sich selbst entdecken, forderte Haeckel. Er stellte sich die Evolution als kosmische Kraft vor, die sich in der Natur verkörpert: Mensch und Natur seien ein zusammenhängendes Ganzes, beseelt vom gleichen göttlichen Geist. Er warb für eine »Umkehr zur Natur«, eine »naturgemäße Gesellschaftsordnung«, die »ewigen Naturgesetzen« entsprechen müsse. Allerdings nicht im Sinn von Rousseau als ein Zurück zur Natur. Haeckel wollte die Gesellschaft nach naturwissenschaftlichen Erkenntnissen umgestalten und lenken. Er unterstellte einen immerwährenden Fortschritt, der zum »Triumph der Menschennatur über die gesammte übrige Natur« führen werde.[68]

Auf dem internationalen Freidenkerkongress im September 1904 wurde der »Wissensfürst« Haeckel zum »Gegenpapst« ausgerufen, seine Villa Medusa in Jena führte er wie eine Wallfahrtsstätte. Das Haus ist seit 1920 ein Museum.[69] Im Januar 1906 gründeten Haeckel und seine Anhänger den Deutschen Monistenbund als Verband für Freireligiöse und Freidenker und als Organisation für die »überlegene geistige Macht [...] einer einheitlichen, neuzeitlichen Weltanschauung«.[70] Zu den Unterzeichnern des Gründungsaufrufs zählten führende Rassenhygieniker wie Ploetz, Forel und Wilhelm Schallmayer, dazu Wilhelm Schwaner, der Gründer der Germanischen Glaubensgemeinschaft.[71]

Der Verband forderte eine Trennung von Staat und Kirche sowie die Abschaffung der Konfessionsschule. 1908 verlangte der Monistenbund von den Behörden, bei Eheschließungen ein Gesundheitsattest zu fordern, vier Jahre später wandte sich der Monistenbund in dieser Sache mit einer Eingabe an den Reichstag. Damit griff der Verband eine eugenische Forderung auf, die sich etwa schon bei Nietzsche findet. Die Nationalsozialisten verwirklichten diesen Punkt, als sie 1935 im »Gesetz zum Schutze der Erbgesundheit des deutschen Volkes« ein sogenanntes Ehetauglichkeitszeugnis vorschrieben.

Bei Kriegsausbruch 1914 hatte der Monistenbund über 6.000 Mitglieder. Der Vorstand rief dazu auf, für das Vaterland zu kämpfen. Haeckel zählte im Oktober 1914 zu den Unterzeichnern des chauvinistischen »Aufrufs an die Kulturwelt«, in dem die Gräuel, die deutsche Soldaten an der belgischen Zivilbevölkerung begingen, einfach geleugnet wurden.[72]

Die Giordano-Bruno-Stiftung steht nach den Worten ihres Vorstandsprechers in der Tradition Haeckels. Die monistische Philosophie weise trotz zeitbedingter Fehler und der Katastrophen, die ein normativer Biologismus im 20. Jahrhundert ausgelöst habe, »in vielen Punkten sehr wohl in die richtige Richtung«, schrieb Schmidt-Salomon in einer Würdigung zum 100. Geburtstag des Monistenbundes. Man müsse die »vielfältigen kritischen Impulse« des Monismus »kritisch wieder aufgreifen« und ihn dafür vom »biologistischen Ballast befreien«.[73] In den Anmerkungen räumte Schmidt-Salomon ein, dass es reaktionäre, rassistische und nationalistische Tendenzen in dieser Organisation gab. Das ist untertrieben, denn solche Auffassungen machten das Wesen des Verbandes aus. Jedenfalls bezeichnete Schmidt-Salomon den evolutionären Humanismus als »kritische Wiederaufnahme« dieser Tradition, wobei man sich von allen biologistischen, nationalistischen und esoterischen Aspekten distanziere.[74]

Die Streitigkeiten zwischen Anthroposoph*innen, Theosoph*innen, Pantheist*innen und Monist*innen über das wahre Wesen des Göttlichen bemäntelten häufig Rivalitäten und Führungsansprüche zwischen und innerhalb solcher Gruppen.[75] Das gemeinsame Ziel dieser spirituellen Sinnsucher*innen brachte der völkisch-esoterische Verleger Eugen Diederichs auf den Punkt: »Der Mensch erlöst sich selbst, das ist die neue Religion.«[76] Dieser Gedanke mündete in eine Selbstvergottung, in Allmachtsphantasien und entsprechenden Praktiken. Nietzsche, Ludwig Kuhlenbeck vom Giordano-Bruno-Bund, der 1900 in Berlin von Freidenker*innen gegründet wurde, oder Giulio Evola in Italien priesen den heroisch-faustischen Übermenschen. Sie verachteten die gewöhnlichen Sterblichen und fühlten sich den sogenannten Massenmenschen, die der Ethik der jüdisch-christlichen »Sklavenreligion« anhingen, turmhoch überlegen.[77] Deren Moral sollte für die auserwählte Elite der Erleuchteten und Übermenschen nicht mehr gelten. Dabei ergänzten sich die Tendenz zur Selbstvergottung und die Hinwendung zur Eugenik.[78]

Was diese neuen Religionsstifter*innen bekämpften und wofür sie das Judentum verantwortlich machten, war die Vorstellung, der Mensch sei von Gott getrennt und verschieden, aber dessen Geboten unterworfen. Denn daraus ließ sich die Idee der prinzipiellen Gleichheit aller Menschen vor Gott und damit auch untereinander ableiten. Diese Vorstellung wiederum hat Konsequenzen für das Zusammenleben, eine Ethik der Gleichheit – die die Kirche allerdings 2000 Jahre lang nicht umsetzte, wie Marx bemerkte.

Die Völkischen zogen mit Nietzsche eine Linie vom Judentum, über das Christentum hin zur liberalen Demokratie und sozialistischen Vorstellungen. Dem stellten sie das Dogma von der Ungleichheit des Menschen und der göttlichen Natur der Elite, der Aristokraten entgegen.[79] Vorstellungen wie Schuld und Sühne, Gewissen, Verantwortung und Nächstenliebe sind aus dieser Perspektive falsch, gefährlich und unverantwortlich. Denn solche moralischen Vorstellungen schützen menschliche »Ballastexistenzen« und würden damit den Untergang abendländischer Kulturrassen beschleunigen. Die Idee der Gleichberechtigung behindere den Kampf ums Dasein und begünstige die Ausbreitung biologisch minderwertiger Menschen, fürchtete Ploetz. Darum sei der Sozialismus schlimmer als der Kapitalismus, denn »Systeme des reinen Manchestertums [...] kommen mit dem Princip der natürlichen Zuchtwahl weniger in Conflict«.[80]

Die Feministin Helene Stöcker verabschiedete sich mit Nietzsche von der traditionellen Religion zugunsten des Glaubens an die Allmacht der Menschen, der totalen Naturbeherrschung. Ihrer Ansicht nach sollte die Eugenik, die Lehre vom »Glücklich-Geboren-Werden« zur neuen Religion werden. Dahinter verbargen sich bei Stöcker und dem Bund Mutterschutz Machbarkeitswahn und »maßlose Größenphantasien«, wie Martina Hein schreibt, die Vorstellung einer vollständigen Kontrolle der Fortpflanzung, der Ausmerzung und Auslese sowie der Züchtung eines perfekten und leistungsstarken neuen Menschen.[81] Dadurch sei Stöcker zur Mittäterin geworden, die dem Nationalsozialismus den geistigen Boden vorbereitete.[82]

Damit war ein innerer Zusammenhang zwischen Sozialdarwinismus, Eugenik, Antiklerikalismus und spiritueller Sinnsuche formuliert, der immer wieder deutlich wird. Haeckel und Stoecker waren nicht die einzigen, die Naturwissenschaft und Religion verbinden wollten. Auch in Großbritannien waren Protagonist*innen der neuen Leitwissenschaft Evolutionsbiologie dafür empfänglich. Galton wollte eine »Nationalreligion« schaffen, die den Bedürfnissen der Gegenwart besser entspreche, und die Eugenik »gleich einer neuen Religion, in das nationale Bewußtsein einpflanzen«, um »die Menschheit durch ihre höchsten Rassen vertreten zu sehen«.[83]

Huxley bekannte unter dem Eindruck des Ersten Weltkrieges, es sei schwierig, noch an einen persönlichen Gott zu glauben.[84] Er betrachtete einen solchen Gottesglauben sowie die gängigen Jenseitsvorstellungen als Ausdruck von Unwissenheit. Diese Ideen hätten ihren Ursprung in den »primitivsten Spekulationen und Aberglauben unter barbarischen und wilden Rassen«.[85] Allerdings ziehe die Masse der Menschen trotz aller Fortschritte der Wissenschaft bis heute eine magische Weltsicht vor.[86] Zwar interpretierte Huxley die vorhandenen Religionen damit materialistisch als Ausdrucksformen des Menschen in den jeweiligen historischen Epochen, betrieb aber keine Religionskritik, im Gegenteil.

Sein Großvater Thomas Huxley hatte den Begriff Agnostizismus geprägt, seine Mutter sei Pantheistin gewesen, berichtet Julian Huxley.[87] Er selbst war kein Atheist, sondern entwickelte eine mystische Weltsicht. Er warb für eine neue Religion ohne Offenbarung, ohne die Vorstellung eines persönlichen Gottes. Dabei verwies er auf den Buddhismus, der ohne ein übernatürliches Wesen auskomme.[88] Religion blieb für Huxley ein natürlicher Bestandteil des menschlichen Lebens. Sie entstünde aus dem Gefühl für das Heilige und sei die Kunst spiritueller Gesundheit. Er sah auch keinen prinzipiellen Widerspruch zwischen Religion und Wissenschaft. Es gelte, diese Heiligkeit mit wissenschaftlichen Methoden in der Realität zu finden. Kommunion mit Gott bedeute, unsere Erfahrung des Universums mit den treibenden Kräften unserer Seele harmonisch zu vereinen.[89]

Mystik und Eugenik waren für Huxley eng verknüpft. Er unterstellte einen immerwährenden Fortschritt, insbesondere des Wissens, eine Entwicklung vom Niederen und Unvollkommenen zum Guten und Besseren. Dabei schrieb er seinem Milieu, einer kleinen Elite von Forschern, die zentrale Rolle zu. Die einzige Grenze des Fortschritts markierten seiner Ansicht nach bislang die biologischen Grenzen des menschlichen Körpers und diese ließen sich durch gezielte Zucht überwinden.

Die Aufgabe des Menschen sah Huxley darin, das Chaos des Niederen, des reinen Materials, in etwas Höheres, in eine Ordnung zu verwandeln. Dies gelte auch für den Menschen selbst.[90] Dabei lägen noch Millionen von Jahren vor uns. Viel Arbeit sei notwendig, um späteren Generationen ein erfüllteres Leben zu ermöglichen. Was Huxley damit konkret meinte, machte er immer wieder unmissverständlich klar: Eugenik und Bevölkerungskontrolle.[91] Denn durch die Kontrolle der Evolution schaffe der Mensch das Königreich Gottes auf Erden.[92] Für die schöne neue Welt der Gentechnik und Menschenzucht, der völligen Beherrschung und Manipulation der Natur wollte er eine eigene Mythologie fabrizieren, eine neue wahre und entwickelte Religion als »Mörtel«, der alles zusammenhält.[93] Deutlich wird die Verknüpfung von Mystizismus, technokratisch-elitärem Fortschrittsdenken und Eugenik in einem Vortrag, den Huxley 1936 vor Mitgliedern der britischen Eugenischen Gesellschaft hielt: »Wenn die volle Bedeutung der Evolutionsbiologie erfasst sein wird, wird Eugenik unvermeidlich Teil einer Religion der Zukunft werden oder eines Bündels von Gefühlen, die in Zukunft die Rolle der organisierten Religion übernehmen könnten.«[94]

4.4. »Ohne Juda, ohne Rom wird erbaut Germaniens Dom«

Die sozialdarwinistisch-eugenische Pseudospiritualität verband sich in Deutschland mit dem völkischen Antiklerikalismus, gemeinsam waren ihnen Rassismus und Herrenmenschen-Attitüde. Eine herausragende Rolle bei der Formulierung der völkischen Haltung spielten der Göttinger Orientalist Paul de Lagarde und Houston Stewart Chamberlain, der Schwiegersohn Richard Wagners. Lagarde kritisierte den Katholizismus als Widersacher von Nation und Staat. Die katholische Kirche sei das Produkt des Völkergemischs des römischen Imperiums, setze die römische Art des Regierens fort und sei im Kern jüdisch.[95] Den Protestantismus verwarf er als »Mischmasch aus fader, feiger Sentimentalität und den abgestandenen, angefaulten Resten des Christentums«.[96] Vor dem Hintergrund des »Kulturkampfes«, der Repression des Bismarckstaates gegen Katholik*innen, forderte Lagarde eine Religion, die »dem von Gott gewollten Wesen der deutschen Nation« entspreche. Diese neue nationale Religion sollte die konfessionelle Spaltung überwinden und Deutschland von fremden, insbesondere jüdischen Einflüssen säubern.

Chamberlain schilderte die vergangenen zweieinhalbtausend Jahre als Kampf zwischen Indoeuropäern und Semiten bzw. Germanen und Juden. Eine entscheidende Rolle schrieb Chamberlain dabei der Religion zu: Jede Religion habe rassenspezifischen Charakter. Das aus seiner Sicht große Manko war, dass die Germanen keine eigene Religion gestiftet hatten. Sie würden stattdessen »als verkrüppelte Judenknechte hinter Jahves Bundeslade« herhinken.[97] Sein Hauptwerk »Die Grundlagen des neunzehnten Jahrhunderts« (1899) wurde zu einem Bestseller, das bis 1915 in einhunderttausend Exemplaren verkauft wurde. Bis 1941 erschienen 27 Auflagen.[98]

Wie eine nationale Religion aussehen sollte, darüber ließ sich Chamberlain so wenig aus wie Lagarde. Chamberlain begnügte sich damit, Religion als Gemütszustand zu definieren, als Gefühl des Herzens. Wahre Religion sei metaphysisch und mystisch, gegenwartsbezogen und schicksalsgläubig, erfüllt vom Geist der Treue und der Freiheit. Sie könne deshalb nur von Germanen gestiftet und akzeptiert werden, deren herausragende Charaktereigenschaft die Freiheitsliebe sei. Deshalb würden Germanen sich stets gegen Judentum und Katholizismus auflehnen. Chamberlain feierte die englische Magna Charta, Franz von Assisi, die Ketzerbewegungen und unabhängigen Städte des Mittelalters als Ausdruck germanischen Freiheitsdranges ebenso wie die Abschaffung der Sklaverei und das Entstehen der Tierschutzbewegung.[99]

Die Juden stellten die finstere Gegenrasse dar. Lagarde betrachtete sie als eine Nation, die entweder komplett assimiliert oder aber vertrieben werden müsste. Die christliche Religion wollte er vom »jüdischen Gift« reinigen.[100] Für Chamberlain waren die Juden eine kulturlose Bastardrasse, materialistisch und parasitär, die den Aufstieg der Menschheit zur Freiheit und wahrer Spiritualität behinderten und alle ihre schlechten Eigenschaften dem Christentum aufgeprägt hatten.[101] Die Juden seien Sklavenseelen, die ein Gesetz brauchten, rationale Erklärungen, materiell greifbare Gewissheit und dogmatische Sicherheit, an denen sie sich festklammern könnten. Darum seien Juden intolerant und unduldsam.[102] Die jüdische Religion verkörpere diesen schlechten jüdischen Charakter, sie sei geistlos, steril und mumifiziert und diene der Herrschaft von Priestern und Gelehrten, schrieb Chamberlain.[103]

Im Gegensatz zu den Juden, ihren Schriften und Disputen habe Jesus gelehrt, dass das Reich Gottes in jedem zu finden sei und die göttliche Vorsehung überall walte.[104] Er feierte Jesus als Helden, der das strenge jüdische Gesetz überwunden habe. Dessen Lehre betone das Gemüt als »Urquelle aller echten Religion«, eine Quelle, die die Juden »durch ihren Formalismus und durch ihren hartherzigen Rationalismus fast zugeschüttet« hätten.[105] Die Lehre Jesu sei darum nur germanischer Innerlichkeit angemessen und Jesus konnte nach Ansicht Chamberlains deshalb auch kein Jude gewesen sein, vielmehr stammte er aus Galiläa, das von Siedlern aus verschiedenen Rassen bevölkert gewesen sei.[106] Seine Lehre sei jedoch von der katholischen Kirche verfälscht worden, die mit ihrer Hierarchie, ihrer Macht und der Verfolgung Andersdenkender ein Abbild des schlechten jüdischen Charakters sei.[107]

In der Welt der Antisemit*innen sind Juden zwiespältige Wesen: einerseits Ungeziefer, Blutsauger und Parasiten, andererseits die heimlichen Herrscher der Welt – von jüdischen Frauen ist nicht die Rede –, die Banken und Börsen, Medien und Politik kontrollieren. Ein wesentlicher Beitrag von Lagarde und Chamberlain zu dieser großen Verschwörungideologie war die Idee, dass die katholische Kirche, die keiner Nation verpflichtet war und international agierte, in Wahrheit ein Werkzeug der Juden sein musste. Das war insofern Irrwitz, als die katholische Kirche jahrhundertelang der wichtigste Protagonist des abendländischen Antisemitismus gewesen war, allerdings lagen den Wahnvorstellungen reale Konflikte zugrunde.

So argwöhnten die Deutschnationalen in der Donaumonarchie, die Kirche agiere als Schutzpatronin von Polen, Slowenen, Kroaten, Ungarn und Italienern, die die Privilegien der deutschen Minderheit bedrohten. Rudolf Steiner rügte als Student in Wien katholische Politiker als »undeutsch« und forderte wie Lagarde eine »Nationalreligion«, um die »Fesseln Roms« abzustreifen.[108] Im Deutschen Reich galt der Katholizismus als äußerer Feind, obendrein als Schutzmacht der Minderheit in den preußisch besetzten Gebieten Polens im Osten und von katholischen Einwanderer*innen aus Italien, Böhmen und Russisch-Polen.[109] Manche fabulierten gar von einer katholischen Einkreisung des Deutschen Reiches, die von Polen, Österreich und der Schweiz bis Lothringen und Belgien reichen sollte.[110] Umstritten war in der rechten Szene, ob deutsche Katholiken einer minderwertigen fremden Rasse angehörten, die sich durch runde Köpfe auszeichne.[111]

Die Idee einer neuen Reformation, einer religiösen Erneuerung, spielte für die Völkischen darum eine zentrale Rolle. Ein neuer germanischer oder arischer Glaube sollte das »artfremde« jüdisch geprägte Christentum ersetzen und dem deutschen Volk Kraft und Motivation für eine rassische Erneuerung und den Kampf um den Platz an der Sonne geben. »Ohne Juda, ohne Rom wird erbaut Germaniens Dom«, lautete der Slogan des österreichischen Politikers Georg Ritter von Schönerer.

Zwischen 1870 und 1945 existierten Dutzende von Gruppen und Grüppchen, die sich diesem Ziel widmeten. Als Pionier darf der Bund der Germanen gelten, 1887 in Österreich gegründet, ebenso antikatholisch und antisemitisch wie Schönerers Los-von-Rom-Bewegung, die zwischen 1897 und 1902 Aufsehen erregte. Nach dem Ersten Weltkrieg erlebte die Szene einen Boom, der bis etwa 1935 anhielt, als die Deutsche Glaubensbewegung als Sammlung nicht- und antichristlicher, jugendbewegter und völkischer Gruppen und Einzelpersonen wieder zerfiel.[112]

Wie diese Reformation aussehen sollte, darüber kursierten unterschiedliche Vorstellungen. Einig war man sich nur im Feindbild und darin, dass eine künftige deutsche Religion diesseitsbezogen, mystisch und rassisch fundiert sein musste. Ansonsten gab es große Unterschiede, die größte Differenz bestand in der Frage, ob das Christentum »arisiert«, also von jüdischen Elementen gereinigt werden könnte oder prinzipiell fremd bleibe und deshalb neue Formen völkischer Spiritualität gesucht werden müssten.[113] Diese grundsätzliche Differenz besteht bis heute in der extremen Rechten, wobei die Anhänger*innen einer neuen »artgerechten« Spiritualität stets in der Minderheit blieben. Das Adjektiv »artgerecht« meint in der völkischen Bewegung der jeweils eigenen Rasse gemäß. Eine völlige Abgrenzung vom Christentum einhergehend mit einem Bekenntnis zu völkischer Religiosität wird bis heute im offen antisemitischen und neonazistischen Spektrum vertreten.[114]

Für diese Ansätze völkischer Religiosität hat sich der Begriff des Neuheidentums eingebürgert. Dieser ist insofern irreführend, als Protagonist*innen der Szene, etwa die Germanische Glaubensgemeinschaft, keineswegs zum Götterglauben der Ahnen zurückkehren wollten, sondern Relikte germanischer Mythologie, oder was sie dafür hielten, verwandten, um ein »arteigenes Gotterleben« zu entwickeln. Der Begriff Neuheidentum wurde von kirchlichen Gegner*innen geprägt und später von Völkischen als »Ehrentitel« übernommen, weswegen auch in diesem Buch auf den Begriff Bezug genommen wird.[115]

Die deutschchristlichen Strömungen wollten das Christentum von jüdischen Elementen säubern. Stichwortgeber dieser Fraktion waren Chamberlain, der 1921 den Bund für deutsche Kirche mitgründete, sowie Arthur Dinter mit seinem Bestseller »Die Sünde wider das Blut« (1921). Ihre Anhänger*innen behaupteten, Jesus sei kein Jude gewesen. Wahlweise wurde sein wahrer Vater als Grieche, Römer, Gallier oder Germane gehandelt, Ernst Haeckel mutmaßte einen Offizier aus einer Legion aus Kalabrien als Erzeuger. Später behaupteten NS-Größen wie Hitler, Himmler, Goebbels sowie Alfred Rosenberg und Dietrich Eckart, Jesus wäre Arier gewesen.[116]

Auf solche Ideen bezogen sich die Deutschen Christen, eine Massenbewegung in der evangelischen Kirche, die sich seit 1930 formierte. Sie gewannen im Juli 1933 die von Hitler oktroyierten Kirchenwahlen, so dass sie in Landeskirchen und der Gesamtkirche Schlüsselpositionen einnahmen. Ihre Massenzeremonien waren zeitweise durchaus populär, Schätzungen gehen von bis zu 600.000 Anhänger*innen aus. Anfangs vom NS-Regime protegiert, zerbröckelte die Bewegung an ideologischen und persönlichen Zwistigkeiten.[117]

Die völkischen Neuheid*innen hingegen wiesen die Vorstellung eines arisierten Christentums zurück. Der christliche Glaube galt ihnen als durch und durch orientalisch-jüdisches, artfremdes Gebilde, das den Germanen aufgezwungen worden war. Ernst Bergmann, einer der wichtigsten Ideologen, bezeichnete das Christentum als Frucht der Vergewaltigung Germaniens. Die Neuheid*innen wollten eine neue, der nordischen oder arischen Rasse gemäße Religion schaffen. Diese Spiritualität sei quasi im Erbgut der Deutschen verankert, sie entspreche der Stimme des Blutes, wie die Autor*innen häufig betonten. Das Göttliche wäre bereits im deutschen Menschen verkörpert, ebenso in der Natur, woraus sich die besondere Beziehung der Deutschen zur Natur, insbesondere zum Wald ergäbe.[118]

Dieser Grundrichtung ist auch die Ariosophie, die Lehre von der »Weisheit der Arier«, zuzurechnen, die auf der Wurzelrassenlehre der Theosophie aufbaute.[119] Deren Gründerin, die Russin Helena P. Blavatsky, hatte das Judentum ebenfalls als extrem patriarchale, aggressive Religion bezeichnet, der es an spirituellem Gehalt fehle.[120] Als Gründer der Ariosophie gelten Guido List, ein gelernter Kaufmann, und sein österreichischer Landsmann Jörg Lanz von Liebenfels, ein ehemaliger Zisterziensermönch. List predigte, dass das Göttliche die Welt durchdringe, die ein hierarchisch strukturiertes Ganzes darstellte. Die Geschichte vollziehe sich in einem Entwicklungsprozess von niederen zu immer höheren Wiedergeburten, die ihre Vollendung im Göttlichen finde. Am weitesten fortgeschritten seien die Ariogermanen. Bereits in den 1890er-Jahren entwickelte List seine Wotans-Religion. Er und seine Anhänger*innen warfen der Kirche vor, den arischen Glauben, den Wotanskult und seine Priester verfolgt zu haben. Später versuchte sich List in der Deutung von Runen und an einer »arischen Ursprache«. Er trat für die Züchtung einer Edelrasse ein, lehnte Rassenmischung ab und verwendete als einer der ersten das Hakenkreuz als Symbol.[121] Lanz predigte den Kampf der »Arioheroen« gegen die Dunkelrasse, die Tschandalen, und prägte den Begriff Ariosophie. 1900 gründete er in Wien den Ordo Novi Templi (ONT), den Orden des neuen Tempels. 1907 übernahm Lanz die Zeitschrift Ostara und wandelte sie in ein antisemitisch-rassistisches Hetzblatt um, zu dessen Lesern Adolf Hitler zählte.[122]

1911 organisierten sich die ersten Neuheid*innen im Deutschen Orden, umgetauft später in Deutschgläubige Gemeinschaft, um Otto Sigfrid Reuter sowie Ernst Hunkel, einem Lebensreformer und Anhänger Silvio Gesells.[123] Weitere Gruppen aus diesem Spektrum waren der Germanenorden (1912), die Germanische Glaubensgemeinschaft um den Maler und Dichter Ludwig Fahrenkrog (1912/13), der auch Fidus beitrat, der berühmte Graphiker der Lebensreform- und Jugendbewegung.[124]

In Italien warb Evola für ein neues Heidentum. Ähnlich wie Nietzsche und Chamberlain deutete er die liberale Demokratie und die Emanzipation der Frau als Sieg des Pöbels und Untergang des Abendlandes. Schuld daran seien universalistische Vorstellungen, die Idee der Gleichheit, Freiheit und Solidarität. Diese wiederum verwarf er als Folgen eines »verjudeten«

Katholizismus. Das Christentum sei die Ideologie der Schwachen und Ausgegrenzten gegen die Aristokratie gewesen, Gift für das römische Imperium, das schließlich sogar die blonden Barbaren infiziert habe und heute mit der Demokratie verbunden sei. Stattdessen propagierte Evola die Ungleichheit und ein neues Heidentum als Grundlage eines neuen römischen Imperialismus. Vor diesem Hintergrund scheute er sich nicht, das faschistische Regime wegen des Konkordats mit dem Vatikan offen zu kritisieren. Der Faschismus sei verbürgerlicht, habe keinen Geist mehr, rügte Evola.[125]

4.5. Jakob Wilhelm Hauer und die Deutsche Glaubensbewegung

Zur wichtigsten Figur im neuheidnischen Spektrum avancierte der Religionswissenschaftler Jakob Wilhelm Hauer. Er hatte als Schulleiter in Indien Hinduismus und Buddhismus kennengelernt und später als Professor für Indologie in Marburg und Tübingen gelehrt. Hauer galt als Liberaler und trat für eine Neuorientierung des Protestantismus ein, driftete aber bereits in der Weimarer Republik nach rechtsaußen.[126] Nietzsche habe ihm geholfen, die Fesseln der christlichen Überlieferung zu sprengen, schrieb Hauer später.[127] Die Vorstellung eines arischen Jesus und eines germanischen Christentums lehnte er strikt ab. Hauer meinte, die jüdisch-christliche Religion sei den Deutschen übergestülpt worden, es gelte zu den Wurzeln arischer Religiosität zurückzukehren.[128] 1933 wandte er sich dem Nationalsozialismus zu. Er wurde Mitglied in Alfred Rosenbergs Kampfbund für deutsche Kultur, Mitarbeiter im Rassenpolitischen Amt der NSDAP sowie beim SS-Ahnenerbe. Heinrich Himmler und Reinhard Heydrich nahmen ihn 1934 in die SS und den SD auf.[129] Weil ihm der positive Bezug auf das Christentum im Parteiprogramm nicht passte, trat Hauer der NSDAP erst später bei.[130]

1933 gründeten Vertreter freireligiöser, neuheidnischer und deutschchristlicher Gruppen unter Leitung Hauers die Arbeitsgemeinschaft Deutsche Glaubensbewegung (ADG), später als Deutsche Glaubensbewegung bezeichnet. Viele ihrer Funktionäre waren Akademiker, die ideologische Grundlagen für den späteren Massenmord in Osteuropa lieferten.[131] Wegen ihres sozialen Hintergrunds wurden diese Bestrebungen von konkurrierenden Fraktionen des Nationalsozialismus als Professoren- oder Literatenreligion geschmäht.[132] An der Spitze der ADG stand ein »Führerrat«, dem unter anderem Hauer, der »Rassepapst« Hans F. K. Günther sowie Professor Ernst Bergmann angehörten.[133]

Hans F. K. Günther hatte vergleichende Sprachwissenschaft und Germanistik studiert. Seine »Rassenkunde des deutschen Volkes« (1922) machte ihn zu einer Referenz für die Nationalsozialisten. Wie andere Rassentheoretiker vor ihm, darunter Gobineau, meinte Günther, es existierten keine reinen Rassen mehr. In Deutschland hätten sich vier Rassen gemischt, eine nordische, eine westisch-mediterrane, eine ostisch-alpine sowie eine dinarische Rasse. Es käme darauf an, die Anteile der nordischen als der wertvollsten Rasse zu stärken und zu vergrößern.[134] Der »Rassenpapst« unterstützte deshalb die Zwangssterilisierung von Behinderten.[135] International genoss Günther mit seinen Lehren durchaus ein gewisses Ansehen.[136] 1930 verschaffte ihm Wilhelm Frick, der erste Minister aus den Reihen der NSDAP in einer Koalitionsregierung in Thüringen, einen eigens eingerichteten Lehrstuhl für Sozialanthropologie an der Universität Jena.[137]

Ernst Bergmann war der Sohn eines evangelischen Pfarrers. Ursprünglich wollte er wie sein Vater in der Kirche Karriere machen. Während des Ersten Weltkrieges meldete er sich freiwillig, nach einem Unfall 1916 war er frontuntauglich. Im gleichen Jahr erhielt er die Stelle eines nicht beamteten, außerplanmäßigen Professors für neuere Geschichte in Leipzig, wo er studiert hatte. Im Oktober 1923 schrieb er einen Brief an Hitler, in dem er »die völlige Ausrottung des Judentums in Deutschland mit Feuer und Schwert« von seinem »verehrten« Führer forderte. Bergmann propagierte eine neue deutsche Nationalkirche, berüchtigt aber war er wegen seiner Vorschläge zur Promiskuität. Um eine rassische Hochzucht der Deutschen zu fördern, attackierte er die monogame Ehe als artschädlich und widernatürlich. Die Natur wolle die Vielehe, die zudem einem männlichen »Such-, Wander- und Abwechslungstrieb« entspreche. Der Mann sei ein sexuelles Erkenntnistier, das durch viele Kontakte seine Erkenntnis steigern könne. Häufig zitiert wurde sein Bonmot, ein flotter Bursche könne problemlos zehn bis zwanzig Mädchen begatten.[138]

Eine Kundgebung mit etwa 20.000 Teilnehmer*innen im April 1935 in Berlin markierte den Höhepunkt des Einflusses der Deutschen Glaubensbewegung. Einige Tage zuvor schrieb Hauer an Himmler: »Ich bin überzeugt, daß unsere Sportpalast-Kundgebung den Beweis erbringen wird, daß das Deutsche Volk für die radikalen Forderungen der nationalsozialistischen Weltanschauung reif zu werden beginnt.«[139] Das Reich möge die Macht der

Kirchen brechen, in dem die Konfessionsschulen aufgehoben würden, forderte er und versicherte dem SS-Führer: »Mit der religiösen und geistigen Verseuchung des Deutschen Volkes durch ein art- und volksfremdes Christentum wird dann die Deutsche Glaubensbewegung mit aller Sicherheit fertig werden.«[140] Hauer wollte seinen Verband als dritte Konfession neben katholischer und evangelischer Kirche etablieren.

Die Deutsche Glaubensbewegung übertrieb ihre eigene Bedeutung. Hauer sprach einmal von einer halben Million Mitgliedern, tatsächlich dürften es maximal 10.000 gewesen sein.[141] Mathilde von Kemnitz-Ludendorff und ihr Mann Erich Ludendorff, der bekannte Feldmarschall, und ihre Anhänger*innen, eine der größten völkisch-religiösen Gruppen, hatten sich von Anfang an ferngehalten. Innerhalb der DG gab es starke Differenzen, vor allem aufgrund persönlicher Rivalitäten. Ausschlaggebend war jedoch, dass Hitler Versuche missbilligte, die germanischen Götter wieder zu beleben, für Goebbels waren Hauer und Konsorten ein »Konglomerat aus Schwätzern«.[142] Entscheidend dürfte gewesen sein, dass die Neuheid*innen für das Regime realpolitisch weniger ins Gewicht fielen als die Angehörigen der christlichen Konfessionen, die 95 Prozent der Bevölkerung ausmachten. Die NS-Führung setzte zudem bei aller weltanschaulichen Gegnerschaft und Einzelaktionen gegenüber den Kirchen auf Kooperation, nicht auf Konfrontation. Obendrein duldete die NSDAP keine autonomen Bewegungen und weltanschaulichen Konkurrenten und schränkte deshalb die Aktivitäten der Deutschen Christen wie ihrer neuheidnischen Konkurrenz ein.[143]

Im März 1936 trat Hauer von der Führung der Deutschen Glaubensbewegung zurück und schied bald darauf aus dem Verband aus. Er blieb jedoch ein aktiver Nazi.[144] Der Schwerpunkt seiner Tätigkeit verlagerte sich auf Spitzeldienste. So diente er dem Geheimdienst der SS als Beauftragter für die Universität Tübingen. Sein Lehrauftrag wurde erweitert und im April 1940 ein eigenes »Arisches Seminar« an der Universität mit ihm als Direktor eingerichtet, das zwei Jahre später zu einem Institut aufgewertet wurde. Hauer erstellte Text- und Schulbüchern, bildete Lehrpersonal aus und prüfte die Gesinnungstreue von Student*innen für das Lehramt an höheren Schulen.[145]

4.6. Freie Akademie und DUR

Kurz vor Kriegsende meldete sich der 64-jährige Hauer noch zum Volkssturm. Die französischen Behörden nahmen ihn am 3. Mai 1945 fest und internierten ihn für zwei Jahre.[146] Das Entnazifizierungsverfahren schloss Hauer als Mitläufer ab, die Spruchkammer spielte sein Engagement herunter. Zwar habe er den Rang eines SS-Hauptsturmführers bekleidet, aber nie eine Einheit geführt. Unter Lebensgefahr habe sich Hauer vielmehr gegen das Ansinnen Heydrichs gewehrt, die Deutsche Glaubensbewegung zwei radikalen SD-Leuten auszuliefern. Trotz dieser typischen Weißwaschung musste die Spruchkammer der Universität dem prominentesten Neuheiden des Dritten Reiches jede weitere Lehrtätigkeit verwehren. Zur Begründung hieß es, die Vergangenheit habe gezeigt, »wie sehr seine Ideen von einer verbrecherischen Bewegung mißbraucht werden können«.[147]

Ziemlich schnell verschaffte sich Hauer in Westdeutschland ein neues Forum. Bereits im Dezember 1948 wandte er sich mit einem ersten Rundbrief an die alten Kameraden. 1950 gründet Hauer eine Arbeitsgemeinschaft für freie Religionsforschung und Philosophie (AG).[148] Alle im Zusammenhang mit dem ersten Treffen der AG genannten Personen seien mit dem NS-Regime »erheblich verbunden« gewesen, schreibt Dieter Fauth, Vizepräsident der Freien Akademie, in seiner Studie über die Organisation.[149] Aus der AG ging 1956 die Freie Akademie hervor, die 1957 in Nürnberg ins Vereinsregister eingetragen wurde.[150] Von den 21 Gründungsmitgliedern der Freien Akademie war die Mehrzahl »mehr oder weniger schwer in das NS-Regime verstrickt«.[151] Drei gehörten der SPD an, der Monist Rudolf Genschel sowie die Freireligiösen Fritz Herrmann und Albert Heuer.[152] Hauer übernahm den Vorsitz des Beirates, Hans A. Grunsky wurde Vorsitzender des Wissenschaftsrates. Grunsky war 1930 in die NSDAP eingetreten. Der Philosophieprofessor wurde 1937 Ordinarius an der Münchner Universität und Hauptlektor für Philosophie im Amt Rosenberg. Grunsky verfasste antisemitische Literatur, darunter das Werk »Der Einbruch des Judentums in die Philosophie« (1937). Wegen übler Nachrede wurde er 1941 dienstenthoben.[153]

An seinen Ideen hielt Hauer fest, wie ein Band mit Aufsätzen aus der Nachkriegszeit zeigt, den seine Frau Annie Hauer posthum herausgab. Darin findet sich eine Rassentypologie, die sich an Hans F. K. Günther orientiert, die Annahme, Menschen germanischen Blutes seien Träger jeder Kultur, und die Doktrin vom »Einbruch« der Juden und des Christentums ins Abendland als negativem historischem Ereignis.[154] Lediglich sprachlich mäßigte sich der vormalige Professor etwas, so wenn er das Adjektiv »rassisch« durch »biotisch« ersetzte.

Ausführlich widmete Hauer sich weiterhin der Judenhetze. Die jüdische Religion sei befangen in Geboten und Gesetzen, die als göttlicher Wille gelten, predige die Herrschaft über die Natur und die Tiere und werte die Frau ab. Bei den Indoariern hingegen würde die Frau als Partnerin des Mannes aufgefasst, »als ein anderer Wesenspol und seine Ergänzung«. Unter dem Begriff der Polarität wandte sich Hauer gegen die Vorstellung einer prinzipiellen Gleichheit von Mann und Frau, so wie zuvor schon Nazi-Funktionärinnen und Nazi-Feminist*innen.[155]

Der Kern des Juden- wie des Christentums bestand für Hauer in der dualistischen Vorstellung vom allmächtigen, personalen Gott, dem der Mensch unterworfen sei. Daraus würden sich die Idee vom Sündenfall, der Angst vor Gott und das schlechte Gewissen ergeben. Die Mühsal des Lebens, Kampf und Tragik würden negativ bewertet. Die Indoarier dagegen glaubten, der Mensch sei auf sich allein gestellt, trage das Göttliche in sich und lebe in ständiger Gefahr seinen Trieben oder der Hybris zu verfallen. Das Ringen und das Scheitern seien indoarischen Menschen Antrieb und göttlicher Auftrag, darin bestehe ihre schöpferische Macht und Tragik.[156]

Solche Überzeugungen erlaubten es, Anfechtungen des Gewissens zu verdrängen. Das Leben als eine Tragödie, der Mensch vom Schicksal in unerklärliche und unlösbare Konflikte gestellt, so lautete die bequeme Rechtfertigung für Täter*innen und Schreibtischtäter*innen.[157] Seine Erfahrungen mit Internierung und Entnazifizierung animierten Hauer zu allerlei Äußerungen über das Geworfensein ins Nichts. 1950 hatte er die Krise anscheinend überwunden: »Das sieghafte Ich ist aufgestanden«, schrieb der vormalige SS-Spitzel.[158]

Die Freie Akademie war nicht die einzige Organisation aus dem Dunstkreis der alten Nazi-Heid*innen. 1947 beschlossen ehemalige NS-Funktionäre den Beitritt zur Religionsgemeinschaft freier Protestanten in Rheinhessen e.V., um diese zu unterwandern – eine eigene Organisation hätten die Besatzungsbehörden den alten Nazis nicht genehmigt. Unter ihnen waren Herbert Böhme, vormals hoher SA-Kulturfunktionär und Fachschaftsleiter Lyrik in der Reichsschrifttumskammer, der völkische Schriftsteller Ernst Emanuel Kraus (Pseudonym Georg Stammler), der seine Lyrik in Hauers Zeitschrift Deutscher Glaube veröffentlicht hatte, Eberhard Achterberg,

Schriftleiter der NS-Monatshefte, und Herbert Grabert, Theologe, Freikorpsmann, Mitgründer der Deutschgläubigen Bewegung und zeitweise Schriftleiter von Deutscher Glaube. Grabert war in der NS-Zeit ein Zögling Hauers gewesen, bevor sich beide überwarfen. Nach dem Krieg versöhnten sie sich wieder. 1953 gründete er den Verlag der deutschen Hochschullehrer-Zeitung. Das Unternehmen wurde 1974 in Grabert-Verlag umbenannt und ist unter Leitung zunächst seines Sohnes, dann seines Enkels bis heute (auch unter dem Namen Hohenrain-Verlag firmierend) einer der wichtigsten Verlage des Geschichtsrevisionismus und der Neuen Rechten.[159]

Um 1950 hatten die Nazis den Verband der Freiprotestanten majorisiert. Es folgte die Umbenennung in Deutsche Unitarier Religionsgemeinschaft (DUR), vier Jahre später traten die freiprotestantischen Gemeinden aus Rheinhessen, die den Kern des Verbandes gebildet hatten, unter Protest aus. Der Begriff Unitarier, den die Religionsgemeinschaft seit 1911 als Zusatz führte, war einerseits eine gute Tarnung gegenüber den Besatzungsmächten, weil es in den USA und Großbritannien unitarische Gemeinden gibt, andererseits passte der Begriff der Unitas, das lateinische Wort für Einheit, zu pantheistischen und monistischen Vorstellungen.

Der Anhang der DUR stammte aus den Reihen der Deutschen Glaubensbewegung und der »Gottgläubigen«, wie sich viele NSDAP-Funktionäre und SS-Angehörige, die aus den Kirchen ausgetreten waren, bezeichnet hatten.[160] Zu den bekannteren Figuren zählte Marie-Adelheid Reuß zur Lippe, eine frühe Nazi-Anhängerin und neuheidnische Aktivistin, die allerdings erst später der DUR beitrat.[161] Reuß zur Lippe bezichtigte die Juden, das Patriarchat erfunden zu haben und interpretierte die Hexenverfolgungen als Grausamkeiten, »die nur ein orientalisch bestimmter Geist zu erdenken fähig ist«. Die Hexen hätten noch etwas von den hellsichtigen Priesterinnen des Altertums gehabt, die »dem wahrhaft Göttlichen in der Natur näher standen als der artfremden Lehre des Südens von Hölle und Teufel«, schrieb die Prinzessin.[162] Verbunden war die DUR zumindest anfangs mit nazistischen Gruppen wie dem Deutschen Kulturwerk des europäischen Geistes (DKEG), das Böhme 1950 gegründet hatte, der Gesellschaft für Publizistik (GfP), dem Weltbund zum Schutz des Lebens (WSL) sowie dem Collegium Humanum von Werner Georg Haverbeck, einer rechten Kaderschmiede.[163]

Als die DUR in den 1980er-Jahren wegen ihrer braunen Vergangenheit zunehmend öffentlich kritisiert wurde, sowohl von kirchlichen Sektenbeauftragten als auch von Antifaschisten wie Peter Kratz, leugneten ihre Funktionär*innen Verbindungen zum Nationalsozialismus. Dabei zeigten sich widersprüchliche Argumentationslinien. Während Hans-Dietrich Kahl 1989 durchaus die NS-Vergangenheit einiger Protagonist*innen benannte und den gottgläubigen Anhang als verführte Idealist*innen erwähnte, spielte Wolfgang Deppert die braune Vergangenheit drei Jahre später komplett herunter und attackierte die Kritiker*innen.[164] Sowohl der FDP-Politiker Deppert als auch Kahl, Professor für mittelalterliche Geschichte in Gießen, waren Leiter des »Geistigen Rates« der DUR.

Allein das Wirken zentraler Figuren belegt die nazistische Tradition dieser Gruppen. Als Paradebeispiele seien die Karrieren von Lothar Stengel von Rutkowski, der Journalistin Margarete Dierks und der Religionswissenschaftlerin Sigrid Hunke skizziert.

Dabei war Stengel von Rutkowski »ohne Frage eine Zentralgestalt«, urteilt Fauth.[165] Denn er fungierte als wissenschaftlicher Sekretär der Freien Akademie (1957–1976), gehörte dem geschäftsführenden Präsidium an und war deren Präsident (1976–1979). Er war Schriftleiter der Akademie-Zeitschrift, mehrfach Leiter von Jahrestagungen und ihr Hauptreferent, auch nach der Erneuerung der FA bleibt er Leiter der Sektion Hessen. 1982 wurde Stengel von Rutkowski zum Ehrenmitglied ernannt, wovon sich das Präsidium erst 2010 distanzierte. Er war auch Mitglied der DUR und trat noch in den 1980er-Jahren als Referent und als Autor in deren Zeitschrift auf.[166]

Das Christentum lehnte Stengel von Rutkowski als artfremde Geistigkeit ab. Im Mittelalter hätten die Mönche eine »orientalische« Geringschätzung des Lebens im Diesseits sowie der Frau verbreitet und damit zur »Auflösung der germanischen Sippenordnung« beigetragen.[167] Stengel von Rutkowski war überzeugter Anhänger von Günthers Rassenlehre. Er glaubte an eine »weltbewegende ewige Ungleichheit der Rasse«, die er gegen die Lehre von der Gleichheit stellte, die er Juden- und Christentum zuschrieb. Dieser Einbruch »vorderasiatisch-orientalischen Denkens« werde zusammen mit Industrialisierung und Urbanisierung zum Untergang in einem »Rassenbrei« führen. Dagegen helfe nur die »bewußte Pflege des nordischen Blutes«.[168] Er feierte Anfang 1933 zum Machtantritt Hitlers den Begriff der Rasse als »Grundlage einer neuen Weltbetrachtung« und »leuchtendes Zeichen«.[169]

In Marburg hatte Stengel von Rutkowski sich zu Zeiten der Weimarer Republik dem völkischen Jugendbund Adler und Falken angeschlossen. Er fungierte als Herausgeber der verbandseigenen Mitteilungen für Rasse und Erbpflege und vertrat die Gruppe im Führerrat der Deutschen Glaubensbewegung. In München trat er dem Nordischen Ring bei, der sich der Verbreitung von Günthers Lehren widmete. Nach dem Studium der Medizin wurde er 1930 Mitglied der NSDAP und der SS und hielt Wache am Braunen Haus. Im März 1931 war er Abteilungsleiter im Amt Rassenhygiene des Rassen- und Siedlungshauptamtes der SS. 1934 wurde er auf ausdrücklichen Wunsch von Himmler und Reichsbauernführer Richard Darré zum Untersturmführer der SS ernannt. Am 30. Juni 1934, dem Tag der Ermordung der SA-Führung, wurde Stengel von Rutkowski Träger des SS-Totenkopfringes. Der Präsident der Universität Jena, SS-Standartenführer Karl Astel, holte den Mediziner als Leiter der Abteilung Lehre und Forschung der Außenstelle des Landesamts für Rassewesen nach Thüringen, wo er Lehrer, Ärzte und Juristen schulte. Seit 1934 war Stengel von Rutkowski als Gutachter beim Erbgesundheitsobergericht Jena für Zwangssterilisierungen zuständig. Von 1939 bis 1941 arbeitete er im Stab des SS-Hauptamtes, bis er zur Waffen-SS einberufen wurde. Er gehörte außerdem dem Redaktionskreis der Nationalsozialistischen Monatshefte an.[170] Nach 1945 wurde Stengel von Rutkowski zunächst aus dem Staatsdienst entlassen, arbeitete aber in den 1960er Jahren wieder als Medizinalrat in Marburg.[171] Die Zusammenarbeit mit Hauer setzte er fort.

Margarete Dierks hatte 1939 an der Universität Rostock promoviert. Ihre Doktorarbeit über den konservativen Widerstand gegen die Judenemanzipation in Preußen weist sie als militante Antisemitin aus. Sie hob Friedrich den Großen hervor, der das »Staat und Wirtschaft gefährdende Treiben des Juden gebannt« habe. Allerdings habe den Altkonservativen die »Unterstützung durch wissenschaftliche Rasseerkenntnis« gefehlt, auf deren Basis der Nationalsozialismus operiere. Deshalb feierte sie die Nürnberger Rassengesetze von 1935, die den gesellschaftlichen Ausschluss von Jüdinnen und Juden besiegelten.[172] 1940 wurde Dierks in die NSDAP aufgenommen.[173] Drei Jahre später verfasste sie eine Schrift mit dem Titel »Arbeit und Feier« für das Gauschulungsamt der Partei.[174]

Nach dem Krieg war sie zweieinhalb Jahre in Darmstadt in einem Lager für Nazis und Kriegsgefangene interniert, anschließend arbeitete sie als Journalistin in Darmstadt und veröffentlichte Gedichtbände. Sie nahm an den Lippoldsberger Dichtertagungen teil, die der NS-Dichter Hans Grimm veranstaltete, der für die Deutsche Reichspartei, den Vorläufer der NPD, für den Bundestag kandidierte. Der Freien Akademie gehörte Dierks seit 1964 an, wegen ihrer Verdienste wurde sie 2000 zum Ehrenmitglied ernannt. 2004 gratulierte die Akademie zum 90. Geburtstag und dankte für ihr jahrzehntelanges Engagement, obwohl sie durch ihr Handeln im NS-Regime und ihre Verbindungen zur Neuen Rechten »schwer belastet war«.[175]

Zwei Jahre vorher hatte Schmidt-Salomon bei der Freien Akademie die Grundzüge seines evolutionären Humanismus vorgestellt, über den Verzicht auf Schuld und Sühne gesprochen und Hitler als moralisch unschuldig bezeichnet. Das passte zu einer Organisation, die ihre Beziehung zum Nationalsozialismus und die Beteiligung führender Funktionäre bis 2010 nicht wirklich öffentlich und kritisch behandelte, wie Fauth in seiner Studie bescheinigt.[176]

1986 versuchte die Journalistin Dierks Hauer weißzuwaschen, die Publikation ihrer Biographie wurde von der Freien Akademie unterstützt.[177] Sie präsentierte seine Ansichten als dem Zeitgeist geschuldet, was zutrifft, aber keine Rechtfertigung sein kann. »Daß diese Organisation sich bejahend hineinstellte in das Dritte Reich, war für die Beteiligten keine Frage«, schrieb Dierks über die Deutsche Glaubensbewegung.[178] Für Hauer sei es »selbstverständlich« gewesen, dass Juden dem Verband nicht angehören durften.[179] Dierks Rechtfertigung für den Arierparagrafen lautet, dass damals viele Deutsche ebenso wie »viele gläubige jüdische Menschen« aufgrund von »Fakten aus der Vererbungslehre« der Auffassung gewesen seien, »Blutmischung« und »kulturell-religiöse Amalgamierung« wären falsch, denn sie liefern »nach dieser Weltanschauung den gottgegebenen Naturgesetzen der Verschiedenartigkeit der Rassen zuwider«.[180]

Wichtigste Vertreterin der DUR war über Jahre Sigrid Hunke. Sie beeinflusste die Neue Rechte in der Bundesrepublik und die französische Nouvelle Droite mit ihren Thesen über Christen und Heiden. Von 1971 bis 1983 war sie Vizepräsidentin und seit 1985 Ehrenpräsidentin der DUR.[181] Geboren 1913, studierte sie Psychologie, Philosophie, Germanistik, Volkskunde, Religionswissenschaften und Journalistik. 1934 wurde sie Mitglied des NS-Studentenbundes, in dem sie an führender Stelle mitarbeitete. 1937 trat sie der NSDAP bei, nachdem der Aufnahmestopp aufgehoben war.[182] Vom Ahnenerbe der SS erhielt sie später ein Stipendium. 1942 heiratete Hunke den Diplomaten Peter H. Schulze, der später im Bundespresseamt Karriere machte, und lebte mit ihm in der zweiten Hälfte des Krieges in Tanger in Marokko.[183] Ihr Buch »Allahs Sonne über dem Abendland – unser arabisches Erbe« (1960) wurde zum Bestseller. Sie brachte darin ihre Bewunderung für den Islam sowie das »Arabertum« zum Ausdruck und wurde damit stilbildend für eine Neue Rechte, die den Islam wegen seiner Betonung von Gemeinschaft und Machismus bewundert, bloß sollen die Muslime nicht nach Europa kommen. Sie wurde von arabischen Staatschefs, wie dem Antisemiten Gamal Abdel Nasser, Staatspräsident von Ägypten, eingeladen und reiste im Auftrag der Bundesregierung als »Botschafterin des guten Willens« nach Libanon, Tunesien und Marokko. Als einzige Europäerin und Nicht-Muslimin wurde sie Ehrenmitglied des Supreme Council of Islamic Affairs in Kairo.[184]

Hunke stützte sich wie Hauer auf die sogenannte Rassenseelenkunde des Psychologen Ludwig Ferdinand Clauß, der am Treffen der DG in Eisenach teilgenommen hatte und Mitherausgeber der Zeitschrift Deutscher Glaube gewesen war.[185] So bezeichnete die Germanistin und Religionswissenschaftlerin das intuitive Schauen als Besonderheit des nordischen Menschen.[186] Ihre Dissertation von 1941 handelte von »artfremden« Einflüssen wie dem Christentum.[187] In einem Sonderheft der DUR-Zeitschrift Unitarische Blätter zum Thema Hexen ließ sie sich 1983 über die »orientalisch-jüdische Zwangsjacke« aus, die die Kirche über die germanischen Frauen gestülpt habe.[188]

Ihr Hauptwerk über »Europas andere Religion« (1969) ist ein Pamphlet in der Tradition Chamberlains und Hauers, eine Hetzschrift gegen das Judentum und dessen Gott Jahwe, der als unbarmherzig, grausam, maßlos, eifersüchtig und streng karikiert wird. Das Judentum lehre den Hass auf die Frau sowie die Abwertung des Fleisches und der Sinnlichkeit. Als einziges Volk des Orients hätten die Juden das mütterliche Prinzip verleugnet, die Urmuttergottheiten, denen die Erde heilig gewesen sei. Alle diese negativen Eigenschaften wurden nach Ansicht Hunkes auf das Christentum übertragen.[189] »In alter Härte lebt in diesem himmlischen Vater der Evangelien der launisch-unberechenbare, unverständlich strafende und Vergeltung übende Jahwe fort«, schrieb sie.[190] Dieses Christentum sei Europa auferlegt worden und alle großen Ketzer Europas hätten sich gegen den »fremden Dualismus« gewehrt.[191]

Während Hunke das Judentum negativ darstellte, präsentierte sie eine Religion der Germanen, deren Inhalte vage blieben, als positiv, ganzheitlich und heroisch. Alles Fremde und Schlechte im Juden- und Christentum entspringe der dualistischen Sicht von Gott und Mensch, während die Germanen in dem Bewusstsein gelebt hätten, in eine göttliche Ordnung eingefügt zu sein, die in der Welt und der Gemeinschaft walte.[192] Diese göttliche Ordnung bestehe aus ewigem Werden und Vergehen, Gebären und Vernichten. »Das Wesen der Welt ist ein Gegeneinander von Freund und Feind, ist Kampf«, schrieb Hunke.[193] Mit Gut und Böse habe das nichts zu tun, betonte sie. Wie schon Nietzsche wehrte sie eine Ethik ab, die einen germanischen Übermenschen hemmen würde. Als großen Vorkämpfer einer »arteigenen« europäischen Religion nannte Hunke wie ihre Vorläufer*innen immer wieder Giordano Bruno, der gegen das Christentum rebelliert habe. Sie feierte ihn als »Urheber unseres abendländischen Weltbildes«, den Mann, der als erster die »Unendlichkeit des Seienden« verkündet habe.[194]

1988 traten Hunke und ihre Anhänger*innen aus der DUR aus und formierten sich als Bund Deutscher Unitarier. Die DUR behauptete, damit habe eine Neuorientierung begonnen. Auf der Hauptversammlung 2011 in Kassel verabschiedete die DUR eine Erklärung, in der es heißt, der Prozess der Auseinandersetzung mit rechtem Gedankengut habe sich »zu unserem großen Bedauern« bis zum Ende der 1980er-Jahre hingezogen und sei mit der Abspaltung einer »rechtslastigen Gruppe« beendet. In der DUR sei »kein Platz für antidemokratische, extremistische und neofaschistische Ideologien«.[195] Unmittelbar nach dem Austritt der »rechtslastigen Gruppe« las sich das noch anders, von Auseinandersetzungen ist nicht die Rede. Hans-Dietrich Kahl berichtete, die DUR habe auf ihrer Hauptversammlung im März 1987 eine inhaltliche Übereinstimmung mit der Hunke-Fraktion festgestellt.[196] Er kritisierte die »Arbeitsgemeinschaft Europas eigene Religion«, in der sich Anhänger*innen Hunkes zunächst innerhalb der DUR zusammengefunden hatten, nicht als nazistisch oder rechts, sondern als fundamentalistisch, warf ihnen vor, eine »Gegenkirche« aufbauen zu wollen und die unitarischen Prinzipien Offenheit, Toleranz und Eigenständigkeit zu übergehen.[197]

Sicher ist, dass allein aus biologischen Gründen der Einfluss der alten Kamerad*innen nachlassen musste. Wer Ausgaben der Unitarischen Blätter aus der Zeit nach der behaupteten Neuorientierung liest, wird jedoch zumindest noch Ambivalenzen feststellen. So versuchte Helmut Kramer 1991 in einer Standortbestimmung die Idee des Völkischen zu rechtfertigen, indem er schrieb, diese stamme von Gottfried Herder, – was nicht ganz falsch ist – sei aber zur Ideologie verkommen.[198] In einem Heft zum 50-jährigen Bestehen der DUR ließen sich einige Autor*innen 1997 über »Aufbau und Erfolge« nach der Machtübernahme durch die Nationalsozialisten, über Vertreibung und Verlust der Heimat nach 1945 sowie den Morgenthauplan aus, während andere, darunter Kahl, sich von nazistischen Ideen distanzierten.[199]

Die Vorstellung eines »Gegenüber von Gott und Welt« lehnte die DUR ab. »Wir rücken damit ab von der verbreiteten dualistischen Deutung der

Wirklichkeit, die zu einer verhängnisvollen Entheiligung des ›Irdischen‹ geführt hat und als Folge zu dessen hemmungsloser Ausbeutung«, schrieb Kahl. Das erinnert schon an den alten Vorwurf, an Naturzerstörung seien Juden- und Christentum schuld. Kahls Bemerkung, der Gottesbegriff sei durch »Bildvorstellungen einer anderen Zeit und Kulturwelt belastet«, konnte gleichfalls als Vorbehalt gegen Juden- und Christentum als »fremden« Religionen verstanden werden.[200]

Die Unitarier weisen jedenfalls den Vorwurf zurück, eine völkische Sekte zu sein. Eingeräumt wird lediglich, dass es »in der Phase der Neugründung nach dem Krieg neben liberalen auch völkisch geprägte Mitglieder in der Gemeinschaft gab«.

Das habe schon damals zu heftigen Auseinandersetzungen und Austritten geführt, aber »die liberalen Grundhaltungen konnten sich wieder durchsetzen«. Mit der Kasseler Erklärung 2011 und der Namensänderung 2015 in »Unitarier – Religionsgemeinschaft freien Glaubens« sei klargestellt worden, »dass völkische Ideen unverträglich sind mit unserem unitarischen Glauben«.[201]

In einer Grundsatzerklärung der Freien Akademie von 2010 heißt es, man arbeite »auf der Basis der demokratischen und freiheitlichen Tradition der Menschheit entsprechend der UNO-Menschenrechtserklärung (1948) und des Grundgesetzes der Bundesrepublik Deutschland. [...] Daher sind die Mitgliedschaft oder die Tätigkeit in der Freien Akademie mit extremistischen Ideologien jeder Art unvereinbar.« Die Akademie versteht sich als »ein von konfessionellen und politischen Institutionen unabhängiger Zusammenschluss von Personen, die sich die wissenschaftliche und kulturelle Auseinandersetzung mit Daseins- und Wertfragen unserer Zeit zum Ziel gesetzt haben«.[202]

Es bleibt als Fazit, dass sowohl die DUR als auch die Freie Akademie als Nachfolgeorganisationen der nazistischen Deutschen Glaubensbewegung entstanden, lange von alten Nazikadern dominiert wurden, sich aber nach rund sechs Jahrzehnten klar von ihrer Vergangenheit distanziert haben.

ANMERKUNGEN

1 Feuerbach, Ludwig, *Das Wesen des Christentums* (1841), Köln 2014, S. 466; Kellner, Manuel, *Feuerbachs Religionskritik*, Köln 1988.
2 Feuerbach, *Christentum*, S. 30, S. 32, S. 65, S. 93, S. 466, S. 472.
3 Ebd., S. 466.
4 Als Redakteur der Rheinischen Zeitung beschwerte sich Marx über »weltumwandlungsschwangere und gedankenlose Sudeleien« atheistischer Autoren, die er nicht drucken wollte. In: Marx, Karl, *Brief an Arnold Ruge vom 30.11.1842*, in: MEW 27, S. 412.
5 Most, Johann, *Die Gottespest*. New York 1906, S. 15. Eine Ausnahme machte Most als der Hofprediger Adolf Stoecker 1878 in Berlin die antisemitische Christlich-Soziale Arbeiterpartei gründete. Most und andere starteten eine Kampagne zum Kirchenaustritt, der allerdings kein Erfolg beschieden war. Die Kampagne stieß in der SPD auf Ablehnung, die sich auf weltanschauliche Neutralität festgelegt hatte. In: Kaiser, Jochen-Christoph, *Sozialdemokratie und praktische Religionskritik. Das Beispiel der Kirchenaustrittsbewegung*, in: Archiv für Sozialgeschichte, 22/1982, S. 267 ff., S. 274 ff.
6 Pufelska, Agnieszka, *Voltaire*, in: Benz, Wolfgang (Hg.), *Handbuch des Antisemitismus*. Band 2.2, Berlin 2009, S. 854 f.
7 Berghahn, Klaus L., *Kant*, in: Benz, Wolfgang (Hg.), *Handbuch des Antisemitismus*, Band 2.1, Berlin 2009, S. 423 f.
8 Feuerbach, *Christentum*, S. 218 ff., S. 228.
9 Körner, Alfred, *War Ludwig Feuerbach ein Antisemit?* in: Aufklärung und Kritik 2/2009, S. 155 ff.
10 Antisemitismus bezeichnet heute alle Erscheinungsformen der Judenfeindschaft, obwohl der Begriff erst 1879 von dem Antisemiten Wilhelm Marr geprägt wurde, um eine rassistisch begründete und sich wissenschaftlich und modern gerierende Ablehnung zu bezeichnen. Man unterscheidet heute besondere historische, religiöse, politische oder psycho-soziale Erscheinungsformen und spricht von antikem, christlichem, völkischem, rassistischem, sekundärem, latentem, islamischem oder antizionistischem Antisemitismus. In: Bergmann, Werner, *Was heißt Antisemitismus*, 27.11.2006, www.bpb.de/politik/extremismus/antisemitismus/37945/antisemitismus (25.5.2016). — Die International Holocaust Remembrance Alliance (IHRA) verabschiedete 2016 folgende Definition: »Antisemitism is a certain perception of Jews, which may be expressed as hatred towards Jews. Rhetorical and physical manifestations of antisemitism are directed toward Jewish and non-Jewish individuals and/or their property, toward Jewish community institutions and religious facilities.« In: www.holocaustremembrance.com/sites/default/files/press_release_document_antisemitism.pdf (5.4.2021). Das European Monitoring Center on Racism and Xenophobia verwendet den Begriff Antisemitismus »when referring to anti-Jewish thinking as well as attitudes and acts of prejudice and/or hostility against Jews (as Jews) after 1945«. In: European Monitoring Center on Racism and Xenophobia, *Manifestations of Antisemitism in the EU 2002–2003*, Wien 2004, S. 11.
11 Bakunin, Michail, *Gott und der Staat* (1871/1882), Reinbek 1969, S. 57. Most hingegen beschrieb den biblischen Gott zwar als Musterdespoten, ohne dabei jedoch speziell das Judentum anzugreifen. In: Most, *Gottespest*.
12 Bakunin, Michail, *Historische Sophismen der doktrinären Schule der deutschen Kommunisten* (1871), in: Stuke, Horst (Hg.), *Staatlichkeit und Anarchie und andere Schrif-*

ten, Frankfurt a. M. /Berlin/Wien 1981, S. 295 f.; Silberner, Edmund, *Sozialisten zur Judenfrage*, Berlin 1962, S. 270 ff.

13 Bakunin, Michail, *Staatlichkeit und Anarchie*, in: Stuke, *Staatlichkeit und Anarchie*, S. 452, S. 468.

14 Bakunin, Michail, *Persönliche Beziehungen zu Marx* (1871), in: Stuke, *Staatlichkeit und Anarchie*, S. 400 ff.

15 Marx, Karl, *Zur Judenfrage* (1843), in: MEW 1, S. 347 ff.; Marx, Karl, *Die heilige Familie* (1845), in: MEW 2, S. 112 ff.; Traverso, Enzo, *Die Marxisten und die jüdische Frage*, Mainz 1995, S. 35 ff.; Claussen, Detlev, *Vom Judenhaß zum Antisemitismus*, Darmstadt/Neuwied 1987, S. 26 ff.

16 Groschopp, *Dissidenten*, S. 103 ff.

17 Pilger-Strohl, Matthias, *Eine deutsche Religion? Die freireligiöse Bewegung – Aspekte ihrer Beziehung zum völkischen Milieu*, in: von Schnurbein, Stefanie / Ulbricht, Justus H., *Völkische Religion und Krisen der Moderne*, Würzburg 2001, S. 342 ff.; Simon-Ritz, Frank, *Die freigeistige Bewegung im Kaiserreich*, in: Puschner, Uwe / Schmitz, Walter / Ulbricht, Justus H. (Hg.), *Handbuch zur »Völkischen Bewegung« 1871–1918*, München 1999, S. 208 ff.

18 Pilger-Strohl, *Deutsche Religion*, S. 353.

19 Groschopp, *Dissidenten*, S. 130 ff., S. 138 ff.; Simon-Ritz, *Freigeistige*, S. 211 ff.; Kaiser, Jochen-Christoph, *Arbeiterbewegung und organisierte Religionskritik. Proletarische Freidenkerverbände in Kaiserreich und Weimarer Republik*, Stuttgart 1981, S. 18 f.

20 Henning, Max (Hg.), *Handbuch der freigeistigen Bewegung Deutschlands, Österreichs und der Schweiz*, Jahrbuch des Weimarer Kartells, Frankfurt am Main 1914, S. 5, S. 21 ff.

21 Die Rednerliste des Kartells verzeichnet 1914 die Rassenhygieniker Forel, Hirschfeld, Schallmayer und Ludwig Plate, Herausgeber des Archivs für Rassen- und Gesellschafsbiologie der Deutschen Gesellschaft für Rassenhygiene, den SPD-Reichstagsabgeordneten Ewald Vogtherr und Bruno Wille, einen freireligiösen Prediger, Anhänger Nietzsches und Stirners, der mit Landauers Vereinigung Unabhängiger Sozialisten verbunden war und sowohl den Monistenbund als auch den Giordano-Bruno-Bund mit gegründet hatte. Vogtherr zählte später zu den Kritiker*innen des SPD-Kriegskurses, war Teilnehmer der Zimmerwalder Konferenz der linken Kriegsgegner*innen und schloß sich der USPD an. In: Henning, *Handbuch*, S. 158 ff.

22 Groschopp, *Dissidenten*, S. 473 ff.; Simon-Ritz, *Freigeistige*, S. 208; Kaiser, *Arbeiterbewegung*, S. 19 f.; Henning, *Handbuch*, S. 62, S. 146.

23 Deutscher Freidenker Verband e.V., *Was ist ein Freidenker?* Flugblatt undatiert (Archiv PB).

24 Kaiser, *Arbeiterbewegung*, S. 19.

25 Ebd., S. 118 ff.

26 Lenin, Wladimir I., *Sozialismus und Religion* (1905), www.marxists.org/deutsch/archiv/lenin/1905/12/religion.html (9.10.2017).

27 Kaiser, *Arbeiterbewegung*, S. 123 f.

28 Heimann, Siegfried / Walter, Franz, *Religiöse Sozialisten und Freidenker in der Weimarer Republik*, Berlin 1993, S. 49 ff.

29 Heimann/Walter, *Religiöse Sozialisten*, S. 53 f.

30 Lafargue, Paul, *Die Religion des Kapitals*, London 1890. Eine antisemitische Note hat das Werk insofern, als Lafargue am Ende einen Lord Hiob Rothschild das Klagelied des Kapitalisten anstimmen lässt. In: Ebd., S. 30 ff.

31 Kaiser, *Sozialdemokratie und Religionskritik*, S. 264, S. 278, S. 281 ff.; Henning, *Freigeistige Bewegung*, S. 98 ff.

32 Henning, *Freigeistige Bewegung*, S. 149.
33 Kaiser, *Sozialdemokratie und Religionskritik*, S. 287, S. 297.
34 Kehrer, Günter, *Soziale Klassen und Religion in der Weimarer Republik*, in: Cancik, Hubert (Hg.*), Religions- und Geistesgeschichte der Weimarer Republik*, Düsseldorf 1982, S. 79 ff.
35 Fichte, Johann Gottlieb, *Die Grundzüge des gegenwärtigen Zeitalters* (1806), Hamburg 1956, S. 104 ff., S. 182.
36 Zotz, Volker, *Auf den glückseligen Inseln. Buddhismus in der deutschen Kultur*, Berlin 2000, S. 80 f. Hampe spricht von einem »metaphysischen Antijudaismus, der sich vor allem gegen das Judentum als Ursprung des Theismus gerichtet habe.« In: Hampe, Arnon, *Schopenhauer*, in: Benz, Wolfgang (Hg.), *Handbuch des Antisemitismus*, Band 2.2, Berlin 2009, S. 746.
37 Schopenhauer, Arthur, *Parerga und Paralipomena. Kleine philosophische Schriften*. In: *Schopenhauers sämmtliche Werke*, Band 5, Leipzig 1891, S. 270 f.
38 Ebd., S. 272.
39 Pomplan, Jan-Philipp, *Fichte*, in: Benz, Wolfgang (Hg.), *Handbuch des Antisemitismus*, Band 2/1, Berlin 2009, S. 230.)
40 Rose, Paul Lawrence, *Richard Wagner und der Antisemitismus*. Zürich/München 1999, S. 106, S. 220; Fichte, *Grundzüge*, S. 102 ff, S. 182.
41 Nietzsche, *Zarathustra*, S. 359.
42 Ebd., S. 55, S. 58 ff., S. 356 ff.
43 Ebd., S. 86.
44 Nietzsche, *Genealogie*, S. 392.
45 Nietzsche, *Genealogie*, S. 391 ff.; Nietzsche, *Fragmente*, Band 9, S. 250 f.; Ploetz, *Rassenhygiene*, S. 5 ff, S. 8; Woltmann, *Entartung des Weibes*, S. 522 ff., S. 530.
46 Hoche, *Freigabe*, S. 52. Dieses Werk zeige, »mit welch einfachen intellektuellen Mitteln das Tötungsverbot eingeschränkt werden kann und lehrt, wie schwierig es ist, diese Einschränkung wieder rückgängig zu machen«, schreibt Naucke in der Einführung. In: Naucke, Wolfgang, *Einführung*, in: Binding/Hoche, *Freigabe,* S. VI.
47 Haeckel, *Lebenswunder*, S. 128.
48 Singer, *Praktische Ethik*, 2013, S. 277.
49 Nietzsche, *Jenseits von Gut und Böse*, S. 200.
50 Ebd., S. 199.
51 Mittmann, Thomas, *Friedrich Nietzsche. Judengegner und Antisemitenfeind*, Erfurt 2002, S. 9.
52 Ebd., S. 26.
53 Mittmann, Thomas, *Nietzsche*, in: Benz (Hg.), *Handbuch des Antisemitismus*, Band 2.2, Berlin 2009, S. 584 f.; Mittmann, *Judengegner*, S. 7.
54 Mittmann, *Judengegner*, S. 113.
55 Nietzsche, *Jenseits der Moral*, S. 193 f.
56 Kropotkin, Peter, *Brief an Max Nettlau vom 5. März 1902*, in: Kropotkin, Peter, *Der Anarchismus. Ursprung, Ideal und Philosophie*, Grafenau 1994, S. 141 ff.
57 Bakunin, *Gott und der Staat*,1969, S. 119 f.
58 Schmidt-Salomon gab einem seiner Werke einen Nietzsche-Titel und widmete es dem Philosophen »in Memoriam«. In den Anmerkungen schreibt er von »politisch abstoßenden Passagen«; gegen antijüdische Vorstellungen sei Nietzsche so wenig wie Marx »immun« gewesen. Schmidt-Salomon rühmt Nietzsche als einen der größten Psychologen und wohl bedeutendsten Literaten des Abendlandes, den es unter einer

humanistischen Perspektive wiederzuentdecken gelte. In: Schmidt-Salomon, *Jenseits von Gut und Böse*, Anmerkung 1, S. 316. Buggle würdigte Nietzsche als einen der wenigen konsequenten Kirchenkritiker. In: Buggle, Franz, *Denn sie wissen nicht, was sie glauben. Oder warum man redlicherweise nicht mehr Christ sein kann. Eine Streitschrift*, Aschaffenburg 2012, S. 44, S. 141, S. 446 f., Anmerkung 142, S. 325. Hermann Josef Schmidt preist Nietzsche als Genie, das »gegen den Strom der Herdentiere« gedacht habe. In: Schmidt, Hermann Josef, *Nietzsche Absconditus oder Spurensuche bei Nietzsche*, Teil 1/2, Berlin/Aschaffenburg 1991, S. 19.

59 Schmidt-Salomon, Michael, *Wer die Welt erhellt. Karlheinz Deschners Leben, Werk und Wirkung – eine Skizze*, www.schmidt-salomon.de/deschner.pdf (5.10.2015).

60 Plumpe, Werner, *Wirtschaftskrisen: Geschichte und Gegenwart*, München 2010.

61 Schopenhauer, *Parerga*, S. 268 f.

62 Ulbricht, *Arteigene Religion*, S. 11 ff., S. 17.

63 Cancik, Hubert, *Erbschaft dieser Zeit*, in: Cancik (Hg.), *Religions- und Geistesgeschichte*, S. 9 f.

64 von Brück, Michael, *Einführung in den Buddhismus*, Darmstadt 2007, S. 484, S. 498; Zotz, *Glückselige Inseln*, S. 76 ff.

65 Haeckel, *Schöpfungsgeschichte*, S. 551.

66 Haeckel, *Welträtsel*, S. 353 ff., S. 366 ff., S. 423 ff.

67 Malek, Roman, *Daoismus*, in: Figl, Johann (Hg.), *Handbuch Religionswissenschaften. Religionen und ihre zentralen Themen*, Darmstadt 2003, S. 307; Greschat, Hans-Jürgen, *Buddhismus*, in: Figl, (Hg.), *Handbuch Religionswissenschaften*, S. 353 ff.; Figl, Johann, *Brahman – Nirvana – Dao. Apersonale Vorstellungen des Absoluten*, in: Figl (Hg.), *Handbuch Religionswissenschaften*, S. 559 f.; Lanczkowski, Günter, *Geschichte der Religionen*, Hamburg 1980, überarbeitete und erweiterte Auflage, S. 113, S. 144.

68 Haeckel, *Schöpfungsgeschichte*, S. 550.

69 Groschopp, *Dissidenten*, S. 293 f.

70 Groschopp, *Dissidenten*, S. 282; Henning, *Freigeistige Bewegung*, S. 45 ff.

71 Ploetz wollte dem »Ultramontanismus« eine einheitliche neuzeitliche Wissenschaft entgegenstellen. In: Ploetz, Alfred, *Deutscher Monistenbund*, in: ARGB 2/1906, S. 320 f.

72 Groschopp: *Dissidenten*, S. 218 ff.; Simon-Ritz: *Freigeistige Bewegung*, S. 213ff.; Dieter Fricke (Hg.): *Lexikon zur Parteiengeschichte*. Band 2, Leipzig 1984, S. 190 ff.; Henning: *Freigeistige Bewegung*, S. 45 ff., S. 51.

73 Schmidt-Salomon, Michael: *Auf dem Weg zur Einheit des Wissens*. Aschaffenburg 2007, S. 37.

74 Ebd., S. 44, Anmerkung 32.

75 Im Gefolge Schopenhauers begeisterten sich manche, darunter Giulio Evola, der faschistische Philosoph aus Italien, für den Buddhismus als einer monistischen Religion. Evola und Ludwig Kuhlenbeck vom Giordano Bruno Bund verwarfen den Pantheismus, dem Naturschwärmer*innen und Lebensreformer*innen anhingen, als Dualismus von Geist und Materie. In: Kuhlenbeck, Ludwig, *Giordano Bruno*, Berlin 1904, S. 8 f., S. 11; Evola, Julius, *Die Juden und die Mathematik*, in: Nationalsozialistische Monatshefte 119/1940, S. 82. Haeckel wandte sich hingegen gegen den Okkultismus, definierte seine monistische »All-Eins-Lehre« aber als Pantheismus. In: Haeckel, *Welträtsel*, S. 353, S. 366 ff. Rudolf Steiner war anfangs ein begeisterter Anhänger Nietzsches und Haeckels. Später wandte er sich der Theosophie zu und integrierte sozialdarwinistische Evolutionsvorstellungen. Das biogenetische Gesetz Haeckels, wonach jedes

Lebewesen in seiner Entwicklung die gesamte Evolution wiederholen muss, gehört zu den Grundlagen der Waldorfpädagogik. Nach den Lehren der Theosophie und Anthroposophie, entfaltet sich das Göttliche im Laufe der Evolution, verkörpert sich in immer neuen und höheren Lebensformen und kommt im Menschen zu sich selbst, allerdings abgestuft in verschiedenen zurückgebliebenen oder fortgeschrittenen Rassen, mit Ariern, Indogermanen oder Germanen an der Spitze der Hierarchie.

76 Ulbricht, *Arteigene Religion*, S. 23.

77 Kratz, Peter, *Die Götter des New Age. Im Schnittpunkt von »Neuem Denken«, Faschismus und Romantik*, Berlin 1994, S. 31 ff.

78 Hieronismus, Ekkehard, *Zur Religiosität der völkischen Bewegung*, in: Cancik (Hg.), *Religions- und Geistesgeschichte*, S. 174 f.

79 Evola erklärte, die griechisch-römischen Heiden hätten keinen Unterschied zwischen Mensch und Gott gekannt. Eine Elite von Menschen könne durch ihre Fähigkeiten selbst zum Gott werden, die Masse sei von dieser Selbstvergottung ausgeschlossen. Das Christentum hingegen basiere auf der Idee, Gott und Mensch seien verschieden. Diese »semitische Idee« sei die Grundlage für eine Religion der Massen, den Hass auf die Eliten, jene »jüdische Verseuchung« und »jüdisch-christliche Flut«, die das römische Imperium schließlich zerstört habe. In: Evola, Giulio, *Imperialismo pagano. Il Fascismo dinnanzi al pericolo euro-cristiano*. Rom 1928, S. 15 f., S. 98 ff.

80 Ploetz, *Rassenhygiene*, S. 194 ff., S. 197.

81 Hein, Martina, *Die Verknüpfung von emanzipatorischem und eugenischem Gedankengut bei Helene Stöcker (1869–1943)*, Bremen 1998, S. 190 ff.

82 Ebd., S. 195

83 Galton, *Fortpflanzungshygiene*, S. 813, S. 821 f.; Kühl, *Rassisten*, S. 18 f.

84 Huxley, *Religion*, S. 15.

85 Ebd., S. 31.

86 Ebd., S. 33.

87 Huxley, *Memories*, S. 20.

88 Huxley, *Religion*, S. 15, S. 23, S. 34.

89 Ebd., S. 35, S. 49 f., S. 54 f.

90 Huxley, *Religion*, S. 358.

91 Huxley, *Religion*, S. 369 ff.

92 Huxley, *Religion*, S. 377.

93 Huxley, *Religion*, S. 58, S. 359, S. 378.

94 Huxley, *Eugenics*, S. 11.

95 Lagarde, Paul de, *Deutsche Schriften* (1878), Berlin 1994, S. 50 ff., S. 58, S. 232, S. 235.

96 Ebd., S. 15.

97 Chamberlain, Houston Stewart, *Die Grundlagen des neunzehnten Jahrhunderts* (1899), Band 1 und 2, ungekürzte Volksausgabe, 27. Ausgabe München 1941, S. 19.

98 Ebd., S. 251.

99 Ebd., S. 12 f., S. 39.

100 Lagarde, *Deutsche Schriften*, S. 236.

101 Chamberlain, *Grundlagen*, S. 270 f., S. 441 f., S. 880 f.

102 Ebd., S. 259, S. 261, S. 607, S. 611, S. 655, S. 657, S. 743.

103 Ebd., S. 525 f.

104 Ebd., S. 233, S. 235.

105 Ebd., S. 266.

106 Ebd., S. 247 ff.
107 Ebd., S. 679, S. 684 f., S. 1054.
108 Steiner, Rudolf, *Gesammelte Aufsätze*, Gesamtausgabe Band 31, S. 116 ff.
109 von Saucken, Werner, *Frauen-Bewegung und Sozial-Demokratie,* Teil 3, in: Hammer 177/1909, S. 642.
110 Puschner, Uwe, *Die völkische Bewegung im wilhelminischen Kaiserreich. Sprache, Rasse, Religion*, Darmstadt 2001, S. 211.
111 Puschner, *Völkische Bewegung*, S. 212 ff.
112 Nanko, Ulrich, *Das Spektrum völkisch-religiöser Organisationen von der Jahrhundertwende bis ins »Dritte Reich«*, in: Schnurbein/Ulbricht, *Völkische Religion*, S. 209; Hieronimus, *Religiosität*, S. 168 ff.
113 Lächle, Rainer, *Germanisierung des Christentums – Heroisierung Christi. Arthur Bonus, Max Bewer, Julius Bode*, in: Schnurbein/Ulbricht, *Völkische Religion*, S. 165 ff.; Puschner, *Völkische Bewegung*, S. 203 ff.
114 Apabiz e.V. (Hg.), *Rechte Perspektiven auf Religion*, in: Reihe Magazine 2/2018, S. 4. Jürgen Rieger forderte etwa in Abgrenzung zu Hubertus Mynarek ein germanisches Heidentum, als Natur- und Ökoreligion, in strikter Abgrenzung zu allen Religionen, die von »andersrassigen Menschen geschaffen wurden.« In: Rieger, Jürgen, *Eine Öko-Religion?* www.thule-seminar.org/oekoreligion_rieger.htm (24.2.2021).
115 Cancik, Hubert, *»Neuheiden« und totaler Staat. Völkische Religion am Ende der Weimarer Republik*, in: Cancik (Hg.), *Religions- und Geistesgeschichte*, S. 190 ff., S. 208 f.; Hieronimus, *Religiosität*, S. 169.
116 Leutzsch, Martin, *Karrieren des arischen Jesus zwischen 1918 und 1945*, in: Puschner, Uwe / Vollnhals, Clemens (Hg.), *Die völkisch-religiöse Bewegung im Nationalsozialismus. Eine Beziehungs- und Konfliktgeschichte*, Göttingen 2012, S. 195 ff.
117 Gailus, Manfred, *Die kirchliche Machtergreifung der »Glaubensbewegung Deutsche Christen« im Jahr 1933*, in: Gailus, Manfred (Hg.), *Täter und Komplizen in Theologie und Kirche 1933–1945*, Göttingen 2015, S. 62–80; Gailus, Manfred, *Völkisches Denken und Handeln bei den »Deutschen Christen«*, in: Puschner/Vollnhals (Hg.), *Die völkisch-religiöse Bewegung im Nationalsozialismus*, S. 233 ff., S. 238 ff.; Meier, Kurt, *Die Deutschen Christen. Das Bild einer Bewegung im Kirchenkampf des Dritten Reiches*, dritte Auflage, Göttingen 1967.
118 Hieronimus, *Religiosität*, S. 169 ff.; Cancik, *Neuheiden*, S. 193.
119 Nanko, *Völkisch-religiöse Organisationen*, S. 213 ff.
120 Blavatsky, Helena P., *Isis entschleiert* (1877), in: Günther, Michael (Hg.), *Ausgewählte Werke*, München 1995, S. 83.
121 Nanko, *Völkisch-religiöse Organisationen*, S. 213 ff.; von Schnurbein, Stefanie, *Die Suche nach einer »arteigenen« Religion in germanisch- und deutschgläubigen Gruppen*, in: Puschner/Schmitz/Ulbricht (Hg.), *Handbuch der »Völkischen Bewegung«*, S. 172 ff.
122 Nanko, *Völkisch-religiöse Organisationen*, S. 214 f.; Hieronymus, Eckehard, *Jörg Lanz von Liebenfels*, in: Puschner/Schmitz/Ulbricht (Hg.), *Handbuch der »Völkischen Bewegung«*, S. 131 ff.
123 Hunkel, Ernst / Fritsch, Alfred, *Unsere Volksreligion*, Oranienburg-Eden 1915; Hunkel, Ernst, *Deutsch-Ordens-Land. Ein Wille und ein Werk*, Sontra 1921; Breuer, Stefan, *Die Völkischen in Deutschland*, Darmstadt 2008, S. 103 f., S. 157; Bierl, *Schwundgeld*, S. 171 ff.; Puschner/Schmitz/Ulbricht (Hg.), *Handbuch*, S. 911 f.; Hieronimus, *Religiosität*, S. 168 ff.
124 Groschopp, *Dissidenten*, S. 178 ff.; Breuer, *Die Völkischen*, S. 87; Nanko, *Völkisch-religiöse Organisationen*, S. 208 ff., S. 216 ff.

125 Evola, Julius, *Rivolta contro il mondo moderno*, Mailand 1934; Evola, *Imperialismo pagano*, S. 11, S. 14 ff.; Cassata, Francesco, *A destra del fascismo: Profilo politico di Julius Evola*, Turin 2003.
126 Junginger, Horst, *Jakob Wilhelm Hauer*, in: Haar, Ingo / Fahlbusch, Michael (Hg.), *Handbuch der völkischen Wissenschaften. Personen – Institutionen - Forschungsprogramme - Stiftungen*, München 2008, S. 230 f.; Baumann, Schaul, *Die deutsche Glaubensbewegung und ihr Gründer Jakob Wilhelm Hauer (1881–1962)*, Marburg 2005, S. 154 f., S. 227, S. 256.
127 Dierks, Margarete, *Jakob Wilhelm Hauer 1881–1962. Leben -Werk - Wirkung*, Heidelberg 1986, S. 38.
128 Hauer, Jakob Wilhelm, *Der arische Christus*, in: Deutscher Glaube 9/1938, S. 410 ff.
129 Junginger, *Hauer*, S. 232 ff.
130 Junginger, Horst, *Die Deutsche Glaubensbewegung als ideologisches Zentrum der völkisch-religiösen Bewegung*, in: Puschner/Vollnhals (Hg.), *Die völkisch-religiöse Bewegung im Nationalsozialismus*, S. 83.
131 Baumann, *Deutsche Glaubensbewegung*, S. 52, S. 159.
132 Cancik, *Neuheiden*, S. 202 f.
133 Junginger, *Deutsche Glaubensbewegung*, S. 83; Cancik, *Neuheiden*, S. 178; Dierks, *Hauer*, S. 227 ff.
134 Weisenburger, Elvira, *Der »Rassepapst« Hans Friedrich Karl Günther, Professor für Rassenkunde*, in: Kißener, Michael / Scholtyseck, Joachim (Hg.), *Die Führer der Provinz. NS-Biographien aus Baden und Württemberg*, Konstanz 1997, S. 161; Lutzhöft, Hans-Jürgen, *Der Nordische Gedanke in Deutschland 1920–1940*, Stuttgart 1971, S. 28 ff.
135 Günther, Hans F. K., *Die Frage der Ehereform: Einehe oder Vielweiberei?* in: Rasse. Monatsschrift für den Nordischen Gedanken 8/1940, S. 281 ff.; Günther, Hans F.K., *Die Verstädterung*, in: Odal. Monatsschrift für Blut und Boden 3/1934, S. 196 ff.; Günther, Hans F. K., *Die Notwendigkeit einer staatlichen Erbgesundheitspflege*, in: NS-Frauen-Warte 15/1933, S. 337 ff.
136 Fleure, H.J., *Race and Politics*, in: Eugenics Review 4/1935/1936, S. 319 ff.
137 Hoßfeld, *Rassenkunde*, S. 524 ff.
138 Junginger, *Deutsche Glaubensbewegung*, S. 73 ff.
139 Dierks, *Hauer*, S. 259.
140 Ebd., S. 260.
141 Junginger, *Deutsche Glaubensbewegung*, S. 87.
142 Junginger, *Deutsche Glaubensbewegung*, S. 97; Junginger, *Hauer*, S. 231; Baumann, *Deutsche Glaubensbewegung*, S. 40 ff.
143 Gailus, *Völkisches Denken*, S. 241, S. 243; Cancik, *Neuheiden*, S. 202 ff.
144 Deutscher Glaube, Juli 1938, Impressum.
145 Junginger, *Hauer*, S. 230 ff.; Nowak, Kurt, *Kirchen und Religion*, in: Benz, Wolfgang / Graml, Hermann / Weiß, Hermann (Hg.), *Enzyklopädie des Nationalsozialismus*, München 1998, dritte Auflage, S. 187 ff., insbesondere S. 194 ff.
146 Dierks, *Hauer*, S. 332 f.
147 Ebd., S. 340 ff.
148 Fauth, Dieter, *Die Freie Akademie in Beziehung zum Nationalsozialismus*, Zell am Main 2020, S. 21 ff.; Dierks, *Hauer*, S. 351 f.
149 Fauth, *Freie Akademie*, S. 28.
150 Ebd., S. 33 ff.

151 Ebd., S. 37.
152 Ebd., S. 41, S. 53f.
153 Baumann, *Deutsche Glaubensbewegung*, S. 52, S. 159; Klee, *Personenlexikon*, S. 297.
154 Hauer, Jakob Wilhelm, *Der abendländische Mensch. Selbstverständnis und Selbstverwirklichung*, Stuttgart 1964, S. 7ff.
155 Reichenau, Irmgard (Hg.), *Deutsche Frauen an Adolf Hitler*, Leipzig 1933, S. 7ff.; Gottschewski, Lydia, *Vom nordischen Frauentum*, in: Semmelroth, Ellen / von Stieda, Renate, *NS-Frauenbuch*, München 1934, S. 43ff.; Wagner, Leonie, *Nationalsozialistische Frauenansichten. Vorstellungen von Weiblichkeit und Politik führender Frauen im Nationalsozialismus*, Frankfurt am Main 1996, S. 34, S. 44ff.
156 Hauer, *Der abendländische Mensch*, S. 75ff., S. 92.
157 Diese Haltung findet sich bei Margarete Dierks, der Hauer-Biografin, wieder, wenn sie die Mitglieder der Freien Akademie als Ansammlung von Geschlagenen, Enttäuschten, Betroffenen beschreibt, die für ein »Nicht-Gewußt-Haben« und »Doch-Hätten-wissen-müssen« bestraft worden seien. In: Dierks, *Hauer*, S. 354, S. 359.
158 Dierks, *Hauer*, S. 349.
159 Baumann, *Deutsche Glaubensbewegung*, S. 47f., S. 58, S. 261; Dierks, *Hauer*, S. 369f.
160 Hans-Dietrich Kahl, *Strömungen. Die Deutschen Unitarier seit 1945 – ein kritischer Rückblick*, in: Unitarische Hefte 4/1989, S. 4, S. 6, S. 24ff.
161 Kahl, *Strömungen*, S. 5, S. 29, S. 52, Anmerkung 6; Klee, *Personenlexikon*, S. 59f., S. 195.
162 Konopath, Marie Adelheid Prinzessin zur Lippe, *Nordische Frau und nordischer Glaube*, Berlin 1935, S. 8f., S. 19.
163 Kratz, *Götter des New Age*, S. 293ff.; von Schnurbein, Stefanie, *Transformation völkischer Religion nach 1945*, in: von Schnurbein / Ulbricht, *Völkische Religion*, S. 410ff. Ein Beispiel für die personellen Verbindungen ist Baldur Springmann, der als telegener Ökobauer an der Gründung der Grünen beteiligt war und später zur konservativen ÖDP übertrat. Springmann, Mitglied von NSDAP und SA sowie SS-Bewerber, war Mitglied der DUR und des Weltbundes zum Schutz des Lebens.
164 Deppert, Wolfgang, *Religion und Toleranz. Die Deutschen Unitarier in der öffentlichen Auseinandersetzung – eine Stellungnahme*, in: Unitarische Hefte, Schriftenreihe, München 1992, S. 2, S. 11, S. 30, S. 34f.
165 Fauth, *Freie Akademie*, S. 68.
166 Fauth, *Freie Akademie*, S. 68f.; Dierks, *Hauer*, S. 352ff.; Unitarische Blätter Heft 7/8/1979; Heft 11/1979; Heft 1/1980; Heft 10/1980; Heft 4/1981; Heft 5/1981; Heft 2/1982; Heft 1/1987; Heft 4/1988.
167 Stengel von Rutkowski, Lothar, *Grundzüge der Erbkunde und Rassenpflege*, Berlin 1939, S. 44 ff, S. 73.
168 Stengel von Rutkowski, *Grundzüge*, S. 36, S. 66f.
169 Stengel von Rutkowski, Lothar, *Rasse und Geist*, in: Nationalsozialistische Monatshefte 35/1933, S. 86.
170 Nanko, Ulrich, *Vom »Deutschen Glauben« der Sammlungsbewegung zur »Arischen Weltanschauung«*, in: Puschner, Uwe / Vollnhals, Clemens (Hg.), *Die völkisch-religiöse Bewegung im Nationalsozialismus. Eine Beziehungs- und Konfliktgeschichte*, Göttingen 2012, S. 105ff.; Hoßfeld/Simunek, *Kooperation*, S. 55ff.; Hoßfeld, *Rassenkunde*, S. 568f.; Heinemann, Isabel, *»Rasse, Siedlung, deutsches Blut«. Das Rasse- und Siedlungshauptamt der SS und die rassenpolitische Neuordnung Europas*, Göttingen 2003, S. 637f.
171 Hoßfeld, *Rassenkunde*, S. 569.

172 Dierks, Margarete, *Die preußischen Altkonservativen und die Judenfrage 1810/1847*, Rostock 1939, S. 16, S. 170 f.
173 Dierks Margarete, Karteikarte, Bundesarchiv Berlin (BA), PK s 304; BA: Dierks Margarete, 31 tt E 110, Blatt 1666.
174 Schreiben Roland-Verlag Trausel an den Präsidenten der Reichsschirfttumskammer, 14.4.1943, Dierks Margarete, BA, RK B 31, Blatt 1432 ff.; Dierks, Margarete, *Arbeit und Feier*, Reichenberg 1943.
175 Fauth, *Freie Akademie*, S. 143.
176 Ebd., S. 149, S. 157.
177 Ebd., S. 135 f.
178 Dierks, *Hauer*, S. 248.
179 Ebd., S. 24.
180 Ebd., S. 241.
181 Prem, Horst, *Am Ende eines Unitariertages*, in: Unitarische Blätter 6/7/1983, S. 170; Prem, Horst, *Aus der Laudatio zur Verleihung der Ehrenpräsidentschaft an Frau Dr. Sigrid Hunke*, in: Unitarische Blätter 4/1985, S. 156 ff.
182 BA, Hunke Sigrid, R/9361/I, 1408, Parteistatistische Erhebung 70848.
183 Dewor, Stephanie, *Selbstbild rechter Frauen. Pia Sophie Rogge-Börner und Dr. Sigrid Hunke – Rechte Ideologinnen und Frauenrechtlerinnen des 20. Jahrhunderts*, Hamburg 2012, S. 196 ff., S. 202 f.
184 Dewor, *Selbstbild*, S. 209 ff.
185 Dierks, *Hauer*, S. 300; Hauer, Jakob Wilhelm, *Religion und Rasse,* Tübingen 1941, S. 7, S. 22, S. 41.
186 Hunke, Sigrid, *Verstehen*, in: Rasse. Monatsschrift für den Nordischen Gedanken 3/1936, S. 86 ff.
187 Dewor, *Selbstbild*, S. 200.
188 Hunke, Sigrid, *Von der Verteuflung der Frau*, in: Unitarische Blätter 4/1983, S. 111.
189 Hunke, Sigrid, *Europas andere Religion. Die Überwindung der religiösen Krise*, Düsseldorf/Wien 1969, S. 27 ff., S. 32, S. 34.
190 Ebd. S. 37.
191 Ebd., S. 421 f.
192 Ebd., S. 20, S. 350, S. 434, S. 437.
193 Ebd., S. 435.
194 Ebd., S. 161 f., S. 164 ff., S. 168 ff.
195 Deutsche Unitarier Religionsgemeinschaft, *Kasseler Erklärung - Demokratie, Freiheit und unitarische Religion*, beschlossen von der Hauptversammlung am 10. Juni 2011 in Kassel, www.unitarier.de/unitarier/wer-wir-sind/geschichte/kasseler-erklaerung/ (27.8.2014).
196 Kahl, *Strömungen*, S. 55, Anmerkung 44.
197 Ebd., S. 40 ff, S. 50, Anmerkung 44.
198 Kramer, Helmut, *Standortbestimmung*, in: Unitarische Blätter 1/1991, S. 23 f.
199 E.H., *50 Jahre – Gedanken eines Menschen*, in: Unitarische Blätter 5/1997, S. 247; Klaenfoth, Peter, *Die letzten fünfzig Jahre – ein persönlicher Rückblick*, in: Unitarische Blätter 5/1997, S. 256; Kahl, Hans-Dietrich, *Klüt 1947*, in: Unitarische Blätter 5/1997, S. 262; Witzel, Jörg, *Gemeinschaft der Gottgläubigen. Universal Unitarier e.V. Kassel 1947–1952*, in: Unitarische Blätter 5/1997, S. 277.
200 Kahl, Hans-Dietrich, *Kommentar zu den Grundgedanken der DUR*, 1996/1997, www.unitarier.de/module-pagesetter-printpub-tid-2-pid-g.html (11.2.2008). In einer

späteren Version unter dem Titel Erläuterung fehlt der Satz über den Dualismus, Religion wird weiterhin als Bezug auf das Lebensganze verstanden und die Einbindung des Menschen in die Evolution betont. In: Kaufmann, Dorothea, *Erläuterung*, www.unitarier.de/fileadmin/user_upload/download/_GG_Erlaeuterungen_.pdf (27.8.2014).

201 Unitarier, *Fragen und Antworten*, www.unitarier.de/wer-wir-sind/fragen-und-antworten (24.2.2021); Kassler Erklärung 2011, www.unitarier.de/wer-wir-sind/geschichte-der-unitarier/kasseler-erklaerung (24.2.2021).

202 Freie Akademie, *Grundsatzerklärung 2010*, https://freie-akademie-online.de/index.php/wer-sind-wir (24.2.2021). Auch die Berichte über die wissenschaftliche Tagung der Akademie 2019 zu einer kritischen Auseinandersetzung mit der europäischen Rechten und dem autoritären Regime Putins sowie der Forderung nach Asyl als Menschenrecht sprechen für eine grundlegende Wandlung. In: Freie Akademie, *Nachrichten & Meinungen*, 1/2019, S. 3 ff.

5. Anything goes

Neuer Atheismus und Neue Rechte

Ressentiments gegen das Judentum aus der völkischen Asservatenkammer finden sich in der Frauen-, Friedens- und Ökologiebewegung sowie im Umfeld des Neuen Atheismus und des evolutionären Humanismus. Letzterer hat den Atheismus zugunsten spiritueller und pantheistischer Vorstellungen aufgegeben. Es geht nicht um Religionskritik, sondern um Angriffe auf die abrahamitischen Religionen, die als archaisch, primitiv, brutal und aggressiv beschrieben werden. Daraus ergibt sich eine ideologische Affinität zur extremen Rechten mit gelegentlichen Kooperationen. Die Argumentationslinien und Zusammenhänge mit biologistischem Denken werden in diesem Kapitel skizziert.

5.1. Recycling völkischer Spiritualität

Die Vorstellung, die jüdische Religion sei besonders bösartig, aggressiv, blutrünstig, frauen- und naturfeindlich entstand im 19. Jahrhundert. Unterstellt werden von den Antisemit*innen negative Attribute wie Egoismus, Habgier oder rigide Strenge und diese werden auf die jüdische Religion zurückgeführt. Das Judentum wiederum wird als Ausdruck eines Volkscharakters interpretiert und ihm jede echte Spiritualität abgesprochen.

Solche Ansichten wurden in der Bundesrepublik sowohl von der extremen Rechten als auch im Umfeld der Ökologie-, Friedens- und Frauenbewegung wiederaufgenommen. Jesus galt als Befreier von einem dogmatisch erstarrten Judentum, dessen Werk aber von der Kirche verraten und zunichte gemacht worden sei. Einschlägige Autor*innen betonten ein angeblich alttestamentarisch-jüdisches Strafbedürfnis, Jahwe als besonders eifersüchtigen, aggressiven Gott, das Patriarchat als jüdische Erfindung und Umweltzerstörung als Resultat eines jüdischen Monotheismus und Materialismus, der sich in Christentum und Aufklärung fortgesetzt habe.

Zu den prominentesten Vertreter*innen dieses Genres zählten der Journalist Franz Alt und die Schriftstellerin Luise Rinser, die einst Adolf Hitler und später Kim Il Sung, den nordkoreanischen Diktator, gepriesen hatte.[1] Der kirchenkritische katholische Theologe Eugen Drewermann behauptete, die Religion Israels sei »eine Wüstenreligion geblieben«, welche die Erde »niemals gütig und warm nach Art der großen Mutter zu sehen vermocht hat«.[2]

In der deutschen Übersetzung von Peter Singers »Animal Liberation« (1982) findet sich ein Anhang von Carl Anders Skriver, einem evangelischen Pfarrer. Dieser schreibt über ein veganes Urchristentum, das von jüdischen und christlichen Theologen verfälscht worden sei. Skriver war Vizepräsident der Internationalen Vegetarier Union und Mitglied der britischen Veganer-Gesellschaft.[3]

Der emanzipatorische Gehalt des Judentums wird übergangen. Zwar ist die Geschichte vom Auszug der Juden aus Ägypten ein Mythos, beschreibt aber einen erfolgreichen Sklavenaufstand. Die Gesetzgebung durch Moses auf dem Sinai sollte das Zusammenleben regulieren und jene aristokratische Willkür beenden, die Nietzsches höchstes Ideal darstellte. Der Altnazi und Anthroposoph Werner Georg Haverbeck deutete diese mythische Geschichte als Ausdruck eines »kulturfeindlichen Bewusstseins«. Die Juden hätten nicht gewürdigt, dass Sklaverei und Fronarbeit der Massen notwendig seien, um kulturelle Höchstleistungen wie die Pyramiden zu schaffen, dass die Mehrheit der Menschen schwere Opfer bringen musste, um »Großmenschen« zu schaffen.[4]

Ein wichtiger Vertreter dieser Interpretation von Christen- und Judentum war Hubertus Mynarek, ein ehemaliger katholischer Priester und Professor für Theologie. Mynarek hatte 1972 beim Papst gegen Zölibat und undemokratische Strukturen protestiert. Im gleichen Jahr heiratete er, trat aus der Kirche aus und bekam die Lehrerlaubnis entzogen. Das bescherte ihm Sympathien in linken und liberalen Kreisen. Der Glanz des Märtyrers sorgte dafür, dass eine inhaltliche Auseinandersetzung unterblieb – denn Mynarek war kein Religionskritiker, sondern Öko-Esoteriker.

Der Theologe mischte religiöse Ambitionen, Evolutionsidee und Umweltschutz und bezeichnet seine Lehre als »Ökosophie«, wörtlich übersetzbar als Weisheit der Ökologie. Im Unterschied zu Biozentrist*innen und Tierrechtler*innen bleibt der Mensch für Mynarek die Krone der Schöpfung, allerdings dergestalt, dass die Natur selbst die Erscheinungsform des Göttlichen darstellt und sich im Menschen zur Geltung bringt, als »Vollendung der Sinngestalt der Natur«.[5] Mynarek verkündete das Auftreten eines neuen »ökoreligiösen Menschen«, der auf der Evolutionsleiter eine Stufe über anderen stehen soll. Dieser ökoreligiöse Mensch sei der »Sinn der Erde«, während der technokratische Mensch als »Irrläufer der Evolution« abqualifiziert wird.[6] Während sich prominente Eugeniker*innen von der Naturwissenschaft kommend der Mystik näherten, fand der katholische Theologe über den Pantheismus zur Evolutionslehre.

Für Mynarek sind Geist und Materie eins. Die Welt entwickle sich aus dem Göttlichen, dem »ursprünglich Angelegten und schon immer Vorhandenen«.[7] Die Evolution sei nichts anderes als die Entfaltung des göttlichen und ganzheitlichen Prinzips.[8] Die Natur, der Geist, das Göttliche kämen im Menschen zu sich selbst. Seine Ökosophie ist also eine weitere monistische Variante der Selbstvergottung des Menschen.

Auch für Mynarek ist Jesus eine Lichtgestalt, die gegen das Judentum revoltierte, gegen Gesetz und Synagoge. Aus den »emanzipatorischen Ansätzen des Stifters« habe sich der Wandel von einer »sektenartigen Religion der Bauern und Hirten des palästinensischen Ursprungslandes zur – im Verhältnis zum römischen Imperium und seiner Ideologie – emanzipatorischen, revolutionären Weltreligion« ergeben, die diesen Charakter aber mit der Anerkennung als Staatsreligion wieder verlor.[9] Das Ausbleiben der Wiederkehr des Messias habe dazu geführt, dass sich das Christentum institutionalisierte, dass daraus der Katholizismus entstand, als eine »nach Herrschaftsprinzipien organisierte, auf das hierarchische Grundmuster des spätjüdischen Kirchenwesens zurückgreifenden und darauf aufbauenden Religion«.[10] Wie andere Kirchenkritiker*innen vor ihm deutet Mynarek das Urchristentum positiv, dessen weitere Entwicklung jedoch aufgrund jüdischer Eigenschaften negativ.

1979 publizierte Mynarek sein Buch »Orientierung im Dasein« im Verlag der DUR. Es enthält allerlei rechte Essentials: Mynarek beklagte die »Massenvertreibungen am Ende des letzten Weltkrieges« statt auf die vorausgegangenen Verbrechen des Nationalsozialismus hinzuweisen, definierte Volk als organische Schicksals- und Abstammungsgemeinschaft, statt in der demokratischen

Tradition Westeuropas und der USA als politische Kategorie, predigte ein »Recht auf Heimat« und teilte die Menschheit in Rassen ein.[11]

Als Referenzen für seine kirchenkritischen und religiösen Vorstellungen nannte Mynarek Karlheinz Deschner, Jakob Hauer und Sigrid Hunke.[12] Seitenweise gab er Hauers Ansichten wieder: Jesus als Überwinder jüdischer Gesetzesstrenge, ein Tatmensch, zerrieben von der »jüdischen Buchstabengerechtigkeit« und römischen Macht.[13] Mynarek lobte den Führer der nazistischen Deutschen Glaubensbewegung als eine »der bedeutendsten Größen der Religionswissenschaft des 20. Jahrhunderts«, trotz der »theoretischen Verirrungen während des Dritten Reiches«.[14] In Anlehnung an Sigrid Hunke schrieb er von einem unterschwelligen abendländischen Traditionsstrom, »den man nicht zu Unrecht als ›Europas andere Religion‹ […] bezeichnet hat«.[15] Mynarek konstruierte dazu eine Linie, die von Meister Eckhart und Giordano Bruno, über Goethe und Fichte bis zu Julian Huxley und der zeitgenössischen Esoterik reicht.

An dieser Stelle lohnt ein Rückblick auf seine Sozialisation. Mynarek wurde 1929 in Oberschlesien geboren. Angeblich wurde er von der NSDAP für den Besuch einer ihrer Napola-Eliteschulen vorgeschlagen, was sein Vater abgelehnt haben soll. Er diente in der Hitlerjugend und wurde nach Kriegsende als »Oberjungzugführer« von den polnischen Behörden eingesperrt, schrieb Mynarek. In dieser Zeit entschied er sich für den Priesterberuf, studierte und wurde 1953 zum Priester geweiht. Fünf Jahre später siedelte er in die Bundesrepublik über und machte eine Universitätskarriere. Als sich Mynarek 1972 an den Papst wandte, war er Dekan an der Universität Wien.[16]

Nach dem Verlust der Lehrerlaubnis im selben Jahr arbeitete Mynarek als freier Schriftsteller. Er engagierte sich bei der Freien Akademie, war regelmäßig Autor in der DUR-Zeitschrift »Unitarische Blätter« und trat als Referent bei DUR-Seminaren auf, etwa mit Hunke und Stengel von Rutkowski bei einer »Standortbestimmung alternativer Religion« im Oktober 1980.[17] Auch in der braunen Kaderschmiede Collegium Humanum gastierte Mynarek 1986 als Vortragender.[18] Im gleichen Jahr beteiligte er sich an einem Aufsatzband mit dem Titel »Zurück zur Naturreligion?«, dessen Herausgeber Holger Schleip für ein »moderne[s] Heidentum« warb. Haverbeck führte darin die Umweltzerstörung auf das jüdische Alte Testament und römisches Machtstreben zurück, Mynarek predigte seine Ökoreligion. Weitere Autoren waren Henning Eichberg, der Vordenker der Neuen Rechten, und der Nationalrevolutionär Peter Bahn.[19]

Ein Jahr später behauptete Mynarek, er habe Haverbeck nur als bekannten Anthroposophen und Buchautor gekannt.[20] Das mag sein. Auch radikale Linke, die bei der Gründung der Grünen mitmischten, behaupteten später, nicht gewusst zu haben, wer Haverbeck war. Allerdings erschien bereits 1969 eine Studie, die einen Teil von Haverbecks Karriere im Dritten Reich in der Hitlerjugend, bei der SA, beim SS-Ahnenerbe und als Führer des Reichbundes Volkstum und Heimat behandelte.[21] Haverbeck war in der Ostermarschbewegung aktiv, fungierte als langjähriger Präsident der deutschen Sektion des Weltbundes zum Schutz des Lebens (WSL), kooperierte mit der rechten Minipartei Aktionsgemeinschaft Unabhängiger Deutscher (AUD) und war Mitgründer der Grünen, anfangs sogar mit koordinierender Funktion. 1980 unterzeichnete Haverbeck den Dortmunder Appell gegen die Stationierung neuer atomarer Mittelstreckenraketen in Deutschland. 1981 verließ er die Grünen und trat in die ÖDP ein. Im gleichen Jahr veröffentlichte Haverbeck mit anderen rechten Professoren den Heidelberger Manifest, der sich gegen Einwanderung richtete und der in der Öffentlichkeit für einiges Aufsehen sorgte. Damit hatte sich Haverbeck wieder als der Nazi geoutet, der er immer war.

Mynarek will von all dem nichts mitbekommen haben, obwohl er sich in einschlägigen Kreisen bewegte. Er war kurzzeitig ebenfalls Mitglied der Grünen, gründete die Bundesarbeitsgemeinschaft Christen in den Grünen mit und wurde als Vordenker gehandelt. Seinen »ökologischen Humanismus« propagierte Mynarek damals in anthroposophischen und grünen Blättern sowie Publikationen der DUR als »einzig mögliche Antwort auf die Herausforderung durch die gegenwärtige Weltsituation mit ihrem so noch nie dagewesenen Krisen- und Katastrophencharakter«.[22]

1998 trat Mynarek dem Humanistischen Verband Deutschlands (HVD) bei. In dessen Vereinszeitschrift »Diesseits« schrieb er öfter, etwa über die Rechte von Tieren und Pflanzen.[23] Im Januar 2007 war Mynarek einer von vier Ehrengästen von Scientology bei der Eröffnung ihres neuen Hauses in Berlin. Zwei Jahre später kandidierte er bei Kommunalwahlen in Rheinland-Pfalz für die Linkspartei. In linken Zeitungen kam er als Kirchenkritiker zu Wort.[24]

Im Jahr 2000 bekam Mynarek die Gelegenheit, seine Position in der MIZ darzustellen, dem Blättchen des Internationalen Bundes der Konfessionslosen und Atheisten (IBKA). Mynarek war ein alter Bekannter. Im Auftrag des Bundes der Konfessionslosen, der Vorläuferorganisation des IBKA, hatte er früher schon einmal kurzzeitig als einer der Herausgeber*innen der MIZ fungiert.[25] Seine Auseinandersetzung mit der Amtskirche wurde 1975 in der MIZ ausführlich dokumentiert und eine Solidaritätserklärung publiziert.[26] Seine Ansichten und Kontakte dürften der MIZ-Redaktion bekannt gewesen sein, denn sie rechtfertigte sich schon vorab unter Verwendung eines rechten Kampfbegriffs: Das Interview sei in der Redaktion kontrovers diskutiert worden, weil Mynareks Naturverständnis unbeabsichtigt reaktionären Auslegungen Vorschub leisten könnte, aber die MIZ pflege kein »engstirniges Beharren auf ›Political Correctness‹«.[27]

Die Redaktion bot Mynarek nicht nur eine Plattform, Michael Schmidt-Salomon, der das Interview führte, verzichtete auf Fragen nach seinen Verbindungen nach rechts. Stattdessen durfte der Theologe rechtfertigen, warum er sein Buch »Die neue Inquisition. Sektenjagd in Deutschland« (1999) im Verlag Das Weiße Pferd, dem Hausverlag von Universelles Leben (UL) veröffentlich hatte.[28] Mynarek erzählte dazu, er habe ein Gutachten für die UL für einen Prozess angefertigt. Er attackierte die Sektenbeauftragten der Kirchen und »ihre Helfershelfer in diversen Presseorganen« als Inquisitoren, die »inzwischen mit der Faschismuskeule ebenso geschickt wie mit der Sektenkeule zu schwingen vermögen«.[29]

Das war insofern bemerkenswert als Colin Goldner, damals Beirat der IBKA, heute der GBS, alle diese Themen zuvor durchaus kritisch aufgearbeitet hatte. Goldner hatte die DUR als »Nazisekte, die im Strom des New Age weitgehend unerkannt mitschwimmt«, bezeichnet, wobei er als Quelle die Arbeit von Peter Kratz angab.[30] In seinem Buch über die »Psychoszene« (2000) hatte Goldner die Führerin der UL, Gabriele Wittek, in die Kategorie »totalitäre Sektenführerin« eingereiht.[31]

Das Interview sorgte in der IBKA durchaus für Widerspruch. »MSS walsert, daß die deutsche Schwarte kracht«, warf Gerhard Kern dem MIZ-Redakteur vor.[32] Schmidt-Salomon antwortete, man solle nicht »paranoid mit der Faschismuskeule« herumlaufen und »unbequeme« Autoren als Vorboten eines vierten Reiches diffamieren.[33] Kritiker bezeichnete er als »selbst ernannte Faschismusfahnder« und »antifaschistische Sittlichkeitswächter«, unterstellte ihnen ein schlichtes Gut-Böse-Weltbild, eine »inquisitorische Denkhaltung«, kanzelte sie als Gutmenschen ab, die eine »neulinke Inquisitionsmaschine« betrieben.[34]

Mynarek wiederum schimpfte, Kern sei ein »wissenschaftsmethodologischer Ignorant«, wenn er nicht wissen sollte, dass in Sammelbänden auch

Autoren mit konträren Ansichten zu Wort kämen.[35] Dieser hatte darauf hingewiesen, dass Mynarek mit dem anthroposophischen Achberger Kreis kooperierte und in deren Verlag an einem Sammelband mitgewirkt hatte, in dem auch ein Beitrag des rechten Publizisten Günter Bartsch erschienen war.[36] Im Achberger Kreis habe er viele Grüne getroffen, so »dass ich gar keinen Zweifel bezüglich der politischen Einstellung dort hegen konnte«. Keinesfalls sei der Achberger Verlag von der Neuen Rechten infiltriert, meinte Mynarek.[37] Wozu auch, möchte man sagen, schließlich ist die Anthroposophie selbst eine rassistisch fundierte okkulte Evolutionslehre, die von einer besonderen spirituellen Mission der Deutschen ausgeht. Der Achberger Kreis wiederum kooperierte mit der Freien Internationalen Hochschule für Kreativität und interdisziplinäre Forschung (FIU) von Joseph Beuys. Der Achberger Kreis und Beuys arbeiteten wie Haverbeck mit der AUD zusammen und waren an der Gründung der Grünen beteiligt. Beuys schrieb für die Zeitschrift Wir selbst, dem Hausblatt Eichbergs aus dem Spektrum der Neuen Rechten.[38]

Fünf Jahre nach dem Streit in der MIZ gab es erneut Ärger, als das Komitee »Heidenspaß«, das Schmidt-Salomon mit organisiert hatte, anlässlich des Besuches von Papst Benedikt XVI. in Köln einen Auftritt von Mynarek plante. Diesmal war der antifaschistische Protest stärker, die Veranstaltung wurde abgesagt. Ersatzweise organisierte eine Initiative »Ein Mahnmal für die Millionen Opfer der Kirche«, die nach einem Bericht des Kölner Stadtanzeigers der UL zuzurechnen war, eine Ersatzveranstaltung, in der Mynarek schimpfte, sein ursprünglicher Auftritt habe »unter dem Druck des Pöbels« abgesagt werden müssen.[39]

Erst als Mynarek bei Scientology auftrat, gab es Kritik aus der Giordano-Bruno-Stiftung. Deren Humanistischer Presse Dienst rügte nun, was vorher nicht gestört hatte: »Mynarek, einst ein profunder und namhafter Kirchenkritiker und Freigeist, mutierte in den letzten Jahren zum bekanntesten Lobbyisten für Sekten und Psycho-Kulte aller Art und scheut sich auch nicht davor, seine ›kirchenkritischen‹ Bücher im hauseigenen Verlag der Sekte ›Universelles Leben‹ der ›Prophetin‹ Gabriele Wittek zu publizieren.«[40] Mynarek revanchierte sich. Er attackierte den Neuen Atheismus und die Giordano-Bruno-Stiftung und grenzte sich besonders von der Auffassung ab, das menschliche Ich sei bloß eine Illusion.[41] Seine Auseinandersetzung mit Dawkins, dem er Unkenntnis und Ignoranz vorwarf, und anderen Protagonisten dieses Spektrums geriet streckenweise zur Abrechnung.[42]

Ende des Jahres 2000 erschien die MIZ mit einem Titelbild, das Stalin mit Heiligenschein zeigte. Im Heft befasste sich Schmidt-Salomon mit einer »Kriminalgeschichte des Atheismus«, in der Nationalsozialismus und Kommunismus gleichgesetzt wurden. Als Beleg musste Stalin herhalten.[43] Auch die Überschrift »Die offene Diskussion und ihre Feinde« über einem weiteren Beitrag, der sich gegen Gerhard Kern richtete, zeigte den Übergang ins Lager jener Extremismus-Ideolog*innen an, die Faschismus und Kommunismus gleichsetzen, und damit die historisch singulären Verbrechen des Nationalsozialismus relativieren.[44] Kritiker*innen unterstellte Schmidt-Salomon schon mit solchen Titeln, sie wollten eine offene Debatte verhindern.

Antikapitalismus sei in der MIZ überflüssig, dekretierte Schmidt-Salomon, weil man kein polit-ökonomisch ausgerichtetes Blatt sei und gerade der Kapitalismus eine säkularisierende Grundtendenz habe.[45] Diese kühne These stützte er auf eine Grundsatzerklärung des geschmähten kommunistischen Atheismus. »Die Bourgeoisie, wo sie zur Herrschaft gekommen, hat alle feudalen, patriarchalischen, idyllischen Verhältnisse zerstört [...] Sie hat, mit einem Wort, an die Stelle der mit religiösen und politischen Illusionen verhüllten Ausbeutung die offene, unverschämte, direkte und dürre Ausbeutung gesetzt«, heißt es im Kommunistischen Manifest. Leider ist diese These von Marx und Engels widerlegt: Der Kapitalismus setzte zwar weltweit »die dürre Ausbeutung« durch, nutzte dabei jedoch älteren Herrschaftsformen und Ideologien. Wissenschaftler*innen und Schriftsteller*innen in Europa und Nordamerika schufen den Rassismus als Rechtfertigung für koloniale Eroberungen und die Versklavung von Schwarzen; deutsche Dichter und Denker modernisierten den Antisemitismus in den »Befreiungskriegen« gegen Napoleon. Aus den Widersprüchen kapitalistischer Herrschaft ziehen bis heute fundamentalistische Bewegungen ihre Kraft.

Das MIZ-Schwerpunktthema »Von der Fundamentalkritik zur Realpolitik« war Programm. Rhetorisch fragte Schmidt-Salomon, ob man denn im »keimfreien Ghetto linker Gesinnung« verbleiben und sich »heroisch-konsequent dem würdigen Gestus altlinker Ohnmachtsgefühle« hingeben wolle, statt die Chance zu ergreifen, die politischen Verhältnisse tatsächlich zu verändern. Ein »gesinnungsethischer Rigorismus« stabilisiere doch nur die Außenseiterposition. Künftig sollten die Konfessionslosen mit SPD und FDP kooperieren, nicht mehr bloß mit Grünen und PDS. Gerade die FDP würde doch aus Tradition und konsequent seit Jahren für die »weitgehende« Trennung von Staat und Kirche eintreten.[46]

5.2. Giordano Bruno – Ein esoterischer Antisemit

Als Schmidt-Salomon und seine Mitstreiter*innen einige Zeit später eine Stiftung gründeten, hätten als Namensgeber*innen durchaus aufgeklärte Persönlichkeiten zur Verfügung gestanden. Man entschied sich aber für einen Pantheisten.[47] Warum die Wahl ausgerechnet auf Giordano Bruno fiel, erklärt die Stiftung auf ihrer Homepage. Bruno habe das kirchliche Weltbild zu seiner Zeit »in einer bis dahin unerreichten Schärfe verworfen und das Dogma von der Sonderstellung von Menschheit und Erde im Kosmos durch seine Theorie des unendlichen Universums und der Vielheit der Welten« in »weit dramatischerem Maße entzaubert als Galilei«. Einschränkend heißt es lediglich, das gelte, obwohl einige der »mystischen Überlegungen« Brunos sich »kaum noch nachvollziehen lassen«.[48]

Mit Sicherheit ist Bruno das prominenteste Opfer katholischen Terrors und darum eine Ikone geworden. Sein Tod auf dem Scheiterhaufen am 17. Februar 1600 in Rom machte ihn zum Märtyrer. Bertolt Brecht widmete ihm ein eigenes Stück, in dem er den Eingekerkerten als edelmütigen Menschen beschreibt. Brecht verehrte Bruno, weil dieser vor der Inquisition standhaft geblieben war, während Galilei seinen Ideen abschwor.[49] In Italien wurde Bruno während des Risorgimento, der Kämpfe um den bürgerlichen Nationalstaat, zum Heroen verklärt, zu einem der »ersten Heiligen der modernen Welt«, wie der Linguist und liberale Politiker Francesco de Sanctis schrieb.[50]

Mit seinen Ansichten beschäftigt sich jedoch kaum jemand. Dieser Umstand fiel schon Paul de Lagarde auf, als er in Rom die Vorbereitungen für das Monument miterlebte, das zum Andenken an Bruno 1889 errichtet wurde. Mit großer Begeisterung sei dafür geworben und Geld gesammelt worden, aber kaum einer habe auch nur eine ungefähre Vorstellung davon, was dessen Philosophie eigentlich ausmacht, notierte Lagarde.[51]

1888 gab der Göttinger Orientalist die italienischen Werke Brunos neu heraus.[52] Seitdem entwickelte sich Bruno zu einer Ikone – für Linke, für Esoteriker*innen und für die völkische Rechte. Das ist nicht verwunderlich, denn der vormalige Mönch vertrat zwar Vorstellungen, die fortschrittlich und zukunftsweisend waren, aber in erster Linie im Bereich der Astronomie. Ansonsten entwickelte Bruno keineswegs aufklärerische oder emanzipatorische Ideen. Er war vielmehr ein frühneuzeitlicher Mystiker und Antisemit.[53] Im zweiten Band von Lagardes Bruno-Edition finden sich seine berüchtigten

Sätze über die Juden. Sie seien »ein so pestilenzialisches, aussätziges und im allgemeinen gefährliches Geschlecht, dass sie es eher verdienten, ausgerottet als geboren zu werden«.[54] Als einziger Italiener wurde Bruno mit diesen Sätzen von Theodor Fritsch in seinem berüchtigten »Antisemiten-Katechismus« zitiert.[55]

Die Völkischen rühmten ihn als Helden, in dessen Adern germanisches Blut geflossen sei, getreu ihrer Vorstellung, die italienische Renaissance ginge auf Nachfahren germanischer Invasoren aus der Zeit der Völkerwanderung zurück.[56] Der Diederichs-Verlag publizierte eine mehrbändige Edition seines Gesamtwerkes. Annie Besant, Präsidentin der Theosophischen Gesellschaft, verfasste ein Buch über Bruno und verehrte ihn wegen seines Glaubens an die Reinkarnation als Vorläufer der modernen Esoterik-Bewegung. Das Werk wurde im Jahr 2000 vom esoterischen Aquamarin-Verlag neu aufgelegt.[57] Gefeiert wurde der abtrünnige Dominikaner von Houston Stewart Chamberlain, dem Ariosophen Guido List, dem NS-Chefideologen Alfred Rosenberg wie dem Hitler-Mentor Dietrich Eckart, dem NS-Dichter Erwin Guido Kolbenheyer, von Jakob Wilhelm Hauer und Sigrid Hunke. Zu den zeitgenössischen Fans gehörten der Altnazi Lothar Stengel von Rutkowski und Hubertus Mynarek, der Bruno in der MIZ als Pantheisten rühmte.[58] Der Theologe und Tierschützer Drewermann würdigte Bruno als weitsichtigen Denker.[59]

Bei der Gedenkfeier zum 300. Jahrestag seiner Ermordung gründeten Freidenker in Berlin Anno 1900 einen Giordano-Bruno-Bund. Dieser verstand sich als »Kampfgenossenschaft gegen Dunkelmänner und Knechtung«, pflegte den Monismus als Weltanschauung und war mit Haeckels Monistenbund eng verbunden.[60] Als Hauptgegner sah dieser Giordano-Bruno-Bund die katholische Kirche an, aber auch eine indisch-asiatische Esoterik, die in Gestalt der Theosophie Zulauf hatte.[61] Der Verein publizierte Flugschriften und organisierte Veranstaltungen, bis inhaltliche Gegensätze zu seinem Ende führten.

Zu den Mitgliedern dieses Giordano-Bruno-Bundes gehörten Rudolf Steiner und der völkische Grafiker Fidus.[62] Weniger bekannt ist Ludwig Kuhlenbeck, der die Werke Brunos ins Deutsche übersetzt und im Diederichs Verlag herausgegeben hatte. Der Jurist Kuhlenbeck war fanatischer Antisemit und Rassist sowie Mitglied des Alldeutschen Verbandes und predigte einen »nationalen, rassebewussten Sozialismus«.[63] Besonders zog er gegen die Idee der Gleichheit zu Felde und verdammte kosmopolitische und universalistische Positionen.[64] Kuhlenbeck würdigte Bruno als unerschütterlichen Kämpfer für die Wahrheit, als großen Dichter mit einem mystischen Gottesverständnis und Vertreter eines »lebensfreudigen Heroismus«.[65]

Im Oktober 2012 kritisierte Micha Brumlik die Giordano-Bruno-Stiftung wegen ihrer Kampagne gegen die Beschneidung von jüdischen und muslimischen Jungen: Die Stiftung erweise sich damit ihres Namenspatrons würdig, der einer der rabiatesten Antisemiten seiner Zeit gewesen sei.[66] Nach eigenen Angaben bekam Brumlik auf diese Kolumne so viele Reaktionen wie nie zuvor. Schmidt-Salomon warf Brumlik intellektuelle Unredlichkeit und grobe Unwahrheiten vor. Mit der Attitüde des Wissenschaftlers, der einem Kollegen grobe Schnitzer nachweist, behauptete Schmidt-Salomon, Brumlik sei ein »hermeneutischer Grundfehler« unterlaufen. Er habe einen Satz missinterpretiert. Jene oben zitierte antisemitische Tirade sei von Bruno eigentlich satirisch gemeint gewesen. Dazu bezichtigte Schmidt-Salomon Brumlik, eine veraltete Übersetzung verwendet zu haben, in der von jüdischer Rasse die Rede sei, dabei habe Bruno von Geschlecht gesprochen. Brumlik hätte besser daran getan, sich der »mustergültigen Übersetzung« von Elisabeth und Paul Richard Blum zu bedienen.[67]

Es wäre ein großes Missverständnis, die Humanisten des 16. Jahrhunderts als moderne Denker vergleichbar mit den Aufklärern zu interpretieren, antwortete Brumlik. Diese Humanisten hätten ein mittelalterliches Weltbild artikuliert. Für sie seien Magie und Astrologie, Dämonen und Hexen unbezweifelbare Gegebenheiten gewesen. Insbesondere Giordano Bruno sei nicht bloß ein militanter Judenhasser gewesen, ausgerechnet zu einer Zeit, als die Juden in Italien vertrieben oder in Ghettos gesperrt wurden, sondern auch ein erklärter Frauenfeind. Dem französischen König Heinrich III., verantwortlich für die sogenannte Bartholomäus-Nacht, in der 30.000 Hugenott*innen allein in Paris ermordet wurden, widmete Bruno zehn Jahre später eine seiner Schriften. Insgesamt sei Bruno Vorläufer »der negativsten geistigen Tendenzen des 20. Jahrhunderts«, bilanzierte Brumlik.[68]

Diese Vorwürfe lassen sich ausgerechnet anhand der von Schmidt-Salomon gerühmten Übersetzung der Blums gut belegen. In ihrer ausführlichen Einleitung zum fünften Band führt Elisabeth Blum sämtliche Aspekte an: Bruno, der »rabiate Judenfresser«, der Frauenfeind, der Märtyrer, der selbst zur Verfolgung und Ausrottung von Ketzern aufgerufen hatte. Ähnlich wie Niccolo Macchiavelli habe Giordano Bruno zwar auf einer inneren Glaubensfreiheit bestanden, zugleich aber einem äußerlichen Konformismus aus politischen Gründen, also zur Sicherung von Herrschaft, das Wort geredet.

Bruno hielt die Masse der Menschen für zu dumm, um Philosophie zu begreifen, für diese Schafe sei die Religion bestens geeignet.[69] Schließlich habe Bruno pantheistische Positionen vertreten und Jesus als Helden gefeiert, schreibt Blum. Neben Antisemitismus und Antifeminismus dürfte dieser Aspekt die Verfechter*innen eines arisch-heroischen Christus entzückt haben. Das Fazit der Übersetzerin ist eindeutig: Giordano Bruno als Freigeist und Republikaner zu interpretieren, wie mit dem Denkmal auf dem Campo dei Fiori in Rom, sei Legendenbildung, ihn gar als Materialisten oder Atheisten zu verehren, wie es kommunistische Philosoph*innen bis hin zu Ernst Bloch getan hätten, grundverkehrt.[70]

Schmidt-Salomon focht das nicht an. Ohne auf die Kritik Brumliks im Detail einzugehen, wiederholte er mantraartig, Bruno sei ein bedeutender Naturphilosoph gewesen, und hielt Brumlik vor, ein »ein sehr einseitiges, verfälschendes Bild von Giordano Bruno gezeichnet« zu haben. Zwar sei Giordano Bruno ein scharfer Kritiker der jüdischen Religion gewesen, aber nicht ein so eliminatorischer Judenhasser wie etwa Martin Luther.[71] Das könnte man so deuten, als wäre ein Antisemit noch akzeptabel, solange er Juden nicht gleich umbringen will. Allerdings hat das oben angeführte Zitat Brunos, wonach die Juden »eher verdienten, ausgerottet als geboren zu werden«, durchaus eine eliminatorische Komponente.

Wer sich mit der Stiftung, ihren Protagonist*innen und deren Ansichten auseinandersetzt, wird Schmidt-Salomon allerdings beipflichten, dass die Namensgebung passt. Ein Esoteriker, Antisemit und Frauenfeind eignet sich vorzüglich als Patron einer Stiftung, die eine krude Mischung aus Soziobiologie, Evolutionstheorie, Euthanasiepropaganda und Tierrechten pflegt. »In Brunos unzeitgemäßer Philosophie finden sich bereits Grundzüge einer nicht-dualistischen, naturalistischen Welterkenntnis, Überlegungen zur biologischen Abstammungslehre und zu einer evolutionär-humanistischen Ethik, die auch die Rechte nichtmenschlicher Organismen einschließt. Zudem gingen von Bruno wesentliche Impulse für die Entwicklung der modernen Religionskritik aus«, heißt es auf der Homepage der Stiftung.[72]

5.3. Atheistische Spiritualität

Bei den Salzburger Festspielen 2013 wurde eine »Passion Giordano Bruno« uraufgeführt, die der Komponist Gerhard Wimberger vom Beirat der Giordano-Bruno-Stiftung verfasst hatte. Er verkündete eine »agnostisch-atheistische Religiosität auf dem Boden des Humanismus«.[73] Der Humanistische Pressedienst der Giordano-Bruno-Stiftung berichtete wohlwollend über eine »atheistische Spiritualität« als »Reifestadium des Atheismus«, die der Theologe und Philosoph Joachim Kahl entdeckt hat. Er versteht darunter eine »Geistorientierung, eine gemüthaft vertiefte, Verstand und Gefühl umfassende innerliche Haltung zur Wirklichkeit«, eine Sinnsuche ohne Gottsuche, die sich auf die »metaphysische Ebene der Wirklichkeit« beziehe, auf einen »ontologischen Metaphysikbegriff«, aber streng abgegrenzt von jeglicher Transzendenz. Eine »atheistische Spiritualität« verehre ohne jeden sakralen Bezug »ruhig und dankbar das Erhabene und Wunderbare der schöpferischen Natur«.[74] Bereits einige Jahre zuvor hatte Kahl für eine nichtreligiöse Spiritualität plädiert, die er von Religion und Esoterik abgrenzte, und im wesentlichen als »Verlangen nach Selbstvergewisserung, Selbstfindung und Selbstkongruenz« definierte. Vor diesem Hintergrund rügte er Dawkins Bestseller »Der Gotteswahn« in scharfen Worten als »charakteristisches Dokument intellektuellen Cäsarenwahns«, das auf Schritt und Tritt eine »bodenlose Unkenntnis in Sachen Religion und Religionskritik« verrate.[75]

Früher war Kahl orthodoxer Marxist-Leninist. Er sah die »Hauptaufgabe der gegenwärtigen Epoche« darin, »die Volksmassen« für den »welthistorischen Kampf der Klassen und Systeme« und für den Sozialismus zu mobilisieren. Dieser Sozialismus sei zwar »wesensnotwendig atheistisch«, allerdings sei Atheismus in dieser epochalen Auseinandersetzung nachrangig, dekretierte Kahl.[76] Die kommunistische Parteilinie sah damals vor, friedensbewegte Pfarrer zu umgarnen, um gemeinsam den Imperialismus zu schlagen. Beispielhaft für viele aus seiner Generation demonstriert Kahl den Übergang von einem Marxismus-Leninismus, der die kritische Theorie von Marx diskreditiert hat, zu anderen Glaubensformen, die ähnlich dogmatisch sind. Atheistische Spiritualität und Religion ohne Metaphysik klingen nach schwarzer Milch und Quadratur des Kreises.

Schmidt-Salomon mochte nicht mehr »Deutschlands Chef-Atheist« sein, sondern sah sich eher als Agnostiker. Der Begriff meint, dass jemand weder religiös noch areligiös ist, sondern offenlässt, ob es höhere göttliche Mächte gibt. Schmidt-Salomon berichtete, er habe sich seit Ende der 1990er-Jahre mit Evolutionsbiologie und Hirnforschung beschäftigt, diese »naturalistische Wende« habe seinen Denkansatz »stark erweitert«. Er werde zwar weiterhin Religionskritik betreiben, sich jedoch vorrangig Themen wie dem »selbstbestimmten Sterben« und der Bioethik widmen.[77] Fortan erklärte Schmidt-Salomon bestimmte Aspekte des Buddhismus für relevant, wie der Aufhebung des Ichs, das er gemäß der Soziobiologie für eine Illusion hält.[78]

5.4. Schlimmer als Hitler: Das Judenbild des Karlheinz Deschner

Nicht einmal Karlheinz Deschner, eine Galionsfigur der Giordano-Bruno-Stiftung, verstand sich als Atheist. Gelegentlich stellte er sich als Agnostiker dar, dann als Anhänger eines Pantheismus, den er Panpsychismus nannte, und zeigte Sympathien für den Gedanken der Wiedergeburt. Als Gewährsmänner für diese Form der Spiritualität zitierte er Schopenhauer und Nietzsche, Haeckel und Giordano Bruno.[79] Vorbildlich nannte er den Buddhismus, an dem er Pazifismus und Tierliebe schätzte.[80] Das ist Verklärung. Der Buddhismus kennt viele verschiedene Richtungen, Auslegungen und Praktiken, darunter einige, die als Beispiele für Friedfertigkeit angeführt werden könnten. Deschner aber nennt ausgerechnet Tibet. Dessen Geschichte prägte die blutige Feudalherrschaft lamaistischer Mönchscliquen, die sich im Kampf um die Macht gegenseitig massakrierten und die Bauern und Bäuerinnen brutal unterdrückten. Details hätte er bei Colin Goldner nachlesen können.[81]

Deschner schreibt, er sei in katholischen Internaten erzogen worden. Für seine Ablösung von der Kirche seien Nietzsche und Schopenhauer entscheidend gewesen.[82] Außer Nietzsche habe ihn niemand so geprägt wie Schopenhauer, erklärte Deschner zu seinem 80. Geburtstag, vor allem Schopenhauers Ethik, sein Mitleid mit Tieren, und dass er deren Nullität im »Juden-Christentum« gegeißelt habe. Das Interview mit dem Jubilar führte Susann Witt-Stahl, abgedruckt wurde es in der Zeitschrift Natürlich vegetarisch, die der Vegetarierbund Deutschland herausgibt.[83] In einem weiteren Beitrag in einer gewerkschaftlichen Publikation würdigte Witt-Stahl Deschner als leidenschaftlichen Tierfreund und konsequenten Vegetarier. Dabei betonte sie, dieser habe sich Schopenhauers Mitleidsphilosophie verbunden gefühlt, mehr noch habe ihm Nietzsche im Kampf gegen die Kunst des heiligen Lügens bedeutet.[84]

Deschner hat ein umfangreiches Werk hinterlassen. Insbesondere in seiner zehnbändigen Kriminalgeschichte des Christentums hat er penibel Tatbestände aus zwei Jahrtausenden zusammengetragen. Das ist verdienstvoll, wenngleich die Bücher sich mitunter wie Zitat- und Anekdotensammlungen lesen. Ein weiteres Manko ist, dass Deschner gelegentlich Darstellungen religiöser Autoren für bare Münze nimmt, als wären es korrekte Wiedergaben realer Geschichte.[85] Angaben aus dem Alten Testament führt er als Beweise für die Blutrünstigkeit der Juden an. Deschner verweist auf Salomon, der zur Einweihung des Tempels 22.000 Rinder und 120.000 Schafe habe opfern lassen, oder auf eine Schlacht, in der die Israeliten angeblich an einem einzigen Tag 100.000 Aramäer getötet hätten.[86]

Die Bibel als zwar nicht immer zuverlässige, gleichwohl aber »gültige Informationsquelle« anzuführen, mutet für einen Kirchenkritiker seltsam an.[87] Das Alte Testament enthält eine Gründungsmythologie. Ob die Mauern von Jericho wirklich durch Posaunenklänge zum Einsturz gebracht wurden, ist höchst zweifelhaft. Eine Eroberung Palästinas durch die Hebräer, wie in der Bibel beschrieben, hat es wohl so gar nicht gegeben. Vielmehr entstanden gegen Ende der Bronzezeit in dem Gebiet einige Kleinstaaten, durch innenpolitische Wirren gekennzeichnet und Spielball benachbarter Großmächte. Dagegen führt Deschner an, »nicht von ungefähr« sei die biblische Darstellung der Landnahme der Israeliten mit dem späteren »doch weniger blutrünstigen Siegeszug des Islam« verglichen worden.[88] Diese Wertung entbehrt jeder Grundlage. Die islamische Eroberung umfasste einen gewaltigen Raum vom äußersten Westen Europas bis nach Indien, von wesentlich mehr Menschen bewohnt als das kleine Palästina zwei Jahrtausende vorher.

Zwar hat Deschner den christlichen Antisemitismus immer wieder herausgearbeitet und kritisiert, ebenso den Anteil der Kirchen an den Verbrechen des Faschismus.[89] Das war in der Bundesrepublik im restaurativen Klima der frühen 1960er-Jahren durchaus eine große Leistung, die einigen Mut erforderte, und hat Anerkennung verdient. Dennoch ist seine Darstellung insofern problematisch, als er die Rolle antichristlicher Vordenker*innen ausblendet. Sicher ist der Nationalsozialismus ohne die Tradition des christlichen Antisemitismus nicht zu verstehen und die Kirchen unterstützten insbesondere den Vernichtungskrieg gegen die Sowjetunion. Gleichwohl resultierten die NS-Verbrechen keineswegs bloß aus dem Christentum. Ideologisch ist der

Nationalsozialismus ein Konglomerat antisemitischen, rassistischen, sozialdarwinistischen sowie antiklerikalen und antichristlichen Denkens. Völkische Ideolog*innen betonten, dem Christentum fehle das Verständnis für die Rasse. Paradigmatisch dafür ist die Bemerkung von Margarete Dierks, dass ein getaufter Jude als Bruder in Christo gelte, sei eine grundsätzliche Schwäche konservativen Judenhasses.[90]

Deschner greift auf antisemitische Klischees zurück, auf die Tradition des völkischen und linken Antijudaismus, wo er in drastischen Worten das Judentum als fanatisch und aggressiv darstellt. Dabei beschränkt er sich nicht auf das antike Judentum, sondern bezieht den heutigen Staat Israel ein. So stellt Deschner die rhetorische Frage, zeige »nicht die biblische Geschichte Israels (und einiges in seiner heutigen) daß es zwar oft alle Gebote bricht, doch nicht um Leben zu retten, sondern zu vernichten?«[91]

Die Ursache dafür sieht der Kirchenkritiker in der jüdischen Religion. Jahwe ist für Deschner »von Absolutheit besessen wie keine Ausgeburt der Religionsgeschichte zuvor und von einer Grausamkeit, die auch keine danach übertrifft«, ein Gott von »singulärem Blutdurst«, der nichts so sehr genieße wie »Rache und Ruin«, der »im Blutrausch« aufgehe.[92] In der Bibel kündige sich ein »totaler Religionskrieg« an, er bezichtigt die antiken Hebräer der »furchtbarsten Verbrechen«. Sie hätten »die Totalzerstörung als Gottesdienst, gleichsam als Glaubensbekenntnis« zelebriert.[93]

Er stellte die Israeliten als unduldsame religiöse Fanatiker, Nationalisten und Extremisten dar, die Frauen verachtet, diffamiert und verhöhnt, ihre Feinde zu Zehntausenden niedergemetzelt und in Öfen verbrannt hätten.[94] »Erinnert dies nicht an Methoden Hitlers«, fragte Deschner.[95] Voraussetzung ihrer »Glaubensinbrunst« war laut Deschner »der unstreitig extremste Nationalismus der Antike, verbunden mit der ringsum fremden Exklusivität des jüdischen Monotheismus« gewesen. »Beide steigerten sich gegenseitig – ein unduldsamer, schon früh als odium generis humani, als Haß gegen die übrige Menschheit empfundener, von dem ›Gottesvolk‹ aber nie, auch in der Katastrophe des Exils nicht, aufgegebener Auserwähltheitsdünkel.«[96] Als Quelle führt Deschner Tacitus an. Schon dieser römische Autor habe den Juden ihren hartnäckigen Aberglauben vorgehalten und sie als »eine den Göttern verhaßte Menschheitsart« gegeißelt, als »ein abscheuliches Volk«, übel und schmutzig, absurd und schäbig, zitiert er.[97]

Nicht nur das antike Judentum, auch die Entwicklung des frühen Christentums beschreibt Deschner in einer Weise, die an völkische Autoren erinnert. Das Urchristentum habe sich unter dem Einfluss von Juden zu einer in wesentlichen Aspekten jüdischen Institution entwickelt, lautet seine These. Sicher ist die Geschichte des Christentums und die katholische Kirche ohne ihre jüdischen Wurzeln nicht zu begreifen, allerdings gilt das ebenso für griechische, römische und andere Einflüsse. Es geht um die Darstellung, Gewichtung und Wertung.

Bei Deschner erscheint der Katholizismus als jüdisches Produkt, auch wenn die Judenchristen schließlich marginalisiert wurden, wie er schreibt, und sich die Hellenen durchsetzten. Denn das frühe Christentum sei einer Vergesetzlichung unterlegen, einem erneuten »Anknüpfen an die Thora, gegen die Jesus bis zum Tode gekämpft hatte«, einem »Rejudaisierungsprozeß«.[98] Anstelle des »jüdischen Vergeltungsdogmas« habe Jesus immer wieder eine »altruistische Gesinnungsethik« gesetzt.[99] Dann aber hätten sich die Judenchristen in der Urgemeinde in Rom durchgesetzt, mit dem Ergebnis, dass sich diese »bald nach Jesu Tod wieder an der jüdischen Gesetzeskirche und ihrer weltumspannenden Organisation« orientiert habe.[100] Welche weltumspannende jüdische Organisation es in der Antike gegeben haben soll, bleibt Deschners Geheimnis. Um Konflikte im Frühchristentum zu beschreiben, verwendet Deschner gelegentlich rassistische Kategorien, wenn er von »Rassejuden« schreibt, die am jüdischen Gesetz festhielten, und »Rassegriechen«, die mystische Glaubensformen favorisierten.[101] In der neueren Ausgabe des Deschner-Werkes »Abermals krähte der Hahn« ist von ethnischen Juden und ethnischen Griechen die Rede.[102]

Dem Kaufmann Markion, der im zweiten Jahrhundert eine eigene Kirche schuf, widmet Deschner in »Abermals krähte der Hahn« (1964, 1986, 1996, 2015) ein ganzes Kapitel. Obwohl von Markion keine Schriften erhalten geblieben sind, feiert Deschner ihn als großen Non-Konformisten, als aufrechte Gestalt, über jeden Zweifel erhaben. Denn Markion sei ein Kämpfer gegen das Eindringen eines jüdischen Moralismus gewesen, zu einer Zeit, als »allgemeine Nützlichkeitsstandpunkte und nüchterne Bürgerlichkeit« den ethischen Rigorismus des Evangeliums aus der frühen Kirche verdrängt hätten.[103] Markion habe die Gegensätze zwischen dem Alten und dem Neuen Testament aufgedeckt. Denn welcher Zusammenhang konnte zwischen »dem rachegierigen Judengott und dem liebenden und verzeihenden Vater-Gott Jesu« bestehen, fragt Deschner.[104] Keiner, lautet seine Antwort, und darum habe Markion das Alte Testament zurückgewiesen, das Werk des alttestamentarischen Jahwe und seines Racheprinzips, und die frohe Botschaft

Jesu verkündet. Deswegen sei Markion als Ketzer verdammt worden, während »der jüdische Moralismus« das Christentum erobert habe.[105]

Wir finden in solchen Passagen ein bestimmtes Muster: Das Judentum wird negativ bewertet, als aggressiv, mörderisch, blutdürstig, patriarchal und rachsüchtig und einer Lichtgestalt gegenübergestellt, Jesus, der die Botschaft der Liebe brachte. Leider, so geht die Legende weiter, hätten die Juden das Frühchristentum gekapert, die Botschaft des Messias verfälscht und die Kirche judaisiert. Deschner folgt mit dieser Interpretation protestantischen Theologen antisemitischer und völkischer Gesinnung, die er auch als Quellen anführt.

So stützt sich Deschner auf Carl Schneider. Etlichen Kapiteln und Abschnitten in »Abermals krähte der Hahn« hat er Zitate von Schneider vorangestellt, allein aus der Vielzahl kann man erkennen, wie wichtig dessen Werk für ihn gewesen sein muss.[106] Schneider war Mitglied der NSDAP, zählte zu den Deutschen Christen und war seit 1939 Mitarbeiter des »Instituts zur Erforschung und Beseitigung des jüdischen Einflusses auf das deutsche kirchliche Leben«, dessen Arbeitskreise »entjudete« Versionen des Katechismus und Neuen Testaments herausgaben.[107] Deschner würdigt Schneider mehrfach ausdrücklich als kritischen Theologen, ohne dessen NS-Betätigung zu problematisieren oder auch nur zu erwähnen. Auch die Herausgeber der neuesten Ausgabe im Alibri-Verlag verlieren darüber kein Wort.[108] Sogar dem Kapitel über den Antijudaismus des antiken Christentums hat Deschner ein Schneider-Zitat vorangestellt. »Es hat selten in der Geschichte einen so grundsätzlichen und kompromißlosen Antisemitismus gegeben wie im Frühchristentum«, schrieb Schneider 1940 in einem Heft.[109] Bemerkenswert an dieser Verwendung durch Deschner ist, dass der Nazi-Theologe das nicht kritisch, sondern anerkennend meinte. Er lobt, dass das Frühchristentum den antiken Judenhaß übernommen, fortgeführt und sogar überboten habe.[110] In diesem Pamphlet vertrat Schneider die Meinung, Jesus sei kein Jude gewesen, und feierte das Christentum als offensive Bewegung von Judenhassern, wie schon der Titel andeutet.[111] Diese Intention überging Deschner.[112] Stattdessen stützte er sich auf Schneider und dessen Machwerk aus der Nazizeit.[113]

Ein weiterer Gewährsmann Deschners ist der Theologe Reinhold Seeberg, ein deutschnationaler Antisemit, der die These vom arischen Jesus aufgriff.[114] Seeberg deutete das Wirken Markions als Beleg dafür, wie weit sich die Kirche bereits vom Urchristentum entfernt hatte.[115] Deschner zitiert Seeberg mit den Worten, der Einfluss der »Judenchristen« habe »in kräftigster Weise dazu beigetragen, das Christentum in seinem ganzen Umfang auf die Stufe der Gesetzesreligion hinabzuziehen«.[116] Seeberg unterzeichnete zusammen mit Kollegen 1934 eine Ergebenheitsadresse an Hitler, in der die enge Verbindung zwischen Kirche und Regime betont wurde. Verfasser war sein Sohn Erich Seeberg.[117] Darin heißt es: »Im Sinne des deutschen Aufbruchs bekennen wir uns zu der schicksalhaften Zusammengehörigkeit des deutschen evangelischen Kirchentums mit der nationalsozialistischen Bewegung.«[118]

Bei der Darstellung stützt sich Deschner auf die evangelischen Theologen Adolf von Harnack und Julius Wagenmann.[119] Der Liberale Harnack lehnte zwar den Rassenantisemitismus ab, war gleichwohl Antisemit und deutete Jesus und den Katholizismus ähnlich wie völkische Ideologen.[120] Nach Ansicht Harnacks hatte Jesus das Kultische und das Rechtssystem des Judentums abgelehnt und bekämpft, die sich im katholischen und orthodoxen Christentum wiederfänden. Leo Baeck, Rabbiner und Vertreter des liberalen Judentums, kritisierte Harnack deswegen. Besonders Harnacks Markion-Interpretation, die in einer großen Biographie (1920) mündete, erfreute sich unter völkischen Christen großer Beliebtheit. Markion wurde etwa von Carl Schneider als der »größte Antisemit des zweiten Jahrhunderts« gefeiert.[121]

Julius Wagenmann (1901–1944) war nicht Mitglied der NSDAP, galt aber als politisch zuverlässig. Auch er unterzeichnete die von Seeberg verfasste Erklärung an Hitler. Er war Professor an den Universitäten Kiel und Rostock und fiel 1944 während des Krieges.[122] Wagenmann veröffentlichte 1926 eine Monographie über den Apostel Paulus. Darin schilderte er einen starken Einfluss der »Judenchristen«, der zu einer »Verknöcherung des Christentums zum Judaismus« geführt habe.[123] Wagenmann stellte den Antijudaismus Markions fest, dass dieser meinte, die zwölf Apostel hätten Jesus falsch verstanden, allerdings nicht so, als seien diese an der »Verjudung und Verfälschung des Evangeliums« schuld, sondern die Pseudoapostel, mit denen Paulus zu tun hatte.[124]

Zwar beschreibt Deschner in seinen Büchern durchaus äußerst kritisch den christlichen Antisemitismus. Wer allerdings das Christentum als im Kern jüdisch deutet, könnte darin eine Art Selbstverfolgung sehen. Damit würde den Juden einmal mehr die Schuld an ihrem Schicksal zugeschoben.

Wenn Deschner nahelegt, die Juden hätten wie Hitler ihre Gegner in Öfen verbrannt, sind das starke Worte von einem Mann, der im Jungvolk der Hitlerjugend sozialisiert wurde und sich gleich nach dem Abitur freiwillig zur Wehrmacht meldete.[125] Deschner unterstellte den antiken Juden jenen totalen rassistischen Eroberungs- und Vernichtungskrieg, an dem er selbst real beteiligt war. Auch seine Texte zu Tierrechten und zur Geschichte der USA sind gespickt mit Gleichsetzungen und Relativierungen. So bezeichnete Deschner Massentierhaltung und Tierquälerei als »die größte Tragödie auf Erden«, demnach größer als die Shoa, und behauptet, diese Tragödie habe bereits mit dem Alten Testament begonnen. Schuld sei der »nackte Egoismus einer Viehzüchterreligion.«[126] Der »permanente Massenmord« an den Tieren resultierte nach Deschner »im jüdisch-christlichen Raum aus der ebenso albernen wie anmaßend aufgeblasenen Bibellehre von der Gottebenbildlichkeit des Menschen«, aus einem »arroganten Anthropozentrismus«.[127] Vorbildlich hätten sich dagegen Hindus, Buddhisten und Heiden gegenüber Natur und Tier verhalten.[128]

Das sind historisch unhaltbare Verklärungen. Heidnische Priester*innen brachten Tieropfer auf den Altären dar, die Römer veranstalteten Tierhatzen in den Arenen. Im Nahen Osten, in Ägypten oder Griechenland verehrten Menschen zwar Tiere, etwa in den Kulten des Dionysos oder des Mithras, schlachteten sie aber zu Ehren der Gottheiten. Weit in die Vorgeschichte reichen magische Vorstellungen zurück, wonach die Kräfte eines Tieres auf Menschen übergehen, wenn es im Rahmen von Zeremonien bei der Jagd erlegt und gegessen wurde.

Denselben Effekt der Relativierung hat die Totalitarismustheorie, die Deschner übernimmt. Immer wieder setzt er Katholizismus, Kommunismus und Nationalsozialismus gleich. So schreibt er von schwarzen, braunen und roten Päpsten.[129] In der Einleitung zum Gesamtwerk der Kriminalgeschichte ist davon die Rede, dass die Erlösungsidee der Christen »oft zu einer Art Endlösung führt«. Ein Pogrom im spätantiken Alexandria bringt Deschner damit in die Nähe der Shoa.[130] Auch die Formulierung, die Geschichte des Christentums sei »Inbegriff und leibhaftige Verkörperung und absoluter Gipfel welthistorischen Verbrechertums« läuft nach Auschwitz auf eine Relativierung der NS-Verbrechen hinaus – durch einen ehemaligen willigen Helfer in Wehrmachtsuniform.[131]

Diese Haltung gipfelte in einer Aufrechnung der Verbrechen des US-Imperialismus mit denen der Nationalsozialisten, wobei letztere von Deschner als dem Umfang nach geringer angesehen werden. In rechten Kreisen wurde seine Schrift wohlwollend aufgenommen.[132] Man könnte meinen, die Yankees waren schlimmer als die Nazis. »Fest steht auch: selbst auf dem Gipfel seiner Verbrechen hatte Hitler nicht annähernd so viel Land geraubt wie die Angloamerikaner in der Neuen Welt«, schrieb Deschner.[133] An Verschwörungsdenken grenzen Vorhaltungen des Kirchenkritikers, die US-Amerikaner hätten »uns« – gemeint sind wohl die Deutschen – über Hitler aufgeklärt, aber verschwiegen, »daß sie selbst ihn finanzierten«.[134] Die USA hätten von Großbritannien die »Errichtung eines jüdischen Staates in Palästina« als Preis für den Eintritt in den Ersten Weltkrieg gefordert.[135] Und es seien jüdische Finanzleute gewesen, die die russischen Revolutionäre sponserte, »dem Zaren gram wegen der Judenverfolgungen«.[136] Deschner rügte den US-Präsidenten Woodrow Wilson und den Vertrag von Versailles, weil »Millionen Deutsche [...] gegen ihren Willen – unter französische, tschechische, polnische Herrschaft« kamen.[137] Kein Wort davon, dass der Vertrag von Versailles die Quittung für einen deutschen Angriffs- und Eroberungskrieg war.

Als Deschners Pamphlet in der Zeitschrift Konkret kritisiert wurde, rügte Schmidt-Salomon, das Blatt habe sich eine Leserschaft herangezogen, die in Teilen dazu neige »auf Basis primitivster Stammhirnreflexe ›antifaschistische‹ Verleumdungskampagnen zu veranstalten«. Von »hysterischen Verschwörungsargumente[n]« sprach Schmidt-Salomon außerdem, weil ein Leserbriefschreiber Deschners Kontakte nach Rechtsaußen kritisiert hatte.[138]

5.5. Streit um ein Kinderbuch

Zwei Jahre später stand Schmidt-Salomon wegen eines Kinderbuches im Kreuzfeuer der Kritik. Im Dezember 2007 beantragte das Bundesfamilienministerium, das Kinderbuch »Wo bitte geht's zu Gott – ein Buch für alle, die sich nichts vormachen lassen«, das Schmidt-Salomon und der Zeichner Helge Nyncke im Alibri-Verlag veröffentlicht hatten, auf den Index setzen zu lassen.[139] In dem kleinen Band würde insbesondere »der jüdische Glaube durch die bildliche Darstellung und die Charakterisierung der Person des Rabbi verächtlich gemacht«, hieß es zur Begründung. Der Rabbiner werde als wütender Mann mit »den stereotypen Merkmalen eines streng orthodoxen Juden in negativer Weise« und die jüdische Religion insgesamt »als besonders Angst einflößend und grausam« dargestellt.[140]

Nyncke versicherte, er habe keines der üblichen antisemitischen Klischees wie die Hakennase verwendet. Obendrein wären solche Stereotypen »in den Köpfen heutiger Kinder im Bilderbuchalter mit allergrößter Wahrscheinlichkeit überhaupt nicht vorhanden«, daher könnten Kinder solche auch nicht assoziieren.[141] Schmidt-Salomon bezeichnete die Vorwürfe als »reines Erwachsenenproblem«. Antisemitismus könne in dem Buch nur der entdecken, »der solche Stereotype bereits im Kopf hat«. Die beiden hätten auch »nicht ›den‹ Juden dargestellt, sondern bloß einen ultraorthodoxen Rabbi, der in Bezug auf Kleidung und Haartracht natürlich genauso aussehen muss, wie ultraorthodoxe Rabbis nun mal aussehen.«[142]

Warum sie einen ultraorthodoxen Rabbi als typischen Vertreter karikieren mussten, obwohl dieser für das moderne Judentum untypisch ist, erklärte Schmidt-Salomon damit nicht. Hätten sie versucht einen liberalen oder konservativen Rabbiner zu karikieren, hätten sie auf Klischees verzichten müssen, die Kinder in der Tat so lange nicht im Kopf haben, bis Erwachsene sie solchen Darstellungen aussetzen. In einer anderen Stellungnahme einige Tage vorher hatte Schmidt-Salomon erklärt, in dem Ferkelbuch würde nur das orthodoxe Judentum kritisiert.[143] Diese Verteidigungslinie findet sich in einer späteren Schrift zu den Auseinandersetzungen. Darin monierte Schmidt-Salomon, es sei völlig ausgeblendet worden, dass ihre Kritik »auf ganz bestimmte (fundamentalistische) Vertreter bzw. Sichtweisen der Religionen abzielte«.[144] Das sind nachträgliche Schutzbehauptungen, denn weder Titel noch Inhalt des Werkes weisen darauf hin, dass es nur um Fundamentalismus oder Orthodoxie gegangen wäre.

Auch die Kritik, dass Nicht-Juden, anders als in dem Buch behauptet, sehr wohl Synagogen betreten dürften, bügelte Schmidt-Salomon ab: »Solche ›Expertenkommentare‹ liebe ich ganz besonders.« Er habe keine normale Synagoge, sondern »den Tempel schlechthin, das Allerheiligste des religiösen Judentums« darstellen wollen.[145] Dieses Allerheiligste war der zweite jüdische Tempel in Jerusalem, der im Jahr 70 nach Christus von römischen Soldaten zerstört wurde. Das sollte der gelernte Pädagoge Schmidt-Salomon, der linken Kritikern schon mal »zusammengegoogeltes Halb-, Viertel- und Achtelwissen« unterstellte, eigentlich wissen.[146] Und eine Synagoge – der Name ist von dem griechischen Wort für Versammlungsraum abgeleitet – ist kein Tempel.

Dieses Kinderbuch ist als Aufklärung ungeeignet, weil eine solche als Minimum voraussetzt, ihren Gegenstand richtig darzustellen. Schmidt-Salomon und Nyncke erklären nicht, was Religion ist und was die drei von ihnen attackierten Religionen jeweils ausmacht. Der Plot ist äußerst schlicht. Ein Igel und ein Ferkel leben glücklich und zufrieden in einem Häuschen im Grünen, bis ihnen eines Tages jemand ein Plakat an die Hauswand klebt, auf dem zu lesen steht: »Wer Gott nicht kennt, dem fehlt etwas!«[147] Das ist übrigens ein weiterer Hinweis darauf, dass es in dem Buch keineswegs bloß um Fundamentalismus ging, sondern allgemein um die »abrahamitischen Religionen«. Wegen der Aussage auf dem Plakat machen sich die Tiere auf die Suche nach Gott. Als erstes gelangen sie zu einen »Tempelberg«. Dort begegnen sie einem Rabbi, der ihnen den Zutritt in die Synagoge verwehrt, weil nur Juden hinein dürften. Der Rabbi erklärt ihnen, Gott der Allmächtige sei nicht nett, sondern allwissend und allgütig und könne sehr zornig werden, wenn man seine Gebote nicht einhält. Zur Illustration erzählt der Rabbi die Geschichte von der Sintflut. Der Leser sieht einen zornigen Rabbi, der ein Modell der Arche Noah in der Hand hält, während im Wasser Babyschnuller, Kinderschuhe, eine Schürze und ein Kochlöffel treiben.

Realistisch wäre gewesen, alle möglichen Gegenstände und Kadaver zu zeigen. Möglicherweise war es die Absicht der Autoren, die Tragödie für Kinder besonders eindrucksvoll zu gestalten, indem man auf eine Identifikation mit kindlichen Opfern setzte. Es stellt aber keine pädagogische Glanzleistung dar, Kindern Angst zu machen. Obendrein wird das Stereotyp des jüdischen Kindermörders bedient.[148] Das Familienministerium gelangte zu dem Ergebnis, durch diese Darstellung werde die jüdische Religion als »besonders menschenverachtend, grausam und mitleidlos« karikiert.[149]

Während der Rabbi Igel und Ferkel von vorneherein den Zutritt verwehrt, laden Bischof und Mufti die Tiere freundlich ein, Kirche und Moschee zu besuchen. In der Kirche sind Ferkel und Igel irritiert über den gekreuzigten, blutenden Jesus und der Bischof wird zornig, als das Ferkel die Hostien auffrisst. Der Mufti ärgert sich, nachdem Ferkel und Igel erklärt haben, nicht fünfmal am Tag beten und sich waschen zu wollen, was Kinder sehr gut nachvollziehen können. Die Begegnung der Tiere mit den drei Religionen fällt also höchst unterschiedlich aus: Der Rabbi übernimmt einen aktiven Part und konfrontiert die Tiere von Anfang an mit einem strafenden jüdischen Gott als zentralem Glaubensinhalt. Der Bischof und der Mufti hingegen reagieren erst auf das Verhalten von Ferkel und Igel.

An anderer Stelle hat Schmidt-Salomon Judentum und Nationalsozialismus gleichgesetzt. Im Rahmen einer Attacke auf die »Religioten«, die abrahamitischen Religionen, die er als Ausbund von Dummheit und Rückständigkeit karikiert, verwarf Schmidt-Salomon zunächst die Existenzberechtigung Israels als jüdischen Staat, das sei der »politische Grundfehler«. Angesichts der jahrhundertelangen Verfolgung, die im Holocaust mündete, sei »dieser Bezug auf das ›jüdische Volk‹ zwar verständlich, doch leider das falsche Signal zur falschen Zeit« gewesen.[150] Schließlich bezeichnete er die Vorstellung eines jüdischen Volkes als »krude Mischung aus religiösen und biologischen Aspekten«, die fatal »an die Wahnideen, die den Nürnberger Rassengesetzen zugrunde lagen« erinnerten.[151]

Selbst wenn Christentum, Islam und Judentum in dem Ferkelbuch gleichberechtigt dargestellt wären, unterschlägt das einen wesentlichen Aspekt. Die christliche Kirche hat Jüdinnen und Juden jahrhundertelang verfolgt, hat Vertreibung, Folter und Massenmord angestiftet. Im Herrschaftsgebiet des Islam galten Jüdinnen und Juden als minderwertige Schutzbefohlene, die diskriminierenden Regeln unterworfen waren. Den Koran durchziehen judenfeindliche Äußerungen.[152] Im Ferkelbuch stehen dagegen Kirche, Moschee und Synagoge auf einem »Tempelberg« einträchtig beieinander, was suggeriert, es gebe keine großen Unterschiede. Der Name des Hügels verweist auf den Tempelberg in Jerusalem und wiederum wird Geschichte insofern falsch wiedergegeben, als die Zerstörung des zweiten jüdischen Tempels ein zentrales Datum für den Auftakt für weitere Jahrhunderte der Verfolgung ist. Die Struktur des Buches und einzelne Bilder verdrängen, dass die jüdische Geschichte eine der Diskriminierung, Verfolgung und Pogrome ist. Auch das Bild von Nyncke, in dem Rabbi, Bischof und Mufti sich gegenseitig verprügeln, suggeriert, Christentum, Islam und Judentum seien gleichermaßen gewalttätig, blendet damit den tatsächlichen Verlauf der Geschichte Israels und der Jüdinnen und Juden nach der Zerstörung des zweiten Tempels aus.[153]

Schmidt-Salomon erklärte, der Vorwurf des Antisemitismus sei »in unserer Gesellschaft ein sehr wirksames Mittel, um politische Gegner zu diskreditieren«.[154] Er sei in iranischen Medien als zionistischer Agent attackiert worden – wegen seines jüdisch klingenden Namens wäre er selbst Zielscheibe von Angriffen; und säkulare Juden wie Freud und Marx hätten ihn geprägt.[155] Juden als Kronzeugen anzuführen, auf jüdische Freunde zu verweisen oder sich selbst als verfolgtes Opfer darzustellen, gehört zum bekannten Repertoire der Schuldabwehr. Ein wenig nach Verschwörungsideologie klang es, als Schmidt-Salomon vor der Entscheidung unkte, er gehe zwar davon aus, dass die Bundesprüfstelle den Antrag abschmettern werde, man müsse aber auf alles gefasst sein, weil »auf der Gegenseite mächtige Interessensgruppen mit im Spiel sind«.[156]

Die meisten Journalist*innen fanden das Buch nicht antisemitisch und sprachen sich gegen eine Indizierung aus. Auf Zeit Online war zu lesen, der Illustrator nutze »zweifelsohne antijudaistische Stereotype«, aber »Antijudaismus ist nicht Antisemitismus«.[157] Das ist Wortklauberei. Der Begriff des Antisemitismus kommt in Deutschland in der Zeit nach der Wirtschaftskrise von 1873, dem sogenannten Gründerkrach auf. Der Journalist Wilhelm Marr etwa verwendet den Ausdruck Antisemit in seinen Schriften. Ob damit ein neues Phänomen bezeichnet wird, ist zumindest umstritten. Judenhasser*innen benutzten den Begriff fortan, um ihre biologistische Argumentation zu betonen: Negative Merkmale, die Jüdinnen und Juden teilweise seit Jahrhunderten unterstellt wurden, galten ihnen fortan als angeborene Eigenschaften einer jüdischen Rasse. In einer Zeit, in der biologistische Rassenideologien in den Wissenschaften dominierten, verschaffte das dem Antijudaismus ein seriöseres Auftreten. Es bedeutete inhaltlich eine klare Absage an christliche und liberale Assimilationsstrategien und bahnte damit in Deutschland den Weg zum Massenmord.

Dieser Trend kehrte sich nach dem Zweiten Weltkrieg um. Offiziell war Antisemitismus nun in westlichen sowie in realsozialistischen Ländern verpönt. Ein Teil der Antisemit*innen verzichtete auf rassistische Begründungen. Ihnen blieben ältere Stereotype, etwa jene vom Judentum als besonders aggressiver und patriarchaler Religion oder die wahnhafte Vorstellung einer unfassbaren und unsichtbaren jüdischen Macht, die in Weltverschwörungsphantasien gipfelt. Neu ist der sekundäre Antisemitismus, der die Shoa relativiert, herunterspielt oder mit anderen Verbrechen aufrechnet und den Juden die Schuld zuschiebt. Weit verbreitet ist ebenfalls ein antisemitischer Antizionismus, in dem Israel als kollektiver Jude fungiert und israelische Politik mit den Verbrechen des Nationalsozialismus oder dem Apartheidregime in Südafrika gleichsetzt wird.

Für Deutschland gilt, dass Antisemitismus in Springerstiefel und im Braunhemd, mit NPD-Parteibuch oder als plumpe Holocaustleugnung daherkommen muss, um als solcher erkannt zu werden, das zeigte bereits die Affäre um Martin Walsers Paulskirchenrede. Die Bundesprüfstelle lehnte jedenfalls den Antrag auf Indizierung des Ferkelbuches ab.

5.6. Neuer Atheismus: Religion im Kampf ums Dasein

Vertreter der Giordano-Bruno-Stiftung sowie des »Neuen Atheismus« attackieren die monotheistischen Religionen als primitive und gefährliche Relikte rückständiger Hirtenkulturen. Häufig sind die Anwürfe oberflächlich und undifferenziert, sie sind idealistisch und nicht kritisch-materialistisch, insofern religiöse Vorstellungen als Ursachen historischer Ereignisse gedeutet werden.[158] Aktuelle Konflikte im Nahen Osten oder in der frühen Neuzeit in Europa gelten demnach als Religionskriege.

So schien der Psychologe Franz Buggle davon auszugehen, dass sich die Menschheit von archaischen zu aufgeklärten, humanistischen Zuständen entwickelt. Er stellte einer vernünftigen Moderne irrationale Verhaltensweisen gegenüber, die aus zurückgebliebenen, unreifen, religiös motivierten Einstellungen resultierten.[159] Konflikte, Gewalt und Verfolgungen, Kriege und Bürgerkriege bezog Buggle, der den Beiräten der GBS sowie des IBKA angehörte, nicht auf soziale Widersprüche oder die internationale Konkurrenz von Kapitalen und Staaten, sondern spricht von »erschreckenden Rückfällen in archaisches Denken«, wofür die Schriften von Christentum, Islam und Judentum die Blaupausen geliefert hätten.[160] Die Gewaltdarstellungen des Alten und Neuen Testaments sowie des Korans wären demnach handlungsleitend für die Akteure, von den Kreuzzügen bis zum heutigen Fundamentalismus. Als Beispiele führte er die US-Präsidenten Ronald Reagan und Georg Bush sowie die CSU an.[161]

Richtig daran ist zwar, dass in diversen heiligen Schriften Hass gepredigt wird, Mord und Totschlag gegen Abweichler*innen und Ungläubige, und dadurch Menschen in ihrem Fühlen, Denken und Handeln geprägt werden. Gesellschaftliche Konflikte aber allein darauf zurückzuführen, ist zu wenig. Folgt man dieser Logik, wäre nicht die real existierende Gesellschaft mit ihrem destruktiven Potential die Ursache, diese wird vielmehr der Kritik entzogen. Damit wird auch nicht mehr erklärbar, warum Menschen gewalttätigen Glaubensinhalten folgen, außer man unterstellt Rückständigkeit und Manipulation.

Auch sind Religion und Moderne keine Gegensätze, wie diese Position suggeriert. Bestimmte Varianten von Religion finden seit den Tagen der Calvinisten und Puritaner gerade in der Moderne großen Zuspruch. Max Weber hat das in seiner klassischen Studie über die protestantische Ethik und den

Geist des Kapitalismus herausgearbeitet.[162] Strenge Arbeitsmoral und Leistungsethik zeichnen diese Glaubensformen aus, hatte der liberale Soziologe festgestellt. Das Irrationale dieser Haltung sah Weber darin, dass der Mensch darin für sein Geschäft, für seine Arbeit lebt, nicht umgekehrt arbeitet, um zu leben.[163]

Heute breiten sich sogenannte Prosperitätsreligionen aus, gerade in urbanen, modernen Schichten der Mitte. Dazu zählen evangelikale Kirchen in Brasilien und Nigeria oder islamistische Gruppen in Istanbul und Berlin. Ihren Anhänger*innen gilt Reichtum als Ausweis göttlicher Gnade. Sie predigen Askese, Disziplin und Abstand zu sündhaften Praktiken – alles Sekundärtugenden, die für Karriere und Erfolg notwendig sind und Abstand zu den Unterschichten schaffen.[164]

Eine weitere Erscheinungsform des Religiösen ist die Esoterik. Ihre Angebote zielen ebenfalls auf die Selbstoptimierung des Individuums als Arbeits- und Konsummonade. Es ist paradox, dass es in manchen Kreisen zum guten Ton gehört, über Christ*innen und ihren Glauben zu spotten, gleichzeitig aber jedem Hokuspokus nachzulaufen.

Der Unterschied zum frühneuzeitlichen Puritanismus besteht bei diesen Formen in der Bejahung des Konsums. Religion hält insofern Schritt mit der Entwicklung des Kapitals. In Zeiten der ursprünglichen Akkumulation war Sparsamkeit angesagt, der aktuelle Prosperity Gospel entspricht dem heutigen Massenkonsum, der für die Realisierung von Profiten notwendig ist. Schließlich werden nicht mehr nur Maschinen und Werkzeuge, Kleider und Waffen sowie ein paar Luxusartikel für Reiche produziert wie in den Anfangsphasen der Manufaktur und der industriellen Revolution. Längst hat der Kapitalismus die Freizeit der Massen als Markt vereinnahmt. Ebenso die häusliche Sphäre, die Reproduktionsarbeit, was angenehm sein kann, wie Wasch- und Spülmaschine zeigen.

Und schließlich prägt der sozialdarwinistische Gedanke, dass Menschen nicht anders als in Konkurrenz leben können und es Sieger und Verlierer geben muss, als Alltagsideologie und vermeintlich gesunder Menschenverstand das Denken so sehr wie eine Religion. Dieser säkulare Glaube ist die Pointe eines »Neuen Atheismus«, der gestützt auf die Soziobiologie jeder Religionskritik den Boden entzieht, indem er Religiosität für evolutionär vorteilhaft und darum angeboren erklärt, wie wir gleich sehen werden. Diese Version des Atheismus läuft auf eine neue naturalistische Religion hinaus, samt Dogmen, Propheten und Gläubigen, kritisiert der Primatenforscher Frans de Waal.[165]

So spielt Religion für Edward O. Wilson die zentrale Rolle bei der Gruppenbildung. Das sei vordergründig paradox, weil sie auf völlig falschen Vorstellungen beruhe, aber gerade mangelnde Logik sei ihre große Stärke. Religion werde zur treibenden Kraft in allen Gesellschaften, weil sie Sinn stifte und Trost spende. »Religiöser Glaube verleiht die psychologische Sicherheit, die nur aus der Zugehörigkeit zu einer Gruppe entspringt, zumal zu einer von Gott gesegneten Gruppe.«[166] Das gebe der Religion die Macht, menschliches Verhalten zu steuern. Die Gläubigen unterwerfen sich dem Willen des Stammes und opfern ihr Leben notfalls für Gott und Vaterland. Die »Fitness« des Stammes profitiert vom Heldentod.[167] Während Religion einerseits als wichtiger Faktor im Kampf ums Dasein geschätzt wird, hält Wilson andererseits an einem »wissenschaftlich begründeten Atheismus« fest.

In ähnliche Widersprüche verwickelt sich Dawkins, der hierzulande vor allem als vehementer Religionskritiker und Vertreter eines »neuen Atheismus« bekannt wurde. In dem Wälzer »Der Gotteswahn« (2006) präsentierte sich Dawkins zunächst ähnlich wie Christopher Hitchens als scharfer Ankläger: Religion sei für alle Übel der Welt verantwortlich, ein schleunigst zu überwindender Aberglaube, der den Fortschritt der Menschheit behindere. Allerdings drängt sich gerade aus soziobiologischer Sicht die Frage auf, warum etwas so Unsinniges und Hinderliches nicht längst der natürlichen Selektion zum Opfer gefallen ist. Die abergläubischen Anhänger*innen archaischer Vorstellungen hätten im Kampf ums Dasein den klügeren Atheist*innen längst unterliegen müssen.[168] »Welchen Nutzen hat Religion«, fragt Dawkins deshalb.[169] Dieser Widerspruch ist typisches Resultat eines reduktionistischen Denkens, das vermeint, gesellschaftliche Phänomene aus der Evolution der Gene ableiten zu können.

Dawkins bietet folgende Erklärung: Zunächst beschreibt er das Gehirn als Ansammlung von Modulen zur Datenverarbeitung. Religion entstehe durch Fehlfunktion eines dieser Module. Dadurch sei der Glaube in die Welt gekommen. Folge dieses Rechenfehlers im Steuerungszentrum des Biocomputers, als den Soziobiologismus den Menschen missversteht, sei ein instinktiver Dualismus. Der Mensch unterscheide zwischen Materie und Geist und glaube an die Existenz einer Seele. So schaffe dieser angeborene Dualismus eine »Neigung zur Religion«. Im weiteren Laufe der Evolution verschwinde diese Fehlfunktion nicht, weil sie trotz ihrer Widersinnigkeit dem Menschen einen »Überlebensvorteil« biete.[170]

Je mehr Dawkins versucht, das Paradox aufzulösen, desto bizarrer wird seine Argumentation. Denn entweder ist eine Funktion widersinnig, dann müsste sie nach der Logik der Soziobiologie verschwinden, weil sie im Kampf ums Dasein von Nachteil ist oder aber sie bietet einen Vorteil, dann kann sie nicht widersinnig sein. Dawkins jedenfalls schreibt, Religion schütze vor stressbedingten Krankheiten, erlaube Wunderheilungen und Placebo-Effekte und die Kinder hörten auf die Alten. Das kann durchaus von Vorteil sein, etwa wenn dem Nachwuchs verboten wird, mit den Fingern in eine Steckdose zu fassen.[171] Das erstaunliche Fazit des neuen Atheisten lautet, »dass viele Aspekte der Religion bestens geeignet sind, der Religion selbst und ebendiesen Aspekten beim Überleben im Durcheinander der menschlichen Kulturen zu helfen«.[172] Diese Botschaft dürfte die Klerikalen aller Religionen dieser Welt verzücken. Zumal Dawkins die Geschichte grob zu ihren Gunsten verfälscht. Waren es doch oft gerade Priester, die gegen Anders- und Ungläubige hetzten, die Waffen segneten und damit das Überleben von Millionen von Menschen und ganzen Kulturen verhindert haben.

Kritikwürdig ist außerdem, dass auch Dawkins die jüdische Religion diffamiert. Das Judentum, so schreibt er, sei »ursprünglich ein Stammeskult um einen einzigen, äußerst unangenehmen Gott, voll krankhafter Versessenheit auf sexuelle Beschränkung, mit dem Geruch verbrannten Fleisches, mit einem Überlegenheitsgefühl gegenüber Konkurrenzgöttern und mit der Exklusivität des auserwählten Wüstenstammes.« Paulus habe später das Christentum als eine »weniger gnadenlose Sekte des Judentums« gegründet.[173]

Dieser Krawallatheismus wird den Maßstäben von Aufklärung nicht gerecht. Denn Religionskritik ist mehr als Hohn und Spott über Pfarrer, Rabbiner und Imame auszuschütten und Verfehlungen aufzuzählen, so gravierend diese auch sein mögen. Eine qualifizierte Auseinandersetzung mit Religionen muss deren Vielfalt und ambivalenten Funktionen und Wirkungen gerecht werden, ihrem jeweiligen historisch konkreten Beitrag zur Etablierung und Aufrechterhaltung von Ausbeutung und Herrschaft, so wie etwa Marx es in der prägnanten Formel von der Religion als dem Opium des Volkes ausgedrückt hat.

Eine Kritik am Judentum darf nicht in antisemitische Klischees verfallen und Kritik am Christentum sollte bedenken, dass Heidentum kein Spaß ist. Vorchristliche Kulte in Europa, im Nahen Osten oder auf dem amerikanischen Kontinent, polytheistische Religionen wie der Hinduismus oder nichttheistische wie der Buddhismus waren und sind in real existierenden Gesellschaften ebenfalls mit Krieg, Ausbeutung und Herrschaft verbunden.

5.7. Die Islamkritik der Pegidaversteher*innen

Lange Zeit waren Christentum und Judentum in Europa die exklusiven Zielscheiben von Religionskritik und Antiklerikalismus. Das änderte sich erst in jüngster Zeit im Kontext von Einwanderung, islamistischem Terrorismus, der Kriege im Nahen Osten und Nordafrika sowie des Zulaufs zu rassistischen Bewegungen. Heute wird auch der Islam aus unterschiedlichen Perspektiven kritisiert, was angesichts seiner Bedeutung geboten ist. Notwendig dazu ist aber eine auf Originalquellen gestützte Analyse, die sich differenziert mit dem Koran und anderen Schriften des Islam, den verschiedenen Interpretationen der Lehre, ihrer Entwicklung im Laufe der Jahrhunderte vor dem Hintergrund der sozialen, ökonomischen und politischen Situation im jeweiligen Verbreitungsgebiet beschäftigt. Jede Auseinandersetzung müsste außerdem unterscheiden zwischen prinzipieller Religionskritik, Überlieferung, verschiedenen Strömungen und dem Islamismus als moderner faschistoider Bewegung. Zwar ist es richtig, auf Verbindungen zwischen Islamismus und Islam hinzuweisen, auf Anknüpfungspunkte der politischen Bewegung in der religiösen Tradition, anstatt zu behaupten, das eine habe mit dem anderen nichts zu tun. Schief wird das Bild jedoch, wenn eine Gleichsetzung vorgenommen wird.

Während Konservative und Rechte ein Feindbild Islam pflegen, das ihrem Rassismus eine Camouflage verschaffen soll, dominiert in der Linken Ignoranz. Dabei ist der fundamentalistische Islam selbst Teil einer identitären und autoritären Revolte gegen einen Universalismus und dessen Resultate, der Emanzipation von jüdischen Menschen, Frauen oder Homosexuellen. Statt jedoch die analytischen Werkzeuge materialistischer Kritik anzuwenden, werden der Islam und aktuelle reaktionäre bis faschistoide Bewegungen, die sich auf den Islam berufen, von manchen Linken, Liberalen und Antirassist*innen als kulturelle Eigenheit unter Schutz gestellt und Kritik als rassistisch oder eurozentristisch gebrandmarkt. Der Gipfelpunkt solcher Ignoranz ist die Übernahme des Begriffs Islamophobie, den das klerikalfaschistische Regime in Teheran erfunden hat.[174]

Im Unterschied zu solchen linken Strömungen lehnen die Giordano-Bruno-Stiftung und ihr Umfeld, darunter der Zentralrat der Ex-Muslime, jeden Kulturrelativismus ab und kritisieren sowohl den Islamismus als auch den Islam sowie den Koran. Dieser Ansatz ist im Grundsatz richtig, die Argumente jedoch mitunter zweifelhaft.[175] Dabei sind die Positionen in diesem Spektrum nicht einheitlich, mitunter sogar widersprüchlich.

Die Redaktion der Zeitschrift MIZ hat eine Reihe von differenzierten Darstellungen veröffentlicht, in denen Kritik am Islamismus und an konservativen Richtungen mit dem Hinweis auf tolerante und dissidente Strömungen verknüpft war.[176] Dazu finden sich kritische Beiträge zur Neuen Rechten, zu AfD und FPÖ und rassistischer Ideologie, deren Autoren oft Expert*innen aus dem antifaschistischen Spektrum sind.[177]

Allerdings finden sich, dem Muster aufgeklärter Westen versus archaische Religionen entsprechend, auch Aussagen, die nach rechts anschlussfähig sind oder in Bekenntnissen zur hiesigen Mehrheitskultur und Gesellschaftsordnung münden. So wollte Schmidt-Salomon ausgerechnet mit Hilfe des Grundgesetzes einen säkularen Staat begründen.[178] Dabei wird gerade darin das Christentum als Fundament der hiesigen Gesellschaft betont und eine konsequente Trennung von Staat und Kirche abgelehnt. Die Präambel des Grundgesetzes beginnt mit den Worten: »Im Bewußtsein seiner Verantwortung vor Gott und den Menschen [...]«. Der Artikel 6 bezieht sich auf Ehe und Familie im christlichen Sinn und Artikel 7, Absatz 3 schreibt den Religionsunterricht an allen öffentlichen Schulen verbindlich vor.

Im »Manifest des Evolutionären Humanismus« hatte Schmidt-Salomon einerseits von einer »offenen Gesellschaft« geschwärmt und andererseits gegen »Multi-Kulti-Illusionen« gewettert.[179] Es gibt seit langem eine qualifizierte Kritik aus der emanzipatorischen Linken am Multikulturalismus, unter anderem weil der Begriff von homogenen Kulturen ausgeht. Insofern weist das Konzept eine gewisse Ähnlichkeit mit dem Ethnopluralismus-Begriff der extremen Rechten auf. Der große Unterschied besteht darin, dass Multikulturalist*innen verschiedene Kulturen nebeneinander befürworten, während Ethnopluralist*innen eine räumliche Trennung fordern.[180]

Die Attacke von Schmidt-Salomon hatte mit der linken Kritik am Multikulturalismus wenig gemein. Er rügte, die Freunde kultureller Vielfalt würden übersehen, dass Deutschland »mit der türkischen Community nicht nur Kebab, Bauchtanz, orientalische Musik, Kunst und Lyrik importierte, sondern auch die ideologischen Keimlinge einer Religion, die weit weniger als das europäische Christentum gezwungen war, durch die Dompteurschule der Aufklärung zu gehen«.[181]

Zunächst ist das Sprachmüll. Der Islam keimt nicht wie eine in die Erde gesetzte Bohne, sondern existiert bekanntlich seit dem 7. Jahrhundert.

Schmidt-Salomon reduziert diese Menschen auf Stereotypen und suggeriert »Freiräume für ungehemmte Islamisierung innerhalb der von westlichen Einflüssen weitgehend abgeschirmten Migrantenszene«.[182] Zunächst einmal ist auf den eigentlich trivialen Unterschied zu verweisen, dass Menschen, die selbst oder deren Vorfahren aus islamisch geprägten Ländern eingewandert sind, sehr verschieden sind: Unter ihnen gibt es Muslim*innen verschiedener Glaubensrichtungen, aber auch Angehörige unterschiedlicher christlicher Konfessionen, Jesid*innen, Bahai, Sikhs oder Jüdinnen und Juden. Manche sind Fundamentalist*innen, andere bloß nominell Gläubige oder Säkulare, Konfessionslose und Atheist*innen. Was unbedarfte Außenstehende sich als einheitliche Gruppe vorstellen und Rassist*innen als solche präsentieren, ist durchzogen von allerlei Unterschieden, ja Widersprüchen und Brüchen zwischen Klassen, Milieus, Geschlechtern und Generationen. Wäre dem nicht so, könnte es einen Zentralrat der Ex-Muslime überhaupt nicht geben und gerade in Publikationen der GBS wird zurecht darauf hingewiesen, dass es sich um keine homogene Gruppe handelt, wie Schmidt-Salomon in der oben zitierten Passage suggeriert.

Andere Aussagen legen nahe, das Licht der Aufklärung käme exklusiv aus dem Westen. Die »eigentliche Wiege der Philosophie« habe in Griechenland gestanden, antike Denker*innen Indiens, Chinas, Persiens und Ägyptens wertet Schmidt-Salomon damit ab.[183] Der europäischen Musik mit zwölf Halbtönen spricht er einen »Selektionsvorteil« gegenüber chinesischer, arabischer oder indischer Musik zu.[184] Ausgerechnet den germanentümelnden Mystizismus des Antisemiten Richard Wagner führt er als Beispiel für ein Gesamtkunstwerk an, das nicht mehr der Lobpreisung Gottes dient, sondern menschliche Emotionen ausdrückt (abgesehen davon, dass die Verherrlichung von Göttern eine äußerst emotionale Sache ist).[185] Um den Vorwurf des Eurozentrismus abzuwehren, nennt er das Beispiel der vermeintlich arabischen Zahlen (die aus Indien stammen), die so gut seien, dass sie sich gegen römische Ziffern durchsetzten.[186] In späteren Beiträgen hat Schmidt-Salomon eine differenziertere Haltung eingenommen und den Kulturrelativismus kritisiert.

Das zeigt die Abschlussresolution der zweiten Kritischen Islamkonferenz im Mai 2013, die auf seinem Entwurf basiert. Darin wird der Bezug auf Gruppenidentitäten als Grundfehler verworfen und die Emanzipation des Einzelnen betont. Jeder Mensch müsse sein Leben autonom gestalten können.[187] Damit ist tatsächlich benannt, was Emanzipation ausmacht, allerdings fehlt im Konzept des evolutionären Humanismus das, was Marx stets als Bedingung betont hatte, die sozialen Voraussetzungen, die in der bürgerlich-kapitalistischen Gesellschaft nicht gegeben sind, die sich vielmehr durch fundamentale Unsicherheit, Not und Armut auszeichnet.

Höchst problematisch bleiben obendrein Forderungen wie, Menschen mit muslimischem Hintergrund sollten »Rechte und Pflichten in einem modernen Verfassungsstaat« vermittelt werden.[188] Das klingt wie eine Drohung. Richtig ist, dass alle die Menschenrechte achten sollen. Damit ist es allerdings auch unter Biodeutschen nicht weit her, wie Tausende von Angriffen auf Geflüchtete, Aufmärsche des rassistischen Mobs und Wahlerfolge nationalistischer Bewegungen zeigen, die sich kaum um Asylrecht oder Genfer Flüchtlingskonvention scheren.

Der Aufforderung, die Bundesrepublik solle sich für Menschenrechte einsetzen, ist nicht falsch, aber ihr haftet mindestens etwas Naives an. Deutschland ist die dominierende Macht in der EU und Exportweltmeister. Die deutsche Regierung und deutsches Kapital kooperieren mit Diktaturen aller Art. Um Flüchtlinge abzuwehren, arbeitet die Bundesregierung mit autoritären Regimes und Diktaturen zusammen. Menschenrechte sind gut für Sonntagsreden oder dienen als Legitimation für militärisches Eingreifen wie 1999 im Krieg gegen Jugoslawien auf Seiten der kosovarischen Nationalisten, sind aber schlecht fürs Geschäft.

Wenn die Giordano-Bruno-Stiftung monotheistischen Religionen eine Leitkultur der europäischen Aufklärung und des evolutionären Humanismus entgegensetzt, werden einerseits die Widersprüche und die dunklen Seiten der Aufklärung übergangen, die praktizierte Heuchelei der europäischen Werte. Andererseits ist der positive Bezug insofern irreführend, als der evolutionäre Humanismus gerade die Voraussetzung jeglicher Aufklärung, die Annahme eines Individuums, das prinzipiell frei und rational entscheiden kann, als Illusion verwirft. Der Bezug auf Menschenrechte ist damit substanzlos, allenfalls eine Chiffre, mit der sich allerdings an rechte Diskurse anschließen lässt, die eine Islamisierung des Abendlandes an die Wand malen.

Anschluss haben Vertreter*innen der GBS gefunden. So gab Mina Ahadi vom Zentralrat der Ex-Muslime ausgerechnet der Blauen Narzisse, einem Blatt der völkischen Rechten, ein Interview und erklärte, das Wahrzeichen Kölns sei der Dom, nicht irgendeine Moschee.[189] Immerhin lehnte Ahadi 2016 eine Einladung zu einem Gespräch mit der damaligen AfD-Vorsitzenden Frauke Petry ab und verwarf die »Islamkritik« der AfD als »Mogelpackung, hinter der sich fremdenfeindliche Einstellungen verbergen«.[190]

Die Mehrheit der Teilnehmer an den Pegida-Aufmärschen seien keine Rassisten, hieß es in einer Stellungnahme des Zentralrats der Ex-Muslime. Bei aller Kritik würde Pegida berechtigte Anliegen vertreten, die die Politiker »auf die leichte Schulter« genommen hätten. Als solche führte der Zentralrat unterschiedslos Sharia-Gesetze und Zwangsheiraten, Salafisten und die Terrorgruppe Islamischer Staat neben dem Bau von Moscheen oder der Existenz von Islamverbänden und der Deutschen Islamkonferenz an. Es darf bezweifelt werden, ob Pegida-Anhänger*innen ein solches Programm verfolgen, sie wollen vielmehr schlicht eine »Remigration« – und nicht nur von Muslim*innen. Der Zentralrat wendet sich in dieser Stellungnahme nicht nur gegen Fundamentalismus und Terrorismus, aber nicht konkret gegen die Aktivitäten etwa von DİTİB oder salafistische Moscheen, sondern richtet sich auch gegen Aktivitäten, die vor Beweis des Gegenteils das legale Ausüben von Grundrechten wie Religions-, Glaubens- und Gewissensfreiheit, die Versammlungs- und Organisationsfreiheit beinhalten.[191]

Schon früher hatte der Zentralrat der Ex-Muslime in einer Selbstdarstellung erklärt, dass der Islam »in seiner konsequenten Form mit diversen Punkten des Grundgesetzes kollidiere«, weswegen er »nicht den vollen Schutz des Grundgesetzes für sich in Anspruch nehmen« könne. Das unterstellt, liberale Interpretationen des Islam seien inkonsequent. Außerdem verlangte die Gruppe, das »religiöse Sonderrecht auf tierquälerisches Schächten aus dem Tierschutzgesetz« zu streichen.[192] Das ist eine alte Forderung der Völkischen und Nationalsozialisten, die sich in Programmen von NPD und AfD wiederfindet.

Eine der prominentesten Islamkritiker*innen hierzulande ist Hamed Abdel-Samad, Beirat der Giordano-Bruno-Stiftung.

2010 hatte ihn der damalige Bundesinnenminister Thomas de Maizière (CDU) als Teilnehmer in die zweite Deutsche Islamkonferenz berufen. Im Herbst des Jahres unternahm Abdel-Samad mit Henryk M. Broder für die fünfteilige TV-Serie »Entweder Broder – Die Deutschland-Safari« eine Autoreise durch das Land. Die beiden erhielten dafür den Bayerischen Fernsehpreis. Während des arabischen Frühlings war Abdel-Samad, der aus Ägypten stammt, ein beliebter Interviewpartner, schon weil deutsche Journalist*innen selten über gute Fremdsprachenkenntnisse verfügen. Seit November 2011 gehört Abdel-Samad dem Beirat der Giordano-Bruno-Stiftung an.

Sein Buch »Der islamische Faschismus. Eine Analyse« (2014), das in den Bestsellerlisten rangierte, bietet wenig Neues. Die Kontakte der ägyptischen

Muslimbrüder zum italienischen Faschismus in den 1920er-Jahren oder die Kooperation von Amin Al-Husseini, den »Großmufti von Jerusalem«, mit den Nationalsozialisten sind längst besser und quellengesättigt behandelt worden.[193]

Die kritische Auseinandersetzung mit dem Islam und den repressiven Praktiken seiner Anhänger*innen führen etwa Seyran Ateş (2007) oder Ibn Warraq (2004) materialreicher aber nur zum Teil differenzierter. So betonte Warraq, »alle Muslime« würden den Koran »noch immer wörtlich nehmen« und es gebe »keinerlei Unterschied zwischen dem Islam und einem islamischen Fundamentalismus«.[194] Ateş plädiert im Gegensatz dazu für einen liberalen oder Reform-Islam, den sie für möglich hält.[195] Allerdings stimmte Ateş auch der Aussage zu, es fände eine »schleichende Islamisierung unserer Republik« statt.[196] Damit bedient sie Vorstellungen der extremen Rechten. Es gilt zu unterscheiden zwischen der notwendigen Kritik am Islam und am Islamismus und verschwörungsideologischen Vorstellungen einer Überfremdung, einer kulturellen oder religiösen Unterwanderung, wie sie in solchen Aussagen anklingt. 2018 trat Ateş bei einer Veranstaltung der Freiheitlichen Akademie Wien und des Freiheitlichen Bildungsinstituts der FPÖ in Wien auf, zusammen mit dem damaligen Vizekanzler Hans-Christian Strache.[197]

Alle drei Autor*innen sehen das Heil im bürgerlich-kapitalistischen System. Warraq beruft sich auf Friedrich August Hayek und Karl Popper, die Ideologen des Neoliberalismus, und wirft linksliberalen Intellektuellen Verrat vor: Es mangele ihnen an Nationalstolz und sie seien Nestbeschmutzer, womit er eine Hetze bedient, die aus der Auseinandersetzung mit Konservativen und extremen Rechten um die NS-Vergangenheit sattsam bekannt ist.[198] Für Abdel-Samad scheint jede Gegnerschaft zum Liberalismus faschistisch zu sein. Mit Bezug auf den rechten Historiker Ernst Nolte interpretiert er Islamismus, Bolschewismus und Faschismus als die drei Widerstandsbewegungen gegen die Moderne.[199] Zum Beweis führt Abdel-Samad einen Affekt gegen die Stadt an, den er sowohl bei Nationalsozialist*innen als auch bei Kommunist*innen ausmacht: die Linken hätten die Stadt als Ort angesehen, in dem Proletarier*innen ausgebeutet wurden, während die Rechten Berlin als Sündenpfuhl betrachteten.[200] Die These vom antiurbanen Affekt der Kommunist*innen ist grandioser Stuss (abgesehen vielleicht von den Roten Khmer), wenn man bedenkt, mit welcher Hingabe leninistische Regime die Industrialisierung und Urbanisierung betrieben haben. Selbst in

Bezug auf die Nationalsozialisten liegt Abdel-Samad falsch. Zwar verdammten die Völkischen die Großstadt als Grab der Arier, aber das NS-Regime zeichnete sich durch gigantomanische Stadtplanungen aus.

Allein der inflationäre Gebrauch des Faschismusbegriffs, den Abdel-Samad von Ernst Nolte übernimmt, entwertet dessen analytische Kraft und relativiert die Verbrechen des Nationalsozialismus. Abdel-Samad steigert die undifferenzierten Attacken auf die monotheistischen Religionen, indem er diese, also Judentum, Christentum und Islam, als Faschismus diffamiert. Die Eifersucht des abrahamitischen Gottes auf andere Götter ist für ihn der Ursprung religiöser Diktaturen, die wiederum Vorbild für alle anderen Diktaturen seien. Der Faschismus beginnt für Abdel-Samad mit dem Alten Testament:

> Abraham ist bereit, die Befehle Gottes, seines »Führers«, auszuführen, ohne den Sinn oder moralischen Gehalt dieses Befehls in Frage zu stellen. Er ist sogar bereit, den eigenen Sohn zu opfern. Zwei zentrale Aspekte des Faschismus: bedingungsloser Gehorsam und Opferbereitschaft bis zum Äußersten.[201]

Die Beweisführung ist nicht bloß hanebüchen, sondern kann auch so gelesen werden, als seien die Juden, weil sie angeblich einen besonders rachsüchtigen und aggressiven Gott erfunden hätten, die eigentlichen Urheber des Faschismus.

Westliche Demokratie versus Totalitarismus, so lautet die Parole. Was Abdel-Samad und andere vorbringen, ist die bekannte Extremismus-Doktrin, erweitert um die Religionen. Die Achse des Bösen besteht aus den monotheistischen Religionen sowie den politischen Religionen, die aus ihnen entsprungen sein sollen.[202] Weder erfolgt eine Auseinandersetzung mit der Spezifik faschistischer Ideologie und Praxis, geschweige denn eine Differenzierung zwischen verschiedenen faschistischen Bewegungen, noch mit den Spielarten des Kommunismus, der auf den Stalinismus reduziert wird. Das gleiche gilt für Abdel-Samads Attacken auf die Religionen.

So gibt es für ihn eine Linie vom »Urfaschismus« Mohammeds zu Muslimbrüdern, Hisbollah und Al Qaida. Dieses schlichte Geschichtsbild vom durchgängig faschistischen Islam hält er allerdings selbst nicht durch. So berichtet Abdel-Samad von der Toleranz der Kalifen des Mittelalters, ohne zu erklären, wer, wann und wo mit dem vermeintlichen »Urfaschismus« der islamischen Gründungsperiode gebrochen hätte. Dafür benennt er die Schuldigen am Ende dieser Epoche des Islam: Es seien die Türken gewesen, die ein engstirniges, konservatives und menschenverachtendes Frauenbild vertreten hätten.[203]

In einem weiteren Werk über Mohammed stellt Abdel-Samad den Propheten als gekränkten Außenseiter, krankhaften Tyrannen, Narzissten, Paranoiker und Massenmörder dar. Sein Verhältnis zu Frauen habe dabei eine besondere Rolle gespielt.[204] Bemerkenswert ist dieses Porträt schon deshalb, weil unsere Kenntnisse über den historischen Mohammed ebenso wie über die Figur des Jesus aus späteren Berichten seiner Anhänger stammen. Solche Überlieferungen sagen allenfalls etwas über die Verfasser und Gläubigen aus, die solche Darstellungen akzeptieren.

Die Relativierung des Nationalsozialismus als Folge eines jüdischen Urfaschismus dürften einige seiner Gastgeber*innen und Zuhörer*innen jedenfalls ebenso goutieren wie die Vorurteile über Türken oder die Darstellung Mohammeds als Kinderschänder und Frauenvergewaltiger.[205]

Der Politikwissenschaftler wollte im Juni 2015 bei der Burschenschaft Germania in Marburg sprechen, bevor beide Seiten absagten. Angeblich wusste er nicht, wofür die schlagende Verbindung steht und erkundigte sich deshalb beim Verfassungsschutz sowie beim Zentralrat der Juden in Deutschland.[206] Im Frühjahr 2014 kooperierte Abdel-Samad mit der FPÖ. In deren Blatt Neue Freie Zeitung findet sich in einer Ausgabe mitten im Europawahlkampf ein Interview mit dem Politologen.[207] Im Mai nahm Abdel-Samad in Wien an einer Podiumsdiskussion mit dem Europaparlamentarier Franz Obermayr von der FPÖ teil.[208] Mehrmals trat Abdel-Samad bei der AfD auf, in Berlin, Dachau und Köln.[209]

Er selbst verteidigte den Auftritt in Berlin mit Verweis auf Meinungsfreiheit und Diskussionskultur und betonte, mit der Ausrichtung der AfD nicht einverstanden zu sein.[210] Der GBS-Sprecher Schmidt-Salomon wies »Vorverurteilungen« zurück.[211] In einer Stellungnahme zum Erfolg der AfD bei der Bundestagswahl schrieb er diesen dem Versäumnis der anderen Parteien zu, die Debatte »über den politischen Islam nicht hinreichend« geführt zu haben, deshalb hätten auch »viele gut integrierte, säkular denkende Migrantinnen und Migranten aus islamischen Ländern« die AfD gewählt. Vom Rassismus der AfD und ihrer Wähler*innen war nicht die Rede, vielmehr charakterisierte Schmidt-Salomon die Neofaschist*innen als »streng konservative, christlich-nationale Partei«.[212]

Ohne Namen zu nennen, teilte die Stiftung Ende 2015 mit, dass Beschwerden über Aussagen und Handlungen einzelner GBS-Beiräte eingetroffen seien, gehäuft im zweiten Halbjahr 2015. Deshalb stelle man fest, dass die Stiftung zwar nicht mit Organisationen und Medien kooperiere, die rechts beheimatet seien, aber ihren Mitgliedern keine Vorschriften auferlege, die Beiräte agierten »in der Regel in eigener Sache«. Unter dem Titel »Pluralität ist eine Stärke – keine Schwäche« schrieben Steffen und Schmidt-Salomon, man sei parteipolitisch neutral, »im weitesten Sinne« könnte man die Stiftung als linksliberal bezeichnen. In einer solchen Vereinigung »gibt es keinen ›Fraktionszwang‹ und auch keine ›Sippenhaft‹«.[213]

Der Jungen Freiheit stand Abdel-Samad für zwei Interviews und als Gastautor zur Verfügung.[214] In seinem Beitrag über Islam und Islamismus attackierte er auch Christentum und Judentum. Beiden Religionen warf er vor, sie hätten in Europa »auch keine Demokratien gestaltet«. Sie mussten »politisch entmachtet werden«, bevor sie unter dem Dach der Demokratie leben konnten. Ähnlich wie im »Ferkelbuch« und getreu der Anti-Monotheismus-Doktrin werden Christentum, Judentum und Islam gleichgesetzt. Unterstellt wird, das Judentum hätte im vordemokratischen Europa so viel Macht besessen wie das Christentum, dass es über politische Systeme hätte entscheiden können. Um das zu behaupten, muss man Verschwörungsideolog*in sein.[215]

ANMERKUNGEN

1 Brumlik verwies bereits 1986 auf diese Tendenz und führte als weitere Beispiele die Tiefenpsychologin Hanna Wolff, den Regisseur Rainer Werner Fassbinder, den DDR-Dissidenten Rudolf Bahro sowie Gerda Weiler und Christa Mullack an. In: Brumlik, Micha, *Die Angst vor dem Vater. Judenfeindliche Tendenzen im Umkreis neuer sozialer Bewegungen*, in: Silbermann, Alphons / Schoeps, Julius H. (Hg.), *Antisemitismus nach dem Holocaust*, Köln 1986, S. 136, S. 139 f, S. 146 f. So beschrieb Alt Jesus als den »ersten neuen Mann«, als umweltbewusste, feminine Lichtgestalt vor dem Hintergrund einer patriarchalen, aggressiven und ausbeuterischen jüdischen Religion. In: Alt, Franz, *Jesus - der erste neue Mann*, Berlin 1989, S. 14, S. 33 ff., S. 47, S. 67, S. 96, S. 118, S. 121, S. 127, S. 129. Reinhard Falter, ehemaliges Mitglied der Grünen, Naturphilosoph und Historiker, schrieb, eine »religiös bedingte Naturfeindschaft« gehöre zur kulturellen »Tradition des Judentums«. Der »Kampf des Wüstengottes gegen die Göttlichkeit der Naturmächte« wirke bis heute fort. In: Falter, Reinhard, *Das Umweltproblem neu formulieren. Ein Versuch jenseits von Naturalismus und Soziologismus*, in: Naturkonservativ heute, 2003, S. 25. Luise Rinsers Karriere in der NS-Zeit und ihren Nachkriegslegenden hat Michael Kleeberg zum 100. Geburtstag der Linkskatholikin und Präsidentschaftskandidatin der Grünen gewürdigt. In: Kleeberg, Michael, *Luise Rinsers Vergesslichkeit*, in: Der Spiegel 2/2011, S. 101 ff.

2 Drewermann, Eugen, *Der tödliche Fortschritt. Von der Zerstörung der Erde und des Menschen im Erbe des Christentums*, Regensburg 1981, S. 73.

3 Skriver, Carl Anders, *Die Korrektur der kirchlichen Irrlehren oder Die Rückbesinnung auf das urchristliche Evangelium für Mensch und Tier*, in: Singer, *Befreiung der Tiere*, S. 275 ff.

4 Haverbeck, Werner Georg, *Das Ziel der Technik. Die Menschwerdung der Erde*, Freiburg 1965, S. 156 ff.

5 Mynarek, Hubertus, *Ökologische Religion. Ein neues Verständnis der Natur*, München 1986, S. 146 ff., S. 165.

6 Ebd., S. 159.

7 Mynarek, Hubertus, *Unitarische Religion – eine Wirklichkeitsreligion der Verantwortung*, in: Unitarische Blätter 3/1981, S. 77.

8 Mynarek, *Unitarische Religion*, S. 76 ff.; Mynarek, Hubertus, *Ökologischer Humanismus als Gebot der Stunde*, in: Die Grünen (Hg.), *Reihe Standpunkte und Argumente* 2/1981, Flugblatt; Mynarek, Hubertus, *Mensch und Evolution – eine Entgegnung*, in: Unitarische Blätter 7/8/1979, S. 198 ff.

9 Mynarek, Hubertus, *Religion – Möglichkeit oder Grenze der Freiheit*, Köln 1977, S. 315.

10 Ebd., S. 269.

11 Mynarek, Hubertus, *Orientierung im Dasein*, zweite Auflage, München 1984, S. 47 ff., S. 50 ff., S. 92 ff.

12 Mynarek, *Orientierung*, S. 82 ff., S. 88 ff.; Mynarek, *Religion*, S. 133, S. 343, Anm. 293.

13 Mynarek, *Orientierung*, S. 82 ff.

14 Mynarek, *Orientierung*, S. 83.

15 Mynarek, *Religion*, S. 133.

16 Redhardt, Jürgen, *H. Mynareks Jugend im Osten des Dritten Reiches – eine Fundgrube gediegener Erinnerungsliteratur*, in: Baumann, Karola / Ulrich, Nina (Hg.), *Streiter im weltanschaulichen Minenfeld. Zwischen Atheismus und Theismus, Glaube und Vernunft, Säkularem Humanismus und Theonomer Moral, Kirche und Staat,*

Festschrift für Hubertus Mynarek, Essen 2009, S. 259 ff.; Mynarek, Hubertus, *Eine Jugend im Osten des Dritten Reiches*, Essen 2008, S. 29, S. 31, S. 44.

17 Fauth, *Freie Akademie*, S. 94 f.; *Unitarische Religion, Arbeitstagung*, in: Unitarische Blätter 10/1980. Fauth erwähnt heftige Spannungen vor der Jahrestagung 1978 zwischen Mynarek und Stengel von Rutkowski, weil letzterer vermutet habe, Mynarek agiere gegen ihn wegen seiner NS-Vergangenheit. In: Ebd., S. 95.

18 Lebensschutz-Information 1/1986, S. 4.

19 Schleip, Holger (Hg.), *Zurück zur Naturreligion?* Freiburg 1986.

20 Mynarek, Hubertus, *Antwort auf eine Diffamierungskampagne*, Oktober 1987, S. 11.

21 Bollmus, Reinhard, *Das Amt Rosenberg und seine Gegner. Studien zum Machtkampf im nationalsozialistischen Herrschaftssystem* (1969), München 2006, zweite Auflage, S. 47 ff.

22 Mynarek, *Ökologischer Humanismus*, in: Die Grünen, 1981; Mynarek, Hubertus, *Ökologischer Humanismus als Gebot der Stunde*, in: Unitarische Blätter 9/1981, S. 224 ff.; Mynarek, Hubertus, *Der ökologische Humanismus als weltanschaulicher, ethischer und religiöser Impuls*, in: Heidt, Wilfried (Hg.), *Abschied vom Wachstumswahn*, Achberg 1980, S. 95 ff.

23 Mynarek, Hubertus, *Frieden mit der Natur. Rechte von Tieren und Pflanzen*, in: Diesseits 4/1998, S. 13 ff.; Mynarek, Hubertus, *Ökologie und Weltbild*, in: Diesseits 3/1998, S. 7 ff. und Diesseits 1/1998, S. 27; Mynarek, Hubertus, *Humanismus und Buddhismus*, in: Diesseits 4/1997, S. 34 f.

24 Mynarek, Hubertus, *Diese Kirche ist am Ende*, in: Neues Deutschland, 28.2.2013; Mynarek, Hubertus, *Joseph Ratzinger pfändete meine Schreibmaschine*, in: Junge Welt, 21.4.2005.

25 MIZ 1/1975, Impressum. Karlheinz Deschner war zu diesem Zeitpunkt ständiger Mitarbeiter des Blättchens.

26 MIZ 1/1975, S. 7 ff; MIZ 2/1975, S. 3 ff.; die Solidaritätserklärung findet sich auf der Innenseite des Titelblattes in den Heften Nr. 3, 4 und 5 des Jahres 1975.

27 MIZ-Redaktion, *Kirche und Kritik I: Der Fall Mynarek*, in: MIZ 2/2000, S. 4. Bereits 1986 hatte sich Biehusen kritisch über Mynarek geäußert. In: Biehusen, Karl-Wolfgang, *In der Tradition von Blut und Boden*. In: Deutsches Allgemeines Sonntagsblatt, 15.6.1986.

28 MIZ-Redaktion, *Kirche und Kritik I*, S. 4 ff.

29 MIZ-Redaktion, *Kirche und Kritik I*, S. 4.

30 Goldner, Colin, *Die Psycho-Szene*, Aschaffenburg 2000, S. 31, S. 538, S. 558 f., Anmerkung 114; Goldner, Colin, *Psycho. Therapien zwischen Seriosität und Scharlatanerie*, Augsburg 1997, S. 30. Die Quelle für Goldner war jeweils das Buch von Peter Kratz, wobei er auch auf den Rechtsstreit zwischen DUR und Kratz hinwies. In: Goldner, *Psycho-Szene*, S. 558 f.; Goldner, *Psycho*, S. 375 f., Anmerkung 107.

31 Goldner, *Psychoszene*, S. 37 f.

32 Kern, Gerhard, *Die MIZ, Hubertus Mynarek und andere Merkwürdigkeiten*, in: MIZ 1/2001, S. 5.

33 Schmidt-Salomon, Michael, *Lechts und rinks kann man nicht velwechern?*, in: MIZ 2/2001, S. 11.

34 Schmidt-Salomon, Michael, *Die offene Diskussion und ihre Feinde*, in: MIZ 1/2001, S. 8 f.

35 Mynarek, Hubertus, *Weder Antisemit noch Faschist. Eine Antwort an Gerhard Kern*, in: MIZ 2/2001, S. 14.

36 Heidt, Wilfried (Hg.), *Abschied vom Wachstumswahn,* Achberg 1980. Günter Bartsch war von 1947 bis 1953 Mitglied der KPD in Niedersachsen. 1972 veröffentlichte er ein Werk über Anarchismus in Deutschland, darin wird der Sozialdarwinist Silvio Gesell als »Anarcho-Liberaler« charakterisiert. 1975 schrieb Bartsch ein Buch unter dem Titel »Revolution von rechts?«, positiv Bezug nehmend auf Teile der Neuen Rechten sowie den Naziführer Otto Strasser. Mit »Vom Kronstadt zum Achbergerlebnis« schlug Bartsch 1977 eine Brücke vom Anarchismus zur Anthroposophie. Artikel aus seiner Feder wurden in den rechten Blättern Wir selbst, Criticon und Junges Forum sowie in den SPD-nahen Frankfurter Heften abgedruckt. 1989 erschien eine Biographie über Otto Strasser im Verlag von Siegfried Bublies (Ex-NPD-Mitglied, Republikaner), der auch die Zeitschrift Wir Selbst herausgab. Bartsch lieferte auch Beiträge für das Buch »Silvio Gesell – ›Marx‹ der Anarchisten«, das 1989 im anarchistischen Karin-Kramer-Verlag in Berlin erschien, in dem Herausgeber Klaus Schmitt offensiv die rassenhygienischen Menschenzucht-Phantasien Gesells vertritt. In: Bierl, *Schwundgeld,* S. 214 f.

37 Mynarek, *Weder Antisemit noch Faschist*, S. 14.

38 Riegel, Hans Peter, *Beuys. Die Biographie*, fünfte aktualisierte und erweiterte Auflage, Zürich 2018, S. 320 ff.; Gieseke, Frank / Markert, Albert, *Flieger, Filz und Vaterland. Eine erweiterte Beuys-Biographie*, Berlin 1996, S. 160 f., S. 168 ff., S. 175 ff.;

39 Hengesbach, Susanne, *Angriff auf Kirche, Papst und Kardinal*, in: Kölner Stadtanzeiger, 20.8.2005.

40 Buhr, Roland, *Xenu goes Berlin. Eröffnung der Scientology-Zentrale*, 15.1.2007, https://hpd.de/node/909 (6.4.2021).

41 Mynarek, Hubertus, *Atheistische Spiritualität*, in: Grabner-Haider, Anton / Mynarek, Hubert / Satter, Erich, *Das andere Christentum. Über eine Vielfalt der Religiosität*, Neu-Isenburg 2020, S. 115, S. 123, S. 131; Mynarek, Hubertus, *Vom wahren Geist der Humanität. Der evolutionäre Naturalismus ist kein Humanismus*, Alsdorf 2017; Mynarek, Hubertus, *Die neuen Atheisten. Ihre Thesen auf dem Prüfstand*, Essen 2010, S. 10, S. 23, S. 26 ff.

42 Mynarek, *Humanität*, S. ff.; Mynarek, *Neue Atheisten*, S. 151.

43 Schmidt-Salomon, Michael, *Sind AtheistInnen die besseren Menschen?,* in: MIZ 4/2000, S. 3 ff.

44 Schmidt-Salomon, Michael, *Die offene Diskussion und ihre Feinde*, in: MIZ 1/2001, S. 6.

45 Schmidt-Salomon, *Offene Diskussion*, S. 7; Schmidt-Salomon, *Lechts und rinks*, S. 11.

46 Schmidt-Salomon, *Lechts und rinks*, S. 12.

47 *»Mit diesem Erfolg hatten wir nicht gerechnet«*, in: Bruno, 2019, S. 16.

48 GBS, *Warum Giordano-Bruno-Stiftung? Hintergründe zur Namensgebung*, www.giordano-bruno-stiftung.de/Stiftung/name.html (16.10.2014). GBS, Der Stiftungsname, https://www.giordano-bruno-stiftung.de/leitbild/stiftungsname (Abfrage 6.5.2022)

49 Dietmar Michalke, damals stellvertretender Vorsitzender des Bundes für Geistesfreiheit (BfG) in Augsburg, würdigte Bruno ebenfalls als Kämpfer gegen die Kirche. In: Michalke, Dietmar, *Giordano Bruno – Erinnerungen an einen großen Naturphilosophen*, in: MIZ 1/1999, S. 38 ff.

50 Hoffmann, Thomas Sören, *Philosophie in Italien. Eine Einführung in 20. Porträts*, Wiesbaden 2007, S. 306.

51 de Lagarde, Paul (Hg.): *Le opere italiane di Giordano Bruno ristampate da Paolo de Lagarde*, Volume secondo, Gottinga 1888, S. 783; Hoffmann, *Philosophie*, 2007, S. 306.

52 Lagarde, *Opere italiane.*

53 Hoffmann, *Philosophie*, S. 305 ff.; Hörl, Hans Gerald, *Alternative Formen des Religiösen*, in: Figl, *Religionswissenschaft*, S. 490 f.
54 Lagarde, *Opere italiane*, S. 500 f.
55 Fritsch, Theodor, *Antisemiten-Katechismus*, Leipzig 1892, 24. Vermehrte Auflage, S. 38.
56 Müller von Hausen, Ludwig, *Giordano Bruno*, in: Der Hammer 181/1910, S. 4 ff.; Kuhlenbeck, Ludwig, *Rasse und Volkstum*, München 1905, S. 28; Chamberlain, *Grundlagen*, S. 7.
57 Besant, Annie / Michel, Peter, *Giordano Bruno. Ein Kämpfer für die Freiheit des Geistes*, Grafing 2000.
58 Stengel von Rutkowski, Lothar, *Der Präsident der Freien Akademie nimmt Abschied (Eine gekürzte Fassung)*, in: Unitarische Blätter 11/1979, S. 301 f.; Mynarek, Hubertus, *Giordano Bruno und Galileo Galilei oder: wie die Kirche die Wissenschaft verfolgt*, in: MIZ 3/2000, S. 6 ff.
59 Drewermann, Eugen, *Giordano Bruno oder: Der Spiegel des Unendlichen*, München 1992.
60 Puschner/Schmitz/Ulbricht, *Handbuch*, S. 218, S. 382, S. 638; Kirchbach, Wolfgang, *Ziele des Giordano Bruno Bundes*, Berlin 1905, S. 2 ff., S. 17, S. 23.
61 Siehe dazu die Reihe Flugschriften des Giordano Bruno Bundes: Kirchbach, *Ziele*, S. 19 ff.; Schmitt, Eugen Heinrich, *Religion und Kultur*, Berlin 1904, S. 10, S. 12; Wille, Bruno, *Auferstehung: Ideen über den Sinn des Lebens*, Berlin 1904; von Hoensbroech, Graf Paul, *Das Schulprogramm des Ultramontanismus*, Berlin 1904.
62 Frecot, Janos / Geist, Johann Friedrich / Krebs, Diethart, *Fidus 1868–1948. Zur ästhetischen Praxis bürgerlicher Fluchtbewegungen*, München 1972, S. 98, S. 100, S. 104, S. 118, S. 223, Steiner, Rudolf, *Mein Lebensgang*, Gesamtausgabe Band 28, Dornach 1982, S. 287 f.
63 Kuhlenbeck, *Rasse*, S. 18.
64 Groschopp, *Dissidenten*, S. 191 ff.; Szemeredy, Julia, *Ludwig Kuhlenbeck – Ein Vertreter sozialdarwinistischen und rassentheoretischen Rechtsdenkens um 1900*, Zürich 2002, S. 19 ff., S. 166 f.; Kuhlenbeck, *Rasse*.
65 Kuhlenbeck, Ludwig, *Giordano Bruno in seiner Bedeutung für die Philosophie und Kultur der Zukunft*, Berlin 1904, S. 13; Kuhlenbeck, Ludwig, *Giordano Bruno. Die Vertreibung der triumphierenden Bestie*, Gesammelte Werke Band 2, Leipzig 1904, S. 2; Kuhlenbeck, Ludwig, *Giordano Bruno. Sein Leben und seine Weltanschauung* (Vorträge), München 1888, S. 15 f. Der Sozialdemokrat Eduard Bernstein würdigte Kuhlenbeck als Herausgeber astronomischer Schriften von Bruno, attackierte aber dessen Antisemitismus, Bernstein, Eduard, *Die deutsche Ausgabe einer Hauptschrift von Giordano Bruno*, in: Die Neue Zeit 21/1893/1894, S. 652 ff.
66 Brumlik, Micha, *Ein würdiger Namensgeber*, in: Die Tageszeitung, 2.10.2012.
67 Schmidt-Salomon, Michael, *Plädoyer für einen rationalen Diskurs*. 2.12.2012, www.giordano-bruno-stiftung.de/meldung/plaedoyer-fuer-einen-rationalen-diskurs (6.4.2021).
68 Brumlik, Micha, *Wofür steht Giordano Brunos Name?*, in: Tageszeitung, 21.11.2012.
69 Blum, Elisabeth, *Einleitung*, in: *Giordano Bruno, Spaccio della Bestia Trionfante, Austreibung des triumphierenden Tieres*. Giordano-Bruno-Werke Band 5, übersetzt, kommentiert und herausgegeben von Elisabeth Blum und Paul Richard Blum, Hamburg 2009, S. IX ff., S. XII, S. XV, S. XXI f., S. XXXI, S. XXXIII f., S. XXXVI ff.
70 Blum, *Einleitung*, S. XLIV.
71 Schmidt-Salomon, Michael, *Martin Luther war viel schlimmer*, in: Die Tageszeitung, 14.1.2013.

72 GBS, *Warum Giordano-Bruno-Stiftung.*
73 Wimberger, Gerhard, *Glauben ohne Christentum – eine Vision*, in: GBS-Newsletter, Mai 2013.
74 Otte, Walter, *Gibt es eine atheistische Spiritualität?*, in: Humanistischer Pressedienst 25.6.2013, https://hpd.de/node/16234 (25.6.2013).
75 Joachim Kahl, *Weder Gotteswahn noch Atheismuswahn. Eine Kritik des »neuen Atheismus« aus der Sicht eines Vertreters des »alten Atheismus«*, Mai 2008, S. 1, S. 15. http://www.kahl-marburg.privat.t-online.de/Dawkinskritik.pdf (25.6.2021).
76 Kahl, Joachim, *Warum ich Atheist bin*, in: Deschner, Karlheinz (Hg.), *Warum ich Christ/Atheist/Agnostiker bin*, Köln 1977, S. 59.
77 Schmidt-Salomon, Michael, *Abschied von der Religionskritik?*, in: Humanistischer Pressedienst, 4.11.2011, https://hpd.de/node/12252 (25.6.2013).
78 Schmidt-Salomon, *Google.*
79 Deschner, Karlheinz, *Warum ich Agnostiker bin*, in: Deschner (Hg.), *Warum ich Christ/Atheist/Agnostiker bin*, S. 124 f., S. 130 ff.
80 Deschner, Karlheinz, *Für einen Bissen Fleisch*, Bad Nauheim 1998, S. 15 f.
81 Goldner, Colin, *Dalai Lama. Fall eines Gottkönigs*, Aschaffenburg 1999; Brück, *Buddhismus*, S. 475 f.
82 Deschner, *Agnostiker*, S. 120 f.
83 Deschner, Karlheinz, *Eine Revolution wäre nötig*, in: Natürlich vegetarisch, Juli/August/September 2005, S. 11.
84 Witt-Stahl, Susann, *»Sie Oberteufel!« Ein halbes Jahrhundert Kampf für einen »götterlosen Himmel«*, in: Gewerkschaft Verdi (Hg.), *Kunst und Kultur. Kulturpolitische Zeitschrift* 3/2005.
85 Buggle deutet das Alte Testament als Form der Verarbeitung eines grausamen Geschehens und Interpretation als Gottes Wille. In: Buggle, *Streitschrift*, S. 82 f. Binder betont, dass es sich um Mythen handelt, die mit den tatsächlichen Ereignissen wenig zu tun haben. In: Binder, Alfred, *Jahwe, Jesus und Allah. Eine kurze Kritik der monotheistischen Götter*. Aschaffenburg 2013, S. 18.
86 Deschner, *Kriminalgeschichte*, erster Band, S. 74, S. 91; Deschner, *Bissen Fleisch*, S. 40.
87 Deschner, *Kriminalgeschichte*, erster Band, S. 83.
88 Ebd., S. 81 f.
89 Deschner, *Kriminalgeschichte*, erster Band, S. 68, S. 117 ff.; Deschner, Karlheinz, *Abermals krähte der Hahn. Eine kritische Kirchengeschichte von den Anfängen bis zu Pius XII.*, zweite Auflage, Stuttgart 1964, S. 524 ff.; Deschner, Karlheinz, *Mit Gott und den Faschisten*, Stuttgart 1965; Deschner, Karlheinz, *Kirche und Faschismus*, Wuppertal 1968; Deschner, Karlheinz, *Kirche und Faschismus*, Rastatt 1968.
90 Dierks, *Judenfrage*, S. 14, S. 170.
91 Deschner, *Kriminalgeschichte*, erster Band, S. 76.
92 Ebd., S. 75.
93 Ebd., S. 76, S. 83.
94 Deschner, *Kriminalgeschichte*, erster Band, S. 78, S. 82, S. 86, S. 97; Deschner, *Abermals krähte der Hahn*, 1964, S. 315. Auch Buggle schrieb in Bezug auf Darstellungen in der Bibel von »ganz analogen Verbrechen« in der Geschichte, etwa des Nationalsozialismus. In: Buggle, *Streitschrift*, S. 73.
95 Deschner, Karlheinz, *Abermals krähte der Hahn*, Aschaffenburg 2015, S. 404.
96 Deschner, *Kriminalgeschichte*, erster Band, S. 82.
97 Ebd., S. 82.

98 Deschner, *Abermals krähte der Hahn*, 2015, S. 198; Deschner, Karlheinz, *Abermals krähte der Hahn*, erweiterte Neuausgabe, Düsseldorf/Wien 1986, S. 155.

99 Deschner, *Abermals krähte der Hahn*, 2015, S. 409.

100 Deschner, *Abermals krähte der Hahn*, 2015, S. 280; Deschner, *Abermals krähte der Hahn*, 1986, S. 219; Deschner, *Abermals krähte der Hahn*, 1964, S. 219.

101 Deschner, Karlheinz, *Abermals krähte der Hahn*, München 1996, S. 172; Deschner, *Abermals krähte der Hahn*, 1986, S. 152.

102 Deschner, *Abermals krähte der Hahn*, 2015, S. 194.

103 Deschner, *Abermals krähte der Hahn*, 2015, S. 400; Deschner, *Abermals krähte der Hahn*, 1986, S. 312.

104 Deschner, *Abermals krähte der Hahn*, 2015, S. 401; Deschner, *Abermals krähte der Hahn*, 1964, S. 313.

105 Deschner, *Abermals krähte der Hahn*, 2015, S. 400 f.; Deschner, *Abermals krähte der Hahn*, 1964, S. 312 f.

106 Eine Auswahl aus den älteren Ausgaben: Deschner, *Abermals krähte der Hahn*, 1986, S. 349, S. 373, S. 406, S. 442, S. 465, S. 467; Deschner, *Abermals krähte der Hahn*, 1964, S. 217, S. 442, S. 465, S. 467. In der Ausgabe von 2015 finden sich Schneider-Zitate am Anfang von mehreren Kapiteln und Absätzen sowie dem vierten Buch vorangestellt: S. 37, S. 95, S. 120, S. 184, S. 278, S. 291, S. 375, S. 431, S. 447, S. 479, S. 522, S. 569, S. 600, S. 603.

107 Klee, *Personenlexikon*, S. 551.

108 Deschner, *Abermals krähte der Hahn*, 2015, S. 170, S. 779.

109 Deschner, *Abermals krähte der Hahn*, 2015, S. 569, S. 903, Anmerkung 4; Deschner, *Abermals krähte der Hahn*, 1996, S. 504; Deschner, *Abermals krähte der Hahn*, 1964, S. 442.

110 Schneider, Carl, *Das Frühchristentum als antisemitische Bewegung*, Bremen 1940.

111 Schneider, *Frühchristentum*, S. 6 f., S. 18.

112 In einer Anmerkung schreibt Deschner, auf die jüdische Christenhetze sei von deutschen Theologen nie öfter hingewiesen worden als in der Hitlerzeit, als sei das verwunderlich, schließlich mühten sich nazistische Theologen, das Christentum vom Judentum abzugrenzen. Die Bemerkung Deschners bezieht sich jedoch nicht auf Schneider, sondern auf ein Werk von Ethelbert Stauffer, einen weiteren protestantischen Theologen, von dem antisemitische und pronazistische Äußerungen überliefert sind. Trotzdem gehörte Stauffer nicht der NSDAP an und wurde 1943 wegen antifaschistischer Äußerungen als Prodekan suspendiert und erhielt Redeverbot. In: Stauffer, Ethelbert, *Theologisches Lehramt in Kirche und Reich*, Bonn 1935; Stauffer, Ethelbert, *Unser Glaube und unsere Geschichte. Zur Begegnung zwischen Kreuz und Hakenkreuz*, Berlin 1933, Klee, *Personenlexikon*, S. 598; Deschner, *Abermals krähte der Hahn*, 2015, Anmerkung 62, S. 905.

113 Deschner, *Abermals krähte der Hahn*, 2015, S. 577, Anmerkungen zu Kapitel 56: S. 903, A 4; S. 904, A 34 und A 40, S. 905; A 47, 49 und 54, S. 906, A 76.

114 Deschner, *Abermals krähte der Hahn*, 2015, S. 281, S. 354, S. 380; Deschner, *Abermals krähte der Hahn*, 1986, S. 219, S. 276, S. 296.

115 Seeberg, Reinhold, *Grundriss der Dogmengeschichte*, siebte verbesserte Auflage, Leipzig 1936, S. 19 f.

116 Deschner, *Abermals krähte der Hahn*, 2015, S. 281; Deschner, *Abermals krähte der Hahn*, 1986, S. 219; Deschner, *Abermals krähte der Hahn*, 1964, S. 219.

117 Meier, Kurt, *Die Theologischen Fakultäten im Dritten Reich*, Berlin / New York 1996,

S. 326 f., S. 332; Schmidt, Gerhard K., *Reinhold Seeberg*, Weimar 1938, S. 23, S. 27, S. 30, S. 69, S. 74 f.
118 Meier, *Theologische Fakultäten*, S. 326.
119 Deschner, *Abermals krähte der Hahn*, 1986, S. 232, S. 311, S. 318. Deschner, *Abermals krähte der Hahn*, 2015, S. 297, S. 399.
120 Kinzig, Wolfram, *Harnack, Markion und das Judentum. Nebst einer kommentierten Edition des Briefwechsels Adolf von Harnacks mit Houston Stewart Chamberlain*, Leipzig 2004, S. 1, S. 153, S. 183, S. 187 ff., S. 193 f., S. 196 ff., S. 203 ff.
121 Schneider, Carl, *Das Frühchristentum als antisemitische Bewegung*. Bremen 1940, S. 12.
122 Meier, *Theologische Fakultäten*, S. 319 f., S. 325 f.
123 Wagenmann, Julius, *Die Stellung des Apostels Paulus neben den Zwölf in den ersten zwei Jahrhunderten*, Gießen 1926, S. 27.
124 Wagenmann, *Paulus*, S. 125, S. 127, S. 129.
125 Deschner, *Agnostiker*, S. 200; Deschner, *Fleisch*, S. 79. Seinen eigenen Angaben zufolge gehörte Deschner von 1934 bis 1940 dem Jungvolk an und diente ab 1937 als Jungzugführer, 1940 habe er sich beurlauben lassen. Mehrfachen Aufforderungen zum Eintritt in die NSDAP habe er aber nicht Folge geleistet. Im März 1942 meldete sich Deschner freiwillig zur Wehrmacht und diente in Frankreich und Italien, zuletzt als Obergefreiter, er wurde verwundet und geriet in Kriegsgefangenschaft, aus der er am 8. Juni 1945 entlassen worden sei. In: Universitätsarchiv Bamberg (AUB), Signatur V E 315, Deschner, Karlheinz, Fragebogen, Office of Military Government for Kreis Bamberg, Regierungsbezirk Oberfranken and Mittelfranken, 23.10.1946; Meldebogen der Philosophisch-Theologischen Hochschule Bamberg, 15.3.1946; Universitätsarchiv Würzburg, Studierendenkartei Karlheinz Deschner.
126 Deschner, *Fleisch*, S. 37.
127 Ebd., S. 41 f.
128 Ebd., S. 15 ff.
129 Deschner, *Agnostiker*, S. 118.
130 Deschner, *Kriminalgeschichte*, erster Band, S. 19.
131 Ebd., S. 15.
132 Deschner, Karlheinz, *Der Moloch - eine kritische Geschichte der USA*, Leseprobe aus der Auflage von 1997, www.staatsbriefe.de/literatur/deschner3.htm (28.9.2005).
133 Deschner, Karlheinz, *Der Moloch - eine kritische Geschichte der USA*, München 1992, S. 45.
134 Ebd., S. 45.
135 Ebd., S. 185.
136 Ebd., S. 187.
137 Ebd., S. 196.
138 Horst, Christoph, *Pleonasmus Unmensch*, in: Konkret 2/2005; Schmidt-Salomon, Michael, *Stimmung statt Argumente. Offener Brief an die Konkret-Redaktion*, 15.3.2005, www.deschner.info/de/aktuell/konkret.htm (18.4.2006). Die Stellungnahme soll im Namen der Giordano-Bruno-Stiftung sowie der Redaktion der offiziellen Webseite von Deschner erfolgt sein.
139 Schmidt-Salomon, Michael / Nyncke, Helge, *Wo bitte geht's zu Gott – ein Buch für alle, die sich nichts vormachen lassen*, Aschaffenburg 2007.
140 Bundesministerium für Familie, Senioren, Frauen und Jugend, *Indizierungsantrag nach dem Jugendschutzgesetz (JuSchG)*, Schreiben an die Bundesprüfstelle für jugendgefährdende Medien, 21.12.2007.

141 Nyncke, Helge, *Erklärung zum Vorwurf des Antisemitismus*, in: hpd-online, 8.2.2008, https://hpd.de/node/3789 (8.2.2008).
142 Schmidt-Salomon, Michael, »*Wir haben eine solche Kampagne erwartet*«, in: hpd-online, 1.2.2008, https://hpd.de/node/3741 (5.2.2008).
143 Finke, Stefanie, *Großer Ärger um kleines Ferkel*, in: hpd-online, 29.1.2008, https://hpd.de/node/3715 (13.2.2008).
144 Schmidt-Salomon, *Vorwort: Lehren aus dem Ferkel-Streit*, in: Schmidt-Salomon, Michael / Nyncke, Helge / Schedel, Gunnar, *Die Rettung des kleinen Ferkels. Warum auch Kinder über Religion lachen dürfen*, Aschaffenburg 2018, S. 8.
145 Schmidt-Salomon, »*Wir haben eine solche Kampagne erwartet*«.
146 Schmidt-Salomon, *Manifest*, S. 161.
147 Schmidt-Salomon/Nyncke, *Wo bitte geht's zu Gott*, das Buch enthält keine Seitenangaben.
148 Hirsch, Rudolf / Schuder, Rosemarie, *Der gelbe Fleck. Wurzeln und Wirkungen des Judenhasses in der deutschen Geschichte*, Köln 1999, S. 102 f., S. 114 ff.; Erb, Rainer, *Der Ritualmord*, in: Schoeps, Julius H. / Schlör, Joachim (Hg.), *Antisemitismus. Vorurteile und Mythen*, München 1995, S. 74 ff.
149 Bundesministerium, *Indizierungsantrag*, 21.12.2007, S. 3.
150 Schmidt-Salomon, *Keine Macht den Doofen*, S. 31.
151 Schmidt-Salomon, *Keine Macht den Doofen*, S. 33.
152 Poliakov, Leon, *Geschichte des Antisemitismus*. Band 1 bis 3, Frankfurt am Main / Worms 1977, 1978, 1979. So ist die vierte Sure dem Titel nach den Frauen gewidmet und wartet mit Ratschlägen auf, wie jenem, widerwillige Frauen zu schlagen. Dennoch handelt auch diese Sure mehrfach von den Juden, die von Gott wegen ihres Unglaubens verflucht und die Mörder von Jesus Christus seien. Ihnen wären viele köstliche Dinge verboten, weil sie Unrecht täten. In: *Der Koran*, übersetzt und eingeleitet von Hans Zirkler, zweite überarbeitete Ausgabe, Darmstadt 2007, S. 60 f., S. 69 f.
153 Die Deutung des Bundesfamilienministeriums, der Rabbi wolle den Bischof mit einer Thorarolle ersticken, ist dagegen falsch.
154 Schmidt-Salomon, *Kampagne*, Alibri-Verlag.
155 Finke, *Großer Ärger*, 29.1.2008.
156 Finke, *Großer Ärger*, 29.1.2008.
157 Free, Jan, *Gottlose Tiere*, in: Zeit Online, 31.1.2008, www.zeit.de/online/2008/06/kinderbuch-religion (09.02.2022).
158 Binder charakterisiert Religionen als Geisterglauben und Verfolgungswahn. In seiner Aufzählung monotheistischer Religionen fehlt der Sikhismus, den Daoismus stuft er als Polytheismus ein, obwohl dieser wie der Buddhismus keine obersten Gottheiten kennt. Binder selbst hat eine areligiöse Interpretation des Zen-Buddhismus vorgeschlagen. In: Binder, *Jahwe*, S. 11 f., S. 15 ff., S. 150; Binder, Alfred, *Mythos Zen*, Aschaffenburg 2009.
159 Buggle, *Streitschrift*, S. 18, S. 23 f., S. 28, S. 38, S. 89, S. 167, S. 173, S. 218.
160 Ebd., S. 95.
161 Ebd., S. 87, S. 94 ff., S. 223.
162 Weber, Max, *Die protestantische Ethik und der Geist des Kapitalismus*, in: Weber, Max, *Gesammelte Aufsätze zur Religionssoziologie* (1920), Tübingen 1988.
163 Weber, *Protestantische Ethik*, S. 54.
164 Lanz, Stephan, *Religiöser metropolitaner Mainstream. Zum gegenwärtigen Verhältnis zwischen Stadt, Religion und Neoliberalismus*, in: Prokla 1/2016, S. 15 ff.

165 de Waal, *Tierische Moralitäten*, S. 54 ff., S. 59 ff.
166 Wilson, *Eroberung*, S. 319.
167 Wilson, *Sociobiology*, S. 559; Wilson, *Eroberung*, S. 310 f.
168 Dawkins, Richard, *Der Gotteswahn*, Berlin 2007, S. 226 ff.
169 Ebd., S. 228.
170 Ebd., S. 250 ff.
171 Ebd., S. 231, S. 243.
172 Ebd., S. 266.
173 Ebd., S. 54.
174 Weiß, Volker, *Die autoritäre Revolte. Die neue Rechte und der Untergang des Abendlandes*, Stuttgart 2017, S. 243 ff.
175 So heißt es in der Resolution der zweiten islamkritischen Konferenz von 2013, es sei verfehlt »kulturelle Identitäten«, religiöse oder ethnische Gruppenidentitäten, zu stärken. Dem Kulturrelativismus wird eine klare Absage erteilt. In: GBS, *Selbstbestimmung statt Gruppenzwang. Gegen Islamismus und Fremdenfeindlichkeit*, 2013, www.giordano-bruno-stiftung.de/sites/default/files/brosch_islamismus.pdf (9.4.2018).
176 Baumgarten, Christoph, *Die Saat ist aufgegangen*, in: MIZ 4/2015, S. 7 ff.; Schedel, Gunnar, *Wo verlaufen die Barrikaden?* in: MIZ 2/2015, Sonderheft, S. 13 ff.; Schedel, Gunnar, *Beantwortung der Frage, ob der Islam zu Europa gehört*, in: MIZ 2/2014, S. 2; Bergmeier, Rolf, *Gehört der Islam zu Deutschland?* in: MIZ 2/2014, S. 13 ff.
177 Baumgarten, *Saat*, S. 7 ff.; Kemper, Andreas, *Klerikal-aristokratische Vernetzung in der Alternative für Deutschland*, in: MIZ 4/2014, S. 39 ff.; Schmidt, Bernhard, *Die identitäre Bewegung*, in: MIZ 2/ 2014; Welker, Frank, *Ein Autor von Sinnen*, in: MIZ 2/2014.
178 Schmidt-Salomon, *Manifest*, S. 135 f.
179 Schmidt-Salomon, *Manifest*, S. 131 f.
180 Malik, Kenan, *Multiculturalism and Its Discontents*, London / New York / Calcutta 2013; Stjernfelt, Frederik, *»Der Kulturalismus ist eine reaktionäre Kraft«*, in: Jungle World 48/2010; Aktion 3. Welt Saar, *Bye, bye Multikulti – Es lebe Multikulti*, Flugschrift, Winter 2009/2010.
181 Schmidt-Salomon, *Manifest*, S. 132 f.
182 Ebd., S. 133.
183 Ebd., S. 40.
184 Schmidt-Salomon, *Hoffnung Mensch*, S. 199 f.
185 Ebd., S. 202, S. 209.
186 Ebd., S. 200.
187 GBS, *Selbstbestimmung*.
188 Ebd.
189 Ahadi, Mina, *Die deutschen Medien stellen den Islam immer nur als Opfer dar*, in: Blaue Narzisse März 2010, www.blauenarzisse.de/index.php/anstoss/item/1471-mina-ahadi-die-deutschen-medien-stellen-den-islam-immer-nur-als-opfer-dar (8.1.2016).
190 Ahadi, Mina, Offener Brief: Islamkritikerin lehnt Einladung von AfD ab, https://hpd.de/artikel/offener-brief-islamkritikerin-lehnt-einladung-afd-ab-13115 (24.2.21).
191 Zentralrat der Ex-Muslime, *Gehen wir gemeinsam einen dritten Weg*. 16.12.2014, http://exmuslime.com/gehen-wir-gemeinsam-einen-dritten-weg/ (5.1.2015).
192 Zentralrat der Ex-Muslime: *Aufklären statt verschleiern*. http://exmuslime.com/ueber-uns/ (8.4.2016). Das Schächten wird auch im Manifest des evolutionären Humanismus gerügt. In: Schmidt-Salomon, *Manifest*, S. 138.

193 Küntzel, Matthias, *Djihad und Judenhaß*. Freiburg 2003; Faber, Klaus / Schoeps, Julius H. / Stawski Sascha (Hg.), *Neu-alter Judenhass*, Berlin 2006; Mallmann, Klaus Michael / Cüppers, Martin, *Halbmond und Hakenkreuz*, Darmstadt 2006.

194 Warraq, Ibn, *Warum ich kein Muslim bin*, Berlin 2004, S. 259.

195 Ateş, Seyran, *Der Multikulti-Irrtum. Wie wir in Deutschland besser zusammenleben können*, Berlin 2009, S. 10; Cadenbach, Christoph / Niethammer, Lena, *Die Lautsprecherin*, in: Süddeutsche Zeitung Magazin, 12.10.2017, S. 22 ff.

196 Ateş, Seyran, *»Er wollte die Zwölfjährige«*, in: Der Spiegel 2/2008, S. 87

197 Ateş, Seyran, *»Von Linken enttäuscht«*, in: Jungle World 4/2019; Hannah Wettig, *In schlechter Gesellschaft*, in: Jungle World 49/2018. *Linke stehen Kopf: Seyran Ates traf HC Strache*, www.fpoe.at/artikel/linke-stehen-kopf-seyran-ates-traf-hc-strache/ (24.2.2021).

198 Warraq, *Warum*, S. 15, S. 485 f.

199 Abdel-Samad, *Islamischer Faschismus*, S. 22, S. 24 f., S. 220. Nolte löste 1986 den sogenannten Historikerstreit aus, als er behauptete, der deutsche Judenmord sei eine »asiatische Tat« gewesen, die Reaktion auf die Verbrechen der Bolschewiki. 2003 setzte Nolte noch einen drauf, als er Israel mit dem NS-Regime gleichsetzte und meinte, der einzige Unterschied wäre Auschwitz. In: Ernst Nolte, *Der europäische Bürgerkrieg 1917–1945. Nationalsozialismus und Bolschewismus*, Frankfurt am Main 1987; *Historiker sorgt für Eklat*, in: Nürnberger Zeitung, 8.5.2003; *Der Anstößige. Ernst Nolte vergleicht in Rom Hitlerdeutschland mit Israel*, in: Tagesspiegel, 7.5.2003; *Nolte provoziert römischen Senat*, in: Focus Online, 7.5.2003.

200 Abdel-Samad, *Islamischer Faschismus*, S. 25.

201 Ebd., S. 60.

202 Ähnlich verfährt Binder: »Simple rassistische Neudefinitionen der Gruppenzugehörigkeit, wie sie die politischen Religionen des 20. Jahrhunderts vollzogen, der Faschismus und Stalinismus, führten zu Konzentrations- und Arbeitslagern, zu Auschwitz und dem Gulag-System.« In: Binder, *Jahwe*, S. 153 f.

203 Abdel-Samad, *Islamischer Faschismus*, S. 70 ff., S. 103, S. 108 ff.

204 Abdel-Samad, Hamed, *Mohamed. Eine Abrechnung*. München 2015.

205 In der extremen Rechten werden Abdel-Samads Bücher wohlwollend aufgenommen. Er ist zum Kronzeugen geworden. In: Münch, Werner, *Keine Religion des Friedens*, in: Junge Freiheit, 2.6.2017; Wetzel, Bruno, *Angela Merkels »offenes Deutschland«*, in: Nationalzeitung, 25.11.2016; Honekamp, Felix, *Ein Araber und ein Deutscher müssen reden*, in: Eigentümlich Frei Nr. 165 / August 2016; Paulwitz, Michael, *Der Chip im Kopf*, in: Junge Freiheit, 24.6.2016; Gansel, Jürgen, *Der große Selbstbetrug*, in: Deutsche Stimme Februar 2016; Gerlich, Siegfried, *Trojanisches Pferd »islamische Toleranz«*, in: Sezession 60/2014. Ansonsten erntet Abdel-Samad oft harsche Kritik, er würde lediglich alte Ressentiments neu zusammenstellen, betreibe eine Kritik »nach Pegida-Art«. In: Görlach, Alexander, *Muhammad ist wie Jesus*, in: The European, 2.10.2015; Bax, Daniel, *Religionskritik nach Pegida-Art*, in: Der Spiegel, 28.9.2015, www.spiegel.de/kultur/literatur/mohamed-von-hamed-abdel-samad-die-angst-vor-dem-islam-a-1055047.html (09.02.2022); Croitoru, Joseph, *Die Halbwahrheiten des Hamed Abdel-Samad*, in: Süddeutsche Zeitung, 29.4.2014).

206 Marburger Burschenschaft Germania, 19.5.2015, Abdel-Samad, 19.5.15, https//facebook.com/germania.marburg/posts/393511837522612; Abdel-Samad, 16.5.15, https://de-de.facebook.com/hamed.abdelsamad/posts/10153252851495979 (27.10.15).

207 Abdel-Samad, Hamed, *Hört auf, die Muslime über Islamverbände zu bevormunden!*, in: Neue Freie Zeitung, 15.5.2014, S. 4.

208 *Erhitzte Gemüter bei Diskussionsabend*, in: Kronen-Zeitung, 13.5.14 www.krone.at/Wien/Erhitzte_Gemueter_bei_Diskussionsabend_in_Wien-Politischer_Islam-Story-404172 (9.11.15).

209 *Narziss zu Gast bei Freunden*, in: Die Tageszeitung 27.10.2015; Schwarz, Anna, *Tumulte bei der Mahnwache gegen den Islamkritiker Hamed Abdel-Samad*, in: Münchner Merkur, 29.10.2015; *AfD Berlin, »Mohammeds Ökonomie beruhte auf Beute«*, 11.6.2015, https://afd.berlin/mohammeds-oekonomie-beruhte-auf-beute/ (7.4.2021); PI-News, *AfD-Köln: Hamed Abdel Samad über die »Je suis Charlie«-Heuchler*, www.pi-news.net/2015/06/afd-koeln-hamed-abdel-samad-ueber-die-je-suis-charlie-heuchler/?print=print (7.4.2021).

210 Nicolai, Frank, *»... weil ich die Freiheit ernst nehme.« Hamed Abdel-Samad bei der AfD in Berlin*, in: Humanistischer Pressedienst, 27.10.2015, http://hpd.de/artikel/12337 (8.4.2016); Nicolai, Frank, *Zur Demokratie gehört eine freie Diskussionskultur. Interview mit Hamed Abdel-Samad*, in: Humanistischer Pressedienst, 20.5.2015, http://hpd.de/artikel/11735 (8.4.2016).

211 Schmidt-Salomon, Michael, 22.10.2015, www.facebook.com/GegenDieAlternativeFuerDeutschland/photos/a.414040782034323.1073741828.358546407583761/752485858189812/?type=3&fref=nf (7.4.2021).

212 Schmidt-Salomon, Michael, *»Wir müssen aus dem Wahlerfolg der AfD die richtigen Schlüsse ziehen«*, 25.9.2017, https://hpd.de/artikel/wir-muessen-dem-wahlerfolg-afd-richtigen-schluesse-ziehen-14814 (7.4.2021).

213 Schmidt-Salomon, Michael / Steffen, Jochen, *Pluralität ist eine Stärke – keine Schwäche*, Pressemitteilung 2.12.15, www.giordano-bruno-stiftung.de/leitbild/pluralitaet (18.10.2017).

214 Abdel-Samad, Hamed, *Das ist Rassismus*, in: Junge Freiheit 51/2016, 16.12.2016. Abdel-Samad, Hamed, »Der islamische Faschismus«, in: Junge Freiheit, 19/2014, 2.5.2014.

215 Abdel-Samad, Hamed, *Was wir unterscheiden sollten*, in: Junge Freiheit 44/2014.

6. »Totaler Vegetarismus« – die Tierrechtsbewegung

Im ersten Kapitel wurden die Positionen von Peter Singer zur Euthanasie, die Debatte darüber in Deutschland sowie deren Bedeutung und die Haltung der Tierrechtsbewegung dazu dargestellt. Kritik wurde überwiegend abgewehrt mit dem Verweis, Singers Ansichten seien nicht wichtig für die Bewegung, andere Personen und Positionen seien bedeutender. Was von dieser Argumentation zu halten ist, davon handelt dieses letzte Kapitel, in dem die Geschichte der Tierbewegung sowie die Ansätze der Tierrechtsbewegung kritisch diskutiert werden.

6.1. Die Anfänge des Tierschutzes

Unter der Parole »für Tiere« finden sich sehr unterschiedliche Motive, Strategien und Ziele. Historisch traten zuerst die Tierschützer*innen auf, von denen sich Tierversuchsgegner*innen und Vegetarier*innen absetzten. Später bezichtigten Tierrechtler*innen, Veganer*innen und Antispeziesist*innen wiederum Tierschützer*innen und Vegetarier*innen des Verrats, weil sie die Nutzung von Tieren nicht grundsätzlich ablehnen. Zuletzt grenzten sich Tierbefreier*innen von Tierrechtler*innen ab, denen sie Reformismus vorwarfen.[1] Schließlich kam der Begriff Tierbewegung auf, um die verschiedenen Richtungen auf den kleinsten gemeinsamen Nenner zu bringen. Diese umfasst »all jene Menschen, die den Tieren einen moralischen Status einräumen und sich öffentlich für sie einsetzen«.[2]

In Europa und Nordamerika hat diese Tierbewegung eine 200-jährige Geschichte. Zuerst formierte sich die Bewegung in Großbritannien, breitete sich in die USA, nach Deutschland und in andere Länder aus und setzte erste Gesetze gegen Tierquälerei durch. Die ersten Tierschützer*innen agitierten gegen Tierkämpfe, eine damals verbreitete Unterhaltungsform. Sie kümmerten sich um streunende Hunde und Katzen oder misshandelte Zugochsen und Zugpferde. Der Gründer der ersten amerikanischen Tierschutzorganisation Henry Bergh (1813–1888), ein Diplomat und Sozialreformer, war dafür berüchtigt, dass er Droschkenkutscher angriff, die ihre Tiere mit der Peitsche traktierten.[3]

Getragen wurde der Tierschutz vom Bürgertum und der Aristokratie. Manch Engagierte waren überzeugte Christ*innen, die das Gebot der Nächstenliebe nach dem Vorbild Franz von Assisis auf Tiere ausweiten wollten. Bei Städter*innen kam eine sentimentale und romantisierende Sicht auf Natur und Landleben auf. Tiere wurden vermenschlicht und moralisierend wahrgenommen und dargestellt, was sich am Erfolg von »Brehms Tierleben« (1863) zeigt. Andere zielten in erster Linie auf eine moralisch-sittliche Besserung der Menschheit, die durch die Misshandlung von Tieren verrohen würde.[4]

Solche Tierschützer*innen konnten sich auf Kant stützen, der dafür geworben hatte, alten Pferden und Hunden für ihre treuen Dienste ein Gnadenbrot zu gewähren. Voltaire kritisierte Tierquälerei und empörte sich über das »scheußliche Blutbad, welches unaufhörlich in unseren Schlachthäusern und Küchen stattfindet«.[5] Ähnlich wie die Materialisten Julien Offray de La Mettrie (1709–1751) und Paul Henry Thiry d'Holbach (1723–1789) wies Voltaire die These von René Descartes (1596–1650) zurück, der Tiere als »fühllose Maschinen« bezeichnet hatte. In der von Denis Diderots (1713–1784) herausgegebenen Enzyklopädie wurden Tiere als empfindungsfähige Wesen beschrieben, was sich ausdrücklich gegen Descartes richtete.[6]

In England traten Christ*innen wie Anhänger*innen der französischen Revolution und Dichter*innen der Romantik gleichermaßen für den Vegetarismus ein.[7] Die Romantik hatte auf der Insel nicht jenen reaktionären Charakter wie in Deutschland. John Oswald (1755/60–1793) hatte als Berufsoffizier in Indien den Vegetarismus kennengelernt. 1791 publizierte er den Essay »The Cry of Nature or An Appeal to Mercy and Justice on Behalf of the Persecuted Animals«. Oswald war Republikaner und Atheist, er organisierte in Paris eine militärische Einheit und fiel als Jakobiner in einem Gefecht gegen katholische Konterrevolutionäre. Der Antiquar Joseph Ritson (1761–1803), der Legenden um Robin Hood sammelte, geißelte Fleischkonsum als schreckliches Verbrechen an unseren Mitgeschöpfen. Die Dichter*innen Percy Shelley (1792–1822) und Mary Wollstonecraft Shelley (1797–1851) plädierten für den Vegetarismus. Mary Shelleys Monster Frankenstein, ausgeschlossen aus der menschlichen Gesellschaft, bekennt sich zur Pflanzenkost.[8]

Als Meilenstein der Tierrechtsbewegung gelten heute Äußerungen von Jeremy Bentham. Er hatte den klassischen Utilitarismus begründet, jene zweckorientierte Ethik, die das größtmögliche Glück für die maximale Anzahl von Menschen erstrebt. Dafür hatte der Liberale einen unfehlbaren Maßstab: »Das Geld ist das Instrument, um die Menge des Schmerzes oder der Lust zu messen. [...] Daher sollte niemand erstaunt oder empört sein, wenn er findet, dass ich in dieser Arbeit alles am Geldwert messe.«[9] Marx dekonstruierte Benthams Verständnis von Grundrechten als der kapitalistischen Ökonomie angemessen: Formal freie und gleiche Warenbesitzer stehen sich auf dem Markt gegenüber.[10]

Die Debatte darüber, was Tiere und Menschen unterscheidet oder verbindet, umging Bentham mit dem Verweis auf die Leidensfähigkeit als ausschlaggebendes Kriterium. »Die Frage ist nicht, ob sie argumentieren oder sprechen können, sondern vielmehr: Können sie leiden«, erklärte der britische Jurist und Rechtsphilosoph.[11] Er hoffe auf den Tag, an dem Tiere »jene Rechte bekommen könnten, die ihnen nie hätten vorenthalten werden dürfen, außer durch die Hand der Tyrannei«.[12] Bentham verglich die Lage der Tiere mit der schwarzer Sklav*innen. Zwar wollte er Tieren gewisse Rechte zubilligen, sie aber genauso wenig wie die Sklav*innen befreien, sondern lediglich die Quälerei stoppen, die im Sinne einer effektiven Verwertung irrational ist. Eigentlich kann der Liberale demnach bloß als Vordenker des Tierschutzes, aber nicht der Tierrechtsbewegung gelten.[13]

In Großbritannien schlug Lord Thomas Erskine 1809 das erste Tierschutzgesetz der Welt vor, der Entwurf wurde jedoch im House of Commons abgelehnt. Erst 1822 verabschiedete das Unterhaus das erste Tierschutzgesetz der Welt, den Dick Martin's Act, gegen die Misshandlung von Vieh, der 1833 und 1835 auf Haustiere ausgeweitet wurde.[14] Die amerikanischen Bundesstaaten New York (1829) und Massachusetts (1836) sowie Frankreich (1850), Italien (1849), Preußen (1851) und Österreich (1855) folgten und erließen ähnliche Gesetze.[15]

Als erster Tierschutzverein der Welt wurde 1824 die Society for the Prevention of Cruelty to Animals (SPCA) in London gegründet. Prinzessin Viktoria, nachmalige Königin, übernahm 1835 die Schirmherrschaft über die Gesellschaft, die dadurch zu einer Royal Society avancierte. Ihr erster Vorsitzender, Lewis Gompertz, lehnte jede Form der Tiernutzung ab. Er könnte darum als Vorkämpfer der Tierbefreiung gelten.[16] In Großbritannien und den USA war die Tierschutzbewegung eng verbunden mit der Frauenbewegung und dem Abolitionismus, dem Kampf gegen die Sklaverei in den Südstaaten der USA und den britischen Kolonien. Horace Greely, Herausgeber der New York Tribune, für die Marx jahrelang schrieb, war ein Vorkämpfer gegen die Sklaverei, für Frauenrechte und Vegetarismus.[17] Harriet Beecher Stowe, eine Berühmtheit, seit sie mit ihrem Bestseller »Onkel Toms Hütte« (1852) viele Menschen in den Nordstaaten gegen die Sklaverei aufgerüttelt hatte, veröffentlichte einen Essay unter dem Titel »Rights of Dumb Animals« (1869). Darin argumentierte sie aus einer christlichen Haltung gegen Tierquälerei.[18] Die amerikanische SPCA initiierte später eine Bewegung zum Schutz von Kindern vor Gewalt.[19]

Die Evolutionstheorie änderte die menschliche Perspektive grundlegend. Alle Lebewesen seien gleichen natürlichen Ursprungs, den gleichen »natürlichen Gesetzen« unterworfen und in die Kette der Evolution eingefügt, stellte Darwin fest. Für ihn gab es nur graduelle Unterschiede zwischen Mensch und Tier, er betonte die Kontinuität zwischen den Arten und schrieb höher entwickelten Tieren moralische, soziale und rationale Fähigkeiten zu. Die Idee einer göttlichen Schöpfung des Menschen lehnte Darwin ab. Das sei eine arrogante Sichtweise. Bescheidener und zutreffender wäre die Annahme, dass der Mensch von Tieren abstamme.[20] Er prognostizierte, der Fortschritt der Kultur werde dazu führen, dass jedes Individuum »seine socialen Instinkte und Sympathien« nicht nur auf alle Menschen, sondern »über die Grenzen der Menschheit hinaus«, auch auf die »niederen Tiere« und schließlich »auf alle fühlenden Wesen« ausdehnen werde.[21]

Die Lehre Darwins hatte zwiespältige Konsequenzen. Sie eröffnete einerseits die Möglichkeit, Tierschutz säkular und wissenschaftlich zu begründen, stützte aber andererseits Tierversuche, die mit der Ähnlichkeit von Mensch und Tier begründet werden konnten.[22] Darwin selbst verkörperte diese Ambivalenz: Er unterstützte den britischen Tierschutzverband und verzichtete auf die Jagd, der er als Angehöriger der Oberschicht in seiner Jugend gefrönt hatte. Gleichzeit trat er für die Vivisektion ein, wie Tierversuche damals genannt wurden. Dass er einen Preis für »humane« Tierfallen stiftete, würde ihm heute allerschärfste Verurteilungen von Tierbefreier*innen eintragen.[23]

Die Tierversuche spalteten bald die ganze Bewegung. 1878 gründete die Journalistin und Frauenrechtlerin Frances Power Cobbe die Victoria Street Society gegen Tierversuche, weil die Royal Society for the Prevention of

Cruelty to Animals (RSPCA) sich nicht engagieren wollte. In den USA entstand 1882/1883 die American Anti-Vivisection Society (AAVS), die anfangs die Versuche gesetzlich regulieren wollte, am Widerstand der Mediziner scheiterte, sich daraufhin radikalisierte und die komplette Abschaffung forderte.[24] Wurde der Kampf gegen Tierversuche in den USA von Frauen aus der Mittelschicht getragen, gewann die Bewegung in Großbritannien sowohl Rückhalt in der Arbeiter*innenklasse als auch Unterstützung seitens der anglikanischen Kirche. Christ*innen lehnten Tierversuche als Eingriff in die Schöpfung Gottes ab, während sich Arbeiter*innen mit den gequälten Kreaturen in den Laboren identifizierten. Ärzte operierten arme Leute ohne Narkose, weil das billiger war, und Mediziner sezierten Leichen von Kriminellen aus der Unterschicht gegen den Widerstand ihrer Familien. Auch der Kampf gegen die Jagd traf in der britischen Arbeiter*innenklasse auf Sympathien, die darin ein Prestigesymbol der Aristokratie sah.[25] Zu handfesten Auseinandersetzungen, den »Brown Dog Riots«, kam es im Londoner Arbeiter*innenviertel Battersea. Dort existierte ein berühmtes Hundeasyl und im September 1906 wurde mit Zustimmung der Bezirksverwaltung die Statue eines Hundes aufgestellt mit der Inschrift: »Zum Gedenken an den Terrier, der im Labor der Londoner Universität vom Tod erlöst wurde, nachdem er zwei Monate lang Versuchen ausgesetzt war«. Als Medizinstudent*innen die Statue im folgenden Jahr angriffen und Polizei und Arbeiter*innen des Viertels diese verteidigten, kam es zu Massenschlägereien. 1908 verloren Sozialist*innen und Progressive bei Wahlen die Mehrheit im Bezirk, die neue Verwaltung ließ das Mahnmal unter Polizeischutz abreißen.[26]

Radikaler als die RSPCA war die Humanitarian League, die 1891 in Großbritannien gegründet wurde. Die Liga lehnte die Jagd ab und setzte sich als erste Organisation für Tierrechte ein. Sie lehnte die Todes- und die Prügelstrafe ab, wollte die Gefängnisse verbessern und die Prostitution abschaffen, was linksliberalen Ansichten entsprach. Außerdem plädierte die Liga für den Vegetarismus und gegen die Pockenschutzimpfung, was der Lebensreformbewegung entsprach. 1899 hatte die Humanitarian League etwa 500 Mitglieder, darunter Alfred R. Wallace, prominenter Mitbegründer der Evolutionslehre, Bodenreformer und Sozialist, Esoteriker, Impf- und Vivisektionsgegner. Wallace war aus ethischen Gründen jahrelang Vegetarier, wechselte aber 1897 wieder zu fleischhaltiger Kost, als er an Asthma litt.[27] Kontakte gab es seitens der League sowohl zu dem Anarchisten Kropotkin als auch zur rechtssozialdemokratischen Fabian Society.[28]

Die theoretische Grundlage formulierte der Universitätslehrer Henry Stephens Salt (1851–1939). Er verglich wie Bentham die Ausbeutung von Tieren mit der von schwarzen Sklav*innen. Laut Salt besitzen Tiere Individualität, Charakter und Vernunft, wenngleich »of course« in geringerem Umfang als Menschen. Darum stünde Tieren wie Menschen eine Freiheit zu, die durch die Bedürfnisse und Interessen der Gemeinschaft begrenzt würden, wie Salt betonte. Müsse ein Mensch oder ein Tier getötet oder ihnen ein Leid zugefügt werden, dürfe dies nur aus Notwendigkeit geschehen. Salt gilt heute als derjenige, der den Begriff der Tierrechte geprägt hat. Im Gegensatz zu vielen Tierrechtler*innen sah er allerdings deutliche Unterschiede zwischen Mensch und Tier.[29]

Die Humanitarian League wandte sich gegen Antisemitismus, etwa im Zusammenhang mit dem Schächten, während Frances Power Cobbe die Zugehörigkeit zum Judentum als Grund für grausame Tierversuche betrachtete. Allerdings schmähte Edward Carpenter, Mitglied der League, Juden als Repräsentanten des »gierigen Kapitals«. Die SPCA hatte bereits 1832 beschlossen, nur noch Christen aufzunehmen, was den Ausschluss ihres Vorsitzenden Gompertz und anderer jüdischer Mitglieder nach sich zog.[30]

Großbritannien galt als Mutterland der Tierbewegung. Schopenhauer rühmte die »fein fühlende Englische Nation«, die sich durch ein »hervorstechendes Mitleid mit Thieren« auszeichne.[31] Ernst von Weber, der die deutsche Bewegung gegen Tierversuche begründete, pries die »edle englische Nation« als Vorbild, dem die Deutschen nacheifern sollten.[32] Im Vereinigten Königreich trug das zu einem nationalistisch gefärbten Selbstbild einer »nation of animal lovers« bei.[33] Die Ideologie von der Bürde des weißen Mannes, wonach Kolonien nur dazu dienten, Wilde zu zivilisieren, erweiterten britische Tierschützer*innen um die Vorstellung einer Tierschutzmission des Empire: Die angelsächsische Rasse habe zwei Kontinente kolonisiert, dabei andere europäische Rassen verdrängt und Sklaverei und Grausamkeit gegen Tiere bekämpft.[34] Die Realität kennzeichnete eher eine gewisse Heuchelei. Während englische Beamte und Offiziere in den Kolonien der Jagd frönten und dafür Jagdhunde und Beutetiere importierten, sorgten sich die Ladies um geprügelte Esel und verhungernde Hunde und gründeten Tierschutzvereine.[35] Julian Huxley, der in der britischen Kolonialverwaltung in Kenia gearbeitet hatte, setzte sich für Nationalparks ein, um die Fauna vor einer vermeintlichen »Überbevölkerung« zu schützen.

In Deutschland rekrutierten sich die Tierschützer*innen ebenfalls aus der

Ober- und Mittelschicht. Sie waren Geistliche, Juristen, Ärzte, Adelige und hohe Beamte. Der erste Verein wurde 1837 in Stuttgart gegründet. Fürst*innen unterstützten die Bewegung, hohe Militärs übernahmen den Vorsitz wie Graf Zeppelin in Württemberg oder Alfred Graf von Waldersee in Berlin.[36] Waldersee zählte zu den Befürwortern eines Angriffskrieges gegen Russland und kommandierte 1900 die multinationalen Truppen, die den Boxeraufstand in China niederschlugen. Im Münchner Tierschutzverein, der 1843 bereits 3.000 Mitglieder zählte und der größte in Europa war, fungierte bis 1914 jeweils ein Mitglied des Königshauses als Vorsitzender oder Ehrenpräsident. Frauen waren nach dem Vereinsrecht in vielen deutschen Staaten nicht als wahlberechtigte Mitglieder zugelassen, eine Verbindung zum Feminismus wurde von Tierschützern nicht gerne gesehen. Der Münchner Verein scheint eine Ausnahme gewesen zu sein, weil Frauen dort sehr früh als Mitglieder aufgenommen wurden.[37]

Die frühe vegetarische Bewegung hatte durchaus linke Wurzeln: Sie geht auf den Naturheilpraktiker und Apotheker Theodor Hahn, Mitglied des Bundes der Kommunisten, sowie den Theologen Eduard Baltzer und den Juristen Gustav Struve zurück, zwei Demokraten und Teilnehmer der 1848er-Revolution. Struve kämpfte im nordamerikanischen Exil als Infanterist in den Reihen der Union gegen die Sklaverei.

6.2. Schopenhauer und Wagner: Der Jude als Tierquäler

Wichtig für deutsche Tierschützer*innen war die Lehre Arthur Schopenhauers, der eine Wesensgleichheit von Mensch und Tier pantheistisch begründete.[38] Er hielt die Welt für bloßen Schein, wofür er den hinduistischen Begriff Maja benutzte. Demnach kommt den Dingen keine objektive Realität zu, sie seien vom Willen erzeugte Vorstellungen. Dieser Wille verbinde den Menschen mit der Natur und mit dem Tier. Mitleid galt Schopenhauer als Triebfeder menschlichen Handelns, als Grundlage von Moral und Ethik.[39] Daraus leitete er moralische Rechte für Tiere ab und verwarf Kants Vorstellung, Tiere dürften bloß deshalb nicht gequält werden, weil dadurch die Menschen verrohten.[40] Zwar betonte Schopenhauer, dass der Mensch den Tieren Vernunft und Verstand voraushabe, sein Handeln aber selten davon leiten lasse, eine durchaus zutreffende Beobachtung.[41]

Die gängige Vorstellung, wonach sich Mensch und Tier grundlegend unterscheiden, führte Schopenhauer auf den neuzeitlichen Rationalismus und die jüdisch-christliche Tradition zurück. Während er Hinduismus und Buddhismus eine tierfreundliche Haltung bescheinigte, klagte Schopenhauer eine »empörende Roheit und Barbarei« des Westens an, »deren Quelle im Judentum liegt«. Die Menschen in Europa seien vom »foetor Judaicus«, dem Judengeruch, so »total chloroformiert«, dass sie nicht mehr erkennen könnten, dass Mensch und Tier in ihrem inneren Wesen gleich seien. Schopenhauer rügte daher den »judaisierten Thierverächter und Vernunftidolator«, der vergesse, dass der Hund ebenso von einer Mutter gesäugt worden sei, wie er selbst. Als Quelle der Tierquälerei machte der Philosoph das jüdische Alte Testament aus.[42]

Auch andere, etwa der Kirchenkritiker Deschner, meinen, die Ausbeutung von Tieren habe ihre Wurzeln in den monotheistischen Religionen.[43] Das ist falsch. Ausgangspunkt ist die Tatsache, dass der Mensch ein Allesfresser ist. Zu viel Fleischkonsum ist zwar ungesund, aber Fleisch eine Quelle von wichtigen Vitaminen und von Eisen, das in dieser Form vom Körper leichter aufgeschlossen werden kann.

Manche Vorteile tierischer Nahrungsmittel lassen sich heute durch industriell hergestellte Nahrungsergänzungspräparate ersetzen, aber gerade wer sich auf die Soziobiologie stützt, müsste begreifen, dass es evolutionär von Vorteil war, als Pflanzen- und Fleischfresser*in über die Erde zu streifen. Deshalb jagten und verzehrten Menschen andere Lebewesen bereits in der Steinzeit und erfanden Ackerbau und Tierhaltung in der sogenannten neolithischen Revolution einige Jahrtausende bevor sich Judentum, Christentum und Islam formierten. Jagd und Viehzucht kennen Gesellschaften mit polytheistischen Religionen ebenfalls. Die antisemitische Deutung Schopenhauers und seiner Epigon*innen ignoriert obendrein, dass Tierschutz in der jüdischen Tradition und im Alten Testament durchaus verankert ist, etwa in den Vorschriften über koscheres Essen und Schächten. Sehr prominent ist die Geschichte von Adam und Eva, die sich im Paradies nur von Früchten ernähren.[44]

Keineswegs predigte Schopenhauer den Vegetarismus oder gar auf die Nutzung von Tieren komplett zu verzichten, sondern er favorisierte ein Abwägen von Interessen. Seiner Ansicht nach seien Menschen im Norden auf Fleisch angewiesen. Darauf zu verzichten, würde für sie mehr Leid bedeuten als ein schneller, schmerzloser Tod für Tiere.[45] Damit vertrat Schopenhauer eine utilitaristische Position. So lässt sich allenfalls der Tierschutz fundieren, nicht aber die Tierrechtsidee. Dennoch gilt Schopenhauer manchen Tierrechtler*innen und sogar linken Tierbefreier*innen als Referenz.[46]

Sein gern zitiertes Mitleid mit der Kreatur bedeutete keineswegs für eine bessere Welt zu kämpfen. Im Gegenteil: Der Philosoph mit dem Pudel, der große Verkünder der Mitleidsethik, als der er gern porträtiert wird, war ein entschiedener Gegner demokratischer und emanzipatorischer Ideen und überzeugt von der natürlichen Unterlegenheit der Frau. Schon die bürgerliche Revolution von 1848 hatte er zutiefst abgelehnt und sich als Reaktionär positioniert. Sein Vermögen vermachte er einem Fonds, der invalide preußische Soldaten sowie Hinterbliebene von Gefallenen unterstützte, die diese demokratische Erhebung niedergeschlagen hatten. Vielleicht aber sind es gerade seine aristokratische Menschenfeindlichkeit sowie die idealistische, postmodern anmutende Vorstellung der Welt als Wille und Vorstellung, die Schopenhauer für Tierrechtler*innen heute attraktiv machen.[47]

Die Frage der Tierversuche entzweite die frühe Tierschutzbewegung in Deutschland ähnlich wie in Großbritannien und den USA. Die Gegner*innen kritisierten die etablierten Tierschutzvereine als zu lasch und stießen ihrerseits auf Ablehnung.[48] 1879 publizierte Ernst von Weber das Buch »Die Folterkammer der Wissenschaft«, das zu einem Standardwerk der Vivisektionsgegner*innen avancierte.[49] Der sächsische Rittergutsbesitzer hatte einige Jahre in Südafrika gelebt und war als Reiseschriftsteller erfolgreich. Er plädierte für deutschen Kolonialbesitz und behauptete, Schwarze seien minderwertig. Er wollte Schwarze deshalb anstelle von Tieren für Experimente verwenden und bezeichnete sie als schmerzunempfindlich.[50] Singers Einfall, besser bestimmte Menschen für Versuche zu gebrauchen, hat also Vorläufer gehabt.

Unter Leitung Ernst von Webers wurde 1879 der Internationale Verein zur Bekämpfung der wissenschaftlichen Thierfolter in Dresden gegründet. Der Verein hatte großen Zulauf unter Akademiker*innen, Offizieren, Adeligen und Industriellen und zählte bereits 1882 über 1500 Mitglieder. Zu den Prominentesten gehörten die Fürstin Bismarck und die Komponisten Franz Liszt und Richard Wagner. Im »Damen-Comite« des Internationalen Verbandes saßen dessen Frau Cosima sowie Frances Power Cobbe, die Prinzessin von Baden, und allerlei englische Hofdamen und Ladys. Insgesamt stellten Frauen in Deutschland jedoch nur ein Drittel der Mitglieder und traten im Unterschied zu den militanten britischen Aktivistinnen öffentlich kaum in Erscheinung.[51]

Eine der wichtigsten Propagandaschriften der Bewegung war ein offener Brief, den Richard Wagner an von Weber richtete. Der Komponist rügte die Tierschutzvereine, sie stellten sich auf den Standpunkt des »Nützlichkeitsprinzips für den Menschen« statt auf Schopenhauers Prinzip des »reinen Mitleids«. Sollte sich jedoch die Nützlichkeit von Tierversuchen erweisen, wären sie gezwungen, der Grausamkeit Vorschub zu leisten. Darum sei er bisher keinem Tierschutzverein beigetreten.[52] Als Anhänger Schopenhauers übernahm Wagner dessen Argumente bis ins Detail, etwa die Ansicht, der Mensch sei erst in kälteren nördlichen Gefilden zum Fleischfresser geworden.[53] Auch der Antisemitismus verband beide. Tierversuche waren für Wagner ein Beispiel jüdischer Grausamkeit. Seine Anhänger*innen forderte Wagner auf, sich vegetarisch zu ernähren, obwohl er selbst kein Vegetarier war.[54]

Die Debatte um Tierversuche war verknüpft mit dem Streit zwischen Anhänger*innen einer empirisch gestützten wissenschaftlichen Medizin und Vertreter*innen einer Naturheilkunde. Sowohl die Erfolge von Louis Pasteur und Robert Koch, die einen Quantensprung in der Medizin bedeuteten, als auch die Entdeckung von Emil Behring, dass Menschen und Tiere Antikörper gegen Erreger von Infektionskrankheiten bilden, basierten auf Tierversuchen.[55] Christliche Kreise, die die Naturwissenschaften als glaubensfeindlich und die Physiologie als »Mutter des überhandnehmenden Materialismus« kritisierten, lehnten Tierversuche ab. Viele Vivisektionsgegner*innen vertraten lebensreformerische Ansichten und wandten sich gegen Impfungen wie die Humanitarian League in England.[56] Daraus ergaben sich Schnittmengen zu Vertreter*innen der Rassenhygiene, die wie Naturheilkundler*innen und Lebensreformer*innen das Impfen gegen Tuberkulose als Eingriff in die natürliche Ordnung ablehnten. Der Impfschutz verzerre den »Kampf ums Dasein«, die »Minderwertigen« würden nicht mehr ausgemerzt, sondern könnten sich fortpflanzen und damit die Degeneration der »weißen Culturvölker« beschleunigen.[57]

Sein Ziel sei ein vollständiger »Umsturz der Ernährung und daher eine gesundheitliche, wirtschaftliche, soziale und sittliche Bewegung ersten Ranges«, erklärte Paul Förster, zweiter Vorsitzender des Vereins zur Bekämpfung der Thierfolter, der die Bewegung im Kaiserreich prägte. Denn der Genuss von Fleisch schwäche den Körper und die Widerstandskraft.[58] Die Aufgabe, Tierversuche zu verbieten, sei »vor allem den germanischen Völkern, als den in geistigen und sittlichen Fragen führenden gesteckt. [...] Deutsch sein heißt: voran den anderen die langen, steilen Wege wandern, zum Heile, zur

Vollendung hin«, verkündete er.[59] Förster war einer der führenden Antisemiten des Kaiserreiches. Er war Mitglied des Alldeutschen Verbandes und hatte die berüchtigte Antisemitenpetition von 1880/81 mit organisiert, die sich gegen die rechtliche Gleichstellung der Juden richtete. Als Mitgründer der Deutschsozialen Partei gehörte er deren Fraktion im Reichstag an, 1894 wechselte er zur Deutschsozialen Reformpartei, beides extrem antisemitische Gruppen.[60]

Die sittlich-moralisch bis christlich argumentierenden Tierschutzvereine gingen auf Distanz, während Vegetarier*innen und Vivisektionsgegner*innen ins Fahrwasser der Lebensreformbewegung gerieten. Dabei handelte es sich um eine Protestbewegung, die sich Ende des 19. Jahrhunderts gegen Urbanisierung und Industrialisierung wandte, die allerdings nicht als Folgen kapitalistischer Ökonomie, sondern als Zivilisationskrankheiten missverstanden wurden. So beklagten Lebensreformer*innen wie Eugeniker*innen einen Verfall der Kultur, eine »Degeneration« der Menschheit, insbesondere einer »nordischen Rasse«. Großstädte wie Berlin galten ihnen als »Grab der Arier«, weil dort die Geburtenraten der Deutschen sanken, als alles verschlingender Moloch wegen der Mietskasernen und Vergnügungstempel, der Banken, Börsen und Zeitungen, die vermeintlich die Juden beherrschten. Manche Lebensreformer waren richtige Aussteigertypen mit langen Haaren und Bärten, was nicht darüber hinwegtäuschen sollte, dass einige ihrer Ideen sie zu Wegbereitern der Nazis machten. Denn die »Kohlrabi-Apostel«, wie sie in München spöttisch genannt wurden, wollten mit »natürlicher« Ernährung, Nacktbaden, Leben auf dem Land und Beackern der eigenen Scholle die Rasse »rein« halten, ertüchtigen und hochzüchten. Aus diesem Milieu entstanden Reformhäuser und Vollwertkost, Wandervogel und FKK-Bewegung, die Anthroposophie Rudolf Steiners und die Freiwirtschaftslehre Silvio Gesells, auf die sich heute Tauschringe und Regionalgeld-Gruppen beziehen.

Nicht alle Lebensreformer*innen waren Antisemit*innen oder Rassenhygieniker*innen, aber diese Tendenzen prägten die Szene, was heute heruntergespielt oder verdrängt wird. So schreibt Renate Brucker (2010) von einer »heterogenen Fortschrittsbewegung, die vom bürgerlichen bis weit in das linke Spektrum reichte«, Rude (2013) bezeichnet sie als »ambivalent« aber höchst attraktiv für die Arbeiter*innenbewegung. Das sagt wenig über Inhalte aus. Wie wir gesehen haben, gab es in der Linken und in der Arbeiter*innenbewegung durchaus Anhänger*innen der Rassenhygiene.[61] Ähnlich verfährt die Feministin Carol J. Adams (2010). Die Motive von Sylvester Graham, einem frühen Verfechter des Vegetarismus in den USA, blendet sie aus. Sein Einfluss war anfangs so groß, dass die neue Diät als Grahamismus bezeichnet wurde. Pflanzenkost würde die Lust dämpfen, schon den Gedanken daran, aber auch Praktiken wie die Selbstbefriedigung, die seiner Ansicht nach Erblindungen fördere, verkündete Graham. Adams erwähnt auch nicht, dass sich der Vegetarismus von John Harvey Kellog, dem Erfinder der Cornflakes, dem Ökonomen Irving Fisher, dem Schriftsteller Bernhard Shaw oder der Fabian Society aus rassistischen und eugenischen Motiven speiste.[62] Wenn Rassenhygieniker*innen auf eine gesundheitsfördernde Wirkung pflanzlicher Kost verwiesen, was Adams im Namen eines ethischen Vegetarismus zugunsten der Tiere verwirft, steht dies im Kontext von wahnhaften Vorstellungen über eine Degeneration der weißen, insbesondere angelsächsischen Rasse.[63] Der Hinweis, dass Annie Besant, die ihre Karriere als Sozialistin und Feministin begann, später Präsidentin der Theosophischen Gesellschaft wurde, fehlt bei Adams ebenfalls. Besant zählte zu den prominentesten Vegetarierinnen ihrer Zeit. Als Vertreterin der esoterische Rassenlehre der Theosophie, die Arier als spirituell führende Kraft sah, verteidigte sie das Kastensystem in Indien.[64]

Eine geistesgeschichtliche Tradition von Bentham über Schopenhauer zu Nelson konstruiert Birgit Mütherich (2000). Bei allen drei Theoretikern blendet sie problematische Aspekte aus: Bei Bentham dessen Interesse an der Ausbeutung von Schwarzen und Tieren und bei Nelson, den sie als Sozialrevolutionär bezeichnet, die autoritären Tendenzen. Schopenhauers Antisemitismus übergeht Mütherich, obwohl sie eine Passage über ein nicht-judaisiertes Asien zitiert, in der der Judenhass offensichtlich ist.[65]

Zu den Ausnahmen in der Lebensreformbewegung zählten Magnus Schwantje (1877–1959) und sein Bund für radikale Ethik, die an Salt anknüpften. Schwantje war Vegetarier, Abstinenzler und Impfgegner, bezeichnete sich als Sozialisten und sympathisierte mit der USPD. Er war zwar Gründungsmitglied der Schopenhauergesellschaft, kritisierte aber die Ansichten des Philosophen. Er bekannte eine »heilige Scheu vor der Vernichtung irgendeines Lebewesens« und schrieb: »Jedes leidensfähige Wesen« sei »ein Rechtssubjekt«. Der Bund für radikale Ethik lehnte den deutschen Eroberungskrieg von 1914 ab, während etablierte Tierschutzvereine Lazarette für Hunde und Pferde einrichteten.[66]

Einerseits gab es im völkischen Lager strikte Gegner*innen des Vegetarismus, wie Theodor Fritsch, den Altmeister antisemitischer Hetze, der Anhänger*innen fleischloser Ernährung als schwache und degenerierte Naturen schmähte.[67] Andererseits waren nicht alle Tierschützer*innen rechtsorientiert. Mehrfach distanzierten sich Tierschutzvereine vom Antisemitismus. Insgesamt hatte die Tierbewegung jedoch schon im Kaiserreich Schlagseite nach rechts. Weit verbreitet war das Vorurteil, Natur- und Tierliebe seien typisch deutsche oder nordisch-germanische Charaktereigenschaften, die Südländer*innen völlig abgingen und zu denen Juden und Slawen als Wüsten- und Steppenvölker unfähig wären.[68]

Besonders engagierten sich die Völkischen gegen das Schächten. In einer Debatte im Reichstag 1899 erklärte Max Hugo Liebermann von Sonnenberg von der Deutschsozialen Reformpartei, Minderheiten hätten sich dem Ganzen unterzuordnen. Man müsse »ein Joch abschütteln, das uns das jüdische Volk auferlegt hat«.[69] In der Zeitschrift »Hammer« stand im Mai 1933 zu lesen: »Pflicht des deutschen Volkes ist es unbedingt, gegen derartige Barbareien, wie es das Schächten ist, einzuschreiten.« Schächten sei die Gewalttat einer fremden Rasse und solche Sonderrechte für Juden abzulehnen. Diese stellten nur ein Prozent der Bevölkerung dar und nur ein Teil von ihnen hänge dem Schächten an, darum habe ein Verbot »absolut nichts mit Antisemitismus zu tun«, argumentierte der Autor.[70]

Die NSDAP wandte sich gegen Tierversuche und forderte das Verbot des Schächtens. Benito Mussolini erließ in Italien 1930 ein Gesetz zur Einschränkung der Tierversuche.[71] Hermann Göring erklärte als preußischer Ministerpräsident am 16. August 1933 im Rundfunk, alle Tierversuche seien verboten, wer zuwiderhandle, dem drohe KZ-Haft. Es folgte ein Runderlass vom 5. September 1933, der keineswegs auf ein Verbot, sondern auf eine Regulierung hinauslief. Zwar wurden Tierversuche als »nutzlose Kulturschande« verboten, allerdings so definiert, dass nur ein kleiner Teil der Experimente betroffen war, nämlich wenn lebende und nicht betäubte Tiere zerstückelt, misshandelt oder operiert wurden.[72]

Die NS-Regierung erließ am 24. November 1933 ein Reichstierschutzgesetz wonach Tiere nicht mehr als Sachen, sondern als Lebewesen galten, aber keine Rechtspersonen waren. Es durfte keine unnötige Quälerei mehr geben, Tierversuche waren nur mit Genehmigung des Innenministeriums möglich. Das NS-Regime verbot eine Berichterstattung über Vivisektion und auch einschlägige Zeitschriften. Sämtliche Verbände wurden gleichgeschaltet bzw. schalteten sich selbst gleich, indem sie Führerprinzip und Arierparagrafen erließen und jüdische Mitglieder ausschlossen. Zwischenzeitlich wurden alle Tierschutzvereine, einschließlich dem Vogelschutzbund, dem Reichsbund

Volkstum und Heimat unter Leitung von Werner Georg Haverbeck einverleibt.[73] Barkas weist darauf hin, dass es keinen organisierten Widerstand von Vegetarier*innen gegen den Nationalsozialismus gegeben habe. Sie findet das verwunderlich. Immerhin habe es sich um Menschen gehandelt, die über das Leiden von Tieren empört waren, aber nicht gegen ein Unrecht von solchen Dimensionen protestierten.[74] Umstritten ist bis heute, ob Adolf Hitler selbst Vegetarier war, was insbesondere Vegetarier*innen und Veganer*innen verneinen.[75]

6.3. Tierrechtsbewegung versus Tierschutzbewegung

Während sich in Deutschland manche Tierschützer*innen als willige Helfer*innen des Nationalsozialismus erwiesen, befand sich die Tierbewegung in Großbritannien und den USA seit den Spaltungen und Niederlagen im Kampf gegen Tierversuche vor dem Ersten Weltkrieg im Niedergang. Ein neuer Ansatz entwickelte sich im Kontext der außerparlamentarischen Opposition der 1960er Jahre, wobei Großbritannien wieder Vorreiter war. Wie in der älteren Tierschutzbewegung stellten weiße Frauen aus der Mittelschicht mit bis zu 70 bis 80 Prozent eine deutliche Mehrheit an der Basis.[76] Im Kontrast dazu steht, dass die prominentesten Theoretiker Männer sind, worin sich die Dominanz patriarchaler Strukturen, vermittelt über Universitäten und Massenmedien, zeigt. Hatte sich die Tierschutzbewegung gegen Tierquälerei und für eine bessere Behandlung der Tiere eingesetzt, lehnten ihre radikalen Nachfolger*innen jede Nutzung ab. Die Idee einer menschlichen Überlegenheit oder Besonderheit wurde verworfen.

Im Fokus stehen Massentierhaltung, Pelztierindustrie sowie Tierversuche. Bekämpft wird die Verwendung von Tieren zu Unterhaltungszwecken etwa im Zirkus oder Zoo.[77] Konsequent verworfen wird nicht nur den Konsum von Fleisch, sondern sämtlicher tierischer Produkte wie Eier, Milch, Wolle, Seide oder Honig. Imkerei ist nach dieser Logik ein Verbrechen, gleichzusetzen mit Rassismus und Sklaverei. Der Konsum von Milch sei »Raubmord«, selbst Haustiere wie Hunde und Katzen sollten vegan ernährt werden, forderte ein Sprecher der Veganen Offensive Ruhrgebiet (VOR) auf einer Jahreshauptversammlung des Bundesverbandes der TierbefreierInnen. Er wies den »Mythos vom glücklichen Huhn auf der grünen Wiese« zurück, also einer ökologische Landwirtschaft mit artgerechter Tierhaltung. Animal Peace rügte Lederschuhe, damit würde man »Seelen an den Sohlen« tragen.[78] Die Gruppe Tierschutz-Aktiv-Nord wetterte gegen Biofleisch als neuer »Variante der Aasindustrie«.[79]

Als einzige moralisch akzeptable Lebensweise gilt der Veganismus, der vollständige Verzicht auf tierische Produkte.[80] Den Begriff prägte David Watson 1944, um umständliche Erklärungen wie etwa »total vegetarian« zu vermeiden. Im gleichen Jahr gründete Watson die Vegan Society als Abspaltung von der Vegetarian Society.[81]

Ein frühes Dokument der neuen Bewegung war der Sammelband »Animals, Men and Morals« mit Beiträgen von Mitgliedern der Oxford Group. Sie wollten kein weiteres Handbuch veröffentlichen, in dem es bloß darum ginge, wie Brutalitäten weniger brutal ausgeführt werden könnten, schrieben John Harris, Stanley und Roslind Godlovitch in Abgrenzung zum Tierschutz. Vielmehr wandten sie sich grundsätzlich gegen jede Tötung von Tieren aus Gründen der Ernährung, für wissenschaftliche Zwecke oder aus persönlicher Nachlässigkeit.[82]

Die neue Tierrechtsbewegung reflektierte, dass der Verbrauch von Tieren seit Ende des Zweiten Weltkrieges gewaltig zugenommen hatte, so dass Milliarden von Tieren unter elenden Bedingungen lebten.[83] Bereits 1964 verfasste Ruth Harrison unter dem Titel »Animal Machines« eine detaillierte Kritik der Massentierhaltung, die Schriftstellerin Brigid Brophy sorgte mit dem Beitrag »The Rights of Animals« im Oktober 1965 in der Sunday Times für öffentliches Aufsehen. Brophy zitierte die amerikanische Unabhängigkeitserklärung: Die Grundrechte auf Leben, Freiheit und Streben nach Glück müssten auch für Tiere gelten, weil sie wie Menschen überleben, Schmerzen vermeiden und glücklich sein wollen.[84]

Richard Ryder, Sohn eines vermögenden Landbesitzers aus Dorset, prangerte 1970 in einem Flugblatt Speziesismus an und prägte damit einen weiteren zentralen Begriff der neuen Bewegung.[85] Unter Bezug auf Darwin stellte er fest, dass die Unterschiede zwischen Menschen und Tieren geringer seien als man früher dachte, vor allem bestünden große Ähnlichkeiten. Die wichtigste sei die Fähigkeit zu leiden. Auf dieser Grundlage verwarf Ryder die Vorstellung, auf Menschen und Tiere müssten verschiedene moralische Kategorien angewandt werden, als Aberglaube. Die Verwendung und Tötung von Tieren etwa bei Experimenten sei eine Diskriminierung, die Ryder als Speziesismus bezeichnete und mit Rassismus gleichsetzte.[86]

Schon bevor der Ansatz theoretisch gefasst wurde, hatten sich neue Gruppen gefunden, mit dezentralen Strukturen und direkten, militanten Aktionsformen, die auf anarchistische Traditionen verwiesen. Seit 1964 kämpfte die Hunt Saboteurs Association (HSA) in Devon im Südwesten Englands gegen die Jagd als »blutigen Sport«. Die Aktivist*innen verwirrten Jagdhunde, indem sie Jagdhörner und Pfeifen bliesen oder falsche Fährten legten. In kurzer Zeit breitete sich die Bewegung über das ganze Land aus. 1972 formierte sich die Band of Mercy gegen Jagd und Tierversuche, etwa des deutschen Chemiekonzerns Hoechst in Milton Keynes. Die Gruppe überfiel Labore und versenkte einen Robbenfänger, bevor die ersten Militanten verhaftet wurden. Aus der Gruppe ging vier Jahre später die Animal Liberation Front (ALF) hervor, die hunderte von Tieren befreite. Die ALF wollte maximalen Schaden anrichten, um die Betreiber von Laboren und Farmen ökonomisch zu schädigen, und sammelte bei den Überfällen zugleich Beweismaterial, das sie legal agierenden Gruppen wie Peta (People for an Ethical Treatment of Animals) zur Verfügung stellte, die Klagen wegen Tierquälerei erhoben.[87]

In den USA gründete Cleveland Amory 1967 den Fund for Animals und prägte den Slogan »Animals have rights, too«. Eine Spaßguerilla-Aktion startete Amory mit dem Hunt the Hunters Hunt Club (Jagt-die-Jäger-Jagd-Club), indem er beliebte Rechtfertigungen des Waidwerks umkehrte. Es gelte, die Jäger zu retten, indem man durch gezielte Abschüsse eine Überpopulation verhindere, erklärte Amory.[88] Zum medialen Durchbruch in den USA verhalfen der Bewegung die erfolgreichen Kampagnen von Henry Spira in den 1970er-Jahren. Früher hatte er gegen den Vietnamkrieg protestiert, nun nahm er sich Wissenschaftler*innen des Museums für Naturgeschichte in New York City vor, die Tiere verstümmelten, etwa um Veränderungen ihres Sexualverhalten zu beobachten. Er prangerte ein Gesetz des Bundesstaates New York an, das Tierheime verpflichtete, ihre Bewohner an Labore auszuliefern.[89] Wichtig war auch die Aktion von Peta gegen das Institute for Behavioral Research in Silent Spring, Maryland, die der Gruppe hohe Aufmerksamkeit bescherte. 1980 hatten Alex Pacheco und Ingrid Newkirk Peta gegründet. Im folgenden Jahr heuerte Pacheco als Mitarbeiter bei dem Institut an und dokumentierte völlig verdreckte, enge Käfige und verletzte Tiere. Im September durchsuchte die Polizei die Labore, beschlagnahmte Unterlagen und übergab 17 Affen der Tierrechtsorganisation. Die Bundesbehörden stoppten die finanzielle Förderung des Instituts, allerdings ging der Leiter aus formalen Gründen straflos aus.[90]

Die Tierrechtsbewegung erreichte Deutschland mit einiger Verzögerung. Der Deutsche Tierschutzbund wurde 1948 als Nachfolger des Reichstierschutzbundes gegründet und von alten Kamerad*innen dominiert. Die Jagdgegner*innen spalteten sich 1962 ab und gründeten die Arbeitsgemeinschaft Deutscher Tierschutzverbände, die seit 1986 Bundesverband Tierschutz heißt.[91] Erst zu Beginn der 1980er-Jahre wurden »autonome Tierschützer« aktiv. In Göttingen, Kiel, Hamburg, Münster und Berlin befreiten sie Tiere aus Laboren und Pelztierfarmen und verübten Anschläge auf solche Einrichtungen. Als eine Gruppe um Andreas Wolff aufflog und es zum Prozess kam, zeigte sich Barbara Rütting, die frühere Schauspielerin und Esoterikerin solidarisch, der Münchner Staranwalt Rolf Bossi übernahm die Verteidigung.[92] Die Gruppe Schweinchen Schlau und die Feuerteufelchen zündete 1987 in Hamburg zwei Kühltransporter der Norddeutschen Fleischwarenfabrik sowie den Transporter eine Pelzfirma an. 1995 fackelte eine Tierbefreiungsgruppe die leeren Hallen einer Legebatterie in Selm ab, der Sachschaden betrug umgerechnet mehr als 1,2 Millionen Euro. Im Bekennerbrief war von Tier-KZs die Rede, wenige Monate später wurde die Firma Pohlmann im Landkreis Osnabrück angegriffen.[93] Pohlmann war zu dem Zeitpunkt der größte Eierlieferant Europas. Ein Jahr später verurteilte das Landgericht Oldenburg den »Hühnerbaron« wegen Tierquälerei und Verstoß gegen das Lebensmittelrecht zu zwei Jahren Freiheitsstrafe auf Bewährung und einer Geldbuße von über 1,5 Millionen Euro und verhängte ein lebenslanges Verbot gewerblicher Tierhaltung gegen ihn.

Hochburgen des neuen militanten Tierschutzes waren Göttingen und Hamburg, das Umfeld der Hausbesetzer*innen- und Anti-AKW-Bewegung, was sich in dezidiert linken Erklärungen zeigte: »Tierausbeutung« wurde als Konsequenz einer hierarchischen Ordnung, von Patriarchat und Kapitalismus aufgefasst.[94] Die Tierrechtler*innen kritisierten den Deutschen Tierschutzbund, dem eine »Bambimentalität« vorgeworfen wurde, weil dieser lediglich Tiere vor Schmerzen, Leiden und Schäden bewahren wolle, aber keine grundsätzliche Befreiung anstrebe. Dass Tierschützer*innen auch Ökobäuerinnen und -bauern unterstützten, wurde von Tierrechtler*innen scharf kritisiert.[95] 1985 wurde der Bundesverband der TierbefreierInnen gegründet, der seit 1998 als Verein Tierbefreier e.V. auftritt und die Zeitschrift Tierbefreiung herausgibt. 1987 entstanden Gruppen wie die Tierrechtsaktion Nord (TAN) in Hamburg sowie Animal Peace (AP) in München um Andreas Wolff, später geführt von Silke Ruthenberg, die in den Medien als Jeanne d'Arc der Tiere firmierte.[96] Animal Peace soll im Jahr 2000 etwa 250 Aktivist*innen und an die 30.000 Fördermitglieder gehabt haben. AP organisierte öffentliche Proteste, befreite Tiere aus Laboren und Ställen und lehnte jede Nutzung von Tieren strikt ab. 1990 entstand die Vegane Offensive Ruhrgebiet (VOR) als dezidiert linksradikale Gruppe, seit 1994 ist Peta in Deutschland aktiv.

Mitte der 1990er Jahre kam es zu scharfen Auseinandersetzungen in der linksradikalen und autonomen Szene. In Infoläden und Volxküchen sowie in der Berliner autonomen Untergrund-Zeitschrift Interim wurde über die neue Bewegung und vegane Ernährung gestritten. Antifaschistische Gruppen kritisierten die Thesen Singers sowie biozentristische und tiefenökologische Ausrichtungen. Anlass dazu boten Vorfälle wie die Attacke eines Kommandos auf eine Biometzgerei in Bremen in der Silvesternacht 1994/1995.

Im Ruhrgebiet wandten sich vegane Autonome gegen Gruppen wie Frontline und Hardline und die Vegane Miliz Essen, die der Straight-Edge-Bewegung zuzurechnen waren. Diese Bewegung entstand in den frühen 1980er-Jahren in den USA aus dem Hardcore Punk und lehnte Alkohol, Nikotin, Drogen sowie Promiskuität ab. Die Hardline-Bewegung in den 1990er-Jahren sah sich als radikaler Flügel, der alles bekämpfte, was ihr »unnatürlich« erschien, darunter Homosexualität, Abtreibung, aber auch Gewalt gegen Tiere.[97] Vegane Autonome warfen diesen Gruppen Homophobie und Frauenfeindlichkeit vor und bezeichneten ihr Naturbild als ökofaschistisch, was sich in Parolen wie »Nie wieder Menschen« ausdrücke. Sie forderten, solche Leute aus Tierrechtsgruppen rauszuwerfen. Organisationen wie die VOR, in denen Frontline-Leute mitarbeiteten, sollten klar Stellung beziehen.[98]

In München führt der Beitrag einer Tierrechtler*innengruppe bei einer Demonstration am 1. Mai 1994 zum Streit. Darin war von Tier-KZs die Rede – Tierzucht wurde mit rassenhygienischen Praktiken des NS-Staates gleichgesetzt.[99] In Siegen entwickelte sich ein Zwist als die lokale Gruppe von Animal Peace (AP) sich an einer revolutionären 1.-Mai-Demonstration beteiligen sollte. Notorisch verwendete AP den KZ-Vergleich, sprach von Massenvernichtungslagern und bezeichnete eine »tierverachtende Sprache« als faschistoid. Peter Singer wurde in der AP-Zeitschrift Recht für Tiere verteidigt und für dessen Great Ape Project geworben.[100] Die örtliche AP-Gruppe wies »die ungerechtfertigten und perversen Vorwürfe der Siegener Linken« zurück. Zu Singer reagierte die Gruppe defensiv und behauptete, dessen Ansichten zu Euthanasie hätten nichts mit der Tierrechtsfrage zu tun.[101]

Diese Auseinandersetzungen führten dazu, dass einige Gruppen mit linkem Selbstverständnis ihr Profil schärften und sich teilweise von bürgerlichen, esoterischen und rechten Ansätzen distanzierten. Dennoch gab es immer wieder gemeinsame Aktivitäten.[102] Die Linken bevorzugten die Begriffe Speziesismus und Tierbefreiung, um der Problematik des Tierrechtsbegriffs auszuweichen, der in ihren Augen eine affirmative Schlagseite bekommt, sobald eine Gleichstellung von Tieren im Rahmen der herrschenden Ordnung verankert werden soll. Im Gegensatz zu liberalen Theoretiker*innen fassten Tierbefreier*innen, die sich an Marx und der Kritischen Theorie orientierten, Speziesismus nicht als Vorurteil, sondern als notwendig falsches Bewusstsein einer ausbeuterischen Gesellschaft auf, deren Fundament eine Tierhölle ist, wie Horkheimer bereits 1933 geschrieben hatte. »Nicht die Rettung, sondern die Überwindung des Kapitalismus ist die notwendige Konsequenz, um diesem Elend ein Ende zu setzen«, stand in dem Flugblatt des Tierbefreiungs-Aktionsbündnisses zu lesen, das im Mai 2012 zu den Blockupy-Protesten in Frankfurt am Main herausgegeben wurde.[103]

Insgesamt blieben die Tierrechts- und Tierbefreiungsbewegung in Deutschland marginal verglichen mit Großbritannien. Dort engagieren sich Stars und Bands, wie Paul McCartney, der Sänger Morrissey, The Smiths und Chumbawamba. In Deutschland hingegen befanden sich die linken Strömungen bald im Niedergang. 2010 gelang es ihnen nicht mehr, den jährlichen Tierbefreiungskongress abzuhalten. Als Ersatz fanden im Januar 2012 Tierbefreiungstage in Hamburg statt. Das Organisationsteam zeichnete im Vorfeld ein trostloses Bild: Der Ist-Zustand der Bewegung bringe zahlreiche Probleme mit sich, die Handlungsfähigkeit, politisches Wirken und Einfluss »stark einschränken«. Die Szene sei durch starke personelle Fluktuation sowie einen »prinzipiellen Mangel an einer klaren Positionierung« gekennzeichnet. »Abgrenzungsschwierigkeiten« bestünden gegenüber dem Tierschutz und zum schicken Vegan-Lifestyle.[104]

Vor diesem Hintergrund klang die Einschätzung von Klaus Petrus (2013), die Tierbewegung wäre »eine der wohl progressivsten Sozialbewegungen der Gegenwart« und verfüge wie »kaum eine andere« über einen »ausgereiften theoretischen Überbau« wie Pfeifen im Walde.[105] Die Lobeshymne steht in Widerspruch zu den Urteilen anderer Autor*innen. So bemängelte Matthias Rude (2013) eine »Theoriearmut der Tierrechts- und Tierbefreiungsbewegung«. Es handele sich um eine »heterogene Bewegung«, die es »noch nicht geschafft hat, ihrem Anliegen eine gemeinsame theoretische Grundlage zu geben«.[106] Roscher (2009) diagnostizierte eine »scheinbar wahllose Aneinanderreihung sich entgegenstehender Ansätze«, die ohnehin oft als »schmückendes, legitimierendes Beiwerk« dienten. In der Bewegung würden einzelne theoretische Positionen nur »situationsbedingt« benutzt.[107] Rogausch (2007) sprach gar von einer »bisweilen unverhohlenen Theoriefeindlichkeit«. Von Tierrechtler*innen und Tierbefreier*innen würde Theorie »häufig als etwas Hinderliches, Überflüssiges oder gar Kontraproduktives angesehen«.[108]

6.4. Theoretische Ansätze

Gleichwohl entwickelte die Tierrechtsbewegung theoretische Ansätze, die um Begriffe wie Speziesismus, Veganismus, Tierrechte, Tierbefreiung und Abolitionismus kreisen. Idealtypisch lassen sich vier Strömungen ausmachen: ein linksliberaler, ein (öko-)feministischer, ein tiefenökologisch-biozentristischer und ein linksradikaler Ansatz. Einerseits gibt es viele Überschneidungen, andererseits zerfallen die Hauptrichtungen in Bezug auf Begründungen, Aktionsformen, Taktiken und Strategien wiederum in verschiedene Fraktionen.

Der liberale Ansatz stellt die Gesellschaftsordnung nicht in Frage, sondern will das Los der Tiere verbessern. Innerhalb dieser Richtung besteht ein gravierender Unterschied zwischen denen, die die Nutzung, Verwertung und Tötung von Tieren stark einschränken oder auf bestimmte Tierarten begrenzen wollen, und den Anhänger*innen des Abolitionismus, Der Begriff des Abolitionismus wurde einst für die Gegner*innen der Sklaverei verwendet und bezeichnet in Anlehnung daran in der Tierrechtsbewegung jene, die jede Haltung und Nutzung von Tieren, vom Töten zu Schweigen, abschaffen wollen. Ausgangspunkt ist die Annahme einer fundamentalen Gleichheit zwischen Menschen und Tieren, nicht im Sinn von gleichem Aussehen, Fähigkeiten oder Charakter, sondern von einem inhärenten Wert, der jedem Lebewesen zukomme. Darum dürfe kein Tier von Menschen benutzt werden.

Die beiden Richtungen unterscheiden sich nicht nur in ihren Zielen, sondern auch in den Begründungen. Die wichtigsten Vertreter des linksliberalen Ansatzes, Peter Singer und Tom Regan, verweisen darauf, dass eine Reihe von Tierarten über emotionale und intellektuelle Fähigkeiten verfügen, die denen des Menschen nahekommen. Ihr Prinzip ist das Abwägen der Perspektiven und Interessen der jeweils betroffenen Lebewesen. Dagegen betonen Richard Ryder, Gary Francione und Steve Sapontzis wie die klassische Tierschutzbewegung die Leidensfähigkeit als hinreichenden Grund für eine allgemeine Tierbefreiung. Francione und Sapontzis attackieren die Position von Leuten wie Singer und Regan als neuen Reformismus (New Welfarism), weil diese die Tierbefreiung schrittweise erreichen wollen, etwa durch das Great Ape Project, und die bewusste Tötung von Tieren durch Menschen in bestimmten Situationen nicht ausschließen.

Der US-amerikanische Philosophieprofessor Regan argumentiert, wenn man jedem menschlichen Wesen, auch geistig Behinderten, Säuglingen und Kindern einen Wert zuschreibe, müsse das auch für Tiere gelten. Jeder Mensch und auch jedes Tier mit einem komplexen mentalen Leben sei ein »subject of life« und dürfe nicht Mittel zum Zweck für andere sein. Sein Hauptwerk »The Case for Animal Rights« erschien 1983 und gilt neben Singers »Animal Liberation« als zentrales Werk. Regan wurde von linken Tierrechtler*innen mitunter als Alternative zu Singer angeführt. Das ist insofern zutreffend, als Regan Menschen nicht in lebenswert/lebensunwert sortiert. Allerdings würde er in Ausnahmefällen Menschen zugunsten von Tieren und umgekehrt opfern. Obendrein knüpft er den Status eines »subject-of-life« an Kriterien, die seiner Ansicht nach Menschen, Säugetiere und Vögel eindeutig erfüllen, vermutlich sogar Fische, andere aber nicht.[109] Diese Lebewesen hätten

> Überzeugungen und Wünsche, Wahrnehmung, Erinnerung und eine Vorstellung von der Zukunft, einschließlich der eigenen; ein emotionales Leben mit Gefühlen wie Freude und Schmerz; Vorlieben und Wohlbefinden; die Fähigkeit für ihre Wünsche und Ziele aktiv zu werden; eine psychophysikalische Identität über die Zeit hinweg; und ein individuelles Wohlbefinden in dem Sinn, das sie ihr Leben als gut oder schlecht empfinden.[110]

Damit führt er Kriterien an, die auch Singer verwendet. Und ähnlich wie der australische Bioethiker konstruiert Regan Konflikte, in denen nur die Wahl bleibt, das eine oder das andere unschuldige Wesen zu verletzen.[111] Regan fordert, sich so zu entscheiden, dass die Gesamtsumme des Leids so gering wie möglich ausfällt.[112] Zwei Prinzipien dienen ihm dabei als Maßstab: Zum einen dürfen die Rechte einer Minderheit zugunsten einer Mehrheit übergangen werden (»minimize harm principle«). Als Beispiel dienen verunglückte Bergleute: Um 50 Arbeiter zu retten dürfe man einen opfern. Zum anderen dürfe ein Lebewesen geopfert werden, wenn der Schaden für dieses geringer wäre als für das andere (»worse-off-principle«). Regan führt zwei Beispiele an: Fünf Menschen und ein Hund sitzen in einem Rettungsboot auf hoher See, ein Wesen muss geopfert werden, soll das Boot nicht sinken. Der Hund darf über Bord geworfen werden, denn laut Regan ist der Tod eines nicht-behinderten Menschen ein größerer Schaden als der eines Tieres, weil der Mensch mehr Möglichkeiten in seinem Leben habe. Umgekehrt wäre der Schaden im Todesfall für einen gesunden Hund größer als für einen Menschen, der irreversibel im Koma liegt. Das Problem, dass Komapatient*innen oft nach Jahren und Jahrzehnten wieder aufwachen, diskutiert Regan an dieser Stelle nicht.[113]

Regan lehnt den Präferenz-Utilitarismus Singers ausdrücklich ab. Die Beispiele zeigen dennoch, dass er ebenfalls einen utilitaristischen Maßstab verwendet, allerdings einen negativen: Ausschlaggebend für ethisch korrektes Handeln ist, dass im Konfliktfall unterm Strich die geringste Summe des Leids herauskommt. Damit ist auch Regan ein Nutzenmaximierer, der notfalls über Leichen gehen würde.[114]

Insbesondere Francione kritisiert Regan, schon weil der Status des »subject-of-life« an Fähigkeiten geknüpft sei, die irrelevant seien. Zwar gebe es wahrscheinlich signifikante Unterschiede zwischen Menschen und Tieren, schreibt Francione, aber auch Tiere hätten kognitive Fähigkeiten und vor allem ein Interesse zu leben. Sie dürften deshalb ebenso wenig getötet werden wie Behinderte oder Demente.[115]

Francione ist Abolitionist. Er hält den Eigentumsstatus für entscheidend, weil damit die Haltung und Verwertung von Tieren analog zu Sklav*innen in der Gesellschaft institutionell verankert ist. Darum will Francione Tieren einen Personenstatus erkämpfen.[116]

Eine Strategie der kleinen Schritte hält er für kontraproduktiv. Reformen und Kompromisse würden die Ausbeutung regulieren, in Gestalt des Tierschutzes die Gewissen beruhigen und zusätzlich legitimieren. Anstelle von Kampagnen gegen bestimmte Missstände setzt Francione auf eine offensive Propaganda für den Veganismus. Allein diese Ernährungsweise sorge für Gerechtigkeit – nicht nur für Tiere, sondern auch für Menschen, denn Viehhaltung bedeute ineffektive Nutzung von Ressourcen und verurteile damit viele Menschen zum Hungertod.[117]

Den reformistischen und den abolitionistischen Flügel verbindet die Vorstellung, Tiere seien als Rechtssubjekte zu behandeln. Die Idee ist nicht neu. Im Mittelalter und in der frühen Neuzeit fanden in Europa Gerichtsverhandlungen gegen Tiere statt, etwa gegen Schweine, die Felder von Bauern umwühlten, oder weil ein Rind einen Menschen zertrampelt hatte. Auf Veranlassung eines Pastors soll 1559 in Dresden sogar gegen Spatzen wegen einer »ärgerlichen Unkeuschheit« verhandelt worden sein. Manche Prozesse endeten mit der Hinrichtung der angeklagten Tiere.[118] Schon die Rechtsgeschichte zeigt, dass die These, die abendländische Kultur basiere auf einem strikten Gegensatz Mensch-Tier, undifferenziert ist.

Unter Tierrechtler*innen gibt es unterschiedliche Auffassungen über die Art und den Umfang der Rechte, die anderen Lebewesen eingeräumt werden sollen. Konsens dürfte das Recht auf körperliche Unversehrtheit sein. Manche schlagen vor, Unterschiede zwischen Tieren zu berücksichtigen. So haben Sue Donaldson und Will Kymlicka universelle Rechte für alle Tiere vorgeschlagen, dazu spezifische Rechte für verschiedene Gruppen, etwa Haustiere und Wildtiere. Andere Tierrechtler*innen verurteilen solche Unterteilungen als speziesistisch und anthropozentrisch.[119]

Der Jurist Christopher Stone schlug 1972 vor, Wäldern, Ozeanen, Flüssen und anderen »natürlichen Objekten«, ja der gesamten Umwelt einen Rechtsstatus zu verleihen, ähnlich wie Körperschaften, Vereinen oder Aktiengesellschaften. Anlass war eine Klage des Sierra Club, nachdem das US-Forstamt Walt Disney erlaubt hatte, in den Bergen der Sierra Nevada einen Erlebnispark zu bauen. Die Richter wiesen die Klage im Herbst 1971 mit der Begründung ab, der Sierra Club sei nicht betroffen. Stone argumentierte, dass der Status eines Rechtssubjekts in der Geschichte der USA immer wieder ausgeweitet wurde, von weißen Männern auf Schwarze, Chinesen und Frauen. Anwälte hätten einst den Obersten Gerichtshof davon überzeugt, dass eine Eisenbahngesellschaft im juristischen Sinn eine Person sei. Analog könne man auch der Umwelt Rechte einräumen. Dabei betonte Stone, dass die Natur nicht jedes Recht haben solle, das Menschen sich ausdenken oder genießen könnten oder alles in der Umwelt die gleichen Rechte haben sollte. Weil Bäume oder Tiere ihre Rechte nicht selbst wahrnehmen könnten, müssten spezielle Wächter eingesetzt werden, wofür die Umweltverbände in Frage kämen.[120]

Stone ist Pragmatiker. Ihm geht es darum, Umweltschützer*innen eine bessere Position vor Gericht zu verschaffen. Andere Ansätze sind eher dem Bereich der Esoterik und des Spektakels zuzuordnen. Der Anthroposoph Joseph Beuys hatte 1982 auf der Dokumenta 7 in Kassel Bäume gepflanzt und erklärt: »Ich möchte diese Bäume rechtsfähig machen.« Bei der Dokumenta 13 forderte die Kuratorin Carolyn Christov Bakargiev 2012 ein Wahlrecht für Hunde, Bienen und Erdbeeren, was sie mit der Ausweitung des Stimmrechts auf Frauen verglich. Bakargiev vertritt eine sogenannte nachhumanistische Sichtweise: Zwischen Männern, Frauen, Hunden und Tomaten vermag sie »keinen grundlegenden Unterschied« zu erkennen. Für Bakargiev sind das Kategorien der Moderne, die aus der Aufklärung stammen, und die sie als beliebig und falsch abtut. Für sie gibt es nur kulturschaffende Lebensformen: »Die kulturelle Produktion der Tomatenpflanze ist die Tomate.«[121]

Während linksliberale Tierrechtler*innen Fragen des bürgerlichen Rechts betonen, konzentrieren sich Feminist*innen auf den Zusammenhang mit dem Patriarchat. Sie argumentieren, Männer hätten Frauen und Tiere immer schon als Objekte misshandelt, unterdrückt und ausgebeutet.[122] In der westlich-abendländischen Kultur sei, angefangen beim Judentum, über die Kirchenväter bis hin zu den Aufklärern, allein der Mann als vernunftbegabtes Wesen angesehen worden. Umgekehrt habe man Frauen, nichtweiße Menschen und Tiere als seelen- und geistlose Wesen abgewertet, als irrationale, trieb- und instinktgeleitete Natur.[123] Fleischessen sei zentrales Symbol für Männlichkeit in einer patriarchalen und rassistischen Gesellschaft, rügte Adams.[124] Allerdings zeigt Pilgrim, dass auch fleischlose Ernährung als Symbol für Männlichkeit instrumentalisiert werden kann. Er preist pflanzliche Diät als potenzsteigernd an. »Ich will erotisch, stark und potent bleiben«, lautete sein Argument für den Vegetarismus.[125]

Bereits Adorno und Horkheimer sahen einen Zusammenhang zwischen der Ausbeutung von Tieren und Frauen, vermittelt über die Vorstellung, nur Männer seien vernunftbegabt. Darum drücke sich die Idee des Menschen in der europäischen Geschichte in der Unterscheidung vom Tier aus. »Mit seiner Unvernunft beweisen sie die Menschenwürde«, während Frauen als »Verkörperung der biologischen Natur« abgewertet würden. Auf dieser Grundlage habe die Männergesellschaft sich die Welt als unendliches Jagdgebiet eingerichtet.[126]

Solche Überlegungen können in antiemanzipatorische Sichtweisen umschlagen, wenn Ausbeutungs- und Herrschaftsstrukturen übergangen werden. Die Ideologie erscheint dann nicht mehr als falsches Bewusstsein, das den gesellschaftlichen Verhältnissen entspringt, sondern als Ansammlung von Vorurteilen, einer menschlichen oder spezifisch westlich-europäischen Neigung die »Anderen« abzuwerten, die es moralisch-pädagogisch zu kurieren gelte. Eine weitere Gefahr besteht darin, patriarchale Frauenbilder positiv umzudeuten. Statt geschlechtsspezifische Arbeitsteilungen und Stereotypen zu kritisieren, wird die Frau als emotionales, intuitives, instinktives, sorgendes, nährendes, hegendes, pflegendes und besonders naturverbundenes Wesen idealisiert. Zurecht lehnen Feminist*innen wie Adams eine solche Essentialisierung ausdrücklich ab.[127] Frauen mit Natur zu identifizieren, selbst wenn es positiv gemeint ist, bedeutet, sie außerhalb von Kultur und Geschichte zu stellen, sie ihres Anteils daran und damit ihrer Menschlichkeit zu enteignen.[128]

Manche konstruieren matriarchale Idyllen samt Muttergöttinnen, die sie in der Vor- und Frühgeschichte ansiedeln. Ökologisch, ganzheitlich und pazifistisch soll es zugegangen sein, bis die Männer anfingen, auf die Jagd zu gehen und Fleisch zu essen.[129] Die Ökofeministin Maria Mies erklärt, die Aneignung weiblicher Körperlichkeit sei immer eng mit dem Erwerb von Wissen über die Produktivkräfte der Natur verbunden gewesen. Dabei sei entscheidend gewesen, dass die äußere Natur von Frauen »als lebendiger und beseelter Organismus verstanden wurde«.[130] Hingegen würden Männer nicht direkt, sondern mit äußeren Instrumenten und Werkzeugen produktiv sein. Ihre Vorstellung von der eigenen Körperlichkeit sei darum »Resultat des Reflexionsprozesses ihrer instrumentellen Einwirkung auf die äußere Natur«. Darum würden Männer vergessen, dass sie Teil der Natur sind und diese mit Hilfe von Technik kontrollieren wollen.[131]

Zwar hält Mies fest, das sich der Gegenstandsbezug des Menschen im Unterschied zum Tier dadurch auszeichnet, dass Aktion, Reflexion und erneute reflektierte Aktion enthalten sind. Ihre Unterscheidung einer männlichen und weiblichen Reflexion über Praxis ist so jedoch nicht nachvollziehbar. Benutzen Frauen keine Werkzeuge? Selbstverständlich tun sie das. Warum sollen dann nur Männer eine negativ konnotierte instrumentelle Sicht auf die Natur entwickeln? Sind weibliche Tätigkeiten naturhafte Vorgänge, instinktiv, intuitiv und unreflektiert? Völlig unhaltbar ist die Annahme, nur Frauen würden die äußere Natur als beseelt interpretieren, Männer aber grundsätzlich nicht, zumal in Jäger-und-Sammlergesellschaften, von denen sie schreibt. Ökofeministinnen wie Mies übernehmen den patriarchalen Mythos von der naturverhafteten Frau als intuitivem Instinktwesen und wenden diese diskriminierende Zuschreibung positiv. Während im patriarchalen Denken die Ratio über die Emotion gestellt wird, drehen Ökofeministinnen den Spieß um, statt zu begreifen, dass Männer und Frauen gleichermaßen emotionale und rationale Wesen sind.

Spirituelle Ökofeministinnen wiederum teilen mit Tiefenökolog*innen ein so genanntes biozentrisches Weltbild. In dessen Mittelpunkt steht die Vorstellung einer vergöttlichten Natur, aus der ewige Naturgesetze abgeleitet werden, nach denen sich der Mensch zu richten habe. Den Begriff Tiefenökologie prägte 1973 der norwegische Philosoph Arne Naess. Er begriff die Erde als lebendes Subjekt und schrieb jedem Lebewesen einen inhärenten Eigenwert zu, nicht nur Tieren wie Regan.[132] Die Tiefenökologie versteht sich deshalb als »Widerstandsbewegung, die sich gegen alle manipulativen Sichtweisen auf Natur als Umwelt richtet«.[133] Im Unterschied zu anderen Umweltschützer*innen sei für Tiefenökolog*innen »die Erde als ganzes und als lebendiges System« der Bezugspunkt, der Planet gilt als beseeltes Lebewesen.[134] Während Tiefenökologie laut Fritjof Capra, einem weiteren Vordenker der Szene, »spirituelles oder religiöses Bewußtsein« beinhaltet, wird der übrigen Ökologiebewegung vorgeworfen, die Welt vom Menschen aus zu denken, den Menschen in den Mittelpunkt zu stellen.[135] Diese Position belegen Tiefenökolog*innen mit dem Kampfbegriff Anthropozentrismus.

Aus der Perspektive des Biozentrismus werden Tierrechte jedoch als anthropozentrisch verworfen. Es ginge nicht bloß um den Status einzelner Individuen, sondern um die gesamte Natur als ganzheitliches System, lautet der Einwand.[136] Umgekehrt wandten sich Tierrechtler*innen und Ökofeministinnen gegen Tiefenökologie und Biozentrismus insofern, als diese für das Überleben ganzer Arten durchaus Individuen opfern würden, etwa um ökologische »Gleichgewichte« in bestimmten Regionen oder Biotopen zu erhalten. Damit unterscheide sich Tiefenökologie wenig von der herrschenden Wissenschaft und ihren formalen Kategorien. Einige Ökofeministinnen kritisieren das Beharren mancher Tiefenökolog*innen auf der Jagd als Ausdruck von männlichem Chauvinismus. Sie wenden sich dagegen, dass Native Americans und Inuit Jagd, Fischfang und Fleischkonsum als traditionelle Lebensweisen zugebilligt werden und in diesem Kontext dann nicht als speziesistisch gelten. Das Faible von Tiefenökologen wie Aldo Leopold für Wildnis und Wildtiere sowie die Verachtung für Haustiere, die als unnatürlich, dumm und angepasst gelten, prangern Ökofeministinnen als »Macho-Mystik« an.[137]

Der Machismo zeigt sich mitunter schon in der Ästhetik. 1987 veröffentlichte das Earth-First-Magazin ein Titelbild mit einem muskulösen Germanen-Krieger, umgeben von Tieren aus der Edda-Mythologie. Kontakte mit der neuheidnischen Szene wurden offen eingeräumt.[138] Der Gründer von Earth First, Dave Foreman, pries die Wildnis als Alternative zur Zivilisation. Namen wie »Earth First« (EF), also: »Die Erde zuerst«, sind Programm. Die Vision einer Menschheit, aufgespalten in regional begrenzte politisch-ökonomische Einheiten und ethnisch-spirituell fundierte Stämme auf der Entwicklungsstufe der Steinzeit, wie sie manche Biozentrist*innen und Anarcho-Primitivist*innen favorisieren, sollte nicht romantisiert oder verklärt werden. Wo die menschliche Produktivität kaum entfaltet ist, ergibt der Stoffwechsel mit der Natur gerade das Überlebensnotwendige. Klassenspaltungen mögen unbekannt sein, weil es kaum Überschüsse gibt, über die sich zu streiten lohnt, aber einfaches Leben schließt Grausamkeiten aufgrund des Mangels ein. Traktate über Euthanasie und Kindsmord insbesondere an weiblichen Säuglingen offenbarten, dass EF-Ideolog*innen solche Zusammenhänge herstellten.[139]

Earth First entstand 1979 in den USA. In Deutschland erschien im März 1995 eine »Übereinkunft aller AnhängerInnen«, unterzeichnet von sechs regionalen EF-Gruppen. Die Rede war von einer »Philosophie der totalen Ökologie«, verlangt wurde »das rücksichts- und kompromißlose Verteidigen der natürlichen Artenvielfalt.« Aufschlussreich hinsichtlich Lebensgefühl und Denken der Szene war die Zeitschrift Instinkt. Das Blatt erstellten EF und eine Gruppe namens Frontline gemeinsam. Nach heftiger Kritik distanzierte sich EF und behauptete, nur einzelne, maßgebliche Mitglieder seien beteiligt.[140] Im folgenden Heft wurde trotzdem das erste Grundsatzpapier der bundesdeutschen EF-Sektion abgedruckt, schließlich wurde die Zeitschrift eingestellt. Neben Texten zu Tiefenökologie, Bioregionalismus, Biozentrismus und Überbevölkerung, Wildnis-Romantik und Berichten aus dem In- und Ausland über Aktionen enthielt Instinkt viele Maßregeln zur moralischen Aufrüstung der Anhänger*innen, die sich durch Rigorismus und martialische Sprache auszeichneten. Die äußerste Konsequenz dieser Weltsicht zeigte sich in Berichten, die einen Mörder verklärten, der Betonbrocken von einer Brücke warf und damit einen Autofahrer tötete, und in Fotos von den Zerstörungen durch ein Erdbeben in der japanischen Stadt Kobe mit dem Titel »Die Rache der Erde«. In Kobe kamen im Januar 1995 über 4.500 Menschen ums Leben.[141]

Der Versuch, in Deutschland ein EF-Netzwerk aufzubauen, scheiterte daran, dass antifaschistische sowie linksradikale Gruppen solche Ansätze als neue Form des Ökofaschismus kritisierten und erfolgreich zurückdrängten. In den USA hatten ökologisch orientierte Linke wie Murray Bookchin schon früher auf rechte Tendenzen hingewiesen. Ein zentraler Vorwurf war, dass Tiefenökolog*innen und Erdbefreier*innen eine angebliche Überbevölkerung des Planeten behaupteten und gegen Einwanderung hetzten.[142]

So forderten EF-Aktivist*innen, die Erdbevölkerung auf etwa ein Fünftel zu reduzieren sowie einen Einwanderungsstopp in die USA, weil die Tragfähigkeit des Landes begrenzt sei.[143] Zusammen mit dem US-amerikanischen Tiefenökologen George Sessions hatte Arne Naess ein Acht-Punkte-Konzept entwickelt, in dem sie als fünften Punkt formulierten, dass »das Wohlsein des Menschen und seiner Kulturen und das Überleben der nichtmenschlichen Daseinsformen [...] einen deutlichen Rückgang der Weltbevölkerung voraus[setzt].«[144] Für Naess war die Forderung, die menschliche Bevölkerung zu reduzieren, geradezu ein Markenzeichen, das die Tiefenökologie von »anthropozentrischen« Umweltschützer*innen unterscheidet.[145]

Diese Haltung traf unter Tierrechtler*innen durchaus auf Zustimmung, etwa in der ALF. Deren Begründer Ronnie Lee forderte ebenfalls, die Bevölkerung drastisch zu verringern. Wahre Tierrechtler müssten auf Kinder verzichten, meinte Lee.[146] »Wir müssen unsere Zahl reduzieren«, forderte Robin Webb, der das britische Animal Liberation Press Office leitete.[147] Ryder rügte eine »menschliche Bevölkerungsexplosion«.[148] Auch Singer nimmt sich des angeblich »ernsten Problems weltweiter Überbevölkerung« an, wobei er jedoch Gegenargumente abwägt und auf das Modell des demographischen Übergangs in Ländern verweist, deren Lebensstandard steigt.[149]

Der Utilitarist Singer hat sich von der Tiefenökologie als einer esoterischen Strömung distanziert, ebenso von der Forderung, Einwanderung aus ökologischen Gründen zu stoppen.[150] Die deutsche Übersetzung von »Animal Liberation« erschien allerdings 1982 im Hirthammer-Verlag in München, der auf Klassiker der Theosophie, der Grundlage der modernen Esoterik samt Karma, Reinkarnation und Wurzelrassen-Lehre spezialisiert war. Die Tiefenökolog*innen wiederum wissen, was sie Singer verdanken. Michael Zimmerman lobt, der Eugeniker habe das Thema Tierrechte salonfähig gemacht. »Das war der Hebel, mit dem die Tür des Anthropozentrismus aufgebrochen worden ist. [...] Jetzt kann die Tiefenökologie den Anthropozentrismus direkter angreifen.«[151]

Die Kritik am Anthropozentrismus teilen auch jene Tierrechtler*innen, die mit der Tiefenökologie sonst wenig gemein haben.[152] So rügte Ryder die Umweltbewegung als anthropozentrisch, sofern sie nicht aus einem allgemeinen Respekt vor der Natur agiere, sondern Umwelt nur zum Wohle des Menschen erhalten wolle.[153] Gary Steiner weist die Kosten-Nutzen-Rechnungen von Singer und Regan als anthropozentrisch zurück.[154] »Der Anthropozentrismus ist das Grundübel unserer Epoche«, erklärte Gisela Bulla, Vorsitzende der Tierschutzpartei, im Interview mit der Zeitschrift »Ökologie«, dem Blatt der ökofaschistischen Unabhängigen Ökologen Deutschlands (UÖD), die sich als deutsche Speerspitze des Biozentrismus und Bioregionalismus verstand.[155]

Dave Foreman und Paul Watson, Gründer von Greenpeace und Chef von Sea Shepard, und andere Tiefenökolog*innen haben nicht verwunden, dass ihre Positionen seit Mitte der 1990er-Jahre weniger Zuspruch in der Umweltbewegung fanden, dank der Kritik von Feminist*innen und emanzipatorischen Linken. Foreman hetzte deshalb gegen eine »linke Gestapo« und blies mit seinen Gesinnungsfreund*innen zum Gegenangriff.[156] Während Naess betonte, dass die Reduzierung der Weltbevölkerung gewaltfrei und ethisch vertretbar erfolgen müsse und darum Jahrhunderte dauern werde, kann es kaum zwanglos abgehen, wenn manche Tiefenökolog*innen und Biozentrist*innen fordern, dass die Reduzierung möglichst schnell erfolge. Foreman und Watson wollen das Recht, Kinder zu bekommen, beschränken und Einwanderung begrenzen.[157] Manche möchten nicht bloß die ökologischen Zerstörungen stoppen, sondern eine Gesellschaft etablieren, die eine deutlich verringerte Zahl von Menschen voraussetzt. So schwärmen Tiefenökolog*innen und Anarchoprimitivist*innen von einer »Rückkehr in die Wildnis«, ein »Rewilding« jenseits der Zivilisation.[158]

6.5. Zwischen materialistischer Kritik und Postmoderne

Explizit linke theoretische Ansätze entwickelten sich in der Tierrechtsbewegung erst, als sich autonome Tierschützer*innen der Kritik von antifaschistischen Genoss*innen stellen mussten. Dennoch übernahmen und verknüpften linke Tierbefreier*innen und Antispeziesist*innen liberale, tiefenökologische, biozentristische und ökofeministische Ideen. Insbesondere teilen sie die Vorstellung, Speziesismus sei eine Form der Unterdrückung, Ausbeutung und Diskriminierung analog zum Rassismus und Sexismus, erfunden von weißen Männern. Die Ironie solch identitärer Zuschreibung ist, dass den Begriff Speziesismus keine schwarze Frau aus dem Trikont, sondern ein weißer Brite erfunden hat.

Einige Autor*innen konstruierten dazu eine linke Tradition der Tierbefreiung. Bestimmte Aussprüche von Ikonen werden wiedergekäut, wobei Differenzen zwischen Mensch und Tier, die darin enthalten sind, übergangen werden.

Mindestens unreflektiert ist der Bezug auf Leonard Nelson (1882–1927) und den von ihm begründeten Internationalen Sozialistischen Kampfbund (ISK), der im Untergrund Widerstand gegen die Nationalsozialisten leistete.[159] Nelson ging davon aus, dass sich der Mensch vom Tier grundlegend durch seine Rationalität abhebt, eine Unterscheidung, die Tierrechtler*innen als falsch und anthropozentrisch oder irrelevant verwerfen. Nelson definierte Tiere als nichtrationale Wesen, die aber ein Überlebensinteresse hätten. Es sei daher eine Frage der Gerechtigkeit, im Konfliktfall die Interessen von Mensch und Tier gegeneinander abzuwägen. Aus dem Umstand, dass Menschen rationale Wesen sind, leitete Nelson keineswegs ab, dass das Abwägen immer zu ihren Gunsten ausgehen muss. Denn in einem solchen Fall müssten nicht bloß Tiere, sondern auch Kinder und geistig Behinderte immer den Kürzeren ziehen. Nelson argumentierte, gerade die besondere Rationalität erlege dem Menschen Pflichten gegenüber Tieren auf und dazu gehöre, dass Tiere nicht getötet werden dürfen.[160]

Nelson war Sozialreformer. Er lehnte eine kollektivistische oder kommunistische Ökonomie ab und favorisierte eine »sozialistische Marktwirtschaft«, in der der Stachel der Konkurrenz die Menschen weiter antreiben würde.[161] Ihm ging es um Gerechtigkeit, Chancengleichheit, Wohlstand und Bildung für alle.[162] Nelson bezog sich auf den Soziologen Franz Oppenheimer, mit dem er zusammenarbeitete. Oppenheimer wollte die Landflucht umkehren, Städte betrachtete er als parasitär. Eine Bodenreform sollte jedem ein Stück Land bescheren, wobei Oppenheimer für gemeinschaftliche Bearbeitung plädierte. In Produktivgenossenschaften und landwirtschaftlichen Siedlungen sollte jeder einen Lohn gemäß der Arbeitsleistung und einen Gewinn gemäß seiner Beteiligung am Kapital erhalten. Wegen seiner Orientierung an der individuellen Leistung geriet Oppenheimer in Palästina in Konflikt mit sozialistischen Kibbuzim.[163]

Zu Recht kritisierte Nelson den Dogmatismus des zeitgenössischen Marxismus und die Bürokratisierung der Oktoberrevolution.[164] Allerdings vertrat er selbst ziemlich autoritäre Vorstellungen. Sein Ziel war die Herrschaft des Rechts. Den Rechtszustand fasste er als System von Pflichten auf, als gegenseitige Beschränkung der Freiheitssphären des Einzelnen, die ein starker Staat mit Macht zu garantieren habe. Vor diesem Hintergrund sprach er sich gegen den Anarchismus aus, der in seinen Augen reine Willkür und die Macht des Stärkeren bedeute. Er ging davon aus, dass von Natur aus immer Gewalt herrsche, man könne allenfalls die Gewalt in den Dienst des Rechts stellen.[165]

Nelson orientierte sich an dem Philosophen, Physiker und Mathematiker Jakob Friedrich Fries (1773–1843), einem Schüler von Kant und Fichte. Fries seinerseits war ein Liberaler und Antisemit, der die Juden als »Gewürm« schmähte. Er hielt sie für die Urheber des wachsenden Einflusses des Geldes, lehnte ihre gesellschaftliche Gleichstellung ab und forderte ihre völlige Assimilierung oder Auswanderung.[166]

Klassenkampf definierte Nelson als Kampf um das Recht, das er in einer Elite-Diktatur verwirklicht sehen wollte. Enttäuscht von der parlamentarischen Demokratie, die seiner Ansicht nach in den Weltkrieg geführt hatte, favorisierte Nelson eine Herrschaft der Weisen und Philosophen nach dem Vorbild Platons. Um den Kampf um die Macht erfolgreich führen zu können, sollten künftige Führer und Gefolgsleute, einander in Treue verbunden, in einer besonderen »Führerakademie« erzogen werden.[167] Die von Nelson gegründeten Organisationen, der Internationale Jugend Bund (1917) und der Internationale Sozialistische Kampfbund (1925), waren als solche Führerakademien gedacht. Es waren Psychosekten, in denen Nelson wie ein Guru wirkte. 1925 schloss der Parteivorstand der SPD die Kader des Jugendbundes aus der Partei aus, die daraufhin den Internationalen Sozialistischen Kampfbund (ISK) formierten. Der kleine Verband versuchte während der NS-Zeit tatsächlich Widerstand zu leisten, die Überlebenden schlossen sich später wieder der SPD an und unterstützten 1959 das Godesberger Programm, mit dem die Partei sich offiziell vom Marxismus abwandte.[168]

Deutlich mehr Gehalt hat der Bezug von Tierrechtler*innen auf Adorno und Horkheimer, in deren Werk sich immer wieder Hinweise auf das Leiden der Tiere finden.[169] Horkheimer hatte bereits 1933 das Bild eines »Gesellschaftsbaus« entworfen, eines Wolkenkratzers, dessen Fundament das Massenelend in Indien, China und Afrika darstellt. Unterhalb dieser Räume, in denen »millionenweise die Kulis der Erde krepieren, wäre dann das unbeschreibliche, unausdenkliche Leiden der Tiere, die Tierhölle der menschlichen Gesellschaft darzustellen, der Schweiß, das Blut, die Verzweiflung der Tiere«.[170] In der »Dialektik der Aufklärung« (1947) findet sich der Abschnitt »Mensch und Tier«, in dem es heißt, der Mensch habe sich seiner Vernunft begeben, indem er sie dem Zweck der Herrschaft unterordnete. Nach dem Verlust der Reflexion sei er das klügste Tier, das den Rest des Universums unterjocht habe.[171] Adorno und Horkheimer beharrten damit gerade auf dem Unterschied zwischen Mensch und Tier. Die Welt des Tieres sei begriffslos, es könne im Lauf der Zeit nicht das Identische festhalten, habe kein Selbst, kein festes Wissen ums Vergangene und keinen hellen Blick auf die Zukunft.[172]

Im Unterschied zu Freund*innen der Wildnis und des Faustkeils betonen Moshe Zuckermann und Matthias Rude, die sich an Marx und der Kritischen Theorie orientieren, dass Naturbeherrschung und Tierausbeutung für das menschliche Überleben historisch notwendig waren. Sie ergaben sich aus »religiös indifferenter Notwendigkeit«. Grundsätzlich gelte, schreibt Zuckermann, »um zu überleben, mithin sich gesellschaftlich zu reproduzieren, muss sich der Mensch der Natur bedienen.« Während allerdings vorindustrielle Gesellschaften durch einen »Fundamentalmangel« gekennzeichnet waren, sei dieser zumindest in der westlichen Welt überwunden. Die Entwicklung der Produktivkräfte habe einen Stand erreicht, »der es ohne weiteres ermöglichen würde, auf die traditionell in der westlichen Kultur verankerte Tierausbeutung und das damit verbundene Leid zu verzichten«, schreibt Rude. Sowohl die Tierhölle als auch der Hungertod von Millionen von Menschen können längst nicht mehr durch eine Mangelsituation gerechtfertigt werden.[173] Beides ist für Zuckermann Ausdruck eines verdinglichten Bewusstseins, das seinen historischen Gipfel in Auschwitz erreicht habe.[174]

Vergleichsweise schlichter war der Ansatz eines Zusammenschlusses von Tierbefreier*innen und Kommunist*innen. Sie kritisierten in ihrem Thesenpapier (2017) die bürgerliche Moralphilosophie von Singer und Ryder, die liberale Rechtskritik von Francione, Kymlicka und Donaldson sowie die linksliberale poststrukturalistische Herrschaftskritik als die drei Haupttendenzen eines metaphysischen Antispeziesismus.[175] Den Moralphilosophen wurde zu Gute gehalten, die speziesistische Ideologie mit ihren vermeintlich unhaltbaren Annahmen konfrontiert zu haben, der Trennung zwischen Mensch und Tier, unerwähnt blieb in ihrem Papier jedoch die Euthanasiepropaganda Singers.[176]

Die Gruppe beharrte zwar auf einem graduellen Unterschied zwischen Mensch und Tier, der jedoch durch die spezifische Produktionsform der Menschen entstanden sei. Die Gruppe teilte mit der übrigen Tierrechtsbewegung die Forderung, jedwede Nutzung und Haltung von Tieren überwinden zu wollen und bezeichnete diese Position als historisch-materialistischen Antispeziesismus. Der Begriff des Speziesismus, der doch von den kritisierten bürgerlichen Moralphilosophen stammt, wurde in dem Thesenpapier nicht weiter problematisiert.[177] Falsch ist ihre These, die Ausbeutung von Tieren geschehe »in erster Linie im Interesse und unter der Leitung« der herrschenden Klasse.[178] Viele Millionen von Bäuer*innen, die Tiere halten, nutzen und schlachten, sowie einige Milliarden Konsument*innen dürften kaum zur herrschenden Klasse gerechnet werden.

In der Regel sind materialistische Ansätze, die das Mensch-Tier-Produktionsverhältnis analysieren, tauglicher als postmoderne Ideologie.[179] Insbesondere im universitären Segment der Human-Animal-Studies werden Unterschiede zwischen Menschen und Tieren als bloße Konstruktionen missverstanden, oder als Ausreden, mit denen Fleischfresser*innen ihre Speisekarte rechtfertigen.

Postmoderne bzw. poststrukturalistische Ansätze können dazu beitragen, Macht und Herrschaft zu verstehen, wie sie sich im Alltag, in Körperhaltungen, Gefühlen, Denken und Sprache oder Architektur und Raumplanung niederschlagen.[180] Allerdings hat Jean Améry bereits gegen Michel Foucault eingewandt, dass etwa die abstrakt-anonymen Formen des modernen Strafsystems eine Idee der Humanisierung und des Fortschritts enthalten gegenüber der Willkür und Quälerei des mittelalterlichen Systems. Améry hatte die Folter der Gestapo und die Konzentrationslager von Auschwitz, Buchenwald und Bergen-Belsen überlebt.[181] Was materialistische Kritik als erkenntnistheoretische Voraussetzung hat, präsentieren Antispeziesismus und Human-Animal-Studies als bahnbrechende Entdeckung: die Kategorisierung höherer Lebensformen in Gattungen, Arten oder Spezies sei – man höre und staune – »eine soziale Konstruktion«, spottete Roger Behrens. Allerdings würden Antispeziesist*innen wie postmoderne Theoretiker*innen nicht begreifen, dass es sich nicht bloß um eine diskursive Struktur handelt, um eine abstrakte anthropozentrische oder logozentrische Ordnung der Grammatik, sondern um von Menschen gemachte konkrete Herrschafts-

und Gewaltverhältnisse.[182] Insgesamt fällt die postmoderne Dekonstruktion von Aufklärung, Ratio und bürgerlichem Subjekt hinter jene Kritik zurück, die Marx, Freud, Adorno oder Horkheimer bereits entwickelt hatten.

Postmoderne Theoretiker*innen knüpfen an Vordenker und Philosophen des Faschismus wie Nietzsche und Heidegger an und übernehmen deren prinzipiellen Antihumanismus. Ihre Dekonstruktion des europäischen Universalismus ist reaktionär und schließt an die Neue Rechte an, die ebenfalls die Idee von universalen Grundrechten für alle Menschen als Arroganz und Anmaßung verwirft und stattdessen eine Vielfalt der Kulturen propagiert. Aus dieser Haltung heraus unterstützte Foucault den schiitischen Islamismus sowie die Mullah-Diktatur im Iran in den Anfangsjahren.[183]

Der Kampf gegen Genitalverstümmelung von Mädchen in manchen Regionen Afrikas etwa ist keine eurozentristisch-kolonialistische Anmaßung, weil privilegierte weiße Männer als erste das Grundrecht auf körperliche Unversehrtheit formuliert haben. Wie ignorant müssen wohlgenährte europäische Akademiker*innen sein, wenn sie den »Konsum von Zeichen« als zentrales Problem unserer Zeit hinstellen, solange eine Milliarde Menschen hungert.[184] Und schließlich sind sechs Millionen von den Deutschen ermordete Juden eine rational zwar nicht erklärbare, aber historische Tatsache und nicht bloß eine große Erzählung.

Gestützt auf postmoderne und poststrukturalistische Ansätze behaupten linke Tierbefreier*innen, zwischen Menschen und Tiere existierten keine oder wenigstens keine relevanten Unterschiede. Solche seien lediglich Ausfluss traditionellen westlichen dualistischen Denkens, eine Konstruktion zum Zweck der Herrschaftssicherung, in diesem Fall mit der Absicht, die Nutzung und Tötung von Tieren zu rechtfertigen, indem sie als das Andere und Fremde eingestuft würden. Die Unterschiede seien »kulturspezifische Konstrukte«, wie Petrus schreibt.[185]

Durchaus repräsentativ war die Formulierung des Organisationsteams des Antispe-Kongresses 2008 in Hannover. »Die Kategorie Tier ist eine soziale Konstruktion des Menschen. Gemeinsamkeiten zwischen Tieren und nicht-menschlichen Tieren werden verleugnet und Unterschiede hervorgehoben. Das Tier hat hierbei die Funktion des negativen Gegenüber des Menschen und repräsentiert alles, was nicht in die heile Welt des Menschen passt,« heißt es in ihrem Aufruf. Ein solches dualistisches Denken sei typisch für die westliche Kultur, das Motiv für diese Grenzziehung eine »willkürliche Ausbeutung« von Tieren.[186] Die Herrschaftskritischen AntispeziesistInnen Hannover führten die Trennung von Mensch und Natur auf die abendländische Aufklärung zurück. Angeblich natürliche Eigenschaften seien auf den Anderen projiziert, das Tier nur als Materie, Natur, Trieb, Körper und Instinkt wahrgenommen worden. »Dies führt zu einer Selbstaufwertung und der Abwertung des Anderen«, lautete ihre Schlussfolgerung.[187] Die Argumentation ist schon insofern falsch, als patriarchale Herrschaft und Sexismus so wenig europäische Erfindungen sind wie Viehzucht und Tierhaltung, sondern auch in anderen Teilen dieser Welt existierten, lange vor Beginn der europäischen Expansion im 16. Jahrhundert.[188]

Die Annahme, zwischen Mensch und Tier existierten keine qualitativen Unterschiede, fundiert den Begriff Speziesismus als Diskriminierung aufgrund einer konstruierten Artzugehörigkeit analog zu Rassismus als Diskriminierung einer Gruppe von Menschen, die als Rasse in eine Schublade gesteckt werden. Für die Antispe Tübingen hat die Hypothese, »dass es keinen wesentlichen Unterschied zwischen dem Menschen und anderen Tieren gibt«, das Schwergewicht eines »naturwissenschaftlichen Faktums«. Der große Unterschied ist jedoch, dass Rassen eine ideologische Konstruktion sind, deren reale Basis in Ausbeutungs- und Herrschaftsinteressen besteht, während es zwischen Menschen und Tieren einen fundamentalen Unterschied gibt, der von vielen Tierrechtler*innen auch benannt wird.

Ein prägnantes Beispiel liefert der oben zitierte Beitrag der Antispe Tübingen. Dem Text vorangestellt ist ein längeres Zitat von Leonard Nelson, in dem es heißt, die Tiere seien »die Allerwehrlosesten [...], die sich nie durch eine Koalition zusammentun können, um allmählich ihre Rechte in einem Klassenkampf zu erobern«.[189] Zutreffend stellt die Antispe dazu fest, dass Tiere »nicht dazu in der Lage [sind], sich wie Menschen zu einem kollektiven revolutionären Subjekt zu formieren«. Daraus folge, dass emanzipatorische menschliche Bewegungen einen »Stellvertreterkampf« für Tiere führen müssten.[190] Wie immer man die Unterschiede zwischen Menschen und Tieren beurteilen mag, aber dass Menschen nicht bloß flüchten oder sich gegen einen unmittelbaren Angriff verteidigen, sondern einen vorausschauend geplanten, kollektiv geführten und/oder sich über lange Zeit erstreckenden Kampf um ihre Rechte führen oder gar eine Revolution machen können, verweist auf grundlegend unterschiedliche Fähigkeiten und Eigenschaften. Der britische marxistische Soziologe Ted Benton spricht darum von einem unvermeidbaren Moment des Paternalismus, der sich daraus ergebe, das Tierrechte immer in ihrem Namen eingefordert werden müssten.[191]

Ein weiterer Ansatz war das Konzept der Unity of Oppression, wonach es verschiedene Herrschafts- und Unterdrückungsformen gibt, die miteinander verflochten sind und allesamt bekämpft werden müssen. Der Ansatz bot linken Tierbefreier*innen drei Vorteile: Erstens konnten sie sich von bürgerlichen Tierrechtler*innen abgrenzen, die Klassenherrschaft und Patriarchat gar nicht thematisierten, sich zweitens im Vergleich zu traditionellen Marxist*innen als der Zukunft zugewandt präsentieren, weil sie andere Unterdrückungsformen berücksichtigten, und drittens ist dieser Ansatz so unbestimmt und offen, dass sich der Speziesismus als weitere Herrschaftsform addieren ließ.

Dass solche Ansätze in der Linken Fuß fassen konnten, resultierte aus den Defiziten des Marxismus wie des sozialistischen Anarchismus. Für traditionelle Marxist*innen wie für Anarchosyndikalist*innen ist der Gegensatz zwischen Kapital und Arbeit zentral, das Industrieproletariat ist das revolutionäre Subjekt und dem Klassenkampf haben sich alle anderen Kämpfe gegen Unterdrückung unterzuordnen. In den 1970er-Jahren stellten Feministinnen dieses Konzept des Haupt- und Nebenwiderspruches in Frage. Sie wurden ihrerseits bald von afroamerikanischen Frauen kritisiert. Der Black Feminism wandte sich gegen die Homogenisierung des weiblichen Geschlechts, griff den weißen Mittelschichtsfeminismus an und verwies auf den Rassismus.[192]

Daraus ergaben sich das Konzept der Intersektionalität, das Kimberlé Crenshaw (1989) formulierte sowie der Ansatz der Triple Oppression, also der dreifachen Unterdrückung aufgrund von Klasse, Rasse und Geschlecht.[193] Die Juristin Crenshaw kritisierte, dass im Feminismus weiße Frauen und in antirassistischen Bewegungen schwarze Männer dominierten, während schwarze Frauen an den Rand gedrängt wurden. Davon seien auch Gesetzgebung und Rechtsprechung gegen Diskriminierung geprägt, schwarze Frauen gingen häufig leer aus. Crenshaw schlug deshalb das Konzept der Intersektionalität vor, wobei sie die Kreuzung von Straßen als Metapher für vielfältige Diskriminierungsformen verwendete.[194]

1991 prägte auch die Band Consolidated auf ihrem Album »Friendly Fascism« den Begriff Unity of Oppression und die Vegane Offensive Ruhrgebiet (VOR) führte den Begriff im gleichen Jahr in die deutsche Debatte ein. Im Vorfeld eines Autonomiekongresses im April 1995 in Berlin kritisierte die Gruppe Radikale Antipatriarchale TierrechtlerInnen (RAT) die Theorie von der Triple Oppression, weil diese weitere Formen von Unterdrückung ausblende und wie ein neues Hauptwiderspruchstheorem funktioniere. RAT, VOR und die Tierrechtsaktion Nord (TAN) forderten insbesondere den Speziesismus aufzunehmen.[195]

Auf dem Kongress stritt die Veganismus-Fraktion dafür, dass ihr Einsatz für Tiere als Teil des Kampfes gegen eine Unity of Oppression anerkannt würde. Hieß es zu Beginn der Triple-Oppression-Debatte, der Marxsche Klassenbegriff sei überholt, formulierten die Autor*innen des Papiers »Durch Wände sehen«, dass es auf dieser Welt noch viele andere schlimme Dinge gibt, die der Triple-Oppression-Ansatz ausklammere: »In England z. B. werden längst ›ageism‹ (Unterdrückung aufgrund des Alters) ›lookism‹ (Unterdrückung aufgrund des Aussehens) und ›ableism‹ (Unterdrückung aufgrund von Nicht-/Fähigkeit) als eigenständige Unterdrückungsformen zwischen Menschen genannt, jenseits davon z. B. ›speciesism‹ (Unterdrückung einer Spezies / eines Lebewesens durch ein anderes).«[196] Verfechter*innen eines solchen Ansatzes müssten die ersten sein, die militant gegen Peter Singer und seine Freund*innen wegen Ableismus und Bodyismus vorgehen.

Stattdessen gab RAT den Anspruch auf irgendeine Form der Analyse und Herrschaftskritik als unnütz auf. Es sei »im Endeffekt egal«, ob Menschen, Tiere und die »Mitwelt« aufgrund von Patriarchat, Rassismus oder Kapitalismus unterdrückt würden. »Das ist doch nur ein Abschieben an irgendeine angeblich zuständige Instanz, Ablenkung von der Beteiligung jeder/s Einzelnen«.[197]

Der Vorzug aller dieser Überlegungen liegt in dem Anspruch, sämtliche Formen von Herrschaft, Ausbeutung, Unterdrückung und Diskriminierung anzugehen, statt verschiedene Kämpfe gegeneinander auszuspielen. Sie machen auf Defizite im Marxismus aufmerksam. So hatten Marx und Engels im »Kommunistischen Manifest« prophezeit, das Kapital würde bei seinem Siegeszug um die Welt alle reaktionären und patriarchalen Strukturen und Vorstellungen über den Haufen werfen, so dass am Ende Kapital und Proletariat einander direkt gegenüberstünden.[198] Tatsächlich hat das Kapital patriarchale Herrschaftsformen integriert und nach seinen Bedürfnissen modelliert. So hat etwa die kapitalistische Durchdringung Indiens, deren koloniale Anfänge Marx schilderte, das Kastensystem und die brutalen Folgen des Patriarchats, wie Witwenverbrennung und Mitgiftmorde, nicht beseitigt, sondern verschärft.[199] In Europa und Amerika setzte die Frauenbewegung eine Gleichstellung durch, die immer noch unzureichend und unvollständig ist, aber den Rahmen der Kapitalverwertung nicht sprengt.

Dazu schufen männliche, weiße Wissenschaftler und Schriftsteller, Dichter und Denker die rassistische Ideologie, wobei sie Haarfarben, Hautpigmentierungen, Körper- und Schädelformen, Sitten und Gebräuche als Material nutzten. Der Antisemitismus erhielt eine neue biologistische Variante, die es Jüdinnen und Juden im christlichen Europa nicht mehr erlaubte, sich durch die Taufe in Sicherheit zu bringen. Stattdessen gelten sie als heimliche Herrscher der Welt, als Drahtzieher hinter all den permanenten Krisen und Katastrophen, die einer der Apologeten der Marktwirtschaft, Josef Schumpeter, zur schöpferischen Zerstörung verklärte.[200] Auch der Nationalismus ist kein Atavismus, sondern Produkt des bürgerlichen Zeitalters. Er liefert einerseits den ideologischen Kitt, der unterschiedliche Klassen zu einem Staatsvolk verbindet und basiert andererseits auf einer materiellen und politischen Integration. In führenden kapitalistischen Staaten ist Nationalismus als Wohlstandschauvinismus passender Ausdruck eines höheren Lebensstandards von Arbeiter*innen und Mittelschicht, den die Gewerkschaftsbewegung nach dem Zweiten Weltkrieg erkämpfte. Dieser basiert vor allem auf einer überlegenen Produktivität, die es dem jeweiligen nationalen Kapital ermöglichte, Märkte in peripheren Staaten zu erobern und die dortige Arbeitskraft auszubeuten.

Das Ziel linker Antispeziesist*innen, jede Form von Herrschaft abzuschütteln, in allen Ehren. Dabei ist jedoch nichts praktischer als eine Theorie, die hilft die Welt zu verstehen und Ansatzpunkte für politisches Eingreifen liefert. Dazu gehört, verschiedene Komponenten von Ausbeutung und Unterdrückung in ihrem inneren Zusammenhang und ihrer Dynamik zu begreifen. Von einer »Verwobenheit von Unterdrückungsmechanismen und Befreiungen« zu reden, ist sicher richtig, aber auf Dauer ungenügend.[201]

Gesellschaftskritik ist keine Aneinanderreihung von Missständen, sondern muss Zusammenhänge aufklären. Auszugehen ist von der Kapitalverwertung als zentraler Vergesellschaftungsform der Moderne, die alle anderen Formen prägt. So beschäftigte sich Marx beispielsweise mit der Frage, wie die Grundherrschaft als historisch ältere feudale Herrschafts- und Ausbeutungsform in die dominante Struktur der Kapitalverwertung integriert und umgeformt wurde. Das ist ein Ansatz, ähnliche Untersuchungen müssten hinsichtlich des Verhältnisses zwischen Kapitalverwertung und anderen älteren und neueren Ausbeutungs- und Herrschaftsformen angestellt werden.

Begriffe wie Unity of Oppression oder Intersektionalität haben ihren Wert, sofern sie unbeachtete und verdrängte Diskriminierungsformen ins

Bewusstsein heben und deren Bekämpfung einklagen. Problematisch wird es bei einer Ausblendung von Antisemitismus, wenn Jüdinnen und Juden als »Weiße« zu den Privilegierten gezählt werden.[202] Tendenziell besteht die Gefahr, dass der Klassengegensatz eingeebnet oder als Diskriminierung verharmlost wird. Ausgangspunkt bei Crenshaw sind Erfahrungen vor Gericht, in Prozessen, in denen schwarze Frauen unterlagen, weil ihre doppelte Diskriminierung nicht anerkannt wurde. Es geht also darum, dass der Anspruch der bürgerlichen Gesellschaft verletzt wird, eine Gesellschaft der Freien und Gleichen zu sein. In dieses Framing wird schon bei Crenshaw der Klassismus einbezogen, zu Recht, weil es Benachteiligung aufgrund der Klassenlage gibt.

Aber das zentrale Moment ist damit nicht erfasst, ja ausgeblendet, nämlich die Existenz als Lohnarbeiter*in, die beinhaltet, ausgebeutet zu werden und die sich durch kein Gericht, keine Gleichstellungsstelle und keine Ombudsfrau beseitigen lässt. Der modische Begriff des Klassismus zeigt an, dass ein Teil der radikalen Linken dem Fetischcharakter des Kapitalismus aufgesessen ist. Solche Konzepte eignen sich für liberale und grüne Antidiskriminierungs- und Gleichstellungspolitiken, im Unterschied zur Klassenspaltung, über die tunlichst nicht gesprochen wird.[203] Die Debatte um Frauen in Vorstandsetagen von Konzernen zeigt das anschaulich. Es geht nicht darum, die Herrschaft der Bosse zu beenden, alle Angestellten und Arbeiter*innen kollektiv und demokratisch entscheiden zu lassen, sondern um eine andere Aufteilung von Führungsposten. Das hat weniger mit Emanzipation als mit einer Rationalisierung von Herrschaft und Ausbeutung zu tun.[204]

6.6. KZ-Vergleich und linke Regression

Bürgerliche haben in der Tierrechtsbewegung die Nase vorn. Die größte und finanzstärkste Organisation ist Peta mit Ablegern in aller Welt und neun Millionen Unterstützer*innen, darunter Prominente wie Paul McCartney. Die Organisation ist zentralistisch geführt, konzentriert sich auf Tierversuche, Pelzindustrie und Nahrungsmittelherstellung und propagiert den Veganismus als Lifestyle.[205] In einer Selbstdarstellung des deutschen Vereins heißt es, Peta handele »in der Tradition sozialer Befreiungsbewegungen und macht sich für das Ende des Speziesismus stark, eines diskriminierenden Denk- und

Verhaltensmusters, das die Ausbeutung oder den Ausschluss von Lebewesen aufgrund ihrer Artzugehörigkeit rechtfertigt. Wir stehen für die Abschaffung der Misshandlung, Diskriminierung und Ausbeutung von Tieren und kämpfen für die Etablierung ihrer Rechte«.[206]

In einer Geschäftswelt müsse man nach den Regeln von Politikern und Geschäftsleuten agieren, war die Devise von Alex Pacheco, einem der Gründer. »Es ist unser Geschäft, bildlich gesprochen, Mitleid zu verkaufen, Leute dazu zu bewegen, ihre Lebensweise zu verändern und zivilisierter zu werden", erklärte er.[207] Peta ist umstritten, unter anderem wegen sexistischer Kampagnen mit nackten Models und Filmstars wie Pamela Anderson. In den USA ließ Peta hunderte von Tieren in den Heimen der Organisation einschläfern, ein Vorfall, der zum Bruch Pachecos mit Peta beigetragen haben soll. Getötet wurden sowohl schwer erkrankte als auch „herrenlose« Tiere. Ingrid Newkirk meinte dazu, Euthanasie sei besser als ein qualvoller oder langsamer Tod. Was die streunenden Tiere betraf, schob Newkirk die Schuld daran zu Recht einer Gesellschaft zu, die Hunde und Katzen kauft, sich vermehren lässt und einfach aussetzt.[208] Als die Vorgänge in Deutschland publik wurden, sprach die hiesige Sektion von einer absurden PR-Kampagne der Fleischindustrie, räumte die Taten jedoch ein und rechtfertigte sie. In amerikanischen Tierheimen mangele es an Plätzen und es hätten nicht genügend Tiere an neue Halter*innen vermittelt werden können. »Fakt ist jedoch, dass es für viele Tiere, die zu Peta USA kommen, die einzige humane Entscheidung ist«, heißt es in der Erklärung.[209]

Die Kampagne »Der Holocaust auf Ihrem Teller« (2002/2003) löste weltweit Kritik aus. Peta präsentierte Bilder von NS-Opfern in Konzentrationslagern und Tieren in Käfigen nebeneinander, die Massentierhaltung und die Verbrechen der Deutschen wurden damit gleichgesetzt. Man werde die Kampagne nicht einstellen, erklärte Harald Ullmann im Namen des deutschen Verbandes im März 2004. Er wies die Kritik des Zentralrats der Juden in Deutschland zurück: Es sei »sehr traurig«, dass der Zentralrat und sein Vorsitzender Paul Spiegel »ganz klar darin versagten, aus dem Holocaust die Lehre zu ziehen, die vielleicht die wichtigste ist – dass alle Ausreden, die wir ersinnen, um Grausamkeiten zu ignorieren und zu rechtfertigen, nur das sind, nämlich Ausreden«.[210] Die Kampagne sei bewusst gefühlsgeladen und provokativ, weil man damit »eine Parallele zwischen den verschiedenen Formen systematischer Mißhandlung zeigen« wolle. Denn Tierquälerei »beruht auf der gleichen Teilnahmslosigkeit, die für den Holocaust verantwortlich ist«, erklärte Peta 2011 als der Rechtsstreit in Deutschland schließlich eingestellt wurde.[211]

Newkirk ihrerseits gab 2005 eine halbherzige Entschuldigung ab. Sie bat alle um Verzeihung, die durch die Kampagne verletzt worden seien, und sprach von falschen Vorstellungen über den Effekt der Kampagne. Die Gleichsetzung von deutschen Vernichtungslagern mit Schlachthäusern nahm Newkirk nicht zurück, sondern verwies auf das Buch »Eternal Treblinka: Our Treatment of Animals and the Holocaust« (2008), in dem der US-Historiker und Tierrechtler Charles Patterson bereits solche Parallelen gezogen hatte.[212]

Peta ist leider kein Einzelfall. Der Verlag Zweitausendeins veröffentlichte 1985 die »Zehn Gründe kein Fleisch zu essen« von Volker Elis Pilgrim. Er fand Tierquälerei schlimmer als die NS-Verbrechen. Pilgrim schrieb, »wir bilden uns ein, was der Mensch dem Menschen antut, sei das Schlimmste. Nein, Tiertötung und Tierquälerei sind schlimmer als Menschentötung und Menschenquälerei. Was die Menschen einander antun, ist ihre Sache.« Darum sei »das heutige Tiertöten in der Fleischindustrie und im Testlabor [...] eine Fortsetzung von Auschwitz, ja eine Steigerung«, erklärte Pilgrim.[213]

Der Österreicher Helmut F. Kaplan zählte früh zu den bekannteren Tierrechtler*innen im deutschsprachigen Raum, die den KZ-Vergleich notorisch, mit voller Absicht und strategisch benutzten, um das Leiden von Tieren zu skandalisieren.[214] Bis 1997 schrieb Kaplan regelmäßig eine Kolumne für Tierbefreiung aktuell, die Zeitschrift des Bundesverbandes der Tierbefreier. Die Kolumne wurde eingestellt, nicht wegen der KZ-Vergleiche, sondern als Kaplan in den Vorstand von Animal Peace gewählt wurde, einer Tierrechtsorganisation, die vom Bundesverband der Tierbefreier als autoritär abgelehnt wurde.[215] 2010 gab Kaplan ein Interview für die nazistische Internetseite Fahnenträger, das auch in der NPD-nahen Zeitschrift Umwelt & Aktiv abgedruckt wurde. Darin erklärte er: »Ich finde den Holocaust-Vergleich nach wie vor sachlich stimmig«. Der Vergleich werde »mit jedem Tag wichtiger«.[216]

Für manche scheint der KZ-Vergleich ein Erweckungserlebnis gewesen zu sein, wie es Sonja Bork und Sina Walden im Emma-Dossier »Ein Recht für Tiere« (1994) fast wortgleich beschrieben haben. »Ich erinnere mich genau an die erste Zahl, die mich 1982 elektrisierte: Sechs Millionen Tierversuche jährlich in der Bundesrepublik. Der Gedanke an sechs Millionen ermordeter Juden war zwingend für mich«, erzählte Bork.[217] Walden berichtete, sie sei aufgrund von Informationen über Tierversuche über Nacht zur

Tierrechtlerin geworden. »So wie die ersten Bilder von Auschwitz genügt hatten. Die Bilder schossen zusammen, so wie die erste Zahl, die ich 1982 las – sechs Millionen Tierversuche jährlich in der Bundesrepublik. Sie verband sich für mich auf immer unlösbar mit sechs Millionen ermordeter Juden.«[218] Bork meinte, niemand könne die »äußeren Ähnlichkeiten der modernen Tiervernichtungsanstalten mit KZs« bestreiten. »Es gibt alles von der Massenfolter bis zu den Vergasungsöfen und Krematorien einschließlich der ordentlichen Buchführung. Übrigens mit der gleichen Begründung: Es diene dem Wohle der Menschheit.«[219]

KZ-Vergleiche sind in der Szene verbreitet, aber nicht unumstritten. Die Feministin Carol J. Adams wandte sich gegen die Verwendung von Begriffen wie Vergewaltigung oder Holocaust, denn dies sei ausbeuterisch gegenüber den Opfern solcher Verbrechen.[220] In Deutschland kritisierten einige Tierrechtler*innen die Holocaust-Kampagne von Peta. 2003 publizierten zehn Gruppen, darunter die Tierrechts-Aktion-Nord (TAN), ein Papier, in dem die Gleichsetzung als falsch bezeichnet wurde. Schlachthöfe dienten ökonomischen Zielen, während die nationalsozialistischen Vernichtungslager von einem wahnhaften, eliminatorischen Antisemitismus herrührten. Der Vergleich sei gefährlich in einer Gesellschaft mit antisemitischen Einstellungen, insbesondere jenem sekundären Antisemitismus, der in Deutschland auf die Verdrängung nationalsozialistischer Schuld ziele. Zugleich jedoch wurde in dem Papier die Kritik in den Medien an Peta als speziesistisch verworfen, weil diese auf der Annahme einer »Einzigartigkeit« des Menschen basiere. Diese Vorstellung verwarf die TAN als Resultat dualistischer Konstruktionen abendländischen Denkens zu Herrschaftszwecken.[221]

Die TAN war nicht irgendeine Gruppe, sondern galt unter linken Tierrechtler*innen als »maßgebliche theoretische Akteurin« und Susann Witt-Stahl, eine Mitgründerin, als wichtigste Theoretikerin.[222] Die Journalistin war in der Linkspartei aktiv, schrieb für Junge Welt und Neues Deutschland und ist Chefredakteurin der Zeitschrift Melodie und Rhythmus. Zu ihren Spezialgebieten zählt neben Tierrechten der Antizionismus, sie engagierte sich zudem für russische Nationalist*innen, die im Osten der Ukraine einen Bürgerkrieg begonnen hatten.[223] Die TAN zählte 1986 zu den ersten Tierrechtsgruppen in Deutschland, auch wenn sie die Szene-Terminologie anfangs nicht beherrschte.

Im Lauf der Zeit vollzog die TAN zwei Wandlungen: Von der militanten Putztruppe vorwärts zum ambitionierten Theoriezirkel und zurück zu Leninismus und Antizionismus. In einem frühen Flugblatt definierte sich die TAN als »zusammenschluss fortschrittlicher tierschützer«, die den »herkömmlichen sumpf der tierschutzszene (vereinsmeierei, tiertantentum) ablehnt«. Man suche stattdessen nach »neuen formen des widerstands«. Die Begriffe Tierrechte oder Speziesismus fehlten in diesem Pamphlet noch, der Begriff »tiertantentum« war ziemlich sexistisch, aber dennoch verkündete die TAN einen »radikalen tierschutz«, der sich gegen jede Form von Macht und Herrschaft wenden sollte.[224] Ihre Praxis bestand in Jagdsabotage sowie einer Besetzung der Rinderspaltanlage im Hamburger Schlachthof 1988. Dabei verstand sich die TAN als Unterstützerin der Animal Liberation Front (ALF).

Bis Anfang der 1990er Jahre hatte die TAN Ideologie und Terminologie der Tierrechtsbewegung übernommen und präsentierte sich als theoretisch ambitioniert.[225] In der Debatte in der autonomen Szene 1995 vertrat die TAN die Auffassung, alle Lebewesen hätten »das selbe Recht auf Berücksichtigung ihrer Interessen«. Das schloss Pflanzen mit ein, aber die Gruppe wollte sich nicht festlegen, ob der Mensch auch auf Pflanzenkost verzichten müsste. Aber nicht, weil das schon die Frage nahelegt, wovon Menschen überhaupt leben sollen – etwa Astronaut*innen-Nahrung in Pillenform – sondern weil ihnen noch unklar war, ob Pflanzen bei der Ernte ein Leid verspüren. Fest stand für die TAN dagegen, dass jedwede Tötung von Tieren durch Menschen inakzeptabel ist. Eine Ausnahme mochten die militanten Tierrechtler*innen aus Hamburg nur den Inuit zugestehen, die anders nicht überleben könnten.

Diese Argumentation findet sich in der Tierrechtsszene öfter. Damit sollen Kritiker*innen besänftigt werden, die den Vorwurf des Rassismus erheben, weil bestimmte indigene Gruppen angeblich nicht auf Fleisch und Fisch verzichten könnten. Diese Menschen von den Vorzügen des Veganismus und Vegetarismus zu überzeugen, scheint ausgeschlossen, dabei entgeht sonst keine Szenekneipe, kein autonomer Infoladen und keine WG einem Missionierungsversuch. Erst wird ein absolutes Tötungsverbot aufgestellt, moralisch fundiert mit der Gleichberechtigung von Lebensinteressen, dann die Maxime aus kulturrelativistischen Gründen durchlöchert.[226]

In diese Zeit fiel auch die Kritik der TAN an Peter Singer sowie an der Holocaust-Kampagne von Peta. Bemerkenswert war dabei der Bezug auf den Historiker Moishe Postone, der im wertkritischen und antideutschen Spektrum der radikalen Linken rezipiert wurde, wegen seines Ansatzes, Antisemitismus mithilfe Marxscher Kategorien, wie dem Fetischcharakter des Kapitals, zu erklären. Das Erkenntnisinteresse war klar: Die Aktivist*innen der TAN wollten ihre Taten weltanschaulich unterfüttern und machten sich über Marx und die Kritische Theorie her; man wollte die Kritik des Speziesismus »auf materialistische Füße stellen«.[227] Ein Unterfangen, das nicht von Erfolg gekrönt sein konnte, zumindest wenn mit Materialismus die kritische Theorie von Marx, Engels und der Frankfurter Schule gemeint ist. Während Adorno und Horkheimer den Unterschied des Menschen zum Tier vor allem im Selbstbewusstsein ausmachten, bestand für Marx und Engels der grundlegende Unterschied darin, dass Menschen ihre Lebensmittel produzieren müssen.[228] Selbst Witt-Stahl räumte mit Bedauern ein, dass Adorno und Horkheimer nicht die theoretische Grundlage für Tierrechte und Veganismus lieferten. Ersatzweise führte sie an, es sei bekannt, dass Adorno »sich regelmäßig in ein couch potatoe verwandelte, wenn eine Folge der amerikanischen Fernsehserie Daktari ausgestrahlt wurde«, wegen der tierliebenden Menschen und weil darin »ebenso süße wie gescheite Tiere namens Judy, Clarence und Toto« auftraten.[229]

Diese Anekdote als Beleg für ein tierrechtliches Engagement der Kritischen Theorie zu wählen sowie der Kommentar von Witt-Stahl über »süße« Tiere lässt einiges an jener Bambi-Nostalgie vermuten, die Tierschützer*innen sonst vorgeworfen wird. Sie ist obendrein nicht ohne Ironie, wenn wir bedenken, dass die Zurichtung von Tieren zu Unterhaltungszwecken von Tierrechtler*innen als Quälerei und Speziesismus gegeißelt wird. Vor allem aber übergeht Witt-Stahl, dass Adorno und Horkheimer zwar das Leiden von Tieren thematisierten, womit sie sich von vielen Linken positiv unterschieden, aber nie dem Dogma der Tierrechtsideologie verfallen sind, Mensch und Tier als Gleiche aufzufassen.

Schließlich ging die TAN 2009 auf Distanz zu ihren Ursprüngen und bezichtigte die Autonome Antifa sowie autonome Gruppen der Tierrechtsszene, sich anzupassen. Sie seien Reaktionäre im linken Gewand, der autonome Antispeziesismus eine »Kinderkrankheit der Tierbefreiungsbewegung«, womit die TAN eine klassische Phrase Lenins über den Linksradikalismus bemühte.[230] Im gleichen Jahr versuchten Aktivist*innen der TAN, darunter Witt-Stahl, handgreiflich eine Vorführung von Claude Lanzmanns Film »Warum Israel« in einem Programmkino in Hamburg zu verhindern. Die Gruppe hatte die Kritik des Antisemitismus aufgegeben und sich dem rabiaten Antizionismus zugewandt. Im August 2011 benannte sich die Gruppe in Assoziation Dämmerung um, in Anspielung auf Horkheimers

Frühwerk gleichen Namens, in dem er die Tierhölle kritisiert hatte. Im Rückblick stilisierte sich die Gruppe als ideologiekritisches Unternehmen, das ab 1989 die Restlinke und insbesondere die Antideutschen beharkt habe und bekannte sich zu einer »revolutionären Realpolitik«, einem Begriff von Rosa Luxemburg, der von diesen neuen Adept*innen allerdings nur vage bestimmt wurde. Man wolle keine Ein-Punkt-Politik betreiben und sich keinen starren Prinzipien in der Frage von Organisation und Taktik unterwerfen, dazu kamen pathetische Sprüche über die Grenze zwischen oben und unten.[231]

Die ideologischen Brüche zeigten sich auch anhand der Äußerungen von Witt-Stahl zum KZ-Vergleich, die zwischen Kritik und Zustimmung schwankten. Bereits in der Auseinandersetzung um Peta setzte Witt-Stahl Akzente, als sie in der Zeitschrift Tierbefreiung über den KZ-Vergleich debattierte. Die Pro-Haltung vertrat Sina Walden. Sie stellte die Gleichsetzung als spontane Reaktion hin, was für eine wohlvorbereitete Kampagne eine bizarre Einschätzung ist. Der Beitrag von Witt-Stahl sollte die kritische Position markieren. Ihr Text mit dem Titel »Auschwitz liegt nicht am Strand von Malibu« wurde von linken Tierrechtler*innen später gerne zitiert. Witt-Stahl bezeichnete darin die Peta-Aktion als oberflächlich, unseriös, unwissenschaftlich, unerträglich, aber ausdrücklich nicht als antisemitisch. Bezeichnend ist, dass beide Autorinnen in vielen Punkten ähnlich argumentierten und neuere Debatten und Forschungen über NS-Verbrechen und Shoa ignorierten.

Beide sahen eine »phänomenale« (Witt-Stahl) bzw. »phänomenologische« (Walden) Ähnlichkeit zwischen Schlachthäusern und Vernichtungslagern, wobei Walden zusätzlich eine »ideologische Abwertung der Opfer« ausmachte.[232] Witt-Stahl sprach von Institutionen der Moderne, die im Zuge der Industrialisierung entstanden seien und mit denen eine »Versachlichung und Entemotionalisierung des massenhaften Tötens einhergegangen« wäre.[233] Dabei basierte die Shoa sehr wohl und in allererster Linie auf einer emotionalen und irrationalen Haltung, dem wahnhaften Antisemitismus der Deutschen und ihrer Helfer*innen im besetzten Europa. Keineswegs wurden Jüdinnen und Juden ausschließlich »industriell« in Vernichtungslagern mit Zyklon B getötet, sondern Millionen von ihren Henkern gedemütigt, gequält, misshandelt und gefoltert und direkt von Angehörigen der SS, von Wehrmacht und Polizei erschossen, erschlagen, erstochen oder lebendig verbrannt. Schon Henning Eichberg, ein Vordenker der Neuen Rechten, hatte die Verbrechen nicht geleugnet, aber die Deutschen von ihrer Verantwortung entbunden, indem er eine ominöse Moderne und Industriegesellschaft gleichermaßen verantwortlich machte für Landschaftszerstörung und Vernichtungslager. In der Rede vom Hühner-KZ haben Tierschützer*innen und Tierrechtler*innen diese Perspektive popularisiert.

Walden behauptete, die Empörung über den KZ-Vergleich sei eine Instrumentalisierung der jüdischen Opfer, die nur dazu diene, den Vergleich zwischen menschlichen Schlachtern und Fleischfressern mit Nazitätern und Mitläufern abzuwehren. Drei Jahre später übernahm Witt-Stahl diese Umkehrung. Zwar hielt sie eine Kritik an der Gleichsetzung zwischen ermordeten Juden und geschlachtetem Vieh immer noch »im Kern für berechtigt« und fragte, warum diese Relativierung der jüdischen Opfer sich in der Tierrechtsszene hartnäckig hält. Im Visier hatte sie jedoch, wie schon der Titel des Aufsatzes andeutet, die Kritiker*innen, die die Rhetorik vom Tier-KZ »hysterisch« verteufeln und »für die Verteidigung der Schlachthofgesellschaft und andere antiemanzipatorische Zwecke« missbrauchen würden.[234] »Die moralische Hysterie, die aggressive Gereiztheit und der inflationäre Gebrauch des Antisemitismus-Begriffs, mit denen viele Gegner des Holocaust-Vergleichs auf die Peta-Kampagne reagieren, lassen Skepsis aufkommen, dass es ihnen tatsächlich darum geht, einer grenzenlosen Universalisierung der Shoa und einer Vereinnahmung der Opfer entgegen zu wirken«, schrieb sie.[235]

Das eigentliche Ärgernis stellte für Witt-Stahl ein »längst zur sozialen Pathologie gewucherten Philosemitismus« dar. Der Holocaust habe sich »zur westlichen Weltreligion entwickelt – zu einem negativen Identifikationsmodell«.[236] Witt-Stahl behauptete, die Shoa würde vereinnahmt und machte eine »kulturindustrielle Verstümmelung« aus, etwa durch »soap operas« wie die US-amerikanische Fernsehserie Holocaust.[237] Damit vertrat sie ähnliche Positionen wie der Politikwissenschaftler Norman Finkelstein und der Schriftsteller Martin Walser, die prominent eine Instrumentalisierung der Shoa zu anderen Zwecken behauptet hatten.

Verantwortlich für den KZ-Vergleich wäre nach der Logik Witt-Stahls eine vermeintliche Holocaust-Industrie: Teile der Tierschutz- und Tierrechtsszene hätten der Versuchung nicht widerstehen können, »in das ›Holocaust-Geschäft‹ einzusteigen, die Tiere mit einem welthistorisch unantastbaren Opferautorität aufzurüsten«.[238]

So sei die Peta-Kampagne letztlich ein »trauriges Fallbeispiel für die integrative Kraft des fortgeschrittenen Kapitalismus«. Denn Peta habe lobende

Worte für Burger King gefunden und die Restaurant-Kette Benihana, die Fleisch in großen Mengen verarbeite, als Sponsor gewonnen. Es lasse sich vermuten, schloß Witt-Stahl, dass Peta »den Holocaust lediglich als Vehikel für ein effektives Marketing benutzt« habe.[239] Die Kritiker*innen solcher Marketingstrategien aber »moralisieren sich mit der Auschwitz- den Weg zur Gänsekeule frei«.[240]

Hatte die Gruppe TAN den KZ-Vergleich 2003 noch eindeutig kritisiert und klar zurückgewiesen, so war Witt-Stahl nun dabei, die Protagonist*innen des Vergleichs als unbedarfte, weil theoretisch unreflektierte Opfer einer Holocaust-Industrie zu entlasten und stattdessen deren Kritiker*innen als unverbesserliche Fleischfresser*innen zu brandmarken, die die Auschwitzkeule schwangen.[241] Ähnlich wertete Colin Goldner die Aussage, »das schlimmste KZ bereiten wir den Tieren!« Diesen Satz als Relativierung der NS-Vernichtungslager und antisemitisch zu kritisieren, trug nach Ansicht Goldners »allenfalls zu einer Inflationierung und damit Entwertung des Antisemitismusvorwurfes bei.«[242]

ANMERKUNGEN

1 Haferbeck/Wieding, *Tierbefreiung*, S. 7.
2 Petrus, *Tierrechtsbewegung*, S. 72 f.; Franzinelli, *Tierbewegung*.
3 Finsen/Finsen, *Animal Rights*, S. 44 f.
4 Zerbel, Miriam, *Tierschutz im Kaiserreich. Ein Beitrag zur Geschichte des Vereinswesens*, Frankfurt am Main 1993, S. 36 ff.
5 Mütherich, Birgit, *Die Problematik der Mensch-Tier-Beziehung in der Soziologie, Weber, Marx und die Frankfurter Schule*, Dortmund 2000, S. 43.
6 Diderot, Denis, *Enzyklopädie*, ediert von Anette Selg und Rainer Wieland, Berlin 2013, S. 421 ff.; Mütherich, *Mensch-Tier-Beziehung*, S. 43.
7 Barkas, Janet, *The Vegetable Passion. A History of the Vegetarian State of Mind*, London 1975, S. 79 ff.
8 Adams, Carol J., *The Sexual Politics of Meat. A Feminist-Vegetarian Critical Theory*, New York / London 2010, S. 146, S. 149 ff.
9 Kurz, Robert, *Schwarzbuch Kapitalismus. Ein Abgesang auf die Marktwirtschaft*, Frankfurt am Main 1999, S. 78.
10 »Die Sphäre der Zirkulation oder des Warenaustausches, innerhalb deren Schranken Kauf und Verkauf der Arbeitskraft sich bewegt, war in der Tat ein wahres Eden der angebornen Menschenrechte. Was allein hier herrscht, ist Freiheit, Gleichheit, Eigentum und Bentham. Freiheit! Denn Käufer und Verkäufer einer Ware, z.B. der Arbeitskraft, sind nur durch ihren freien Willen bestimmt. Sie kontrahieren als freie, rechtlich ebenbürtige Personen. Der Kontrakt ist das Endresultat, worin sich ihre Willen einen gemeinsamen Rechtsausdruck geben. Gleichheit! Denn sie beziehen sich nur als Warenbesitzer aufeinander und tauschen Äquivalent für Äquivalent. Eigentum! Denn jeder verfügt nur über das Seine. Bentham! Denn jedem von den beiden ist es nur um sich zu tun. Die einzige Macht, die sie zusammen und in ein Verhältnis bringt, ist die ihres Eigennutzes, ihres Sondervorteils, ihrer Privatinteressen.« In: Marx, *Das Kapital*. Band 1, MEW 23, S. 189.
11 Bentham, *Introduction*, S. 319.
12 Ebd., S. 319.
13 Rogausch, *Tierliebe*, S. 346 ff.
14 Finsen/Finsen, *Animal Rights*, S. 31.
15 Finsen/Finsen, *Animal Rights*, S. 21; Zerbel, *Tierschutz*, S. 44 ff.
16 Petrus, *Tierrechtsbewegung*, S. 12; Zerbel, *Tierschutz*, S. 47.
17 Finsen/Finsen, *Animal Rights*, S. 28 f.
18 Koester, Nancy, *Harriet Beecher Stowe: A Spiritual Life*, Michigan/Cambridge 2014, S. 301 f.
19 Finsen/Finsen, *Animal Rights*, S. 30.
20 Finsen/Finsen, *Animal Rights*, S. 26; Roscher, *Königreich*, S. 116 f.
21 Darwin, *Abstammung*, S. 135.
22 Roscher, *Königreich*, S. 118, S. 122.
23 Roscher, *Königreich*, S. 120, Desmond/Moore, *Sacred Cause*, S. 59.
24 Roscher, *Königreich*, S. 218; Finsen/Finsen, *Animal Rights*, S. 48 ff.
25 Roscher, *Königreich*, S. 213 f., S. 219; Finsen/Finsen, *Animal Rights*, S. 37 f.; Zerbel, *Tierschutz*, S. 104, S. 107 ff.
26 Finsen/Finsen, *Animal Rights*, S. 35 f.

27 Slotten, Ross A., *The Life of Alfred Russel Wallace. The Heretic in Darwin's Court*, New York / Chichester 2004, S. 368 ff., S. 422 ff., S. 436, S. 452.
28 Roscher, *Königreich*, S. 118 f., S. 121, S. 206 ff., S. 212, S. 229 f.; Niemann-Findeisen, *Fabian Society*.
29 Salt, Henry Stephen, *Animals' Rights: Considered in Relation to Social Progress*, New York 1894, www.animal-rights-library.com/texts-c/salt01.htm (3.2.2014); Roscher, *Königreich*, S. 81 ff., S. 266 ff.
30 Roscher, *Königreich*, S. 111 f., S. 229 f.; Petrus erwähnt Cobbe lediglich als Feministin und Tierversuchsgegnerin, die in der Unterdrückung der Frau durch den Mann eine Fortsetzung der Ausbeutung von Tieren gesehen habe. In: Petrus, *Tierrechtsbewegung*, S. 13. Adams bezeichnet Carpenter als Sozialisten, Tierversuchsgegner und Vegetarier, ohne Hinweis auf antisemitische Äußerungen. In: Adams, *Meat*, S. 218.
31 Schopenhauer, Arthur, *Grundlage der Moral* (1841/1860), Hamburg 1979, S. 140.
32 von Weber, Ernst, *Die Folterkammern der Wissenschaft. Eine Sammlung von Thatsachen für das Laienpublikum*, Berlin/Leipzig 1879, S. 5.
33 Roscher, *Königreich*, S. 12 f.
34 Ebd., S. 119.
35 Roscher, *Königreich*, S. 119; Ryder, *Animal Revolution*, S. 175.
36 Dirscherl, Stefan, *Tier- und Naturschutz im Nationalsozialismus. Gesetzgebung, Ideologie, Praxis*, Göttingen 2012, S. 25 f.; Zerbel, Miriam, *Tierschutzbewegung*, in: Puschner, Uwe / Schmitz, Walter/Ulbrich, Justus H. (Hg.), *Handbuch zur »Völkischen Bewegung« 1871–1918*, München 1999, S. 547; Zerbel, *Tierschutz*, S. 59 ff., S. 62.
37 Roscher, *Königreich*, S. 224.
38 Schopenhauer, *Moral*, S. 60, S. 136 f.
39 Ebd., S. 104 ff.
40 Ebd., S. 60.
41 Ebd., S. 46 f., S. 113.
42 Ebd., S. 138 ff., S. 147.
43 Deschner, *Fleisch*, S. 37, S. 41 f.
44 Barkas, *Vegetable Passion*, S. 57 ff.; Lichtenstaedter, Siegfried, *Naturschutz und Judentum. Ein vernachlässigtes Kapitel der jüdischen Sittenlehre*, Frankfurt am Main 1932.
45 Schopenhauer, *Moral*, S. 142; Schmid-Noerr, Gunzelin, *Mitleid mit der gequälten Kreatur. Zur Anwesenheit Schopenhauers in der Kritischen Theorie*, in: Witt-Stahl, Susann (Hg.), *Das steinerne Herz der Unendlichkeit erweichen*, Aschaffenburg 2007, S. 50 ff.
46 Trang, Ricky, *Es ist ja nur ein Tier*, in: Streifzüge 59/2013, S. 9; Witt-Stahl, Susann, *Hohe Menschen und niedrige Tiere. Geht's um Naturverhältnisse, sinkt das Niveau linker Debatten schlagartig*, in: Streifzüge 59/2013, S. 17. Roscher, *Königreich*, S. 413; Ryder, *Animal Liberation*, S. 169.
47 Roscher, *Königreich*, S. 227; Schmid-Noerr, *Mitleid*, S. 50 ff.
48 Roscher, *Königreich*, S. 224, S. 227; Zerbel, *Tierschutzbewegung*, S. 548.
49 von Weber, *Folterkammern*.
50 Roscher, *Königreich*, S. 228.
51 Sachse, Carola, *Von Männern, Frauen und Hunden. Der Streit um die Vivisektion im Deutschland des 19. Jahrhunderts*, in: Feministische Studien 1/2006, S. 13; Zerbel, *Tierschutz*, S. 105 f.; von Weber, Ernst, *Einladung zum Eintritt in den internationalen Verein zur Bekämpfung der wissenschaftlichen Thierfolter*. Dresden 1882; Internationaler Verein zur Bekämpfung der wissenschaftlichen Thierfolter, *Fünftes Verzeichnis der*

Mitglieder des Internationalen Vereins zur Bekämpfung der wissenschaftlichen Thierfolter, Dresden 1884, S. 32, S. 34.

52 Wagner, Richard, *Offener Brief an Ernst von Weber*, Bayreuth 1879, S. 3 ff.; Rose, *Wagner*, S. 221 f.

53 Wagner, *Offener Brief*, S. 9.

54 Wagner, *Offener Brief*, S. 8 f.; Barkas, *Vegetable Passion*, S. 101 ff.; Gutman, Robert W., *Richard Wagner. The Man, His Mind and His Music*, New York 1968, S. 399 f.

55 Sachse, *Männer, Frauen und Hunde*, S. 11, S. 15 ff.; Zerbel, *Tierschutzbewegung*, S. 102 ff., S. 109 ff.

56 Zerbel, *Tierschutz*, S. 553.

57 Zerbel, *Tierschutzbewegung*, S. 110.

58 Zerbel, *Tierschutz*, S. 549.

59 Zerbel, *Tierschutz*, S. 550.

60 Bergmann, Werner, *Paul Förster*, in: Puschner/Schmitz/Ulbricht (Hg.): *Handbuch*, S. 906; Roscher, *Königreich*, S. 228.

61 Brucker, Renate, *Tierrechte und Friedensbewegung*, in: Brantz, Dorothee / Mauch, Christof (Hg.), *Tierische Geschichten*, Paderborn 2010, S. 2; Rude, *Antispeziesismus*, S. 82, S. 87 f.; Schwartz, *Sozialistische Eugenik*, S. 103 ff.; Walter/Denecke/Regin, *Sozialistische Gesundheits- und Lebensreformverbände*, S. 19 f., S. 34, S. 41 f.

62 Adams, *Meat*, S. 57, S. 199, S. 206, S. 223 ff.; Niemann-Findeisen, *Fabian Society*; Fischer, Irving / Emerson, Haven, *Lebe richtig. Ein Wegweiser zu gesunder Lebensführung nach modernen wissenschaftlichen Grundsätzen*, Bad Buckow / Leipzig 1939, S. 133 ff., S. 155 ff.

63 Adams, *Meat*, S. 30.

64 Adams, *Meat*, S. 199; Barkas, *Vegetable Passion*, S. 86 f.

65 Mütherich, *Mensch-Tier-Beziehung*, S. 50 ff.

66 Brucker, *Tierrechte*, S. 268 ff.

67 Fritsch, Theodor, *Warum einige Siedlungsversuche fehlschlugen*, in: Hammer 150/1908, S. 561; O.A., *Die Obstbausiedlung Eden nach 25 Jahren*, in: Hammer 432/1920, S. 226.

68 Dirscherl, *Tier- und Naturschutz*, S. 128, Brucker, *Tierrechte*, S. 278; Roscher, *Königreich*, S. 113, Zechner, Johannes, *»Die grünen Wurzeln unseres Volkes«: Zur ideologischen Karriere des »deutschen Waldes«*, in: Puschner, Uwe / Großmann, G. Ulrich (Hg.), *Völkisch und national. Zur Aktualität alter Denkmuster im 21. Jahrhundert*, Darmstadt 2009, S. 180; Zerbel, *Tierschutz*, S. 552; Zerbel, *Tierschutzbewegung*, S. 142 f.

69 Zerbel, *Tierschutz*, S. 555.

70 Artus, F.v., *Ist das Schächten vom rituellen Standpunkt aus geboten*? in: Hammer 741/742/1933, S. 127, S. 129.

71 Dirscherl, *Tier- und Naturschutz*, S. 123.

72 Dirscherl, *Tier- und Naturschutz*, S. 124 f.

73 Dirscherl, *Tier- und Naturschutz*, S. 48, S. 50, S. 52, S. 125, S. 129; *Arbeitsabkommen zwischen dem Reichsbund für Vogelschutz und der NS-Kulturgemeinde*, in: Volkstum und Heimat 11/1935, S. 237; Hähnle, Hermann, *Das Wesen der Naturschutzgesetze*, in: Volkstum und Heimat 11/1936, S. 270 ff.; Bierl, *Grüne Braune*, S. 39 f.

74 Barkas, *Vegetable Passion*, S. 131.

75 Vegetarierbund Deutschland e. V., *Warum Hitler kein Vegetarier war*, www.eco-world.de/scripts/basics/econews/basics.prg?a_no=7780 (2.12.2014); Barkas, *Vegetable Passion*, S. 105 ff.

76 Adams, *Meat*, S. 21; Roscher, *Königreich*, S. 400.

77 Vegane Aktion Ruhrgebiet, *Willst Du heute in den Zirkus gehen?* Flugblatt undatiert (Archiv PB); Vegane Offensive Ruhrgebiet, *Erschlagen, vergast, per Stromschlag getötet.* Flugblatt undatiert (Archiv PB); Tierschutz-Aktiv-Nord, *Stell Dir vor, Du klebst mit der Zunge am Käfiggitter und keiner hilft Dir,* Flugblatt undatiert (Archiv PB); Tierschutz-Aktiv-Nord, *Sklaven der Manege,* Flugblatt undatiert (Archiv PB).

78 Vegane Offensive Ruhrgebiet, *Milch ist Raubmord*, in: Tierbefreiung Aktuell 2/1993, S. 4 f.; Animal Peace, *Seelen an den Sohlen*, undatierter Text (Archiv PB).

79 Tierschutz-Aktiv-Nord, *Mord im Bioladen*, Flugblatt undatiert (Archiv PB).

80 Vegane Offensive Ruhrgebiet, *Veganismus. Der Weg zu einer gerechteren Welt und einer gesünderen Lebensweise*, Flugblatt undatiert, vermutlich 1993/94 (Archiv PB).

81 Petrus, *Tierrechtsbewegung*, S. 15; Adams, *Meat*, S. 112 f.

82 Godlovitch, Stanley / Godlovitch, Roslind / Harris, John (Hg.), *Animals, Men and Morals*, London 1971, S. 7.

83 Finsen/Finsen, *Animal Rights*, S. 5 ff.

84 Brophy, *Pursuit*, S. 126 f.

85 Roscher, *Königreich*, S. 267, S. 421.

86 Ryder, Richard, *Experiments on Animals*, in: Godlovitch/Godlovitch/Harris (Hg.), *Animals*, S. 79 ff.

87 Petrus, *Tierrechtsbewegung*, S. 15 ff.; Finsen/Finsen, *Animal Rights*, S. 55, S. 100, S. 102.

88 Finsen/Finsen, *Animal Rights*, S. 87, S. 89.

89 Ebd., S. 58 ff.

90 Ebd., S. 62 ff.

91 Roscher, *Königreich*, S. 407.

92 Haferbeck/Wieding, *Tierbefreiung*, S. 17.

93 Ebd., S. 39.

94 Ebd., S. 35.

95 Ebd., S. 31.

96 Petrus, *Tierrechtsbewegung*, S. 23; Roscher, *Königreich*, S. 413.

97 Kuhn, Gabriel, *Straight Edge. Geschichte und Politik einer Bewegung*, Münster 2010; Roscher, *Königreich*, S. 171 f.

98 Anonym, *Eine Abrechnung mit Frontline/Hardline*, undatiert (Archiv PB).

99 Anonym, *Rede zur 1. Mai-Demo 94. Speziesismus als verkannte Herrschaftsform,* 1994 (Archiv PB).

100 *Anschlag auf Emma*, in: Recht für Tiere 2/1994, S. 19; *Great Ape Project*, in: Recht für Tiere 3/1994, S. 14.

101 Animal Peace AG Siegen, *Schreiben an alle beteiligten Gruppierungen des 1.-roten-Mai-Bündnisses*, 5.7.1995 (Archiv PB).

102 Bei einem »Tierrechtstag« im September 1997 in München präsentierten sich etwa 20 Gruppen gemeinsam, darunter die linksradikale VOR, der Bundesverband der TierbefreierInnen, die Zeitschrift Voice, Tierschutzpartei, Animal Peace und Peta. In: Bundesverband der TierbefreierInnen/Voice u. a., *Tierrechtstag*, Flugblatt undatiert (Archiv PB).

103 Rude, *Antispeziesismus*, S. 178 f.

104 Organisationsteam der Tierbefreiungstage in Hamburg, *Aufruf*, http://kongress.antispe.org/aufruf/ (9.1.2012).

105 Petrus, *Tierrechtsbewegung*, S. 5, S. 15.

106 Rude, *Antispeziesismus*, S. 182.

107 Roscher, *Königreich*, S. 289.

108 Rogausch, *Tierliebe*, S. 344.
109 Regan, Tom, *Empty Cages. Facing the Challenge of Animal Rights*, Lenham / New York 2004, S. 59 ff.
110 Regan, *Case*, S. 243.
111 Ebd., S. 308.
112 Ebd., S. 302.
113 Ebd., S. 301 ff., S. 307 ff.
114 Regan, *Case*, S. 207 ff., S. 286 ff., S. 301 ff., S. 307 ff.; Regan, *Animal Rights*, S. 57 ff; Roscher, *Königreich*, S. 274 ff.; Finsen/Finsen, *Animal Rights*, S. 201 ff. Petrus missversteht Regan, wenn er schreibt, dieser würde den utilitaristischen Ansatz zurückweisen, weil seine Vorstellung vom inhärenten Wert jedes Individuums kein Kosten-Nutzen-Kalkül zulasse. In: Petrus, *Tierrechtsbewegung*, S. 19.
115 Francione, *Animals*, S. 11 ff., S. 210 ff.
116 Francione, *Animals*, S. 23; Francione, Gary L., *Personalität, Eigentum und Rechtsfähigkeit*, in: Singer/Cavalieri (Hg.), *Menschenrechte*, S. 381 ff.
117 Francione, *Animals*, S. 14, S. 17.
118 Fischer, Michael, *Tiere als Rechtssubjekte: Vom Tierprozess zum Tierschutzgesetz*, in: Witt-Stahl (Hg.), *Das steinerne Herz*, S. 142 ff.; Mütherich, *Mensch-Tier-Beziehung*, S. 32 f.; Etzold, Sabine, *Hängt das Schwein auf*, in: Die Zeit 46/1999, S. 39.
119 Donaldson, Sue / Kymlicka, Will, *Zoopolis. A Political Theorie of Animal Rights*, Oxford 2011, S. 6 ff., S. 13 ff.
120 Stone, Christopher, *Should Trees have a standing? Law, Morality and the Environment*, Oxford 2010, S. XIII, S. 3 ff., S. 8 f.
121 Bakargiev, Carolyn Christov, *Die Emanzipation der Erdbeere*, in: Süddeutsche Zeitung, 1.12.2012.
122 Adams, *Meat*, S. 15 ff., S. 217 ff., S. 241 ff.; Finsen/Finsen, *Animal Rights*, S. 247; *Dossier. Ein Recht für Tiere*, in: Emma Januar/Februar 1994, S. 34.
123 Roscher, *Königreich*, S. 278 f.; Adams, Carol J. / Donovan, Josephine (Hg.), *Animals and Women. Feminist Theoretical Explorations*, Durham/London 1995, S. 1; Finsen/Finsen, *Animal Rights*, S. 246 ff.; Filter, Cornelia, *Töten Gott zuliebe*, in: *Dossier. Ein Recht für Tiere*, in: Emma Januar/Februar 1994, S. 63.
124 Adams, Carol J, *The Sexual Politics of Meat*, London / New York 2010, S. 15 f.
125 Pilgrim, Volker Elis, *Zehn Gründe kein Fleisch zu essen*, Frankfurt am Main 1985, S. 70.
126 Adorno/Horkheimer, *Dialektik der Aufklärung*, S. 283, S. 285.
127 Adams, *Meat*, S. 21 f.
128 Biehl, Janet, *Der soziale Ökofeminismus*, Grafenau 1991, S. 11, S. 17.
129 Roscher, *Königreich*, S. 280 ff.; Biehl: *Ökofeminismus*, S. 10 ff., S. 61 ff.; Göttner-Abendroth, Heide, *Matriarchat – Spiritualität – Integrität*, in: Widerspruch. Münchner Zeitschrift für Philosophie 1/1985, S. 9 ff.
130 Mies, Maria, *Patriarchat und Kapital. Frauen in der internationalen Arbeitsteilung*, dritte Auflage, Zürich 1990, S. 68.
131 Mies, *Patriarchat*, S. 72.
132 Gottwald, Franz-Theo, *Zur Geschichte der Tiefenökologie*, in: Gottwald, Franz-Theo / Klepsch, Andrea (Hg.), *Tiefenökologie. Wie wir in Zukunft leben wollen*, München 1995, S. 17; Roscher, *Königreich*, S. 285.
133 Gottwald, *Tiefenökologie*, S. 19.
134 Klepsch, Andrea, *Zur Geschichte der Tiefenökologie*, in: Gottwald/Klepsch (Hg.), *Tiefenökologie*, S. 19.

135 Capra, Fritjof, *Tiefenökologie - Eine neue Renaissance*. In: Gottwald/Klepsch (Hg.), *Tiefenökologie*, S. 123 ff., S. 125.
136 Roscher, *Königreich*, S. 286.
137 Kheel, Marti, *License to Kill: An Ecofeminist Critique of Hunters' Discourse*, in: Adams, Carol J. / Donovan, Josephine (Hg.), *Animals and Women. Feminist Theoretical Explorations*, Durham/London 1995, S. 85 ff., S. 116; Davis, Karen, *Thinking like a Chicken: Farm Animals and the Feminine Connection*, in: Adams/Donovan (Hg.), *Animals and Women*, 1995, S. 193 ff.; Finsen/Finsen, *Animal Rights*, S. 235 ff., S. 245.
138 Gugenberger Eduard / Schweidlenka, Roman, *Die Fäden der Nornen*, Wien 1993, S. 234.
139 Wilson, Kelpie, *Overpopulation and Bumpersticker Politics*, in: Earth First 7/1993; Heider, Ulrike, *Die Narren der Freiheit. Anarchisten in den USA heute*, Berlin 1992, S. 118.
140 Anonym, *(Stellungnahme)*, in: Instinkt 5/6/1994/95, S. 2.
141 Anonym, *Die Rache der Erde*, in: Instinkt 5/6/1994/1995, S. 24 f.
142 Im Rausch der Tiefe, *Diskussionspapier gegen die Politisierung von Ernährung (und für eine Revolution ohne Veganismus!)*, Berlin 1995 (Archiv PB); Price, Andy, *Recovering Bookchin. Social Ecology and the Crises of our Time*, Grenmarsvegen 2012, S. 39 ff.; Bookchin, *Re-Enchanting*, S. 59 ff.
143 Kelpie Wilson, *Overpopulation and Bumpersticker Politics*, in: Earth First 8/1993, S. 16.
144 Gottwald, *Tiefenökologie*, S. 18 f.
145 Naess, Arne, *Einfach an Mitteln, reich an Zielen*, in: Gottwald/Klepsch (Hg.), *Tiefenökologie*, S. 51.
146 Roscher, *Königreich*, S. 288.
147 »We need to reduce our numbers« (Roscher, *Königreich*, S. 289).
148 Ryder, *Animal Revolution*, S. 5.
149 Singer, *Praktische Ethik*, 2013. S. 272, S. 364 ff., S. 369. In der zweiten deutschen Auflage hatte er das Bevölkerungswachstum als »neue Bedrohung« bezeichnet (Singer, *Praktische Ethik*, 1994, S. 361).
150 Singer, *Praktische Ethik*, 1994, S. 330 ff.
151 Zimmerman, *Tiefenökologie*, S. 61 ff., S. 68.
152 Trang, *Tier*, S. 6; Rinas, Bernd-Udo, *Postmoderne – Veganismus – Anarchismus. Andeutungen zu einem nicht-anthropozentrischen, postmodernen und dekonstruktiven Anarchismus*, in: Mümken, Jürgen (Hg.), *Anarchismus in der Postmoderne. Beiträge zur anarchistischen Theorie und Praxis*, Frankfurt am Main 2005, S. 138 ff., S. 152; Adams/Donovan, *Animals and Women*, S. 4 f.; Sapontzis, *Personen*, S. 411 ff., S. 414.
153 Ryder, *Animal Revolution*, S. 3, S. 218 f., ähnlich: Animal Peace, *Tierrechte und Umweltschutz*, 1995 (Archiv PB).
154 Steiner, *Preface*, S. IX.
155 Bulla, Gisela, *Der Anthropozentrismus ist das Grundübel unserer Epoche*, in: Ökologie 1/1997. In einem weiteren Beitrag war von einem »kollektiv-egoistischen und überheblichen Anthropozentrismus« die Rede, den es zu überwinden gelte. Der Autor bezog sich auf Hoimar von Ditfurth, der mit Fernsehbeiträgen populär wurde und von einem anthropozentrischen Mittelpunktswahn gesprochen hatte. In: Birkholz, Dieter, *Ökologie und Tierrechte*, in: Ökologie 4/1995, S. 19.
156 Foreman, Dave, *The Great Backtrack*, in: Cafaro, Philipp / Crist, Eileen (Hg.), *Life on the Brink. Environmentalists confront Overpopulation*, Athens/London 2012, S. 65.
157 Foreman, *Great Backtrack*, S. 62; Watson, Paul, *The Laws of Ecology and Human Population Growth*, in: Cafaro/Crist (Hg.), *Life on the Brink*. S. 135.

158 Cafaro/Crist (Hg.), *Life on the Brink*, S. 11; Zerzan, John, *Warum Primitivismus?*, in: Kuhn, Gabriel (Hg.), *Neuer Anarchismus in den USA. Seattle und die Folgen*, Münster 2008, S. 159 ff.

159 Petrus, *Tierrechtsbewegung*, S. 14; Rude, *Antispeziesismus*, S. 120 ff.; Müller, Urs, *Leonhard Nelson, vergessener Tierrechtler*, 2010, www.tier-im-fokus.ch/mensch_und_tier/leonhard_nelson/ (16.7.2014); Antispe Tübingen, *Ein Gespenst geht um, das Gespenst des Antispeziesismus*, 27.7.2010, http://asatue.blogsport.de/2010/07/27/ein-gespenst-geht-um-das-gespenst-des-antispeziesismus/ (14.6.2011); Witt-Stahl, Susann, *Leonhard Nelson: Gerechtigkeit für die Allerwehrlosesten*, www.vebu.de/menschen/verdienstvolle-vegetarier/102-leonhard-nelson-1882-1927 (16.7.2014). Im ersten Sammelband der neuen Tierrechtsbewegung war eine ganze Passage von Nelson abgedruckt. In: Nelson, Leonhard, *Duties to Animals*, in: Godlovitch/Godlovitch/Harris (Hg.), *Animals, Men and Morals*, S. 149 ff.

160 Nelson, *Duties*, S. 149 ff.

161 Nelson, Leonhard, *Der liberale Sozialismus. Franz Oppenheimers revolutionäre Lehre*, in: Heydorn, Heinz-Joachim (Hg.), *Leonard Nelson: Ausgewählte Schriften*, Frankfurt am Main / Köln 1974, S. 184 ff.

162 Nelson, Leonhard, *Führer-Erziehung als Weg zur Vernunft-Politik*, Leipzig 1922, S. 13, S. 18.

163 Oppenheimer, Franz, *Freiland in Deutschland*. Berlin 1895; Oppenheimer, Franz, *Der Ausweg. Notfragen der Zeit*, zweite Auflage, Jena 1919, S. 65 ff. Rude schreibt, Oppenheimer habe »Sozialismus mit Mitteln des Liberalismus einführen« wollen und sei für einen liberalen Sozialismus eingetreten, ohne zu definieren, was mit den Begriffen gemeint sein soll. Wenn mit Sozialismus bloß bürgerliche Sozialreform gemeint wäre, hätte Rude recht. In: Rude, *Antispeziesismus*, S. 82, S. 124.

164 Nelson, Leonhard, *Die bessere Sicherheit. Ketzereien eines revolutionären Revisionisten*, in: Heydorn (Hg.), *Ausgewählte Schriften*, S. 189 ff.

165 Nelson, Leonhard, *Über Rechtsgesetz und Rechtszustand*, in: Heydorn (Hg.), *Ausgewählte Schriften*, S. 168; Nelson, Leonhard, *Über die Verwirklichung des Rechtszustandes*, in: Heydorn (Hg.), *Ausgewählte Schriften*, S. 171 ff.; Nelson, Leonhard, *Der Kampf um das Recht*, in: Heydorn (Hg.), *Ausgewählte Schriften*, S. 241.

166 Weigel, Bjoern, *Fries, Jakob Friedrich*, in: Benz, Wolfgang (Hg.), *Handbuch des Antisemitismus*, Band 2.1; S. 256 f.; Kratz, Peter, *Vom Antisemitismus zur Homophobie*, Berlin 2003, http://bifff-berlin.de/IfSw4.htm (12.12.2011); Dierks, *Judenfrage*, S. 11, S. 48, S. 50; Fries, Jakob, *Über die Gefährdung des Wohlstands und des Charakters der Deutschen durch die Juden*, Heidelberg 1816.

167 Nelson, Leonhard, *Handeln als Pflicht* (1916), in: Heydorn (Hg.), *Ausgewählte Schriften*, S. 242 f.; Nelson, Leonhard, *Ethischer Realismus* (1921), in: Heydorn (Hg.), *Ausgewählte Schriften*, S. 262; Nelson, *Führer-Erziehung*, S. 13, S. 20 ff., S. 26.

168 Rude, *Antispeziesismus*, S. 122, S. 126; S. 128. Rude schreibt, der ISK habe »für einen Sozialismus« gekämpft, wobei er wiederum wie bei Oppenheimer nicht erklärt, was darunter zu verstehen ist. In: Rude: *Antispeziesismus*, S. 187. Haselbach, Dieter, *Franz Oppenheimer. Soziologie, Geschichtsphilosophie und Politik des »Liberalen Sozialismus«*, Opladen 1985, S. 146 ff.; Eichler, Willi, *Leonard Nelson zum 50. Geburtstag*, in: Der Funke. Zeitschrift des ISK, 12.7.1932.

169 Wallat, Hendrik, *Die Tiere als Hüter der Menschlichkeit*, in: Zeitschrift für kritische Theorie 32/33, 2011, S. 186 ff.

170 Horkheimer, Max (Pseudonym Heinrich Regius), *Dämmerung*, Zürich 1934, S. 132 f.

171 Adorno/Horkheimer, *Dialektik*, S. 291.
172 Adorno/Horkheimer, *Dialektik*, S. 284.
173 Rude, Matthias, *Tiere und Emanzipation*, in: Streifzüge 59/2013, S. 15; Zuckermann, Moshe, *Mensch und Tier. Anmerkungen zur Zivilisationstragik*, in: Witt-Stahl (Hg.), *Das steinerne Herz*, S. 15 ff.
174 Zuckermann, *Mensch und Tier*, S. 19.
175 Bündnis Marxismus und Tierbefreiung, *Marxismus und Tierbefreiung – Thesenpapier*, Januar 2017, www.assoziation-daemmerung.de/wp-content/uploads/2017/01/MuTb-TP_Broschuere_HP.pdf (16.4.2018), S. 10 ff.
176 Ebd., S. 13.
177 Ebd., S. 27, S. 33, S. 37.
178 Ebd., S. 30.
179 Begriffe der Marxschen Kritik der politischen Ökonomie werden zumindest widersprüchlich verwendet, etwa wenn das Tier einmal als Ressource bezeichnet wird, dann als Produktivkraft, die Milch gibt und schließlich als Produzent von Mehrwert. Dabei liefert das Tier Rohstoffe, wenn es gemolken oder geschlachtet wird, es ist eine Produktivkraft, wenn es den Pflug zieht. Die Produktion von Mehrwert hat Marx jedoch der menschlichen Arbeitskraft vorbehalten. In: Herrschaftskritische AntispeziesistInnen Hannover: *Die marginale Thematisierung des Herrschaftsverhältnisses zwischen Mensch und Tier in der Linken*, 2006 (Archiv PB). Bedenklich wird es, wenn Rinas zustimmend aus dem Tierrechtler*innen-Blatt Voice zitiert, das für eine Tauschwirtschaft ohne Zins und Zinseszins warb. Solche Ideen stammen aus der Freiwirtschaft und/oder der Propaganda der Nationalsozialisten, sie sind anschlussfähig für antisemitische Strömungen. Insofern ist es durchaus konsequent, wenn Rinas auf Pierre-Joseph Proudhon verweist. In: Rinas, *Postmoderne*, S. 138; Portman, Werner, *Proudhon und das Judentum, ein kompliziertes Verhältnis*, in: Mümken, Jürgen / Wolf, Siegbert (Hg.), *Anarchistische Positionen zu Antisemitismus, Zionismus und Israel*, Lich 2013, S. 37 ff.
180 Schneider hat auf der Grundlage von Überlegungen Foucaults eine hervorragende Untersuchung eugenischen Denkens erarbeitet. In: Schneider, Christoph, *Das Subjekt der Euthanasie. Transformation einer tödlichen Praxis*, Münster 2011.
181 Hewera, Birte, *»Das System ist alles. Der Mensch nichts. Die Wirklichkeit ist – wenig«. Jean Amery und der Strukturalismus*, in: Gruber, Alex / Lenhard, Philipp (Hg.), *Gegenaufklärung. Der postmoderne Beitrag zur Barbarisierung der Gesellschaft*, Freiburg 2011, S. 74.
182 Behrens, Roger, *Deine Partner mit der kalten Schnauze*, in: Jungle World 24/2013.
183 Ruttner, Florian, *Der Mythos des Radikalen*, in: Gruber/Lenhard (Hg.), *Gegenaufklärung*, S. 103 ff.
184 Hewera, *System*, S. 65 ff.; Mümken, Jürgen, *Anarchismus in der Postmoderne*, Frankfurt am Main 2005, S. 15; Bookchin, *Reenchanting*, S. 172 ff.
185 Petrus, *Tierrechtsbewegung*, S. 8; Franzinelli, *Antispeziesistisches Plädoyer*; Mütherich, *Mensch-Tier-Beziehung*, S. 9, S. 16 f., S. 210. Rogausch betont im Gegensatz zu idealistischen Auffassungen, dass historisch zuerst eine »soziale Hierarchie« zwischen Menschen und Tieren existiert habe. Die Vorstellung vom Unterschied, von der Differenz, sei erst später entstanden als »post hoc Rechtfertigung für Unterdrückung«. In: Rogausch, *Tierliebe*, S. 365 ff.
186 Orga-Team, *Aufruf zum Antispe-Kongress im August 2008 in Hannover*, http://kongress.antispe.org/?page_id=31 (6.8.2008). Ähnlich: Franzinelli, *Antispeziesistisches Plädoyer*; Trang, *Tier*, S. 6 ff.

187 Herrschaftskritische AntispeziesistInnen Hannover, *Herrschaftsverhältnis*.

188 Trang zieht gar eine Linie von Kant zu Hitler. Das Tier diene dem Menschen als negative Projektionsfläche und Repräsentant für das Minderwertige, auf das negative Eigenschaften projiziert würden, wie auf Schwarze und Juden. Das Tier werde mit einer niederen Natur gleichgesetzt ähnlich wie in Europa einst die Frau. Diese Konstruktion sei »einfach anthropozentrischer Größenwahn« und beginne mit der antiken griechischen Philosophie und der Bibel. Kant habe den Menschen durch seine Vernunft vom vernunftlosen Tier unterschieden. Kants Ablehnung der Tierquälerei jedoch »resultiert nicht aus der Sorge um das Wohlergehen der ›Tiere‹, sondern um die Sittlichkeit des Menschen, der durch Grausamkeit den anderen Tieren gegenüber zu verrohen droht. Eine Argumentation, die in Himmlers Posener Rede gipfelte.« Der SS-Führer hatte 1943 vor Offizieren über die Massenmorde an den Juden gesprochen und seine Männer gelobt, weil diese dabei »anständig« geblieben wären (Trang, *Tier*, S. 9).

189 Antispe Tübingen, *Gespenst*, 27.7.2010. Das Nelson-Zitat findet sich auch bei Franzinelli. In: Franzinelli, *Antispeziesistisches Plädoyer*. Rude wiederum zitiert aus Nelsons »System der philosophischen Rechtslehre und Politik« (1924) folgende Passage: Menschen können sich zusammenschließen und vermittelt durch Sprache ihre Rechte allmählich durchsetzen, die »Möglichkeit solcher Selbsthilfe (ist) den Tieren versagt, und es bleibt daher allein der Gerechtigkeit der Menschen überlassen, wie weit diese von sich aus die Rechte der Tiere achten wollen.«. In: Rude, *Antispeziesismus*, S. 124. Singer hatte in »Animal Liberation« geschrieben: »Hinzu kommt, dass sich die Tiere nicht selber zu einer Protestbewegung formieren und für ihre eigene „Befreiung« kämpfen können – ein vielleicht triviales Faktum, das aber doch nicht zu unterschätzen ist, denn: »Je weniger eine Gruppe in der Lage ist, sich organisiert gegen ihre Unterdrückung zu wehren, desto leichter wird sie unterdrückt.«. In: Singer, *Tierbefreiung*, S. 13.

190 Antispe Tübingen, *Gespenst*.

191 Benton, Ted, *Natural Relations. Ecology, Animal Rights and Social Justice*, London 1993, S. 93.

192 The Combahee River Collective, *Ein Schwarzes feministisches Statement* (1977), in: Kelly, Natasha A. (Hg.), *Schwarzer Feminismus. Grundlagentexte*, Münster 2019, S. 49–62.

193 Crenshaw, Kimberlé, *Das Zusammenrücken von Race und Gender ins Zentrum rücken. Eine Schwarze feministische Kritik des Antidiskriminierungsdogmas, der feministischen Theorie und antirassistischer Politiken*, in: Kelly, Natasha A. (Hg.), *Schwarzer Feminismus. Grundlagentexte*, Münster 2019, S. 145 ff.; Viehmann, Klaus, *Drei zu eins. Klassenwiderspruch, Rassismus und Sexismus*, in: Projektgruppe (Hg.), *Metropolen(gedanken) & Revolution*, Berlin 1991.

194 Crenshaw, *Zusammenrücken*, S. 146 ff., S. 160, S. 163.

195 Gamerschlag, *Unity Of Oppression*; Rinas, *Postmoderne*, S. 148.

196 Radikale Antipatriarchale TierrechtlerInnen (RAT), *Durch Wände sehen - ein Kritik am Triple-Oppression Ansatz*, in: Interim 320, S. 24.

197 RAT, *Wände*, S. 25.

198 Marx, Karl / Engels, Friedrich, *Manifest der Kommunistischen Partei* (1848), in: MEW 4, S. 464.

199 Maria Mies schildert, wie sich solche Strukturen in Indien in der zweiten Hälfte des 20. Jahrhunderts noch verschärften, je mehr die Menschen in die Warenökonomie einbezogen wurden. In: Mies, *Patriarchat*, S. 185 ff.

200 Schumpeter, Joseph A., *Kapitalismus, Sozialismus und Demokratie*, Bern 1950, S. 134 ff.

201 Gamerschlag: *Unity Of Oppression.*

202 Kistenmacher, Olaf, *Zugleich »weiß« und »nichtweiß«. Kritik des Intersektionalismus*, in: Jungle World 6/21.

203 Peinlich wird es, wenn Andreas Kemper und Heike Weinbach die Klassentheorie von Marx oder Bourdieu verwerfen, nicht weil sie die besseren Argumente hätten, sondern weil beide der Mittel- und Oberschicht angehörten. »Ihre Bedeutung und ihre Begriffe für Wissenschaft, Forschung und Philosophie wurden in einem Herrschaftssystem, das klassenstrukturiert ist, konstituiert«. Sämtliche Theorien, auch die des Feminismus, des Antirassismus, der Intersektionalität oder des Klassismus entstehen nicht im luftleeren Raum, sondern in einer Klassengesellschaft, werden (teilweise) von der Wissenschaft anerkannt, von Akademiker*innen wie Crenshaw und mitunter sogar von weißen Männern formuliert. Hingegen verzichten Kemper und Weinbach ausdrücklich auf Begriffsklärung und Klassenanalyse: »Es geht in erster Linie um die Beschreibung der Phänomene von Klassismus und die Sensibilisierung für neue Sehweisen, weniger um begriffliche Schärfe und starre Definitionen.«. In: Kemper, Andreas / Weinbach, Heike, *Klassismus. Eine Einführung*, Münster 2020, dritte Auflage, S. 16 f. Bereits in der Einleitung freuen sich die Autor*innen darüber, dass »auch in der Antidiskriminierungsstelle des Bundes [...] Klassismus als Problem diskutiert [wird]« (S. 8). Vermutlich wird der Bundesverband der deutschen Industrie demnächst eine Ombudsstelle gegen Klassismus einrichten, damit es bei der Mehrwertproduktion fair und ohne Diskriminierungen abgeht.

204 Knapp, Gudrun-Axeli, *Intersectionality – ein neues Paradigma feministischer Theorie? Zur transatlantischen Reise von »Race, Class, Gender«*, in: Feministische Studien 1/2005, S. 68 ff.

205 Peta Deutschland e.V., *Über Peta*, www.peta.de/ueberpeta/ (26.3.21); Roscher, *Königreich*, S. 405 ff.; Finsen/Finsen, *Animal Rights*, S. 76 ff.; Peta, Mission Statement, www.peta.org/about-peta/ (6.4.22).

206 Peta Deutschland e.V., *Über Peta*, www.peta.de/ueberpeta/ (26.3.21).

207 »We're in the business, figuratively spoken, of selling compassion, of getting people to change life-styles and become more civilized.«. Zitiert bei Finsen/Finsen, *Animal Rights*, S. 80.

208 Newkirk, Ingrid, *Why we euthanize*, 1.2.2012, www.peta.org/blog/euthanasia/ (26.3.2021).

209 Peta Deutschland, *Peta tötet Tiere?! Machen Sie sich Ihr eigenes Bild! Die Hintergründe zur PR Kampagne der Fleischindustrie*, www.peta.de/petatoetettiere (17.7.2014).

210 Peta Deutschland, *Peta stellt Kampagne »Holocaust auf Ihrem Teller nicht ein«*, 23.3.2004, www.peta.de/peta-stellt-kampagne-holocaust-auf-ihrem-teller-nicht-ein-einstweilige (14.4.2018).

211 Peta Deutschland, *Kritikpunkt: Petas »Holocaust auf dem Teller«-Kampagne ist antisemitisch*, 15.12.2011, www.peta.de/petas-holocaust-auf-dem-teller-kampagne-ist-antisemitisch (14.4.2018).

212 Newkirk, Ingrid, *PETA apologizes for Holocaust comparisons*, 13.5.2005, www.jweekly.com/2005/05/13/peta-apologizes-for-holocaust-comparisons/ (26.3.21).

213 Pilgrim, *Zehn Gründe*, S. 111 f.

214 Redaktion, *Diskutiert mit!* in: Animal Peace (Hg.), *Recht für Tiere* 2/1994, S. 21 ff.; Kaplan, Helmut, *Tiere haben Rechte. Argumente und Zitate von A-Z*, zweite Auflage, Erlangen 2002, S. 33, S. 37; Kaplan, Helmut, *Geleitwort*, in: Haferbeck/Wieding, *Operation Tierbefreiung*, S. 10 ff.

215 Redaktion, *Keine Kaplan-Kolumne mehr*, in: Tierbefreiung Aktuell 3/1997.
216 Kaplan, Helmut, *Tierrechte und Ethik. Im Gespräch mit Helmut F. Kaplan*, in: Umwelt & Aktiv 2/2010, S. 24 ff. Das Interview mit Kaplan wurde auch auf der Homepage fahnentraeger.com abgedruckt. Außerdem gab es ein längeres Interview mit Alpenparlament TV, in dem die Formulierung, der Holocaust werde jeden Tag wichtiger, auftaucht. In: http://kritische-tiermedizin.de/2012/Kaplan.html (14.4.2018).
217 Bork, Sonja, *Vom Tierschutz zum Tierrecht*, in: Emma Januar/Februar/1994, S. 37.
218 Walden, Sina, *Menschen sind auch Tiere*, in: Emma Januar/Februar/1994, S. 68.
219 Bork, *Tierrecht*, S. 37.
220 Adams, *Meat*, S. 68.
221 AG des Hamburger Tierbefreiungstreffens, *Petas Kampagne »Der Holocaust auf Ihrem Teller« – Eine Kritik aus der Tierbefreiungsbewegung*. www.tierrechts-aktion-nord.de/texte/peta_kritik.html (14.4.2018).
222 Rude, *Antispeziesismus*, S. 173; Antispe Tübingen, *Gespenst*.
223 Witt-Stahl, Susann, *Niemals zurückweichen*, in: Junge Welt, 30.12.2015; Witt-Stahl, Susann, *»... irgendwie sehr, sehr antisemitisch«*, in: Neues Deutschland, 7.6.2008.
224 Tierschutz-Aktiv-Nord, *Aasfrass und die Revolution?*, Flugblatt, undatiert, die Schreibweise entspricht dem Original (Archiv PB).
225 Tierrechts-Aktion-Nord, in: Witt-Stahl, Susann (Hg.), *Das steinerne Herz*, S. 379 f.
226 Tierrechts-Aktion-Nord, *Stellungnahme von TAN zu Instinkt und Im Rausch der Tiefe*, in: Interim 321, 6.2.1995. Ökofeministische Tierrechtlerinnen lehnen solche Zugeständnisse ab. Sie kritisieren Jagd als Teil des männlichen Selbst in einer patriarchalen Gesellschaft, die es zu überwinden gelte. In: Kheel, *License to Kill*, S. 85 ff.
227 Tierrechts-Aktion-Nord, in: Witt-Stahl, Susann (Hg.), *Das steinerne Herz*, S. 380.
228 »Die Menschen selbst fangen an, sich von den Tieren zu unterscheiden, sobald sie anfangen, ihre Lebensmittel zu produzieren.« In: Engels, Friedrich, *Der Anteil der Arbeit an der Menschwerdung des Affen* (1876), MEW 20, S. 451.
229 Witt-Stahl, Susann, *Editorial*, in: Witt-Stahl, Susann (Hg.), *Das steinerne Herz*, 2007, S. 7 f.
230 Tierrechts-Aktion-Nord, *Well adjusted People. Die »autonome« Szene auf dem rechten Weg der bürgerlichen Gesellschaft*, Diskussionsveranstaltung, Hamburg 2009.
231 Assoziation Dämmerung, *Gesellschaftstheorie, Ideologiekritik und Klassenkampf*, August 2011, www.assoziation-daemmerung.de/gesellschaftstheorie-ideologiekritik-und-klassenkampf/ (20.4.2018).
232 Walden, Sina, *Der verbotene Vergleich*, in: Tierbefreiung 43/2004.
233 Witt-Stahl, Susann, *Auschwitz liegt nicht am Strand von Malibu und auch nicht auf unseren Tellern. Kritische Anmerkungen zum KZ-Vergleich*, in: Tierbefreiung 43/2004.
234 Witt-Stahl, Susann, *Das Tier als der »ewige Jude«. Ein Vergleich und seine Kritik als Ideologie*, in: Witt-Stahl (Hg.), *Das steinerne Herz*, S. 279.
235 Witt-Stahl, *Das Tier als der »ewige Jude«*, S. 292.
236 Ebd., S. 283.
237 Ebd., S. 284.
238 Ebd., S. 286.
239 Ebd., S. 287.
240 Ebd., S. 297.
241 Witt-Stahl verwarft auch neuere theoretische Ansätze, Antisemitismus und Faschismus zu begreifen, etwa Zeev Sternhells These vom hohen Stellenwert der Ideologie für Motivation und Handeln der Faschisten, aber auch Moishe Postones Versuch,

Antisemitismus als notwendig falsches Bewusstsein von Menschen in einer kapitalistischen Gesellschaft zu verstehen. In: Witt-Stahl, Susann / Sommer, Michael, *Hayek oder Holzhacken*, in: Junge Welt, 23.10.2012.

242 Goldner, Colin, *Tierrechte und Esoterik. Eine Kritik*, in: Witt-Stahl (Hg.), *Das steinerne Herz*, S. 261.

Epilog

Weder die Tierbewegung noch der Vegetarismus sind exklusiv einem politischen Spektrum zuzuordnen, das zeigt der historische Rückblick. Sie sind weder das Steckenpferd aufgeklärter Säkularist*innen, bürgerlicher Liberaler oder braungrüner Ökofreaks, aber auch nicht die Erfindung von Antisemit*innen und Faschist*innen. Der Kampf gegen die »Tierhölle«, von der Horkheimer sprach, hat durchaus Wurzeln in der Geschichte emanzipatorischer Bewegungen, aber es gibt Anknüpfungspunkte für rechte Tendenzen. Und entgegen einer häufig anzutreffenden Tierrechtler*innen-Doktrin gingen Vordenker wie Jeremy Bentham, Henry Salt, Leonhard Nelson oder heute Tom Regan doch von großen Unterschieden zwischen Mensch und Tier aus. Die meisten betonten die Vernunftbegabtheit des Menschen.

Der Überblick über Theorien, Konflikte und Gemeinsamkeiten zeigt allerdings, dass Peter Singer nicht der einzige mit menschenfeindlichen Ansichten ist. Das Mitgefühl Schopenhauers basierte auf Judenhass, Nelson war ein autoritärer Guru, Tom Regan würde notfalls behinderte Menschen opfern. Immer wieder findet sich die Unterstellung, Tierquälerei sei eine jüdisch-christliche Spezialität – der KZ-Vergleich ist notorisch. Die Gleichsetzung der Verbrechen der Nationalsozialisten mit der Massentierhaltung ist die durchaus logische Konsequenz, wenn Unterschiede zwischen Mensch und Tier geleugnet werden, wenn Tierrechtler*innen die Artgrenze für Willkür halten, ein Konstrukt, erfunden um die Haltung, Nutzung und Schlachtung von Tieren zu rechtfertigen.

Linke Tierrechtler*innen bemühen Adorno und Horkheimer, um sich ein theoretisches Fundament zu verschaffen. Das ist nicht verkehrt, sofern nicht geleugnet wird, dass beide stets auf dem Unterschied beharrten. »Am Tier könnte man lernen, was Glück ist«, äußerte Adorno in einer Diskussion über Theorie und Praxis, nämlich – »rien faire comme une bête«, wie es in den »Minima Moralia« heißt – nichts tun müssen wie ein Tier, womit aber gerade eine Differenz benannt ist.[1] »Zum Subjekt wird das Individuum, insofern es Kraft seines individuellen Bewußtseins sich objektiviert, in der Einheit seiner selbst wie in der seiner Erfahrungen: Tieren dürfte beides versagt sein«, schrieb Adorno.[2] In ihrer Sinnlichkeit, ihrer Freude und ihrem Leiden sind Tiere ihren vernunftbegabten Verwandten innig verbunden, stellt Hendrik Wallat fest. Aber eben diese Vernunftbegabung fehlt Tieren. Die unendliche Gewalt, die ihnen angetan werde, könne darum schwerlich als Herrschaftsverhältnis bezeichnet werden, weil außer dem Menschen kein Tier bekannt sei, das über das Freiheitsvermögen der Vernunft verfügt.[3]

Verbunden mit dem Vorwurf des Speziesismus ist häufig der des Anthropozentrismus, dass sich der Mensch als Herr der Welt begreift, als das Wesen, um das das Universum kreist, der die Maßstäbe setzt. Dieser Vorwurf ist teilweise berechtigt, teilweise unsinnig. Selbstverständlich kreist die Welt nicht um den Menschen, aber in gewisser Hinsicht ist der Mensch Herr der Welt, mit zweifelhaften Resultaten. So meint etwa der Begriff des Anthropozäns, dass der Mensch in den vergangenen zweihundert Jahren die ökologischen Bedingungen auf diesem Planeten durch Monokulturen, fossile Verbrennungsprozesse und chemische Substanzen fundamental verändert hat, mit destruktiven und potentiell selbstzerstörerischen Konsequenzen.[4] Bereits Friedrich Engels hatte gewarnt, der Mensch sollte sich der Siege über die Natur nicht zu sehr rühmen, denn oft seien Verwüstungen und Zerstörungen die Folge. Wir würden im Gegenteil ständig daran erinnert, dass wir die Natur nicht beherrschen, »sondern daß wir mit Fleisch und Blut und Hirn ihr angehören und mitten in ihr stehen«. Allerdings betonte auch Engels die Sonderstellung des Menschen. Im Unterschied zu allen anderen Geschöpfen seien wir in der Lage, die Gesetze der Natur zu erkennen und anzuwenden.[5] Und kein anderes Wesen wäre in der Lage, die Biosphäre des Planeten zu zerstören.

Wir betreiben Ökologie als analytische Naturwissenschaft, die Wirkungsweisen zwischen Menschen, Tieren, Pflanzen, Bakterien und Viren, organischen und anorganischen Substanzen, Klima, Wasser und Luft beschreibt. Eine ökologische Kritik der politischen Ökonomie zeigt, dass Marktwirtschaft in Kombination mit industriellen Produktivkräften die Erde in einen Wüstenplaneten verwandelt. Die große Aufgabe lautet daher, den Stoffwechselprozess des Menschen mit der Natur so zu gestalten, dass alle Menschen auf der Grundlage modernster Technik ein angenehmes Leben jenseits materieller Not führen können, ohne die Biosphäre zu zerstören. Dazu allerdings muss der Kapitalismus überwunden werden.

Unsinnig ist der Vorwurf des Anthropozentrismus im erkenntnistheoretischen Sinn: Wir können nicht aus unserer Haut fahren und uns in andere Lebewesen hineinversetzen oder einen archimedischen Standpunkt jenseits von Mensch und Tier einnehmen.[6] Selbstverständlich können wir das Verhalten von Tieren, ihre Fähigkeiten und Möglichkeiten untersuchen. Dabei ist es nicht ohne Ironie, dass Tierrechtler*innen die Ergebnisse von Tierversuchen heranziehen, um ihre Positionen zu begründen. Allerdings vergeblich: Manche Schimpansen lernen in jahrelanger Gefangenschaft einige tausend Wörter der menschlichen Sprache zu begreifen, was als Argument dafür herhalten muss, dass zwischen menschlichen und nichtmenschlichen Primaten keine Unterschiede existieren sollen. Ob aber diese Schimpansen leiden, ob allein schon durch das Setting die Forschungsergebnisse beeinträchtigt werden und was das über Artgenossen in freier Wildbahn besagt, solche moralischen und methodischen Fragen stellen sich Tierbefreier*innen selten.

Die lange Tradition, menschliche Eigenschaften, Fähigkeiten, Hoffnungen und Wünsche erst auf Tiere zu projizieren, um daraus scheinbar unwiderlegliche Beweise über die Natur des Menschen oder Rechtfertigungen für hierarchische Strukturen menschlichen Zusammenlebens zu destillieren, bringt Verfechter*innen des Posthumanismus nicht in Verlegenheit.[7] Unser Blick auf Tiere ist immer und unvermeidlich durch menschliche Vorstellungen bestimmt. Das Tier sei in einem Dazwischen angesiedelt, zwischen Sonntagsbraten und Schoßhund, puritanisches Zelluloid-Bambi oder ökologisch wichtige Waldameise, schreibt Silvia Bovenschen. Allen wissenschaftlichen Erkenntnissen zum Trotz bleibe das »Moment des Unbekannten«, weswegen sich Tiere hervorragend als »metaphorischer Joker« eignen und sich das »Projektionskarussell« immer weiterdreht.[8]

Solange dabei aus dem Reh ein Bambi und ein Insekt zur Biene Maja wird, mag es harmlose Unterhaltung sein. Amüsant ist dabei eine gewisse Beliebigkeit: So galt die Eule in Europa bis in die Neuzeit als Symbol der Dummheit, heute wird sie mit Weisheit assoziiert. Aber schon in Brehms Tierleben scheinen deutsche Sekundärtugenden auf: Der Hund avanciert zum treuesten Freund des Menschen, das Pferd wird zum idealen Gefährten auf dem Schlachtfeld, das ruhig und still den Heldentod erleidet. Schließlich werden menschliche gesellschaftliche Strukturen auf Tiere projiziert, wie in der Rede vom Ameisenstaat, von der Bienen- oder Wespenkönigin, vom Alphatier oder dem Führer und seinem Rudel und im Umkehrschluss als Beweis für die Natürlichkeit von autoritären Strukturen verwandt.

Das Tier stellt etwas Anderes dar, weil sein Inneres, sein Wesen für Menschen letztlich nicht begreifbar ist, wie schon Darwin erkannte. Daraus folgt nicht automatisch Massentierhaltung und Tierquälerei, daraus ließe sich auch das Gegenteil ableiten, aus Respekt vor dem Anderen.[9] Wallat dreht sogar den Spieß um: ein Antispeziesismus, der den Mensch als Gleicher unter Gleichen auffasst, könnte gar nicht begründen, warum sich der Mensch nicht das Lamm schmecken lassen sollte wie der Löwe die Antilope.[10] Der Begriff des Speziesismus analog zu Rassismus ist falsch: Es gibt gute Gründe, Menschen von Tieren zu unterscheiden, aber keinen einzigen, Menschen in verschiedene Rassen zu sortieren.

Auch die Vorstellung, die abendländische oder gar die Menschheitsgeschichte sei von einem Dualismus zwischen Männern sowie Tieren und Frauen als den Anderen geprägt, den erst postmoderne Feministinnen dekonstruiert hätten, hält der Empirie nicht stand. Schon weil Frauen, Menschen mit stärkerer Hautpigmentierung oder die Natur keineswegs die einzigen »Anderen« waren und sind. Aus der Perspektive herrschender und privilegierter Männer fallen auch die meisten ihrer Geschlechtsgenossen in diese Kategorie. Die meisten alten weißen Männer in Europa und Nordamerika sind Lohnabhängige, ihre Klassenlage verurteilt sie dazu, im Durchschnitt einige Jahre früher zu sterben als die Eigentümer*innen der Produktionsmittel.[11] Oft zogen die Dichter und Denker die Grenzen ganz anders: Schopenhauer war Tierfreund, Antisemit und Frauenhasser, der utopische Sozialist Charles Fourier setzte sich für die Emanzipation der Frauen ein und machte sich über die Umwelt Gedanken, hatte aber für Tiere wenig übrig.[12] Darwin war aus heutiger Perspektive ein Sexist und Rassist, auch wenn er die Sklaverei ablehnte und gegen Tierquälerei eintrat. Haeckel schmähte männliche wie weibliche sogenannte Aboriginies, Papuas, Buschmänner, Hottentotten als »affenähnliche(n) Menschenformen«. Die am höchsten entwickelten Säugetiere und Vögel wären solchen »niederen Menschenrassen« überlegen.[13]

Sicher werden Beobachtungen und Tierversuche noch viele Verhaltensweisen dokumentieren, die als menschenähnlich interpretiert werden können. Doch handelt es sich allenfalls um Analogien. Was den Menschen auszeichnet, ist ein überlegener Intellekt, schreibt der Anthropologe und Primatenforscher Frans de Waal.[14] Der Mensch verfügt über die Fähigkeit, die Welt theoretisch und praktisch zu erfassen und zu verändern.[15] Menschen können ihr Handeln im Voraus planen und die Resultate ideell vorwegnehmen, im Prozess der Arbeit wird aus der Idee Realität. Wenn Affen Stöcke und Steine als Hilfsmittel benutzen oder einfache Werkzeuge herstellen, ist das kein Widerspruch. Das verweist auf einen langen evolutionären Prozess mit unzähligen Zwischenstufen, in denen sich Menschen und Affen zu unterschiedlichen Wesen mit verschiedenen Fähigkeiten entwickelten.

Zumindest für die wichtigsten sogenannten Nutztiere gilt, dass es sich um »von Menschen mit Hilfe von Wissenschaft und Technik hergestellte Artefakte« handelt, wie die Tierrechtsaktivistin Friederike Schmitz schreibt.[16] Kaum bestreiten lässt sich, dass es noch keine Befreiungsbewegung von Tieren gegeben hat, im Unterschied zu den vielen Kämpfen von Menschen. Tiere stellen »keine politische Kraft dar«, schreibt Corine Pelluchon.[17] Die Geschichte verzeichnet Menschen wie Spartakus; einen Schimpansen Caesar, der Affen zum Aufstand geführt hätte, gibt es nur im Film. Allein das verweist auf grundlegende Differenzen zwischen Mensch und Tier. Darum schließen sich Tiere nicht zu einer Tierrechts- oder Tierbefreiungsbewegung zusammen, diese Bewegungen bestehen vielmehr aus Zweibeiner*innen, die einen Stellvertreterkampf führen.[18] Um es mit Adorno zu sagen: »Die Menschen machen alles viel entsetzlicher als die Tiere, aber der Gedanke, daß es anders sein könnte, ist doch erst den Menschen gekommen«.[19] Der Mensch ist eine Spezies mit qualitativ neuen Fähigkeiten, mit Geschichtsbewusstsein, in der Lage die eigenen und eben auch die Lebensbedingungen anderer Arten zu verändern und über diese Kapazitäten praktisch und moralisch zu reflektieren.[20] Ohne diese besonderen Fähigkeiten gebe es weder Tierschutz, noch Tierrechte oder Tierbefreiung in Theorie und Praxis.

Als deren Fundament genügen Mitgefühl und Mitleid, basierend auf Reflexion und Unterscheidung zwischen mir und anderen Lebewesen.[21] Es reicht, die Leidensfähigkeit anzuerkennen, um Missbrauch und Quälerei zu bekämpfen. Bentham verwarf deshalb die Frage, ob Tiere Sprache und Verstand haben, als unerheblich. Ähnlich argumentieren heute Theoretiker*innen wie Francione, oder Sapontzis.

Die Tierhölle, die Horkheimer als Basis der globalen menschlichen Ausbeutungs- und Herrschaftspyramide beschrieben hat, muss beseitigt werden.[22] Wem es damit ernst ist, muss vor allem die Massentierhaltung angreifen. Das ist die zentrale Aufgabe. Betroffen sind etwa 98 Prozent aller Tiere, die von Menschen gehalten werden. Nur zwei Prozent sind Versuchs-, Zoo- oder Haustiere.[23] Weltweit werden pro Jahr etwa 56 Milliarden Tiere für den menschlichen Konsum getötet, 90 Prozent davon sind Hühner. Fische und andere Wassertiere sind in dieser Bilanz noch nicht enthalten. Die Tendenz ist steigend: Der Verbrauch soll sich bis 2050 verdoppeln.[24] Der Kampf gegen die Tierindustrie und die Massentierhaltung ist schon deshalb unerlässlich, um den Ausstoß von klimaschädlichen Gasen zu reduzieren, die Verschmutzung und Zerstörung von Trinkwasser und Böden zu beenden und Raum für eine ökologische Landwirtschaft zu schaffen, die alle Menschen mit gesunden Lebensmitteln versorgen kann.

Das verlangt eine Agrarrevolution, die die Tierhaltung um 80 bis 90 Prozent reduziert, so dass im Wesentlichen eine extensive Weidewirtschaft übrigbleiben würde. Das geht nicht ohne drastische Reduktion des Fleischverbrauchs, die dem Autor dieser Zeilen nicht leichtfällt. Der Speiseplan muss geändert werden – aber das genügt nicht. Veganismus kann zum Lifestyle verkommen und damit zu einer Quelle des Profits werden, wie an der gegenwärtigen Vermarktung zu sehen ist.

Der individualistische Ansatz der Tierrechte, der auch bei Regan viele Arten wie Insekten oder Reptilien ausschließt, läuft Gefahr, Themen wie den Artenschutz zu übergehen. Benton hat zu Recht darauf hingewiesen, dass die Koevolution und wechselseitige Abhängigkeit von Menschen und Tieren ins Auge gefasst werden müssen. Universale Rechte reichen nicht. Es müssen auch die Aspekte menschlichen Handelns einbezogen werden, die nicht einzelne Tiere direkt betreffen, wie im Versuchslabor, sondern sehr viele. Das gilt für Bauprojekte wie Siedlungen, Gewerbe- oder Straßenbauten, ebenso wie den Ackerbau. Dabei kommt neben Tierschutz auch das durchaus anthropozentrische Interesse an Diversität und stabilen Ökosystemen zum Tragen. Jede menschliche Maßnahme muss in ihren Konsequenzen für Habitate betrachtet werden. Die betroffenen Tiere sind, wie Benton betonte, nicht Rechtssubjekte, aber ihre Interessen moralisch relevant. Im Konfliktfall müssen die verschiedenen Aspekte und Interessen abgewogen werden.[25] Darum werde man auch in einer Gesellschaft jenseits des Kapitalismus nicht herumkommen, es bleibt die Knappheit der Ressourcen. Und selbst bei einer komplett veganen Ernährung der Menschheit ist keine Zukunft vorstellbar, in der Menschen leben können, ohne auf irgendeine Weise ihre nichtmenschlichen Verwandten zu beeinträchtigen oder zu zerstören.[26]

Die zentrale Aufgabe bleibt, die Hölle der Tierindustrie zu beseitigen. Dafür muss das Produktionsverhältnis Mensch-Tier ins Visier genommen werden: Landwirtschaft, Tierhaltung, Nahrungsmittelproduktion und Ernährung unter modernen kapitalistischen Bedingungen. Das erfordert einen tiefgehenden Eingriff in Machtverhältnisse und Landbesitz. Ein beinharter

Kampf gegen Kapitalinteressen wäre notwendig, die über Menschen- wie Tierleichen gehen, aber auch gegen den Staat als Staat des Kapitals, der hierzulande diese exportorientierte Niedriglohnbranche mit Milliardenbeträgen subventioniert.[27] Genau diese reale Subsumierung der Tiere unter die Maximen der Kapitalverwertung werden von evolutionären Humanist*innen, Naturalist*innen und bürgerlichen Tierrechtler*innen überhaupt nicht in Frage gestellt. Ganz im Gegenteil. Ihr Einsatz für die gequälte Kreatur ist bisweilen laut und schrill, doch nur Pose, denn sie affirmieren kapitalistische Verhältnisse mit Verweis auf die Natur. Solange es dabei bleibt, verkommt der Einsatz für Grundrechte für Menschenaffen zur Alibiveranstaltung.

Schon die Wissenschafts- und Technikgläubigkeit dieser Ansätze ist geeignet, destruktive Tendenzen zu befördern, ihr Fortschrittsoptimismus ist ungebrochen. Adorno und Horkheimer hatten vor einer bloß instrumentellen Vernunft gewarnt, die sich den herrschenden Mächten zur Verfügung stellt. Sie reflektierten auf die Erfahrung des Nationalsozialismus. Viele deutsche und österreichische Wissenschaftler*innen erwiesen sich als willige Helfer*innen des NS-Regimes, nicht wenige mit Begeisterung, mitunter »leicht besoffen« vor Euphorie wie Konrad Lorenz.[28]

Der Biologismus, der diese Szene antreibt, kennzeichnet bürgerliches Denken seit Hobbes. Bei ihm war es Ausdruck von Resignation nach dem englischen Bürgerkrieg, während die Naturalist*innen heute geradezu euphorisch wirken. Die Naturalisierung gesellschaftlicher Verhältnisse erhielt im 19. Jahrhundert durch den Erfolg der Evolutionslehre mächtigen Auftrieb und löste die christliche Religion als Rechtfertigungsideologie für gesellschaftliche Ungleichheit ab. Mit seinen zumindest widersprüchlichen Formulierungen ist Darwin der Stammvater des Sozialdarwinismus und der Soziobiologie. Diese Ideologien rechtfertigen Ausbeutung, Herrschaft und Unterdrückung als »natürlich« und führen in letzter Konsequenz zur Auslese und Ausmerzung von als minderwertig definierten Menschen.[29]

Was die pathetischen Vorstellungen der bürgerlichen Aufklärer in Bezug auf Freiheit, Vernunft und rationales Handeln angeht, so haben bereits Marx und Engels in ihrem Manifest herausgearbeitet, dass der Mensch in der bürgerlichen Gesellschaft nicht Subjekt im Sinne freier Selbstbestimmung sein kann. Es herrscht der stumme Zwang der Verhältnisse. Das Kapital, gezwungen zur Selbstverwertung, zur Akkumulation von immer mehr Kapital, ist der Motor. Die ökonomischen Verhältnisse, die allumfassende Konkurrenz, prägen unser Dasein und Denken, ihre Zumutungen werden wie »selbstverständliche Naturgesetze« akzeptiert.[30] Einen weiteren Schlag erhielt das bürgerliche Selbstbild vom freien, rational handelnden, autonomen Subjekt durch Sigmund Freud, der erkannte, dass unser Denken und Handeln von unbewussten oder halbbewussten emotionalen Regungen bestimmt wird.

Die Marxsche Kritik der politischen Ökonomie und die Psychoanalyse Freuds mögen ihre Grenzen haben, sind allerdings emanzipatorisch, weil sie Grenzen, Zwänge und Deformationen aufzeigen, um sie der Reflexion, dem Handeln und der Veränderung zugänglich zu machen. Sie beharren auf dem Menschen als einem prinzipiell vernunftbegabten Wesen. Der evolutionäre Humanismus zielt hingegen auf Anpassung und Unterwerfung im Namen vermeintlicher Naturgesetze. Gesellschaftliche Verhältnisse werden nicht als menschengemacht und veränderbar, sondern als natürlich, als optimale Anpassung interpretiert. Der Mensch wird zum Roboter, blindes Werkzeug »egoistischer« Gene.

Zwar ist der Mensch ein Naturwesen, begrenzt durch seine physische Beschaffenheit. Größe, Gehirnvolumen, der aufrechte Gang, zwei vielseitig verwendbare Vordergliedmaßen und die Fähigkeit zur Sprache bestimmen unsere Beziehungen zur Welt. Sie bieten einzigartige Möglichkeiten und setzen uns Grenzen. Uns wachsen keine Flügel, wir haben keine Kiemen, wir können ultraviolettes Licht nicht sehen. Aber wir können Beschränkungen überwinden, durch Hilfsmittel, die wir dank unserer Intelligenz schaffen.[31] Denn Menschen sind vor allem lernfähige, kulturelle Wesen, enorm anpassungsfähig, von der Umwelt geprägt, die sie in einem Ausmaß gestalten wie kein anderes Tier, weshalb wir mit Hilfsmitteln im Prinzip auch alle Habitate dieses Planeten bewohnen können.

Das ist die Sicht des Menschen aus der Perspektive eines historisch-kritischen Materialismus, der mit Biologismus wie Positivismus nichts gemein hat.[32] Biologist*innen hingegen verklären die realexistierenden Verhältnisse einer konkurrenzbasierten Gesellschaft als Resultate von Evolution und Arterhaltung und verwerfen damit sozialrevolutionäre Veränderung als unnatürlich, unmöglich und zum Scheitern verurteilt. Einen Fortschritt kann es in dieser reduktionistischen Perspektive nur durch Unterwerfung geben, unter Alphatiere und Naturgesetze, deren immer umfassenderes Verständnis uns zu einer immer grandioseren Technik verhelfen soll.

Zwar behaupten Soziobiolog*innen und evolutionäre Humanist*innen, sie wollten Unterdrückung und Krieg, Hunger und Elend überwinden. Aber sie missverstehen diese als abnormale Phänomene, die mit der bürgerlichen Gesellschaft nichts zu tun haben, sondern aus vormodernen Relikten, überkommenen falschen Vorstellungen, aus Irrationalismus, Aberglauben und Intoleranz herrühren. Schuld seien die Religionen, in erster Linie die abrahamitischen Ausprägungen, also Judentum, Christentum und Islam. Einige führen die Übel historisch auf das Judentum als erster monotheistischer Religion zurück. Antisemitische Deutungen sind dieser Sichtweise immanent.

Als handlungsleitende Überzeugung von Millionen von Menschen sind Christentum und Islam zwar mitverantwortlich für große Verbrechen in der Geschichte der Menschheit, das Gleiche ließe sich jedoch von einigen nicht- oder vorchristlichen, heidnischen Religionen sagen. Das Judentum dabei mit Christentum und Islam in eine Reihe zu stellen, ist diffamierend. Das Judentum hat wie andere Religionen patriarchalen Charakter, sofern es gesellschaftliche Verhältnisse wiederspiegelt und erfüllte in der Antike als Staatsreligion eine Legitimationsfunktion wie andere auch. Seit der Zerstörung des zweiten Tempels ist das Judentum jedoch die Religion einer verfolgten Gruppe von Menschen und kann darum nicht mit Christentum und Islam gleichgesetzt werden.

Ob das Christentum durch die Aufklärung gezähmt ist, wie manche meinen, sei dahingestellt. Es waren überzeugte Christ*innen, die in Paris gegen die Homo-Ehe protestierten. Nicht nur in Polen sorgt die Kirche dafür, dass Frauen, die ungewollt schwanger werden, wieder zum Kurpfuscher oder ins Ausland gehen müssen, wenn sie abtreiben wollen. Dennoch ist die Behauptung, das Christentum und andere Religionen wären in Geschichte und Gegenwart die Hauptquelle aller Übel der Menschheit übertrieben. Religion ist nicht der Motor der Geschichte, die sogenannten Religionskriege der europäischen Reformation waren Kämpfe um Macht und Einfluss, Land und Ressourcen. Die gegenwärtige Auseinandersetzung zwischen Iran und Saudi-Arabien, zwei islamistischen Diktaturen, ist ein Konflikt um die regionale Vormacht. Die Religion liefert jeweils eine Begründung. Außerdem können religiös motivierte Bestrebungen durchaus fortschrittlich sein. Beispiele sind die kommunistischen Wiedertäufer*innen, die Kämpfer*innen gegen die Sklaverei im 19. Jahrhundert oder der christliche Flügel der Bürgerrechtsbewegung um Martin Luther King. In Deutschland sind Christ*innen und christliche Gemeinden solidarisch mit Geflüchteten, helfen und bieten in Form des Kirchenasyls mitunter sogar begrenzten Schutz vor staatlicher Abschiebung.

Ähnlich undifferenziert sind manche Vorwürfe gegen den Islam. Kaum unterschieden wird zwischen einer Religion mit jahrhundertealter Geschichte, vielfältigen Traditionen und Interpretationen und dem Islamismus als moderner, terroristischer politischer Bewegung. Gewiss ist der Islam selbst einer scharfen Kritik zu unterziehen, allein wegen der antisemitischen und frauenfeindlichen Passagen im Koran, die Dschihadisten genügend Munition liefern. Der Islamismus ist daher nicht vom Islam zu trennen. Der Islamismus als Ideologie, als mörderische und terroristische Massenbewegung, zählt zu den Erscheinungsformen des Faschismus.[33] Den Islam insgesamt als Faschismus zu bezeichnen, ist jedoch falsch oder nur möglich, wenn der Begriff eines spezifischen Inhalts entleert wird, was der Verharmlosung tatsächlicher faschistischer Bewegungen Vorschub leistet.

Das ist die Methode von Leuten wie Hamed Abdel-Samad. Für ihn ist alles Faschismus, was dem Paradies der aufgeklärten, toleranten, bürgerlichen liberalen Demokratie als beste aller Welten gegenübersteht. Der Totalitarismus als Reich des Bösen nimmt für ihn die Gestalt von Faschismus, Kommunismus und Islamismus an, die monotheistischen Religionen gelten als Vorläufer. Folgerichtig preist er den Militärputsch in Ägypten gegen die Muslimbrüder als Notwendigkeit, »um der Demokratie zu ihrem Recht zu verhelfen«.[34]

Ähnlich wie bei Deschner führt für viele die Schelte des Monotheismus zum Antijudaismus. Es zeigt sich eine gewisse Nähe zur Neuen Rechten, deren Vordenker Alain de Benoist, den Monotheismus ebenfalls als Totalitarismus denunziert, an dem die jüdisch-christliche Religion schuld sei.[35] Die Entkernung des Faschismusbegriffes dürfte der Neuen Rechten ebenfalls zusagen, weil sie zu den eigenen Bestrebungen passt, historische Kontinuitäten zu überdecken. Neofaschistische Parteien und Bewegungen in Europa betreiben dieses Spiel. Manche kehren den Spieß um und bezichtigen ihre Gegner*innen des Faschismus.[36]

Zugutehalten kann man der Giordano-Bruno-Stiftung und ihrem Umfeld, dass sie den Kulturrelativismus ablehnen. Hingegen erweisen Linke und Liberale der Emanzipation einen Bärendienst, wenn sie darauf verzichten, Antisemitismus oder Frauenfeindlichkeit zu kritisieren, um nicht den Rechten in die Hände zu spielen oder weil sie vor den Vorwürfen des Eurozentrismus oder der »Islamophobie« zurückschrecken.[37] Schon der Begriff ist eine Zumutung: Eine Phobie ist eine seelische Krankheit, man hat Beklemmungen im Fahrstuhl oder Angst vor Spinnen. Wer den Islam kritisiert, mag

Angst vor der Macht und Gewalttätigkeit von Reaktionären haben, ist aber nicht erkrankt, und wer Rassismus als Islamkritik tarnt, den treibt nicht Angst, sondern Hass um.

Multikulturalismus, Globalisierungskritik und ein antiuniversalistischer Antirassismus, die reaktionäre Vorstellungen und Verhaltensweisen tolerieren, wenn sie von Angehörigen »anderer« Kulturen vertreten werden, unterscheiden sich in diesem Punkt kaum vom Ethnopluralismus der Neuen Rechten, die vom Recht auf Differenz sprechen. Solche Vorstellungen sind heute in der Linken, unter Globalisierungskritiker*innen und Umweltschützer*innen weit verbreitet. Erklärungen der Weltsozialforen zieren Bekenntnisse zur Biodiversität und zur Pluralität der Kulturen, als seien außer Flora und Fauna in ihrer Vielfalt auch ein menschlicher Ethnozoo erhaltenswert. Worauf die Rede von der Vielfalt von Kulturen und ihren schützenswerten Eigenarten hinauslaufen kann, demonstrierten vor Jahren deutsche Richter, die Geflüchteten aus der Türkei Asyl verweigerten mit dem Hinweis, Folter gehöre dort zur Kultur.[38]

Dabei hat Religionskritik nichts mit Hetze gegen eine »Sklavenmoral« zu tun, sondern ist vielmehr »die Kritik des Jammertals, dessen Heiligenschein die Religion ist«, wie Marx schrieb. Für ihn war Religionskritik ein Anfang, Vorstufe radikaler Gesellschaftskritik, die darauf abzielt, die Klassengesellschaft zu überwinden. Auch sozialistische Anarchisten wie Michail Bakunin und Johann Most bekämpften die Kirchen, weil sie zusammen mit dem Staat für Ausbeutung, Elend und Unterdrückung verantwortlich waren. Kennzeichen einer historisch-materialistischen emanzipatorischen Religionskritik ist, dass sie soziale Verhältnisse einbezieht.[39]

Das utopische Potential der Religion hat Ernst Bloch herausgearbeitet. Er betonte im Gegensatz zu offenen und verklemmten Antisemit*innen, dass Jahwe, der Gott des Exodus, ein Gott der Befreiung sei. Marx sprach vom Trost im irdischen Jammertal. Sein Wort vom Opium des Volkes meint, sich benebeln, um zu vergessen, Linderung für den Schmerz der gequälten Kreatur. Bakunin würdigte gar, in scharfem Kontrast zu Nietzsche, dass sich das Christentum in der Antike an die Gruppen wandte, die am meisten ausgebeutet wurden, Sklaven und Frauen, und gegen eine grausame, geistige und politische Aristokratie, wobei allerdings schon die ersten Christen diese Verhältnisse nicht verändern wollten.[40]

Revolutionäre Marxist*innen und sozialistische Anarchist*innen wollten den Glauben an das Wirken jenseitiger Mächte überwinden, um klerikale

Macht zu brechen und weil, wer Erlösung von höheren Wesen erwartet, kaum im Hier und Jetzt rebelliert.[41] Darum kritisierte Marx bürgerliche Atheisten, die soziale Strukturen nicht ändern wollten. Ein prägnantes Beispiel war damals Giuseppe Garibaldi. Der gefeierte Held der italienischen Staatsgründung war ursprünglich Republikaner mit sozialistischen Tendenzen, dann paktierte er mit dem Königshaus in Turin und den feudalen Großgrundbesitzern des Südens. Übrig blieb eine antiklerikale Haltung, weil der Papst als weltlicher Herrscher in Rom die nationale Einheit blockierte. In seinem Testament verfügte Garibaldi, das sein Leichnam verbrannt werden sollte, als ein letzter symbolischer Protest gegen eine Kirche, die die Feuerbestattung ablehnte. Aber er hatte keine Skrupel, noch während der Kämpfe auf Sizilien gegen die bourbonische Armee Truppen abzustellen, die aufständische Bäuerinnen und Bauern massakrierten.[42]

Emanzipatorische Religionskritik geht von einem universalistischen Standpunkt aus. Sie setzt sich mit allen Religionen auseinander, differenziert und auf solider empirischer Basis, und richtet sich gegen sämtliche menschenfeindlichen Vorstellungen und Praktiken sowie autoritären Institutionen.[43] Eine universale Forderung lautet, dass Religion eine private Angelegenheit ist und keine Privilegien genießen darf. Das bedeutet strikte Trennung von Staat und Religion. Zu bekämpfen sind faschistoide Varianten des Neuheidentums und des Pantheismus, völkischer Antikatholizismus, Antijudaismus, ein als Islamkritik getarnter Rassismus, dazu Islamismus und Hindu-Nationalismus sowie fundamentalistische Richtungen des Christentums, wie Evangelikale und Kreationist*innen.

Die Giordano-Bruno-Stiftung ist dabei kein Bündnispartner, denn sie hat der Religionskritik längst abgeschworen. Stattdessen finden sich Bekenntnisse zum Mystizismus, was sich schon in der Namenswahl zeigt. Giordano Brunos Auffassung, das Universum sei unendlich, voller Planeten und Sterne, war damals revolutionär und trug dazu bei, das geozentrische Weltbild zu überwinden. Doch Bruno war Esoteriker und Antisemit. Die Geschichte scheint sich zu wiederholen. Auch Ernst Haeckel und Julian Huxley wollten eine neue Religion auf naturwissenschaftlicher Grundlage schaffen. Eine ähnliche Entwicklung scheinen der evolutionäre Humanismus und der vermeintlich »Neue Atheismus« einzuschlagen.[44] Ohne Metaphysik ist es schwer, diese Welt für die bestmögliche zu halten.

Sowohl der positivistische Naturalismus als auch der religiöse Fundamentalismus müssen von einem emanzipatorischen Standpunkt aus kritisiert werden. Es reicht aber nicht, zu Mäßigung und Toleranz aufzurufen, wie es Jürgen Habermas als liberaler Verfassungspatriot tut.[45] Er meint damit nicht, dass Rassismus, Antisemitismus, Hass auf Schwule und Lesben oder Sexismus zu tolerieren seien, sondern fordert, solche Vorstellungen zu überwinden, und zwar aus den jeweiligen Religionen heraus überzeugend begründet.[46] Das ist wünschenswert, nicht unmöglich, aber schwierig. Denn solche Ansichten sind nicht bloß überzogene oder falsche Interpretationen, sondern können sich auf den Kanon heiliger Bücher berufen. Bis sich genügend Reformer*innen in den jeweiligen Religionen gefunden haben, sind die einschlägigen Praktiken zu bekämpfen.

Vor allem aber bedarf es einer Kritik und Umwälzung gesellschaftlicher Verhältnisse, die Naturalismus wie Fundamentalismus immer wieder hervorbringen. Es geht eben nicht bloß um Vorurteile und Ignoranz, wie Liberale und Naturalist*innen meinen, sondern um Macht, Herrschaft und Ausbeutung, gerade etwa im Verhältnis von Männern und Frauen, die mit solchen Lehren begründet werden.

Wenn wir von Gleichheit sprechen, geht es nicht um Aussehen und Fähigkeiten, sondern um das gleiche Recht auf Leben, Freiheit und Streben nach Glück, wie es in der amerikanischen Verfassung heißt, das allen von Geburt an zukommt. Es ist ein gleiches Recht für Ungleiche, wie Marx einmal bemerkte. Dieses Verständnis von Gleichheit fundierte das allgemeine und gleiche Wahlrecht und den Wohlfahrtsstaat, die die Arbeiter*innenbewegung und Teile der Mittelschichten durchsetzten, dazu jene Reformen, die die protestierende Jugend, die Frauenbewegung, Behinderte, Schwule und Lesben sowie in den USA eine starke Bürgerrechtsbewegung erzwangen. Alle diese Zugeständnisse bedeuteten konkrete Verbesserungen für Millionen von Menschen und hatten zugleich systemstabilisierenden Charakter. Sie waren kapitalkonforme Modernisierungen, aber die Welt wird nicht besser, wenn sie zur Disposition gestellt werden.

Die Umstrukturierung der Produktion infolge der mikroelektronischen Revolution sowie neue Möglichkeiten der Kommunikation und des Transports erlaubten es, die Wertschöpfungsketten aufzuspalten und Produktion und Dienstleistungen in die Peripherie zu verlagern, wo die Löhne deutlich niedriger liegen. Darum ist es aus Sicht des Kapitals verschwenderisch und unproduktiv, mit einem Teil des Mehrwerts in Form von Steuern und Abgaben Gesundheitsversorgung und Bildung, sozialen Wohnungsbau oder Sozialversicherungen zu finanzieren. Obendrein werfen Abzüge vom Gewinn aus der Perspektive der Bourgeoisie nicht einmal mehr politischen Mehrwert ab. Keynes hatte dem Bürgertum seine Vorschläge als einzige Rettung vor der Weltrevolution angedient. Das war in Folge der Weltwirtschaftskrise von 1929, als teilweise militante Arbeiter*innenbewegungen in Europa und Amerika existierten und die Sowjetunion vielen als Alternative erschien. Nach dem Zweiten Weltkrieg wurde die Arbeiter*innenklasse in der westlichen Welt in die Konsumgesellschaft integriert. Sie stellte keine Gefahr mehr dar, wie Theoretiker wie Murray Bookchin, Herbert Marcuse oder André Gorz erkannten. Vollends obsolet wurden Zugeständnisse an die subalternen Klassen als die Konkurrenz mit dem real existierenden Sozialismus entfiel.

Die neoliberale Wende begann in den 1970er-Jahren, als Wachstumsraten und Profite schrumpften. Sie wurde von konservativen, christdemokratischen, liberalen, sozialdemokratischen, sozialistischen und grünen Parteien getragen. Das große Ziel war und ist, die Profitabilität des Kapitals wieder zu steigern, indem Beschränkungen abgebaut, öffentliche Daseinsvorsorge privatisiert, neue Märkte erschlossen, Sozialabgaben und Löhne reduziert werden.

Die Soziobiologie legitimiert diesen Wandel und ist zugleich fundamentaler und radikaler, weil sie Menschen in genetisch fundierte Eliten, durchschnittliche Massen und Minderbegabte sortiert, wobei Begriffe wie Leistung und Intelligenz die Kriterien darstellen. Die Ideologie der Ungleichheit breitet sich wieder aus. Der evolutionäre Humanismus, der sich auf die Soziobiologie stützt, ist kompatibel mit der neoliberalen Zurichtung der Gesellschaft und anschlussfähig an rechte Strömungen, Teil einer naturalistischen Offensive, die darauf abzielt, bestimmte Menschen zur Schnecke zu machen, um eine Phrase Peter Singers abzuwandeln. Grundlegend ist wie bei historischen Vorläufern, dass die Idee der fundamentalen Gleichheit des Menschen verworfen wird zugunsten (vermeintlich) angeborener Unterschiede.

Solche interessierte Ignoranz erlaubt es, eine Eugenik zu rechtfertigen, die wie ihre historischen Vorläufer Auslese, Ausmerzung und Menschenzucht bedeuten. Dabei reden wir längst nicht mehr von einer Horrorvision, sondern von der Gegenwart. Vielen älteren Menschen wird in Pflegeheimen ein Minimum an Versorgung und Zuwendung vorenthalten, Kranke bekommen nicht die Behandlungen, die sie brauchen, weil die allgemeine Krankenversicherung die Kosten nicht übernimmt und diese für Betroffene unerschwinglich sind. Das Kosten-Nutzen-Kalkül lässt sich indes nicht nur auf Alte, Kranke und Behinderte, auf »Nicht-Personen«, anwenden. In einer Konkurrenzgesellschaft sind die meisten diesem Diktat unterworfen. Wer sich nicht verwerten lässt, den sollen der Staat und die »gesunden« Bürger*innen nicht durchfüttern müssen. Euthanasie ist einer Gesellschaft eingeschrieben, in der alle ihren Marktwert erhalten und angesichts der Konkurrenz stets verbessern müssen, was die Menschen als Selbstoptimierung übernommen haben. Wer diese Logik akzeptiert und seine Unbrauchbarkeit feststellt, kann sich zum Selbstmord entschließen – formal freiwillig versteht sich. Verlierer*innen geraten ganz schnell unter Rechtfertigungsdruck, was »sozialverträgliches Frühableben« befördern kann.

Was damit gemeint sein kann, beschreibt der Medizinethiker Professor Georg Marckmann, der in zahlreichen Ethikkommissionen mitwirkte, in einem Beitrag für eine Schrift der Humanistischen Akademie Bayern, um die sogenannte Sterbehilfe als »Selbstbestimmung am Ende des Lebens« zu promoten. Marckmann stellte zunächst fest, dass die Ausgaben wegen des medizinischen Fortschritts und der Alterung der Bevölkerung steigen. Chronische und degenerative Erkrankungen nehmen zu, die eine längere und dauerhaftere Behandlung mit hohen Kosten erfordern, und kurz vor dem Tod steigen die Gesundheitsausgaben exponentiell an.[47]

Die ethische Frage laute daher, wie knappe Ressourcen gerecht verteilt werden könnten. Der »individualethische Therapieverzicht« habe »positive sozialethische Konsequenzen«, weil er zu einer »Reallokation mit größerem Grenznutzen« (der knappen Mittel) führe.[48] Als Ziel klinischer Ethikberatung definiert Marckmann, die Behandlung der einzelnen Patienten »zu optimieren«, dabei könnten als »sekundärer Effekt« aber auch »nicht unerhebliche Ressourcen eingespart werden«. Werden lebensverlängernde Maßnahmen unterlassen, weil sie dem Patienten keinen Nutzen mehr bieten, fördere das nicht nur die Interessen des Einzelnen, sondern »durch eine geringere Beanspruchung von Ressourcen auch die Interessen der Gemeinschaft«.[49]

Was Marckmanns Text auszeichnet, ist eine kaltschnäuzige Rechenhaftigkeit, der betriebs- und volkswirtschaftlich beschränkte, tödliche Blick. Es gerät völlig außer Acht, warum Menschen erkranken, ob ein anderes soziales und berufliches Umfeld sie nicht gesünder altern lassen würde, und dass die Verfügbarkeit über Ressourcen keinem Naturgesetz unterliegt wie die Schwerkraft, sondern die Verteilung von Kapitalinteressen dominiert wird. Würde der Gesundheitsbereich einschließlich der Unternehmen, die Geräte und Medikamente herstellen, vergesellschaftet, entfielen Gewinnmargen, hohe Einkommen, die Extraprofite durch überhöhte Preise und Patente sowie der Verwaltungsaufwand für die bürokratische Abrechnung. Eine bessere Versorgung vor allem für die unteren Klassen wäre möglich.

Schon heute leiden Erwerbslose und Hartz-IV-Empfänger*innen, ebenso Alte, Kranke und Behinderte und deren Angehörige überdurchschnittlich an physischen und psychischen Erkrankungen. Unter diesen Bedingungen ist das Pathos von der freien Selbstbestimmung bis zum Ende hohles Geschwätz, die Angst vor einem qualvollen Tod, der eine reale Bedrohung darstellt, bloß Vorwand.[50] Selbst wer froh und glücklich ist, hat sein Leben verwirkt, wenn die Belastung für Familie und die Gesellschaft als zu hoch eingestuft wird.[51] Es sei unmoralisch von Eltern, einen Fötus, der das Down-Syndrom aufweist, nicht abtreiben zu lassen, twitterte Richard Dawkins.[52] Mobbing in sozialen Netzwerken macht staatlichen Zwang überflüssig ebenso wie die realistische Angst von Betroffenen und Angehörigen, was ihnen darüber hinaus bei Krankheit und Behinderung in dieser Gesellschaft blüht.

Die Biotechnologien liefern Instrumente, um die Ausmerzung von »Minderwertigen« und die Zucht eines schönen neuen Menschen zu verwirklichen und diese Horror-Utopie als Ergebnis individueller, freier Entscheidung und Familienplanung zu präsentieren. Die Entdeckung der Fruchtwasseruntersuchung war ein Meilenstein auf dem Weg zu einer »neuen« Eugenik. Diese kann auf staatlichen Zwang verzichten, weil Ärzt*innen mithilfe einer vermeintlich exakten Diagnose ihre Klient*innen zu überzeugen vermögen. So sind eugenische Ziele heute in der »normalen« pränatalen Diagnostik und Humangenetik mit enthalten.

Worauf Singer, Watson und andere zielen, was die aktuelle liberale Eugenik auszeichnet, ist die individuelle Entscheidung. Im Unterschied zum Nationalsozialismus soll nicht der Staat das Todesurteil sprechen. Die neue Lifestyle-Medizin zielt auf Selbstoptimierung und Vermarktung. So bietet die Schweizer Partnervermittlung GenePartner ein Matching mithilfe von DNA-Analysen an. Das Unternehmen 23andMe aus dem Google-Imperium hat ein Patent für die Selektion von Keimzellen für Kinder auf Bestellung, Patent 2013.[53] Warum sollen Eltern nicht Augen- oder Haarfarbe und Geschlecht ihrer Kinder bestimmen, wo sie doch auch entscheiden, wie der Nachwuchs erzogen wird und welche Schule besucht wird?[54]

Von privater freier Entscheidung zu reden, ist im besten Fall naiv, wenn der Konformitätsdruck enorm ist. Man muss nicht gleich an Länder denken, in denen jetzt schon in erster Linie weibliche Föten abgetrieben werden, weil

Mädchen weniger wert sind als Jungen. Bei uns gelten das Herumtoben von Kindern als Aufmerksamkeitsstörung und Schüchternheit als Phobie, wer in der Schule mal nicht aufpasst, kriegt Konzentrationsschwäche attestiert, dabei sind manche Pauker*innen nicht anders zu ertragen. Und bietet die Reproduktionsmedizin nicht großartige Chancen für Homosexuelle, Singles und jene Frauen, die hart arbeiten und keine Zeit für eine Schwangerschaft haben, aber Kinder mit eigenem Erbmaterial wollen? Man solle sich nicht so haben, sondern »mal über den Gartenzaun hinausschauen, hin zu Menschen, für die das Leben etwas weniger bereit hält«, lautet ein Ratschlag, der angesichts von Millionen von Kindern, die in Armut und Elend leben, nur zynisch und dumm ist.[55]

Experimente mit Demenzkranken sind in Deutschland inzwischen legal, auch wenn sie keinen Nutzen davon haben, vorausgesetzt die Person hat ihre Teilnahme vorher noch in geistig gesundem Zustand zugesagt. Diese Novellierung hatte der damalige Gesundheitsminister Hermann Gröhe (CDU) durchgesetzt, gegen Kritik der Kirchen an solcher »Verzweckung« von Menschen. Ab 2004 war die Forschung grundsätzlich schon erlaubt, aber noch mit der Maßgabe, dass die Betroffenen davon einen Nutzen hätten.[56] Am Ende könnte sich durchsetzen, legal und selbstbestimmt, was der Genetiker Armand Leroi fordert: Alle Kinder sollten per Pränataldiagnostik ausgelesen und im Reagenzglas gezeugt werden, um »die Zahl der Mutationen zu begrenzen und die schlimmsten zu verwerfen«.[57]

Sicher ist, dass schon die wachsende soziale Ungleichheit Diskurse über Bevölkerungspolitik, Eugenik, Euthanasie und Sozialdarwinismus verstärken wird. In der Diskussion über den demografischen Wandel und die zunehmende Altersarmut, ihrerseits Resultat patriarchaler Arbeitsteilung, diverser Rentenreformen und der Ausweitung des Niedriglohnsektors, gab die menschenfeindliche Bezeichnung »Rentnerschwemme« darauf bereits einen Vorgeschmack.

Biologistisches Denken ist perfekt geeignet, eine umfassende, antidemokratische Wende hin zu einer Elitenherrschaft zu rechtfertigen. Das Abwägen von effektiven Altruist*innen kann schon heute tödlich enden. Das Individuum wird zum Objekt, das im Namen des Notstands und des Wohlergehens einer Mehrheit geopfert werden darf. Ferdinand von Schirach konstruiert den Fall von vier Patienten im Warteraum einer Praxis. Drei sind sterbenskrank: einem fehlt eine Niere, der zweite hat viel Blut verloren und beim dritten versagt das Herz. Der vierte ist gesund bis auf einen Schnupfen.

Würde der Arzt den Gesunden ausschlachten, könnte er drei Leben retten.[58] Einerseits werden die Unproduktiven ins Visier genommen, andererseits neue Anlagefelder erschlossen, Krankenhäuser und Sozialversicherungen, der Handel mit Organen und die Transplantationsmedizin. Gen- und Reproduktionstechnik samt Patentvergaben unterwerfen die menschliche Fortpflanzungsfähigkeit und menschliches Gewebe direkt der Kapitalverwertung. Für Wissenschaftler*innen bedeutet das Karrieren, Forschungsgelder und Einkommen.

Kapitalismus bedeutet Unterwerfung des Menschen unter die Maximen der Kapitalverwertung. Zuerst waren es die Heimarbeiter*innen an den Webstühlen, dann folgte in den Fabriken die Kontrolle der Produktionsabläufe, die Arbeiter*innen wurden zum Anhängsel am Fließband. Nach dem Zweiten Weltkrieg prägten neue Konsumgüter und Dienstleistungen den täglichen Verbrauch, Freizeit und Unterhaltung. Ein Teil der Reproduktionsarbeit wurde als Feld der Mehrwertrealisierung einbezogen. Nun geht es um die Inwertsetzung des menschlichen Körpers, seiner Funktionen, etwa in Gestalt der Leihmutterschaft, und seiner Bestandteile, Organe, Zellen, Blut und Gewebe. Die Bestandteile des Körpers eines Menschen sollen insgesamt etwa 250.000 Dollar wert sein, aus einem Toten lassen sich Ersatzteile für 50 Lebende entnehmen.[59] Wir stehen am Beginn der Einführung neuer selektierender Praktiken, wie Rolf Suhrmann über die Aussichten einer künftigen Eugenik feststellt.[60] So zum Beispiel dem Anlageträger-Screening oder Eingriffe in die Keimbahn etwa mit Hilfe des Crispr/Cas-Systems mit der Perspektive einer umfassenden Steuerung der Fortpflanzung. Bloß sind gewisse Praktiken mit der gängigen humanistischen Ethik schwer zu vereinbaren. Darin liegt das Angebot von evolutionärem Humanismus und Transhumanismus.

Inwieweit solche Vorstellungen verwirklicht werden, hängt von gesellschaftlichen Kräfteverhältnisse ab, von Protest und Widerstand. Ob Konsequenzen gezogen werden, entscheidet sich in Krisenzeiten. Sicher gilt, was Alexander Mitscherlich und Fred Mielke feststellten, als sie sich mit den Verbrechen der nationalsozialistischen Medizin auseinandersetzten: »Ehe ungeheure Taten den Alltag so bestimmen und monströse Gedanken Leitziel für das wirkliche Leben werden, muss das Verhängnis aus vielen Quellen seinen Lauf genommen haben.«[61]

ANMERKUNGEN

1 Adorno, Theodor W., *Minima Moralia. Sur l'eau* (Nr. 100), in: Gesammelte Schriften, Band 4, Darmstadt 1998, S. 179.
2 Adorno, Theodor W., *Negative Dialektik*, in: Gesammelte Schriften, Band 6, Darmstadt 1998, S. 56; ähnlich: Adorno/Horkheimer, *Dialektik*, S. 284.
3 Wallat, Hendrik, *Fundamente der Subversion. Über die Grundlagen materialistischer Herrschaftskritik*, Münster 2015, S. 96; Wallat, *Tiere*, S. 176 ff.
4 Angus, Ian, *Facing the Anthropocene. Fossil Capitalism and the Crises of the Earth System*, New York 2016, S. 38 ff., S. 49 ff.
5 Engels, Friedrich, Dialektik der Natur. Anteil der Arbeit an der Menschwerdung des Affen, in: MEW 20, S. 453 f.
6 Schandl schreibt deshalb, man könne den Anthropozentrismus allenfalls relativieren. In: Schandl, Franz, *Eat is murder*, in: Streifzüge 59/2013, S. 24. Schmid-Noerr betont, dass unser Reden über die Natur »ein unhintergehbar menschliches Unterfangen« sei und darum ein wissensmäßiger Anthropozentrismus unvermeidlich. In: Schmid-Noerr, *Mitleid*, S. 65.
7 Lafargue war ein früher Kritiker dieser Methode, der etwa den Begriff der Bienenkönigin verwarf, allenfalls könne man sie als Mutter eines Bienenstocks bezeichnen. In: Lafargue, *Materialismus*, S. 23.
8 Bovenschen, Silvia, *Schlimmer machen, schlimmer Lachen. Aufsätze und Streitschriften*, Frankfurt am Main 1999, S. 196, S. 198.
9 Bovenschen, *Streitschriften*, S. 174, S. 196 ff.
10 Wallat, *Tiere*, S. 190.
11 Biehl, *Ökofeminismus*, S. 11, S. 17.
12 Bovenschen, *Streitschriften*, S. 178, S. 180 ff.
13 Haeckel, *Schöpfungsgeschichte*, S. 546 ff.
14 Zunke, *Biologie*, S. 7 ff., S. 12, S. 21; de Waal, *Moralitäten*, S. 53, S. 58 f.
15 Wallat, *Fundamente*, S. 21.
16 Schmitz, Friederike, *Tiere essen – dürfen wir das?*, Stuttgart 2020, S. 5.
17 Pelluchon, Corine, *Manifest für die Tiere*, München 2020, S. 52.
18 Singer und Cavalieri versuchen den Umstand, dass es Befreiungsbewegungen von Menschen, aber nicht von Tieren gibt, zu relativieren, indem sie erklären, diese Fähigkeiten hätten antiken Sklaven nichts genutzt. Sie konnten sich durch Aufstände so wenig selbst befreien wie Tiere. Stattdessen verweisen sie auf die Freilassung der Heloten von Messina durch die siegreichen Thebaner im Jahre 369 vor Christus, daraufhin seien die Heloten im ganzen Mittelmeerraum befreit worden. Nach diesem Muster soll das Great Ape Project funktionieren: Zum Auftakt würden die Großen Menschenaffen befreit, dann sukzessive die übrigen Tiere. Der Vergleich zeigt lediglich, wie historisch unbedarft Cavalieri und Singer sind. Der Status der Heloten ist in der Forschung umstritten, sie sind nicht mit Sklaven zu verwechseln, die im Privatbesitz waren. Die Freilassung der Heloten durch die Thebaner war taktisch motiviert, um das feindliche Sparta zu schwächen. Vor allem aber bestand das Helotensystem in Sparta selbst fort, die Sklaverei in Griechenland und im übrigen Mittelmeerraum ohnehin. In: Singer/Cavalieri: *Menschenrechte*, S. 16, S. 467 ff.; Baltrusch, Ernst, *Mythos oder Wirklichkeit? Die Helotengefahr und der Peloponnesische Bund*, in: Historische Zeitschrift 272/2001, S. 1 ff.; Der Kleine Pauly, Band 2, München 1979, S. 1014 f.).

19 Adorno, Theodor W. / Horkheimer, Max, *Gespräche*, Nachtrag zu Band 13, nachgelassene Schriften 1949–1972, Frankfurt am Main 1989, S. 49 f.
20 Benton, Ted, *Marx, Animals and Humans. A Reply to My Critics*, in: Monthly Review 1/2019, S. 43.
21 Pelluchon, *Manifest*, S. 13.
22 Horkheimer, *Dämmerung*, S. 132 f.
23 Pearson, Susan / Weismantel, Mary, *Gibt es das Tier? Sozialtheoretische Reflexionen*, in: Brantz, Dorothee / Mauch, Christof (Hg.), *Tierische Geschichten*, Paderborn 2010, S. 393.
24 Donaldson/Kymlicka, *Zoopolis*, S. 2. Weltweit ist die Fleischproduktion von 100 Millionen Tonnen (1970) auf 300 Millionen Tonnen (2010) gestiegen, insbesondere von Schwein und Geflügel.
25 Benton, *Natural Relations*, S. 211 f.
26 Ebd., S. 213.
27 Bündnis Gemeinsam gegen die Tierindustrie (Hg.), *Milliarden für die Tierindustrie. Wie der Staat öffentliche Gelder in eine zerstörerische Branche leitet*, Berlin 2021; Birner, Kathrin / Dietl, Stefan, *Die modernen Wanderarbeiter*innen. Arbeitsmigrant*innen im Kampf um ihre Rechte*, Münster 2021, S. 27 ff.
28 Tascher/Föger, *Lorenz*, S. 78 f.
29 Zunke, *Biologie*, S. 26, S. 29.
30 Der stumme Zwang der ökonomischen Verhältnisse besiegelt die Herrschaft des Kapitals, schreibt Marx. Im Fortgang der Geschichte entwickele sich eine Arbeiterklasse, die aus Erziehung, Tradition und Gewohnheit die Anforderungen dieser Produktionsweise als »selbstverständliche Naturgesetze« anerkenne. In: Marx, *Kapital*, Band 1, S. 765.
31 Lewontin/Rose/Kamin, *Gene*, S. 9 f.
32 Wallat, *Fundamente*, S. 14 ff.
33 Weiß, Volker, *Islamischer Faschismus?,* in: Antifaschistisches Informationsbulletin 105/2015.
34 Abdel-Samad, *Islamischer Faschismus,* S. 55 f.
35 de Benoist, Alain, *Gleichheitslehre, Weltanschauung und Moral. Die Auseinandersetzung von Nominalismus und Universalismus*, in: Krebs, Pierre (Hg.), *Das unvergängliche Erbe. Alternativen zum Prinzip der Gleichheit*, Tübingen 1981, S. 87; Bar-On, *Fascists,* S. 103 f.
36 Henßler, Vera, *Mit der Faschismuskeule gegen die Umvolkung*. in: Monitor, Rundbief des Apabiz e.V. 72/2015.
37 Galow-Bergemann, Lothar, *Fehlanzeige. Zur seltsamen Abwesenheit von Religionskritik in der sogenannten Islamdebatte*, in: Konkret 7/2013, S. 7 ff.
38 So diagnostiziert Vanessa Rau in der Debatte um die Beschneidung zwar ebenfalls Antisemitismus im Umfeld des Säkularismus und Neuen Atheismus, aber nicht wegen der Inhalte, sondern vom Standpunkt eines postmodernen Kulturrelativismus. Sie spricht von einer Konstruktion der Anderen und Fremden seitens der Säkularisten, die die Religiösen damit abwerten würden. Rau verwirft den Säkularismus als eurozentristisch und im Namen einer Vernunftkritik, als deren Vordenker sie Nietzsche und Foucault anführt. Nach diesem Muster könnte jede Religionskritik abgetan werden. Rau demonstriert das reaktionäre Potenzial solcher Ansätze. In: Rau, Vanessa, *Vehementer Säkularismus als Antisemitismus?,* in: Aus Politik und Zeitgeschichte 28–30/2014, S. 31 ff.

39 Marx interpretierte Protestantismus oder Deismus als Varianten des Christentums, die der Warenproduktion einer kapitalistischen Ökonomie besser entsprechen. Er sprach von der Verwandlung des äußeren in den inneren Pfaffen, also der Verinnerlichung von Schuldgefühlen und einer Obrigkeitshörigkeit, die vor allem das Luthertum auszeichnet. In: Marx, *Kapital*, Band 1, S. 93.

40 Bakunin, *Gott*, S. 119. Allerdings pflegte auch Bakunin den Topos des besonders egoistischen und grausamen jüdischen Gottes. In: Ebd., S. 57, S. 118.

41 Most, *Gottespest*, S. 15.

42 Guerri, Giordano Bruno, *Il Sangue del Sud. Antistoria del Risorgimento e del Brigantaggio*, Milano 2010, S. 55 f.; Scirocco, Alfonso, *Garibaldi. Battaglie, Amori, Ideali di un cittadino del mondo*, Bari 2001, S. 243, S. 266 ff., S. 391 f.

43 Der Hinduismus fundiert bis heute Praktiken wie das Kastensystem, die Witwenverbrennung und den Mitgiftmord. In Myanmar und Sri Lanka hetzen buddhistische Mönche gegen muslimische bzw. tamilische Minderheiten, in Tibet organisierte der Lamaismus jahrhundertlang ein brutales Herrschafts- und Ausbeutungssystem. Aufstände der Bauern wurden niedergemetzelt, die Mönche massakrierten sich gegenseitig in Kämpfen um die Macht in dieser theokratischen Diktatur. In: Coclanis, Peter A., *Terror in Burma. Buddhists versus Muslims*, in: World Affairs November/Dezember/ 2013, S. 25 ff.; o.A., *Attacks on Muslims in Myanmar*, in: New York Times, 7.6.2013; Perras, Arne, *Wenn Buddha hasst*, in: Süddeutsche Zeitung 7.6.2013; Dodin, Thierry / Räther, Heinz (Hg.), *Mythos Tibet. Wahrnehmungen, Projektionen, Phantasien*, Köln 1997.

44 Frans de Waal hat mit Verweis auf Dawkins vor einem Naturalismus gewarnt, der die Grenzen der Naturwissenschaften überschreitet, sofern er moralische Vorgaben macht und über den Sinn des Lebens spekuliert, ein Dogmensystem, eigene Propheten und ergebene Anhänger hervorbringt und die Gestalt einer beliebigen herkömmlichen Religion annimmt. In: de Waal, *Moralitäten*, S. 59 ff.

45 Habermas, Jürgen, *Zwischen Naturalismus und Religion*, Frankfurt am Main 2005. Dabei bezieht sich Habermas nicht explizit auf die Giordano-Bruno-Stiftung, nennt aber den Neurophysiologen Wolf Singer, der früher dem Beirat der Stiftung angehörte, sowie Gerhard Roth. In: S. 166 ff., S. 184.

46 Habermas, *Naturalismus*, S. 8 ff., S. 265 f., S. 268 f.

47 Marckmann, Georg, *»Sozialverträgliches Frühableben«? Sozialethisches zur Sterbehilfe*, in: Bauer, Michael / Endreß, Alexander (Hg.), *Selbstbestimmung am Ende des Lebens*, Aschaffenburg 2007, S. 125 ff.

48 Ebd., S. 132.

49 Ebd., S. 133.

50 Schneider, *Euthanasie*, S. 172.

51 In einem Beitrag des Journal of Medical Ethics verneinen die Autor*innen mit Bezug auf Singers Utilitarismus sowie seine Kategorien der Personen und Nicht-Personen ausdrücklich, dass gesunde Neugeborenen sowie glückliche Menschen mit Down-Syndrom ein Lebensrecht hätten. Sie nennen es »nachgeburtliche Abtreibung«. Die Behinderten stellten eine »untragbare Last für die Familie und die ganze Gesellschaft« dar, bei gesunden Neugeborenen könnten die Interessen der Erwachsenen schwerer wiegen, etwa die einer Mutter, die unter einer Adoption leiden würde. In: Giubilini, Alberto / Minerva, Francesca, *After-birth Abortion: Why should the Baby live?*, in: Journal of Medical Ethics, 23.2.2012, http://jme.bmj.com/content/early/2012/ 03/01/medethics-2011-100411.full (5.1.2015).

52 Dawkins, Richard, *»Immoral« not to abort if foetus has Down's syndrom*, in: The Guardian, 21.8.2014.
53 Jansen, *Digitale Herrschaft*, S. 130, S. 133.
54 Caplan, Arthur L. / McGhee, Glenn / Magnus, David, *What is immoral about Eugenics?* in: British Medical Journal 7220/1999, S. 1284 f.
55 Zinkant, Kathrin, *Einmal Pioniergeist zeigen*, in: Süddeutsche Zeitung, 18.10.2016.
56 Becker, Kim Björn, *Studien an Demenzkranken werden erlaubt*, in: Süddeutsche Zeitung, 10.11.2016; Fritzen, Florentine, *Eine Tür hat sich geöffnet*, in: Frankfurter Allgemeine Sonntagszeitung, 13.11.2016.
57 Jansen, *Digitale Herrschaft*, S. 146 f.
58 von Schirach, Ferdinand, *Die Würde ist antastbar*, München/Berlin 2015, S. 11 f.
59 Schneider, *Euthanasie*, 2011, S. 184.
60 Surmann, Rolf, *Eugenik und Pandemie*, in: Konkret 4/2021, S. 18.
61 Kaiser/Nowak/Schwartz, *Eugenik*, S. XI.

Kirsten Achtelik

SELBSTBESTIMMTE NORM

Feminismus, Pränataldiagnostik, Abtreibung

Broschur
224 Seiten
22 €

ISBN: 978-3-95732-120-6

Sollen Feministinnen jede Art von Abtreibung verteidigen? Können Entscheidungen überhaupt selbstbestimmt getroffen werden? Welche Art von Wissen entsteht durch pränatale Untersuchungen? Dienen sie der Vorsorge oder sind sie behindertenfeindlich?

Kirsten Achtelik lotet in ihrem Buch das Spannungsfeld zwischen den emanzipatorischen und systemerhaltenden Potenzialen des feministischen Konzepts »Selbstbestimmung« in Bezug auf Abtreibung aus. So mischt sie sich in die aktuellen feministischen Debatten um reproduktive Rechte ein, die mit den zunehmenden Aktivitäten und Demonstrationen von »Lebensschützern« wieder aufgeflammt sind. Zugleich ist es ihr Anliegen, einer neuen Generation von Aktivistinnen und Aktivisten die Gemeinsamkeiten und Konflikte der Frauen- und Behindertenbewegung sowie die inhaltlichen Differenzen zwischen Frauen mit und ohne Behinderung verständlich zu machen.

Vor allem aber stellt sich Achtelik der dringend zu klärenden Frage, wie ein nicht selektives und nicht individualisiertes Konzept von Selbstbestimmung gedacht und umgesetzt werden kann.

VERBRECHER VERLAG

Zeev Sternhell

FASCHISTISCHE IDEOLOGIE

Eine Einführung

Überarbeitete Neuausgabe

120 Seiten
Broschur
15 €

ISBN: 978-3-95732-312-5

»Es gibt in unserem politischen Vokabular nur wenige Begriffe, die sich einer solch umfassenden Beliebtheit wie das Wort Faschismus erfreuen, ebenso aber gibt es nicht viele Konzepte im politischen Vokabular der Gegenwart, die gleichzeitig derart verschwommen und unpräzise umrissen sind.« Mit diesem Satz leitete der bedeutende israelische Historiker Zeev Sternhell 1976 seinen Aufsatz »Faschistische Ideologie« ein. Dieser Satz gilt bis heute – insbesondere für Deutschland. Daher nimmt Sternhell in dieser Einführung (die nun in überarbeiteter Neuausgabe vorliegt) eine genaue Bestimmung des Begriffes Faschismus aus seiner historischen und ideologischen Entwicklung heraus vor.
Übersetzt wurde das Buch von Volkmar Wölk.

Die Neuausgabe kommt zu einem passenden Zeitpunkt. Im weitesten Sinne »rechtes« Denken muss seit dem Aufstieg des Populismus wieder identifiziert und debattiert werden.
Gustav Seibt / Süddeutsche Zeitung

Glänzend geschriebene Darstellung, die kaum gealtert erscheint
Thomas Wagner / Welt

Verbrecher Verlag | Gneisenaustraße 2a | 10961 Berlin | info@verbrecherei.de
www.verbrecherei.de

Friedrich Burschel (Hg.)

DAS FASCHISTISCHE JAHRHUNDERT

Neurechte Diskurse zu Abendland, Identität, Europa und Neoliberalismus

Broschur
264 Seiten
19 €

ISBN 978-3-95732-454-2

Mussolinis Vorhersage eines Jahrhunderts des Faschismus von 1920 reicht bis heute, da weltweit völkische, nationalistische und in vielfacher Hinsicht faschistische Bewegungen auf dem Vormarsch sind, autoritäre Regime an der Macht oder an Regierungen beteiligt sind. Rechtes Denken und faschistische Ideologie sind heute wieder salonfähig und nennen sich »neu«, auch wenn die Ideen dahinter steinalt sind und ihre Wurzeln tief ins 20. Jahrhundert hinunterreichen. In ihren Beiträgen klopfen die Autor*innen dieses Bandes, Julian Bruns, Felix Korsch, Felix Schilk, Natascha Strobl und Volkmar Wölk, die aufgeladenen Begriffe »Abendland«, »Europa«, »Liberalismus« und »Identität« auf ihre Herkunft und Entwicklung und daraufhin ab, welche Bedeutung sie heute für eine Neue Rechte haben, die sich unter anderem auf die sogenannte Konservative Revolution und den Faschismus der 1920er Jahre beruft. Zu hören ist dabei der Widerhall von Krieg, Gewalt und Terrorismus. Das titelgebende Mussolini-Zitat ist Gegenstand des Beitrages des großen britischen Faschismusforschers Roger Griffin in diesem Buch.